행정사

1차

민법총칙 | 단기완성

SD에듀
(주)시대고시기획

PREFACE

머리말

행정사란 다른 사람의 위임을 받아 행정기관에 제출하는 서류의 작성, 번역, 제출 대행, 신청 · 청구 및 신고 등의 대리 등의 업무를 수행할 수 있는 법적 자격을 갖춘 자를 말한다. 2013년부터 행정안전부 장관의 주관으로 행정사 시험이 시작되어 지금에 이르고 있으며 현재 최소합격인원제도를 통해 300여 명의 행정사를 선발하고 있다.

10년의 역사를 넘으면서 점차 난이도가 올라가고 있는 행정사 시험은 매년 1회 치러지고 있다. 구체적으로 1차시험은 5지 택일형 객관식, 2차시험은 논술 및 약술형 주관식으로 진행되고, 각 시험은 100점을 만점으로 하여 모든 과목의 점수가 40점 이상이고 전 과목의 평균 점수가 60점 이상이면 합격하게 된다.

여기서 특히 1차시험 대비의 핵심은 효율성이다. 논술형 시험인 2차시험 준비를 철저히 하기 위하여 1차시험에 투입되는 시간과 비용을 획기적으로 줄일 필요가 있기 때문이다. 이에 본 교재는 효율적인 1차시험 대비를 위한 단기완성 기본서로서 꼭 필요한 내용만을 담으면서도, 본 교재 한 권으로도 충분한 수험대비가 가능하도록 내용을 구성하였다.

「2023 행정사 1차 민법총칙 단기완성」의 특징

첫째	최신 개정법령 및 판례와 더불어 기출문제의 출제경향을 완벽하게 반영하였다.
둘째	상세한 이론 및 해설을 수록하였고, 기출표기를 통하여 해당 부분의 중요도를 한눈에 파악할 수 있도록 하였다.
셋째	핵심이론 중에서 중요한 부분에는 밑줄 표시를 하여 학습의 강약을 조절할 수 있도록 하였다.
넷째	각 장별로 기출지문 OX문제와 확인학습문제를 함께 수록하여 이론과 실전의 연계를 높임과 동시에 학습 수준에 대한 확인이 가능하도록 하였다.

본 교재가 행정사 시험에 도전하는 수험생 여러분에게 합격을 위한 좋은 안내서가 되기를 바라며, 여러분의 합격을 기원한다.

편저자 일동

이 책의 구성과 특징

핵심이론

기출문제 보기지문을 바탕으로 핵심이론을 구성하였고, 기출연도 표시를 통해 반복출제되는 내용을 한눈에 파악할 수 있도록 하였다.

학습 Key word

각 단원별로 단원목표 및 출제경향이 담긴 학습 Key word를 제시함으로써 학습의 효율성을 높일 수 있도록 하였다.

법령박스

학습의 토대가 되는 조문을 수록하여 어떠한 조문이 중요하고 시험에 자주 출제되는지 쉽게 파악할 수 있도록 하였다.

더 알아보기

심화학습이 필요한 부분에서는 관련 판례를 발췌하여 더 자세히 학습할 수 있도록 해당 부분 원문을 그대로 수록하였다.

기출지문 OX

이론학습을 통해 익힌 내용이 어떻게 기출지문으로 연결되는지 단번에 파악할 수 있도록 대표기출지문을 모아 OX문제 방식으로 구성하였다.

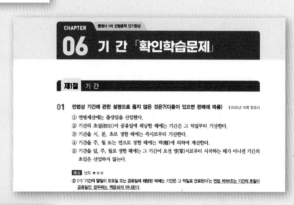

확인학습문제

각 단원별로 역대기출문제와 함께 상세한 해설을 한곳에 모아 문제해결능력을 높이고, 최근 출제경향을 파악할 수 있도록 하였다.

최신기출문제 + 해설

전체 학습을 마친 뒤 가장 최신의 기출문제를 다시 한 번 풀어봄으로써 최종 실전 대비가 가능하도록 2022년 제10회 기출문제를 부록으로 수록하였다.

민법전 : 제1편 총칙

법학 공부의 기본이 되는 법전에서 출제영역 부분만 발췌하여 부록으로 수록하여 다른 참고자료 없이 본 교재만으로도 학습이 가능하도록 하였다.

시험안내

 ## 행정사 개요

행정사는 다른 사람의 위임을 받아 행정기관에 제출하는 서류의 작성, 번역, 제출 대행, 신청·청구 및 신고 등의 대리 등의 업무를 수행하며, 다른 법률에 의하여 제한된 업무는 할 수 없음

[일반행정사 수행직무]

- 행정기관에 제출하는 서류 또는 권리·의무나 사실증명에 관한 서류의 작성 및 제출 대행
- 인가·허가 및 면허 등을 받기 위하여 행정기관에 하는 신청·청구 및 신고 등의 대리
- 행정 관계 법령 및 행정에 대한 상담 또는 자문에 대한 응답
- 법령에 따라 위탁받은 사무의 사실 조사 및 확인

※ 해운 또는 해양안전심판에 관한 업무는 제외합니다.

 ## 행정사 1차 시험 출제영역

민법(총칙)	행정법	행정학개론(지방자치행정 포함)
• 통 칙 • 인 • 법 인 • 물 건 • 법률행위 • 기 간 • 소멸시효 • 복합문제	[총 론] • 행정법 통론 • 행정작용법 • 행정절차와 정보 • 행정의 실효성 확보 • 행정구제제도 [각 론] • 행정조직법 • 특별행정작용법	• 행정 및 행정학의 기초(행정의 기초, 환경 학문의 성격 등) • 행정이론 • 행정철학, 윤리, 행정통제 • 정 책 • 조 직 • 인 사 • 예산(재무) • 지방자치 • 전자정부 • 행정개혁(공공서비스 포함) 및 기타

원서접수 및 참고사항

- 큐넷 행정사 홈페이지(www.Q-Net.or.kr/site/haengjung)를 통한 인터넷 접수만 가능하며, 수수료 결제 및 수험표를 출력하여 접수완료 여부를 확인
- 인터넷 원서접수 시 최근 6개월 이내에 촬영한 탈모 상반신 규격 증명사진을 등록하여 인터넷 회원가입 후 접수
- 수험자는 수험원서에 반드시 본인의 사진을 첨부하여야 하며, 타인의 사진 첨부 등으로 인하여 신분 확인이 불가능할 경우에는 부정행위자로 간주되어 시험에 응시할 수 없거나 자격증 발급이 불가할 수 있음
- 인터넷 활용에 어려움이 있는 내방(공단) 접수 수험자를 위해 원서접수 도우미 지원

※ 이하 행정사 시험 안내가이드 정보는 2022년 제10회 행정사 국가자격시험 시행계획 공고를 바탕으로 작성되었습니다. 시험 전 반드시 시행처 홈페이지를 확인해주시기 바랍니다.

시험일정(2022년 기준)

구 분	접수기간	시험일자	합격자발표	비 고
1차 시험	04. 25.(월) ~ 04. 29.(금) (주말, 공휴일 제외)	05. 28.(토)	06. 29.(수)	• 큐넷 행정사 홈페이지 접수 (모바일 큐넷 원서접수 불가) • 빈자리 접수 없음
2차 시험	08. 01.(월) ~ 08. 05.(금) (주말, 공휴일 제외)	10. 01.(토)	11. 30.(수)	

※ 2023년 행정사 시험이 공고되지 않은 관계로 2022년 시험일정을 수록하였습니다.
※ 정확한 일정은 행정사법 시행령 제8조 및 제12조의 규정에 따라 시험 시행일 90일 전까지 한국산업인력공단 홈페이지(www.q-net.or.kr)
  에 공고됩니다.
※ 행정사 시험 수험자는 반드시 해당 회차 시험 시행계획 공고문을 확인하시기 바랍니다.

 시험과목 및 검정방법

구 분	교 시	시험과목	문항 수	시험시간
1차 시험 (공통)	1	❶ 민법(총칙 관련 내용으로 한정) ❷ 행정법 ❸ 행정학개론(지방자치행정 포함)	과목당 25문항 (총 75문항)	75분 (09:30~10:45)
2차 시험 (일반 행정사)	1 (공통)	❶ 민법(계약 관련 내용으로 한정) ❷ 행정절차론(행정절차법 포함)	과목당 4문항 (논술 1문제, 약술 3문제)	100분 (09:30~11:10)
	2	❶ 사무관리론(민원 처리에 관한 법률, 행정 효율과 협업 촉진에 관한 규정 포함) ❷ 행정사실무법 • 행정심판사례 • 비송사건절차법		100분 (11:40~13:20)

※ 관련 법률 등을 적용하여 정답을 구해야 하는 문제는 '시험 시행일' 현재 시행 중인 법률을 적용합니다.
※ 기활용된 문제, 기출문제 등도 변형 · 활용되어 출제될 수 있습니다.

 시행지역

• **1차 시험** : 서울, 부산, 대구, 인천, 광주, 대전, 제주 (7개 지역)
• **2차 시험** : 서울, 부산 (2개 지역)

※ 시험지역 및 시험장소는 원서접수 시 수험자가 직접 선택합니다.

시험안내

 ## 행정사 1차 시험 시행현황(일반행정사)

구 분	대상(명)	응시(명)	합격(명)	합격률(%)
2017년 제5회	2,283	1,611	659	40.9
2018년 제6회	2,575	1,541	305	19.8
2019년 제7회	2,962	1,826	639	35.0
2020년 제8회	2,828	2,025	775	38.3
2021년 제9회	3,940	3,090	934	30.2

 ## 행정사 2차 시험 시행현황(일반행정사)

구 분	대상(명)	응시(명)	합격(명)	합격률(%)
2017년 제5회	848	568	266	46.8
2018년 제6회	591	451	210	46.6
2019년 제7회	705	536	233	43.5
2020년 제8회	946	726	257	35.4
2021년 제9회	1,150	949	257	27.1

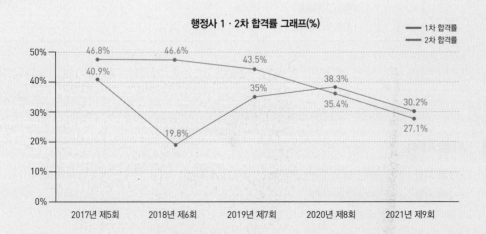

행정사 1 · 2차 합격률 그래프(%)

응시자격 및 결격사유

- **응시자격** : 제한 없음
  - 다만, 행정사법 시행령 제19조에 따라 부정행위자로 처리되어, 그 처분이 있는 날부터 5년이 지나지 않은 자는 시험에 응시할 수 없음
- **결격사유**(행정사법 제6조)
  - 피성년후견인 또는 피한정후견인
  - 파산선고를 받고 복권되지 아니한 사람
  - 금고 이상의 실형을 선고받고 그 집행이 끝나거나(집행이 끝난 것으로 보는 경우 포함) 집행이 면제된 날부터 3년이 지나지 아니한 사람
  - 금고 이상의 형의 집행유예를 선고받고 그 유예기간이 끝난 날부터 2년이 지나지 아니한 사람
  - 금고 이상의 형의 선고유예를 받고 그 유예기간에 있는 사람
  - 공무원으로서 징계처분에 따라 파면되거나 해임된 후 3년이 지나지 아니한 사람
  - 행정사법 제30조(자격의 취소)에 따라 행정사 자격이 취소된 후 3년이 지나지 아니한 사람

※ 결격사유 심사기준일 : 최종 시험 시행일
※ 행정사법 제5조, 제6조에 따라 결격사유 심사기준일 기준 행정사가 될 수 없는 사유에 해당하는 것으로 확인된 경우에는 합격을 취소합니다.

 합격자 결정 방법(행정사법 시행령 제17조)

- 1차 시험 및 2차 시험 합격자는 과목당 100점을 만점으로 하여 모든 과목의 점수가 40점 이상이고, 전 과목의 평균점수가 60점 이상인 사람

※ 단, 제2차 시험 합격자가 최소선발인원보다 적은 경우에는 최소선발인원이 될 때까지 모든 과목의 점수가 40점 이상인 사람 중에서 전 과목 평균점수가 높은 순으로 합격자를 추가로 결정하고, 이 경우 동점자가 있어 최소선발인원을 초과하는 경우에는 그 동점자 모두를 합격자로 합니다.

시험안내

 ## 최근 10개년 민법총칙 출제영역 분석

출제 영역	2013 (제1회)	2014 (제2회)	2015 (제3회)	2016 (제4회)	2017 (제5회)	2018 (제6회)	2019 (제7회)	2020 (제8회)	2021 (제9회)	2022 (제10회)	합 계	비 율
제1장 민법 서론	–	1	1	–	1	1	1	1	–	1	7	3%
제2장 권리 일반	1	1	1	1	1	1	1	1	2	1	11	5%
제3장 권리의 주체	6	5	5	6	5	5	6	5	5	5	53	23%
제4장 권리의 객체	1	1	1	1	1	1	1	1	1	1	10	4%
제5장 권리의 변동	9	9	10	9	13	13	13	13	13	13	115	50%
제6장 기 간	1	1	1	1	1	1	1	1	1	1	10	4%
제7장 소멸 시효	2	2	1	2	3	3	2	3	3	3	24	11%
합 계	20	20	20	20	25	25	25	25	25	25	230	100%

 ## 동영상 강의

보다 깊이 있는 학습을 원하는 수험생들을
위하여 SD에듀 동영상 강의(유료)를 준비
하였습니다.

이 책의 목차

Contents

이 책의 목차

2023
행정사 1차 민법총칙 단기완성

출제경향 및 학습전략

2017년 제5회 시험을 기점으로 출제 문항수의 변동이 있었다. 총 20문제가 출제되었던 과거 시험과는 달리 제5회 시험부터는 총 25문제가 출제되고 있다. 전범위에서 고르게 출제되는 편이나, 제3장 권리의 주체(평균 5.3문)와 제5장 권리의 변동(평균 11.5문)에서 집중적으로 출제되는 편이다. 이에 따라 수험생은 Chapter별로 강약을 분석한 후 학습시간을 조절하여 효율적인 학습을 하는 것이 필요하다. 나아가 「단원별 이론」을 학습한 후 「기출지문 O✕」와 기출문제로 구성된 「확인학습문제」를 중점적으로 학습한다면 충분히 고득점을 확보할 수 있을 것이다.

01 민법 서론

🔍 **학습 Key word**

❶ 민법의 법원(法源)에 관한 민법 제1조를 학습한다.
❷ 성문민법과 불문민법, 특히 관습법과 사실인 관습에 대해 학습한다.

제1절 서 설

I 민법의 의의

민법은 형식적으로 민법이라는 이름의 성문법전, 즉 민법전을 가리키지만, 실질적으로는 법질서 안에서의 지위에 착안하여 모든 사람들에게 일반적으로 적용되는 사법, 즉 일반사법을 말한다.

II 민법의 성질

1. 사법으로서의 민법

(1) 공법과 사법

법을 공법과 사법으로 구별하는 경우, 통설인 주체설(국가나 공공단체 상호 간 또는 이들과 사인 간의 관계는 공법관계, 사인 간의 관계는 사법관계로 보는 견해)에 의하면 민법은 사법에 속한다.

(2) 사법의 내용

사법(私法)으로서의 민법의 내용에는 재산관계와 가족관계가 포함되어 있으며, 재산관계를 규율하는 법을 재산법(물권법, 채권법)이라 하고, 가족관계를 규율하는 법을 가족법(친족·상속법)이라 한다.

2. 일반사법으로서의 민법

민법은 일반법으로 사람·사항·장소 등에 특별한 제한 없이 일반적으로 적용되는 법이다. 한편 특정한 사람·사항·장소에 관하여만 적용되는 사법을 특별사법이라 한다. 일반법과 특별법을 구별하는 실익은 일반법과 특별법이 충돌되면 「특별법 우선의 원칙」에 따라 특별법이 먼저 적용되고, 특별법이 규율하지 않는 사항에 대하여 일반법이 적용된다는 점이다.

3. 실체법

민법은 실체법으로 직접 법률관계 자체, 즉 권리·의무에 관하여 규율하는 법이다. 이에 반하여 절차법은 권리·의무를 실현하는 절차를 정하는 법으로 민사소송법, 민사집행법, 가사소송법 등이 있다.

Ⅲ 민법의 형식

1. 형식적 의미의 민법

1958.2.22. 제정·공포되어 1960.1.1. 시행되고 있는 민법전을 의미한다.

2. 실질적 의미의 민법

특별사법 및 절차법을 제외한 모든 사람들에게 일반적으로 적용되는 사법, 즉 일반사법을 의미한다.

3. 형식적 의미의 민법이지만 실질적 의미의 민법은 아닌 것

민법전에 규정되어 있으나 민사에 관한 법률관계를 규율하지 않고, 그 내용이 행정벌이나 절차법에 관한 것인 경우가 있다.
① **행정벌** : 법인의 이사, 감사, 청산인에 대한 벌칙규정(민법 제97조) 등
② **절차법** : 강제이행에 관한 규정(민법 제389조) 등

제2절 민법의 법원(法源)

> **법원(민법 제1조)** 기출 15
> 민사에 관하여 '법률'에 규정이 없으면 '관습법'에 의하고 관습법이 없으면 '조리'에 의한다.

Ⅰ 의 의

1. 개 념

일반적으로 법원이란 「법의 존재형식」 내지 「법을 인식하는 근거가 되는 자료」로서의 의미를 갖는다.

2. 성문법과 불문법

성문법은 문장의 형식으로 표현되고 일정한 형식 및 절차에 따라서 제정되는 법이며, 성문법이 아닌 법을 불문법이라 한다.

3. 민법 제1조의 해석

① **법원의 종류 및 적용순서** : 민법 제1조는 민법의 법원과 그 적용순서를 정하고 있다. 즉, 법률, 관습법 및 조리를 법원으로 인정하고, 이들의 적용순서에 관하여 1차적으로 법률, 법률이 없으면 관습법, 관습법도 없으면 조리에 의하도록 정하고 있는 것이다.
② **민사** : '민사'란 널리 사법관계를 의미한다.
③ **법률** : 민법 제1조의 법률은 형식적 의미의 법률만을 의미하는 것이 아니라 모든 법규범, 즉 성문법을 통칭한다. 기출 19

Ⅱ 성문민법

성문민법에는 법률·명령·대법원규칙·조약·자치법이 있다.

1. 법 률

형식적 의미의 법률을 의미하며, 헌법이 정하는 절차에 따라 제정·공포되는 것이다(헌법 제53조 참조). 여기에는 민법전과 민법전 이외의 법률이 있다.

2. 명 령

국회가 아닌 다른 국가기관이 일정한 절차를 거쳐서 제정하는 법규로 제정권자에 따라서 대통령령·총리령·부령으로 나누어진다. 명령도 민사에 관하여 규정하고 있는 경우 민법의 법원이 된다.

3. 대법원규칙

대법원은 법률에 저촉되지 않는 범위 안에서 소송에 관한 절차, 법원의 내부규칙과 사무처리에 관한 규칙을 제정할 수 있는데(헌법 제108조), 이러한 대법원규칙이 민사에 관한 것이라면 민법의 법원이 된다.

4. 조 약

조약도 민사에 관한 것이라면 법원성이 긍정된다(헌법 제6조 제1항 참고). 기출 22·19·15

5. 자치법

지방자치단체가 법률의 범위 내에서 그의 사무에 관하여 제정하는 조례나 규칙 속에 민사법규를 포함하는 경우에는 민법의 법원이 된다.

Ⅲ 불문민법

불문민법으로는 민법 제1조가 규정하고 있는 관습법과 조리가 있다. 또한 학설상으로 논의되는 판례와 헌법재판소결정에 대하여도 검토한다.

1. 관습법

(1) 관습법의 의의

관습법이란 사회의 거듭된 관행으로 생성한 사회생활규범이 사회의 법적 확신과 인식에 의하여 법적 규범으로 승인·강행되기에 이르는 것을 말하고, 기출 20·17 관습법은 바로 법원으로서 법령과 같은 효력을 갖는 관습으로서 '법령에 저촉되지 않는 한' 법칙으로서의 효력이 있다(대판 1983.6.14. 80다3231). 기출 22·18

(2) 관습법의 성립

관행의 존재와 그 관행에 대한 일반적인 법적 확신의 취득으로 성립한다.

> **⊕ 더 알아보기**
>
> [1] 관습법이란 사회의 거듭된 관행으로 생성한 사회생활규범이 사회의 법적 확신과 인식에 의하여 법적 규범으로 승인·강행되기에 이른 것을 말하고, 기출 20·17 그러한 관습법은 법원(法源)으로서 법령에 저촉되지 아니하는 한 법칙으로서의 효력이 있는 것이고, 기출 22·18 또 사회의 거듭된 관행으로 생성한 어떤 사회생활규범이 법적 규범으로 승인되기에 이르렀다고 하기 위하여는 헌법을 최상위 규범으로 하는 전체 법질서에 반하지 아니하는 것으로서 정당성과 합리성이 있다고 인정될 수 있는 것이어야 하고, 기출 14 그렇지 아니한 사회생활규범은 비록 그것이 사회의 거듭된 관행으로 생성된 것이라고 할지라도 이를 법적 규범으로 삼아 관습법으로서의 효력을 인정할 수 없다. 기출 19 [2] 사회의 거듭된 관행으로 생성된 사회생활규범이 관습법으로 승인되었다고 하더라도 사회 구성원들이 그러한 관행의 법적 구속력에 대하여 확신을 갖지 않게 되었다거나, 사회를 지배하는 기본적 이념이나 사회질서의 변화로 인하여 그러한 관습법을 적용하여야 할 시점에 있어서의 전체 법질서에 부합하지 않게 되었다면 그러한 관습법은 법적 규범으로서의 효력이 부정될 수밖에 없다. 기출 20·18·15·14
> [3] [다수의견] 종원의 자격을 성년남자로만 제한하고 여성에게는 종원의 자격을 부여하지 않는 종래 관습에 대하여 우리 사회 구성원들이 가지고 있던 법적 확신은 상당 부분 흔들리거나 약화되어 있고, 무엇보다도 헌법을 최상위 규범으로 하는 우리의 전체 법질서는 개인의 존엄과 양성의 평등을 기초로 한 가족생활을 보장하고, 가족 내의 실질적인 권리와 의무에 있어서 남녀의 차별을 두지 아니하며, 정치·경제·사회·문화 등 모든 영역에서 여성에 대한 차별을 철폐하고 남녀평등을 실현하는 방향으로 변화되어 왔으며, 앞으로도 이러한 남녀평등의 원칙은 더욱 강화될 것인바, 종중은 공동선조의 분묘 수호와 봉제사 및 종원 상호 간의 친목을 목적으로 형성되는 종족단체로서 공동선조의 사망과 동시에

그 후손에 의하여 자연발생적으로 성립하는 것임에도, 공동선조의 후손 중 성년 남자만을 종중의 구성원으로 하고 여성은 종중의 구성원이 될 수 없다는 종래의 관습은, 공동선조의 분묘수호와 봉제사 등 종중의 활동에 참여할 기회를 출생에서 비롯되는 성별만에 의하여 생래적으로 부여하거나 원천적으로 박탈하는 것으로서, 위와 같이 변화된 우리의 전체 법질서에 부합하지 아니하여 정당성과 합리성이 있다고 할 수 없으므로, 종중 구성원의 자격을 성년 남자만으로 제한하는 종래의 관습법은 이제 더 이상 법적 효력을 가질 수 없게 되었다. [4] [다수의견] 종중이란 공동선조의 분묘수호와 제사 및 종원 상호 간의 친목 등을 목적으로 하여 구성되는 자연발생적인 종족집단이므로, 종중의 이러한 목적과 본질에 비추어 볼 때 공동선조와 성과 본을 같이 하는 후손은 성별의 구별 없이 성년이 되면 당연히 그 구성원이 된다고 보는 것이 조리에 합당하다(대판[전합] 2005.7.21. 2002다1178). 기출 22·15

(3) 관습법과 사실인 관습의 차이

1) 법적 확신의 유무

사실인 관습은 사회의 관행에 의하여 발생한 사회생활규범인 점에서 관습법과 같으나, 기출 14 사회의 법적 확신이나 인식에 의하여 법적 규범으로서 승인된 정도에 이르지 않은 것이다(대판 1983.6.14. 80다3231). 즉, 법원으로서의 효력이 인정되지 않는다. 기출 17

2) 법적 효력

① **관습법** : 관습법은 바로 법원으로서 법령과 같은 효력을 갖는 관습으로서 법령에 저촉되지 않는 한 법칙으로서의 효력이 있는 것이다(제정법에 대한 열후적·보충적 효력). 기출 22·17·14

> **⊕ 더 알아보기**
>
> [호주가 사망한 경우 딸에게 분재청구권을 인정하지 아니한 구 관습법(이하 '이 사건 관습법'이라 한다)이 헌법재판소법 제68조 제2항에 의한 헌법소원심판의 대상이 되는지 여부(적극)]
> 법률과 동일한 효력을 갖는 조약 등을 위헌법률심판의 대상으로 삼는 것은 헌법을 최고규범으로 하는 법질서의 통일성과 법적 안정성을 확보할 수 있을 뿐만 아니라, 합헌적인 법률에 의한 재판을 가능하게 하여 궁극적으로는 국민의 기본권 보장에 기여할 수 있다. 그런데 이 사건 관습법은 민법 시행 이전에 상속을 규율하는 법률이 없는 상황에서 재산상속에 관하여 적용된 규범으로서 비록 형식적 의미의 법률은 아니지만 실질적으로는 법률과 같은 효력을 갖는 것이므로 위헌법률심판의 대상이 된다(헌재결 2013.2.28. 2009헌바129). 기출 22

② **사실인 관습**
  ㉠ 사실인 관습은 법령으로서의 효력이 없는 단순한 관행으로서 법률행위의 당사자의 의사를 보충함에 그치는 것이다. 기출 20·14
  ㉡ 사실인 관습은 사적자치가 인정되는 분야, 즉 그 분야의 제정법이 주로 임의규정일 경우에는 법률행위의 해석기준으로서 또는 의사를 보충하는 기능으로서 이를 재판의 자료로 할 수 있다.
  ㉢ 그 분야의 제정법이 주로 강행규정일 경우에는 그 강행규정 자체에 결함이 있거나 강행규정 스스로가 관습에 따르도록 위임한 경우 등 이외에는 법적 효력을 부여할 수 없다.

3) 주장 · 입증책임

① 관습법은 당사자의 주장 · 입증을 기다림이 없이 법원이 직권으로 확정하여야 한다. 기출 22 · 19 · 18 · 15 다만, 관습은 그 존부 자체도 명확하지 않을 뿐만 아니라 그 관습이 사회의 법적 확신이나 법적 인식에 의하여 법적 규범으로까지 승인되었는지의 여부를 가리기는 더욱 어려운 일이므로, 법원이 이를 알 수 없는 경우 결국은 당사자가 이를 주장 · 입증할 필요가 있다.

② 사실인 관습은 그 존재를 당사자가 주장 · 입증하여야 한다. 기출 17

> ⊕ 더 알아보기
>
> [관습법과 사실인 관습의 구별]
> [1] 관습법이란 사회의 거듭된 관행으로 생성한 사회생활규범이 사회의 법적 확신과 인식에 의하여 법적 규범으로 승인 · 강행되기에 이른 것을 말하고, 사실인 관습은 사회의 관행에 의하여 발생한 사회생활규범인 점에서 관습법과 같으나 사회의 법적 확신이나 인식에 의하여 법적 규범으로서 승인된 정도에 이르지 않은 것을 말하는 바, 관습법은 바로 법원으로서 법령과 같은 효력을 갖는 관습으로서 법령에 저촉되지 않는 한 법칙으로서의 효력이 있는 것이며, 이에 반하여 사실인 관습은 법령으로서의 효력이 없는 단순한 관행으로서 법률행위의 당사자의 의사를 보충함에 그치는 것이다. [2] 법령과 같은 효력을 갖는 관습법은 당사자의 주장 입증을 기다림이 없이 법원이 직권으로 이를 확정하여야 하고 사실인 관습은 그 존재를 당사자가 주장 입증하여야 하나, 관습은 그 존부 자체도 명확하지 않을 뿐만 아니라 그 관습이 사회의 법적 확신이나 법적 인식에 의하여 법적 규범으로까지 승인되었는지의 여부를 가리기는 더욱 어려운 일이므로, 법원이 이를 알 수 없는 경우 결국은 당사자가 이를 주장 · 입증할 필요가 있다. [3] 사실인 관습은 사적자치가 인정되는 분야, 즉 그 분야의 제정법이 주로 임의규정일 경우에는 법률행위의 해석기준으로서 또는 의사를 보충하는 기능으로서 이를 재판의 자료로 할 수 있을 것이나 이 이외의, 즉 그 분야의 제정법이 주로 강행규정일 경우에는 그 강행규정 자체에 결함이 있거나 강행규정 스스로가 관습에 따르도록 위임한 경우 등 이외에는 법적 효력을 부여할 수 없다 (대판 1983.6.14. 80다3231).

2. 조리

조리란 사물의 본성 · 자연의 이치를 말하며, 경험칙 · 사회통념 · 법의 일반원리 등으로 표현된다. 조리가 법원인지에 대해서는 학설의 대립이 있으나, 판례는 '섭외적 사건에 관하여 외국법규가 적용되는 경우, 법원에 관한 민사상 대원칙에 따라 외국법률, 외국관습법, 조리의 순으로 법원이 되는 것'이라고 판시한 적이 있다.

3. 판례

불문법 국가인 영미법계 국가에서는 판례를 중요한 법원으로 보나, 성문법계 국가에서는 판례의 법원성에 대한 견해의 대립이 있다.

4. 헌법재판소결정

헌법재판소의 결정은 법원 기타 국가기관과 지방자치단체를 기속하므로(헌재법 제47조, 제67조, 제75조), 그 결정내용이 민사에 관한 것인 한 민법의 법원이 된다.

제3절 민법의 기본원리

민법의 기본원리는 사유재산권 존중의 원칙(소유권 절대의 원칙), 계약 자유의 원칙(사적자치의 원칙), 과실책임의 원칙(자기책임의 원칙)을 내용으로 하는 근대민법의 기본원칙과 소유권 공공의 원칙, 계약 공정의 원칙, 무과실책임의 원칙을 내용으로 하는 근대민법의 수정원칙(현대민법의 원리)으로 구분할 수 있다.

근대민법의 원리	현대민법의 원리(근대민법의 수정원리)
소유권 절대의 원칙 (사유재산권 존중의 원칙)	소유권 공공의 원칙
계약 자유의 원칙	계약 공정의 원칙
과실책임의 원칙	무과실책임의 원칙

CHAPTER 01 민법 서론 「기출지문 OX」

제1절 서 설

제2절 민법의 법원(法源)

01 관습법은 헌법재판소의 위헌법률심판의 대상이 아니다. 기출 22 [○ / ×]

02 관습법의 존재는 특별한 사정이 없으면 당사자의 주장·증명을 기다릴 필요 없이 법원이 직권으로 확정하여야 한다. 기출 22·19·18·15 [○ / ×]

03 사실인 관습은 법원(法源)으로서 법령에 저촉되지 않는 한 법칙으로서의 효력이 있다. 기출 22 [○ / ×]

04 사실인 관습은 법령으로서의 효력이 없는 단순한 관행으로서 당사자의 의사를 보충하는 데 그친다. 기출 20·14 [○ / ×]

정답 01 × 02 ○ 03 × 04 ○

해설 01 이 사건 관습법[호주가 사망한 경우 딸에게 분재청구권을 인정하지 아니한 구 관습법(註)]은 민법 시행 이전에 상속을 규율하는 법률이 없는 상황에서 재산상속에 관하여 적용된 규범으로서 비록 형식적 의미의 법률은 아니지만 실질적으로는 법률과 같은 효력을 갖는 것이므로 위헌법률심판의 대상이 된다(헌재 2013.2.28. 2009헌바129).
　　02 법령과 같은 효력을 갖는 관습법은 당사자의 주장 입증을 기다림이 없이 법원이 직권으로 이를 확정하여야 한다(대판 1983.6.14. 80다3231).
　　03 사실인 관습은 단순한 관행으로서 법률행위의 당사자의 의사를 보충함에 그치는 것이나 관습법은 법령에 저촉되지 아니하는 한 법칙으로서의 효력이 인정된다.
　　04 사실인 관습은 법령으로서의 효력이 없는 단순한 관행으로서 법률행위의 당사자의 의사를 보충함에 그치는 것이다(대판 1983.6.14. 80다3231).

05 관습법이란 사회의 거듭된 관행으로 생성된 사회생활규범이 사회의 법적 확신과 인식에 의하여 법적 규범으로 승인·강행되기에 이른 것을 말한다. 기출 20·18·17 [○ / ×]

06 사회의 거듭된 관행으로 생성된 사회생활규범은 전체 법질서에 반하지 않아야 관습법으로서의 효력이 인정될 수 있다. 기출 20·19·15·14 [○ / ×]

07 어떤 관행이 관습법으로 승인된 이상, 사회구성원들이 그러한 관행의 법적 구속력에 대하여 확신을 갖지 않게 되었더라도, 그 관습법은 법규범으로서의 효력에 영향을 받지 않는다. 기출 18

[○ / ×]

08 공동선조와 성과 본을 같이 하는 후손은 성별의 구별 없이 성년이 되면 당연히 종중의 구성원이 된다고 보는 것이 조리에 합당하다. 기출 22·15 [○ / ×]

09 관습법은 법률에 대하여 열후적·보충적 성격을 가진다. 기출 19·17 [○ / ×]

정답 05 ○ 06 ○ 07 × 08 ○ 09 ○

해설 05 관습법이란 사회의 거듭된 관행으로 생성한 사회생활규범이 사회의 법적 확신과 인식에 의하여 법적 규범으로 승인·강행되기에 이른 것을 말한다(대판[전합] 2005.7.21. 2002다1178).

06 사회의 거듭된 관행으로 생성된 사회생활규범이 관습법으로 승인되었다고 하더라도 사회 구성원들이 그러한 관행의 법적 구속력에 대하여 확신을 갖지 않게 되었다거나, 사회를 지배하는 기본적 이념이나 사회질서의 변화로 인하여 그러한 관습법을 적용하여야 할 시점에 있어서의 전체 법질서에 부합하지 않게 되었다면 그러한 관습법은 법적 규범으로서의 효력이 부정될 수밖에 없다(대판[전합] 2005.7.21. 2002다1178).

07 사회의 거듭된 관행으로 생성된 사회생활규범이 관습법으로 승인되었다고 하더라도 사회 구성원들이 그러한 관행의 법적 구속력에 대하여 확신을 갖지 않게 되었다거나, 사회를 지배하는 기본적 이념이나 사회질서의 변화로 인하여 그러한 관습법을 적용하여야 할 시점에 있어서의 전체 법질서에 부합하지 않게 되었다면 그러한 관습법은 법적 규범으로서의 효력이 부정될 수밖에 없다(대판[전합] 2005.7.21. 2002다1178).

08 공동선조와 성과 본을 같이 하는 후손은 성별의 구별 없이 성년이 되면 당연히 그 구성원이 된다고 보는 것이 조리에 합당하다(대판[전합] 2005.7.21. 2002다1178).

09 가족의례준칙 제13조의 규정과 배치되는 관습법의 효력을 인정하는 것은 관습법의 제정법에 대한 열후적, 보충적 성격에 비추어 민법 제1조의 취지에 어긋나는 것이다(대판 1983.6.14. 80다3231).

10 헌법에 의하여 체결·공포된 조약으로서 민사에 관한 것은 민법의 법원이 된다. 기출 19·15

[○ / ×]

11 민법 제1조 소정의 '법률'은 헌법이 정하는 절차에 따라서 제정·공포되는 형식적 의미의 법률만을 뜻한다. 기출 19

[○ / ×]

제3절 민법의 기본원리

정답 10 ○ 11 ×

해설 10 헌법에 의하여 체결·공포된 조약과 일반적으로 승인된 국제법규에 민사에 관한 사항이 포함되어 있으면 민법의 법원이 될 수 있다(헌법 제6조 제1항).
11 민법 제1조의 법률은 형식적 법률만을 의미하는 것이 아니라 성문법 전체를 포함한다.

제1절 서 설

제2절 민법의 법원(法源)

01 민법의 법원(法源)에 관한 설명으로 옳지 않은 것은?(다툼이 있으면 판례에 따름)

▌2022년 10회 행정사

① 헌법에 의하여 체결·공포된 민사에 관한 조약은 민법의 법원(法源)이 될 수 있다.
② 관습법은 헌법재판소의 위헌법률심판의 대상이 아니다.
③ 관습법의 존재는 특별한 사정이 없으면 당사자의 주장·증명을 기다릴 필요 없이 법원이 직권으로 확정하여야 한다.
④ 사실인 관습은 법원(法源)으로서 법령에 저촉되지 않는 한 법칙으로서의 효력이 있다.
⑤ 공동선조와 성과 본을 같이 하는 후손은 성별의 구별 없이 성년이 되면 당연히 종중의 구성원이 된다고 보는 것이 조리에 합당하다.

해설 난도 ★★☆

② (×) 이 사건 관습법[호주가 사망한 경우 딸에게 분재청구권을 인정하지 아니한 구 관습법(註)]은 민법 시행 이전에 상속을 규율하는 법률이 없는 상황에서 재산상속에 관하여 적용된 규범으로서 비록 형식적 의미의 법률은 아니지만 실질적으로는 법률과 같은 효력을 갖는 것이므로 위헌법률심판의 대상이 된다(헌재결 2013.2.28. 2009헌바129).
④ (×) 사실인 관습은 단순한 관행으로서 법률행위의 당사자의 의사를 보충함에 그치는 것이나 관습법은 법령에 저촉되지 아니하는 한 법칙으로서의 효력이 인정된다.
① (○) 헌법에 의하여 체결·공포된 조약과 일반적으로 승인된 국제법규에 민사에 관한 사항이 포함되어 있으면 민법의 법원이 될 수 있다(헌법 제6조 제1항).
③ (○) 법령과 같은 효력을 갖는 관습법은 당사자의 주장 입증을 기다림이 없이 법원이 직권으로 이를 확정하여야 한다(대판 1983.6.14. 80다3231).
⑤ (○) 공동선조와 성과 본을 같이 하는 후손은 성별의 구별 없이 성년이 되면 당연히 그 구성원이 된다고 보는 것이 조리에 합당하다(대판[전합] 2005.7.21. 2002다1178).

[1] 관습법이란 사회의 거듭된 관행으로 생성한 사회생활규범이 사회의 법적 확신과 인식에 의하여 법적 규범으로 승인·강행되기에 이른 것을 말하고, 그러한 관습법은 법원(法源)으로서 법령에 저촉되지 아니하는 한 법칙으로서의 효력이 있는 것이고, 또 사회의 거듭된 관행으로 생성한 어떤 사회생활규범이 법적 규범으로 승인되기에 이르렀다고 하기 위하여는 헌법을 최상위 규범으로 하는 전체 법질서에 반하지 아니하는 것으로서 정당성과 합리성이 있다고 인정될 수 있는 것이어야 하고, 그렇지 아니한 사회생활규범은 비록 그것이 사회의 거듭된 관행으로 생성된 것이라고 할지라도 이를 법적 규범으로 삼아 관습법으로서의 효력을 인정할 수 없다.

[2] 사회의 거듭된 관행으로 생성된 사회생활규범이 관습법으로 승인되었다고 하더라도 사회 구성원들이 그러한 관행의 법적 구속력에 대하여 확신을 갖지 않게 되었다거나, 사회를 지배하는 기본적 이념이나 사회질서의 변화로 인하여 그러한 관습법을 적용하여야 할 시점에 있어서의 전체 법질서에 부합하지 않게 되었다면 그러한 관습법은 법적 규범으로서의 효력이 부정될 수밖에 없다.

[3] [다수의견] 종원의 자격을 성년 남자로만 제한하고 여성에게는 종원의 자격을 부여하지 않는 종래 관습에 대하여 우리 사회 구성원들이 가지고 있던 법적 확신은 상당 부분 흔들리거나 약화되어 있고, 무엇보다도 헌법을 최상위 규범으로 하는 우리의 전체 법질서는 개인의 존엄과 양성의 평등을 기초로 한 가족생활을 보장하고, 가족 내의 실질적인 권리와 의무에 있어서 남녀의 차별을 두지 아니하며, 정치·경제·사회·문화 등 모든 영역에서 여성에 대한 차별을 철폐하고 남녀평등을 실현하는 방향으로 변화되어 왔으며, 앞으로도 이러한 남녀평등의 원칙은 더욱 강화될 것인바, 종중은 공동선조의 분묘수호와 봉제사 및 종원 상호 간의 친목을 목적으로 형성되는 종족단체로서 공동선조의 사망과 동시에 그 후손에 의하여 자연발생적으로 성립하는 것임에도, 공동선조의 후손 중 성년 남자만을 종중의 구성원으로 하고 여성은 종중의 구성원이 될 수 없다는 종래의 관습은, 공동선조의 분묘수호와 봉제사 등 종중의 활동에 참여할 기회를 출생에서 비롯되는 성별만에 의하여 생래적으로 부여하거나 원천적으로 박탈하는 것으로서, 위와 같이 변화된 우리의 전체 법질서에 부합하지 아니하여 정당성과 합리성이 있다고 할 수 없으므로, 종중 구성원의 자격을 성년 남자만으로 제한하는 종래의 관습법은 이제 더 이상 법적 효력을 가질 수 없게 되었다. [별개의견] 남계혈족 중심의 사고가 재음미·재평가되어야 한다는 점에 대하여는 수긍한다 하더라도 종중의 시조 또는 중시조가 남자임을 고려할 때, 종중에 있어서의 남녀평등의 관철의 범위와 한계에 대하여는 보다 신중한 검토가 필요하고, 특히 종중은 다른 나라에서 유래를 찾아보기 어려운 우리나라에 독특한 전통의 산물이므로, 헌법 제9조에 비추어 우리의 전통문화가 현대의 법질서와 조화되면서 계승·발전되도록 노력하여야 할 것인바, 고유한 의미의 종중에 있어서 종원의 가장 주요한 임무는 공동선조에 대한 제사를 계속 실천하는 일이고, 따라서 종원은 기제·묘제의 제수, 제기 구입, 묘산·선영 수호, 제각 수리 등을 비롯한 제사에 소요되는 물자를 조달·부담하는 것이 주된 임무였으며, 종원의 이러한 부담행위는 법률적으로 강제되는 것이 아니고 도덕적·윤리적 의무에 불과하여, 그들의 권리가 실질적으로 침해되는 바가 없었으므로 법률이 간섭하지 않더라도 무방하다고 보기 때문에 종래의 관습법상 성년 남자는 그 의사와 관계없이 종중 구성원이 된다고 하는 부분은 현재로서는 문제될 것이 없고, 결국 관습법과 전통의 힘에 의하여 종래의 종중관습법 중 아직까지는 용인되는 부분이 있을 수 있다는 것을 이유로, 그러한 바탕 없이 새롭게 창설되는 법률관계에 대하여서까지 다수의견이 남녀평등의 원칙을 문자 그대로 관철하려는 것은 너무 기계적이어서 찬성할 수 없다.

[4] [다수의견] 종중이란 공동선조의 분묘수호와 제사 및 종원 상호 간의 친목 등을 목적으로 하여 구성되는 자연발생적인 종족집단이므로, 종중의 이러한 목적과 본질에 비추어 볼 때 공동선조와 성과 본을 같이 하는 후손은 성별의 구별 없이 성년이 되면 당연히 그 구성원이 된다고 보는 것이 조리에 합당하다. [별개의견] 일반적으로 어떤 사적자치단체의 구성원의 자격을 인정함에 있어서 구성원으로 포괄되는 자의 신념이나 의사에 관계없이 인위적·강제적으로 누구든지 구성원으로 편입되어야 한다는 조리는 존재할 수 없으며 존재하여서도 안 되는데, 주지하는 바와 같이 결사의 자유는 자연인과 법인 등에 대한 개인적 자유권이며, 동시에 결사의 성립과 존속에 대한 결사제도의 보장을 뜻하는 것이고, 그 구체적 내용으로서는 조직강제나 강제적·자동적 가입의 금지, 즉 가입과 탈퇴의 자유가 보장되는 것을 말하며, 특히 종중에서와 같이 개인의 양심의 자유·종교의 자유가 보장되어야 할 사법적(私法的) 결사에 있어서는 더욱 그러하다는 점 등에서 공동선조와 성과 본을 같이 하는 후손은 성별의 구별 없이 성년이 되면 조리에 따라 당연히 그 구성원이 된다고 보는 다수의견의 견해에는 반대하고, 성년 여자가 종중에의 가입의사를 표명한 경우 그 성년 여자가 당해 종중 시조의 후손이 아니라는 등 그 가입을 거부할 정당하고 합리적인 이유가 없는 이상 가입의사를 표명함으로써 종중 구성원이 된다고 보아야 한다. [다수의견에 대한 보충의견] 별개의견이 본인의 의사와 관계없이 종중 구성원이 되는 점에 대하여 결사의 자유와 양심의 자유 등을 들어서 부당하다고 비판하는 것은 종중의 본질과 종중이 통상적인 사단법인 또는 비법인사단과 구별되는 특성을 고려하지 않은 것일 뿐만 아니라, 본인의 의사와 관계없이 종중 구성원이 되는 점이 왜 성년 남자에게는 문제될 것이 없고 성년 여성에게만 문제가 되는지 납득하기 어렵고, 성별에 의하여 종원 자격을 달리 취급하는 것은 정당성과 합리성이 없다.

[5] 종중 구성원의 자격에 관한 대법원의 견해의 변경은 관습상의 제도로서 대법원판례에 의하여 법률관계가 규율되어 왔던 종중제도의 근간을 바꾸는 것인바, 대법원이 이 판결에서 종중 구성원의 자격에 관하여 '공동선조와 성과 본을 같이 하는 후손은 성별의 구별 없이 성년이 되면 당연히 그 구성원이 된다.'고 견해를 변경하는 것은 그동안 종중 구성원에 대한 우리 사회일반의 인식 변화와 아울러 전체 법질서의 변화로 인하여 성년 남자만을 종중의 구성원으로 하는 종래의 관습법이 더 이상 우리 법질서가 지향하는 남녀평등의 이념에 부합하지 않게 됨으로써 그 법적 효력을 부정하게 된 데에 따른 것일 뿐만 아니라, 위와 같이 변경된 견해를 소급하여 적용한다면, 최근에 이르기까지 수십 년 동안 유지되어 왔던 종래 대법원판례를 신뢰하여 형성된 수많은 법률관계의 효력을 일시에 좌우하게 되고, 이는 법적 안정성과 신의성실의 원칙에 기초한 당사자의 신뢰보호를 내용으로 하는 법치주의의 원리에도 반하게 되는 것이므로, 위와 같이 변경된 대법원의 견해는 이 판결 선고 이후의 종중 구성원의 자격과 이와 관련하여 새로이 성립되는 법률관계에 대하여만 적용된다고 함이 상당하다.

[6] 대법원이 '공동선조와 성과 본을 같이 하는 후손은 성별의 구별 없이 성년이 되면 당연히 그 구성원이 된다.'고 종중 구성원의 자격에 관한 종래의 견해를 변경하는 것은 결국 종래 관습법의 효력을 배제하여 당해 사건을 재판하도록 하려는 데에 그 취지가 있고, 원고들이 자신들의 권리를 구제받기 위하여 종래 관습법의 효력을 다투면서 자신들이 피고 종회의 회원(종원) 자격이 있음을 주장하고 있는 이 사건에 대하여도 위와 같이 변경된 견해가 적용되지 않는다면, 이는 구체적인 사건에 있어서 당사자의 권리구제를 목적으로 하는 사법작용의 본질에 어긋날 뿐만 아니라 현저히 정의에 반하게 되므로, 원고들이 피고 종회의 회원(종원) 지위의 확인을 구하는 이 사건 청구에 한하여는 위와 같이 변경된 견해가 소급하여 적용되어야 할 것이다(대판[전합] 2005.7.21. 2002다1178).

02 민법의 법원(法源)에 관한 설명으로 옳지 않은 것은?(다툼이 있으면 판례에 따름)

▌2019년 7회 행정사

① 관습법은 법률에 대하여 열후적·보충적 성격을 가진다.
② 헌법에 의하여 체결·공포된 조약으로서 민사에 관한 것은 민법의 법원이 된다.
③ 관습법은 원칙적으로 당사자의 주장·입증을 기다림이 없이 법원이 직권으로 이를 확정할 수 있다.
④ 민법 제1조 소정의 '법률'은 헌법이 정하는 절차에 따라서 제정·공포되는 형식적 의미의 법률만을 뜻한다.
⑤ 사회의 거듭된 관행으로 생성된 사회생활규범은 전체 법질서에 반하지 않아야 관습법으로서의 효력이 인정될 수 있다.

해설 난도 ★☆☆

④ (×) 민법 제1조의 법률은 형식적 법률만을 의미하는 것이 아니라 성문법 전체를 포함한다.
① (○) 가족의례준칙 제13조의 규정과 배치되는 관습법의 효력을 인정하는 것은 관습법의 제정법에 대한 열후적, 보충적 성격에 비추어 민법 제1조의 취지에 어긋나는 것이다(대판 1983.6.14. 80다3231).
② (○) 헌법에 의하여 체결·공포된 조약과 일반적으로 승인된 국제법규에 민사에 관한 사항이 포함되어 있으면 민법의 법원이 될 수 있다(헌법 제6조 제1항).
③ (○) 법령과 같은 효력을 갖는 관습법은 당사자의 주장 입증을 기다림이 없이 법원이 직권으로 이를 확정하여야 한다(대판 1983.6.14. 80다3231).
⑤ (○) 사회의 거듭된 관행으로 생성된 사회생활규범이 관습법으로 승인되었다고 하더라도 사회 구성원들이 그러한 관행의 법적 구속력에 대하여 확신을 갖지 않게 되었다거나, 사회를 지배하는 기본적 이념이나 사회질서의 변화로 인하여 그러한 관습법을 적용하여야 할 시점에 있어서의 전체 법질서에 부합하지 않게 되었다면 그러한 관습법은 법적 규범으로서의 효력이 부정될 수밖에 없다(대판[전합] 2005.7.21. 2002다1178).

03 민법의 법원(法源)인 관습법에 관한 설명으로 옳지 않은 것은?(다툼이 있으면 판례에 따름)

┃ 2018년 6회 행정사

① 관습법이란 사회의 거듭된 관행으로 생성된 사회생활규범이 사회의 법적 확신과 인식에 의하여 법적 규범으로 승인·강행되기에 이른 것을 말한다.
② 어떤 관행이 관습법으로 승인된 이상, 사회구성원들이 그러한 관행의 법적 구속력에 대하여 확신을 갖지 않게 되었더라도, 그 관습법은 법규범으로서의 효력에 영향을 받지 않는다.
③ 관습법의 존재는 당사자의 주장·증명이 없어도 법원이 직권으로 이를 확정할 수 있다.
④ 수목의 집단에 대한 공시방법인 명인방법은 판례에 의하여 확인된 관습법이다.
⑤ 관습법은 법령에 저촉되지 아니하는 한 법칙으로서의 효력이 있다.

해설 난도 ★☆☆

② (×) 사회의 거듭된 관행으로 생성된 <u>사회생활규범이 관습법으로 승인되었다고</u> 하더라도 사회 구성원들이 그러한 관행의 법적 구속력에 대하여 확신을 갖지 않게 되었다거나, 사회를 지배하는 기본적 이념이나 사회질서의 변화로 인하여 그러한 관습법을 적용하여야 할 시점에 있어서의 전체 법질서에 부합하지 않게 되었다면 <u>그러한 관습법은 법적 규범으로서의 효력이 부정될 수밖에 없다</u>(대판[전합] 2005.7.21. 2002다1178).
① (○) 관습법이란 사회의 거듭된 관행으로 생성한 사회생활규범이 사회의 법적 확신과 인식에 의하여 법적 규범으로 승인·강행되기에 이른 것을 말한다(대판[전합] 2005.7.21. 2002다1178).
③ (○) 법령과 같은 효력을 갖는 관습법은 당사자의 주장 입증을 기다림이 없이 법원이 직권으로 이를 확정하여야 한다(대판 1983.6.14. 80다3231).
④ (○) 수목의 집단에 대한 공시방법으로서 명인방법은 판례에 의하여 확인된 관습법으로, 그 지상물의 소유자가 누구인지를 외부의 제3자에게 명백하게 인식시키기에 족한 방법을 말한다.
⑤ (○) 관습법은 법령에 저촉되지 아니하는 한 법칙으로서의 효력이 있으나, 사실인 관습은 단순한 관행으로서 법률행위의 당사자의 의사를 보충함에 그치는 것이다.

04 민법의 법원(法源)에 관한 설명으로 옳지 않은 것은?(다툼이 있으면 판례에 따름)

┃ 2015년 3회 행정사

① 민사에 관하여 법률에 규정이 없으면 관습법에 의하고 관습법이 없으면 조리에 의한다.
② 헌법에 의하여 체결·공포된 조약이나 일반적으로 승인된 국제법규가 민사에 관한 것이라도 민법의 법원이 될 수 없다.
③ 공동선조와 성과 본을 같이 하는 후손은 성별의 구별 없이 성년이 되면 당연히 종중의 구성원이 된다고 보는 것이 조리에 합당하다.
④ 법령과 같은 효력을 갖는 관습법은 특별한 사정이 없으면 당사자의 주장·증명을 기다릴 필요 없이 법원이 직권으로 이를 확정하여야 한다.
⑤ 헌법을 최상위 규범으로 하는 전체 법질서에 반하는 사회생활규범은 사회의 거듭된 관행으로 생성된 것일지라도 관습법으로서의 효력이 인정될 수 없다.

해설 난도 ★★☆

② (×) 헌법에 의하여 체결·공포된 조약과 일반적으로 승인된 국제법규에 민사에 관한 사항이 포함되어 있으면 민법의 법원이 될 수 있다(헌법 제6조 제1항).

① (○) 민사에 관하여 법률에 규정이 없으면 관습법에 의하고 관습법이 없으면 조리에 의한다(민법 제1조).

③ (○) 공동선조와 성과 본을 같이 하는 후손은 성별의 구별 없이 성년이 되면 당연히 그 구성원이 된다고 보는 것이 조리에 합당하다(대판[전합] 2005.7.21. 2002다1178).

④ (○) 법령과 같은 효력을 갖는 관습법은 당사자의 주장 입증을 기다림이 없이 법원이 직권으로 이를 확정하여야 한다(대판 1983.6.14. 80다3231).

⑤ (○) 사회의 거듭된 관행으로 생성된 사회생활규범이 관습법으로 승인되었다고 하더라도 사회 구성원들이 그러한 관행의 법적 구속력에 대하여 확신을 갖지 않게 되었다거나, 사회를 지배하는 기본적 이념이나 사회질서의 변화로 인하여 그러한 관습법을 적용하여야 할 시점에 있어서의 전체 법질서에 부합하지 않게 되었다면 그러한 관습법은 법적 규범으로서의 효력이 부정될 수밖에 없다(대판[전합] 2005.7.21. 2002다1178).

05 관습법과 사실인 관습에 관한 설명으로 옳은 것을 모두 고른 것은?(다툼이 있으면 판례에 따름)

┃ 2020년 8회 행정사

> ㄱ. 관습법은 사회의 거듭된 관행으로 생성된 사회생활규범이 법적 확신과 인식에 의하여 법적 규범으로 승인된 것이다.
> ㄴ. 종래 관습법으로 승인되었더라도 그 관습법을 적용하여야 할 시점에서 전체 법질서에 부합하지 않게 되었다면 법적 규범으로서의 효력이 부정된다.
> ㄷ. 사실인 관습은 법령으로서의 효력이 없는 단순한 관행으로서 당사자의 의사를 보충하는 데 그친다.

① ㄱ   ② ㄱ, ㄴ
③ ㄱ, ㄷ   ④ ㄴ, ㄷ
⑤ ㄱ, ㄴ, ㄷ

해설 난도 ★★☆

ㄱ (○) 관습법이란 사회의 거듭된 관행으로 생성한 사회생활규범이 사회의 법적 확신과 인식에 의하여 법적 규범으로 승인·강행되기에 이른 것을 말한다(대판[전합] 2005.7.21. 2002다1178).

ㄴ (○) 사회의 거듭된 관행으로 생성된 사회생활규범이 관습법으로 승인되었다고 하더라도 사회 구성원들이 그러한 관행의 법적 구속력에 대하여 확신을 갖지 않게 되었다거나, 사회를 지배하는 기본적 이념이나 사회질서의 변화로 인하여 그러한 관습법을 적용하여야 할 시점에 있어서의 전체 법질서에 부합하지 않게 되었다면 그러한 관습법은 법적 규범으로서의 효력이 부정될 수밖에 없다(대판[전합] 2005.7.21. 2002다1178).

ㄷ (○) 사실인 관습은 법령으로서의 효력이 없는 단순한 관행으로서 법률행위의 당사자의 의사를 보충함에 그치는 것이다(대판 1983.6.14. 80다3231).

06 관습법과 사실인 관습에 관한 설명으로 옳지 않은 것은?(다툼이 있으면 판례에 따름)

▌2017년 5회 행정사

① 관습법은 성문법에 대하여 보충적 효력을 가진다.
② 관습법이 성립하기 위해서는 사회구성원의 법적 확신과 인식이 있어야 한다.
③ 사실인 관습은 법원(法源)으로서의 효력이 인정된다.
④ 사실인 관습은 그 존재를 당사자가 주장·증명하여야 한다.
⑤ 사실인 관습은 당사자의 의사가 명확하지 아니한 때에 그 의사를 보충함에 그친다.

해설 난도 ★☆☆

③ (×) 사실인 관습은 법령으로서의 효력이 없는 단순한 관행으로서 법률행위의 당사자의 의사를 보충함에 그치는 것이다(대판 1983.6.14. 80다3231).
① (○) 가족의례준칙 제13조의 규정과 배치되는 관습법의 효력을 인정하는 것은 관습법의 제정법에 대한 열후적, 보충적 성격에 비추어 민법 제1조의 취지에 어긋나는 것이다(대판 1983.6.14. 80다3231).
② (○) 관습법이란 사회의 거듭된 관행으로 생성한 사회생활규범이 사회의 법적 확신과 인식에 의하여 법적 규범으로 승인·강행되기에 이른 것을 말한다(대판[전합] 2005.7.21. 2002다1178).
④ (○) 법령과 같은 효력을 갖는 관습법은 당사자의 주장 입증을 기다림이 없이 법원이 직권으로 이를 확정하여야 하고 사실인 관습은 그 존재를 당사자가 주장 입증하여야 한다(대판 1983.6.14. 80다3231).
⑤ (○) 민법 제106조는 법령 중의 선량한 풍속 기타 사회질서에 관계없는 규정과 다른 관습이 있는 경우[사실인 관습(註)]에 당사자의 의사가 명확하지 아니한 때에는 그 관습에 의한다고 하여 사실인 관습은 법률행위의 당사자의 의사를 보충함에 그치는 것으로 규정하고 있다(대판 1983.6.14. 80다3231).

07 관습법과 사실인 관습에 관한 설명으로 옳지 않은 것은?(다툼이 있는 경우에는 판례에 의함)

▌2014년 2회 행정사

① 관습법은 헌법을 최상위규범으로 하는 전체 법질서에 반하지 않고 정당성과 합리성이 있어야 한다.
② 관습법은 바로 법원(法源)으로서 법령과 같은 효력을 갖는 관습이므로 법령에 저촉하는 관습법도 법칙으로서 효력이 있다.
③ 사실인 관습은 사회의 관행에 의하여 발생한 사회생활규범인 점에서 관습법과 같다.
④ 사실인 관습은 단순한 관행으로서 법률행위의 당사자의 의사를 보충한다.
⑤ 관습법도 사회구성원이 그러한 관행의 법적 구속력에 대하여 확신을 갖지 않게 된 경우 그 법적 규범으로서 효력을 잃는다.

해설 난도 ★☆☆

② (×), ① (○) 관습법은 법원(法源)으로서 법령에 저촉되지 아니하는 한 법칙으로서의 효력이 있는 것이고, 또 사회의 거듭된 관행으로 생성한 어떤 사회생활규범이 법적 규범으로 승인되기에 이르렀다고 하기 위하여는 헌법을 최상위 규범으로 하는 전체 법질서에 반하지 아니하는 것으로서 정당성과 합리성이 있다고 인정될 수 있는 것이어야 한다(대판[전합] 2005.7.21. 2002다1178).
③ (○) 사실인 관습은 사회의 관행에 의하여 발생한 사회생활규범인 점에서 관습법과 같으나 사회의 법적 확신이나 인식에 의하여 법적 규범으로서 승인된 정도에 이르지 않은 것을 말한다(대판 1983.6.14. 80다3231).
④ (○) 사실인 관습은 법령으로서의 효력이 없는 단순한 관행으로서 법률행위의 당사자의 의사를 보충함에 그치는 것이다(대판 1983.6.14. 80다3231).
⑤ (○) 사회의 거듭된 관행으로 생성된 사회생활규범이 관습법으로 승인되었다고 하더라도 사회 구성원들이 그러한 관행의 법적 구속력에 대하여 확신을 갖지 않게 된 경우, 그러한 관습법은 법적 규범으로서의 효력이 부정될 수밖에 없다(대판[전합] 2005.7.21. 2002다1178).

제3절 민법의 기본원리

02 권리 일반

🔍 **학습 Key word**

❶ 권리·의무와 사권의 분류에 대해 학습한다.
❷ 신의성실의 원칙 및 그에 대한 파생원칙으로서 사정변경의 원칙, 모순행위금지의 원칙, 실효의 원칙에 대해 상세히 학습하고, 권리남용금지의 원칙과 관련하여 신의성실의 원칙과의 관계, 권리남용의 성립요건 및 효과에 대해 학습한다.

제1절 법률관계와 권리·의무

I 법률관계

1. 의 의

법률관계는 인(人)의 생활관계 중 법규범에 의하여 규율되는 생활관계를 말한다(통설).

2. 내 용

법률관계가 아니면 법률관계 고유의 법적 효과가 발생하지 않는다. 법률관계는 구체적으로 권리와 의무로 나타난다.

II 권리·의무

1. 권 리

(1) 의 의

통설(권리법력설)에 의하면, 권리란 법익을 향유하기 위하여 법에서 허용하는 힘이라 할 수 있다.

(2) 구별개념

① **권능** : 일반적으로 권리의 내용을 이루는 개개의 법률상의 힘을 말한다(소유권의 내용인 사용·수익·처분권능 등).
② **권한** : 타인을 위하여 일정한 행위를 하고, 그로 인한 법률효과를 타인에게 발생할 수 있게 하는 법률상의 자격이나 지위를 말한다(대리권, 대표권, 부재자 재산관리인의 재산관리권 등).
③ **권원** : 일정한 법률상 또는 사실상 행위를 하는 것을 정당화 할 수 있는 법률상의 원인을 말한다(임차권은 타인의 부동산에 자기의 물건을 부속하여 그 부동산을 이용할 수 있는 법률상의 권원이 있다).

④ 반사적 이익 : 법률이 특정인 또는 일반인에게 어떤 행위를 명하거나 금지함으로써 다른 특정인 또는 일반인이 그 반사적 효과로서 받는 이익을 말한다.

2. 의 무

(1) 의 의

의무란 의무자의 의사와는 무관하게 법에 의하여 강요되는 법률상의 구속을 말한다.

(2) 권리와의 관계

보통 의무는 권리와 표리관계를 이루며 서로 대응하나, 언제나 권리와 의무가 상응하는 것은 아니다.

(3) 구별개념 : 간접의무(책무)

간접의무는 법이 규정한 대로 따르지 않은 경우 법이 정한 일정한 불이익을 받지만, 이행을 청구하거나 소구하는 것이 허용되지 않고, 불이행하는 경우에도 손해배상청구도 할 수 없다는 점에서 의무 또는 채무와 구별된다.

Ⅲ 사권의 분류

1. 작용(효력)에 따른 분류 두 작·지·청·항·형 기출 21 · 18

지배권	• 권리의 객체를 직접 지배할 수 있는 권리 • 물권뿐만 아니라 무체재산권, 친권, 인격권 등이 이에 해당
청구권	• 특정인이 다른 특정인에 대하여 일정한 행위를 요구할 수 있는 권리로 채권이 대표적임
항변권	• 상대방의 청구권은 인정하나, 그 작용만을 저지하는 권리 • 연기적 항변권 : 상대방의 권리행사를 일시적으로 저지하는 권리로, 동시이행항변권, 보증인의 최고·검색의 항변권이 이에 해당 • 영구적 항변권 : 상대방의 권리행사를 영구적으로 저지하는 권리로, 한정상속인의 한정승인의 항변권 등이 이에 해당
형성권	• 권리자의 일방적인 의사표시에 의하여 곧바로 법률관계의 변동(발생, 변경, 소멸)이 발생하는 권리 • 형성권에는 권리에 대응하는 의무가 없음 • 형성권은 조건에 친하지 않으나, 예외적으로 정지조건부 해제는 유효(대판 1992.8.18. 92다5928) • 형성권 행사의 의사표시는 철회를 할 수 없는 것이 원칙 권리자의 일방적 의사표시만으로 효과가 발생하는 형성권(대부분) • 동의권(민법 제5조, 제13조), 취소권(민법 제140조 이하), 추인권(민법 제143조 이하) • 계약의 해지·해제권(민법 제543조) • 상계권(민법 제492조) • 일방예약의 완결권(민법 제564조) • 약혼해제권(민법 제805조) • 상속포기권(민법 제1041조) 등

	법원의 확정판결이 있어야만 법률효과가 발생하는 형성권
형성권	• 채권자취소권(민법 제406조) • 친생부인권(민법 제846조) 등
	성질이 형성권임에도 불구하고 청구권으로 불리는 권리
	• 공유물분할청구권(민법 제268조) • 지상물매수청구권(민법 제283조 제2항, 제643조, 제644조, 제285조 제2항) • 부속물매수청구권(민법 제316조 제2항, 제646조, 제647조) • 지료(민법 제286조) · 전세금(민법 제312조의2) · 차임(민법 제628조)의 증감청구권 등

2. 내용에 따른 분류 🔑 내·인·신·사·재

인격권	• 권리자 자신을 객체로 하는 것으로 권리자와 분리할 수 없는 권리 • 생명권, 신체권, 초상권, 자유권, 명예권 등
가족권 (신분권)	• 친족관계에서 발생하는 신분적 이익을 내용으로 하는 권리 • 친권, 부부간의 동거청구권, 협력부조권, 친족 간 부양청구권, 상속권 등
사원권	• 단체의 구성원이 그 구성원의 지위에서 단체에 대하여 갖는 권리 • 의결권, 업무집행감독권, 이익배당청구권 등
재산권	• 금전으로 평가될 수 있는 경제적 이익을 내용으로 하는 권리 • 물권, 채권, 무체재산권, 위자료청구권 등

3. 기타의 분류

(1) 절대권(대세권)과 상대권(대인권)

① 절대권 : 모든 자에게 주장할 수 있는 권리로 물권, 지적재산권, 친권, 인격권이 이에 해당한다.

② 상대권 : 특정인에 대해서만 주장할 수 있는 권리로 채권이 이에 해당한다.

(2) 일신전속권과 비전속권

① 일신전속권 : ㉠ 특정한 주체만이 행사할 수 있는 행사상의 일신전속권과 ㉡ 특정한 주체만이 향유할 수 있는 귀속상의 일신전속권의 두 가지가 있다.

② 비전속권 : 대부분의 재산권이 이에 해당하며 양도, 상속, 대위, 대리가 가능한 권리이다.

(3) 주된 권리와 종된 권리

주된 권리는 독립성을 가지는 권리를 말하고, 종된 권리는 다른 권리에 종속된 권리를 말한다.

(4) 기대권

권리가 발생하기 위한 요건 중 일부만을 갖추어 장래 남은 요건이 갖추어지면 권리를 취득할 수 있는 상태에 대하여 법이 보호해 주는 것을 말한다.

제2절 신의성실의 원칙

> **신의성실(민법 제2조)**
> ① 권리의 행사와 의무의 이행은 신의에 좇아 성실히 하여야 한다.
> ② 권리는 남용하지 못한다.

I 신의성실의 원칙

1. 의 의

신의성실의 원칙은 법률관계의 당사자가 상대방의 이익을 배려하여 형평에 어긋나거나, 신뢰를 저버리는 내용 또는 방법으로 권리를 행사하거나 의무를 이행하여서는 아니 된다는 <u>추상적인 규범</u>이다(대판 2011.2.10. 2009다68941). 기출 14

2. 연 원

로마법에 연원을 두고 주로 채권법 영역에서 발전하였다.

3. 강행규정

<u>판례는「신의성실의 원칙에 반하는 것 또는 권리남용은 강행규정에 위배되는 것이므로 당사자의 주장이 없더라도 법원은 직권으로 판단할 수 있다」고 판시하였다</u>(대판 1998.8.21. 97다37821).

기출 22 · 20 · 19 · 17 · 14 · 13

4. 적용범위

신의칙은 재산법뿐만 아니라 가족법, 강제집행법, 소송법, 행정법규 등 공법 영역, 노동법 등에도 포괄적으로 적용된다(통설 · 판례).

> **⊕ 더 알아보기**
> - 일반 행정법률관계에서 관청의 행위에 대하여 신의칙이 적용되기 위해서는 <u>합법성의 원칙을 희생하여서라도 처분의 상대방의 신뢰를 보호함이 정의의 관념에 부합하는 것으로 인정되는 특별한 사정이 있을 경우에 한하여 예외적으로 적용된다</u>(대판 2004.7.22. 2002두11233). 기출 20
> - 항소권과 같은 소송법상의 권리에 대하여도 신의성실의 원칙의 파생원칙인 실효의 원칙이 적용될 수 있다(대판 1996.7.30. 94다51840). 기출 20
> - <u>채무자의 소멸시효에 기한 항변권의 행사도 우리 민법의 대원칙인 신의성실의 원칙과 권리남용금지의 원칙의 지배를 받는 것으로 보아야 한다</u>(대판 2014.5.29. 2011다95847). 기출 15

5. 관련 판례

⊕ **더 알아보기**

[신의칙상 인정되는 고지의무]
- 부동산 거래에 있어 거래 상대방이 일정한 사정에 관한 고지를 받았더라면 그 거래를 하지 않았을 것임이 경험칙상 명백한 경우에는 신의성실의 원칙상 사전에 상대방에게 그와 같은 사정을 고지할 의무가 있으며, 그와 같은 고지의무의 대상이 되는 것은 직접적인 법령의 규정뿐 아니라 널리 계약상, 관습상 또는 조리상의 일반원칙에 의하여도 인정될 수 있고, 일단 고지의무의 대상이 되는 사실이라고 판단되는 경우 이미 알고 있는 자에 대하여는 고지할 의무가 별도로 인정될 여지가 없지만, 상대방에게 스스로 확인할 의무가 인정되거나 거래관행상 상대방이 당연히 알고 있을 것으로 예상되는 예외적인 경우가 아닌 한, 실제 그 대상이 되는 사실을 알지 못하였던 상대방에 대하여는 비록 알 수 있었음에도 알지 못한 과실이 있다 하더라도 그 점을 들어 추후 책임을 일부 제한할 여지가 있음은 별론으로 하고 고지할 의무 자체를 면하게 된다고 할 수는 없다(대판 2007.6.1. 2005다5812·5829·5836).
- [1] 아파트 분양자는 아파트 단지 인근에 쓰레기 매립장이 건설예정인 사실을 분양계약자에게 고지할 신의칙상 의무를 부담한다. [2] 고지의무 위반은 부작위에 의한 기망행위에 해당하므로 원고들로서는 기망을 이유로 분양계약을 취소하고 분양대금의 반환을 구할 수도 있고 분양계약의 취소를 원하지 않을 경우 그로 인한 손해배상만을 청구할 수도 있다. [3] 아파트 분양자가 아파트 단지 인근에 쓰레기 매립장이 건설예정인 사실을 분양계약자에게 고지하지 않은 경우, 그 후 부동산 경기의 상승에 따라 아파트의 시가가 상승하여 분양가격을 상회하는데, 분양계약자의 손해액을 쓰레기 매립장 건설을 고려한 아파트의 가치 하락액 상당으로 본다(대판 2006.10.12. 2004다48515). 기출 15

[신의칙상 인정되는 보호의무]
- 병원은 병실에의 출입자를 통제·감독하든가 그것이 불가능하다면 최소한 입원환자에게 휴대품을 안전하게 보관할 수 있는 시정장치가 있는 사물함을 제공하는 등으로 입원환자의 휴대품 등의 도난을 방지함에 필요한 적절한 조치를 강구하여 줄 신의칙상의 보호의무가 있다고 할 것이다(대판 2003.4.11. 2002다63275). 기출 22·16·15
- 사용자는 근로계약에 수반되는 신의칙상의 부수적 의무로서 피용자가 노무를 제공하는 과정에서 생명, 신체, 건강을 해치는 일이 없도록 인적·물적 환경을 정비하는 등 필요한 조치를 강구하여야 할 보호의무를 부담하고, 이러한 보호의무를 위반함으로써 피용자가 손해를 입은 경우 이를 배상할 책임이 있다(대판 2001.7.27. 99다56734). 기출 20
- 숙박업자는 고객에게 위험이 없는 안전하고 편안한 객실 및 관련시설을 제공함으로써 고객의 안전을 배려하여야 할 보호의무를 부담하며 이러한 의무는 숙박계약의 특수성을 고려하여 신의칙상 인정되는 부수적인 의무에 해당한다(대판 1994.1.28. 93다43590). 기출 20

Ⅱ 사정변경의 원칙

1. 의 의

사정변경의 원칙이란 법률행위 당시의 기초가 된 객관적 사정의 현저한 변화로 최초에 약정한 내용을 당사자에게 강제하는 것이 형평에 어긋나게 되어 신의칙상 계약을 변경하거나, 해제 또는 해지할 수 있게 하도록 하는 원칙으로 <u>신의칙의 파생원칙 중 하나이다.</u>

2. 사정변경의 원칙의 적용요건

① 법률행위 당시의 기초가 된 객관적 사정의 현저한 변경이 있을 것

> **⊕ 더 알아보기**
>
> 계약의 성립에 기초가 되지 아니한 사정이 그 후 변경되어 일방 당사자가 계약 당시 의도한 계약목적을 달성할 수 없게 됨으로써 손해를 입게 되었다 하더라도 특별한 사정이 없는 한 그 계약 내용의 효력을 그대로 유지하는 것이 신의칙에 반한다고 볼 수도 없다(대판 2007.3.29. 2004다31302). 기출 19

② 사정변경에 해제권을 취득하는 당사자에게 귀책사유가 없을 것
③ 법률행위 당시 사정변경을 예견할 수 없었을 것
④ 종전의 계약관계를 유지하는 것이 법률행위 당사자에게 심히 부당할 것

3. 판 례

(1) 일시적 계약

> **⊕ 더 알아보기**
>
> [사정변경을 원인으로 하는 계약해제]
> 이른바 '사정변경으로 인한 계약해제'는 계약성립 당시 당사자가 예견할 수 없었던 현저한 사정의 변경이 발생하였고 그러한 사정의 변경이 해제권을 취득하는 당사자에게 책임 없는 사유로 생긴 것으로서, 계약 내용대로의 구속력을 인정한다면 신의칙에 현저히 반하는 결과가 생기는 경우에 계약준수원칙의 예외로서 인정되는 것이고, 여기에서 말하는 사정이라 함은 계약의 기초가 되었던 객관적인 사정으로서, 일방 당사자의 주관적 또는 개인적인 사정을 의미하는 것은 아니다. 또한, 계약의 성립에 기초가 되지 아니한 사정이 그 후 변경되어 일방 당사자가 계약 당시 의도한 계약목적을 달성할 수 없게 됨으로써 손해를 입게 되었다 하더라도 특별한 사정이 없는 한 그 계약 내용의 효력을 그대로 유지하는 것이 신의칙에 반한다고 볼 수도 없다(대판 2007.3.29. 2004다31302). 기출 13
>
> [가격등귀의 사정변경 해당 여부]
> 매수인이 애초에 계약할 당시의 금액표시대로 잔대금을 제공한다면, <u>그 동안에 앙등한 매매 목적물의 가격에 비하여 그것이 현저히 균형을 잃은 이행이 되는 경우라 하더라도,</u> 민법상 매도인으로 하여금 사정변경의 원리를 내세워서 그 매매계약을 해제할 수 있는 권리는 생기지 아니한다(대판 1963.9.12. 63다452). 기출 16

(2) 계속적 계약

> **⊕ 더 알아보기**
>
> [사정변경으로 인한 계약해지]
> 이른바 '사정변경으로 인한 계약해지'는 계약성립 당시 당사자가 예견할 수 없었던 현저한 사정의 변경이 발생하였고 그러한 사정의 변경이 해지권을 취득하는 당사자에게 책임 없는 사유로 생긴 것으로서, 계약 내용대로의 구속력을 인정한다면 신의칙에 현저히 반하는 결과가 생기는 경우에 계약준수 원칙의 예외로서 인정되는 것이고(대판 2011.6.24. 2008다44368), 여기서 말하는 사정이라 함은 계약의 기초가 되었던 객관적인 사정으로서, 일방 당사자의 주관적 또는 개인적인 사정을 의미하는 것은 아니라 할 것이다(대판 2007.3.29. 2004다31302). 따라서 계약의 성립에 기초가 되지 아니한 사정이 그 후 변경되어 일방 당사자가 계약 당시 의도한 계약 목적을 달성할 수 없게 됨으로써 손해를 입게 되었다 하더라도 특별한 사정이 없는 한 그 계약 내용의 효력을 그대로 유지하는 것이 신의칙에 반한다고 볼 수 없다. 이러한 법리는 계속적 계약관계에서 사정변경을 이유로 계약의 해지를 주장하는 경우에도 마찬가지로 적용된다(대판[전합] 2013.9.26. 2013다26746).
>
> [근보증]
> 판례는 계속적 계약 중의 하나인 근보증의 경우 사정변경을 이유로 근보증계약의 해지를 명시적으로 인정하고 있다(대판 2000.3.10. 99다61750).
>
> [확정채무의 보증과 계약해지]
> 회사의 이사가 채무액과 변제기가 특정되어 있는 회사 채무에 대하여 보증계약을 체결한 경우에는 계속적 보증이나 포괄근보증의 경우와는 달리 이사직 사임이라는 사정변경을 이유로 보증인인 이사가 일방적으로 보증계약을 해지할 수 없다(대판 2006.7.4. 2004다30675). `기출 17·13`
>
> [특정채무의 보증과 책임범위의 제한]
> 채권자와 채무자 사이에 계속적인 거래관계에서 발생하는 불확정한 채무를 보증하는 이른바 계속적 보증의 경우뿐만 아니라 특정채무를 보증하는 일반보증의 경우에 있어서도, 채권자의 권리행사가 신의칙에 비추어 용납할 수 없는 성질의 것인 때에는 보증인의 책임을 제한하는 것이 예외적으로 허용될 수 있을 것이나, 일단 유효하게 성립된 보증계약에 따른 책임을 신의칙과 같은 일반원칙에 의하여 제한하는 것은 자칫 잘못하면 사적자치의 원칙이나 법적 안정성에 대한 중대한 위협이 될 수 있으므로 신중을 기하여 극히 예외적으로 인정하여야 한다(대판 2004.1.27. 2003다45410).
>
> [차임불증액 특약이 있는 경우 차임증액청구]
> 임대차계약에 있어서 차임불증액의 특약이 있더라도 그 약정 후 그 특약을 그대로 유지시키는 것이 신의칙에 반한다고 인정될 정도의 사정변경이 있다고 보여지는 경우에는 형평의 원칙상 임대인에게 차임증액청구를 인정하여야 한다(대판 1996.11.12. 96다34061).

Ⅲ 권리남용금지의 원칙

1. 신의칙과의 관계

학설은 ① 권리행사가 신의칙에 반하는 경우에는 권리남용이 된다는 견해(다수설), ② 권리남용금지는 신의칙의 파생원칙이라는 견해 등이 있으나, 판례는 다수설과 같이「권리행사가 신의성실에 반하는 경우에는 권리남용이 된다」고 판시하고 있다(대판 2007.1.25. 2005다67223).

2. 적용범위

소권, 항변권, 형성권의 행사 등도 권리남용이 될 수 있고, 소멸시효의 완성을 주장하는 것도 권리남용이 될 수 있으며, 확정판결에 기한 권리를 행사하는 것도 경우에 따라서는 권리남용이 될 수 있다.

3. 권리남용의 성립요건

(1) 객관적 요건 [기출] 21

권리남용이 성립하기 위해서는 ① 행사할 권리가 존재하여야 하며, ② 권리의 행사라고 볼 수 있는 행위가 존재하여야 하고, ③ 권리행사로 권리행사자의 이익과 그로 인하여 침해되는 상대방의 이익 사이에 현저한 불균형이 있어야 한다.

(2) 주관적 요건

1) 학 설

통설은 객관적 요건만 갖추면 족하고, 주관적 요건은 불필요하다고 한다.

2) 판 례

① 주류적인 판례는 통설과 달리 주관적 요건(가해의사)이 필요하다고 보고 있다(대판 2006.11.23. 2004
다44285).

> **⊕ 더 알아보기**
>
> 권리행사가 권리의 남용에 해당한다고 할 수 있으려면, 주관적으로는 그 권리행사의 목적이 오직 상대방에게 고통을 주고 손해를 입히려는 데 있을 뿐 권리를 행사하는 사람에게 아무런 이익이 없는 경우이어야 하고, 객관적으로는 그 권리행사가 사회질서에 위반된다고 볼 수 있어야 하는 것이며, 이와 같은 경우에 해당하지 않는 한 비록 그 권리의 행사에 의하여 권리행사자가 얻는 이익보다 상대방이 입을 손해가 현저히 크다고 하여도 그러한 사정만으로는 이를 권리남용이라 할 수 없다고 할 것이다 (대판 2002.9.4. 2002다22083 · 22090 등). [기출] 14

② 다만, 객관적 요건이 존재하는 경우에는 주관적 요건이 추정된다고 한다(대판 2010.2.25. 2009다
79378).

③ 반면 상계권 행사(대판 2003.4.11. 2002다59481)와 상표권 행사(대판 2007.1.25. 2005다67223)가 권리남용에 해당하는지 여부가 문제된 사안에서는 주관적 요건을 반드시 필요로 하는 것은 아니라고 하였다.

4. 권리남용의 효과

권리자의 권리 자체가 소멸되는 것은 아니다. 단지 청구권의 행사가 권리남용으로 인정되면 법에 의한 조력을 받지 못하게 되고, 상대방에게 항변권이 생기게 되는 것이며, 형성권의 경우에는 권리자의 권리행사에 따른 법적 효과가 발생하지 않게 되는 것이다. 기출 21

➕ 더 알아보기

[판결에 대한 강제집행이 권리남용에 해당하는 경우]
채권자가 채권을 확보하기 위하여 제3자의 부동산을 채무자에게 명의신탁하도록 한 다음 동 부동산에 대하여 강제집행을 하는 따위의 행위는 신의칙에 비추어 허용할 수 없다(대판 1981.7.7. 80다2064). 기출 21

[부당이득반환청구 또는 불법행위에 기한 손해배상청구]
소송당사자가 허위의 주장으로 법원을 기망하고 상대방의 권리를 해할 의사로 상대방의 소송관여를 방해하는 등 부정한 방법으로 실체의 권리관계와 다른 내용의 확정판결을 취득하여 그 판결에 기하여 강제집행을 하는 것은 정의에 반하고 사회생활상 도저히 용인될 수 없는 것이어서 권리남용에 해당한다고 할 것이지만, 위 확정판결에 대한 재심의 소가 각하되어 확정되는 등으로 위 확정판결이 취소되지 아니한 이상 위 확정판결에 기한 강제집행으로 취득한 채권을 법률상 원인 없는 이득이라고 하여 반환을 구하는 것은 위 확정판결의 기판력에 저촉되어 허용될 수 없다(대판 2001.11.13. 99다32905). 다만, 확정판결에 기한 강제집행이 권리남용에 해당하는 이상 위 강제집행은 상대방에 대한 관계에서 불법행위를 구성한다.

[유치권의 남용]
유치권제도와 관련하여서는 거래당사자가 유치권을 자신의 이익을 위하여 고의적으로 작출함으로써 유치권의 최우선순위담보권으로서의 지위를 부당하게 이용하고 전체 담보권질서에 관한 법의 구상을 왜곡할 위험이 내재한다. 따라서 개별 사안의 구체적인 사정을 종합적으로 고려할 때 신의성실의 원칙에 반한다고 평가되는 유치권제도 남용의 유치권 행사는 허용될 수 없다(대판 2014.12.11. 2014다53462).

[채무자의 시효완성의 주장이 권리남용이 되는 경우]
채무자의 소멸시효에 기한 항변권의 행사도 우리 민법의 대원칙인 신의성실의 원칙과 권리남용금지의 원칙의 지배를 받는 것이어서, 채무자가 시효완성 전에 채권자의 권리행사나 시효중단을 불가능 또는 현저히 곤란하게 하였거나, 그러한 조치가 불필요하다고 믿게 하는 행동을 하였거나, 객관적으로 채권자가 권리를 행사할 수 없는 장애사유가 있었거나, 또는 일단 시효완성 후에 채무자가 시효를 원용하지 아니할 것 같은 태도를 보여 권리자로 하여금 그와 같이 신뢰하게 하였거나, 채권자 보호의 필요성이 크고, 같은 조건의 다른 채권자가 채무의 변제를 수령하는 등의 사정이 있어 채무이행의 거절을 인정함이 현저히 부당하거나 불공평하게 되는 등의 특별한 사정이 있는 경우에는 채무자가 소멸시효의 완성을 주장하는 것이 신의성실의 원칙에 반하여 권리남용으로서 허용될 수 없다(대판 2011.1.13. 2009다103950). 기출 15

Ⅳ 모순행위금지의 원칙(금반언의 원칙)

1. 의 의

권리자의 권리행사가 그의 종전의 행동과 모순되는 경우에는 그러한 권리행사는 허용되지 않는다는 원칙을 말한다.

2. 적용요건

① 행위자의 선행행위가 있을 것
② 상대방은 선행행위로 인하여 정당한 신뢰를 형성하였을 것, 즉 상대방의 보호가치 있는 신뢰가 있을 것
③ 행위자가 선행행위와 모순되는 후행행위를 하였을 것

3. 관련 판례

(1) 금반언 내지 신의칙에 반하는 사례

> **⊕ 더 알아보기**
>
> 甲이 대리권 없이 乙 소유의 부동산을 丙에게 매도하여 소유권이전등기를 마쳐주었다면 그 매매계약은 무효이고 이에 터잡은 이전등기 역시 무효가 되나, 甲은 乙의 무권대리인으로서 민법 제135조 제1항의 규정에 의하여 매수인 丙에게 부동산에 대한 소유권이전등기를 이행할 의무가 있으므로 그러한 지위에 있는 甲이 乙로부터 부동산을 상속받아 그 소유자가 되며 소유권이전등기이행의무를 이행하는 것이 가능하게 된 시점에서 자신이 소유자라고 하여 자신으로부터 부동산을 전전매수한 丁에게 원래 자신의 매매행위가 무권대리행위여서 무효였다는 이유로 丁 앞으로 경료된 소유권이전등기가 무효의 등기라고 주장하여 그 등기의 말소를 청구하거나 부동산의 점유로 인한 부당이득의 반환을 구하는 것은 금반언의 원칙이나 신의성실의 원칙에 반하여 허용될 수 없다(대판 1994.9.27. 94다20617).

(2) 금반언 내지 신의칙에 반하지 않는 사례

> **⊕ 더 알아보기**
>
> - 강행법규인 국토이용관리법 제21조의3 제1항, 제7항을 위반하였을 경우에 있어서 위반한 자 스스로 가 무효를 주장함이 신의성실의 원칙에 위배되는 권리의 행사라는 이유로서 이를 배척한다면 위에 서 본 국토이용관리법의 입법취지를 완전히 몰각시키는 결과가 되므로, 거래당사자 사이의 약정내 용과 취득목적대로 관할관청에 토지거래허가신청을 하였을 경우에 그 신청이 국토이용관리법 소정 의 허가기준에 적합하여 허가를 받을 수 있었으나 다른 급박한 사정으로 이러한 절차를 회피하였다 고 볼만한 특단의 사정이 엿보이지 아니하는 한, 그러한 주장이 신의성실의 원칙에 반한다고는 할 수 없다(대판 1993.12.24. 93다44319·44326).
> - 강행법규에 위반하여 무효인 수익보장약정이 투자신탁회사가 먼저 고객에게 제의함으로써 체결된 것이라고 하더라도, 이러한 경우에 강행법규를 위반한 투자신탁회사 스스로가 그 약정의 무효를 주 장함이 신의칙에 위반되는 권리의 행사라는 이유로 그 주장을 배척한다면, 이는 오히려 강행법규에 의하여 배제하려는 결과를 실현시키는 셈이 되어 입법취지를 완전히 몰각하게 되므로, 달리 특별한 사정이 없는 한 위와 같은 주장이 신의성실의 원칙에 반하는 것이라고 할 수 없다(대판 1999.3.23. 99다4405). 기출 20·19·17·15·14
> - 유류분을 포함한 상속의 포기는 상속이 개시된 후 일정한 기간 내에만 가능하고, 가정법원에 신고 하는 등 일정한 절차와 방식을 따라야만 그 효력이 있으므로, 상속인이 상속개시 전인 피상속인의 생존시에 피상속인에 대하여 상속을 포기하기로 약정하였다고 하더라도, 상속개시 후에 자신의 상 속권을 주장하는 것은 정당한 권리행사로서 신의칙에 반하지 않는다(대판 1998.7.24. 98다9021).
> - 인지청구권은 포기할 수 없고, 포기하였다 하더라도 효력이 발생할 수 없고, 한편 인지청구권을 조 정이나 화해로 포기하였다고 하더라도 인지청구가 금반언의 원칙에 반하거나 권리남용에 해당한다 고 할 수 없다(대판 1999.10.8. 98므1698).

Ⅴ 실효의 원칙

1. 의 의

실효의 원칙이란 권리자가 실제로 권리를 행사할 수 있는 기회가 있어서 그 권리를 행사할 수 있었음에도 불구하고 상당한 기간이 경과하도록 그 권리를 행사하지 아니하여 의무자인 상대방 으로서도 이제는 권리자가 권리를 행사하지 아니할 것으로 신뢰할 만한 정당한 기대를 가지게 된 경우에 새삼스럽게 권리자가 그 권리를 행사하는 것은 법질서 전체를 지배하는 신의성실의 원칙에 위배되어 허용되지 아니한다는 것을 의미한다(대판 2011.4.28. 2010다89654). 이 원칙의 근거는 신의칙상의 모순행위금지의 원칙에서 찾을 수 있어, 신의칙의 파생원칙으로 이해하는 것이 일반 적이다.

2. 적용요건

① 권리자가 실제로 권리를 행사할 수 있는 기대가능성이 있었음에도 불구하고
② 상당한 기간이 경과하도록 권리를 행사하지 않았을 것

③ 의무자인 상대방으로서도 이제는 권리자의 권리 불행사를 신뢰할 만한 정당한 기대를 가지게 되었을 것

④ 그럼에도 불구하고 권리자가 새삼스럽게 권리를 행사하는 것일 것

3. 적용범위

판례는 사법상 권리뿐만 아니라 공법상 권리, 근로관계상의 권리, 소권, 항소권 등 소송법상 권리 (대판 1996.7.30. 94다51840) 등에도 적용될 수 있다고 한다. 기출 16

4. 관련 판례

(1) 권리의 실효를 인정한 사례

> **➕ 더 알아보기**
>
> [해제권의 실효]
> 매도인에게 해제권이 발생하였음에도 불구하고 오랫동안 행사하지 않고 있어서 매수인으로서는 더 이상 매도인이 해제권을 행사하지 않을 것이라는 신뢰를 갖게 된 경우 매도인의 해제권 행사는 신의성실의 원칙에 반하여 허용되지 아니하고, 다시 매매계약을 해제하기 위해서는 다시 이행제공을 하면서 최고를 하여야 한다(대판 1994.11.25. 94다12234).
>
> [소권의 실효]
> 회사로부터 퇴직금을 수령하고 징계면직처분에 대해 전혀 다툼이 없이 다른 생업에 종사해 오다가 징계면직일로부터 2년 10개월이 지난 때에 제기한 해고무효확인의 소는 실효의 원칙에 비추어 허용될 수 없다(대판 2000.4.25. 99다34475).

(2) 권리의 실효를 부정한 사례

> **➕ 더 알아보기**
>
> • 토지 소유자가 그 점유자에 대하여 장기간 적극적으로 권리를 행사하지 아니하였다는 사정만으로는 부당이득반환청구권이 이른바 실효의 원칙에 따라 소멸하였다고 볼 수 없다(대판 2002.1.8. 2001다60019).
> • 인지청구권은 본인의 일신전속적인 신분관계상의 권리로서 포기할 수도 없으며 포기하였더라도 그 효력이 발생할 수 없는 것이고, 이와 같이 인지청구권의 포기가 허용되지 않는 이상 거기에 실효의 법리가 적용될 여지도 없다(대판 2001.11.27. 2001므1353). 기출 16
> • 송전선이 토지 위를 통과하고 있다는 점을 알고서 토지를 취득하였다고 하여 소유권의 행사가 제한된 상태를 용인하였다고 할 수 없으므로, 그 취득자의 송전선철거청구 등의 권리행사는 신의성실의 원칙에 반하지 않는다. 또한 종전 토지 소유자가 자신의 권리를 행사하지 않았다는 사정은 그 토지의 소유권을 적법하게 취득한 새로운 권리자에게 실효의 원칙을 적용함에 있어서 고려하여야 할 것은 아니다(대판 1995.8.25. 94다27069). 기출 19 · 15

02 권리 일반 「기출지문 OX」

제1절 법률관계와 권리·의무

제2절 신의성실의 원칙

01 신의칙에 반하는 것은 강행규정에 위반하는 것이므로 당사자의 주장이 없더라도 법원이 직권으로 판단할 수 있다. `기출` 22·20·19·17·14·13   [○ / ×]

02 법정대리인의 동의 없이 신용구매계약을 체결한 미성년자가 나중에 법정대리인의 동의 없음을 이유로 그 계약을 취소하는 것은 신의칙에 반한다. `기출` 22·17·15·13   [○ / ×]

03 무권대리인이 본인을 단독상속한 경우, 본인의 지위에서 자신이 한 무권대리행위의 추인을 거절하는 것은 신의칙에 반한다. `기출` 22·17·14   [○ / ×]

04 병원은 입원환자의 휴대품 등의 도난을 방지하기 위하여 필요한 적절한 조치를 강구하여 줄 신의칙상 보호의무가 있다. `기출` 22·16·15   [○ / ×]

정답   01 ○   02 ×   03 ○   04 ○

해설   01 신의성실의 원칙에 반하는 것 또는 권리남용은 강행규정에 위배되는 것이므로 당사자의 주장이 없더라도 법원은 직권으로 판단할 수 있다(대판 1995.12.22. 94다42129).

02 법정대리인의 동의 없이 신용구매계약을 체결한 미성년자가 사후에 법정대리인의 동의 없음을 사유로 들어 이를 취소하는 것이 신의칙에 위배된 것이라고 할 수 없다(대판 2007.11.16. 2005다71659).

03 대리권 없이 타인의 부동산을 매도한 자가 그 부동산을 상속한 후 소유자의 지위에서 자신의 대리행위가 무권대리로 무효임을 주장하여 등기말소 등을 구하는 것은 금반언원칙이나 신의칙상 허용될 수 없다(대판 1994.9.27. 94다20617).

04 병원은 병실에의 출입자를 통제·감독하든가 그것이 불가능하다면 최소한 입원환자에게 휴대품을 안전하게 보관할 수 있는 시정장치가 있는 사물함을 제공하는 등으로 입원환자의 휴대품 등의 도난을 방지함에 필요한 적절한 조치를 강구하여 줄 신의칙상의 보호의무가 있다고 할 것이다(대판 2003.4.11. 2002다63275).

05 채권자가 유효하게 성립한 계약에 따른 급부의 이행을 청구하는 경우, 법원이 신의칙에 의하여 그 급부의 일부를 감축하는 것은 원칙적으로 허용되지 않는다. 기출 22 [○ / ×]

06 일반 행정법률관계에 관한 관청의 행위에 대하여 신의칙은 특별한 사정이 있는 경우 예외적으로 적용될 수 있다. 기출 20 [○ / ×]

07 사용자는 특별한 사정이 없는 한 근로계약에 수반되는 신의칙상 부수적 의무로서 피용자의 안전에 대한 보호의무를 부담한다. 기출 20 [○ / ×]

08 숙박업자는 신의칙상 부수적 의무로서 투숙객의 안전을 배려할 보호의무를 부담한다. 기출 20 [○ / ×]

09 항소권과 같은 소송상의 권리에는 신의칙 내지 실효의 원칙이 적용될 수 없다. 기출 20·16 [○ / ×]

10 인지청구권에는 실효의 법리가 적용된다. 기출 16 [○ / ×]

정답 05 ○ 06 ○ 07 ○ 08 ○ 09 × 10 ×

해설 05 유효하게 성립한 계약상의 책임을 공평의 이념 또는 신의칙과 같은 일반원칙에 의하여 제한하는 것은 사적자치의 원칙이나 법적 안정성에 대한 중대한 위협이 될 수 있으므로, 채권자가 유효하게 성립한 계약에 따른 급부의 이행을 청구하는 때에 법원이 급부의 일부를 감축하는 것은 원칙적으로 허용되지 않는다(대판 2016.12.1. 2016다240543).

06 일반 행정법률관계에서 관청의 행위에 대하여 신의칙이 적용되기 위해서는 합법성의 원칙을 희생하여서라도 처분의 상대방의 신뢰를 보호함이 정의의 관념에 부합하는 것으로 인정되는 특별한 사정이 있을 경우에 한하여 예외적으로 적용된다(대판 2004.7.22. 2002두11233).

07 사용자는 근로계약에 수반되는 신의칙상의 부수적 의무로서 피용자가 노무를 제공하는 과정에서 생명, 신체, 건강을 해치는 일이 없도록 인적·물적 환경을 정비하는 등 필요한 조치를 강구하여야 할 보호의무를 부담하고, 이러한 보호의무를 위반함으로써 피용자가 손해를 입은 경우 이를 배상할 책임이 있다(대판 2001.7.27. 99다56734).

08 숙박업자는 고객에게 위험이 없는 안전하고 편안한 객실 및 관련시설을 제공함으로써 고객의 안전을 배려하여야 할 보호의무를 부담하며 이러한 의무는 숙박계약의 특수성을 고려하여 신의칙상 인정되는 부수적인 의무에 해당한다(대판 1994.1.28. 93다43590).

09 항소권과 같은 소송법상의 권리에 대하여도 신의성실의 원칙의 파생원칙인 실효의 원칙이 적용될 수 있다(대판 1996.7.30. 94다51840).

10 인지청구권은 본인의 일신전속적인 신분관계상의 권리로서 포기할 수도 없으며 포기하였더라도 그 효력이 발생할 수 없는 것이고, 이와 같이 인지청구권의 포기가 허용되지 않는 이상 거기에 실효의 법리가 적용될 여지도 없다(대판 2001.11.27. 2001므1353).

11 매매계약 체결 후 9년이 지났고 시가가 올랐다는 사정만으로 계약을 해제할 만한 사정변경이 있다고 볼 수 없다. 기출 16 [O / ×]

12 계약의 성립에 기초가 되지 아니한 사정이 현저히 변경되어 일방 당사자가 계약목적을 달성할 수 없게 된 경우에는 특별한 사정이 없는 한 신의성실의 원칙상 계약을 해제할 수 있다. 기출 19 [O / ×]

13 사정변경이 해제권을 취득하는 당사자의 책임 있는 사유로 생긴 경우에도 그 당사자는 사정변경을 이유로 계약을 해제할 수 있다. 기출 13 [O / ×]

14 강행법규를 위반한 자가 스스로 그 약정의 무효를 주장하는 것은 특별한 사정이 없는 한 신의성실의 원칙에 반한다. 기출 19 · 17 · 15 · 14 [O / ×]

15 송전선이 토지 위를 통과하고 있다는 점을 알면서 그 토지를 시가대로 취득한 자의 송전선 철거 청구는 신의성실의 원칙에 반하거나 권리남용으로서 허용될 수 없다. 기출 15 [O / ×]

정답 11 O 12 × 13 × 14 × 15 ×

해설 11 매매계약 체결 후 9년이 지났고 시가가 올랐다는 사정만으로 계약을 해제할 만한 사정변경이 있다고 볼 수 없고, 매수인의 소유권이전등기절차 이행청구가 신의칙에 위배된다고도 할 수 없다(대판 1991.2.26. 90다 19664).

12 계약의 성립에 기초가 되지 아니한 사정이 그 후 변경되어 일방 당사자가 계약 당시 의도한 계약목적을 달성할 수 없게 됨으로써 손해를 입게 되었다 하더라도 특별한 사정이 없는 한 그 계약 내용의 효력을 그대로 유지하는 것이 신의칙에 반한다고 볼 수도 없다(대판 2007.3.29. 2004다31302).

13 사정변경으로 인한 계약해제는, 계약성립 당시 당사자가 예견할 수 없었던 현저한 사정의 변경이 발생하였고 그러한 사정의 변경이 해제권을 취득하는 당사자에게 책임 없는 사유로 생긴 것으로서, 계약 내용대로의 구속력을 인정한다면 신의칙에 현저히 반하는 결과가 생기는 경우에 계약준수 원칙의 예외로서 인정되는 것이다(대판 2007.3.29. 2004다31302).

14 강행법규에 위반한 자가 스스로 그 약정의 무효를 주장하는 것이 신의칙에 위반되는 권리의 행사라는 이유로 그 주장을 배척한다면, 이는 오히려 강행법규에 의하여 배제하려는 결과를 실현시키는 셈이 되어 입법취지를 완전히 몰각하게 되므로 달리 특별한 사정이 없는 한 위와 같은 주장은 신의칙에 반하는 것이라고 할 수 없다(대판 2004.6.11. 2003다1601).

15 송전선이 토지 위를 통과하고 있다는 점을 알고서 토지를 취득하였다고 하여 그 취득자가 그 소유 토지에 대한 소유권의 행사가 제한된 상태를 용인하였다고 할 수 없으므로, 그 취득자의 송전선 철거 청구 등 권리행사가 신의성실의 원칙에 반하지 않는다(대판 1995.8.25. 94다27069).

16 종전 토지 소유자가 자신의 권리를 행사하지 않았다는 사정은 그 토지의 소유권을 적법하게 취득한 새로운 권리자에게 실효의 원칙을 적용함에 있어서 고려되어야 한다. 기출 19 [○ / ×]

17 이사가 회사재직 중 회사의 확정채무를 보증한 후 사임한 경우에 사정변경을 이유로 보증계약을 해지할 수 있다. 기출 17·13 [○ / ×]

18 특정채무를 보증하는 일반보증의 경우에는 채권자의 권리행사가 신의성실의 원칙에 비추어 용납할 수 없는 성질의 것인 때에도 보증인의 책임은 제한될 수 없다. 기출 19 [○ / ×]

19 권리의 행사로 권리자가 얻는 이익보다 상대방이 잃은 이익이 현저하게 크다는 사정만으로 권리남용이 인정된다. 기출 14 [○ / ×]

20 확정판결에 따른 강제집행도 특별한 사정이 있으면 권리남용이 될 수 있다. 기출 21 [○ / ×]

정답 16 × 17 × 18 × 19 × 20 ○

해설 16 종전 토지 소유자가 자신의 권리를 행사하지 않았다는 사정은 그 토지의 소유권을 적법하게 취득한 새로운 권리자에게 실효의 원칙을 적용함에 있어서 고려하여야 할 것은 아니다(대판 1995.8.25. 94다27069).

17 회사의 이사로 재직하면서 보증 당시 그 채무액과 변제기가 특정되어 있는 회사의 확정채무에 대하여 보증을 한 후 이사직을 사임하였다 하더라도, 사정변경을 이유로 보증계약을 해지할 수 없다(대판 1996.2.9. 95다27431).

18 채권자와 채무자 사이에 계속적인 거래관계에서 발생하는 불확정한 채무를 보증하는 이른바 계속적 보증의 경우뿐만 아니라 특정채무를 보증하는 일반보증의 경우에 있어서도, 채권자의 권리행사가 신의칙에 비추어 용납할 수 없는 성질의 것인 때에는 보증인의 책임을 제한하는 것이 예외적으로 허용될 수 있을 것이다(대판 2004.1.27. 2003다45410).

19 권리행사가 권리의 남용에 해당한다고 할 수 있으려면, 주관적으로 그 권리행사의 목적이 오직 상대방에게 고통을 주고 손해를 입히려는 데 있을 뿐 행사하는 사람에게 아무런 이익이 없는 경우이어야 하고, 객관적으로는 그 권리행사가 사회질서에 위반된다고 볼 수 있어야 하는 것이며, 이와 같은 경우에 해당하지 않는 한 비록 그 권리의 행사에 의하여 권리행사자가 얻는 이익보다 상대방이 잃을 손해가 현저히 크다 하여도 그러한 사정만으로는 이를 권리남용이라 할 수 없다(대판 1998.6.26. 97다42823).

20 확정판결의 내용이 실체적 권리관계에 배치되어 판결에 의한 집행이 권리남용에 해당한다고 하기 위해서는 확정판결에 기한 집행이 현저히 부당하고 상대방으로 하여금 집행을 수인하도록 하는 것이 정의에 반함이 명백하여 사회생활상 용인할 수 없다고 인정되는 경우이어야 한다(대판 2014.2.21. 2013다75717).

21 권리남용이 인정되기 위해서는 권리행사로 인한 권리자의 이익과 상대방의 불이익 사이에 현저한 불균형이 있어야 한다. 기출 21   [○ / ×]

22 수로 자기의 채무 이행만을 회피할 목적으로 동시이행항변권을 행사하는 경우에 그 항변권의 행사는 권리남용이 될 수 있다. 기출 21   [○ / ×]

23 권리남용이 불법행위가 되어 발생한 손해배상청구권은 1년의 단기소멸시효가 적용된다. 기출 21   [○ / ×]

24 토지소유자의 건물철거 청구가 권리남용으로 인정된 경우라도 토지소유자는 그 건물의 소유자에 대해 그 토지의 사용대가를 부당이득으로 반환청구할 수 있다. 기출 21   [○ / ×]

정답   21 ○   22 ○   23 ×   24 ○

해설   21   권리남용의 객관적 요건으로 권리행사로 인한 권리자의 이익과 상대방의 불이익 사이에 현저한 불균형이 있어야 한다는 것이 학설의 일반적인 태도이다.

       22   동시이행의 관계가 인정되는 경우에는 그러한 항변권을 행사하는 자의 상대방이 그 동시이행의 의무를 이행하기 위하여 과다한 비용이 소요되거나 또는 그 의무의 이행이 실제적으로 어려운 반면 그 의무의 이행으로 인하여 항변권자가 얻는 이득은 별달리 크지 아니하여 <u>동시이행의 항변권의 행사가 주로 자기 채무의 이행만을 회피하기 위한 수단이라고 보여지는 경우에는 그 항변권의 행사는 권리남용으로서 배척되어야 한다</u>(대판 1992.4.28. 91다29972).

       23   <u>불법행위로 인한 손해배상청구권의 소멸시효기간은 민법 제766조가 적용된다.</u>

       24   <u>토지소유자의 건물철거 청구가 권리남용으로 인정된 경우라도 토지소유자의 소유권 자체가 부정되는 것은 아니므로, 건물소유자의 토지 점유가 적법한 권원에 기인한 것이 아닌 경우 토지소유자는 건물소유자에 대하여 부당이득반환청구를 할 수 있다.</u>

제1절 법률관계와 권리·의무

01 다음 중 형성권이 아닌 것은?

┃2021년 9회 행정사

① 물권적 청구권   ② 취소권

③ 추인권   ④ 동의권

⑤ 계약해지권

해설 난도 ★☆☆

② 취소권, ③ 추인권, ④ 동의권, ⑤ 계약해지권은 권리자의 일방적 의사표시만으로 효과가 발생하는 형성권에 해당하나, ① 물권적 청구권은 특정인이 다른 특정인에게 일정한 행위를 청구할 수 있는 청구권에 해당한다.

02 형성권의 행사에 해당하는 것을 모두 고른 것은?

┃2018년 6회 행정사

> ㄱ. 무권대리행위에 대한 본인의 추인
> ㄴ. 미성년자의 법률행위에 대한 법정대리인의 취소
> ㄷ. 상계적상에 있는 채무의 대등액에 관한 채무자 일방의 상계
> ㄹ. 채무불이행을 원인으로 한 계약의 해제

① ㄱ, ㄷ   ② ㄴ, ㄹ

③ ㄱ, ㄴ, ㄷ   ④ ㄴ, ㄷ, ㄹ

⑤ ㄱ, ㄴ, ㄷ, ㄹ

해설 난도 ★☆☆

ㄱ(추인권), ㄴ(취소권), ㄷ(상계권), ㄹ(해제권)은 모두 권리자의 일방적 의사표시에 의하여 법률관계가 변동하는 형성권에 해당한다.

03 신의칙에 관한 설명으로 옳지 않은 것은?(다툼이 있으면 판례에 따름)　▌2022년 10회 행정사

① 신의칙에 반하는 것은 강행규정에 위반하는 것이므로 당사자의 주장이 없더라도 법원이 직권으로 판단할 수 있다.

② 법정대리인의 동의 없이 신용구매계약을 체결한 미성년자가 나중에 법정대리인의 동의 없음을 이유로 그 계약을 취소하는 것은 신의칙에 반한다.

③ 무권대리인이 본인을 단독상속한 경우, 본인의 지위에서 자신이 한 무권대리행위의 추인을 거절하는 것은 신의칙에 반한다.

④ 병원은 입원환자의 휴대품 등의 도난을 방지하기 위하여 필요한 적절한 조치를 강구하여 줄 신의칙상 보호의무가 있다.

⑤ 채권자가 유효하게 성립한 계약에 따른 급부의 이행을 청구하는 경우, 법원이 신의칙에 의하여 그 급부의 일부를 감축하는 것은 원칙적으로 허용되지 않는다.

해설 난도 ★★☆

② (×) 법정대리인의 동의 없이 신용구매계약을 체결한 미성년자가 사후에 법정대리인의 동의 없음을 사유로 들어 이를 취소하는 것이 신의칙에 위배된 것이라고 할 수 없다(대판 2007.11.16, 2005다71659).

① (○) 신의성실의 원칙에 반하는 것 또는 권리남용은 강행규정에 위배되는 것이므로 당사자의 주장이 없더라도 법원은 직권으로 판단할 수 있다(대판 1995.12.22, 94다42129).

③ (○) 대리권 없이 타인의 부동산을 매도한 자가 그 부동산을 상속한 후 소유자의 지위에서 자신의 대리행위가 무권대리로 무효임을 주장하여 등기말소 등을 구하는 것은 금반언원칙이나 신의칙상 허용될 수 없다(대판 1994.9.27, 94다20617).

④ (○) 병원은 병실에의 출입자를 통제·감독하든가 그것이 불가능하다면 최소한 입원환자에게 휴대품을 안전하게 보관할 수 있는 시정장치가 있는 사물함을 제공하는 등으로 입원환자의 휴대품 등의 도난을 방지함에 필요한 적절한 조치를 강구하여 줄 신의칙상의 보호의무가 있다고 할 것이다(대판 2003.4.11, 2002다63275).

⑤ (○) 유효하게 성립한 계약상의 책임을 공평의 이념 또는 신의칙과 같은 일반원칙에 의하여 제한하는 것은 사적자치의 원칙이나 법적 안정성에 대한 중대한 위협이 될 수 있으므로, 채권자가 유효하게 성립한 계약에 따른 급부의 이행을 청구하는 때에 법원이 급부의 일부를 감축하는 것은 원칙적으로 허용되지 않는다(대판 2016.12.1, 2016다240543).

04 신의성실의 원칙(이하 "신의칙"이라 한다)에 관한 설명으로 옳지 않은 것은?(다툼이 있으면 판례에 따름)　▌2020년 8회 행정사

① 신의칙은 당사자의 주장이 없어도 법원이 직권으로 판단할 수 있다.

② 일반 행정법률관계에 관한 관청의 행위에 대하여 신의칙은 특별한 사정이 있는 경우 예외적으로 적용될 수 있다.

③ 사용자는 특별한 사정이 없는 한 근로계약에 수반되는 신의칙상 부수적 의무로서 피용자의 안전에 대한 보호의무를 부담한다.

④ 숙박업자는 신의칙상 부수적 의무로서 투숙객의 안전을 배려할 보호의무를 부담한다.

⑤ 항소권과 같은 소송상의 권리에는 신의칙 내지 실효의 원칙이 적용될 수 없다.

⑤ (×) 항소권과 같은 소송법상의 권리에 대하여도 신의성실의 원칙의 파생원칙인 실효의 원칙이 적용될 수 있다(대판 1996.7.30. 94다51840).

① (○) 신의성실의 원칙에 반하는 것 또는 권리남용은 강행규정에 위배되는 것이므로 당사자의 주장이 없더라도 법원은 직권으로 판단할 수 있다(대판 1989.9.29. 88다카17181).

② (○) 일반 행정법률관계에서 관청의 행위에 대하여 신의칙이 적용되기 위해서는 합법성의 원칙을 희생하여서라도 처분의 상대방의 신뢰를 보호함이 정의의 관념에 부합하는 것으로 인정되는 특별한 사정이 있을 경우에 한하여 예외적으로 적용된다(대판 2004.7.22. 2002두11233).

③ (○) 사용자는 근로계약에 수반되는 신의칙상의 부수적 의무로서 피용자가 노무를 제공하는 과정에서 생명, 신체, 건강을 해치는 일이 없도록 인적·물적 환경을 정비하는 등 필요한 조치를 강구하여야 할 보호의무를 부담하고, 이러한 보호의무를 위반함으로써 피용자가 손해를 입은 경우 이를 배상할 책임이 있다(대판 2001.7.27. 99다56734).

④ (○) 숙박업자는 고객에게 위험이 없는 안전하고 편안한 객실 및 관련시설을 제공함으로써 고객의 안전을 배려하여야 할 보호의무를 부담하며 이러한 의무는 숙박계약의 특수성을 고려하여 신의칙상 인정되는 부수적인 의무에 해당한다(대판 1994.1.28. 93다43590).

05 신의성실의 원칙에 관한 설명으로 옳은 것은?(다툼이 있으면 판례에 따름) ▮2019년 7회 행정사

① 신의성실의 원칙에 반하는지 여부는 당사자의 주장이 없더라도 법원이 직권으로 판단할 수 있다.

② 특정채무를 보증하는 일반보증의 경우에는 채권자의 권리행사가 신의성실의 원칙에 비추어 용납할 수 없는 성질의 것인 때에도 보증인의 책임은 제한될 수 없다.

③ 강행규정에 위반하여 계약을 체결한 자가 스스로 그 계약의 성립을 부정하는 것은 특별한 사정이 없는 한 신의성실의 원칙에 반한다.

④ 종전 토지 소유자가 자신의 권리를 행사하지 않았다는 사정은 그 토지의 소유권을 적법하게 취득한 새로운 권리자에게 실효의 원칙을 적용함에 있어서 고려되어야 한다.

⑤ 계약의 성립에 기초가 되지 아니한 사정이 현저히 변경되어 일방 당사자가 계약목적을 달성할 수 없게 된 경우에는 특별한 사정이 없는 한 신의성실의 원칙상 계약을 해제할 수 있다.

해설 난도 ★★☆

① (○) 신의성실의 원칙에 반하는 것 또는 권리남용은 강행규정에 위배되는 것이므로 당사자의 주장이 없더라도 법원은 직권으로 판단할 수 있다(대판 1995.12.22. 94다42129).

② (×) 채권자와 채무자 사이에 계속적인 거래관계에서 발생하는 불확정한 채무를 보증하는 이른바 계속적 보증의 경우뿐만 아니라 특정채무를 보증하는 일반보증의 경우에 있어서도, 채권자의 권리행사가 신의칙에 비추어 용납할 수 없는 성질의 것인 때에는 보증인의 책임을 제한하는 것이 예외적으로 허용될 수 있을 것이다(대판 2004.1.27. 2003다45410).

③ (×) 강행법규에 위반한 자가 스스로 그 약정의 무효를 주장하는 것이 신의칙에 위반되는 권리의 행사라는 이유로 그 주장을 배척한다면, 이는 오히려 강행법규에 의하여 배제하려는 결과를 실현시키는 셈이 되어 입법취지를 완전히 몰각하게 되므로 달리 특별한 사정이 없는 한 위와 같은 주장은 신의칙에 반하는 것이라고 할 수 없다(대판 2004.6.11. 2003다1601).

④ (×) 종전 토지 소유자가 자신의 권리를 행사하지 않았다는 사정은 그 토지의 소유권을 적법하게 취득한 새로운 권리자에게 실효의 원칙을 적용함에 있어서 고려하여야 할 것은 아니다(대판 1995.8.25. 94다27069).

⑤ (×) 계약의 성립에 기초가 되지 아니한 사정이 그 후 변경되어 일방 당사자가 계약 당시 의도한 계약목적을 달성할 수 없게 됨으로써 손해를 입게 되었다 하더라도 특별한 사정이 없는 한 그 계약 내용의 효력을 그대로 유지하는 것이 신의칙에 반한다고 볼 수도 없다(대판 2007.3.29. 2004다31302).

06 신의성실의 원칙에 관한 설명으로 옳지 않은 것은?(다툼이 있으면 판례에 따름)

▌2017년 5회 행정사

① 제한능력자의 행위라는 이유로 법률행위를 취소하는 것은 신의성실의 원칙에 위배되지 않는다.
② 강행법규에 위반하여 약정을 체결한 당사자가 그 약정의 무효를 주장하는 것은 신의성실의 원칙에 반하지 아니한다.
③ 무권대리인이 본인을 단독상속한 경우 본인의 지위에서 추인을 거절하는 것은 신의성실의 원칙에 위배된다.
④ 이사가 회사재직 중 회사의 확정채무를 보증한 후 사임한 경우에 사정변경을 이유로 보증계약을 해지할 수 있다.
⑤ 법원은 당사자의 주장이 없더라도 직권으로 신의성실의 원칙에 위반되는지 여부를 판단할 수 있다.

해설 난도 ★☆☆
④ (×) 회사의 이사로 재직하면서 보증 당시 그 채무액과 변제기가 특정되어 있는 회사의 확정채무에 대하여 보증을 한 후 이사직을 사임하였다 하더라도, 사정변경을 이유로 보증계약을 해지할 수 없다(대판 1996.2.9. 95다27431).
① (○) 법정대리인의 동의 없이 신용구매계약을 체결한 미성년자가 사후에 법정대리인의 동의 없음을 사유로 들어 이를 취소하는 것이 신의칙에 위배된 것이라고 할 수 없다(대판 2007.11.16. 2005다71659).
② (○) 강행법규에 위반한 자가 스스로 그 약정의 무효를 주장하는 것이 신의칙에 위반되는 권리의 행사라는 이유로 그 주장을 배척한다면, 이는 오히려 강행법규에 의하여 배제하려는 결과를 실현시키는 셈이 되어 입법취지를 완전히 몰각하게 되므로 달리 특별한 사정이 없는 한 위와 같은 주장은 신의칙에 반하는 것이라고 할 수 없다(대판 2004.6.11. 2003다1601).
③ (○) 대리권한 없이 타인의 부동산을 매도한 자가 그 부동산을 상속한 후 소유자의 지위에서 자신의 대리행위가 무권대리로 무효임을 주장하여 등기말소 등을 구하는 것은 금반언원칙이나 신의칙상 허용될 수 없다(대판 1994.9.27. 94다20617).
⑤ (○) 신의성실의 원칙에 반하는 것 또는 권리남용은 강행규정에 위배되는 것이므로 당사자의 주장이 없더라도 법원은 직권으로 판단할 수 있다(대판 1995.12.22. 94다42129).

07 신의성실의 원칙 등에 관한 설명으로 옳은 것을 모두 고른 것은?(다툼이 있으면 판례에 따름)

▌2016년 4회 행정사

> ㄱ. 병원은 병실에의 출입자를 통제·감독하든가 그것이 불가능하다면 입원환자의 휴대품 등의 도난을 방지함에 필요한 적절한 조치를 강구하여 줄 신의칙상의 보호의무가 있다.
> ㄴ. 인지청구권에는 실효의 법리가 적용된다.
> ㄷ. 매매계약 체결 후 9년이 지났고 시가가 올랐다는 사정만으로 계약을 해제할 만한 사정변경이 있다고 볼 수 없다.
> ㄹ. 실효의 원칙은 항소권과 같은 소송법상의 권리에도 적용될 수 있다.

① ㄱ, ㄷ
② ㄴ, ㄹ
③ ㄱ, ㄴ, ㄹ
④ ㄱ, ㄷ, ㄹ
⑤ ㄱ, ㄴ, ㄷ, ㄹ

난도 ★★☆

ㄱ (○) 병원은 병실에의 출입자를 통제·감독하든가 그것이 불가능하다면 최소한 입원환자에게 휴대품을 안전하게 보관할 수 있는 시정장치가 있는 사물함을 제공하는 등으로 입원환자의 휴대품 등의 도난을 방지함에 필요한 적절한 조치를 강구하여 줄 신의칙상의 보호의무가 있다고 할 것이다(대판 2003.4.11. 2002다63275).

ㄷ (○) 매매계약 체결 후 9년이 지났고 시가가 올랐다는 사정만으로 계약을 해제할 만한 사정변경이 있다고 볼 수 없고, 매수인의 소유권이전등기절차 이행청구가 신의칙에 위배된다고도 할 수 없다(대판 1991.2.26. 90다19664).

ㄹ (○) 항소권과 같은 소송법상의 권리에 대하여도 신의성실의 원칙의 파생원칙인 실효의 원칙이 적용될 수 있다(대판 1996.7.30. 94다51840).

ㄴ (×) 인지청구권은 본인의 일신전속적인 신분관계상의 권리로서 포기할 수도 없으며 포기하였더라도 그 효력이 발생할 수 없는 것이고, 이와 같이 인지청구권의 포기가 허용되지 않는 이상 거기에 실효의 법리가 적용될 여지도 없다(대판 2001.11.27. 2001므1353).

08 신의성실의 원칙에 관한 설명으로 옳은 것은?(다툼이 있으면 판례에 따름) | 2015년 3회 행정사

① 병원은 입원환자의 휴대품 등의 도난을 방지하는 데 필요한 적절한 조치를 강구할 신의성실의 원칙상의 보호의무가 없다.

② 채무자의 소멸시효에 기한 항변권의 행사에는 신의성실의 원칙이 적용되지 않는다.

③ 강행법규를 위반한 자가 스스로 그 약정의 무효를 주장하는 것은 특별한 사정이 없는 한 신의성실의 원칙에 반한다.

④ 송전선이 토지 위를 통과하고 있다는 점을 알면서 그 토지를 시가대로 취득한 자의 송전선 철거 청구는 신의성실의 원칙에 반하거나 권리남용으로서 허용될 수 없다.

⑤ 미성년자가 법정대리인의 동의 없이 신용구매계약을 체결한 후에 법정대리인의 동의 없음을 사유로 이를 취소하는 것은 신의성실의 원칙에 반하지 않는다.

난도 ★★☆

⑤ (○) 법정대리인의 동의 없이 신용구매계약을 체결한 미성년자가 사후에 법정대리인의 동의 없음을 사유로 들어 이를 취소하는 것이 신의칙에 위배된 것이라고 할 수 없다(대판 2007.11.16. 2005다71659).

① (×) 병원은 병실에의 출입자를 통제·감독하든가 그것이 불가능하다면 최소한 입원환자에게 휴대품을 안전하게 보관할 수 있는 시정장치가 있는 사물함을 제공하는 등으로 입원환자의 휴대품 등의 도난을 방지함에 필요한 적절한 조치를 강구하여 줄 신의칙상의 보호의무가 있다고 할 것이다(대판 2003.4.11. 2002다63275).

② (×) 채무자의 소멸시효에 기한 항변권의 행사도 우리 민법의 대원칙인 신의성실의 원칙과 권리남용금지의 원칙의 지배를 받는 것으로 보아야 한다(대판 2014.5.29. 2011다95847).

③ (×) 강행법규에 위반한 자가 스스로 그 약정의 무효를 주장하는 것이 신의칙에 위반되는 권리의 행사라는 이유로 그 주장을 배척한다면, 이는 오히려 강행법규에 의하여 배제하려는 결과를 실현시키는 셈이 되어 입법취지를 완전히 몰각하게 되므로 달리 특별한 사정이 없는 한 위와 같은 주장은 신의칙에 반하는 것이라고 할 수 없다(대판 2004.6.11. 2003다1601).

④ (×) 송전선이 토지 위를 통과하고 있다는 점을 알고서 토지를 취득하였다고 하여 그 취득자가 그 소유 토지에 대한 소유권의 행사가 제한된 상태를 용인하였다고 할 수 없으므로, 그 취득자의 송전선 철거 청구 등 권리행사가 신의성실의 원칙에 반하지 않는다(대판 1995.8.25. 94다27069).

09 신의성실의 원칙(이하 "신의칙"이라 한다)에 관한 설명으로 옳지 않은 것은?(다툼이 있는 경우에는 판례에 의함)
┃2014년 2회 행정사

① 신의칙이란 법률관계의 당사자로서 형평에 어긋나거나 신뢰를 버리는 내용 또는 방법으로 권리를 행사하거나 의무를 이행하여서는 아니 된다는 추상적 규범을 말한다.

② 신의칙에 관한 제2조는 강행규정이므로 법원은 그 위반 여부를 직권으로 판단할 수 있다.

③ 강행규정을 위반한 행위를 한 사람이 그 무효를 주장하는 것은 특별한 사정이 없으면, 신의칙에 반하지 아니한다.

④ 권리의 행사로 권리자가 얻는 이익보다 상대방이 잃은 이익이 현저하게 크다는 사정만으로 권리 남용이 인정된다.

⑤ 본인을 상속한 무권대리인이 무권대리행위의 무효를 주장하는 것은 신의칙에 반한다.

해설 난도 ★☆☆

④ (×) 권리행사가 권리의 남용에 해당한다고 할 수 있으려면, 주관적으로 그 권리행사의 목적이 오직 상대방에게 고통을 주고 손해를 입히려는 데 있을 뿐 행사하는 사람에게 아무런 이익이 없는 경우이어야 하고, 객관적으로는 그 권리행사가 사회질서에 위반된다고 볼 수 있어야 하는 것이며, 이와 같은 경우에 해당하지 않는 한 비록 그 권리의 행사에 의하여 권리행사자가 얻는 이익보다 상대방이 잃을 손해가 현저히 크다 하여도 그러한 사정만으로는 이를 권리남용이라 할 수 없다(대판 1998.6.26. 97다42823).

① (○) 신의성실의 원칙은 법률관계의 당사자가 상대방의 이익을 배려하여 형평에 어긋나거나, 신의를 저버리는 내용 또는 방법으로 권리를 행사하거나 의무를 이행하여서는 아니 된다는 추상적 규범을 말한다(대판 2011.2.10. 2009다68941).

② (○) 신의성실의 원칙에 반하는 것 또는 권리남용은 강행규정에 위배되는 것이므로 당사자의 주장이 없더라도 법원은 직권으로 판단할 수 있다(대판 1995.12.22. 94다42129).

③ (○) 강행법규에 위반한 자가 스스로 그 약정의 무효를 주장하는 것이 신의칙에 위반되는 권리의 행사라는 이유로 그 주장을 배척한다면, 이는 오히려 강행법규에 의하여 배제하려는 결과를 실현시키는 셈이 되어 입법취지를 완전히 몰각하게 되므로 달리 특별한 사정이 없는 한 위와 같은 주장은 신의칙에 반하는 것이라고 할 수 없다(대판 2004.6.11. 2003다1601).

⑤ (○) 대리권 없이 타인의 부동산을 매도한 자가 그 부동산을 상속한 후 소유자의 지위에서 자신의 대리행위가 무권대리로 무효임을 주장하여 등기말소 등을 구하는 것은 금반언원칙이나 신의칙상 허용될 수 없다(대판 1994.9.27. 94다20617).

10 신의성실의 원칙(이하 "신의칙"이라 한다)에 관한 설명으로 옳은 것은?(다툼이 있는 경우에는 판례에 의함)

┃2013년 1회 행정사

① 신의칙 위반에 대해서도 변론주의 원칙이 적용되므로 당사자의 주장이 없으면 법원이 직권으로 이를 판단할 수 없다.

② 회사의 이사로 재직하면서 보증 당시 그 채무액과 변제기가 특정되어 있는 회사의 확정채무에 대하여 보증을 한 후 이사직을 사임하였다면, 사정변경을 이유로 그 보증계약을 해지할 수 있다.

③ 법정대리인의 동의 없이 신용구매계약을 체결한 미성년자가 사후에 법정대리인의 동의 없음을 사유로 들어 이를 취소하는 것은 신의칙에 반하지 않는다.

④ 국가는 국민을 보호할 의무가 있기 때문에 소멸시효가 완성되었더라도 국가가 이를 주장하는 것은 신의칙에 반한다.

⑤ 사정변경이 해제권을 취득하는 당사자의 책임 있는 사유로 생긴 경우에도 그 당사자는 사정변경을 이유로 계약을 해제할 수 있다.

해설 난도 ★☆☆

③ (○) 법정대리인의 동의 없이 신용구매계약을 체결한 미성년자가 사후에 법정대리인의 동의 없음을 사유로 들어 이를 취소하는 것이 신의칙에 위배된 것이라고 할 수 없다(대판 2007.11.16. 2005다71659).

① (×) 신의성실의 원칙에 반하는 것 또는 권리남용은 강행규정에 위배되는 것이므로 당사자의 주장이 없더라도 법원은 직권으로 판단할 수 있다(대판 1995.12.22. 94다42129).

② (×) 회사의 이사로 재직하면서 보증 당시 그 채무액과 변제기가 특정되어 있는 회사의 확정채무에 대하여 보증을 한 후 이사직을 사임하였다 하더라도, 사정변경을 이유로 보증계약을 해지할 수 없다(대판 1996.2.9. 95다27431).

④ (×) 국가에게 국민을 보호할 의무가 있다는 사유만으로 국가가 소멸시효의 완성을 주장하는 것 자체가 신의성실의 원칙에 반하여 권리남용에 해당한다고 할 수는 없으므로, 국가의 소멸시효완성 주장이 신의칙에 반하고 권리남용에 해당한다고 하려면 일반 채무자의 소멸시효완성 주장에서와 같은 특별사정이 인정되어야 한다(대판 2010.9.9. 2008다15865).

⑤ (×) 사정변경으로 인한 계약해제는, 계약성립 당시 당사자가 예견할 수 없었던 현저한 사정의 변경이 발생하였고 그러한 사정의 변경이 해제권을 취득하는 당사자에게 책임 없는 사유로 생긴 것으로서, 계약 내용대로의 구속력을 인정한다면 신의칙에 현저히 반하는 결과가 생기는 경우에 계약준수 원칙의 예외로서 인정되는 것이다(대판 2007.3.29. 2004다31302).

11 권리남용에 관한 설명으로 옳지 않은 것은?(다툼이 있으면 판례에 따름) ▌2021년 9회 행정사

① 확정판결에 따른 강제집행도 특별한 사정이 있으면 권리남용이 될 수 있다.
② 주로 자기의 채무 이행만을 회피할 목적으로 동시이행항변권을 행사하는 경우에 그 항변권의 행사는 권리남용이 될 수 있다.
③ 권리남용이 인정되기 위해서는 권리행사로 인한 권리자의 이익과 상대방의 불이익 사이에 현저한 불균형이 있어야 한다.
④ 권리남용이 불법행위가 되어 발생한 손해배상청구권은 1년의 단기소멸시효가 적용된다.
⑤ 토지소유자의 건물 철거 청구가 권리남용으로 인정된 경우라도 토지소유자는 그 건물의 소유자에 대해 그 토지의 사용대가를 부당이득으로 반환청구할 수 있다.

해설 난도 ★☆☆

④ (×) 권리남용이 불법행위가 되어 발생한 손해배상청구권의 소멸시효는 민법 제766조가 적용된다.

Plus One

손해배상청구권의 소멸시효(민법 제766조)
① 불법행위로 인한 손해배상의 청구권은 피해자나 그 법정대리인이 그 손해 및 가해자를 안 날로부터 3년간 이를 행사하지 아니하면 시효로 인하여 소멸한다.
② 불법행위를 한 날로부터 10년을 경과한 때에도 전항과 같다.
③ 미성년자가 성폭력, 성추행, 성희롱, 그 밖의 성적(性的) 침해를 당한 경우에 이로 인한 손해배상청구권의 소멸시효는 그가 성년이 될 때까지는 진행되지 아니한다. 〈신설 2020.10.20.〉
[단순위헌, 2014헌바148, 2018.8.30. 민법(1958.2.22. 법률 제471호로 제정된 것) 제766조 제2항 중 '진실·화해를 위한 과거사정리 기본법' 제2조 제1항 제3호, 제4호에 규정된 사건에 적용되는 부분은 헌법에 위반된다.]

---

① (○) 확정판결의 내용이 실체적 권리관계에 배치되어 판결에 의한 집행이 권리남용에 해당된다고 하기 위해서는 확정판결에 기한 집행이 현저히 부당하고 상대방으로 하여금 집행을 수인하도록 하는 것이 정의에 반함이 명백하여 사회생활상 용인할 수 없다고 인정되는 경우이어야 한다(대판 2014.2.21. 2013다75717).
② (○) 동시이행의 관계가 인정되는 경우에는 그러한 항변권을 행사하는 자의 상대방이 그 동시이행의 의무를 이행하기 위하여 과다한 비용이 소요되거나 또는 그 의무의 이행이 실제적으로 어려운 반면 그 의무의 이행으로 인하여 항변권자가 얻는 이득은 별달리 크지 아니하여 동시이행의 항변권의 행사가 주로 자기 채무의 이행만을 회피하기 위한 수단이라고 보여지는 경우에는 그 항변권의 행사는 권리남용으로서 배척되어야 한다(대판 1992.4.28. 91다29972).
③ (○) 권리남용의 객관적 요건으로 권리행사로 인한 권리자의 이익과 상대방의 불이익 사이에 현저한 불균형이 있어야 한다는 것이 학설의 일반적인 태도이다.
⑤ (○) 토지소유자의 건물 철거 청구가 권리남용으로 인정된 경우라도 토지소유자의 소유권 자체가 부정되는 것은 아니고 건물소유자의 불법점유가 적법한 권원에 기한 것으로 전환되지도 않으므로 토지소유자는 건물소유자에 대하여 부당이득반환청구를 할 수 있다.

03 권리의 주체

❶ 자연인 : 권리능력(태아), 의사능력, 행위능력(법정대리인 동의 없이 미성년자가 단독으로 할 수 있는 행위), 성년후견·한정후견·특정후견, 제한능력자와 거래한 상대방의 보호), 부재와 실종(부재자 재산관리, 실종선고) 등에 대해 상세히 학습한다.

❷ 법인 : 법인 아닌 사단·재단, 법인의 설립요건, 법인의 능력(권리능력·행위능력·불법행위능력), 법인의 기관, 법인의 소멸, 기타 법인에 관한 규정(정관변경, 법인의 감독) 등에 대해 상세히 학습한다.

제1절 서 설

I 권리의 주체

권리의 주체는 법에 의하여 권리를 향유할 수 있는 힘을 부여받은 자를 말하며, 법적 인격 또는 법인격이라고도 한다. 민법상 권리의 주체로 자연인과 법인이 있다.

II 민법상 능력

민법상 능력에 관한 규정은 모두 강행규정이다. 따라서 개인의 의사 또는 합의로 그 적용을 배제할 수 없다.

1. 권리능력

권리능력은 권리·의무의 주체가 될 수 있는 자격을 말한다. 우리 민법상 권리능력자는 '모든 살아 있는 사람'(자연인)과 '법인'으로 법정·획일화되어 있다.

2. 의사능력

의사능력이란 자신의 행위의 의미나 결과를 정상적인 인식력과 예기력을 바탕으로 합리적으로 판단할 수 있는 정신적 능력 내지는 지능을 말하는바, 의사능력의 유무는 구체적인 법률행위와 관련하여 개별적으로 판단되어야 할 것이다(대판 2006.9.22. 2006다29358). 의사능력이 없으면 이에 대한 명문규정이 없더라도 절대적 무효이다. **기출 13** 이 경우 무효의 주장은 의사무능력자뿐만 아니라 상대방도 할 수 있다(통설).

3. 행위능력

행위능력이란 단독으로 완전하고 유효하게 법률행위를 할 수 있는 능력을 말한다. 행위능력이 없는 자를 제한능력자라고 하며, 제한능력자는 객관적으로 법정·획일화되어 있다. 행위능력이 없으면 취소사유가 된다(민법 제5조 제2항, 제10조 제1항, 제13조 제4항).

4. 책임능력

책임능력은 자기의 행위에 대한 책임을 변식할 수 있는 능력을 말한다. 책임능력은 의사능력과 마찬가지로 구체적·개별적으로 판단한다. 책임능력이 없으면 불법행위책임 또는 채무불이행책임이 인정되지 아니한다.

제2절 | 자연인

제1관 | 권리능력

I 서 설

> **권리능력의 존속기간(민법 제3조)**
> 사람은 생존하는 동안 권리와 의무의 주체가 된다.

1. 권리능력의 시기

① 권리능력은 사람이 생존하기 시작하는 때, 즉 출생과 함께 시작된다. 출생의 시기에 대해서는 통설은 태아가 모체로부터 완전히 분리된 때에 출생한 것으로 본다(전부노출설).
② 사람이 출생하면 가족관계의 등록 등에 관한 법률상의 절차에 따라 출생신고를 하여야 하는데 이 신고는 보고적 신고에 불과하다.

> **⊕ 더 알아보기**
>
> 가족관계등록부에 기재된 사항은 진실에 부합하는 것으로 추정된다 할 것이나, 그 기재에 반하는 증거가 있거나 그 기재가 진실이 아니라고 볼만한 특별한 사정이 있는 때에는 그 추정은 번복될 수 있다(대판 2013.7.25. 2011두13309). 기출 18

2. 권리능력의 종기

① 자연인에게 사망(死亡)만이 유일한 권리능력의 소멸사유이며, 인정사망이나 실종선고가 있더라도 당사자가 생존하고 있는 한 권리능력을 잃게 되지는 않는다. 이에 따라 의사능력이 없는 자라도 권리능력은 인정된다. `기출` 16

② 사망의 시기에 대해서는 뇌사설이 주장되기는 하나 「심장정지설」이 통설이다.

③ 사망의 사실 및 시기에 대한 입증책임은 원칙적으로 그것을 전제로 한 법률효과를 주장하는 자가 진다(대판 1995.7.28. 94다42679).

Ⅱ 태아의 권리능력

손해배상청구권에 있어서의 태아의 지위(민법 제762조)
태아는 손해배상의 청구권에 관하여는 이미 출생한 것으로 본다.

포태 중인 자의 인지(민법 제858조)
부는 포태 중에 있는 자에 대하여도 이를 인지할 수 있다.

상속의 순위(민법 제1000조)
③ 태아는 상속순위에 관하여는 이미 출생한 것으로 본다.

유언과 태아, 상속결격자(민법 제1064조)
제1000조 제3항, 제1004조(상속인의 결격사유)의 규정은 수증자에 준용한다.

1. 태아보호를 위한 입법주의 `기출` 13

민법의 태도에 따르면 태아는 원칙적으로 권리능력이 없지만 구체적 사례에서 개별적으로 이미 출생한 것으로 인정해주는 개별보호주의에 입각하고 있다.

> **⊕ 더 알아보기**
>
> 우리 민법은 외국인의 권리능력에 관한 명문규정을 두고 있지 않으나 헌법 제6조 제2항, 민법 제3조에 의하여 외국인도 내국인과 같은 권리능력을 가지는 것으로 보아야 한다. 다만, 외국인은 각종 특별법에 의하여 권리능력이 제한받는 경우가 적지 않다[[예] 대한민국 국민이 아닌 사람은 대한민국의 도선사가 될 수 없다(도선법 제6조 제1호)]. `기출` 16

2. 태아의 권리능력 기출 20

인정되는 것	부정되는 것
두 손·상·사·유·인 • 태아 자신에 대한 출생 전 불법행위에 기한 손해배상청구권(민법 제762조) • 부모의 생명침해로 인한 태아 자신의 위자료청구권(민법 제752조) 기출 18	채무불이행에 기한 손해배상청구권
• 상속(민법 제1000조 제3항), 대습상속(민법 제1001조), 유류분권(민법 제1118조, 제1001조) • 사인증여(민법 제562조) : 민법 제562조가 유증에 관한 규정을 준용한다는 점을 근거로 태아의 권리능력을 인정(다수설) • 유증(민법 제1064조, 제1000조 제3항)	• 계약할 수 있는 능력이나 의사표시능력 원칙적 부정 • 판례는 '생전'증여의 수증능력을 부정(대판 1982.2.9. 81다534).
인지의 대상(민법 제858조)	태아의 인지청구권(다수설)

3. 태아의 법적 지위(살아서 출생한 경우를 전제로 한 논의) 기출 18

구 분	정지조건설(판례)	해제조건설(다수설)
취득시기	태아는 권리능력을 갖지 못하고, 살아서 출생하면 권리능력을 가지며, 그 시기는 문제되는 시기로 소급(대판 1993.4.27. 93다4663).	태아는 문제된 시기에 권리능력을 갖지만, 사산되면 문제된 시기로 소급하여 권리능력이 소멸
법정대리인 유무	태아인 상태에서는 권리능력이 없으므로 법정대리인이 없음	태아인 상태에서도 권리능력이 인정되므로 법정대리인이 있음
장 점	거래안전에 유리	태아보호에 유리
출생한 경우	학설대립에 관계없이 권리능력의 취득시기는 문제가 된 사건 발생 시로 인식	
사산한 경우	학설대립에 관계없이 처음부터 권리능력을 취득하지 않는 것으로 인식	

Ⅲ 동시사망·인정사망

1. 동시사망

동시사망(민법 제30조) 기출 13
2인 이상이 동일한 위난으로 사망한 경우에는 동시에 사망한 것으로 '추정'한다.

(1) 의 의

2인 이상이 동일한 위난으로 사망한 경우에는 동시에 사망한 것으로 추정한다(민법 제30조).

(2) 요 건

① 2인 이상이 동일한 위난으로 사망한 경우

② 동일하지 않은 위난으로 사망하였으나 그들의 사망시기의 선후를 확정할 수 없는 경우에도, 민법 제30조를 유추적용하여 동시사망을 추정하여야 한다는 것이 다수설이다.

(3) 효 과

① 동시사망 추정규정은 법률상 추정으로 이를 번복하기 위하여는 동일한 위난으로 사망하였다는 전제사실에 대하여 법원의 확신을 흔들리게 하는 반증을 제출하거나 각자 다른 시각에 사망하였다는 점에 대하여 법원에 확신을 줄 수 있는 본증을 제출하여야 한다(대판 1998.8.21. 98다 8974).

② 동시사망 추정자 사이에는 상속이 일어나지 않는다. 다만, 그들의 직계비속이나 처가 있는 때에는 그 직계비속이나 처가 대습상속(민법 제1001조)을 한다(대판 2001.3.9. 99다13157). 기출 18

2. 인정사망

(1) 의 의

인정사망은 수난, 화재나 그 밖의 재난으로 인하여 사망의 증명을 얻을 수 없으나 사망이 확실시 되는 경우에, 이를 조사한 관공서가 사망지의 시·읍·면의 장에게 보고를 하고, 이 보고에 의하여 가족관계등록부에 사망의 기재를 하여 사망으로 추정하는 제도이다(가족관계의 등록 등에 관한 법률 제87조, 제16조).

(2) 효 과

실종선고와 달리 인정사망은 가족관계등록부에 사망을 기록하기 위한 절차적 특례 제도로, 강한 사망추정적 효과가 인정된다.

> ⊕ 더 알아보기
>
> [인정사망이나 실종선고에 의하지 아니하고 법원이 사망사실을 인정할 수 있는지 여부(적극)]
> 수난, 전란, 화재 기타 사변에 편승하여 타인의 불법행위로 사망한 경우에 있어서는 확정적인 증거의 포착이 손쉽지 않음을 예상하여 법은 인정사망, 위난실종선고 등의 제도와 그밖에도 보통실종선고제 도도 마련해 놓고 있으나 그렇다고 하여 위와 같은 자료나 제도에 의함이 없는 사망사실의 인정을 수 소법원이 절대로 할 수 없다는 법리는 없다(대판 1989.1.31. 87다카2954).

제2관 | 의사능력

Ⅰ 서 설

1. 의 의

의사능력이란 자신의 행위의 의미나 결과를 정상적인 인식력과 예기력을 바탕으로 합리적으로 판단할 수 있는 정신적 능력 내지는 지능을 말한다.

2. 판단 기준

어떤 법률행위가 그 일상적인 의미만을 이해하여서는 알기 어려운 특별한 법률적인 의미나 효과가 부여되어 있는 경우 의사능력이 인정되기 위하여는 그 행위의 일상적인 의미뿐만 아니라 법률적인 의미나 효과에 대하여도 이해할 수 있을 것을 요한다고 보아야 하고, 의사능력의 유무는 구체적인 법률행위와 관련하여 개별적으로 판단되어야 할 것이다(대판 2006.9.22. 2006다29358).

Ⅱ 의사무능력의 효과

1. 무 효

의사무능력자의 법률행위는 절대적 무효이다. 따라서 누구나 언제든지 무효를 주장할 수 있다. 법률행위의 무효를 주장하는 자가 의사능력이 없었음을 증명하여야 한다.

2. 의사무능력자의 부당이득 반환범위(현존이익에 한정)

> ⊕ **더 알아보기**
>
> [무능력자의 책임을 제한하는 민법 제141조 단서 규정이 의사능력의 흠결을 이유로 법률행위가 무효가 되는 경우에도 유추적용되는지 여부(적극) 및 이익의 현존 여부의 증명책임의 소재(= 의사무능력자)]
> 무능력자의 책임을 제한하는 민법 제141조 단서는 부당이득에 있어 수익자의 반환범위를 정한 민법 제748조의 특칙으로서 무능력자의 보호를 위해 그 선의 · 악의를 묻지 아니하고 반환범위를 현존이익에 한정시키려는데 그 취지가 있으므로, 의사능력의 흠결을 이유로 법률행위가 무효가 되는 경우에도 유추적용되어야 할 것이나, 법률상 원인 없이 타인의 재산 또는 노무로 인하여 이익을 얻고 그로 인하여 타인에게 손해를 가한 경우에 그 취득한 것이 금전상의 이득인 때에는 그 금전은 이를 취득한 자가 소비하였는가의 여부를 불문하고 현존하는 것으로 추정되므로, 위 이익이 현존하지 아니함은 이를 주장하는 자, 즉 의사무능력자 측에 입증책임이 있다(대판 2009.1.15. 2008다58367). 기출 22 · 21

> **[부당이득반환청구의 대상]**
> 의사무능력자가 자신이 소유하는 부동산에 근저당권을 설정해 주고 금융기관으로부터 금원을 대출받아 이를 제3자에게 대여한 경우, 대출로써 받은 이익이 위 제3자에 대한 대여금채권 또는 부당이득반환채권의 형태로 현존하므로, 금융기관은 대출거래약정 등의 무효에 따른 원상회복으로서 위 대출금 자체의 반환을 구할 수는 없더라도 현존이익인 위 채권의 양도를 구할 수 있다(대판 2009.1.15. 2008다58367).

제3관 | 행위능력

Ⅰ 서 설

행위능력제도는 근본적으로는 거래안전을 희생시키더라도 제한능력자를 보호하고자 하는 취지의 제도이다. 민법의 개정으로 금치산, 한정치산제도가 폐지되고 성년후견, 한정후견, 특정후견, 임의후견제도가 2013년 7월 1일부터 시행되었다. 그동안의 민법상 금치산, 한정치산제도는 재산관리에 중점을 두고 능력을 박탈 또는 제한한다는 점에서 제도를 악용하는 사례가 끊이지 않았으며, 이에 변경된 성년후견제도는 능력의 박탈 또는 제한이 아닌 능력지원과 재산관리, 신상보호에 중점을 둔 제도라는 점에 의미가 있다.

Ⅱ 미성년자

성년(민법 제4조)
사람은 19세로 성년에 이르게 된다.

미성년자의 능력(민법 제5조)
① 미성년자가 법률행위를 함에는 법정대리인의 동의를 얻어야 한다. 그러나 권리만을 얻거나 의무만을 면하는 행위는 그러하지 아니하다. 기출 21
② 전항의 규정에 위반한 행위는 취소할 수 있다.

처분을 허락한 재산(민법 제6조)
법정대리인이 범위를 정하여 처분을 허락한 재산은 미성년자가 임의로 처분할 수 있다.

동의와 허락의 취소(민법 제7조) 기출 20
법정대리인은 미성년자가 아직 법률행위를 하기 전에는 전2조의 동의와 허락을 취소할 수 있다.

> **영업의 허락(민법 제8조)**
> ① 미성년자가 법정대리인으로부터 허락을 얻은 특정한 영업에 관하여는 성년자와 동일한 행위능력
> 이 있다. [기출] 21
> ② 법정대리인은 전항의 허락을 취소 또는 제한할 수 있다. 그러나 선의의 제3자에게 대항하지 못한
> 다. [기출] 21

1. 성년기

(1) 의 의

민법상 19세로 성년이 되며(민법 제4조), 성년에 이르지 않은 자가 미성년자이다. 여기서 19세는
만 나이를 가리키며, 연령은 출생일을 산입하여 역(曆)에 따라 계산한다(민법 제158조, 제160조).

(2) 성년의제

① 미성년자가 혼인을 한 때에는 성년자로 본다(민법 제826조의2). 이때의 혼인이 법률혼인지 사실혼
  인지에 대하여 견해대립이 있으나 통설은 성년시기를 획일적으로 명확하게 하여 거래안전을
  보호해야 한다는 점에서 법률혼에 한정하고 있다.

② 미성년자가 혼인을 한 때에는 행위능력자로 간주되므로 이혼을 할 때에는 부모 등의 동의를
  얻을 필요가 없다.

③ 성년의제는 민법의 영역에 한정되고 공직선거법, 근로기준법 등 공법이나 기타 사회법에서는
  적용되지 않는다.

2. 행위능력

(1) 원 칙

미성년자가 법률행위를 함에는 법정대리인의 동의를 얻어야 하며(민법 제5조 제1항 본문), 법정대리인의
동의 없이 법률행위를 한 때에는 미성년자 본인이나 법정대리인이 취소할 수 있다(민법 제5조 제2항,
제140조). 그 취소는 선의취득(민법 제249조) 등의 별개의 권리취득 원인이 인정되지 않는 이상 선의의
제3자에게도 대항할 수 있다(절대적 효력). 법정대리인의 동의에 관한 입증책임은 미성년자에게
있는 것이 아니라 「동의가 있었음을 주장하는 상대방」에게 있다(대판 1970.2.24. 69다1568).

(2) 예외 : 미성년자가 단독으로 할 수 있는 행위

① **권리만을 얻거나 의무만을 면하는 행위**(민법 제5조 제1항 단서)
  ㉠ 부담 없는 증여나 유증을 받는 경우
  ㉡ 면제계약에 있어서 채무면제의 청약에 대한 승낙, 의무만을 부담하는 계약의 해제, 이자
    없는 소비대차의 해지 등
  ㉢ 권리만을 얻는 제3자를 위한 계약의 수익의 의사표시
  ㉣ 단, 부담부 증여, 미성년자에게 경제적으로 유리한 매매계약을 체결하는 경우, 상속의 승
    인, 변제의 수령(통설)은 미성년자가 단독으로 할 수 없다. [기출] 13

② 범위를 정하여 처분이 허락된 재산의 처분행위(민법 제6조)

　　㉠ 목적범위를 정하여 처분을 허락한 경우에도 지정목적에 상관없이 임의처분이 가능하다. 즉, 여기서 허락의 대상은 「사용의 목적」이 아니라 「재산의 범위」라고 보아야 한다(통설).

　　㉡ 법정대리인은 특정 재산에 관한 처분을 허락하였더라도 그 재산에 관한 대리권을 상실하지 않는다.

⊕ 더 알아보기

[일정 소득이 있고 성년에 근접한 미성년자가 행한 신용구매계약의 취소 가능 여부]

[1] 행위무능력자 제도는 사적자치의 원칙이라는 민법의 기본이념, 특히, 자기책임 원칙의 구현을 가능케 하는 도구로서 인정되는 것이고, 거래의 안전을 희생시키더라도 행위무능력자를 보호하고자 함에 근본적인 입법 취지가 있는바, 행위무능력자 제도의 이러한 성격과 입법 취지 등에 비추어 볼 때, 신용카드 가맹점이 미성년자와 신용구매계약을 체결할 당시 향후 그 미성년자가 법정대리인의 동의가 없었음을 들어 스스로 위 계약을 취소하지는 않으리라고 신뢰하였다 하더라도 그 신뢰가 객관적으로 정당한 것이라고 할 수 있을지 의문일 뿐만 아니라, 그 미성년자가 가맹점의 이러한 신뢰에 반하여 취소권을 행사하는 것이 정의관념에 비추어 용인될 수 없는 정도의 상태라고 보기도 어려우며, 미성년자의 법률행위에 법정대리인의 동의를 요하도록 하는 것은 강행규정인데, 위 규정에 반하여 이루어진 신용구매계약을 미성년자 스스로 취소하는 것을 신의칙 위반을 이유로 배척한다면, 이는 오히려 위 규정에 의해 배제하려는 결과를 실현시키는 셈이 되어 미성년자 제도의 입법 취지를 몰각시킬 우려가 있으므로, 법정대리인의 동의 없이 신용구매계약을 체결한 미성년자가 사후에 법정대리인의 동의 없음을 사유로 들어 이를 취소하는 것이 신의칙에 위배된 것이라고 할 수 없다. `기출` 22·17·15·13 [2] 미성년자가 법률행위를 함에 있어서 요구되는 법정대리인의 동의는 언제나 명시적이어야 하는 것은 아니고 묵시적으로도 가능한 것이며, 미성년자의 행위가 위와 같이 법정대리인의 묵시적 동의가 인정되거나 처분허락이 있는 재산의 처분 등에 해당하는 경우라면, 미성년자로서는 더 이상 행위무능력을 이유로 그 법률행위를 취소할 수 없다. [3] 미성년자의 법률행위에 있어서 법정대리인의 묵시적 동의나 처분허락이 있다고 볼 수 있는지 여부를 판단함에 있어서는, 미성년자의 연령·지능·직업·경력, 법정대리인과의 동거 여부, 독자적인 소득의 유무와 그 금액, 경제활동의 여부, 계약의 성질·체결경위·내용, 기타 제반 사정을 종합적으로 고려하여야 할 것이고, 위와 같은 법리는 묵시적 동의 또는 처분허락을 받은 재산의 범위 내라면 특별한 사정이 없는 한 신용카드를 이용하여 재화와 용역을 신용구매한 후 사후에 결제하려는 경우와 곧바로 현금구매하는 경우를 달리 볼 필요는 없다(대판 2007.11.16, 2005다71659·71666·71673).

③ 허락된 영업에 관한 행위(민법 제8조)

　　㉠ 법정대리인이 영업을 허락함에는 반드시 영업의 종류를 특정하여야 하며, 그 영업에 관한 행위에 대하여는 성년자와 동일한 행위능력이 인정된다(민법 제8조 제1항). `기출` 21 따라서 그 영업에 관하여는 법정대리인의 동의권과 대리권이 모두 소멸한다. 한편 미성년자는 허락된 영업에 관하여는 소송능력도 갖게 된다.

　　㉡ 법정대리인은 허락을 취소 또는 제한할 수 있다. 그러나 선의의 제3자에게 대항하지 못한다(민법 제8조 제2항). `기출` 21

　　㉢ 영업의 허락은 특별한 방식을 요하지 않으나, 미성년후견인이 허락하는 경우에는 후견감독인이 있으면 그의 동의를 받아야 한다(민법 제950조 제1항 제1호).

④ **근로계약의 체결** : 민법 제920조 단서(미성년자의 동의를 얻어야 한다)와 근로기준법 제67조 제1항(미성년자의 근로계약을 대리할 수 없다)의 충돌이 있으나, 다수설은 근로기준법에 의하여 법정대리인의 동의를 얻어 미성년자가 스스로 체결하는 방식만 가능하다는 입장이다. 나아가 미성년자는 독자적으로 임금을 청구할 수 있다(근기법 제68조). `기출` 20

⑤ **대리행위**(민법 제117조 참조) : 대리인은 행위능력자임을 요하지 아니한다(민법 제117조). 대리행위의 효과는 대리인이 아닌 본인에게 귀속하기 때문에 미성년자가 단독으로 할 수 있다. `기출` 20 · 13

⑥ **유언행위** : 유언에는 민법 제5조가 적용되지 않으며(민법 제1062조), 만 17세 이상이면 단독으로 유언이 가능하다(민법 제1061조). `기출` 13

⑦ **제한능력을 이유로 하는 취소**(민법 제140조) : 미성년자도 법정대리인의 동의 없이 단독으로 취소할 수 있다. `기출` 13

(3) 동의와 허락의 취소 또는 제한

① 미성년자의 법정대리인은 동의나 재산처분에 대한 허락을 취소할 수 있다(민법 제7조). 여기서 취소는 「철회」의 성질을 갖는다. 또한 철회는 미성년자가 법률행위를 하기 전에만 허용되는데, 미성년자나 상대방에게 하여야 한다. 미성년자에게만 철회를 한 경우에는 선의의 제3자에게 대항할 수 없다.

② 법정대리인은 그가 행한 영업의 허락을 취소 또는 제한할 수 있다(민법 제8조 제2항 본문). 여기서 취소도 「철회」의 의미이다. 따라서 그 효력은 장래를 향하여 발생한다. 그리고 영업허락의 취소나 제한은 선의의 제3자, 즉 미성년자와 거래한 선의의 상대방에게 대항하지 못한다(민법 제8조 제2항 단서).

3. 법정대리인

(1) 법정대리인으로 되는 자

① 1차적으로 친권자(부모)가 법정대리인이 된다(민법 제911조).

② 2차적으로 미성년자에게 부모가 없거나 부모가 친권을 행사할 수 없는 경우에는 후견인이 법정대리인으로 된다. 후견인은 지정후견인(민법 제931조), 선임후견인(민법 제932조) 순으로 된다.

(2) 법정대리인의 권한

① 동의권

　㉠ 동의권은 미성년자와 피한정후견인의 법정대리인에게만 인정되며, 피성년후견인의 성년후견인에게는 동의권이 없다.

　㉡ 동의는 미성년자의 법률행위가 있기 전에 하여야 하지만, 그 후에 하는 동의는 추인으로서 의미가 있다.

　㉢ 법정대리인은 예견할 수 있는 범위 내에서 개괄적으로 동의 또는 허락할 수 있다. 동의나 허락은 미성년자나 그 상대방 어느 쪽에 대해서도 할 수 있으며, 명시적·묵시적으로도 할 수 있다. 다만, 미성년후견인이 미성년자의 일정한 행위에 동의를 할 때에는 후견감독인이 있으면 그의 동의를 받아야 한다(민법 제950조).

② 대리권
  ㉠ 대리권은 동의 또는 처분허락을 준 행위에 대해서도 행사할 수 있지만, 영업허락의 경우에는 그렇지 않다.
  ㉡ 미성년후견인이 미성년자의 일정한 행위를 대리한 때에는 후견감독인이 있으면 그의 동의를 받아야 한다(민법 제950조).
  ㉢ 민법 제909조를 위반하여 친권자인 부모의 일방이 부모의 공동명의로 대리권을 행사한 경우, 다른 일방의 의사에 반하더라도 선의의 상대방에 대하여 효력이 발생하는 반면(민법 제920조의2) 자기 단독명의로 대리권을 행사한 경우에는 무권대리행위가 된다.
③ 취소권 : 법정대리인은 미성년자가 독자적으로 한 법률행위를 취소할 수 있다(민법 제140조). 친권은 부모가 공동으로 행사하여야 하지만(민법 제909조 제2항), 취소는 친권자 각자가 단독으로 할 수 있다.

(3) 법정대리인의 권한에 대한 제한(이해상반행위)

1) 의 의

법정대리인인 친권자와 그 자(子) 사이에 이해가 상반되는 행위 또는 그 친권에 따르는 수인의 자(子) 사이에 이해가 상반되는 행위를 행하는 경우에는 친권의 공정한 행사를 사실상 기대하기 어려우므로 법은 친권자의 친권을 제한하고 있다. 즉, 이해상반행위에 해당하는 경우, 친권자는 특별대리인의 선임을 법원에 청구하여야 하며(민법 제921조), 수인의 자(子) 사이의 이해상반의 경우에는 미성년자 각자마다 특별대리인을 선임하여야 한다.

2) 이해상반행위 여부에 대한 판단 기준

민법 제921조의 이해상반행위란 행위의 객관적 성질상 친권자와 그 자(子) 사이 또는 친권에 복종하는 수인의 자(子) 사이에 이해의 대립이 생길 우려가 있는 행위를 가리키는 것으로서, 친권자의 의도나 그 행위의 결과 실제로 이해의 대립이 생겼는지의 여부는 묻지 않는다(대판 1996.11.22. 96다10270).

3) 관련 판례

> **⊕ 더 알아보기**
>
> [이해상반행위에 해당하지 않는 경우]
> - 친권자인 모(母)가 자기 오빠의 제3자에 대한 채무의 담보로 미성년자인 자(子) 소유의 부동산에 근저당권을 설정한 경우(대판 1991.11.26. 91다32466)
> - 친권자인 모(母)가 자신이 대표이사로 있는 주식회사의 채무보증을 위하여 자신과 미성년자인 자(子)의 공동재산을 담보로 제공한 경우(대판 1996.11.22. 96다10270)
> - 법정대리인인 친권자가 미성년자인 자(子)에게 부동산을 명의신탁한 경우(대판 1998.4.10. 97다4005)

[이해상반행위에 해당하는 경우]
- 친권자가 자기의 영업자금을 마련하기 위하여 미성년자인 자(子)를 대리하여 그 소유부동산을 담보로 제공하여 저당권을 설정한 경우(대판 1971.7.27. 71다1113)
- 미성년자인 자(子)와 동순위의 공동상속인인 모(母)가 미성년자인 자(子)의 친권자로서 상속재산분할협의를 하는 경우(대판 1993.3.9. 92다18481)
- 양모가 미성년자인 양자를 상대로 한 소유권이전등기청구소송을 제기한 경우(대판 1991.4.12. 90다17491)

Ⅲ 피성년후견인

성년후견개시의 심판(민법 제9조)
① 가정법원은 질병, 장애, 노령, 그 밖의 사유로 인한 정신적 제약으로 사무를 처리할 능력이 지속적으로 결여된 사람에 대하여 본인, 배우자, 4촌 이내의 친족, 미성년후견인, 미성년후견감독인, 한정후견인, 한정후견감독인, 특정후견인, 특정후견감독인, 검사 또는 지방자치단체의 장의 청구에 의하여 성년후견개시의 심판을 한다. 기출 18 · 16
② 가정법원은 성년후견개시의 심판을 할 때 본인의 의사를 고려하여야 한다. 기출 22 · 20 · 15

피성년후견인의 행위와 취소(민법 제10조)
① 피성년후견인의 법률행위는 취소할 수 있다. 기출 22 · 14
② 제1항에도 불구하고 가정법원은 취소할 수 없는 피성년후견인의 법률행위의 범위를 정할 수 있다. 기출 22 · 18 · 16 · 15
③ 가정법원은 본인, 배우자, 4촌 이내의 친족, 성년후견인, 성년후견감독인, 검사 또는 지방자치단체의 장의 청구에 의하여 제2항의 범위를 변경할 수 있다. 기출 18
④ 제1항에도 불구하고 일용품의 구입 등 일상생활에 필요하고 그 대가가 과도하지 아니한 법률행위는 성년후견인이 취소할 수 없다. 기출 18 · 17 · 15

성년후견종료의 심판(민법 제11조) 기출 19 · 15
성년후견개시의 원인이 소멸된 경우에는 가정법원은 본인, 배우자, 4촌 이내의 친족, 성년후견인, 성년후견감독인, 검사 또는 지방자치단체의 장의 청구에 의하여 성년후견종료의 심판을 한다.

심판 사이의 관계(민법 제14조의3)
① 가정법원이 피한정후견인 또는 피특정후견인에 대하여 성년후견개시의 심판을 할 때에는 종전의 한정후견 또는 특정후견의 종료 심판을 한다.
② 가정법원이 피성년후견인 또는 피특정후견인에 대하여 한정후견개시의 심판을 할 때에는 종전의 성년후견 또는 특정후견의 종료 심판을 한다. 기출 22

1. 피성년후견인의 의의

피성년후견인이란 질병, 장애, 노령, 그 밖의 사유로 인한 정신적 제약으로 사무를 처리할 능력이 지속적으로 결여된 사람으로서 가정법원으로부터 일정한 자의 청구에 의하여 성년후견개시의 심판을 받은 자를 말한다(민법 제9조 제1항).

2. 성년후견개시 심판의 요건

(1) 실질적 요건

질병, 장애, 노령, 그 밖의 사유로 인한 「정신적 제약」으로 사무를 처리할 능력이 「지속적으로 결여」된 사람이어야 한다(민법 제9조 제1항). 가정법원은 피성년후견인이 될 사람의 정신상태에 관하여 의사에게 감정을 시켜야 하지만, 본인의 정신상태를 판단할 만한 다른 충분한 자료가 있는 때에는 그러하지 아니하다(가사소송법 제45조의2 제1항).

(2) 형식적 요건

① 본인, 배우자, 4촌 이내의 친족, 미성년후견인, 미성년후견감독인, 한정후견인, 한정후견감독인, 특정후견인, 특정후견감독인, 검사 또는 지방자치단체의 장의 청구가 있어야 한다(민법 제9조 제1항). 기출 18·16

② 가정법원이 직권으로 절차를 개시할 수 없다.

③ 가정법원이 심판을 할 때에는 본인의 의사를 고려하여야 한다(민법 제9조 제2항). 기출 22·20·15

3. 성년후견개시 심판의 절차

① 성년후견개시 심판의 절차는 가사소송법에 의하며(가사소송법 제2조 제1항 제2호, 제44조 이하), 2.의 요건이 전부 갖추어지면 가정법원은 반드시 성년후견개시의 심판을 하여야 한다(민법 제9조 참조). 피성년후견인은 객관적으로 획일화되어 있다. 따라서 정신적 제약으로 사무처리능력이 지속적으로 결여된 사람이라도 성년후견개시의 심판을 받기 전에는 피성년후견인이 아니다(통설. 대판 1992.10.13. 92다6433).

② 가정법원의 성년후견개시 심판이 있으면 촉탁 또는 신청에 의하여 후견등기부에 그 구체적인 내용이 등기가 된다(후견등기에 관한 법률 제20조).

4. 피성년후견인의 행위능력

(1) 원 칙

피성년후견인이 단독으로 한 법률행위는 원칙적으로 취소할 수 있다(민법 제10조 제1항). 기출 22·14 성년후견인의 동의가 있었더라도 취소할 수 있는데, 취소권자는 피성년후견인 또는 성년후견인이다(민법 제140조).

(2) 예 외

① 가정법원은 피성년후견인이 단독으로 할 수 있는 법률행위의 범위를 정할 수 있고(민법 제10조 제2항), 기출 22·18·16·15 일정한 자의 청구에 의하여 그 범위를 변경할 수 있다(민법 제10조 제3항). 기출 18

② 일용품의 구입 등 일상생활에 필요하고 그 대가가 과도하지 아니한 법률행위는 성년후견인이 취소할 수 없다(민법 제10조 제4항). 기출 18·17·15

③ 가족법상의 행위에 관하여 성년후견인의 동의를 받아 스스로 유효한 법률행위를 할 수 있는 경우가 있으며(민법 제802조, 제808조 제2항, 제835조, 제856조, 제873조 제1항, 제902조 등), 특히 유언의 경우 만 17세에 달한 피성년후견인은 의사능력을 회복한 때에 한하여 의사가 심신회복의 상태를 유언서에 부기하고 서명날인하면 단독으로 할 수 있다(민법 제1063조).

5. 법정대리인

① 피성년후견인에게는 성년후견인을 두어야 한다(민법 제929조). 성년후견인을 여러 명 둘 수 있으며(민법 제930조 제2항), 법인도 성년후견인이 될 수 있다(민법 제930조 제3항). 성년후견인은 성년후견개시 심판을 할 때 가정법원이 직권으로 선임한다(민법 제936조 제1항).

② 성년후견인은 피성년후견인의 법정대리인이 된다(민법 제938조 제1항).

③ 성년후견인은 원칙적으로 동의권은 없으나(민법 제10조 제1항 참조), 대리권(민법 제949조)과 취소권(민법 제10조 제1항, 제140조)은 인정된다. 따라서 성년후견인의 동의를 받아 피성년후견인이 직접 상대방과 법률행위를 한 때에도 제한능력을 이유로 여전히 취소할 수 있다.

④ 가정법원은 필요하다고 인정되면 직권으로 또는 일정한 자의 청구에 의하여 성년후견감독인을 선임할 수 있다(제940조의4 제1항).

⑤ 가정법원은 성년후견감독인이 사망, 결격, 그 밖의 사유로 없게 된 경우에는 직권으로 또는 피성년후견인, 친족, 성년후견인, 검사, 지방자치단체의 장의 청구에 의하여 성년후견감독인을 선임한다(민법 제940조의4 제2항).

6. 성년후견종료의 심판

① 성년후견개시의 원인이 소멸된 경우에는 가정법원은 본인, 배우자, 4촌 이내의 친족, 성년후견인, 성년후견감독인, 검사 또는 지방자치단체의 장의 청구에 의하여 성년후견종료의 심판을 해야 한다(민법 제11조). 기출 19·15 이때에는 의사에 의한 정신감정을 요하지 않는다.

② 성년후견종료의 심판은 장래에 향하여 효력을 가진다. 따라서 그 심판이 있기 전에 행하여진 피성년후견인의 법률행위는 원칙적으로 취소될 수 있다.

③ 가정법원이 피성년후견인에 대하여 한정후견개시의 심판을 한 때에는 종전의 성년후견의 종료 심판을 해야 한다(민법 제14조의3 제2항). 기출 22

Ⅳ 피한정후견인

한정후견개시의 심판(민법 제12조)
① 가정법원은 질병, 장애, 노령, 그 밖의 사유로 인한 정신적 제약으로 사무를 처리할 능력이 부족한 사람에 대하여 본인, 배우자, 4촌 이내의 친족, 미성년후견인, 미성년후견감독인, 성년후견인, 성년후견감독인, 특정후견인, 특정후견감독인, 검사 또는 지방자치단체의 장의 청구에 의하여 한정후견개시의 심판을 한다. 기출 16
② 한정후견개시의 경우에 제9조 제2항을 준용한다. 기출 14

피한정후견인의 행위와 동의(민법 제13조)
① 가정법원은 피한정후견인이 한정후견인의 동의를 받아야 하는 행위의 범위를 정할 수 있다.
기출 22·15
② 가정법원은 본인, 배우자, 4촌 이내의 친족, 한정후견인, 한정후견감독인, 검사 또는 지방자치단체의 장의 청구에 의하여 제1항에 따른 한정후견인의 동의를 받아야만 할 수 있는 행위의 범위를 변경할 수 있다.
③ 한정후견인의 동의를 필요로 하는 행위에 대하여 한정후견인이 피한정후견인의 이익이 침해될 염려가 있음에도 그 동의를 하지 아니하는 때에는 가정법원은 피한정후견인의 청구에 의하여 한정후견인의 동의를 갈음하는 허가를 할 수 있다.
④ 한정후견인의 동의가 필요한 법률행위를 피한정후견인이 한정후견인의 동의 없이 하였을 때에는 그 법률행위를 취소할 수 있다. 다만, 일용품의 구입 등 일상생활에 필요하고 그 대가가 과도하지 아니한 법률행위에 대하여는 그러하지 아니하다.

한정후견종료의 심판(민법 제14조)
한정후견개시의 원인이 소멸된 경우에는 가정법원은 본인, 배우자, 4촌 이내의 친족, 한정후견인, 한정후견감독인, 검사 또는 지방자치단체의 장의 청구에 의하여 한정후견종료의 심판을 한다.

심판 사이의 관계(민법 제14조의3)
① 가정법원이 피한정후견인 또는 피특정후견인에 대하여 성년후견개시의 심판을 할 때에는 종전의 한정후견 또는 특정후견의 종료 심판을 한다. 기출 14
② 가정법원이 피성년후견인 또는 피특정후견인에 대하여 한정후견개시의 심판을 할 때에는 종전의 성년후견 또는 특정후견의 종료 심판을 한다.

1. 피한정후견인의 의의

피한정후견인이란 질병, 장애, 노령 그 밖의 사유로 인한 정신적 제약으로 사무를 처리할 능력이 부족한 사람으로서 가정법원으로부터 일정한 자의 청구에 의하여 한정후견개시 심판을 받은 자를 말한다(민법 제12조 제1항).

2. 한정후견개시 심판의 요건

(1) 실질적 요건

질병, 장애, 노령 그 밖의 사유로 인한 정신적 제약으로 사무를 처리할 능력이 「부족」해야 한다(민법 제12조 제1항). 성년후견개시 원인인 사무처리능력의 지속적 결여보다는 정신적 제약이 경미한 상태를 말하며, 이때에도 원칙적으로 의사의 감정을 거쳐야 한다(가사소송법 제45조의2 제1항).

(2) 형식적 요건

① 본인, 배우자, 4촌 이내의 친족, 미성년후견인, 미성년후견감독인, 성년후견인, 성년후견감독인, 특정후견인, 특정후견감독인, 검사 또는 지방자치단체의 장의 청구가 있어야 한다(민법 제12조 제1항 참조). 가정법원은 직권으로 절차를 개시할 수 없다. 기출 16

② 가정법원은 한정후견개시의 심판을 할 때 본인의 의사를 고려하여야 한다(민법 제12조 제2항, 제9조 제2항). 기출 14

3. 한정후견개시 심판의 절차

가정법원은 2.의 요건이 충족되면 반드시 한정후견개시의 심판을 하여야 한다(민법 제12조 참조). 심판의 절차는 가사소송법에 의한다(가사소송법 제2조 제1항 제2호, 제44조 이하).

4. 피한정후견인의 행위능력

(1) 원 칙

① 한정후견이 개시되면 피한정후견인의 행위능력이 제한된다. 즉, 가정법원은 한정후견인의 동의를 받아야 하는 행위의 범위를 정할 수 있고(민법 제13조 제1항), 기출 22·15 그 범위에 속하는 행위를 한정후견인의 동의 없이 하였을 때에는 그 법률행위를 취소할 수 있다(민법 제13조 제4항). 그리고 그 범위는 본인, 배우자, 4촌 이내의 친족, 한정후견인, 한정후견감독인, 검사 또는 지방자치단체의 장의 청구에 의하여 가정법원이 변경할 수 있다(민법 제13조 제2항).

② 한정후견인의 동의를 받아야 하는 행위에 대하여 피한정후견인의 이익을 해칠 염려가 있음에도 한정후견인이 동의를 하지 않는 때에는 가정법원은 피한정후견인의 청구에 의하여 한정후견인의 동의를 갈음하는 허가를 할 수 있다(민법 제13조 제3항).

(2) 예 외

① 일용품의 구입 등 일상생활에 필요하고 그 대가가 과도하지 아니한 법률행위는 피한정후견인이 단독으로 할 수 있다(민법 제13조 제4항 단서).

② 피한정후견인의 행위능력 제한은 가족법상의 행위에 미치지 않는다. 즉, 피한정후견인은 신분행위에 관해서는 완전한 능력자로 취급된다(통설).

5. 법정대리인

① 피한정후견인에게는 한정후견인을 두어야 한다(민법 제959조의2). 한정후견인의 수와 자격, 선임 방법 등은 성년후견인의 규정을 준용한다(민법 제959조의3 제2항). 즉, 한정후견인은 여러 명 둘 수 있고(민법 제959조의3 제2항, 제930조 제2항), 법인도 한정후견인이 될 수 있으며(민법 제959조의3 제2항, 제930조 제3항), 한정후견개시의 심판을 할 때 가정법원이 직권으로 선임한다(민법 제959조의3 제1항).

② 한정후견인은 동의를 요하는 범위에서 동의권과 대리권 및 취소권을 가진다. 그런데 한정후견인에 의한 능력보충은 주로 동의권 행사에 의하여 이루어지며 그 범위는 가정법원에 유보되어 있다. 그리고 대리권 행사는 대리권을 수여하는 가정법원의 심판이 있어야 가능하다(민법 제959조의4 제1항).

6. 한정후견종료의 심판

① 한정후견개시의 원인이 소멸한 경우에는 가정법원은 일정한 자의 청구에 의하여 한정후견종료의 심판을 해야 한다(민법 제14조).

② 한정후견종료의 심판은 장래에 향하여 효력을 가진다.

③ 가정법원이 피한정후견인에 대하여 성년후견개시의 심판을 할 때에는 종전의 한정후견의 종료 심판을 한다(민법 제14조의3 제1항). 기출 14

Ⅴ 피특정후견인

특정후견의 심판(민법 제14조의2)

① 가정법원은 질병, 장애, 노령, 그 밖의 사유로 인한 정신적 제약으로 일시적 후원 또는 특정한 사무에 관한 후원이 필요한 사람에 대하여 본인, 배우자, 4촌 이내의 친족, 미성년후견인, 미성년후견감독인, 검사 또는 지방자치단체의 장의 청구에 의하여 특정후견의 심판을 한다. 기출 22

② 특정후견은 본인의 의사에 반하여 할 수 없다. 기출 22·16·14

③ 특정후견의 심판을 하는 경우에는 특정후견의 기간 또는 사무의 범위를 정하여야 한다.

심판 사이의 관계(민법 제14조의3)

① 가정법원이 피한정후견인 또는 피특정후견인에 대하여 성년후견개시의 심판을 할 때에는 종전의 한정후견 또는 특정후견의 종료 심판을 한다.

② 가정법원이 피성년후견인 또는 피특정후견인에 대하여 한정후견개시의 심판을 할 때에는 종전의 성년후견 또는 특정후견의 종료 심판을 한다. 기출 22

1. 피특정후견인의 의의

피특정후견인이란 질병, 장애, 노령 그 밖의 사유로 인한 정신적 제약으로 일시적 후원 또는 특정한 사무에 관한 후원이 필요한 사람으로서 가정법원으로부터 일정한 자의 청구에 의하여 특정한 후견개시의 심판을 받은 자를 말한다(민법 제14조의2 제1항).

2. 특정후견 심판의 요건

(1) 실질적 요건

질병, 장애, 노령 그 밖의 사유로 인한 정신적 제약으로 「일시적 후원」 또는 「특정한 사무에 관한 후원」이 필요해야 한다. 성년후견이나 한정후견에서의 제약이 지속적·포괄적인 것인 반면, 여기에서의 제약은 일시적·한정적인 것이다.

(2) 형식적 요건

① 본인, 배우자, 4촌 이내의 친족, 미성년후견인, 미성년후견감독인, 검사 또는 지방자치단체의 장의 청구가 있어야 한다(민법 제14조의2). 기출 22 가정법원이 직권으로 절차를 개시할 수는 없다.
② 특정후견은 본인의 의사에 반하여 할 수 없다(민법 제14조의2 제2항). 기출 22·16·14
③ 특정후견의 심판을 하는 경우에는 특정후견의 기간 또는 사무의 범위를 정하여야 한다(민법 제14조의2 제3항).
④ 가정법원은 특정후견의 심판을 할 때 의사나 그 밖에 전문지식이 있는 사람의 의견을 들어야 한다(가사소송법 제45조의2 제2항).

3. 특정후견 심판의 절차

가정법원은 2.의 요건이 갖추어지면 반드시 특정후견의 심판을 하여야 한다. 심판의 절차는 가사소송법에 의한다(가사소송법 제2조 제1항 제2호, 제44조 이하).

4. 피특정후견인의 행위능력

특정후견의 심판을 하는 경우에 가정법원은 특정후견의 기간 또는 사무의 범위를 정하여야 하는데(민법 제14조의2 제3항), 특정후견의 심판이 있다고 하여 피특정후견인의 행위능력이 제한되지 않는다.

5. 특정후견인 및 특정후견감독인

① 가정법원은 피특정후견인의 후원을 위하여 필요한 처분을 명할 때 피특정후견인을 후원하거나 대리하기 위한 특정후견인을 선임할 수 있다(민법 제959조의8, 제959조의9 제1항). 특정후견인의 수와 자격 등은 성년후견인의 규정을 준용한다(민법 제959조의9 제2항). 즉, 특정후견인은 여러 명을 둘 수 있고(민법 제959조의9 제2항, 제930조 제2항), 법인도 특정후견인이 될 수 있다(민법 제959조의9 제2항, 제930조 제3항).

② 가정법원은 피특정후견인의 후원을 위하여 필요하다고 인정되면 기간이나 범위를 정하여 특정후견인에게 대리권을 수여하는 심판을 할 수 있고(민법 제959조의11 제1항), 특정후견인은 그 범위에서 대리권을 가질 뿐이다.

③ 피특정후견인은 행위능력이 제한되지 않으므로 특정후견인은 동의권 및 취소권을 가지지 않는다.

④ 가정법원은 필요하다고 인정하면 직권으로 또는 일정한 자의 청구에 의하여 특정후견감독인을 선임할 수 있다(민법 제959조의10 제1항).

6. 특정후견의 종료

① 특정후견종료의 심판이라는 제도는 없으나, 가정법원이 피특정후견인에 대하여 성년후견개시의 심판을 하거나 한정후견개시의 심판을 할 때에는 종전의 특정후견의 종료심판을 하여야 한다(민법 제14조의3 제1항·제2항). 기출 22

② 특정후견종료의 심판은 장래에 향하여 효력을 가진다.

[성년후견·한정후견·특정후견의 비교]

구 분	성년후견	한정후견	특정후견
개시사유	정신적 제약으로 사무처리능력의 지속적 결여	정신적 제약으로 사무처리능력의 부족	정신적 제약으로 일시적 후원 또는 특정사무 후원의 필요
후견개시 청구권자	• 본인, 배우자, 4촌 이내의 친족 • 미성년후견(감독)인 • 한정후견(감독)인 • 특정후견(감독)인 • 검사 또는 지방자치단체의 장	• 본인, 배우자, 4촌 이내의 친족 • 미성년후견(감독)인 • 성년후견(감독)인 • 특정후견(감독)인 • 검사 또는 지방자치단체의 장	• 본인, 배우자, 4촌 이내의 친족 • 미성년후견(감독)인 • 검사 또는 지방자치단체의 장
	• 임의후견(감독)인 (민법 제959조의20 제1항 참조)	• 임의후견(감독)인 (민법 제959조의20 제1항 참조)	• 임의후견(감독)인 (민법 제959조의20 제1항 참조)
후견개시 시점	성년후견개시 심판 확정 시	한정후견개시 심판 확정 시	특정후견 심판 확정 시
공시방법	법원의 등기촉탁	법원의 등기촉탁	법원의 등기촉탁
본인의 행위능력	원칙적 행위능력상실자	원칙적 행위능력자	행위능력자
후견인의 권한	원칙적 포괄적인 대리권·취소권	법원이 정한 범위 내에서 대리권·동의권·취소권	법원이 정한 범위 내에서 대리권

Ⅵ 제한능력자와 거래한 상대방의 보호

> **제한능력자의 상대방의 확답을 촉구할 권리(민법 제15조)**
> ① 제한능력자의 상대방은 제한능력자가 능력자가 된 후에 그에게 1개월 이상의 기간을 정하여 그 취소할 수 있는 행위를 추인할 것인지 여부의 확답을 촉구할 수 있다. 능력자로 된 사람이 그 기간 내에 확답을 발송하지 아니하면 그 행위를 추인한 것으로 본다. 기출 19·15·14
> ② 제한능력자가 아직 능력자가 되지 못한 경우에는 그의 법정대리인에게 제1항의 촉구를 할 수 있고, 법정대리인이 그 정하여진 기간 내에 확답을 발송하지 아니한 경우에는 그 행위를 추인한 것으로 본다. 기출 19·17
> ③ 특별한 절차가 필요한 행위는 그 정하여진 기간 내에 그 절차를 밟은 확답을 발송하지 아니하면 취소한 것으로 본다.
>
> **제한능력자의 상대방의 철회권과 거절권(민법 제16조)**
> ① 제한능력자가 맺은 계약은 추인이 있을 때까지 상대방이 그 의사표시를 철회할 수 있다. 다만, 상대방이 계약 당시에 제한능력자임을 알았을 경우에는 그러하지 아니하다. 기출 21·19·17·15·14
> ② 제한능력자의 단독행위는 추인이 있을 때까지 상대방이 거절할 수 있다. 기출 14
> ③ 제1항의 철회나 제2항의 거절의 의사표시는 제한능력자에게도 할 수 있다. 기출 21
>
> **제한능력자의 속임수(민법 제17조)**
> ① 제한능력자가 속임수로써 자기를 능력자로 믿게 한 경우에는 그 행위를 취소할 수 없다. 기출 15
> ② 미성년자나 피한정후견인이 속임수로써 법정대리인의 동의가 있는 것으로 믿게 한 경우에도 제1항과 같다. 기출 20·19·14

1. 상대방 보호의 필요성

제한능력자의 법률행위는 취소될 수 있는데, 취소권을 제한능력자 측만이 가지므로 제한능력자와 거래하는 상대방은 매우 불안정한 지위에 놓이게 된다. 이에 민법은 불확정상태를 해소하기 위하여 법률행위의 취소에 관한 일반적 제도로서 법정추인제도(민법 제145조)와 취소권의 단기 제척기간제도(민법 제146조)를 규정하고 있다. 더 나아가 제한능력자의 상대방을 보호하기 위한 특칙으로 상대방의 최고권(민법 제15조)과 철회·거절권(민법 제16조) 및 속임수를 이유로 한 취소권의 배제(민법 제17조)를 규정하고 있다.

2. 상대방의 최고권

(1) 의 의

① 최고권이란 제한능력자 측에 대하여 취소할 수 있는 행위를 추인할 것인지 여부의 확답을 촉구하고, 이에 대한 응답이 없으면 취소 또는 추인의 효과를 발생케 하는 권리를 말한다.
② 최고의 성질은 최고의 효과가 최고권자의 의사와 관계없이 법률규정에 의하여 결정되므로, 준법률행위의 일종인 「의사의 통지」이다. 또한 일방적인 행위에 의하여 취소할 수 있는 행위의 취소 또는 추인이라는 효과를 발생시키므로 형성권의 일종이라고 할 것이다(통설).

(2) 최고의 요건

① 제한능력자의 상대방은 취소할 수 있는 행위를 적시하고, 1월 이상의 기간을 정하여 추인 여부의 확답을 촉구하여야 한다(민법 제15조 제1항).

② 최고는 상대방의 선의·악의를 묻지 않는다.

③ 최고의 상대방은 최고를 수령할 수 있는 능력이 있고(민법 제112조 참조), 또한 추인할 수 있는 자에 한한다(민법 제140조, 제143조). 따라서 제한능력자는 능력자로 된 후에만 최고의 상대방이 될 수 있고(민법 제15조 제1항), 아직 제한능력자인 때에는 법정대리인만이 최고의 상대방이 된다(민법 제15조 제2항). 기출 15·14

(3) 최고의 효과

① 유예기간 내에 확답을 한 경우 : 제한능력자 측이 유예기간 내에 추인 또는 취소의 확답을 한 경우 그에 따라 추인 또는 취소의 효과가 발생하는데, 이는 추인 또는 취소의 의사표시에 따른 효과이며, 최고 자체의 효과는 아니다.

② 유예기간 내에 확답을 발하지 않은 경우

　㉠ 능력자가 된 후의 본인 또는 법정대리인이 상대방의 확답촉구를 받았으나 유예기간 내에 확답을 발송하지 않으면 그 행위를 추인한 것으로 본다(민법 제15조 제1항·제2항). 기출 19

　㉡ 그러나 법정대리인이 특별한 절차를 거쳐야 하는 경우에는 유예기간 내에 확답을 발송하지 않으면 그 행위를 취소한 것으로 본다(민법 제15조 제3항). 여기서 특별한 절차가 필요한 행위라 함은 법정대리인의 후견인이 민법 제950조 제1항에 열거된 법률행위에 관하여 추인하는 경우로, 후견감독인이 있으면 그의 동의를 받아야 하는 경우를 말한다[미성년자의 경우(민법 제950조 제1항), 피한정후견인의 경우(민법 제959조의6)].

3. 상대방의 철회권과 거절권

(1) 철회권

① 의의 : 철회권은 제한능력자와 거래한 상대방이 본인의 추인이나 취소가 있을 때까지 불확정적인 법률행위를 확정적 무효로 돌리는 행위로(민법 제16조 제1항 본문), 계약에서 인정된다.

② 철회권자 : 계약 당시 제한능력자임을 몰랐던 선의의 상대방에 한한다(민법 제16조 제1항).
기출 21·19·15·14

③ 철회의 상대방 : 법정대리인은 물론 제한능력자도 포함된다(민법 제16조 제3항). 기출 17

④ 철회의 효과 : 상대방이 계약을 철회하면 법률행위는 소급하여 무효가 되며, 이미 이행한 것은 부당이득으로 반환하여야 한다(민법 제741조).

(2) 거절권

① 의의 : 거절권은 제한능력자의 행위에 대하여 그 상대방이 본인의 추인이나 취소가 있을 때까지 불확정한 법률행위를 확정적 무효로 돌리는 행위로(민법 제16조), 기출 14 상대방 있는 단독행위에서 인정된다. 기출 17

② 거절권자 : 철회권과 달리 악의인 경우에도 거절권을 행사할 수 있다(통설).

③ **거절의 상대방** : 법정대리인은 물론 제한능력자에게도 거절할 수 있다(민법 제16조 제3항). 기출 21
④ **거절의 효과** : 제한능력자의 상대방이 제한능력자의 단독행위를 거절하면 단독행위는 소급하여 무효가 된다.

4. 취소권의 배제

(1) 의 의

제한능력자가 속임수를 써서 법률행위를 하는 경우에 상대방은 사기에 의한 의사표시임을 이유로 그 법률행위를 취소하거나(민법 제110조) 또는 불법행위를 이유로 손해배상을 청구할 수도 있으나(민법 제750조), 법은 더 나아가 보호가치 없는 제한능력자로부터 취소권을 박탈함으로써 상대방이 당초 예기한 대로의 효과를 발생케하여 거래의 안전과 상대방을 보호하고 있다(민법 제17조).

(2) 요 건

① 제한능력자가 자기를 능력자로 믿게 하거나 법정대리인의 동의가 있는 것으로 믿게 하려고 했어야 한다(민법 제17조 제1항, 제2항). 다만, 민법 제17조 제1항은 제한능력자 모두에 적용되나, 민법 제17조 제2항은 「피성년후견인」에는 적용이 없다. 기출 20 · 19 · 15 · 14
② 제한능력자가 속임수를 썼어야 한다. 여기서 속임수란 기망수단을 의미하는 바, 그 정도에 관하여 판례는 제한능력자의 보호를 위해 적극적인 기망수단을 의미한다고 한다(대판 1971.12.14. 71다2045). 그리하여 「성년자이며 군대를 갔다 왔다」, 「내가 사장이다」는 표현의 정도로는 민법 제17조의 속임수에 해당하지 않는다고 판단하였다. 이에 반하여 다수설은 거래의 안전을 위하여 침묵 등 소극적 기망수단도 포함된다고 한다.
③ 제한능력자의 속임수에 의하여 상대방이 능력자라고 믿었거나 또는 법정대리인의 동의가 있다고 믿었고, 이에 의하여 상대방이 제한능력자와 법률행위를 하여야 한다. 즉, 오신과 법률행위 사이에 인과관계가 있어야 한다. 이때 오신에 대한 상대방의 과실 유무는 문제되지 않는다.
④ 제한능력자가 속임수를 썼다는 주장·입증책임은 상대방에게 있다(대판 1971.12.14. 71다2045).

(3) 효 과

제한능력자 측의 취소권이 배제된다. 이 경우 제한능력자의 행위는 「확정적」으로 유효하다(통설). 따라서 제한능력자의 상대방의 철회권도 배제된다(통설).

제4관 | 주 소

주소(민법 제18조)
① 생활의 근거되는 곳을 주소로 한다.
② 주소는 동시에 두 곳 이상 있을 수 있다.

거소(민법 제19조)
주소를 알 수 없으면 거소를 주소로 본다.

거소(민법 제20조)
국내에 주소 없는 자에 대하여는 국내에 있는 거소를 주소로 본다.

가주소(민법 제21조)
어느 행위에 있어서 가주소를 정한 때에는 그 행위에 관하여는 이를 주소로 본다.

1. 주소의 개념

주소는 사람의 생활의 근거가 되는 곳을 말한다(민법 제18조 제1항).

2. 주소의 결정에 관한 우리나라의 입법주의

(1) 복수주의

주소의 개수에 관해서는 단일주의와 복수주의가 있다. 민법은 복수주의를 취하고 있다(민법 제18조 제2항).

(2) 실질주의

주소를 결정하는 표준에 관해서 형식주의와 실질주의가 있다. 형식주의는 형식적 표준에 의하여 주소를 획일적으로 결정하는 주의이고, 실질주의는 생활의 실질적 관계에 의하여 구체적으로 주소를 결정하는 주의이다. 민법은 실질주의를 따르고 있다(민법 제18조 제1항).

(3) 객관주의

정주(定住)의 사실만으로 주소를 결정하는 객관주의와 정주의 사실과 그 밖에 정주의 의사도 필요하다는 의사주의가 있다. 민법은 객관주의를 취하고 있다(통설).

3. 주소의 효과

① 민법상 주소는 부재와 실종의 표준이고(민법 제22조, 제27조), 변제장소를 정하는 표준이며(민법 제467조), 상속의 개시지(민법 제998조)이다.
② 기타 법률상 어음·수표행위의 장소(어음법 제2조, 수표법 제8조), 재판관할의 표준지(민소법 제2조 등) 등이 된다.

4. 거소, 현재지, 가주소

① 거소란 사람이 상당한 기간 계속하여 거주하는 장소로서, 그 장소와의 밀접성이 주소만 못한 것을 말한다.
② 주소를 알 수 없거나 국내에 주소가 없을 경우 거소를 주소로 본다(민법 제19조, 제20조).
③ 현재지는 장소적 관계가 거소보다 희박한 곳을 말한다.
④ 가주소는 당사자가 특정한 거래에 관하여 일정한 장소를 선정하여 그 거래관계에 관하여 주소로서의 법적 기능을 부여한 장소를 말한다(민법 제21조). 가주소는 생활의 실질과는 무관하며, 당사자의 의사에 의해 설정하는 것으로 제한능력자는 단독으로 가주소를 설정할 수 없다(통설).

제5관 | 부재와 실종

Ⅰ 서 설

① 사람이 그의 주소나 거소를 떠나서 단시일 내에 돌아올 가능성이 없는 경우에는 그의 재산을 관리하거나 또는 상속인이나 잔존배우자 등의 이익을 보호하기 위하여 적절한 조치를 취할 필요가 있다. 이에 민법은 「부재자 재산관리제도」와 「실종선고제도」를 두고 있다.
② 「부재자 재산관리제도」와 「실종선고제도」는 거래의 안전을 보호하는 것이 아닌 부재자의 재산과 이해관계인을 보호하고자 하는 것이다.
③ 재산을 관리할 책임이 있는 법정대리인인 친권자나 후견인이 있는 경우, 그들이 재산관리를 할 수 있으므로 재산관리제도가 적용되지 않는다.

Ⅱ 부재자의 재산관리

부재자의 재산의 관리(민법 제22조)
① 종래의 주소나 거소를 떠난 자가 재산관리인을 정하지 아니한 때에는 법원은 이해관계인이나 검사의 청구에 의하여 재산관리에 관하여 필요한 처분을 명하여야 한다. 본인의 부재 중 재산관리인의 권한이 소멸한 때에도 같다. 기출 21·13
② 본인이 그 후에 재산관리인을 정한 때에는 법원은 본인, 재산관리인, 이해관계인 또는 검사의 청구에 의하여 전항의 명령을 취소하여야 한다.

관리인의 개임(민법 제23조) 기출 21
부재자가 재산관리인을 정한 경우에 부재자의 생사가 분명하지 아니한 때에는 법원은 재산관리인, 이해관계인 또는 검사의 청구에 의하여 재산관리인을 개임할 수 있다.

관리인의 직무(민법 제24조)
① 법원이 선임한 재산관리인은 관리할 재산목록을 작성하여야 한다. 기출 21·16
② 법원은 그 선임한 재산관리인에 대하여 부재자의 재산을 보존하기 위하여 필요한 처분을 명할 수 있다.
③ 부재자의 생사가 분명하지 아니한 경우에 이해관계인이나 검사의 청구가 있는 때에는 법원은 부재자가 정한 재산관리인에게 전2항의 처분을 명할 수 있다.
④ 전3항의 경우에 그 비용은 부재자의 재산으로써 지급한다.

관리인의 권한(민법 제25조) 기출 21·13
법원이 선임한 재산관리인이 제118조에 규정한 권한을 넘는 행위를 함에는 법원의 허가를 얻어야 한다. 부재자의 생사가 분명하지 아니한 경우에 부재자가 정한 재산관리인이 권한을 넘는 행위를 할 때에도 같다.

관리인의 담보제공, 보수(민법 제26조)
① 법원은 그 선임한 재산관리인으로 하여금 재산의 관리 및 반환에 관하여 상당한 담보를 제공하게 할 수 있다. 기출 22
② 법원은 그 선임한 재산관리인에 대하여 부재자의 재산으로 상당한 보수를 지급할 수 있다.
기출 21
③ 전2항의 규정은 부재자의 생사가 분명하지 아니한 경우에 부재자가 정한 재산관리인에 준용한다.

1. 부재자의 개념

① 부재자란 「종래의 주소·거소를 떠나서 용이하게 돌아올 가능성이 없어서」 「그의 재산이 관리되지 못하고 방치되어 있는 자」를 의미한다(민법 제22조 제1항 참고). 실종선고와 달리 반드시 생사불명일 필요는 없다.
② 법인은 성질상 부재자가 될 수 없다(대결 1953.5.21. 4286민재항7).

2. 부재자 재산의 관리

(1) 부재자가 재산관리인을 둔 경우

1) 원 칙

부재자가 재산관리인을 둔 경우 그 관리인은 부재자의 임의대리인에 해당하며, 법원은 원칙적으로 간섭할 수 없다. 기출 16 따라서 그의 권한은 위임계약 및 민법 제118조에 의하여 정하여지며 그 관리인에게 필요한 처분권까지 주어진 경우에는 그 재산을 처분함에 있어서 법원의 허가를 받을 필요는 없다(대판 1973.7.24. 72다2136). 기출 22

2) 예 외

① 부재자가 재산관리인을 두었더라도 재산관리인의 권한이 본인의 부재 중 소멸하면 관리인을 두지 않은 경우와 같은 조치를 취한다(민법 제22조 제1항 후문). 기출 21

② 부재자가 재산관리인을 두었더라도 부재자의 생사가 분명하지 않게 되면 관리인을 개임할 수 있으며(민법 제23조), 기출 21 관리인을 바꾸지 않고 감독만 할 수도 있다. 이 경우 가정법원은 관리인에게 재산목록 작성·재산보존에 필요한 처분을 명할 수 있고(민법 제24조 제3항), 관리인이 권한을 넘는 행위를 할 때 허가를 주고(민법 제25조 후문), 상당한 담보를 제공하게 할 수 있으며, 기출 22 부재자의 재산에서 상당한 보수를 지급할 수 있다(민법 제26조 제3항). 기출 21

(2) 부재자가 재산관리인을 두지 않은 경우

1) 법원의 조치

부재자에게 재산관리인이 없고, 법정대리인도 없는 경우에 가정법원은 (법률상) 이해관계인, 검사의 청구에 의하여 재산관리에 필요한 처분을 명해야 한다(민법 제22조 제1항 전문). 기출 13 일반적으로 재산관리에 필요한 처분은 재산관리인의 선임이다.

2) 선임된 재산관리인의 지위 및 권한범위

① **지위** : 법원이 선임한 재산관리인은 법정대리인의 지위를 갖는다. 기출 13 선임된 재산관리인은 언제든지 사임할 수 있고(가사소송규칙 제42조 제2항), 법원도 언제든지 개임할 수 있다(가사소송규칙 제42조 제1항). 부재자와 관리인 사이에는 위임계약이 있는 것은 아니나, 그 직무의 성질상 수임인에 관한 민법의 규정을 유추적용한다(통설). 따라서 관리인은 선량한 관리자의 주의의무를 다하여 직무를 처리하여야 한다(민법 제681조).

② **권한범위** : 보존행위, 관리행위는 단독으로 자유롭게 할 수 있다(민법 제25조, 제118조). 그러나 처분행위는 가정법원의 허가를 얻어야 한다. 허가를 얻지 아니한 처분행위는 무효이며 가정법원의 허가는 사전뿐만 아니라 사후에도 가능하다(대판 982.9.14. 80다3063). 기출 22·17·13 부재자 재산관리인이 법원의 매각처분허가를 얻었다 하더라도 부재자와 아무런 관계가 없는 남의 채무의 담보만을 위하여 부재자 재산에 근저당권을 설정하는 행위는 통상의 경우 객관적으로 부재자를 위한 처분행위로서 당연하다고는 경험칙상 볼 수 없다(대결 1976.12.21. 75마551). 즉, 법원의 허가를 얻은 처분행위에 있어서도 그 행위는 부재자를 위하는 범위에 한정된다.

③ **재산관리의 종료** : 부재자가 후에 재산관리인을 정한 때에는 법원은 부재자 본인·재산관리인·이해관계인 또는 검사의 청구에 의하여 처분에 관한 명령을 취소하여야 한다(민법 제22조 제2항). 부재자 스스로 그의 재산을 관리하게 된 때 또는 그의 사망이 분명하게 되거나 실종선고가 있는 때 또는 관리할 재산이 더 이상 남아 있지 아니한 때에는, 부재자 본인 또는 이해관계인의 청구에 의하여 그 명한 처분을 취소하여야 한다(가사소송규칙 제50조). 그런데 재산관리인이 부재자의 사망을 확인하였더라도 법원에 의하여 재산관리인 선임결정이 취소되지 않는 한 재산관리인은 계속하여 권한을 행사할 수 있다(대판 1971.3.23. 71다189). 법원의 허가를 받은 재산관리인의 권한초과행위가 부재자에 대한 실종기간이 만료된 후에 이루어졌더라도 선임결정이 취소되기 전이라면 유효하다(대판 1991.11.26. 91다11810). 기출 17 또한 가정법원의 처분허가 취소의 효력은 소급하지 않는다. 따라서 재산관리인이 선임결정 후 그 취소 전에 자기의 권한범위 내에서 한 행위는 그의 선의·악의를 불문하고 유효하다.

⊕ 더 알아보기

[처분명령 취소의 장래효]
법원에 의하여 일단 부재자의 재산관리인 선임결정이 있었던 이상, 가령 부재자가 그 이전에 사망하였음이 위 결정 후에 확실하여졌다 하더라도 법에 정하여진 절차에 의하여 결정이 취소되지 않는 한 선임된 부재자 재산관리인의 권한이 당연히는 소멸되지 아니한다. 나아가 위 선임결정이 취소된 경우에도 그 취소의 효력은 장래에 향하여서만 생기는 것이며 그간의 그 부재자 재산관리인의 적법한 권한행사의 효과는 이미 사망한 그 부재자의 재산상속인에게 미친다 할 것이다(대판 1970.1.27. 69다719).

Ⅲ 실종선고제도

실종의 선고(민법 제27조)
① 부재자의 생사가 5년간 분명하지 아니한 때에는 법원은 이해관계인이나 검사의 청구에 의하여 실종선고를 하여야 한다.
② 전지에 임한 자, 침몰한 선박 중에 있던 자, 추락한 항공기 중에 있던 자 기타 사망의 원인이 될 위난을 당한 자의 생사가 전쟁종지 후 또는 선박의 침몰, 항공기의 추락 기타 위난이 종료한 후 1년간 분명하지 아니한 때에도 제1항과 같다. **기출 16**

실종선고의 효과(민법 제28조) **기출 22 · 18**
실종선고를 받은 자는 전조의 기간이 만료한 때에 사망한 것으로 본다.

실종선고의 취소(민법 제29조)
① 실종자의 생존한 사실 또는 전조의 규정과 상이한 때에 사망한 사실의 증명이 있으면 법원은 본인, 이해관계인 또는 검사의 청구에 의하여 실종선고를 취소하여야 한다. 그러나 실종선고 후 그 취소 전에 선의로 한 행위의 효력에 영향을 미치지 아니한다.
② 실종선고의 취소가 있을 때에 실종의 선고를 직접원인으로 하여 재산을 취득한 자가 선의인 경우에는 그 받은 이익이 현존하는 한도에서 반환할 의무가 있고 악의인 경우에는 그 받은 이익에 이자를 붙여서 반환하고 손해가 있으면 이를 배상하여야 한다. **기출 13**

1. 실종선고의 의의

부재자의 생사불명상태가 일정 기간 계속된 경우에, 가정법원의 선고에 의하여 부재자를 사망한 것으로 간주하고, 종래의 주소나 거소를 중심으로 한 법률관계를 확정하는 제도이다.

2. 실종선고의 요건

(1) 실질적 요건

1) 생사불분명

생존의 증명도 사망의 증명도 할 수 없는 상태를 말한다. 호적상 이미 사망한 것으로 기재되어 있는 자에 대해서는 호적부의 추정력 때문에 실종선고를 할 수 없다(대결 1997.11.27. 97스4). 그리고 동일한 자에게 두 번의 실종선고를 할 수는 없다. 이 경우 먼저 선고된 실종선고를 기초로 상속관계를 판단하여야 한다.

2) 실종기간의 경과

① **보통실종**(민법 제27조 제1항) : 실종기간은 최후 소식 시로부터 5년이다.
② **특별실종**(민법 제27조 제2항) : 실종기간은 1년이다. 각 기산점은 전쟁실종은 전쟁 종료 시, 선박실종은 선박 침몰 시, 항공기실종은 항공기 추락 시, 위난실종은 위난 종료 시이다. 기출 16

(2) 형식적 요건

1) 이해관계인 또는 검사의 청구가 존재해야 함(민법 제27조)

여기서의 이해관계인은 실종선고에 대하여 신분상 또는 재산상 이해관계를 가지는 자, 즉 법률상의 이해관계를 가지는 자를 말하며, 부재자의 배우자, 상속인, 재산관리인 등이 그 예이다. 제1순위 상속인이 있는 경우 부재자의 자매로서 제2순위 상속인, 제4순위 상속인 등에 불과한 자는 부재자에 대한 실종선고를 청구할 이해관계인이 될 수 없다. 기출 22·13

2) 공시최고

실종선고의 청구를 받은 가정법원은 가사소송규칙 제53조 이하에 따라 부재자 자신 또는 부재자의 생사를 알고 있는 자에 대하여 신고하도록 6개월 이상 공고해야 한다. 공시최고기간이 지나도록 신고가 없으면, 가정법원은 반드시 실종선고를 하여야 한다(민법 제27조 제1항).

3. 실종선고의 효과

(1) 사망의 간주

① 실종선고가 확정되면 실종선고를 받은 자는 사망한 것으로 본다(민법 제28조). 이에 따라 상속이 발생하고, 혼인이 해소되어 실종자의 배우자는 재혼할 수 있다.
② 실종선고를 받은 자는 사망한 것으로 간주되므로, 추정되는 경우와 달리 실종자의 생존 기타 반대증거를 들어 선고의 효과를 다투지 못하며, 사망의 효과를 저지하려면 실종선고를 취소해야 한다(대판 1995.2.17. 94다52751). 기출 17·16·13 따라서 실종선고가 가정법원에 의하여 취소되지 않는 한 사망의 효과는 그대로 존속한다.

(2) 사망간주의 시기

① 실종선고에 의하여 사망한 것으로 간주되는 시기에 관하여 다양한 입법례가 있으나, 민법은 실종기간 만료 시에 사망한 것으로 본다(민법 제28조). 기출 22·18 이로 인해 사망간주 시점이 실종선고 시보다 앞서게 되어, 선의의 제3자를 보호하기 위한 조치의 필요성이 대두된다.

② 실종선고가 있으면 실종자는 실종기간이 만료되는 때에 사망한 것으로 간주되며, 그때까지 그는 생존하는 것으로 간주된다(대판 1977.3.22. 77다81 · 82).

③ 실종선고를 받지 않은 경우에는 학설은 생존하고 있는 것으로 추정된다는 견해가 다수설이다.

(3) 사망간주의 범위 기출 16 · 13

실종선고는 부재자의 「종래 주소를 중심」으로 「실종기간 만료 시의 사법상의 법률관계를 종료시키고, 그 범위에서만」 사망의 효과를 발생시키는 것이고, 실종자의 권리능력 자체를 박탈하는 제도가 아니다. 따라서 종래의 주소로 「생환 후의 법률관계」나 실종자의 「다른 곳에서의 신주소를 중심으로 하는 법률관계」에 관하여는 사망의 효과가 미치지 않으며, 공법상의 법률관계(선거권, 납세의무 등)에 관해서도 영향을 미치지는 않는다.

4. 실종선고의 취소

(1) 일반론

① 실종선고는 가정법원의 형식적인 취소선고가 있어야 취소된다(민법 제29조 제1항).

② 실종선고의 취소는 소급효가 있는 것이 원칙이다.

(2) 실종선고 취소의 요건

1) 실질적 요건

실종자가 생존하고 있는 사실(민법 제29조 제1항 본문), 실종기간이 만료된 때와 다른 시기에 사망한 사실(민법 제29조 제1항 본문) 또는 실종기간의 기산점 이후의 어떤 시점에 생존하고 있었던 사실이 있어야 한다. 다만, 이러한 사실이 인정된다고 하더라도 실제로 실종선고가 취소되지 아니하는 한, 임의로 실종기간이 만료하여 사망한 때로 간주되는 시점과는 달리 사망시점을 정하여 이미 개시된 상속을 부정하고 이와 다른 상속관계를 인정할 수는 없다(대판 1994.9.27. 94다21542).

2) 형식적 요건

본인, 이해관계인 또는 검사의 청구가 있어야 한다(민법 제29조 제1항 본문). 실종선고와 달리 공시최고는 요건이 아니다.

(3) 실종선고 취소의 효과

1) 원칙 : 소급효

실종선고가 취소되면 실종선고가 소급적으로 무효로 되어, 종래의 주소나 거소를 중심으로 한 실종자의 사법적 법률관계는 선고 전의 상태로 돌아간다.

2) 예외 : 소급효의 제한

① 실종선고 후 그 취소 전에 선의로 한 행위의 효력에 영향을 미치지 아니한다(민법 제29조 제1항 단서). 여기서 선의는 재산행위, 신분행위를 불문하고 양 당사자 모두 선의이어야 한다(다수설). 다만, 단독행위의 경우에는 단독행위자(상속인 등)가 선의이기만 하면 유효하다(통설).

② 실종선고의 취소가 있을 때에 실종의 선고를 직접원인으로 하여 재산을 취득한 자가 선의인 경우에는 그 받은 이익이 현존하는 한도에서 반환할 의무가 있고, 악의인 경우에는 그 받은 이익에 이자를 붙여서 반환하고 손해가 있으면 이를 배상하여야 한다(민법 제29조 제2항). 기출 13

③ 민법 제29조 제2항은 실종선고를 직접원인으로 하여 재산을 취득한 자에 국한하여 적용되므로 이로부터 다시 재산을 취득한 전득자는 포함되지 않는다(통설).

④ 민법 제29조 제2항의 이득반환청구는 부당이득반환청구권의 성질을 갖기 때문에 실종선고 취소 시로부터 10년의 시효에 걸린다. 다만, 실종선고의 취소로 인하여 상속인이 달라지는 경우에, 진정상속인이 표현상속인에게 재산회복청구를 하는 것은 상속회복청구가 되므로 상속회복청구권의 제척기간(민법 제999조)이 적용된다.

> **⊕ 더 알아보기**
>
> [소송절차와 실종선고]
> 실종선고의 효력이 발생하기 전에는 실종기간이 만료된 실종자라 하여도 소송상 당사자능력을 상실하는 것은 아니므로 실종선고 확정 전에는 실종기간이 만료된 실종자를 상대로 하여 제기된 소도 적법하고 실종자를 당사자로 하여 선고된 판결도 유효하며 그 판결이 확정되면 기판력도 발생한다고 할 것이고, 이처럼 판결이 유효하게 확정되어 기판력이 발생한 경우에는 그 판결이 해제조건부로 선고되었다는 등의 특별한 사정이 없는 한 그 효력이 유지되어 당사자로서는 그 판결이 재심이나 추완항소 등에 의하여 취소되지 않는 한 그 기판력에 반하는 주장을 할 수 없는 것이 원칙이라 할 것이며, 비록 실종자를 당사자로 한 판결이 확정된 후에 실종선고가 확정되어 그 사망간주의 시점이 소 제기 전으로 소급하는 경우에도 위 판결 자체가 소급하여 당사자능력이 없는 사망한 사람을 상대로 한 판결로서 무효가 된다고는 볼 수 없다(대판 1992.7.14. 92다2455). 기출 17

제3절 법 인

제1관 | 서 설

1. 법인의 의의

법인이란 자연인 이외에 법인격이 인정된 것으로, 일정한 목적을 위한 인적 결합에 법인격이 부여된 것을 「사단법인」, 일정한 목적에 바쳐진 재산에 법인격이 부여된 것을 「재단법인」이라 한다.

2. 법인제도의 존재이유

① 사단이나 재단을 그 구성원 또는 재산출연자와 별도의 법적 주체로서 활동하게 하기 위함이다 (법인의 독립성).

② 사단 또는 재단의 재산과 사단의 구성원 또는 재산출연자의 고유재산을 분리하여 구별하여야 할 필요성이 있기 때문이다(유한책임).

3. 법인의 본질

(1) 서 설

법인이 그것을 구성하는 개인 또는 재산으로부터 분리되어 단체로서의 독자적인 실체를 가지는 것이냐의 문제가 법인의 본질론이다.

(2) 학 설

① 법인의제설 : 권리·의무의 주체가 되는 것은 자연인인 개인뿐이며, 법이 일정한 단체에 권리주체성을 부여한 것은 자연인이 법인을 통하여 사적자치를 더욱 효율적으로 실현할 수 있다는 정책적 이유에 기인한다.

② 법인실재설 : 법인을 권리주체로서의 실질을 가지는 사회적 실체라고 보는 이론이다.

(3) 검 토

학설의 대립은 주로 법인의 불법행위능력과 관련하여 실익을 가진다. 즉, 의제설을 따르면 원칙적으로 법인의 불법행위능력이 부정되고 가해행위를 한 대표기관 개인의 책임만이 문제되나, 실재설에 의하면 법인의 불법행위능력이 인정되고 대표기관 개인의 책임이 당연히 긍정되지는 않는다. 생각건대 민법 제35조에 의하여 법인과 그 대표기관의 책임이 인정되므로, 어느 학설에 의하더라도 논의의 실익은 크지 아니하다.

제2관 | 법인 아닌 사단 · 재단

I 서 설

1. 조합과 비법인사단의 구별

(1) 단체성의 강약

민법상의 조합과 법인격은 없으나 사단성이 인정되는 비법인사단을 구별함에 있어서는 일반적으로 그 단체성의 강약을 기준으로 판단하여야 하는바, 조합은 2인 이상이 상호 간에 금전 기타 재산 또는 노무를 출자하여 공동사업을 경영할 것을 약정하는 계약관계에 의하여 성립하므로 어느 정도 단체성에서 오는 제약을 받게 되는 것이지만 구성원의 개인성이 강하게 드러나는 인적 결합체인 데 비하여 비법인사단은 구성원의 개인성과는 별개로 권리·의무의 주체가 될 수 있는 독자적 존재로서의 단체적 조직을 가지는 특성이 있다 하겠는데, 어떤 단체가 고유의 목적을 가지고 사단적 성격을 가지는 규약을 만들어 이에 근거하여 의사결정기관 및 집행기관인 대표자를 두는 등의 조직을 갖추고 있고, 기관의 의결이나 업무집행방법이 다수결의 원칙에 의하여 행하여지며, 구성원의 가입, 탈퇴 등으로 인한 변경에 관계없이 단체 그 자체가 존속되고, 그 조직에 의하여 대표의 방법, 총회나 이사회 등의 운영, 자본의 구성, 재산의 관리 기타 단체로서의 주요사항이 확정되어 있는 경우에는 비법인사단으로서의 실체를 가진다고 할 것이다(대판 1999.4.23. 99다4504).

(2) 재산소유형태

① 조합재산은 조합원들의 합유이다(민법 제704조).
② 비법인사단의 재산은 사원들의 총유이다(민법 제275조). [기출] 20·18 총유물의 보존행위는 특별한 사정이 없는 한 사원총회의 결의를 거쳐야 하는 것인 바, 이러한 법리는 비법인사단인 주택조합이 대표자의 이름으로 소송행위를 하는 경우에도 마찬가지이다(대판 1994.4.26. 93다51591).

> **⊕ 더 알아보기**
>
> 비법인사단이 타인 간의 금전채무를 보증하는 행위는 총유물 그 자체의 관리·처분이 따르지 아니하는 단순한 채무부담행위에 불과하여 이를 총유물의 관리·처분행위라고 볼 수는 없다(대판[전합] 2007.4.19. 2004다60072·60089). [기출] 20·17

③ 한편 법인의 재산은 법인의 단독소유이다.

(3) 채무관계

① 조합채무에 대하여는 조합재산과 조합원의 개인재산으로 무한책임을 진다.
② 비법인사단의 채무는 사원들의 준총유 형태로 귀속되며(민법 제278조), 비법인사단의 재산으로만 책임을 진다.
③ 법인의 채무에 대해서는 법인의 재산만이 책임재산이 된다.

Ⅱ 권리능력 없는 사단(비법인사단)

1. 의 의

사단의 실체를 갖추고 있으나 법인등기를 하지 아니한 단체를 말한다.

2. 성립요건

권리능력 없는 사단은 사단의 실체를 가져야 하므로, 별도의 조직행위를 요하지는 않더라도 대표자와 총회 등 사단으로서의 조직을 갖추어야 하고, 구성원의 변경과 관계없이 존속해야 한다. 그 밖에 성문의 규약이 아니더라도 사단법인의 정관에 상응하는 것은 있어야 한다.

3. 법률관계

① 소송법상 당사자능력(민소법 제52조)과 부동산등기법상 등기능력(부동산등기법 제26조 제1항)은 명문의 규정으로 인정된다. [기출] 18·13 한편 비법인사단이 당사자능력이 있는지 여부는 「사실심의 변론종결시」를 기준으로 판단한다(대판 2010.3.25. 2009다95387).

② 법인 아닌 사단의 단체성으로 인하여 구성원은 사용·수익권을 가질 뿐 이를 넘어서서 사단재산에 대한 지분권은 인정되지 아니하므로, 총유재산의 처분·관리는 물론 보존행위까지도 법인 아닌 사단의 명의로 하여야 한다(대판[전합] 2006.4.20. 2004다37775 - 다수의견). [기출] 13

③ 권리능력 없는 사단에 관하여 민법은 제275조에서 그 재산소유형태를 총유라고 하여 조합이 아님을 규정하고 있을 뿐이므로, 통설·판례는 권리능력 없는 사단이 사단의 실질을 가지고 있음을 이유로 법인설립등기를 전제로 하는 것을 제외하고 전부 사단법인 규정을 유추적용하고 있다.

⊕ 더 알아보기

[판례가 비법인사단에 유추적용을 긍정한 법인규정]

• 주택조합과 같은 비법인사단의 대표자가 직무에 관하여 타인에게 손해를 가한 경우 그 사단은 민법 제35조 제1항의 유추적용에 의하여 그 손해를 배상할 책임이 있으며, 비법인사단의 대표자의 행위가 대표자 개인의 사리를 도모하기 위한 것이었거나 혹은 법령의 규정에 위배된 것이었다 하더라도 외관상, 객관적으로 직무에 관한 행위라고 인정할 수 있는 것이라면 민법 제35조 제1항의 직무에 관한 행위에 해당한다(대판 2003.7.25. 2002다27088). [기출] 20·18·17

• 비법인사단에 대하여는 사단법인에 관한 민법규정 가운데 법인격을 전제로 하는 것을 제외하고는 이를 유추적용하여야 하는데, [기출] 13 민법 제62조에 비추어 보면 비법인사단의 대표자는 정관 또는 총회의 결의로 금지하지 아니한 사항에 한하여 타인으로 하여금 특정한 행위를 대리하게 할 수 있을 뿐 비법인사단의 제반 업무처리를 포괄적으로 위임할 수는 없으므로 비법인사단 대표자가 행한 타인에 대한 업무의 포괄적 위임과 그에 따른 포괄적 수임인의 대행행위는 민법 제62조를 위반한 것이어서 비법인사단에 대하여 그 효력이 미치지 않는다(대판 2011.4.28. 2008다15438).

[기출] 22·18

• 민법 제63조는 법인의 조직과 활동에 관한 것으로서 법인격을 전제로 하는 조항이 아니고, 법인 아닌 사단이나 재단의 경우에도 이사가 없거나 결원이 생길 수 있으며, 통상의 절차에 따른 새로운 이사의 선임이 극히 곤란하고 종전 이사의 긴급처리권도 인정되지 아니하는 경우에는 사단이나 재단 또는 타인에게 손해가 생길 염려가 있을 수 있으므로, 민법 제63조는 법인 아닌 사단이나 재단에도 유추적용할 수 있다(대결[전합] 2009.11.19. 2008마699). [기출] 20·17

• 비법인사단에 대하여는 사단법인에 관한 민법규정 중 법인격을 전제로 하는 것을 제외한 규정들을 유추적용하여야 할 것이므로 비법인사단인 교회의 교인이 존재하지 않게 된 경우 그 교회는 해산하여 청산절차에 들어가서 청산의 목적범위 내에서 권리·의무의 주체가 되며, 이 경우 해산 당시 그 비법인사단의 총회에서 향후 업무를 수행할 자를 선정하였다면 민법 제82조 제1항을 유추하여 그 선임된 자가 청산인으로서 청산 중의 비법인사단을 대표하여 청산업무를 수행하게 된다(대판 2003.11.14. 2001다32687).

- 권리능력 없는 사단인 재건축주택조합과 그 대표기관과의 관계는 위임인과 수임인의 법률관계와 같은 것으로서 임기가 만료되면 일단 그 위임관계는 종료되는 것이 원칙이고, 다만 그 후임자가 선임될 때까지 대표자가 존재하지 않는다면 대표기관에 의하여 행위를 할 수밖에 없는 재건축주택조합은 당장 정상적인 활동을 중단하지 않을 수 없는 상태에 처하게 되므로, 민법 제691조의 규정을 유추하여 구 대표자로 하여금 조합의 업무를 수행케 함이 부적당하다고 인정할 만한 특별한 사정이 없고 종전의 직무를 구 대표자로 하여금 처리하게 할 필요가 있는 경우에 한하여 후임 대표자가 선임될 때까지 임기만료된 구 대표자에게 대표자의 직무를 수행할 수 있는 업무수행권이 인정된다(대판 2003.7.8. 2002다74817).

[판례가 비법인사단에 유추적용을 부정한 법인규정]
비법인사단의 경우에는 대표자의 대표권 제한에 관하여 등기할 방법이 없어 민법 제60조의 규정을 준용할 수 없고, 비법인사단의 대표자가 정관에서 사원총회의 결의를 거쳐야 하도록 규정한 대외적 거래행위에 관하여 이를 거치지 아니한 경우라도, 이와 같은 사원총회 결의사항은 비법인사단의 내부적 의사결정에 불과하다 할 것이므로, 그 거래 상대방이 그와 같은 대표권 제한 사실을 알았거나 알 수 있었을 경우가 아니라면 그 거래행위는 유효하다고 봄이 상당하고, 이 경우 거래의 상대방이 대표권 제한 사실을 알았거나 알 수 있었음은 이를 주장하는 비법인사단 측이 주장·입증하여야 한다(대판 2003.7.22. 2002다64780). 기출 17

4. 권리능력 없는 사단의 인정 여부

① 종중, 사찰, 교회, 주택조합 또는 재건축조합, 자연부락, 동·리, 어촌계, 집합건물의 관리단, 아파트입주자대표회의, 채권자들로 구성된 청산위원회 등은 권리능력 없는 사단으로 인정하고 있다.
② 반면, 부도난 회사의 채권자들이 조직한 채권단, 원호대상자광주목공조합, 개인사찰, 학교, 대한불교조계종총무원 등은 판례가 권리능력 없는 사단으로 보고 있지 않다.

Ⅲ 권리능력 없는 재단(비법인재단)

1. 의 의

재단법인의 실질을 갖추어 목적재산과 조직은 존재하지만 아직 법인격을 취득하지 못한 것을 의미한다.

2. 법률관계

① 소송상 당사자능력이 인정된다.
② 부동산에 관하여는 등기능력이 인정되는데, 이는 결국 부동산은 권리능력 없는 재단의 단독 소유로 취급된다는 의미이다(통설·판례). 부동산 이외의 재산권에 대하여는 아무런 규정이 없어 신탁의 법리로 설명하는 견해와 기타의 재산권도 역시 권리능력 없는 재단에 속한다는 견해가 대립하고 있다.

③ 그 밖의 법률관계에 대하여는 재단법인에 관한 규정 가운데 법인격을 전제로 하는 것을 제외하고는 이를 유추적용한다(통설).

3. 권리능력 없는 재단의 인정 여부

사찰, 장학재단(육영회), 유치원 등은 판례가 비법인재단으로 인정하였으나, 학교와 같이 시설(영조물)에 불과한 것은 비법인재단이 아니라고 보았다(대판 1977.8.23. 76다1478).

Ⅳ 종중의 법률관계

1. 종중의 의의

(1) 고유한 의미의 종중

1) 종종의 개념

종중이란 공동선조의 분묘수호 및 봉제사와 후손 상호 간의 친목을 목적으로 형성되는 「자연발생적인 종족단체」로, 선조의 사망과 동시에 후손에 의하여 성립하는 것이며, 법적 성격은 법인격 없는 사단이다(대판[전합] 2005.7.21. 2002다1178).

2) 종중 유사의 단체

공동선조의 후손 중 "일정한 범위"의 종족집단이 사회적 조직체로서 성립하여 고유의 재산을 소유 관리하면서 독자적인 활동을 하고 있다면 단체로서의 실체를 부인할 수 없다고 할 것이나 이는 고유 의미의 종중과는 다른 종중 유사의 단체이다(대판 1992.9.22. 92다15048). 종중 유사의 단체는 사적자치의 원칙 내지 결사의 자유에 따라 그 구성원의 자격과 가입조건을 자유롭게 정할 수 있음이 원칙이므로 회칙 등에서 공동선조의 후손 중 남성만으로 구성원을 한정하고 있는 경우, 그러한 사정만으로 회칙 등이 무효로 되지는 않는다(대판 2011.2.24. 2009다17783). 같은 의미로 특정지역 내에 거주하는 일부 종중원이나 특정 항렬의 종중원만을 그 구성원으로 하는 단체는 종중 유사의 단체에 불과하고 고유한 의미의 종중은 될 수 없다(대판 2002.5.10. 2002다4863). 고유한 의미의 종중이라면 일부 종원의 자격을 임의로 제한하였거나 확장한 종중회칙은 종중의 본질에 반하여 무효이나, 그 종중의 회칙 규정이 종중의 본질에 반한다 하여 바로 고유한 의미의 종중이 아니라고 추단할 수는 없다(대판 2002.6.28. 2001다5296).

(2) 종중의 대표자

① 종중에는 관습에 따른 종장이 있는데, 종장이라는 이유만으로 당연히 법적 대표권한이 있는 것은 아니다(대판 1999.7.27. 99다9523).

② 「종중 대표자의 선임방법」은 그 종중에 규약이나 관례가 있으면 그에 따라 선임하고 그것이 없다면 종장 또는 문장이 그 종원을 소집하여 「출석종원의 과반수 결의」로 선출하며, 평소에 종중에 종장이나 문장이 선임되어 있지 아니하고 선임에 관한 규약이나 일반 관례가 없다면 현존하는 연고항존자(나이가 가장 많고 항렬이 가장 높은 사람)가 종장이나 문장이 되어 종중 총회를 소집하는 것이 일반 관습이다(대판 2009.5.28. 2009다7182).

(3) 종중의 구성원

① 공동선조의 후손 중 성년이면 남녀를 불문하고 당연히 종중의 구성원이 된다.

② 다른 가문으로 출계한 아들(양자로 간 아들)은 그 생가의 종원 자격을 인정할 수 없다(대판 1996.8.23. 96다12566).

2. 종중의 법률관계

(1) 총회의 소집권자

① 총회의 소집권자는 '종중규약'에 정함이 있으면 그에 따르고, 정함이 없으면 '연고항존자'가 적법한 소집권자이다.

② 종중원들이 규약에 따라 적법한 소집권자 또는 그러한 자가 없어 연고항존자에게 총회의 소집을 요구하였으나 그 소집권자나 연고항존자가 정당한 이유 없이 이에 응하지 아니하는 경우에는 차석 또는 소집을 요구한 종중원들이 소집권자를 대신하여 그 총회를 소집할 수 있다(대판 2010.12.9. 2009다26596).

(2) 총회의 소집통지방법

반드시 직접 서면으로 하여야만 하는 것은 아니고 구두 또는 전화로 하여도 되고 다른 종중원이나 세대주를 통하여 하여도 무방하다(대판 2000.2.25. 99다20155).

(3) 총회의 결의방법

종중규약에 다른 규정이 없는 이상 종원은 서면이나 대리인으로 결의권을 행사할 수 있으므로, 일부 종원이 총회에 직접 출석하지 아니하고 다른 출석 종원에 대한 위임장 제출방식에 의하여 종중의 대표자 선임 등에 관한 결의권을 행사하는 것도 허용된다(대판 2000.2.25. 99다20155).

(4) 총회의 의결정족수

총회의 의결정족수를 정하는 기준이 되는 출석종원이라 함은 문제가 된 결의 당시 회의장에 남아 있던 종원만을 의미한다. 따라서 회의 도중 스스로 회의장에서 퇴장한 종원들은 이에 포함되지 않는다(대판 2001.7.27. 2000다56037).

Ⅴ 교회의 분열과 재산귀속관계

1. 교회의 법적 성격

① 교인들로 구성된 비법인사단이다.

② 특정 교단에 소속된 지교회도 비법인사단으로서의 실체를 갖추고 있다면, 특정 교단과는 독립된 비법인사단이다.

③ 따라서 비법인사단에 관한 일반적인 법률관계가 교회에도 그대로 적용된다.

2. (비법인) 사단의 분열 여부

① 우리 민법이 사단법인에 있어서 구성원들이 2개의 법인으로 나뉘어 각각 독립한 법인으로 존속하면서 종전 사단법인에게 귀속되었던 재산을 소유하는 방식의 사단법인의 분열을 인정하지 아니하므로, 비법인사단의 분열도 허용되지 않는다(교회도 동일)(대판[전합] 2006.4.20. 2004다37775 – 다수의견).

② 따라서 비법인사단의 구성원들이 집단적으로 탈퇴하는 경우 탈퇴한 자들은 구성원의 지위를 상실하는 반면, 잔존 구성원들로 구성된 단체는 여전히 동일성을 잃지 않고 비법인사단으로서의 실체를 유지하며 존속한다.

③ 집단적으로 탈퇴한 구성원들은 종전 사단의 재산에 대하여는 어떠한 권리도 가질 수 없다.

3. 교회 탈퇴 시 종전 교회재산의 귀속관계(잔존 교인들의 총유)

의결권을 가진 교인 2/3 이상의 찬성이 없이 집단적으로 교회를 탈퇴한 경우 종전 교회재산은 잔존 교인들의 총유로 귀속된다(대판 2006.6.30. 2000다15944).

4. 지교회의 교단변경의 결의요건(의결권을 가진 교인 2/3 이상의 찬성)

① 특정 교단에 가입한 지교회(교단과는 독립한 비법인사단)의 경우에, 소속 교단을 변경하는 것은 지교회의 명칭이나 목적 등 자치규범을 변경하는 결과를 초래하므로, 소속 교단에서의 탈퇴 내지 변경은 사단법인 정관변경에 준하여 「의결권을 가진 교인 2/3 이상의 찬성」에 의한 결의를 필요로 하며, 소속 교단에서의 탈퇴 내지 변경이 의결권을 가진 교인의 2/3 이상의 찬성에 의하여 소속 교단에서의 탈퇴 또는 소속 교단의 변경결의가 적법·유효하게 이루어졌다는 점은 이를 주장하는 자가 입증하여야 한다(대판 2007.12.27. 2007다17062).

② 만약 교단 탈퇴 및 변경에 관한 결의를 하였으나 이에 찬성한 교인이 의결권을 가진 교인의 2/3에 이르지 못한다면, 종전 교회의 동일성은 여전히 종전 교단에 소속되어 있는 상태로서 유지된다(대판[전합] 2006.4.20. 2004다37775 – 다수의견).

③ 반대로 교단변경 결의요건을 갖추어 소속 교단에서 탈퇴하거나 다른 교단으로 변경한 경우에는 종전 교회의 실체는 이와 같이 교단을 탈퇴한 교회로서 존속하고 종전 교회재산은 위 「탈퇴한 교회 소속 교인들의 총유」로 귀속된다(대판[전합] 2006.4.20. 2004다37775 – 다수의견).

제3관 | 법인의 설립

I 비법인사단법인의 설립요건

1. 목적의 비영리성(민법 제32조)

① 비영리성이란 사단법인의 수익이 사원들에게 분배되지 않는다는 의미이다. 다만, 목적달성을 위해 부수적인 영리행위는 그것이 비영리사단의 본질에 반하지 않는 한 문제되지 않는다.
② 비영리사단법인만이 민법이 적용되며, 영리사단법인에는 민사회사와 상사회사가 있는데, 이에는 상법이 적용된다(민법 제39조 참조).

2. 설립행위

(1) 서 설

사단법인을 설립하려면 2인 이상의 사람이 법인의 근본규칙을 정하여 서면에 기재하고 기명날인하여야 한다(민법 제40조). 이 서면을 정관이라 하며 이러한 정관작성행위를 사단법인의 설립행위라고 한다.

(2) 법적 성질

① 사단법인 설립행위는 서면에 의해야 하는 요식행위이다.
② 사단법인 설립행위의 법적 성질에 대하여 합동행위라는 견해(다수설)와 특수한 계약이라는 견해가 대립하고 있다.
③ 다수설인 합동행위설에 의하면, 설립행위는 계약이 아니므로, 민법 제124조(자기계약, 쌍방대리금지)가 적용되지 않고, 의사표시 흠결에 관한 규정(민법 제107조 내지 제110조)도 적용되지 않는다고 한다.

(3) 정 관

사단법인 정관의 법적 성질은 계약이 아니라 「자치법규」이다. 따라서 그 해석 방법은 어디까지나 객관적인 기준에 따라 그 규범적인 의미 내용을 확정하는 법규해석의 방법으로 해석되어야 하는 것이지, 작성자의 주관이나 해석 당시의 사원의 다수결에 의한 방법으로 자의적으로 해석될 수는 없다(대판 2000.11.24. 99다12437). 기출 20

(4) 정관의 기재사항 기출 20 · 18 · 17 · 16 · 15

> **사단법인의 정관(민법 제40조)**
> 사단법인의 설립자는 다음 각 호의 사항을 기재한 정관을 작성하여 기명날인하여야 한다.
>   1. 목적
>   2. 명칭
>   3. 사무소의 소재지
>   4. 자산에 관한 규정
>   5. 이사의 임면에 관한 규정
>   6. 사원자격의 득실에 관한 규정
>   7. 존립시기나 해산사유를 정하는 때에는 그 시기 또는 사유

① **필요적 기재사항** : 정관에 민법 제40조 각 호의 사항들을 반드시 기재하여야 하며, 하나라도 빠지면 그 정관은 '무효'이다.

② **임의적 기재사항** : 임의적 기재사항에는 제한이 없으며, 다만, 임의적 기재사항이라도 일단 정관에 기재되면 필요적 기재사항과 효력상 차이가 없으며, 따라서 그것을 변경할 때에는 정관변경절차에 의하여야 한다.

3. 주무관청의 허가

① 비영리법인의 특징으로서 주무관청의 '허가'가 필요하고, 주무관청은 사후에 허가를 취소하여 법인을 소멸시킬 수 있다(민법 제38조). 이 허가 취소는 소급효가 없다.

② 판례는 위 허가는 주무관청의 자유재량에 속하는 행위이므로 주무관청이 판단과정에 합리성이 있음을 부정할 수 없는 경우에는, 다른 특별한 사정이 없는 한 그 불허가처분에 재량권을 일탈·남용한 위법이 있다고 할 수 없어 주무관청의 불허가처분에 관하여 행정소송으로 다툴 수 없다고 한다(대판 1996.9.10. 95누18437).

4. 설립등기

> **법인설립의 등기(민법 제33조)** 기출 21
> 법인은 그 주된 사무소의 소재지에서 설립등기를 함으로써 성립한다.

> **법인의 등기사항(민법 제49조)**
> ① 법인설립의 허가가 있는 때에는 3주간 내에 주된 사무소소재지에서 설립등기를 하여야 한다.
> ② 전항의 등기사항은 다음과 같다.
>   1. 목적
>   2. 명칭
>   3. 사무소
>   4. 설립허가의 연월일
>   5. 존립시기나 해산이유를 정한 때에는 그 시기 또는 사유
>   6. 자산의 총액
>   7. 출자의 방법을 정한 때에는 그 방법
>   8. 이사의 성명, 주소
>   9. 이사의 대표권을 제한한 때에는 그 제한
>
> **설립등기 이외의 등기의 효력과 등기사항의 공고(민법 제54조)**
> ① 설립등기 이외의 본절의 등기사항은 그 등기 후가 아니면 제3자에게 대항하지 못한다. `기출` 19
> ② 등기한 사항은 법원이 지체 없이 공고하여야 한다.

사단법인은 법인등기부에 설립등기를 함으로써 성립한다(민법 제33조). 즉, 이 등기는 권리능력을 취득하기 위한 성립요건이고, 그 밖의 등기는 모두 대항요건에 해당한다(민법 제54조 제1항).

5. 설립 중의 회사

설립 중의 회사는 '강학상 개념'으로서 정관이 작성되고 발기인이 적어도 1주 이상의 주식을 인수하였을 때 비로소 성립한다(대판 1990.12.26. 90누2536). 설립 중의 회사의 법적 성격은 '법인 아닌 사단'으로 볼 것이다(대판 2008.2.28. 2007다37394·37400).

① 설립 중의 회사로서의 실체가 갖추어지기 이전에 발기인이 취득한 권리·의무는 구체적인 사정에 따라 발기인 개인 또는 발기인 조합에 귀속되는 것으로서 이들에게 귀속된 권리·의무를 설립 후의 회사에게 귀속시키기 위하여는 양수나 계약자 지위 인수 등의 특별한 이전행위가 있어야 한다(대판 1998.5.12. 97다56020).

② 설립 중인 법인의 행위에 대하여 설립 후의 법인이 책임지는 것은 설립 자체를 위한 비용에 한정된다.

> ➕ **더 알아보기**
>
> 교회가 그 실체를 갖추어 법인 아닌 사단으로 성립한 경우에 교회의 대표자가 교회를 위하여 취득한 권리의무는 교회에 귀속되나, 교회가 아직 실체를 갖추지 못하여 법인 아닌 사단으로 성립하기 전에 설립의 주체인 개인이 취득한 권리의무는 그것이 앞으로 성립할 교회를 위한 것이라 하더라도 바로 법인 아닌 사단인 교회에 귀속될 수는 없고, 또한 설립 중의 회사의 개념과 법적 성격에 비추어, 법인 아닌 사단인 교회가 성립하기 전의 단계에서 설립 중의 회사의 법리를 유추적용할 수는 없다(대판 2008.2.28. 2007다37394·37400). `기출` 17

Ⅱ 비영리재단법인의 설립요건

1. 목적의 비영리성(민법 제32조)

재단법인은 사원이 없으므로 비영리법인만 존재한다.

2. 설립행위

재단법인의 설립자는 일정한 재산을 출연하고 정관을 작성하여 기명날인을 하여야 한다(민법 제43조).

(1) 법적 성질

재단법인 설립행위는 서면에 일정한 사항을 기재하는 '요식행위'이며, 상대방 없는 단독행위이다(통설, 대판 1999.7.9. 98다9045). 한편 설립자가 수인인 경우에는 단독행위의 경합으로 본다.

> **⊕ 더 알아보기**
>
> [1] 민법 제47조 제1항에 의하여 생전처분으로 재단법인을 설립하는 때에 준용되는 민법 제555조는 "증여의 의사가 서면으로 표시되지 아니한 경우에는 각 당사자는 이를 해제할 수 있다"고 함으로써 서면에 의한 증여(출연)의 해제를 제한하고 있으나, 그 해제는 민법 총칙상의 취소와는 요건과 효과가 다르므로 서면에 의한 출연이더라도 민법 총칙규정에 따라 출연자가 착오에 기한 의사표시라는 이유로 출연의 의사표시를 취소할 수 있고, 상대방 없는 단독행위인 재단법인에 대한 출연행위라고 하여 달리 볼 것은 아니다. [2] 재단법인에 대한 출연자와 법인과의 관계에 있어서 그 출연행위에 터잡아 법인이 성립되면 그로써 출연재산은 민법 제48조에 의하여 법인 성립시에 법인에게 귀속되어 법인의 재산이 되는 것이고, 출연재산이 부동산인 경우에 있어서도 위 양 당사자 간의 관계에 있어서는 법인의 성립 외에 등기를 필요로 하는 것은 아니라 할지라도, 재단법인의 출연자가 착오를 원인으로 취소를 한 경우에는 출연자는 재단법인의 성립 여부나 출연된 재산의 기본재산인 여부와 관계없이 그 의사표시를 취소할 수 있다(대판 1999.7.9. 98다9045).

(2) 정관의 필요적 기재사항(민법 제43조, 제40조 참조) `기출` 21 · 16

> **재단법인의 정관(민법 제43조)**
> 재단법인의 설립자는 일정한 재산을 출연하고 제40조 제1호 내지 제5호의 사항을 기재한 정관을 작성하여 기명날인하여야 한다.

> **⊕ 더 알아보기**
>
> • 사단법인과의 공통점 : 목적, 명칭, 사무소의 소재지, 자산에 관한 규정, 이사의 임면규정
> • 사단법인과의 차이점(사단법인의 고유 기재사항) : 사원자격의 득실에 관한 규정, 존립시기나 해산 사유를 정한 때에는 그 시기나 사유

(3) 정관의 보충

> **재단법인의 정관의 보충(민법 제44조)** 기출 21 · 16
>
> 재단법인의 설립자가 그 명칭, 사무소 소재지 또는 이사임면의 방법을 정하지 아니하고 사망한 때에는 이해관계인 또는 검사의 청구에 의하여 법원이 이를 정한다.

① 사단법인에는 없는 제도이다.
② 이해관계인과 검사의 '청구'에 의해 '법원'이 나머지 사항을 정하여 법인을 성립시킨다.
③ 목적과 자산은 정해진 상태여야 한다.
④ 주무관청의 허가와 설립등기(민법 제32조, 제33조) : 사단법인과 동일하다.

Ⅲ 재단법인의 출연재산의 귀속시기

> **증여, 유증에 관한 규정의 준용(민법 제47조)**
> ① 생전처분으로 재단법인을 설립하는 때에는 증여에 관한 규정을 준용한다.
> ② 유언으로 재단법인을 설립하는 때에는 유증에 관한 규정을 준용한다.
>
> **출연재산의 귀속시기(민법 제48조)**
> ① 생전처분으로 재단법인을 설립하는 때에는 출연재산은 법인이 성립된 때로부터 법인의 재산이 된다.
> ② 유언으로 재단법인을 설립하는 때에는 출연재산은 유언의 효력이 발생한 때로부터 법인에 귀속한 것으로 본다.

1. 서 설

재단법인의 출연재산의 귀속시기와 관련된 논의는 권리변동에 별도의 공시가 필요한 물권과 증권화된 채권(지시채권, 무기명채권) 등을 출연하는 경우에만 문제가 되고, 「지명채권(채권자가 특정되어 있고, 성립 · 양도에 증권이 불필요한 채권)」의 경우에는 공시가 성립요건이 아니기 때문에 견해대립 없이 민법 제48조가 적용된다.

2. 생전처분으로 설립하는 경우(민법 제48조 제1항)

(1) 학 설

1) 민법 제48조 적용긍정설[법인성립시설(다수설)]

① 법인의 보호를 우선시하는 입장이다.
② 민법 제48조는 민법 제187조의 '기타 법률의 규정'에 해당한다.
③ 따라서 민법 제48조가 정한 시기(법인설립등기시)에 권리귀속이 된다.

2) 민법 제48조 적용부정설[이전등기시설(소수설)]

① 거래의 안전을 우선시하는 입장이다.

② 민법 제187조의 '기타 법률의 규정'은 법률행위에 의하지 아니하고 형성적 효력을 갖는 물권
변동을 규정한 법률만을 의미한다.

③ 따라서 민법 제187조가 법률행위에 의한 재단법인 설립의 경우에는 적용되지 않기 때문에,
공시가 있어야만 재단법인에게 출연재산이 귀속된다.

(2) 판례 : 소유권의 상대적 귀속

판례는 출연자와 법인의 관계에서는 민법 제187조, 제3자에 대한 관계에서는 민법 제186조가
적용된다는 입장이다(대판[전합] 1979.12.11. 78다481·482).

3. 유언으로 설립하는 경우(민법 제48조 제2항)

(1) 학 설

1) 민법 제48조 적용긍정설[유언의 효력발생시설(다수설)]

법인이 설립되면 공시 없이도 '유언자의 사망시(민법 제1073조 제1항 참조)'에 소급하여 법인의 재산이
된다는 견해이다.

2) 민법 제48조 적용부정설[이전등기시설(소수설)]

법인이 설립되고 이전등기, 인도, 배서·교부 등을 마쳐야 비로소 재산권이 법인에게 귀속된다는
견해이다.

(2) 판 례

유언으로 재단법인을 설립하는 경우에도 제3자에 대한 관계에서는 출연재산이 '부동산'인 경우
에는 그 법인에의 귀속은 법인의 설립 외에 등기를 필요로 한다는 입장이다(대판 1993.9.14. 93다8054).

제4관 | 법인의 능력

I 서 설

1. 의 의

법인도 권리의 주체이므로, 자연인과 동일하게 권리능력·행위능력·불법행위능력을 가진다.
다만, 법인의 능력은 의사능력 내지 판단능력을 중심으로 하여 논의되는 자연인의 경우와는 본질
적으로 다르기에 ① 법인이 어느 범위에서 권리능력을 갖는지, ② 누가 어떠한 형식으로 법인의
행위를 할 수 있는지, ③ 누구의 어떤 행위에 대하여 법인 자신이 배상책임을 부담하는지 등이
문제된다.

2. 능력에 관한 규정

법인의 능력에 관한 규정은 강행규정이다.

Ⅱ 법인의 권리능력

> **법인의 권리능력(민법 제34조)** [기출] 21 · 16
> 법인은 법률의 규정에 좇아 정관으로 정한 목적의 범위 내에서 권리와 의무의 주체가 된다.

1. 법률에 의한 제한

법인의 권리능력은 법률에 의하여 제한될 수 있다. 다만, 그 제한은 개별적(민법 제81조, 상법 제173조 등)이며, 법인의 권리능력을 일반적으로 제한하는 법률은 없다.

2. 성질상 제한

법인은 자연인을 전제로 하는 권리·의무의 주체가 될 수는 없다. 즉, 생명권, 친권, 부양청구권, 상속권 등은 성질상 법인에게 인정되지 않는다. 다만, 명예권, 성명권, 유증을 받을 수 있는 지위 등은 인정된다.

3. 정관에 의한 제한

「목적범위 내」를 어떻게 해석할 것인지와 관련하여 목적달성에 필요한 범위 내라는 견해와 목적에 위반하지 않는 범위 내라는 견해의 대립이 있으나, 판례는 「목적달성에 필요한 범위 내라고 판시하나, 직접적인 필요에 한정하지 않고 간접적으로 필요한 행위도 포함하고 있으며(대결 2001.9.21. 2000그98), 필요한지 여부도 객관적 성질에 따라 추상적으로 판단해야 한다(대판 1987.10.13. 86다카1522)」라고 하여 그 범위를 넓히고 있다.

Ⅲ 법인의 행위능력

1. 문제점

관념상 법인이 실제로 권리를 취득하거나 의무를 부담하는 것은 일정한 자연인의 행위에 의할 수 밖에 없는데, 이 경우 누구의 행위를 법인의 행위로 볼 것인가의 문제가 발생하는 바, 이것이 법인의 행위능력의 문제이다.

2. 대표기관의 행위

법인은 대표기관을 통해 현실적인 행위를 하기에 대표기관의 행위는 법인의 행위로 간주된다. 이사(민법 제59조), 이사의 직무대행자(민법 제60조의2), 임시이사(민법 제63조), 특별대리인(민법 제64조), 청산인(민법 제82조) 등이 대표적인 대표기관에 해당한다.

3. 행위의 범위

민법은 법인의 행위능력에 관한 규정을 따로 두고 있지 않다. 다만, 법인의 경우에는 의사능력의 불완전성을 문제 삼을 필요가 없으므로 법인은 권리능력의 범위 내에서 행위능력을 갖는다고 보아야 한다(통설).

Ⅳ 법인의 불법행위능력

> **법인의 불법행위능력(민법 제35조)**
> ① 법인은 이사 기타 대표자가 그 직무에 관하여 타인에게 가한 손해를 배상할 책임이 있다. 이사 기타 대표자는 이로 인하여 자기의 손해배상책임을 면하지 못한다. 기출 21·19
> ② 법인의 목적범위 외의 행위로 인하여 타인에게 손해를 가한 때에는 그 사항의 의결에 찬성하거나 그 의결을 집행한 사원, 이사 및 기타 대표자가 연대하여 배상하여야 한다. 기출 17·16·15·14

1. 의 의

법인은 이사 기타 대표자가 그 직무에 관하여 타인에게 가한 손해를 배상할 책임이 있다. 이사 기타 대표자는 이로 인하여 자기의 손해배상책임을 면하지 못한다(민법 제35조 제1항). 민법 제35조는 종중과 같은 권리능력 없는 사단에도 유추적용된다(대판 1994.4.12. 92다49300).

2. 요 건

(1) 대표기관의 행위일 것

① 법문상의 '이사 기타 대표자'는 '대표기관'만을 의미한다. 대표권 없는 이사는 법인의 기관이지만 대표기관은 아니기 때문에 그들의 행위로 인하여 민법 제35조상의 법인의 불법행위가 성립하지는 않는다(대판 2005.12.23. 2003다30159). 기출 20·19·17·15·13 이러한 대표기관으로는 이사(민법 제59조), 임시이사(민법 제63조), 특별대리인(민법 제64조), 청산인(민법 제82조, 제83조), 직무대행자(민법 제52조의2, 제60조의2) 등이 있다. 이러한 '법인의 대표자'에는 그 명칭이나 직위 여하, 또는 대표자로 등기되었는지 여부를 불문하고 당해 법인을 실질적으로 운영하면서 법인을 사실상 대표하여 법인의 사무를 집행하는 사람을 포함한다(대판 2011.4.28. 2008다15438). 기출 21·16·15·14·13

② 감사, 지배인, 이사의 임의대리인(민법 제62조) 등은 대표기관이 아니므로, 이들의 불법행위에 관해서는 법인이 사용자책임을 질 수 있을 뿐이다.

구 분	법인의 불법행위책임(민법 제35조)	사용자책임(민법 제756조)
행위자	법인의 대표기관	대표기관이 아닌 자, 피용자
행 위	직무에 관하여 – 외형이론	사무집행에 관하여 – 외형이론
법인의 책임	법인 자체의 불법행위책임	사용자인 법인의 사용자책임
기타의 책임	법인과 대표기관은 부진정연대책임 관계	법인과 행위자는 부진정연대책임 관계
면책 규정	없 음	있 음

(2) 대표기관이 직무에 관하여 타인에게 손해를 주었을 것

1) '직무에 관하여'의 의미(외형이론에 의하여 판단)

직무상 행위란 직무행위와 견련관계가 있어 사회통념상 법인의 목적을 달성하기 위하여 행해진 것으로 인정되는 모든 행위를 말한다. 즉, 직무상 행위로 인정되기 위해서는 행위의 외형상 그 대표기관의 직무행위라고 인정할 수 있는 행위이면 족하다(대판 2004.2.27. 2003다15280). 기출 22 · 14 그러나 이때에도 상대방이 대표자의 배임행위를 알았거나 중대한 과실로 인하여 알지 못한 경우에는 제35조의 책임을 묻지 못한다(대판 2004.3.26. 2003다34045). 기출 20 · 19 · 18 · 17 · 16 · 15 · 14

2) 외형이론의 적용범위

대표기관의 주관적 의사는 불문하며, 대표기관의 행위가 설사 대표자 개인의 사리를 도모하기 위한 것이었거나 혹은 법령에 위배되더라도 민법 제35조의 책임이 성립할 수 있다(대판 2004.2.27. 2003다15280). 기출 21 · 20 · 19 · 17 · 15 · 13

(3) 대표기관이 일반불법행위의 요건을 갖출 것

민법 제750조의 요건(즉, 대표기관의 가해행위, 고의 · 과실, 책임능력, 가해행위의 위법성, 손해 발생, 가해행위와 손해 간의 인과관계) 모두가 필요하다.

3. 효 과

(1) 법인의 불법행위가 성립하는 경우

① 법인의 불법행위가 성립하는 경우에도 대표기관은 그 자신의 손해배상책임을 면하지 못한다 (민법 제35조 제1항 후문). 기출 21 · 19 · 14

② 법인과 대표기관 개인의 채무는 부진정연대채무이다. 기출 19

③ 법인이 피해자에게 손해를 배상한 때에는 법인은 대표기관 개인에게 구상권을 행사할 수 있고, 그 근거는 선관주의의무의 위반이다. 기출 19

④ 대표기관의 고의적인 불법행위라고 하더라도, 피해자에게 그 불법행위 내지 손해발생에 과실이 있다면 법원은 과실상계의 법리에 좇아 손해배상의 책임 및 그 금액을 정함에 있어 이를 참작하여야 한다(대판 1987.12.8. 86다카1170). 기출 20

(2) 법인의 불법행위가 성립하지 않는 경우

① 대표기관의 가해행위가 직무의 범위를 벗어나는 경우에는 법인의 불법행위가 성립하지 않는다. 이때에는 대표기관만이 민법 제750조에 의해 불법행위책임을 진다.

② 다만, 민법은 피해자를 보호하기 위하여 그 의결에 찬성하거나 그 의결을 집행한 사원, 이사 및 기타 대표자는 민법 제760조의 공동불법행위의 성립 여부를 묻지 않고 연대[부진정연대(註)]하여 배상책임을 지도록 하고 있다. 기출 17·16·15·14

> ⊕ **더 알아보기**
>
> [민법 제756조와의 관계] 기출 16·13
> - 법인의 불법행위가 성립하는 경우에 법인이 사용자의 지위에서 사용자책임(민법 제756조)도 지는 지, 즉 민법 제35조 제1항과 제756조가 경합하는지 문제된다. 법인의 불법행위책임이 성립하는 경우 에는 사용자책임은 성립하지 않는다는 것이 통설·판례의 태도이다. 또한 법인의 불법행위책임은 사용자책임과 달리 선임·감독에 주의의무를 다하였음을 증명하여도 면책될 수 없다.
> - 대표기관의 대리인의 가해행위가 있는 경우, 대리인은 대표기관이 아니므로 법인에게 민법 제35조 상의 불법행위책임은 성립하지 않지만, 민법 제756조의 사용자책임이 성립할 수는 있다.

제5관 | 법인의 기관

I 서 설

1. 개 념

자연인과 같이 그 자체로 활동할 수 없는 법인이 독립체로서 법인의 의사를 결정하고 외부에 대하여 행동하며 내부의 사무를 처리하기 위한 일정한 조직을 기관이라 한다.

2. 필요기관·상설기관

① 이사는 집행기관으로서 재단·사단법인의 필요상설기관이다(민법 제57조). 기출 22·15 이에 반해 이사회는 이사들의 의결기관으로 임의기관이다(단, 상법상으로는 필요기관이다).

② 감사는 민법상 필요기관도 상설기관도 아닌 임의기관이다(단, 상법상으로는 필요상설기관이다). 기출 22

③ 사원총회는 의사결정기관으로서 사단법인에서만 필요기관이다(상설기관은 아님).

Ⅱ 이사

1. 정관 기재사항 및 등기사항

이사는 정관에 임면 방법을 기재하여야 하고(민법 제40조 제5호, 제43조), 성명과 주소는 등기사항이다(민법 제49조 제2항).

2. 임 면

(1) 선 임

이사의 선임행위는 법인과 이사 간의 위임과 유사한 계약에 해당하므로, 특별한 사정이 없는 한 위임의 법리가 적용된다.

(2) 해임 · 퇴임 등

이사의 해임 및 퇴임도 정관에 의할 것이나, 법인과 이사의 법률관계는 신뢰를 기초한 위임 유사 관계로 볼 수 있으므로 정관에 다른 규정이 없거나 규정이 있더라도 불충분한 경우에는 위임의 규정을 유추적용할 수 있다.

> ### ⊕ 더 알아보기
>
> [민법 제691조의 유추적용에 관한 주요 판례]
> - 민법상 법인과 그 기관인 이사의 관계는 위임자와 수임자의 법률관계와 같은 것으로서 이사의 임기가 만료하면 일단 그 위임관계는 종료되는 것이 원칙이나, 그 후임 이사 선임 시까지 이사가 존재하지 않는다면 기관에 의하여 행위를 할 수밖에 없는 법인으로서는 당장 정상적인 활동을 중단하지 않을 수 없는 상태에 처하게 되고, 이는 민법 제691조에 규정된 급박한 사정이 있는 때와 같이 볼 수 있으므로 임기만료되거나 사임한 이사라고 할지라도 그 임무를 수행함이 부적당하다고 인정할 만한 특별한 사정이 없는 한 그 급박한 사정을 해소하기 위하여 필요한 범위 내에서 신임 이사가 선임될 때까지 이사의 직무를 계속 수행할 수 있고, 이러한 법리는 법인 아닌 사단에서도 마찬가지이다(대판 2007.6.15. 2007다6307).
> - 임기만료된 이사의 업무수행권은 이사에 결원이 있음으로써 법인이 정상적인 활동을 할 수 없는 사태를 방지하자는 데 취지가 있으므로, 이사 중 일부의 임기가 만료되었더라도 아직 임기가 만료되지 아니한 다른 이사들로 정상적인 활동을 할 수 있는 경우에는 임기만료된 이사로 하여금 이사로서 직무를 행사하게 할 필요가 없고, 이러한 경우에는 임기만료로서 당연히 퇴임하며, 법인의 정상적인 활동이 가능한지는 이사의 임기만료 시를 기준으로 판단하여야 하지 그 이후의 사정까지 고려할 수는 없다(대결 2014.1.17. 2013마1801).
>
> [해임에 관한 주요 판례]
> - 법인과 이사의 법률관계는 신뢰를 기초로 한 위임 유사의 관계이고, 위임계약은 원래 해지의 자유가 인정되어 쌍방 누구나 정당한 이유 없이도 언제든지 해지할 수 있으며, 다만 불리한 시기에 부득이한 사유 없이 해지한 경우에 한하여 상대방에게 그로 인한 손해배상책임을 질 뿐이다(대결 2014.1.17. 2013마1801).

- 법인과 이사의 법률관계는 신뢰를 기초로 한 위임 유사의 관계로 볼 수 있는데, 민법 제689조 제1항에서는 위임계약은 각 당사자가 언제든지 해지할 수 있다고 규정하고 있으므로, 법인은 원칙적으로 이사의 임기만료 전에도 이사를 해임할 수 있지만, 이러한 민법의 규정은 임의규정에 불과하므로 법인이 자치법규인 정관으로 이사의 해임사유 및 절차 등에 관하여 별도의 규정을 두는 것도 가능하다. 그리고 이와 같이 법인이 정관에 이사의 해임사유 및 절차 등을 따로 정한 경우 그 규정은 법인과 이사와의 관계를 명확히 함은 물론 이사의 신분을 보장하는 의미도 아울러 가지고 있어 이를 단순히 주의적 규정으로 볼 수는 없다. 따라서 법인의 정관에 이사의 해임사유에 관한 규정이 있는 경우 법인으로서는 이사의 중대한 의무위반 또는 정상적인 사무집행 불능 등의 특별한 사정이 없는 이상, 정관에서 정하지 아니한 사유로 이사를 해임할 수 없다(대판 2013.11.28. 2011다41741). 기출 19

  [사임에 관한 주요 판례]
- 학교법인의 이사는 법인에 대한 일방적인 사임의 의사표시에 의하여 법률관계를 종료시킬 수 있고, 그 의사표시는 수령권한 있는 기관에 도달됨으로써 바로 효력을 발생하는 것이며, 그 효력발생을 위하여 이사회의 결의나 관할관청의 승인이 있어야 하는 것은 아니다(대판 2003.1.10. 2001다1171).
- 법인의 이사를 사임하는 행위는 상대방 있는 단독행위이므로 그 의사표시가 상대방에게 도달함과 동시에 그 효력을 발생하고, 그 의사표시가 효력을 발생한 후에는 마음대로 이를 철회할 수 없음이 원칙이다. 그러나 법인이 정관에서 이사의 사임절차나 사임의 의사표시의 효력발생시기 등에 관하여 특별한 규정을 둔 경우에는 그에 따라야 하는바, 위와 같은 경우에는 이사의 사임의 의사표시가 법인의 대표자에게 도달하였다고 하더라도 그와 같은 사정만으로 곧바로 사임의 효력이 발생하는 것은 아니고 정관에서 정한 바에 따라 사임의 효력이 발생하는 것이므로, 이사가 사임의 의사표시를 하였더라도 정관에 따라 사임의 효력이 발생하기 전에는 그 사임의사를 자유롭게 철회할 수 있다(대판 2008.9.25. 2007다17109).
- 또한 사임서 제시 당시 즉각적인 철회권유로 사임서 제출을 미루거나, 대표자에게 사표의 처리를 일임하거나, 사임서의 작성일자를 제출일 이후로 기재한 경우 등 사임의사가 즉각적이라고 볼 수 없는 특별한 사정이 있을 경우에는 별도의 사임서 제출이나 대표자의 수리행위 등이 있어야 사임의 효력이 발생하고, 그 이전에 사임의사를 철회할 수 있다(대판 2006.6.15. 2004다10909).

3. 직무권한

(1) 서 설

이사는 대외적으로 법인을 대표하고 대내적으로 법인의 사무를 집행할 권한을 가진 상설의 필요기관이다(민법 제58조 제1항). 이사가 될 수 있는 자는 자연인에 한정된다. 직무를 집행할 때 이사는 선량한 관리자의 주의를 기울여야 한다(민법 제61조). 이사가 그 임무를 해태한 때에는 그 이사는 법인에 대하여 연대하여 손해배상의 책임이 있다(민법 제65조).

(2) 대외적 권한 : 법인의 대표권

> **이사의 대표권(민법 제59조)**
> ① 이사는 법인의 사무에 관하여 각자 법인을 대표한다. 그러나 정관에 규정한 취지에 위반할 수 없고 특히 사단법인은 총회의 의결에 의하여야 한다.
> ② 법인의 대표에 관하여는 대리에 관한 규정을 준용한다. 기출 18

1) 원 칙

이사는 법인 사무에 관하여 각자 법인을 대표한다(민법 제59조 제1항). 즉, **각자대표가 원칙이다.** 수인의 이사가 있더라도 동일하다.

2) 적용범리

① 대표기관이 법인을 대표하여 어떤 행위를 하면, 그 행위는 법인의 행위로 되어 법인이 그로 인한 권리를 취득하고 의무를 부담한다. 그런데 민법 제59조 제2항은 대리에 관한 규정을 준용하므로, 대표행위를 할 때 법인을 위한 것임을 표시해야 하며(민법 제114조), 무권대리에 관한 규정도 준용된다.

② 법인이 대표기관을 통하여 법률행위를 한 때에는 대리에 관한 규정이 준용되므로 적법한 대표권을 가진 자와 맺은 법률행위의 효과는 대표자 개인이 아니라 본인인 법인에 귀속하고, 마찬가지로 그러한 법률행위상의 의무를 위반하여 발생한 채무불이행으로 인한 손해배상책임도 대표기관 개인이 아닌 법인만이 책임의 귀속주체가 되는 것이 원칙이다(대판 2019.5.30, 2017다53265).

3) 대표권의 제한

① 정관에 의한 제한

> **이사의 대표권에 대한 제한(민법 제41조)** 기출 17·16·13
> 이사의 대표권에 대한 제한은 이를 정관에 기재하지 아니하면 그 효력이 없다.

> **이사의 대표권에 대한 제한의 대항요건(민법 제60조)** 기출 17·16·14·13
> 이사의 대표권에 대한 제한은 등기하지 아니하면 제3자에게 대항하지 못한다.

> **이사의 대리인 선임(민법 제62조)** 기출 22·20·13
> 이사는 정관 또는 총회의 결의로 금지하지 아니한 사항에 한하여 타인으로 하여금 특정한 행위를 대리하게 할 수 있다.

 ㉠ 정관기재는 효력요건이고, 등기는 대항요건이다.
 ㉡ 제3자의 범위 : 학설로는 악의의 제3자는 공평의 원칙상 보호할 필요가 없다는 제한설과 문리해석상 선·악의를 불문하고 대항할 수 있다는 무제한설의 대립이 있다. 판례는 '대표권의 제한에 관한 규정은 이를 등기하지 않을 경우 상대방의 선·악의를 불문하고 상대방에게 대표권 제한으로 대항할 수 없다'는 입장이다(무제한설)(대판 1992.2.14, 91다24564). 기출 14

② 사원총회의 의결에 의한 제한(민법 제59조 제1항 단서)

> **이사의 대표권(민법 제59조)**
> ① 이사는 법인의 사무에 관하여 각자 법인을 대표한다. 그러나 정관에 규정한 취지에 위반할 수 없고 특히 사단법인은 총회의 의결에 의하여야 한다. 기출 13
> ② 법인의 대표에 관하여는 대리에 관한 규정을 준용한다. 기출 21

③ **이익상반행위** : '이익이 상반되는 사항'이란 법인의 이익을 해할 염려가 있는 모든 재산적 거래를 말한다.

> **특별대리인의 선임(민법 제64조)** 기출 15 · 14
> 법인과 이사의 이익이 상반하는 사항에 관하여는 이사는 대표권이 없다. 이 경우에는 전조의 규정에 의하여 특별대리인을 선임하여야 한다.

(3) 대내적 권한 : 법인의 사무집행권

> **이사의 사무집행(민법 제58조)**
> ① 이사는 법인의 사무를 집행한다.
> ② 이사가 수인인 경우에는 정관에 다른 규정이 없으면 법인의 사무집행은 이사의 과반수로써 결정한다. 기출 21 · 18

이사는 대내적으로 법인의 모든 사무를 집행한다(민법 제58조 제1항). 이사의 수가 수인인 경우, 정관에 다른 규정이 없으면 법인의 사무집행은 이사의 과반수로써 결정한다(민법 제59조 제2항).

> ⊕ **더 알아보기**
>
> [민법상 법인의 정관에 대표권 있는 이사만 이사회를 소집할 수 있고, 다른 이사가 요건을 갖추어 이사회 소집을 요구하면 대표권 있는 이사가 이에 응하도록 규정하고 있는데도 대표권 있는 이사가 다른 이사의 정당한 이사회 소집을 거절한 경우, 이사가 정관의 규정 또는 민법에 기초하여 이사회를 소집할 수 있는지 여부(적극)]
> 민법 제58조 제1항은 민법상 법인의 사무집행은 이사가 하도록 규정하고 있고, 같은 조 제2항은 이사가 수인인 경우에는 이사의 과반수로써 결정하되 정관에 다른 규정이 있으면 이에 따르도록 규정하고 있다. 그러므로 이사가 수인인 민법상 법인의 정관에 대표권 있는 이사만 이사회를 소집할 수 있다고 규정하고 있다고 하더라도 이는 과반수의 이사가 본래 할 수 있는 이사회 소집에 관한 행위를 대표권 있는 이사로 하여금 하게 한 것에 불과하다. 따라서 <u>정관에 다른 이사가 요건을 갖추어 이사회 소집을 요구하면 대표권 있는 이사가 이에 응하도록 규정하고 있는데도 대표권 있는 이사가 다른 이사의 정당한 이사회 소집을 거절하였다면, 대표권 있는 이사만 이사회를 소집할 수 있는 규정은 적용될 수 없다. 이 경우 이사는 정관의 이사회 소집권한에 관한 규정 또는 민법에 기초하여 법인의 사무를 집행할 권한에 의하여 이사회를 소집할 수 있다</u>(대결 2017.12.1. 2017그661).

4. 이사의 주의의무와 임무해태에 대한 연대책임

> **이사의 주의의무(민법 제61조)**
> 이사는 선량한 관리자의 주의로 그 직무를 행하여야 한다.

> **이사의 임무해태(민법 제65조)**
> 이사가 그 임무를 해태한 때에는 그 이사는 법인에 대하여 연대하여 손해배상의 책임이 있다.

Ⅲ 이사의 임의대리인

이사의 대리인 선임(민법 제62조) `기출` 21 · 19 · 13
이사는 정관 또는 총회의 결의로 금지하지 아니한 사항에 한하여 타인으로 하여금 특정한 행위를 대리하게 할 수 있다.

① 정관이나 총회로 금지하지 않은 사항에 대해 선임이 가능하다.
② 포괄적 대리권의 부여는 허용되지 않으며, 구체적 범위를 정하여 선임이 가능하다(대판 1989.5.9. 87다카2407). `기출` 22 · 20
③ 임의대리인의 불법행위에 대해서는 민법 제35조 제1항의 책임이 아니라 법인의 사용자책임(민법 제756조)이 적용된다(통설).

Ⅳ 이사회

이사회란 법인의 사무집행을 결정하기 위하여 이사 전원으로 구성된 의결기관으로, 민법상 법인에서는 필요기관이 아니다. 반면에 상법상 주식회사 이사회는 상설의 필수기관이다(상법 제390조 이하).

Ⅴ 직무대행자

직무집행정지 등 가처분의 등기(민법 제52조의2)
이사의 직무집행을 정지하거나 직무대행자를 선임하는 가처분을 하거나 그 가처분을 변경·취소하는 경우에는 주사무소와 분사무소가 있는 곳의 등기소에서 이를 등기하여야 한다.

직무대행자의 권한(민법 제60조의2)
① 제52조의2의 직무대행자는 가처분명령에 다른 정함이 있는 경우 외에는 법인의 통상사무에 속하지 아니한 행위를 하지 못한다. 다만, 법원의 허가를 얻은 경우에는 그러하지 아니하다. `기출` 14
② 직무대행자가 제1항의 규정에 위반한 행위를 한 경우에도 법인은 선의의 제3자에 대하여 책임을 진다. `기출` 18

① 직무대행자는 이사의 선임행위에 흠이 있음을 이유로 이해관계인의 신청에 의하여 법원이 가처분으로써 선임하는 임시적, 잠정적 기관이다(민법 제52조의2).
② 직무대행자는 가처분명령에 다른 정함이 없는 한 법인의 「통상사무」에 속하는 행위만을 할 수 있다. 이와 관련하여 직무대행자가 이를 위반한 경우 법인은 선의의 제3자에 대하여 책임을 진다(민법 제60조의2). `기출` 18 · 14

Ⅵ 임시이사 · 특별대리인

임시이사의 선임(민법 제63조) 기출 21 · 16 · 15
이사가 없거나 결원이 있는 경우에 이로 인하여 손해가 생길 염려 있는 때에는 법원은 이해관계인이나 검사의 청구에 의하여 임시이사를 선임하여야 한다.

특별대리인의 선임(민법 제64조) 기출 21 · 18 · 13
법인과 이사의 이익이 상반하는 사항에 관하여는 이사는 대표권이 없다. 이 경우에는 전조의 규정에 의하여 특별대리인을 선임하여야 한다.

1. 임시이사

이사가 없거나 결원이 있는 경우에 이로 인하여 손해가 생길 염려가 있는 때에는 법원은 이해관계인이나 검사의 청구에 의하여 임시이사를 선임하여야 한다(민법 제63조). 여기서 '이해관계인'이라 함은 임시이사가 선임되는 것에 관하여 법률상의 이해관계가 있는 자로서 그 법인의 다른 이사, 사원 및 채권자 등을 포함한다(대결[전합] 2009.11.19. 2008마699).

> **⊕ 더 알아보기**
>
> 민법 제63조에서 임시이사 선임의 요건으로 정하고 있는 '이사가 없거나 결원이 있는 경우'라 함은 이사가 전혀 없거나 정관에서 정한 인원수에 부족이 있는 경우를 말하고, '이로 인하여 손해가 생길 염려가 있는 때'라 함은 통상의 이사선임절차에 따라 이사가 선임되기를 기다릴 때에 법인이나 제3자에게 손해가 생길 우려가 있는 것을 의미한다(대결[전합] 2009.11.19. 2008마699). 기출 19

2. 특별대리인

법인과 이사의 이익이 상반하는 사항에 관하여는 이사는 대표권이 없다. 이 경우 법원은 이해관계인이나 검사의 청구에 의하여 특별대리인을 선임하여야 한다(민법 제64조).

Ⅶ 임시총회의 소집권자

임시총회(민법 제70조)
① 사단법인의 이사는 필요하다고 인정한 때에는 임시총회를 소집할 수 있다.
② 총사원의 5분의 1 이상으로부터 회의의 목적사항을 제시하여 청구한 때에는 이사는 임시총회를 소집하여야 한다. 이 정수는 정관으로 증감할 수 있다.
③ 전항의 청구 있는 후 2주간 내에 이사가 총회소집의 절차를 밟지 아니한 때에는 청구한 사원은 법원의 허가를 얻어 이를 소집할 수 있다.

임시총회의 소집권자는 이사(민법 제70조 제1항) · 임시이사 · 청산인 · 감사(민법 제67조 제4호), 소수사원(민법 제70조 제2항)이다.

Ⅷ 감 사

감사(민법 제66조) `기출` 18 · 16 · 15 · 14
법인은 정관 또는 총회의 결의로 감사를 둘 수 있다.

감사의 직무(민법 제67조)
감사의 직무는 다음과 같다.
1. 법인의 재산상황을 감사하는 일
2. 이사의 업무집행의 상황을 감사하는 일
3. 재산상황 또는 업무집행에 관하여 부정, 불비한 것이 있음을 발견한 때에는 이를 총회 또는 주무관청에 보고하는 일
4. 전호의 보고를 하기 위하여 필요있는 때에는 총회를 소집하는 일

① 법인은 정관 또는 총회의 결의로 1인 또는 수인의 감사를 둘 수 있다(민법 제66조). 즉, 감사는 사단법인이든 재단법인이든 임의기관이며, 그 선임방법 등은 정관 또는 총회의 결의로 정해진다.
② 감사는 법인의 대표기관이 아니므로, 법인은 감사의 행위로 인하여 민법 제35조의 불법행위 책임을 부담하지 않는다.

Ⅸ 사원총회

총회의 권한(민법 제68조)
사단법인의 사무는 정관으로 이사 또는 기타 임원에게 위임한 사항 외에는 총회의 결의에 의하여야 한다.

통상총회(민법 제69조) `기출` 18
사단법인의 이사는 매년 1회 이상 통상총회를 소집하여야 한다.

임시총회(민법 제70조)
① 사단법인의 이사는 필요하다고 인정한 때에는 임시총회를 소집할 수 있다.
② 총사원의 5분의 1 이상으로부터 회의의 목적사항을 제시하여 청구한 때에는 이사는 임시총회를 소집하여야 한다. 이 정수는 정관으로 증감할 수 있다.
③ 전항의 청구 있는 후 2주간 내에 이사가 총회소집의 절차를 밟지 아니한 때에는 청구한 사원은 법원의 허가를 얻어 이를 소집할 수 있다.

총회의 소집(민법 제71조)
총회의 소집은 1주간 전에 그 회의의 목적사항을 기재한 통지를 발하고 기타 정관에 정한 방법에 의하여야 한다.

총회의 결의사항(민법 제72조) `기출` `18·15`
총회는 전조의 규정에 의하여 통지한 사항에 관하여서만 결의할 수 있다. 그러나 정관에 다른 규정이 있는 때에는 그 규정에 의한다.

사원의 결의권(민법 제73조)
① 각 사원의 결의권은 평등으로 한다.
② 사원은 서면이나 대리인으로 결의권을 행사할 수 있다.
③ 전2항의 규정은 정관에 다른 규정이 있는 때에는 적용하지 아니한다.

사원이 결의권 없는 경우(민법 제74조)
사단법인과 어느 사원과의 관계사항을 의결하는 경우에는 그 사원은 결의권이 없다.

총회의 결의방법(민법 제75조) `기출` `19`
① 총회의 결의는 본법 또는 정관에 다른 규정이 없으면 사원 과반수의 출석과 출석사원의 결의권의 과반수로써 한다.
② 제73조 제2항의 경우에는 당해사원은 출석한 것으로 한다.

총회의 의사록(민법 제76조)
① 총회의 의사에 관하여는 의사록을 작성하여야 한다.
② 의사록에는 의사의 경과, 요령 및 결과를 기재하고 의장 및 출석한 이사가 기명날인하여야 한다.
③ 이사는 의사록을 주된 사무소에 비치하여야 한다.

1. 의 의

사원총회는 사단 내부에서의 최고의결기관으로, 정관에 의하더라도 두지 않거나 폐지할 수 없는 필요기관이다. 또한 사원 총원으로 구성되는 회의체이다.

2. 사원총회의 종류 및 소집절차

(1) 종 류

사원총회는 적어도 1년에 1회 이상 정관에 정한 시기에 소집되는 통상총회(민법 제69조)와 특별한 필요에 따라 임시로 소집되는 임시총회(민법 제70조)의 두 가지가 있다.

(2) 소집절차

① 사원총회를 소집하기 위하여 이사나 소수사원 등 적법한 소집권자가 1주일 전에 그 회의의 목적사항을 기재한 통지를 발하고, 기타 정관에 정한 방법에 의해야 한다(민법 제71조).
② 1주간의 기간은 정관으로 단축할 수 없지만, 연장하는 것은 가능하다.
③ 정관에 다른 규정이 없다면 총회는 통지한 사항에 관해서만 결의할 수 있다(민법 제72조). `기출` `18·15`
④ 소집절차가 법률이나 정관에 위반하여 하자가 있는 경우에, 사원총회의 결의는 무효이다.

⑤ <u>임시총회는 사단법인의 이사가 필요하다고 인정한 때, 또는 총사원의 5분의 1 이상으로부터
회의의 목적사항을 제시하여 청구한 때에 사단법인의 이사가 소집하여야 한다</u>(민법 제70조).

⑥ 임시총회소집의 청구 있은 후 2주간 내에 이사가 총회소집의 절차를 밟지 아니한 때에는 청구
한 사원은 법원의 허가를 얻어 이를 소집할 수 있다(민법 제70조 제3항).

3. 사원총회의 권한

① <u>정관으로 이사나 기타 임원에게 위임한 사항을 제외한 법인사무 전부에 대한 의결권은 총회에
게 있다</u>(민법 제68조).

② <u>정관변경</u>(민법 제42조)과 <u>임의해산</u>(민법 제77조 제2항, 제78조)은 총회의 전권사항으로서 정관에 의해서도
박탈할 수 없다. 단, 정관으로 정족수를 달리 정할 수는 있다.

③ 총회의 결의로 소수사원권과 사원의 의결권과 같은 사원의 고유권을 박탈할 수는 없다.

④ <u>민법이나 정관에 달리 정함이 없으면, 결의의 성립에 필요한 의결정족수는 사원과반수의 출
석과 출석사원 결의권의 과반수이다</u>(민법 제75조). 　기출 19

4. 의결권

① <u>의결권은 출자액에 비례하는 것이 아니라 각 사원에게 평등한 것이 원칙이다</u>(민법 제73조 제1항).

② <u>다만, 의결권 평등의 원칙은 사원의 고유권을 박탈하지 않는 범위 내에서 정관으로 변경이
가능하다</u>(민법 제73조 제3항).

③ <u>서면결의, 대리인을 통한 결의도 가능하다</u>(민법 제73조 제2항).

④ <u>사단법인과 어느 사원과의 관계사항을 의결하는 경우에는 그 사원은 의결권이 없다</u>(민법 제74조).

5. 사원권

① 의의 : 사단법인의 사원이 사원이라는 자격 내지 지위에 기하여 사단법인에 대하여 가지는 권리·의무를 포괄하여 사원권이라 한다.

② 사원자격의 득실에 관한 규정은 정관의 필요적 기재사항이므로 사원권은 정관의 규정에 따라 취득한다(민법 제40조 제6호 참조).

③ 사단법인의 사원의 지위는 양도 또는 상속할 수 없다고 규정한 민법 제56조의 규정은 강행규정은 아니라고 할 것이므로, 정관에 의하여 이를 인정하고 있을 때에는 양도·상속이 허용된다(대판 1992.4.14. 91다26850). 기출 22·20·15·14·13 이는 비법인사단에서도 동일하다(대판 1997.9.26. 95다6205).

④ 사원의 지위는 사원의 사망·탈퇴, 총회의 결의, 정관에 정하는 사유에 의하여 소멸한다.

제6관 | 법인의 소멸

Ⅰ 서 설

법인의 소멸이란 법인이 권리능력을 상실하는 것을 말하며, 법인의 소멸은 「해산」과 「청산」의 2단계를 거치게 된다. 특히 민법상의 청산절차에 관한 규정은 모두 제3자의 이해관계에 중대한 영향을 미치기 때문에 이른바 강행규정이라고 해석되므로 이에 반하는 잔여재산의 처분행위는 특단의 사정이 없는 한 무효라고 보아야 한다(대판 1995.2.10. 94다13473). 기출 22·20·15

Ⅱ 법인의 해산

법인의 설립허가의 취소(민법 제38조) 기출 15
법인이 목적 이외의 사업을 하거나 설립허가의 조건에 위반하거나 기타 공익을 해하는 행위를 한 때에는 주무관청은 그 허가를 취소할 수 있다.

해산사유(민법 제77조)
① 법인은 존립기간의 만료, 법인의 목적의 달성 또는 달성의 불능 기타 정관에 정한 해산사유의 발생, 파산 또는 설립허가의 취소로 해산한다.
② 사단법인은 사원이 없게 되거나 총회의 결의로도 해산한다. 기출 19

사단법인의 해산결의(민법 제78조) 기출 22·14
사단법인은 총사원 4분의 3 이상의 동의가 없으면 해산을 결의하지 못한다. 그러나 정관에 다른 규정이 있는 때에는 그 규정에 의한다.

파산신청(민법 제79조) 기출 19
법인이 채무를 완제하지 못하게 된 때에는 이사는 지체 없이 파산신청을 하여야 한다.

1. 개 념

해산이란 법인이 본래의 목적달성을 위한 적극적인 활동을 멈추고 청산단계로 들어가는 것을 말한다.

2. 해산사유

(1) 사단법인과 재단법인에 공통된 해산사유 🔑 존·목·파·설·기

법인은 존립기간의 만료, 법인의 목적의 달성 또는 달성의 불능, 기타 정관에 정한 해산사유의 발생, 파산 또는 설립허가의 취소로 해산한다(민법 제77조 제1항).

(2) 사단법인 특유의 해산사유

① 사단법인은 사원이 없게 되거나 총회의 결의로도 해산한다(민법 제77조 제2항).

> **⊕ 더 알아보기**
>
> 법인 아닌 사단에 대하여는 사단법인에 관한 민법규정 가운데서 법인격을 전제로 하는 것을 제외하고는 이를 유추적용하여야 할 것인바, 사단법인에 있어서는 사원이 없게 된다고 하더라도 이는 해산사유가 될 뿐 막바로 권리능력이 소멸하는 것이 아니므로 법인 아닌 사단에 있어서도 구성원이 없게 되었다 하여 막바로 그 사단이 소멸하여 소송상의 당사자능력을 상실하였다고 할 수는 없고 청산사무가 완료되어야 비로소 그 당사자능력이 소멸하는 것이다(대판 1992.10.9. 92다23087).

② 사단법인은 총사원의 4분의 3 이상의 동의가 없으면 해산을 결의하지 못한다. 그러나 정관에 다른 규정이 있는 때에는 그 규정에 의한다(민법 제78조).

Ⅲ 법인의 청산

1. 개 념

청산이란 해산한 법인의 잔존사무를 처리하고 재산을 정리하여 권리능력을 완전히 소멸시키는 절차를 말한다. 청산절차에 관한 규정은 제3자의 이해관계에 중대한 영향을 미치기 때문에 강행규정에 해당한다(대판 1995.2.10. 94다13473). 기출 15

2. 청산법인의 능력

> **청산법인(민법 제81조)** 기출 22
> 해산한 법인은 청산의 목적범위 내에서만 권리가 있고 의무를 부담한다.

① 청산법인은 해산 전의 법인과 동일성을 가지지만, 청산의 목적범위 내에서만 권리를 가지고 의무를 부담한다(민법 제81조). 이 범위를 초과하는 행위는 무효이다(대판 1980.4.8. 79다2036). '청산의 목적범위 내'란 청산목적과 직접 관련된 것에 한정할 것은 아니고, 청산의 목적달성을 위한 행위라면 이에 포함된다.

② 법인에 대한 청산종결등기가 경료되었다고 하더라도 청산사무가 종결되지 않는 한 그 범위 내에서는 청산법인으로서 존속한다고 볼 것이다(대판 2003.2.11. 99다66427 · 73371). **기출 19**

3. 청산법인의 기관

(1) 청산인

1) 지 위

> **준용규정(민법 제96조)**
> 제58조 제2항, 제59조 내지 제62조, 제64조, 제65조 및 제70조의 규정은 청산인에 이를 준용한다.

법인이 해산하면 이사에 갈음하여 청산인이 청산법인의 집행기관이 된다. 청산인은 청산법인의 능력의 범위 내에서 내부의 사무를 집행하고, 외부에 대하여 청산법인을 대표한다(민법 제87조 제2항). **기출 19** 따라서 이사의 사무집행방법(민법 제58조 제2항), 이사의 대표권(민법 제59조), 이사의 대표권에 대한 제한의 대항요건(민법 제60조), 이사의 주의의무(민법 제61조), 이사의 대리인 선임(민법 제62조), 특별대리인의 선임(민법 제64조), 이사의 임무해태(민법 제65조), 임시총회의 소집(민법 제70조)의 규정은 모두 청산인에게 준용된다(민법 제96조).

2) 선 임

> **청산인(민법 제82조)** **기출 13**
> 법인이 해산한 때에는 파산의 경우를 제하고는 이사가 청산인이 된다. 그러나 정관 또는 총회의 결의로 달리 정한 바가 있으면 그에 의한다.

> **법원에 의한 청산인의 선임(민법 제83조)**
> 전조의 규정에 의하여 청산인이 될 자가 없거나 청산인의 결원으로 인하여 손해가 생길 염려가 있는 때에는 법원은 직권 또는 이해관계인이나 검사의 청구에 의하여 청산인을 선임할 수 있다.

3) 해 임

> **법원에 의한 청산인의 해임(민법 제84조)**
> 중요한 사유가 있는 때에는 법원은 직권 또는 이해관계인이나 검사의 청구에 의하여 청산인을 해임할 수 있다.

(2) 기타의 기관

청산법인은 해산 전의 법인과 동일성이 유지되므로, 사원총회, 감사 등의 기관은 그대로 계속하여 청산법인의 기관에 해당한다.

4. 청산사무(청산인의 직무권한)

(1) 해산의 등기와 신고(민법 제85조 제1항, 제86조 제1항)

해산등기(민법 제85조)
① 청산인은 파산의 경우를 제하고는 그 취임 후 3주간 내에 해산의 사유 및 연월일, 청산인의 성명 및 주소와 청산인의 대표권을 제한한 때에는 그 제한을 주된 사무소 및 분사무소소재지에서 등기하여야 한다.
② 제52조의 규정은 전항의 등기에 준용한다.

해산신고(민법 제86조)
① 청산인은 파산의 경우를 제하고는 그 취임 후 3주간 내에 전조 제1항의 사항을 주무관청에 신고하여야 한다.
② 청산 중에 취임한 청산인은 그 성명 및 주소를 신고하면 된다.

(2) 현존사무의 종결(민법 제87조 제1항 제1호)

(3) 채권의 추심(민법 제87조 제1항 제2호)

(4) 채무의 변제(민법 제87조 제1항 제2호)

채권신고기간 내의 변제금지(민법 제90조) 기출 22
청산인은 제88조 제1항의 채권신고기간 내에는 채권자에 대하여 변제하지 못한다. 그러나 법인은 채권자에 대한 지연손해배상의 의무를 면하지 못한다.

채권변제의 특례(민법 제91조)
① 청산 중의 법인은 변제기에 이르지 아니한 채권에 대하여도 변제할 수 있다. 기출 22·15
② 전항의 경우에는 조건 있는 채권, 존속기간의 불확정한 채권 기타 가액의 불확정한 채권에 관하여는 법원이 선임한 감정인의 평가에 의하여 변제하여야 한다.

청산으로부터 제외된 채권(민법 제92조)
청산으로부터 제외된 채권자는 법인의 채무를 완제한 후 귀속권리자에게 인도하지 아니한 재산에 대하여서만 변제를 청구할 수 있다.

1) 채권신고의 최고

채권신고의 공고(민법 제88조)
① 청산인은 취임한 날로부터 2월 내에 3회 이상의 공고로 채권자에 대하여 일정한 기간 내에 그 채권을 신고할 것을 최고하여야 한다. 그 기간은 2월 이상이어야 한다.
② 전항의 공고에는 채권자가 기간 내에 신고하지 아니하면 청산으로부터 제외될 것을 표시하여야 한다.
③ 제1항의 공고는 법원의 등기사항의 공고와 동일한 방법으로 하여야 한다.

> **채권신고의 최고(민법 제89조)**
> 청산인은 알고 있는 채권자에게 대하여는 각각 그 채권신고를 최고하여야 한다. 알고 있는 채권자는 청산으로부터 제외하지 못한다.

① 채권자들에게 일정한 기간 내에 채권을 신고할 것을 공시최고하여야 한다(민법 제88조 제1항).

② 신고하지 않으면 청산에서 제외됨도 표시해야 한다(민법 제88조 제2항).

③ 청산인이 알고 있는 채권자에게는 개별적으로 최고해야 한다(민법 제89조 전문).

2) 변 제

① 채권신고기간 내에는 변제할 수 없다(민법 제90조 본문).

② 청산인이 알고 있는 채권자에게는 그의 신고가 없더라도 변제해야 한다(민법 제89조 후문).

③ 기한미도래의 채권, 조건부 채권, 불확정 채권도 변제해야 한다(민법 제91조).

(5) 잔여재산의 인도(민법 제87조 제1항 제3호)

> **잔여재산의 귀속(민법 제80조)**
> ① 해산한 법인의 재산은 정관으로 지정한 자에게 귀속한다.
> ② 정관으로 귀속권리자를 지정하지 아니하거나 이를 지정하는 방법을 정하지 아니한 때에는 이사 또는 청산인은 주무관청의 허가를 얻어 그 법인의 목적에 유사한 목적을 위하여 그 재산을 처분할 수 있다. 그러나 사단법인에 있어서는 총회의 결의가 있어야 한다.
> ③ 전2항의 규정에 의하여 처분되지 아니한 재산은 국고에 귀속한다.

(6) 파산신청

> **청산 중의 파산(민법 제93조)**
> ① 청산 중 법인의 재산이 그 채무를 완제하기에 부족한 것이 분명하게 된 때에는 청산인은 지체 없이 파산선고를 신청하고 이를 공고하여야 한다.
> ② 청산인은 파산관재인에게 그 사무를 인계함으로써 그 임무가 종료한다.
> ③ 제88조 제3항의 규정은 제1항의 공고에 준용한다.

(7) 청산종결의 등기와 신고

> **청산종결의 등기와 신고(민법 제94조)** `기출` 15
> 청산이 종결한 때에는 청산인은 3주간 내에 이를 등기하고 주무관청에 신고하여야 한다.

법인에 대한 청산종결등기가 경료되었다고 하더라도 청산사무가 종결되지 않는 한 그 범위 내에서는 청산법인으로서 존속한다고 볼 것이다(대판 2003.2.11. 99다66427·73371). `기출` 15

제7관 | 기타 법인에 관한 규정

I 정관변경

사단법인의 정관의 변경(민법 제42조)
① 사단법인의 정관은 총사원 3분의 2 이상의 동의가 있는 때에 한하여 이를 변경할 수 있다. 그러나 정수에 관하여 정관에 다른 규정이 있는 때에는 그 규정에 의한다. 기출 19·16
② 정관의 변경은 주무관청의 허가를 얻지 아니하면 그 효력이 없다. 기출 19·16

재단법인의 정관변경(민법 제45조)
① 재단법인의 정관은 그 변경방법을 정관에 정한 때에 한하여 변경할 수 있다.
② 재단법인의 목적달성 또는 그 재산의 보전을 위하여 적당한 때에는 전항의 규정에 불구하고 명칭 또는 사무소의 소재지를 변경할 수 있다.
③ 제42조 제2항의 규정은 전2항의 경우에 준용한다.

재단법인의 목적 기타의 변경(민법 제46조) 기출 16
재단법인의 목적을 달성할 수 없는 때에는 설립자나 이사는 주무관청의 허가를 얻어 설립의 취지를 참작하여 그 목적 기타 정관의 규정을 변경할 수 있다.

1. 의 의

① 정관의 변경이란 법인이 동일성을 유지하면서 그 조직을 변경하는 것을 말한다. 정관변경은 사단법인이든 재단법인이든 주무관청의 허가가 효력요건이다(민법 제42조 제2항, 제45조 제3항).

> ⊕ **더 알아보기**
>
> 민법상 재단법인의 기본재산에 관한 저당권 설정행위는 특별한 사정이 없는 한 정관의 기재사항을 변경하여야 하는 경우에 해당하지 않으므로, 그에 관하여는 주무관청의 허가를 얻을 필요가 없다(대결 2018.7.20. 2017마1565). 기출 19

② 주무관청의 정관변경허가의 법적 성질은 그 표현이 허가로 되어 있으나 법률행위의 효력을 보충하여 주는 것이지 일반적 금지를 해제하는 것은 아니므로, 「인가」라고 보아야 한다(대판[전합] 1996.5.16. 95누4810).

2. 사단법인

① 정관변경은 원칙적으로 허용된다.
② 사원총회의 전권사항이다(총사원 2/3 이상의 동의, 정관으로 정족수 변경 가능). 따라서 사원총회의 결의 없이 이루어진 정관변경은 무효이다(대판 2000.10.27. 2000다22881).
③ 주무관청의 허가가 효력요건이고(민법 제42조 제2항), 변경내용이 등기사항이면 등기가 대항요건이다(민법 제49조 제2항, 제54조 참조).

④ 정관에서 그 정관을 변경할 수 없다고 규정하고 있더라도 총사원의 동의가 있으면 정관을 변경할 수 있다(통설). 다만, 동일성을 해치거나 사단법인의 본질에 반하는 정관변경은 허용되지 않는다(대판 1978.9.26. 78다1435).

3. 재단법인

① 원칙적으로 정관을 변경할 수 없다(민법 제45조 제1항 참조).
② 그러나 재단법인의 목적달성 또는 재산보전을 위하여 적당한 경우에 명칭이나 사무소의 소재지를 변경할 수 있고(민법 제45조 제2항), 재단법인이 목적을 달성할 수 없으면 설립자나 이사가 설립의 취지를 참작하여 목적 기타 정관의 규정을 변경할 수 있다(민법 제46조). 어느 경우에나 주무관청의 「허가」를 받아야 하고, 등기사항이라면 등기하여야 제3자에게 대항할 수 있다(민법 제54조 제1항).

Ⅱ 법인의 감독

1. 주무관청의 감독사항

> **법인의 사무의 검사, 감독(민법 제37조)**
> 법인의 사무는 주무관청이 검사, 감독한다.

(1) 의 의

법인설립 시 주무관청의 허가를 얻어야 하므로(민법 제32조) 법인설립 후에도 법인의 사무는 주무관청이 검사·감독한다(민법 제37조).

(2) 검사·감독의 내용

① 비영리법인의 설립허가(민법 제32조)
② 정관변경에 대한 허가(민법 제42조 제2항, 제45조 제3항, 제46조)
③ 법인의 설립허가의 취소(민법 제38조)
④ 법인의 해산신고, 청산종결신고는 주무관청에 한다(민법 제86조, 제94조).

2. 법원의 감독사항

> **해산, 청산의 검사, 감독(민법 제95조)** 기출 19·14
> 법인의 해산 및 청산은 법원이 검사, 감독한다.

해산, 청산은 법인의 목적과는 관계가 없을 뿐만 아니라 제3자의 이해관계와 밀접한 재산의 정리에 관한 것이므로 법원이 감독한다.

Ⅲ 법인의 벌칙

벌칙(민법 제97조)

법인의 이사, 감사 또는 청산인은 다음 각 호의 경우에는 500만원 이하의 과태료에 처한다.
1. 본장에 규정한 등기를 해태한 때
2. 제55조의 규정에 위반하거나 재산목록 또는 사원명부에 부정기재를 한 때
3. 제37조, 제95조에 규정한 검사, 감독을 방해한 때
4. 주무관청 또는 총회에 대하여 사실 아닌 신고를 하거나 사실을 은폐한 때
5. 제76조와 제90조의 규정에 위반한 때
6. 제79조, 제93조의 규정에 위반하여 파산선고의 신청을 해태한 때
7. 제88조, 제93조에 정한 공고를 해태하거나 부정한 공고를 한 때

⊕ 더 알아보기

[사단법인과 재단법인의 비교]

구 분	사단법인	재단법인
의 의	일정 목적을 위해 결합한 사람의 단체	일정한 목적을 위해 바쳐진 재산의 단체
본 질	자율적 법인(자율성)	타율적 법인(타율성)
종 류	영리법인, 비영리법인	언제나 비영리법인(사원이 없음)
설립요건	비영리성, 설립행위(정관작성), 주무관청의 허가, 설립등기	설립행위로서 재산출연이 필수적이며, 나머지는 사단법인과 동일
설립의 법적 성질	합동행위(다수설)	• 상대방 없는 단독행위 • 수인이 출연하면 상대방 없는 단독행위의 경합(다수설)
의사결정 및 집행	최고의사결정기관은 사원총회이고, 이사가 집행함	사원총회는 재단법인에는 존재할 수 없고, 이사가 집행함
정관변경	원칙적으로 정관변경 허용 (총사원 2/3 동의 + 주무관청의 허가, 민법 제42조)	원칙적으로 정관변경 불가, 다만, 예외적으로 다음의 경우 주무관청의 허가를 받아서 가능(민법 제45조) • 정관에 그 변경방법을 규정한 경우 • 명칭, 사무소소재지 변경 • 목적달성 불가 시 목적도 변경 가능
해산사유	🔑 존·목·파·설·기 [공통된 해산사유] (민법 제77조 제1항) • 존립기간의 만료 • 목적의 달성 또는 달성 불가 • 파 산	• 설립허가의 취소 • 기타 정관으로 정한 사유
	[사단법인에 특유한 해산사유] (민법 제77조 제2항) • 사원이 없게 된 때 • 총사원 3/4 결의	재단법인에 특유한 해산사유는 없음

출처 | 박기현·김종원, 「핵심정리민법」, 메티스, 2014

03 권리의 주체 「기출지문 OX」

제1절 서 설

제2절 자연인

01 권리능력은 가족관계등록부의 기재로 그 취득이 추정되므로, 그 기재가 진실에 반하는 사정이 있더라도 번복하지 못한다. 기출 18 [○ / ×]

02 태아인 동안에 부(父)가 교통사고로 사망한 경우, 태아는 살아서 출생하더라도 그 정신적 고통에 대한 위자료를 청구할 수 없다. 기출 18 [○ / ×]

03 태아가 사산된 경우에도 태아인 동안의 권리능력은 인정된다. 기출 18 [○ / ×]

04 상대방이 거절의 의사표시를 할 수 있는 경우 제한능력자를 상대로 그 의사표시를 할 수 있다. 기출 21 [○ / ×]

정답 **01** × **02** × **03** × **04** ○

해설 **01** 가족관계등록부에 기재된 사항은 진실에 부합하는 것으로 추정된다 할 것이나, 그 기재에 반하는 증거가 있거나 그 기재가 진실이 아니라고 볼만한 특별한 사정이 있는 때에는 그 추정은 번복될 수 있다(대판 2013.7.25. 2011두13309).
02 태아는 손해배상의 청구권에 관하여는 이미 출생한 것으로 간주되므로(민법 제762조), 태아가 살아서 출생한 경우 정신적 고통에 대한 위자료를 청구할 수 있다(정지조건설·해제조건설 견해 대립 없음).
03 판례의 취지를 고려할 때 개별적 보호주의에 의하여 태아에게 권리능력을 인정하는 규정도 태아가 살아서 출생할 것을 전제로 하는 것이어서 사산의 경우에는 어느 경우라도 권리능력이 인정되지 아니한다.
04 민법 제16조 제3항

05 피한정후견인은 적극적인 속임수로써 법정대리인의 동의가 있는 것으로 믿게 한 경우, 그 법률행위를 취소할 수 없다. 기출 20 [○ / ×]

06 제한능력자가 속임수로써 자기를 능력자로 믿게 한 경우에는 그 행위를 취소할 수 없다. 기출 15 [○ / ×]

07 제한능력자의 상대방은 계약 당시 제한능력자임을 알았을 경우에는 그 의사표시를 철회할 수 없다. 기출 21 · 15 [○ / ×]

08 제한능력자와 계약을 맺은 선의의 상대방은 제한능력자 측에서 추인하기 전까지 제한능력자를 상대로 그 의사표시를 철회할 수 있다. 기출 17 [○ / ×]

09 제한능력자가 맺은 계약은 제한능력자 측에서 추인하기 전까지 상대방이 이를 거절할 수 있다. 기출 17 [○ / ×]

10 상대방은 제한능력자가 능력자로 된 후에 그 법정대리인이었던 자에게 취소할 수 있는 행위에 대한 추인 여부의 확답을 촉구한 경우 그 촉구는 유효하다. 기출 15 [○ / ×]

11 미성년자가 법정대리인으로부터 허락을 얻은 특정한 영업에 관하여는 성년자와 동일한 행위능력이 있다. 기출 21 [○ / ×]

정답 | 05 ○ 06 ○ 07 ○ 08 ○ 09 × 10 × 11 ○

해설 | 05 미성년자나 피한정후견인이 속임수로써 법정대리인의 동의가 있는 것으로 믿게 한 경우에 그 행위를 취소할 수 없다(민법 제17조 제2항).
06 제한능력자가 속임수로써 자기를 능력자로 믿게 한 경우에는 그 행위를 취소할 수 없다(민법 제17조 제1항).
07 제한능력자가 맺은 계약은 추인이 있을 때까지 상대방이 그 의사표시를 철회할 수 있다. 다만, 상대방이 계약 당시에 제한능력자임을 알았을 경우에는 그러하지 아니하다(민법 제16조 제1항).
08 민법 제16조 제1항 · 제3항 참조
09 제한능력자의 상대방에게 인정되는 <u>거절권은 철회권과 달리 계약이 아닌 상대방 있는 단독행위에서 문제된다는 것을 유의하여야 한다.</u>
10 제한능력자가 능력자로 된 후에는 그에게 추인 여부의 확답을 촉구할 것이어서 그 법정대리인이었던 자에게 추인 여부의 확답을 촉구한 것은 무효라고 보아야 한다.
11 민법 제8조 제1항

12 법정대리인이 미성년자에게 한 특정한 영업의 허락을 취소하는 경우 그 취소로 선의의 제3자에게 대항할 수 있다. 기출 21 [○ / ×]

13 미성년자는 타인의 대리인으로서 단독으로 유효한 대리행위를 할 수 있다. 기출 20 [○ / ×]

14 가정법원은 성년후견개시의 심판을 할 때 본인의 의사를 고려할 필요는 없다. 기출 22 · 20 · 15 [○ / ×]

15 피성년후견인의 법률행위 중 일상생활에 필요하고, 대가가 과도하지 아니한 법률행위는 성년후견인이 취소할 수 없다. 기출 18 · 17 · 15 [○ / ×]

16 가정법원은 한정후견개시의 심판을 직권으로 하지 못한다. 기출 16 [○ / ×]

17 정신적 제약으로 사무를 처리할 능력이 지속적으로 결여된 사람에 대하여 지방자치단체의 장도 성년후견개시의 심판을 청구할 수 있다. 기출 18 · 16 [○ / ×]

18 가정법원이 피성년후견인에 대하여 한정후견개시의 심판을 할 때에는 종전의 성년후견의 종료 심판을 하여야 한다. 기출 22 [○ / ×]

정답 **12** × **13** ○ **14** × **15** ○ **16** ○ **17** ○ **18** ○

해설 **12** 법정대리인은 미성년자에게 한 특정한 영업의 허락을 취소 또는 제한할 수 있으나, 그 취소 또는 제한으로 선의의 제3자에게 대항하지 못한다(민법 제8조 제2항).

13 민법 제117조에 의하면 대리인은 행위능력자임을 요하지 아니하므로 미성년자는 타인의 대리인으로서 단독으로 유효한 대리행위를 할 수 있다.

14 가정법원은 성년후견개시의 심판을 할 때 본인의 의사를 고려하여야 한다(민법 제9조 제2항).

15 일용품의 구입 등 일상생활에 필요하고 그 대가가 과도하지 아니한 법률행위는 성년후견인이 취소할 수 없다(민법 제10조 제4항).

16 가정법원은 질병, 장애, 노령, 그 밖의 사유로 인한 정신적 제약으로 사무를 처리할 능력이 부족한 사람에 대하여 본인, 배우자, 4촌 이내의 친족, 미성년후견인, 미성년후견감독인, 성년후견인, 성년후견감독인, 특정후견인, 특정후견감독인, 검사 또는 지방자치단체의 장의 청구에 의하여 한정후견개시의 심판을 한다(민법 제12조 제1항).

17 가정법원은 질병, 장애, 노령, 그 밖의 사유로 인한 정신적 제약으로 사무를 처리할 능력이 지속적으로 결여된 사람에 대하여 본인, 배우자, 4촌 이내의 친족, 미성년후견인, 미성년후견감독인, 한정후견인, 한정후견감독인, 특정후견인, 특정후견감독인, 검사 또는 지방자치단체의 장의 청구에 의하여 성년후견개시의 심판을 한다(민법 제9조 제1항).

18 가정법원이 피성년후견인 또는 피특정후견인에 대하여 한정후견개시의 심판을 할 때에는 종전의 성년후견 또는 특정후견의 종료 심판을 한다(민법 제14조의3 제2항).

19 가정법원이 피한정후견인에 대하여 성년후견개시의 심판을 할 때에는 종전의 한정후견의 종료 심판을 한다. 기출 14 　　　　　　　　　　　　　　　　　　　　　　[O / ×]

20 실종선고를 받은 자는 실종기간이 만료한 때에 사망한 것으로 본다. 기출 22·18 　　[O / ×]

21 부재자로부터 재산처분권을 위임받은 재산관리인은 그 재산을 처분함에 있어 법원의 허가를 받지 않아도 된다. 기출 22 　　　　　　　　　　　　　　　　　　　　　　　　[O / ×]

22 법원이 선임한 부재자 재산관리인의 권한초과행위에 대한 법원의 허가결정은 기왕의 법률행위를 추인하는 방법으로는 할 수 없다. 기출 22·17 　　　　　　　　　　　　　　[O / ×]

23 부재자의 제1순위 상속인이 있는 경우, 제2순위 상속인은 특별한 사정이 없는 한 부재자에 관한 실종선고를 청구할 수 있는 이해관계인이 아니다. 기출 22 　　　　　　　　　[O / ×]

24 실종선고가 확정되면 선고 자체가 취소되지 않는 한 실종자의 생존 기타 반증을 들어 선고의 효과를 다툴 수 없다. 기출 17·16 　　　　　　　　　　　　　　　　　　[O / ×]

정답　19 ○　20 ○　21 ○　22 ×　23 ○　24 ○

해설　19　가정법원이 피한정후견인 또는 피특정후견인에 대하여 성년후견개시의 심판을 할 때에는 종전의 한정후견 또는 특정후견의 종료 심판을 한다(민법 제14조의3 제1항).
　　　20　실종선고를 받은 자는 실종기간이 만료한 때에 사망한 것으로 <u>본다</u>(민법 제28조).
　　　21　부재자로부터 재산처분권까지 위임받은 재산관리인은 그 재산을 처분함에 있어 법원의 허가를 요하는 것은 아니다(대판 1973.7.24. 72다2136).
　　　22　부재자 재산관리인에 의한 권한초과행위인 부재자 소유의 부동산 매매행위에 대한 법원의 허가결정은 그 허가를 받은 재산에 대한 장래의 처분행위뿐만 아니라 기왕의 매매를 추인하는 방법으로도 할 수 있다(대판 2000.12.26. 99다19278).
　　　23　부재자의 종손자로서, <u>부재자가 사망할 경우 제1순위의 상속인이 따로 있어 제2순위의 상속인에 불과한 청구인은 특별한 사정이 없는 한 위 부재자에 대하여 실종선고를 청구할 수 있는 신분상 또는 경제상의 이해관계를 가진 자라고 할 수 없다</u>(대결 1992.4.14. 92스4·92스5·92스6).
　　　24　민법 제28조는 "실종선고를 받은 자는 민법 제27조 제1항 소정의 생사불명기간이 만료된 때에 사망한 것으로 본다"고 규정하고 있으므로 <u>실종선고가 취소되지 않는 한 반증을 들어 실종선고의 효과를 다툴 수는 없다</u>(대판 1995.2.17. 94다52751).

25 실종자의 범죄 또는 실종자에 대한 범죄의 성부 등은 실종선고와 관계없이 결정된다. 기출 16

[○ / ×]

26 부재자 재산관리인으로서 권한초과행위의 허가를 받고 그 선임결정이 취소되기 전에 그 권한에 의하여 이루어진 행위는 부재자에 대한 실종기간이 만료된 뒤에 이루어졌다고 하더라도 유효하다. 기출 17

[○ / ×]

27 실종선고 확정 전 실종자를 당사자로 하여 선고된 판결은 효력이 없다. 기출 17

[○ / ×]

28 부재자가 재산관리인을 정한 경우 부재자의 생사가 분명하지 아니하게 되어 이해관계인이 청구를 하더라도 법원은 그 재산관리인을 개임할 수 없다. 기출 21

[○ / ×]

29 부재자의 생사가 분명하지 아니한 경우 부재자가 정한 재산관리인이 권한을 넘는 행위를 할 때에는 법원의 허가를 얻어야 한다. 기출 21

[○ / ×]

CHAPTER 03

정답 25 ○ 26 ○ 27 × 28 × 29 ○

해설 25 실종선고로 실종자의 종래 주소 또는 거소를 중심으로 한 사법적 법률관계만 종료하게 되므로 실종자의 범죄 또는 실종자에 대한 범죄의 성부 등의 공법상 법률관계는 실종선고와 관계없이 결정된다.

26 부재자 재산관리인으로서 권한초과행위의 허가를 받고 그 선임결정이 취소되기 전에 그 권한에 의하여 이루어진 행위는 부재자에 대한 실종선고기간이 만료된 뒤에 이루어졌다고 하더라도 유효하다(대판 1981.7.28. 80다2668).

27 실종선고의 효력이 발생하기 전에는 실종기간이 만료된 실종자라 하여도 소송상 당사자능력을 상실하는 것은 아니므로 실종선고 확정 전에는 실종기간이 만료된 실종자를 상대로 하여 제기된 소도 적법하고 실종자를 당사자로 하여 선고된 판결도 유효하다(대판 1992.7.14. 92다2455).

28 부재자가 재산관리인을 정한 경우에 부재자의 생사가 분명하지 아니한 때에는 법원은 재산관리인, 이해관계인 또는 검사의 청구에 의하여 재산관리인을 개임할 수 있다(민법 제23조).

29 법원이 선임한 재산관리인이 제118조에 규정한 권한을 넘는 행위를 함에는 법원의 허가를 얻어야 한다. 부재자의 생사가 분명하지 아니한 경우에 부재자가 정한 재산관리인이 권한을 넘는 행위를 할 때에도 같다(민법 제25조).

30 이사가 없거나 결원이 있는 경우 임시이사의 선임에 관한 민법 제63조 규정은 비법인사단에도 유추적용될 수 있다. 기출 20 · 17 　　　　　　　　　　　　[○ / ×]

31 비법인사단에는 대표권 제한 등기에 관한 규정이 적용되지 않는다. 기출 17 　　　　[○ / ×]

32 비법인사단이 타인 간의 금전채무를 보증하는 행위는 총유물의 관리 · 처분행위라고 볼 수 있다. 기출 20 · 17 　　　　　　　　　　　　　　　　　　　　　　[○ / ×]

33 비법인사단의 대표자가 직무에 관하여 타인에게 손해를 가한 경우에 비법인사단은 불법행위책임을 부담한다. 기출 20 · 18 · 17 　　　　　　　　　　　　　　　　　　[○ / ×]

34 비법인사단 소유의 재산에 대한 대표자의 처분행위가 사원총회의 결의를 거치지 않아 무효가 되더라도, 상대방이 선의인 경우에는 그 처분행위에 대하여 민법 제126조의 표현대리 법리가 준용된다. 기출 18 · 13 　　　　　　　　　　　　　　　　　　　　　[○ / ×]

정답 　30 ○　31 ○　32 ×　33 ○　34 ×

해설 　30 민법 제63조는 법인의 조직과 활동에 관한 것으로서 법인격을 전제로 하는 조항이 아니고, 법인 아닌 사단이나 재단의 경우에도 이사가 없거나 결원이 생길 수 있으며, 통상의 절차에 따른 새로운 이사의 선임이 극히 곤란하고 종전 이사의 긴급처리권도 인정되지 아니하는 경우에는 사단이나 재단 또는 타인에게 손해가 생길 염려가 있을 수 있으므로, 민법 제63조는 법인 아닌 사단이나 재단에도 유추적용할 수 있다(대결[전합] 2009.11.19. 2008마699).
　31 비법인사단에는 대표권 제한 등기에 관한 규정(민법 제60조) 등 법인격을 전제로 하는 규정은 유추적용되지 아니한다.
　32 비법인사단이 타인 간의 금전채무를 보증하는 행위는 총유물 그 자체의 관리 · 처분이 따르지 아니하는 단순한 채무부담행위에 불과하여 이를 총유물의 관리 · 처분행위라고 볼 수는 없다(대판[전합] 2007.4.19. 2004다60072 · 60089).
　33 주택조합과 같은 비법인사단의 대표자가 직무에 관하여 타인에게 손해를 가한 경우 그 사단은 민법 제35조 제1항의 유추적용에 의하여 그 손해를 배상할 책임이 있다(대판 2003.7.25. 2002다27088).
　34 비법인사단인 교회의 대표자는 총유물인 교회 재산의 처분에 관하여 교인총회의 결의를 거치지 아니하고는 이를 대표하여 행할 권한이 없다. 그리고 교회의 대표자가 권한 없이 행한 교회 재산의 처분행위에 대하여는 민법 제126조의 표현대리에 관한 규정이 준용되지 아니한다(대판 2009.2.12. 2006다23312).

35 대표자 또는 관리인이 있는 비법인사단은 그 사단에 속하는 부동산에 관하여 등기능력을 가진다. 기출 18 · 13 [○ / ×]

36 대표자는 비법인사단의 제반 업무처리를 대리인에게 포괄적으로 위임할 수 없다. 기출 18 [○ / ×]

37 비법인사단에서 사원의 지위는 규약이나 관행에 의하여 양도 또는 상속될 수 없다. 기출 20 · 13 [○ / ×]

38 사단법인이 정관에 이사의 대표권에 관한 제한을 규정한 경우에는 이를 등기하지 않더라도 악의의 제3자에게 대항할 수 있다. 기출 22 · 14 [○ / ×]

39 이사 전원의 의결에 의하여 잔여재산을 처분하도록 한 사단법인의 정관 규정은 성질상 등기하여야만 제3자에게 대항할 수 있는 청산인의 대표권에 관한 제한으로 보아야 한다. 기출 22 [○ / ×]

40 재단법인의 기본재산을 새롭게 편입하는 행위는 주무관청의 허가를 받지 않아도 유효하다. 기출 22 [○ / ×]

정답 35 ○ 36 ○ 37 × 38 × 39 × 40 ×

해설 35 부동산등기법 제26조는 종중, 문중, 그 밖에 대표자나 관리인이 있는 법인 아닌 사단에 속하는 부동산의 등기에 관하여 그 명의로 등기할 수 있도록 하여 법인 아닌 사단에 등기능력을 부여하고 있다.

36 비법인사단에 대하여는 사단법인에 관한 민법규정 가운데 법인격을 전제로 하는 것을 제외하고는 이를 유추적용하여야 하므로 비법인사단 대표자가 행한 타인에 대한 업무의 포괄적 위임과 그에 따른 포괄적 수임인의 대행행위는 민법 제62조를 위반한 것이어서 비법인사단에 대하여 그 효력이 미치지 않는다(대판 2011.4.28. 2008다15438).

37 사단법인의 사원의 지위는 양도 또는 상속할 수 없다고 규정한 민법 제56조의 규정은 강행규정이라고 할 수 없으므로, 비법인사단에서도 사원의 지위는 규약이나 관행에 의하여 양도 또는 상속될 수 있다(대판 1997.9.26. 95다6205).

38 법인의 정관에 법인 대표권의 제한에 관한 규정이 있으나 그와 같은 취지가 등기되어 있지 않다면 법인은 그와 같은 정관의 규정에 대하여 선의냐 악의냐에 관계없이 제3자에 대하여 대항할 수 없다(대판 1992.2.14. 91다24564).

39 이사 전원의 의결에 의하여 잔여재산을 처분하도록 한 정관 규정은 성질상 등기하여야만 제3자에게 대항할 수 있는 청산인의 대표권에 관한 제한이라고 볼 수 없다(대판 1995.2.10. 94다13473).

40 재단법인의 기본재산에 관한 사항은 정관의 기재사항으로서 기본재산의 변경은 정관의 변경을 초래하기 때문에 주무장관의 허가를 받아야 하고, 따라서 기존의 기본재산을 처분하는 행위는 물론 새로이 기본재산으로 편입하는 행위도 주무장관의 허가가 있어야 유효하다(대판 1991.5.28. 90다8558).

41 재단법인의 감사는 민법상 필수기관이다. `기출` `22` [○ / ×]

42 재단법인의 존립시기는 정관의 필요적 기재사항이다. `기출` `21 · 16` [○ / ×]

43 영리 아닌 사업을 목적으로 하는 재단은 주무관청의 허가를 얻어 이를 법인으로 할 수 있다.
`기출` `21` [○ / ×]

44 법인의 목적범위 외의 행위로 인하여 타인에게 손해를 가한 때에는 그 사항의 의결에 찬성하거나
그 의결을 집행한 사원, 이사 및 기타 대표자가 연대하여 배상하여야 한다. `기출` `16 · 15 · 14`
[○ / ×]

45 민법 제35조 제1항의 법인의 대표자에는 그 명칭이나 직위 여하 또는 대표자로 등기되었는지 여부
를 불문하고 당해 법인을 실질적으로 운영하면서 법인을 사실상 대표하여 법인의 사무를 집행하는
사람을 포함한다고 해석함이 상당하다. `기출` `21 · 16 · 15 · 14 · 13` [○ / ×]

46 법인은 법률의 규정에 좇아 정관으로 정한 목적의 범위 내에서 권리와 의무의 주체가 된다.
`기출` `16` [○ / ×]

47 법인의 대표자의 행위가 직무에 관한 행위에 해당하지 아니함을 피해자가 경과실로 알지 못한 경우
법인의 불법행위책임은 성립하지 않는다. `기출` `20 · 19 · 18 · 16 · 15 · 14` [○ / ×]

`정답` 41 × 42 × 43 ○ 44 ○ 45 ○ 46 ○ 47 ×

`해설` 41 재단법인에서 이사는 필수기관에 해당하나(민법 제57조), 감사는 임의기관에 불과하다(민법 제66조).
42 재단법인의 존립시기나 해산사유를 정하는 때에는 그 시기 또는 사유는 재단법인 정관의 임의적 기재사항이
다(민법 제43조).
43 학술, 종교, 자선, 기예, 사교 기타 영리 아닌 사업을 목적으로 하는 사단 또는 재단은 주무관청의 허가를 얻어
이를 법인으로 할 수 있다(민법 제32조).
44 법인의 목적범위 외의 행위로 인하여 타인에게 손해를 가한 때에는 그 사항의 의결에 찬성하거나 그 의결을
집행한 사원, 이사 및 기타 대표자가 연대하여 배상하여야 한다(민법 제35조 제2항).
45 민법 제35조 제1항의 '법인의 대표자'에는 그 명칭이나 직위 여하, 또는 대표자로 등기되었는지 여부를 불문하
고 당해 법인을 실질적으로 운영하면서 법인을 사실상 대표하여 법인의 사무를 집행하는 사람을 포함한다고
해석함이 상당하다(대판 2011.4.28. 2008다15438).
46 법인은 법률의 규정에 좇아 정관으로 정한 목적의 범위 내에서 권리와 의무의 주체가 된다(민법 제34조).
47 법인의 대표자의 행위가 직무에 관한 행위에 해당하지 아니함을 피해자 자신이 알았거나 또는 중대한 과실로
인하여 알지 못한 경우에는 법인에게 손해배상책임을 물을 수 없다고 할 것이다(대판 2009.11.26. 2009다
57033).

48 대표자의 행위가 대표자 개인의 사리를 도모하기 위한 것이었거나 혹은 법령의 규정에 위배된 것이었다 하더라도 외관상, 객관적으로 직무에 관한 행위라고 인정할 수 있는 것이라면, 특별한 사정이 없는 한 그 직무에 관한 행위에 해당한다. 기출 21 · 20 · 19 · 15 · 14 · 13   [○ / ×]

49 민법 제35조 소정의 '이사 기타 대표자'에는 대표권 없는 이사가 포함된다. 기출 20 · 19 · 13
[○ / ×]

50 대표기관이 강행규정을 위반한 계약을 체결하여 그 상대방이 손해를 입은 경우에도 직무관련성이 인정되면 법인의 불법행위책임이 인정된다. 기출 13   [○ / ×]

51 법인이 대표자의 선임·감독에 주의를 다하였음을 증명하더라도 법인의 불법행위책임으로부터 면책되지 않는다. 기출 21 · 13   [○ / ×]

52 법인의 불법행위책임에는 과실상계의 법리가 적용되지 않는다. 기출 20   [○ / ×]

53 이사가 없거나 결원이 있는 경우에 이로 인하여 손해가 생길 염려가 있는 때에는 법원은 이해관계인이나 검사의 청구에 의하여 직무대행자를 선임하여야 한다. 기출 15   [○ / ×]

CHAPTER 03

정답 48 ○ 49 × 50 ○ 51 ○ 52 × 53 ×

해설 48 행위의 외형상 법인의 대표자의 직무행위라고 인정할 수 있는 것이라면 설사 그것이 대표자 개인의 사리를 도모하기 위한 것이었거나 혹은 법령의 규정에 위배된 것이었다 하더라도 위의 직무에 관한 행위에 해당한다고 보아야 한다(대판 2004.2.27. 2003다15280).

49 민법 제35조에서 말하는 '이사 기타 대표자'는 법인의 대표기관을 의미하는 것이고 대표권이 없는 이사는 법인의 기관이기는 하지만 대표기관은 아니기 때문에 그들의 행위로 인하여 법인의 불법행위가 성립하지 않는다(대판 2005.12.23. 2003다30159).

50 법인의 대표자가 강행규정을 위반한 계약을 체결하여 그 상대방이 그로 인하여 손해를 입은 경우에는 민법 제35조에 의하여 법인의 불법행위책임이 인정된다(대판 1987.11.10. 87다카473).

51 민법 제35조의 법인의 불법행위책임에는 민법 제756조 제1항 단서와 같은 면책규정이 없기 때문에 법인이 대표자의 선임·감독에 주의를 다하였음을 증명하더라도 면책되지 않는다.

52 법인에 대한 손해배상 책임 원인이 대표기관의 고의적인 불법행위라고 하더라도, 피해자에게 그 불법행위 내지 손해발생에 과실이 있다면 법원은 과실상계의 법리에 좇아 손해배상의 책임 및 그 금액을 정함에 있어 이를 참작하여야 한다(대판 1987.12.8. 86다카1170).

53 이사가 없거나 결원이 있는 경우에 이로 인하여 손해가 생길 염려 있는 때에는 법원은 이해관계인이나 검사의 청구에 의하여 임시이사를 선임하여야 한다(민법 제63조).

54 법인과 이사의 이익이 상반하는 사항에 관하여는 임시이사를 선임하여야 한다. _{기출} 15·13

[○ / ×]

55 이사의 임면에 관한 사항은 정관의 필요적 기재사항이다. _{기출} 14

[○ / ×]

56 정관에 이사의 해임사유에 관한 규정이 있는 경우에는 이사의 중대한 의무위반이 있어도 법인은 정관에서 정하지 아니한 사유로 이사를 해임할 수 없다. _{기출} 19

[○ / ×]

57 정관의 변경사항이 등기사항인 경우에는 등기하여야 정관변경의 효력이 생긴다. _{기출} 19

[○ / ×]

58 재단법인의 기본재산에 관한 저당권 설정행위는 특별한 사정이 없는 한 정관의 기재사항을 변경하여야 하는 경우에 해당하지 않는다. _{기출} 19

[○ / ×]

59 사단법인의 정관을 변경하기 위해서는 정관에 다른 규정이 없는 한 사원총회에서 총사원 3분의 2 이상의 동의가 있어야 한다. _{기출} 19

[○ / ×]

정답　54 × 55 ○ 56 × 57 × 58 ○ 59 ○

해설　54 법인과 이사의 이익이 상반하는 사항에 관하여는 이사는 대표권이 없다. 이 경우에는 법원은 이해관계인이나 검사의 청구에 의하여 <u>특별대리인</u>을 선임하여야 한다(민법 제64조).

　　55 사단법인, 재단법인에서 이사의 임면에 관한 규정(민법 제40조 제5호, 제43조)은 정관의 필요적 기재사항이다.

　　56 법인의 정관에 이사의 해임사유에 관한 규정이 있는 경우 법인으로서는 <u>이사의 중대한 의무위반 또는 정상적인 사무집행 불능 등의 특별한 사정이 없는 이상</u>, 정관에서 정하지 아니한 사유로 이사를 해임할 수 없다(대판 2013.11.28. 2011다41741).

　　57 <u>정관의 변경은 주무관청의 허가를 얻지 아니하면 그 효력이 없으며</u>(민법 제42조 제2항), <u>정관의 변경사항이 등기사항인 경우에는 등기하여야 제3자에게 대항할 수 있다</u>(민법 제54조 제1항).

　　58 <u>민법상 재단법인의 기본재산에 관한 저당권 설정행위는 특별한 사정이 없는 한 정관의 기재사항을 변경하여야 하는 경우에 해당하지 않으므로, 그에 관하여는 주무관청의 허가를 얻을 필요가 없다</u>(대결 2018.7.20. 2017마1565).

　　59 사단법인의 정관은 총사원 3분의 2 이상의 동의가 있는 때에 한하여 이를 변경할 수 있다. 그러나 정수에 관하여 정관에 다른 규정이 있는 때에는 그 규정에 의한다(민법 제42조 제1항).

60 사단법인 총회의 해산결의는 정관에 다른 규정이 없는 한 총사원의 4분의 3 이상의 동의가 필요하다. 기출 22 [○ / ×]

61 사단법인에서 이사의 임면에 관한 사항은 정관의 임의적 기재사항이다. 기출 20 · 18 [○ / ×]

62 민법상 청산절차에 관한 규정에 반하는 잔여재산 처분행위는 특단의 사정이 없는 한 무효이다. 기출 22 · 20 · 15 [○ / ×]

63 사단법인은 사원총회의 결의로도 해산할 수 있다. 기출 19 · 14 [○ / ×]

64 법원은 법인의 해산 및 청산을 검사, 감독한다. 기출 19 · 14 [○ / ×]

65 법인에 대한 청산종결등기가 경료되었다면 청산사무가 종결되지 않았더라도 그 법인은 소멸한다. 기출 19 · 15 [○ / ×]

정답 60 ○ 61 × 62 ○ 63 ○ 64 ○ 65 ×

해설 60 사단법인은 총사원 4분의 3 이상의 동의가 없으면 해산을 결의하지 못한다. 그러나 정관에 다른 규정이 있는 때에는 그 규정에 의한다(민법 제78조).
61 사단법인에서 이사의 임면에 관한 규정(민법 제40조 제5호)은 정관의 필요적 기재사항이다.
62 민법상의 청산절차에 관한 규정은 모두 제3자의 이해관계에 중대한 영향을 미치기 때문에 이른바 강행규정이라고 해석되므로 이에 반하는 잔여재산의 처분행위는 특단의 사정이 없는 한 무효라고 보아야 한다(대판 1995.2.10. 94다13473).
63 사단법인은 사원이 없게 되거나 총회의 결의로도 해산한다(민법 제77조 제2항).
64 법인의 해산 및 청산은 법원이 검사, 감독한다(민법 제95조).
65 법인에 대한 청산종결등기가 경료되었다고 하더라도 청산사무가 종결되지 않는 한 그 범위 내에서는 청산법인으로서 존속한다고 볼 것이다(대판 2003.2.11. 99다66427).

제1절 서 설

제2절 자연인

01 부부 사이인 甲과 그의 아이 丙을 임신한 乙은 A의 과실로 교통사고를 당했다. 이에 관한 설명으로 옳은 것을 모두 고른 것은?(다툼이 있으면 판례에 따름) ▌2020년 8회 행정사

> ㄱ. 이 사고로 丙이 출생 전 乙과 함께 사망하였더라도 丙은 A에 대하여 불법행위로 인한 손해배상청구권을 가진다.
> ㄴ. 사고 후 살아서 출생한 丙은 A에 대하여 甲의 부상으로 입게 될 자신의 정신적 고통에 대한 위자료를 청구할 수 있다.
> ㄷ. 甲이 사고로 사망한 후 살아서 출생한 丙은 甲의 A에 대한 불법행위로 인한 손해배상청구권을 상속받지 못한다.

① ㄱ
② ㄴ
③ ㄷ
④ ㄱ, ㄴ
⑤ ㄴ, ㄷ

해설 난도 ★★☆

ㄴ (○) 丙이 살아서 출생하였으므로 丙은 甲의 부상으로 입게 될 자신의 정신적 고통에 대한 위자료를 청구할 수 있다.

Plus One

태아도 손해배상청구권에 관하여는 이미 출생한 것으로 보는바, 부가 교통사고로 상해를 입을 당시 태아가 출생하지 아니하였다고 하더라도 그 뒤에 출생한 이상 부의 부상으로 인하여 입게 될 정신적 고통에 대한 위자료를 청구할 수 있다(대판 1993.4.27. 93다4663).

ㄱ (×) 판례(대판 1976.9.14. 76다1365)의 취지를 고려할 때 개별적 보호주의에 의하여 태아에게 권리능력을 인정하는 규정도 태아가 살아서 출생할 것을 전제로 하는 것이어서 사산의 경우에는 어느 경우라도 권리능력이 인정되지 아니하므로 丙의 A에 대한 불법행위로 인한 손해배상청구권은 인정되지 아니한다.

ㄷ (×) 태아는 상속순위에 관하여는 이미 출생한 것으로 보므로(민법 제1000조 제3항), 태아의 권리능력 취득시기에 관한 정지조건설에 의하면 일단 甲의 A에 대한 불법행위로 인한 손해배상청구권을 乙이 단독상속한 후 丙이 살아서 출생하게 되면 丙은 乙에게 자기의 상속분에 대한 반환청구를 하게 될 것이고, 해제조건설에 의하면 乙과 丙이 공동상속하고 丙이 살아서 출생하면 그대로 확정된다.

02 만 18세의 甲이 법정대리인의 동의 없이 단독으로 할 수 있는 행위가 아닌 것은?(다툼이 있는 경우에는 판례에 의함)
▮ 2013년 1회 행정사

① 甲이 타인의 대리인으로 체결하는 부동산 매매계약
② 모(母)와 공동으로 받는 상속에 대한 甲의 승인
③ 甲이 법정대리인의 동의 없이 체결한 오토바이 매매계약에 대한 취소
④ 부양의무를 이행하지 않는 친권자 乙에 대한 甲의 부양료 청구
⑤ 甲이 자신의 재산에 대하여 행하는 유언

해설 난도 ★★☆

② (×) 상속을 승인하는 행위는 이익을 얻을 뿐만 아니라 의무도 부담하기 때문에 甲이 단독으로 할 수 없다.
① (○) 대리인은 행위능력자임을 요하지 아니하므로(민법 제117조), 甲은 단독으로 타인의 대리인으로 부동산 매매계약을 체결할 수 있다.
③ (○) 미성년자인 甲은 법정대리인의 동의가 없다 하더라도 자기의 제한능력을 이유로 오토바이 매매계약을 단독으로 취소할 수 있다(민법 제140조).
④ (○) 판례의 취지를 고려할 때 甲은 부양의무를 이행하지 않는 친권자 乙에게 단독으로 부양료를 청구할 수 있다.

> **Plus One**
>
> 미성년자라 하더라도 권리만을 얻는 행위는 법정대리인의 동의가 필요 없으며 친권자와 자 사이에 이해상반되는 행위를 함에는 그 자의 특별대리인을 선임하도록 하는 규정이 있는 점에 비추어 볼 때, 청구인(미성년자인 혼인외의 자)은 피청구인(생부)이 인지를 함으로써 청구인의 친권자가 되어 법정대리인이 된다 하더라도 피청구인이 청구인을 부양하고 있지 않은 이상 그 부양료를 피청구인에게 직접 청구할 수 있다 할 것이다(대판 1972.7.11. 72므5).

⑤ (○) 만 17세에 달한 자는 유언능력이 있으므로(민법 제1061조), 만 18세인 甲은 단독으로 유언을 할 수 있다.

03 권리능력에 관한 설명으로 옳은 것은?
▮ 2016년 4회 행정사

① 2인 이상이 동일한 위난으로 사망한 경우 동시에 사망한 것으로 본다.
② 태아는 모든 법률관계에서 권리의 주체가 될 수 있다.
③ 의사능력이 없는 자는 권리능력도 인정되지 않는다.
④ 외국인은 대한민국의 도선사(導船士)가 될 수 있다.
⑤ 우리 민법은 외국인의 권리능력에 관하여 명문규정을 두고 있지 않다.

해설 난도 ★★★

⑤ (○) 우리 민법은 외국인의 권리능력에 관한 명문규정을 두고 있지 않으나 헌법 제6조 제2항, 민법 제3조에 의하여 외국인도 내국인과 같은 권리능력을 가지는 것으로 보아야 한다. 다만, 외국인은 각종 특별법에 의하여 권리능력이 제한받는 경우가 적지 않다.
① (×) 2인 이상이 동일한 위난으로 사망한 경우에는 동시에 사망한 것으로 추정한다(민법 제30조).
② (×) 우리 민법은 태아보호와 관련하여 일반적 보호주의가 아닌 중요한 법률관계에 관하여만 개별적으로 출생한 것으로 보아 그 범위 내에서 권리능력을 인정하는 개별적 보호주의를 채택하고 있다.
③ (×) 정상적인 판단능력을 의미하는 의사능력이 없는 자도 권리능력은 인정됨을 유의하여야 한다.
④ (×) 대한민국 국민이 아닌 사람은 대한민국의 도선사가 될 수 없다(도선법 제6조 제1호).

정답 02 ❷ 03 ❺   CHAPTER 03 확인학습문제 · 121

04 자연인의 권리능력에 관한 설명으로 옳은 것은?(다툼이 있으면 판례에 따름) ▮ 2018년 6회 행정사

① 권리능력은 가족관계등록부의 기재로 그 취득이 추정되므로, 그 기재가 진실에 반하는 사정이 있더라도 번복하지 못한다.

② 동시사망이 추정되는 경우에도 내습상속은 인정될 수 있다.

③ 태아인 동안에 부(父)가 교통사고로 사망한 경우, 태아는 살아서 출생하더라도 그 정신적 고통에 대한 위자료를 청구할 수 없다.

④ 태아가 사산된 경우에도 태아인 동안의 권리능력은 인정된다.

⑤ 실종선고를 받은 자는 실종기간이 만료한 때에 사망한 것으로 추정한다.

해설 난도 ★★★

② (○) 민법 제1001조[대습상속(註)]의 '상속인이 될 직계비속이 상속개시 전에 사망한 경우'에는 '상속인이 될 직계비속이 상속개시와 동시에 사망한 것으로 추정되는 경우'도 포함하는 것으로 합목적적으로 해석함이 상당하다(대판 2001.3.9. 99다13157).

① (×) 가족관계등록부에 기재된 사항은 진실에 부합하는 것으로 추정된다 할 것이나, <u>그 기재에 반하는 증거가 있거나 그 기재가 진실이 아니라고 볼만한 특별한 사정이 있는 때에는 그 추정은 번복될 수 있다</u>(대판 2013.7.25. 2011두 13309).

③ (×) 태아는 손해배상의 청구권에 관하여는 이미 출생한 것으로 간주되므로(민법 제762조), <u>태아가 살아서 출생한 경우 정신적 고통에 대한 위자료를 청구할 수 있다</u>(정지조건설·해제조건설 견해 대립 없음).

> **Plus One**
>
> 태아도 손해배상청구권에 관하여는 이미 출생한 것으로 보는바, 부가 교통사고로 상해를 입을 당시 태아가 출생하지 아니하였다고 하더라도 그 뒤에 출생한 이상 부의 부상으로 인하여 입게 될 정신적 고통에 대한 위자료를 청구할 수 있다(대판 1993.4.27. 93다4663).

④ (×) <u>판례의 취지를 고려할 때 개별적 보호주의에 의하여 태아에게 권리능력을 인정하는 규정도 태아가 살아서 출생할 것을 전제로 하는 것이어서 사산의 경우에는 어느 경우라도 권리능력이 인정되지 아니한다.</u>

> **Plus One**
>
> 태아가 특정한 권리에 있어서 이미 태어난 것으로 본다는 것은 살아서 출생한 때에 출생시기가 문제의 사건의 시기까지 소급하여 그 때에 태아가 출생한 것과 같이 법률상 보아 준다고 해석하여야 상당하므로 <u>그가 모체와 같이 사망하여 출생의 기회를 못가진 이상 배상청구권을 논할 여지 없다</u>(대판 1976.9.14. 76다1365).

⑤ (×) 실종선고를 받은 자는 실종기간이 만료한 때에 사망한 것으로 본다(민법 제28조).

05 제한능력자에 관한 설명으로 옳지 않은 것은?(다툼이 있으면 판례에 따름) ▮ 2020년 8회 행정사

① 미성년자가 법정대리인의 동의를 얻은 법률행위를 하기 전에는 법정대리인은 그가 한 동의를 취소할 수 있다.

② 미성년자는 자신의 노무제공에 따른 임금청구를 단독으로 할 수 있다.

③ 미성년자는 타인의 대리인으로서 단독으로 유효한 대리행위를 할 수 있다.

④ 피한정후견인은 적극적인 속임수로써 법정대리인의 동의가 있는 것으로 믿게 한 경우, 그 법률행위를 취소할 수 없다.

⑤ 가정법원은 성년후견개시의 심판을 할 때 본인의 의사를 고려할 필요는 없다.

난도 ★☆☆

⑤ (×) 가정법원은 성년후견개시의 심판을 할 때 본인의 의사를 고려하여야 한다(민법 제9조 제2항).
① (○) 법정대리인은 미성년자가 아직 법률행위를 하기 전에는 그 동의나 일정 범위의 재산처분에 대한 허락을 취소할 수 있다(민법 제7조).
② (○) 미성년자는 독자적으로 임금을 청구할 수 있다(근로기준법 제68조).
③ (○) 민법 제117조에 의하면 대리인은 행위능력자임을 요하지 아니하므로 미성년자는 타인의 대리인으로서 단독으로 유효한 대리행위를 할 수 있다.
④ (○) 미성년자나 피한정후견인이 속임수로써 법정대리인의 동의가 있는 것으로 믿게 한 경우에 그 행위를 취소할 수 없다(민법 제17조 제2항).

06 후견에 관한 설명으로 옳지 않은 것은?　　　　　　　　　┃2022년 10회 행정사

① 가정법원은 성년후견개시의 심판을 할 때 본인의 의사를 고려하여야 한다.
② 가정법원이 피성년후견인에 대하여 한정후견개시의 심판을 할 때에는 종전의 성년후견의 종료 심판을 하여야 한다.
③ 피성년후견인의 법률행위는 원칙적으로 취소할 수 있지만, 가정법원은 취소할 수 없는 법률행위의 범위를 정할 수 있다.
④ 가정법원은 피한정후견인이 한정후견인의 동의를 받아야 하는 행위의 범위를 정할 수 있다.
⑤ 가정법원은 정신적 제약으로 특정한 사무에 관하여 후원이 필요한 자에 대하여는 본인의 의사에 반하더라도 특정후견의 심판을 할 수 있다.

난도 ★☆☆

⑤ (×) 특정후견은 본인의 의사에 반하여 할 수 없다(민법 제14조의2 제1항·제2항).

> **Plus One**
> 특정후견의 심판(민법 제14조의2)
> ① 가정법원은 질병, 장애, 노령, 그 밖의 사유로 인한 정신적 제약으로 일시적 후원 또는 특정한 사무에 관한 후원이 필요한 사람에 대하여 본인, 배우자, 4촌 이내의 친족, 미성년후견인, 미성년후견감독인, 검사 또는 지방자치단체의 장의 청구에 의하여 특정후견의 심판을 한다.
> ② 특정후견은 본인의 의사에 반하여 할 수 없다.

① (○) 가정법원은 성년후견개시의 심판을 할 때 본인의 의사를 고려하여야 한다(민법 제9조 제2항).
② (○) 가정법원이 피성년후견인 또는 피특정후견인에 대하여 한정후견개시의 심판을 할 때에는 종전의 성년후견 또는 특정후견의 종료 심판을 한다(민법 제14조의3 제2항).
③ (○) 피성년후견인의 법률행위는 취소할 수 있으나, 가정법원은 취소할 수 없는 피성년후견인의 법률행위의 범위를 정할 수 있다(민법 제10조 제1항·제2항).
④ (○) 가정법원은 피한정후견인이 한정후견인의 동의를 받아야 하는 행위의 범위를 정할 수 있다(민법 제13조 제1항).

07 성년후견, 한정후견, 특정후견에 관한 설명으로 옳지 않은 것은?　┃2016년 4회 행정사

① 가정법원은 한정후견개시의 심판을 직권으로 하지 못한다.

② 한정후견종료의 심판은 장래에 향하여 효력을 가진다.

③ 특정후견은 본인의 의사에 반하여 할 수 있다.

④ 가정법원은 취소할 수 없는 피성년후견인의 법률행위의 범위를 정할 수 있다.

⑤ 정신적 제약으로 사무를 처리할 능력이 지속적으로 결여된 사람에 대하여 지방자치단체의 장도 성년후견개시의 심판을 청구할 수 있다.

해설　난도 ★★☆

③ (×) 특정후견은 본인의 의사에 반하여 할 수 없다(민법 제14조의2 제2항).

① (○) 가정법원은 직권으로 한정후견개시의 심판을 할 수 없다(민법 제12조 제1항 참조).

② (○) 한정후견종료의 심판은 소급하지 않고, 장래에 향하여 효력을 가진다.

④ (○) 가정법원은 취소할 수 없는 피성년후견인의 법률행위의 범위를 정할 수 있다(민법 제10조 제2항).

⑤ (○) 가정법원은 질병, 장애, 노령, 그 밖의 사유로 인한 정신적 제약으로 사무를 처리할 능력이 지속적으로 결여된 사람에 대하여 본인, 배우자, 4촌 이내의 친족, 미성년후견인, 미성년후견감독인, 한정후견인, 한정후견감독인, 특정후견인, 특정후견감독인, 검사 또는 지방자치단체의 장의 청구에 의하여 성년후견개시의 심판을 한다(민법 제9조 제1항).

08 성년후견, 한정후견, 특정후견에 관한 설명으로 옳은 것은?　┃2015년 3회 행정사

① 지방자치단체의 장은 성년후견개시의 원인이 소멸된 경우에는 성년후견종료의 심판을 청구할 수 없다.

② 성년후견인은 피성년후견인의 법률행위가 일용품의 구입 등 일상생활에 필요하고 그 대가가 과도하지 않더라도 그 행위를 취소할 수 있다.

③ 가정법원은 피한정후견인이 한정후견인의 동의를 받아야 하는 행위의 범위를 정할 수 없다.

④ 가정법원은 취소할 수 없는 피성년후견인의 법률행위의 범위를 정할 수 있다.

⑤ 가정법원은 성년후견개시의 심판을 할 때 본인의 의사를 고려할 필요가 없다.

해설　난도 ★★☆

④ (○) 가정법원은 취소할 수 없는 피성년후견인의 법률행위의 범위를 정할 수 있다(민법 제10조 제2항).

① (×) 성년후견개시의 원인이 소멸된 경우에는 가정법원은 본인, 배우자, 4촌 이내의 친족, 성년후견인, 성년후견감독인, 검사 또는 지방자치단체의 장의 청구에 의하여 성년후견종료의 심판을 한다(민법 제11조).

② (×) 일용품의 구입 등 일상생활에 필요하고 그 대가가 과도하지 아니한 법률행위는 성년후견인이 취소할 수 없다(민법 제10조 제4항).

③ (×) 가정법원은 피한정후견인이 한정후견인의 동의를 받아야 하는 행위의 범위를 정할 수 있다(민법 제13조 제1항).

⑤ (×) 가정법원은 성년후견개시의 심판을 할 때 본인의 의사를 고려하여야 한다(민법 제9조 제2항).

09 성년후견, 한정후견, 특정후견에 관한 설명으로 옳지 않은 것은? ┃ 2014년 2회 행정사

① 피성년후견인의 법률행위는 취소할 수 있다.
② 가정법원은 한정후견개시의 심판을 할 때 본인의 의사를 고려하여야 한다.
③ 가정법원이 피한정후견인에 대하여 성년후견개시의 심판을 할 때에는 종전의 한정후견의 종료 심판을 한다.
④ 특정후견은 본인의 의사에 반하여 할 수 있다.
⑤ 특정후견의 심판을 하는 경우에는 특정후견의 기간 또는 사무의 범위를 정하여야 한다.

해설 난도 ★☆☆
④ (×) 특정후견은 본인의 의사에 반하여 할 수 없다(민법 제14조의2 제2항).
① (○) 피성년후견인의 법률행위는 취소할 수 있다(민법 제10조 제1항).
② (○) 가정법원은 한정후견개시의 심판을 할 때 본인의 의사를 고려하여야 한다(민법 제12조 제2항).
③ (○) 가정법원이 피한정후견인 또는 피특정후견인에 대하여 성년후견개시의 심판을 할 때에는 종전의 한정후견 또는 특정후견의 종료 심판을 한다(민법 제14조의3 제1항).
⑤ (○) 특정후견의 심판을 하는 경우에는 특정후견의 기간 또는 사무의 범위를 정하여야 한다(민법 제14조의2 제3항).

10 민법상 성년후견종료의 심판을 청구할 수 있는 자로 명시되지 않은 자는? ┃ 2019년 7회 행정사

① 성년후견인
② 성년후견감독인
③ 지방의회 의장
④ 4촌 이내의 친족
⑤ 검 사

해설 난도 ★☆☆
성년후견개시의 원인이 소멸된 경우에는 가정법원은 본인, 배우자, 4촌 이내의 친족, 성년후견인, 성년후견감독인, 검사 또는 지방자치단체의 장의 청구에 의하여 성년후견종료의 심판을 한다(민법 제11조).

11 피성년후견인에 관한 설명으로 옳은 것은? ▌2018년 6회 행정사

① 가정법원은 청구권자의 청구가 없더라도 직권으로 성년후견개시의 심판을 한다.

② 정신적 제약으로 사무처리능력이 일시적으로 결여된 경우, 성년후견개시의 심판을 해야 한다.

③ 법인은 성년후견인이 될 수 없다.

④ 일상생활에 필요하고 그 대가가 과도하지 아니한 피성년후견인의 법률행위는 성년후견인이 취소할 수 없다.

⑤ 가정법원은 청구권자의 청구가 없더라도 피성년후견인의 취소할 수 없는 법률행위의 범위를 임의로 변경할 수 있다.

해설 난도 ★★☆

④ (○) 일용품의 구입 등 일상생활에 필요하고 그 대가가 과도하지 아니한 법률행위는 성년후견인이 취소할 수 없다(민법 제10조 제4항).

① (×) 가정법원은 직권으로 성년후견개시의 심판을 할 수 없다(민법 제9조 제1항 참조).

② (×) 성년후견개시의 심판은 가정법원이 정신적 제약으로 사무처리능력이 지속적으로 결여된 사람에 대하여 청구권자의 청구에 의하여 실시한다(민법 제9조 제1항).

> **Plus One**
>
> 성년후견개시의 심판(민법 제9조)
> ① 가정법원은 질병, 장애, 노령, 그 밖의 사유로 인한 정신적 제약으로 사무를 처리할 능력이 지속적으로 결여된 사람에 대하여 본인, 배우자, 4촌 이내의 친족, 미성년후견인, 미성년후견감독인, 한정후견인, 한정후견감독인, 특정후견인, 특정후견감독인, 검사 또는 지방자치단체의 장의 청구에 의하여 성년후견개시의 심판을 한다.
> ② 가정법원은 성년후견개시의 심판을 할 때 본인의 의사를 고려하여야 한다.

③ (×) 법인도 성년후견인이 될 수 있다(민법 제930조 제3항).

⑤ (×) 가정법원은 본인, 배우자, 4촌 이내의 친족, 성년후견인, 성년후견감독인, 검사 또는 지방자치단체의 장의 청구에 의하여 취소할 수 없는 피성년후견인의 법률행위의 범위를 변경할 수 있다(민법 제10조 제2항·제3항).

> **Plus One**
>
> 피성년후견인의 행위와 취소(민법 제10조)
> ① 피성년후견인의 법률행위는 취소할 수 있다.
> ② 제1항에도 불구하고 가정법원은 취소할 수 없는 피성년후견인의 법률행위의 범위를 정할 수 있다.
> ③ 가정법원은 본인, 배우자, 4촌 이내의 친족, 성년후견인, 성년후견감독인, 검사 또는 지방자치단체의 장의 청구에 의하여 제2항의 범위를 변경할 수 있다.
> ④ 제1항에도 불구하고 일용품의 구입 등 일상생활에 필요하고 그 대가가 과도하지 아니한 법률행위는 성년후견인이 취소할 수 없다.

12 제한능력자에 관한 설명으로 옳지 않은 것은?

┃ 2021년 9회 행정사

① 권리만을 얻는 법률행위는 미성년자가 단독으로 할 수 있다.

② 미성년자가 법정대리인으로부터 허락을 얻은 특정한 영업에 관하여는 성년자와 동일한 행위능력이 있다.

③ 법정대리인이 미성년자에게 한 특정한 영업의 허락을 취소하는 경우 그 취소로 선의의 제3자에게 대항할 수 있다.

④ 제한능력자의 상대방은 계약 당시 제한능력자임을 알았을 경우에는 그 의사표시를 철회할 수 없다.

⑤ 상대방이 거절의 의사표시를 할 수 있는 경우 제한능력자를 상대로 그 의사표시를 할 수 있다.

해설 난도 ★☆☆

③ (×) 법정대리인은 미성년자에게 한 특정한 영업의 허락을 취소 또는 제한할 수 있으나, 그 취소 또는 제한으로 선의의 제3자에게 대항하지 못한다(민법 제8조 제2항).

① (○) 미성년자가 법률행위를 함에는 법정대리인의 동의를 얻어야 한다. 그러나 권리만을 얻거나 의무만을 면하는 행위는 그러하지 아니하다(민법 제5조 제1항).

② (○) 미성년자가 법정대리인으로부터 허락을 얻은 특정한 영업에 관하여는 성년자와 동일한 행위능력이 있다(민법 제8조 제1항).

④ (○), ⑤ (○) 민법 제16조 제1항 단서·제3항

> **Plus One**
>
> 제한능력자의 상대방의 철회권과 거절권(민법 제16조)
> ① 제한능력자가 맺은 계약은 추인이 있을 때까지 상대방이 그 의사표시를 철회할 수 있다. 다만, 상대방이 계약 당시에 제한능력자임을 알았을 경우에는 그러하지 아니하다.
> ② 제한능력자의 단독행위는 추인이 있을 때까지 상대방이 거절할 수 있다.
> ③ 제1항의 철회나 제2항의 거절의 의사표시는 제한능력자에게도 할 수 있다.

13 미성년자 甲은 법정대리인 乙의 동의 없이 자신의 디지털 카메라를 丙에게 매도하는 내용의 계약(이하 '계약')을 丙과 체결하였다. 이에 관한 설명으로 옳은 것은?(다툼이 있으면 판례에 따름)

┃ 2019년 7회 행정사

① 甲이 위 계약을 취소하려는 경우, 乙의 동의의 유무에 대한 증명책임은 甲에게 있다.

② 계약 당시 甲이 미성년자임을 알고 있었던 丙은 乙에 대하여 자신의 의사표시를 철회할 수 있다.

③ 丙이 성년자가 된 甲에게 1개월의 기간을 정하여 계약의 추인 여부의 확답을 촉구한 경우, 甲이 그 기간 내에 확답을 발송하지 않으면 계약을 취소한 것으로 본다.

④ 丙이 미성년자인 甲에게 1개월의 기간을 정하여 계약의 추인 여부의 확답을 촉구한 경우, 甲이 그 기간 내에 확답을 발송하지 않으면 계약을 추인한 것으로 본다.

⑤ 甲이 위조하여 제시한 乙의 동의서를 丙이 신뢰하여 계약을 체결하였다면 乙은 미성년자의 법률행위임을 이유로 계약을 취소할 수 없다.

⑤ (○) 미성년자가 속임수로써 법정대리인의 동의가 있는 것으로 믿게 한 경우에는 그 행위를 취소할 수 없으므로(민법 제17조 제2항), 미성년자 甲이 위조하여 제시한 법정대리인 乙의 동의서를 매수인 丙이 신뢰하여 계약을 체결하였다면 법정대리인 乙은 甲의 제한능력을 이유로 매매계약을 취소할 수 없다.

① (×) 판례의 취지를 고려할 때 법정대리인 乙의 동의유무에 대한 증명책임은 디지털 카메라 매매계약의 유효함을 주장하는 상대방 丙에게 있다.

> **Plus One**
>
> 법정대리인의 동의에 대한 증명책임은 동의가 있었음을 이유로 법률행위의 유효를 주장하는 자인 상대방에게 있다(대판 1970.2.24 69다1568).

② (×) 계약 당시 매수인 丙이 매도인 甲이 미성년자임을 알고 있었다면 丙은 자신의 의사표시를 철회할 수 없다(민법 제16조 제1항).

③ (×) 매수인 丙은 매도인 甲이 성년이 된 후에 그에게 1개월 이상의 기간을 정하여 디지털 카메라 매매계약을 추인할 것인지 여부의 확답을 촉구할 수 있다. 이 경우 성년이 된 甲이 그 기간 내에 확답을 발송하지 아니하면 매매계약을 추인한 것으로 본다(민법 제15조 제1항).

④ (×) 매도인 甲이 아직 성년이 되지 아니하여 제한능력자에 불과한 경우에는 매수인 丙은 법정대리인 乙이 아닌 甲에게 디지털 카메라 매매계약에 대한 추인 여부의 확답을 촉구할 수 없다(민법 제15조 제2항 참조).

---

14 제한능력자에 관한 설명으로 옳은 것을 모두 고른 것은?(다툼이 있으면 판례에 따름)

┃2017년 5회 행정사

> ㄱ. 미성년자의 법률행위에 법정대리인의 묵시적 동의가 인정되는 경우에는 미성년자는 제한능력을 이유로 그 법률행위를 취소할 수 없다.
> ㄴ. 법정대리인이 취소한 미성년자의 법률행위는 취소 시부터 효력을 상실한다.
> ㄷ. 피성년후견인의 법률행위 중 일상생활에 필요하고, 대가가 과도하지 아니한 법률행위는 성년후견인이 취소할 수 없다.
> ㄹ. 제한능력자가 맺은 계약은 제한능력자 측에서 추인하기 전까지 상대방이 이를 거절할 수 있다.
> ㅁ. 제한능력자와 계약을 맺은 선의의 상대방은 제한능력자 측에서 추인하기 전까지 제한능력자를 상대로 그 의사표시를 철회할 수 있다.

① ㄱ, ㄴ, ㄷ   ② ㄱ, ㄷ, ㅁ
③ ㄱ, ㄹ, ㅁ   ④ ㄴ, ㄷ, ㄹ
⑤ ㄴ, ㄹ, ㅁ

ㄱ (○) 법정대리인의 묵시적 동의를 얻은 법률행위는 유효하게 되기 때문에 미성년자는 자신의 제한능력을 이유로 그 법률행위를 취소할 수 없다.

ㄷ (○) 일용품의 구입 등 일상생활에 필요하고 그 대가가 과도하지 아니한 피성년후견인의 법률행위는 성년후견인이 취소할 수 없다(민법 제10조 제4항).

ㅁ (○) 민법 제16조 제1항·제3항 참조

> **Plus One**
>
> 제한능력자의 상대방의 철회권과 거절권(민법 제16조)
> ① 제한능력자가 맺은 계약은 추인이 있을 때까지 상대방이 그 의사표시를 철회할 수 있다. 다만, 상대방이 계약
> 당시에 제한능력자임을 알았을 경우에는 그러하지 아니하다.
> ② 제한능력자의 단독행위는 추인이 있을 때까지 상대방이 거절할 수 있다.
> ③ 제1항의 철회나 제2항의 거절의 의사표시는 제한능력자에게도 할 수 있다.

ㄴ (×) 법정대리인에 의하여 취소된 미성년자의 법률행위는 처음부터 무효인 것으로 본다(민법 제141조 본문).
ㄹ (×) 제한능력자의 상대방에게 인정되는 거절권은 철회권과 달리 계약이 아닌 상대방 있는 단독행위에서 문제된다는
것을 유의하여야 한다.

15 제한능력자의 상대방 보호에 관한 설명으로 옳은 것을 모두 고른 것은? ▌2015년 3회 행정사

> ㄱ. 상대방은 제한능력자가 능력자로 된 후에 그에게 유예기간을 정하여 취소할 수 있는 행위에 대
> 한 추인 여부의 확답을 원칙적으로 촉구할 수 없다.
> ㄴ. 상대방은 제한능력자가 능력자로 된 후에 그 법정대리인이었던 자에게 취소할 수 있는 행위에
> 대한 추인 여부의 확답을 촉구한 경우 그 촉구는 유효하다.
> ㄷ. 계약 당시에 제한능력자임을 상대방이 알지 못한 경우, 제한능력자가 맺은 계약은 추인이 있을
> 때까지 상대방이 그 의사표시를 철회할 수 있다.
> ㄹ. 제한능력자가 속임수로써 자기를 능력자로 믿게 한 경우에는 그 행위를 취소할 수 없다.

① ㄱ, ㄴ   ② ㄴ, ㄹ
③ ㄷ, ㄹ   ④ ㄱ, ㄴ, ㄷ
⑤ ㄱ, ㄷ, ㄹ

해설 난도 ★★★

ㄷ (○) 제한능력자가 맺은 계약은 추인이 있을 때까지 상대방이 그 의사표시를 철회할 수 있다. 다만, 상대방이 계약
당시에 제한능력자임을 알았을 경우에는 그러하지 아니하다(민법 제16조 제1항).
ㄹ (○) 제한능력자가 속임수로써 자기를 능력자로 믿게 한 경우에는 그 행위를 취소할 수 없다(민법 제17조 제1항).
ㄱ (×) 제한능력자의 상대방은 제한능력자가 능력자가 된 후에 그에게 1개월 이상의 기간을 정하여 그 취소할 수 있는
행위를 추인할 것인지 여부의 확답을 촉구할 수 있다(민법 제15조 제1항 전문).
ㄴ (×) 제한능력자가 능력자로 된 후에는 그에게 추인 여부의 확답을 촉구할 것이어서 그 법정대리인이었던 자에게
추인 여부의 확답을 촉구한 것은 무효라고 보아야 한다.

16 미성년자 甲이 법정대리인 乙의 동의 없이 자신의 노트북 컴퓨터를 丙에게 매각하였다. 다음 설명 중 옳은 것은? ▌2014년 2회 행정사

① 丙은 乙이 추인하기 전에 거절권을 행사할 수 있다.
② 丙이 그 물건을 다시 丁에게 증여한 경우, 甲은 丁을 상대로 매매계약을 취소할 수 있다.
③ 계약체결시에 甲이 미성년자임을 안 丙은 그의 의사표시를 철회할 수 있다.
④ 甲이 속임수로써 乙의 동의가 있는 것으로 믿게 한 경우, 甲은 계약을 원인으로 얻은 모든 이득을 반환하고 계약을 취소할 수 있다.
⑤ 丙은 19세가 된 甲에게 1개월 이상의 기간을 정하여 매매계약을 추인할 것인지 여부의 확답을 촉구할 수 있다.

해설 난도 ★★★

⑤ (○) 매수인 丙은 성년이 된 甲에게 1개월 이상의 기간을 정하여 노트북 컴퓨터 매매계약을 추인할 것인지 여부의 확답을 촉구할 수 있다(민법 제15조 제1항 전문).
① (×) 제한능력자의 상대방을 보호하기 위한 거절권은 단독행위의 경우에 인정되므로(민법 제16조 제2항), 노트북 컴퓨터 매매계약의 매수인인 丙은 거절권은 행사할 수는 없고, 선의인 경우에 한하여 법정대리인 乙이 추인하기 전에 철회권을 행사할 수 있을 뿐이다.
② (×) 미성년자 甲이 丙과 노트북 컴퓨터 매매계약을 체결한 후, 丙이 그 물건을 다시 丁에게 증여하였더라도 甲은 수증자 丁이 아닌 노트북 컴퓨터 매매계약의 상대방인 丙에 대하여 매매계약을 취소하여야 한다.

> **Plus One**
> 취소의 상대방(민법 제142조)
> 취소할 수 있는 법률행위의 상대방이 확정한 경우에는 그 취소는 그 상대방에 대한 의사표시로 하여야 한다.

③ (×) 매도인 甲이 매매계약 당시에 제한능력자임을 알았을 경우에는 매수인 丙은 그의 의사표시를 철회할 수 없다(민법 제16조 제1항 단서).
④ (×) 미성년자 甲이 속임수로써 법정대리인 乙의 동의가 있는 것으로 믿게 한 경우에는 甲은 매매계약을 취소할 수 없다(민법 제17조 제2항).

17 부재와 실종에 관한 설명으로 옳지 않은 것은?(다툼이 있으면 판례에 따름) ▌2022년 10회 행정사

① 부재자로부터 재산처분권을 위임받은 재산관리인은 그 재산을 처분함에 있어 법원의 허가를 받지 않아도 된다.
② 법원이 선임한 부재자 재산관리인의 권한초과행위에 대한 법원의 허가결정은 기왕의 법률행위를 추인하는 방법으로는 할 수 없다.
③ 법원은 법원이 선임한 부재자 재산관리인으로 하여금 부재자의 재산관리 및 반환에 관하여 상당한 담보를 제공하게 할 수 있다.
④ 실종선고를 받은 자는 실종기간이 만료된 때에 사망한 것으로 본다.
⑤ 부재자의 제1순위 상속인이 있는 경우, 제2순위 상속인은 특별한 사정이 없는 한 부재자에 관한 실종선고를 청구할 수 있는 이해관계인이 아니다.

난도 ★☆☆

② (×) 부재자 재산관리인에 의한 권한초과행위인 부재자 소유의 부동산 매매행위에 대한 법원의 허가결정은 그 허가를 받은 재산에 대한 장래의 처분행위뿐만 아니라 기왕의 매매를 추인하는 방법으로도 할 수 있다(대판 2000.12.26. 99다19278).

① (○) 부재자로부터 재산처분권까지 위임받은 재산관리인은 그 재산을 처분함에 있어 법원의 허가를 요하는 것은 아니다(대판 1973.7.24. 72다2136).

③ (○) 법원은 그 선임한 재산관리인으로 하여금 재산의 관리 및 반환에 관하여 상당한 담보를 제공하게 할 수 있다(민법 제26조 제1항).

④ (○) 실종선고를 받은 자는 실종기간이 만료한 때에 사망한 것으로 본다(민법 제28조).

⑤ (○) 부재자의 종손자로서, 부재자가 사망할 경우 제1순위의 상속인이 따로 있어 제2순위의 상속인에 불과한 청구인은 특별한 사정이 없는 한 위 부재자에 대하여 실종선고를 청구할 수 있는 신분상 또는 경제상의 이해관계를 가진 자라고 할 수 없다(대결 1992.4.14. 92스4·92스5·92스6).

18 부재와 실종에 관한 설명으로 옳은 것은?(다툼이 있으면 판례에 따름) ▌2017년 5회 행정사

① 실종선고를 받은 사람은 사망한 것으로 추정되므로 반증을 들어 실종선고의 효과를 다툴 수 있다.

② 부재자 재산관리인의 권한초과행위에 대한 법원의 허가결정은 기왕의 법률행위를 추인하는 방법으로는 할 수 없다.

③ 법원이 선임한 재산관리인은 재산의 보존행위를 하는 경우에 법원의 허가를 얻어야 한다.

④ 부재자 재산관리인으로서 권한초과행위의 허가를 받고 그 선임결정이 취소되기 전에 그 권한에 의하여 이루어진 행위는 부재자에 대한 실종기간이 만료된 뒤에 이루어졌다고 하더라도 유효하다.

⑤ 실종선고 확정 전 실종자를 당사자로 하여 선고된 판결은 효력이 없다.

난도 ★★☆

④ (○) 부재자 재산관리인으로서 권한초과행위의 허가를 받고 그 선임결정이 취소되기 전에 그 권한에 의하여 이루어진 행위는 부재자에 대한 실종선고기간이 만료된 뒤에 이루어졌다고 하더라도 유효하다(대판 1981.7.28. 80다2668).

① (×) 민법 제28조는 "실종선고를 받은 자는 민법 제27조 제1항 소정의 생사불명기간이 만료된 때에 사망한 것으로 본다"고 규정하고 있으므로 실종선고가 취소되지 않는 한 반증을 들어 실종선고의 효과를 다툴 수는 없다(대판 1995.2.17. 94다52751).

② (×) 부재자 재산관리인에 의한 권한초과행위인 부재자 소유의 부동산 매매행위에 대한 법원의 허가결정은 그 허가를 받은 재산에 대한 장래의 처분행위뿐만 아니라 기왕의 매매를 추인하는 방법으로도 할 수 있다(대판 2000.12.26. 99다19278).

③ (×) 법원이 선임한 재산관리인은 부재자의 재산에 관하여 민법 제118조(보존행위, 물건이나 권리의 성질을 변하지 아니하는 범위 내에서 그 이용 또는 개량행위)의 관리행위를 자유롭게 할 수 있다.

⑤ (×) 실종선고의 효력이 발생하기 전에는 실종기간이 만료된 실종자라 하여도 소송상 당사자능력을 상실하는 것은 아니므로 실종선고 확정 전에는 실종기간이 만료된 실종자를 상대로 하여 제기된 소도 적법하고 실종자를 당사자로 하여 선고된 판결도 유효하다(대판 1992.7.14. 92다2455).

19 부재와 실종에 관한 설명으로 옳지 않은 것은?(다툼이 있으면 판례에 따름) ▮ 2016년 4회 행정사

① 법원이 선임한 재산관리인은 관리할 재산목록을 작성하여야 한다.
② 특별실종의 경우 실종선고를 받은 자는 실종선고일부터 1년의 기간이 만료한 때에 사망한 것으로 본다.
③ 실종자의 범죄 또는 실종자에 대한 범죄의 성부 등은 실종선고와 관계없이 결정된다.
④ 실종선고가 확정되면 선고 자체가 취소되지 않는 한 실종자의 생존 기타 반증을 들어 선고의 효과를 다툴 수 없다.
⑤ 부재자가 스스로 재산관리인을 둔 경우 그 재산관리인은 부재자의 임의대리인이다.

해설 난도 ★★☆

② (×) 특별실종의 경우 실종선고를 받은 자는 민법 제27조 제2항에서 정한 유형별 기산일로부터 1년의 기간이 만료한 때에 사망한 것으로 본다(민법 제28조).

> **Plus One**
>
> 실종의 선고(민법 제27조)
> ① 부재자의 생사가 5년간 분명하지 아니한 때에는 법원은 이해관계인이나 검사의 청구에 의하여 실종선고를 하여야 한다.
> ② 전지에 임한 자, 침몰한 선박 중에 있던 자, 추락한 항공기 중에 있던 자 기타 사망의 원인이 될 위난을 당한 자의 생사가 전쟁종지 후 또는 선박의 침몰, 항공기의 추락 기타 위난이 종료한 후 1년간 분명하지 아니한 때에도 제1항과 같다.

① (○) 법원이 선임한 재산관리인은 관리할 재산목록을 작성하여야 한다(민법 제24조 제1항).
③ (○) 실종선고로 실종자의 종래 주소 또는 거소를 중심으로 한 사법적 법률관계만 종료하게 되므로 실종자의 범죄 또는 실종자에 대한 범죄의 성부 등의 공법상 법률관계는 실종선고와 관계없이 결정된다.
④ (○) 민법 제28조는 "실종선고를 받은 자는 민법 제27조 제1항 소정의 생사불명기간이 만료된 때에 사망한 것으로 본다"고 규정하고 있으므로 실종선고가 취소되지 않는 한 반증을 들어 실종선고의 효과를 다툴 수는 없다(대판 1995.2.17, 94다52751).
⑤ (○) 부재자가 스스로 재산관리인을 둔 경우 그 재산관리인은 부재자의 임의대리인이다. 따라서 관리인의 권한과 관리방법 등은 부재자와 관리인 사이의 계약 및 민법 제118조에 의하여 결정된다.

20 부재에 관한 설명으로 옳지 않은 것은?

2021년 9회 행정사

① 부재자가 정한 재산관리인의 권한이 부재자의 부재 중에 소멸한 때에는 법원은 이해관계인이나 검사의 청구에 의하여 재산관리에 관하여 필요한 처분을 명하여야 한다.

② 부재자가 재산관리인을 정한 경우 부재자의 생사가 분명하지 아니하게 되어 이해관계인이 청구를 하더라도 법원은 그 재산관리인을 개임할 수 없다.

③ 부재자의 생사가 분명하지 아니한 경우 부재자가 정한 재산관리인이 권한을 넘는 행위를 할 때에는 법원의 허가를 얻어야 한다.

④ 법원이 선임한 재산관리인은 관리할 재산목록을 작성하여야 한다.

⑤ 법원이 선임한 재산관리인에 대하여 법원은 부재자의 재산으로 상당한 보수를 지급할 수 있다.

해설 난도 ★☆☆

② (×) 부재자가 재산관리인을 정한 경우에 부재자의 생사가 분명하지 아니한 때에는 법원은 재산관리인, 이해관계인 또는 검사의 청구에 의하여 재산관리인을 개임할 수 있다(민법 제23조).

① (○) 민법 제22조 제1항 참조

> **Plus One**
>
> 부재자의 재산의 관리(민법 제22조)
> ① 종래의 주소나 거소를 떠난 자가 재산관리인을 정하지 아니한 때에는 법원은 이해관계인이나 검사의 청구에 의하여 재산관리에 관하여 필요한 처분을 명하여야 한다. 본인의 부재 중 재산관리인의 권한이 소멸한 때에도 같다.
> ② 본인이 그 후에 재산관리인을 정한 때에는 법원은 본인, 재산관리인, 이해관계인 또는 검사의 청구에 의하여 전항의 명령을 취소하여야 한다.

③ (○) 민법 제25조 참조

> **Plus One**
>
> 관리인의 권한(민법 제25조)
> 법원이 선임한 재산관리인이 제118조에 규정한 권한을 넘는 행위를 함에는 법원의 허가를 얻어야 한다. 부재자의 생사가 분명하지 아니한 경우에 부재자가 정한 재산관리인이 권한을 넘는 행위를 할 때에도 같다.

④ (○) 법원이 선임한 재산관리인은 관리할 재산목록을 작성하여야 한다(민법 제24조 제1항).

⑤ (○) 법원은 그 선임한 재산관리인에 대하여 부재자의 재산으로 상당한 보수를 지급할 수 있다(민법 제26조 제2항).

21 X부동산을 소유한 甲은 재산관리인을 선임하지 않고 장기간 해외출장을 떠났다. 다음 설명 중 옳은 것은?(다툼이 있는 경우에는 판례에 의함) ┃2013년 1회 행정사

① 법원은 직권으로 X부동산의 관리에 필요한 처분을 명하여야 한다.

② 甲의 채권자의 청구에 의하여 법원이 선임한 재산관리인은 甲의 임의대리인이다.

③ 법원이 선임한 재산관리인은 원칙적으로 법원의 허가 없이 X부동산을 처분할 수 있다.

④ 甲의 재산관리인이 甲을 위해 법원의 허가 없이 X부동산을 처분하였다면, 그 후 법원의 허가를 얻더라도 그 처분은 효력이 없다.

⑤ 甲이 사망한 경우, 재산관리인이 그 사실을 확인하였더라도 법원에 의하여 재산관리인 선임결정이 취소되지 않는 한, 재산관리인은 계속하여 X부동산을 관리할 수 있다.

해설 난도 ★☆☆

⑤ (○) 재산관리인 선임결정이 취소되지 아니하는 한 재산관리인의 권한은 여전히 존재하게 되므로 재산관리인은 계속하여 X부동산을 관리할 수 있다.

> **Plus One**
> 사망한 것으로 간주된 자가 그 이전에 생사불명의 부재자로서 그 재산관리에 관하여 법원으로부터 재산관리인이 선임되어 있었다면 재산관리인은 그 부재자의 사망을 확인했다고 하더라도 선임결정이 취소되지 아니하는 한 계속하여 권한을 행사할 수 있다 할 것이다(대판 1991.11.26. 91다11810).

① (×) X부동산을 소유한 부재자 甲이 재산관리인을 선임하지 않고 장기간 해외출장을 떠난 경우, 법원은 이해관계인이나 검사의 청구에 의하여 재산관리에 관하여 필요한 처분을 명하여야 한다(민법 제22조 제1항 전문).

② (×) 법원이 선임한 부재자 재산관리인은 부재자 본인의 의사에 의하는 것이 아니라 법률에 규정된 자의 청구로 법원에 의하여 선임되는 일종의 법정대리인으로서 법정위임 관계가 있다(대결 1976.12.21. 75마551).

③ (×) 법원이 선임한 재산관리인이 민법 제118조의 범위를 넘는 행위를 함에는 법원의 허가를 받아야 한다(민법 제25조 전문). 따라서 원칙적으로 법원의 허가 없이 X부동산을 처분할 수 없다.

④ (×) 판례의 취지를 고려할 때 재산관리인이 X부동산을 법원의 허가 없이 처분하였다고 하더라도 그 후 법원의 허가를 얻었다면 기왕의 처분행위는 유효하다고 보아야 한다.

> **Plus One**
> 부재자 재산관리인에 의한 부재자 소유의 부동산 매매행위에 대한 법원의 허가결정은 그 허가를 받은 재산에 대한 장래의 처분행위뿐만 아니라 기왕의 매매를 추인하는 방법으로도 할 수 있다(대판 2000.12.26. 99다19278).

22 甲이 탄 비행기가 2006년 6월 7일 추락하여, 2010년 4월 12일 법원에 甲의 실종선고가 청구되었고, 2011년 2월 13일 실종선고가 내려졌다. 다음 설명 중 옳은 것은?(다툼이 있는 경우에는 판례에 의함)

▌2013년 1회 행정사

① 甲은 2011년 2월 13일에 사망한 것으로 본다.

② 甲에게 선순위의 상속인이 있는 경우 특별한 사정이 없는 한 후순위의 상속인은 甲의 실종선고를 청구할 수 없다.

③ 실종선고는 甲의 사법상의 법률관계뿐만 아니라 공법상의 법률관계에도 효과를 미친다.

④ 甲이 살아 돌아온 사실만으로 甲에 대한 실종선고는 그 효력을 상실한다.

⑤ 甲의 실종선고가 취소되면 실종선고를 직접원인으로 하여 재산을 취득한 자가 악의인 경우에는 그 받은 이익이 현존하는 한도에서 반환할 의무가 있다.

해설 난도 ★★☆

② (O) 판례의 취지를 고려할 때 후순위의 상속인은 신분상 또는 경제상의 이해관계를 가진 자라고 할 수 없기 때문에 甲의 실종선고를 청구할 수 없다.

Plus One

부재자의 종손자로서, 부재자가 사망할 경우 제1순위의 상속인이 따로 있어 제2순위의 상속인에 불과한 청구인은 특별한 사정이 없는 한 위 부재자에 대하여 실종선고를 청구할 수 있는 신분상 또는 경제상의 이해관계를 가진 자라고 할 수 없다(대결 1992.4.14. 92스4·92스5·92스6).

① (×) 추락한 비행기 중에 있던 甲의 생사가 비행기가 추락한 2006년 6월 7일부터 1년 동안 분명하지 아니하므로(특별실종), 실종기간 만료시점인 2007년 6월 7일 24시에 사망한 것으로 간주된다(민법 제157조 본문의 초일 불산입의 원칙 적용).

③ (×) 실종선고로 실종자의 종래 주소 또는 거소를 중심으로 한 사법적 법률관계만 종료하게 되므로 甲의 공법상 법률관계는 실종선고와 관계없이 결정된다.

④ (×) 실종선고를 받은 자는 사망한 것으로 간주되므로 실종선고가 취소되지 아니하는 한 甲이 살아 돌아온 것만으로는 실종선고의 효과를 다투지 못한다.

⑤ (×) 甲의 실종선고의 취소가 있을 때에 실종의 선고를 직접원인으로 하여 재산을 취득한 자가 악의인 경우에는 그 받은 이익에 이자를 붙여서 반환하고 손해가 있으면 이를 배상하여야 한다(민법 제29조 제2항).

23 민법상 비법인사단에 관한 설명으로 옳지 않은 것은?(다툼이 있으면 판례에 따름)

┃2020년 8회 행정사

① 이사가 없거나 결원이 있는 경우 임시이사의 선임에 관한 민법 제63조 규정은 비법인사단에도 유추적용될 수 있다.
② 비법인사단의 사원이 집합체로서 물건을 소유할 때에는 총유로 한다.
③ 비법인사단이 타인 간의 금전채무를 보증하는 행위는 총유물의 관리·처분행위로 볼 수 없다.
④ 비법인사단에서 사원의 지위는 규약이나 관행에 의하여 양도 또는 상속될 수 없다.
⑤ 비법인사단에서 대표자가 직무에 관하여 타인에게 손해를 가한 경우 민법 제35조 제1항의 유추적용에 의해 비법인사단은 그 손해를 배상할 책임이 있다.

해설 ┃ 난도 ★☆☆

④ (×) 사단법인의 사원의 지위는 양도 또는 상속할 수 없다고 규정한 민법 제56조의 규정은 강행규정이라고 할 수 없으므로, 비법인사단에서도 사원의 지위는 규약이나 관행에 의하여 양도 또는 상속될 수 있다(대판 1997.9.26. 95다6205).

① (○) 민법 제63조는 법인의 조직과 활동에 관한 것으로서 법인격을 전제로 하는 조항이 아니고, 법인 아닌 사단이나 재단의 경우에도 이사가 없거나 결원이 생길 수 있으며, 통상의 절차에 따른 새로운 이사의 선임이 극히 곤란하고 종전 이사의 긴급처리권도 인정되지 아니하는 경우에는 사단이나 재단 또는 타인에게 손해가 생길 염려가 있을 수 있으므로, 민법 제63조는 법인 아닌 사단이나 재단에도 유추적용할 수 있다(대결[전합] 2009.11.19. 2008마699).

② (○) 법인이 아닌 사단의 사원이 집합체로서 물건을 소유할 때에는 총유로 한다(민법 제275조 제1항).

③ (○) 비법인사단이 타인 간의 금전채무를 보증하는 행위는 총유물 그 자체의 관리·처분이 따르지 아니하는 단순한 채무부담행위에 불과하여 이를 총유물의 관리·처분행위라고 볼 수는 없다(대판[전합] 2007.4.19. 2004다60072·60089).

⑤ (○) 주택조합과 같은 비법인사단의 대표자가 직무에 관하여 타인에게 손해를 가한 경우 그 사단은 민법 제35조 제1항의 유추적용에 의하여 그 손해를 배상할 책임이 있다(대판 2003.7.25. 2002다27088).

24 민법상 비법인사단에 관한 설명으로 옳지 않은 것은?(다툼이 있으면 판례에 따름)

▎2018년 6회 행정사

① 비법인사단의 사원이 집합체로서 물건을 소유할 때에는 총유로 한다.

② 대표자는 비법인사단의 제반 업무처리를 대리인에게 포괄적으로 위임할 수 없다.

③ 대표자 또는 관리인이 있는 비법인사단은 그 사단에 속하는 부동산에 관하여 등기능력을 가진다.

④ 비법인사단 소유의 재산에 대한 대표자의 처분행위가 사원총회의 결의를 거치지 않아 무효가 되더라도, 상대방이 선의인 경우에는 그 처분행위에 대하여 민법 제126조의 표현대리 법리가 준용된다.

⑤ 비법인사단의 대표자가 직무에 관하여 타인에게 손해를 가한 경우, 그 사단은 민법 제35조 제1항의 유추적용에 의하여 그 손해를 배상할 책임이 있다.

해설 난도 ★☆☆

④ (×) 비법인사단인 교회의 대표자는 총유물인 교회 재산의 처분에 관하여 교인총회의 결의를 거치지 아니하고는 이를 대표하여 행할 권한이 없다. 그리고 교회의 대표자가 권한 없이 행한 교회 재산의 처분행위에 대하여는 민법 제126조의 표현대리에 관한 규정이 준용되지 아니한다(대판 2009.2.12. 2006다23312).

① (○) 법인이 아닌 사단의 사원이 집합체로서 물건을 소유할 때에는 총유로 한다(민법 제275조 제1항).

② (○) 비법인사단에 대하여는 사단법인에 관한 민법규정 가운데 법인격을 전제로 하는 것을 제외하고는 이를 유추적용하여야 하므로 비법인사단 대표자가 행한 타인에 대한 업무의 포괄적 위임과 그에 따른 포괄적 수임인의 대행행위는 민법 제62조를 위반한 것이어서 비법인사단에 대하여 그 효력이 미치지 않는다(대판 2011.4.28. 2008다15438).

③ (○) 부동산등기법 제26조는 종중, 문중, 그 밖에 대표자나 관리인이 있는 법인 아닌 사단에 속하는 부동산의 등기에 관하여 그 명의로 등기할 수 있도록 하여 법인 아닌 사단에 등기능력을 부여하고 있다.

⑤ (○) 주택조합과 같은 비법인사단의 대표자가 직무에 관하여 타인에게 손해를 가한 경우 그 사단은 민법 제35조 제1항의 유추적용에 의하여 그 손해를 배상할 책임이 있다(대판 2003.7.25. 2002다27088).

25 비법인사단에 관한 설명으로 옳지 않은 것을 모두 고른 것은?(다툼이 있으면 판례에 따름)

┃ 2017년 5회 행정사

> ㄱ. 비법인사단의 대표자가 직무에 관하여 타인에게 손해를 가한 경우에 비법인사단은 불법행위책임을 부담한다.
> ㄴ. 비법인사단에 이사의 결원이 생긴 경우에는 임시이사 선임에 관한 민법규정이 유추적용되지 않는다.
> ㄷ. 비법인사단에는 대표권 제한 등기에 관한 규정이 적용되지 않는다.
> ㄹ. 비법인사단이 타인 간의 금전채무를 보증하는 행위는 총유물의 관리·처분행위라고 볼 수 있다.
> ㅁ. 비법인사단이 성립되기 이전에 설립 주체인 개인이 취득한 권리의무는 설립 후의 비법인사단에 귀속될 수 있다.

① ㄱ, ㄴ, ㄹ　　　　　　　② ㄱ, ㄷ, ㅁ
③ ㄴ, ㄷ, ㄹ　　　　　　　④ ㄴ, ㄷ, ㅁ
⑤ ㄴ, ㄹ, ㅁ

해설 난도 ★★★

ㄴ (×) 민법 제63조는 법인의 조직과 활동에 관한 것으로서 법인격을 전제로 하는 조항이 아니고, 법인 아닌 사단이나 재단의 경우에도 이사가 없거나 결원이 생길 수 있으며, 통상의 절차에 따른 새로운 이사의 선임이 극히 곤란하고 종전 이사의 긴급처리권도 인정되지 아니하는 경우에는 사단이나 재단 또는 타인에게 손해가 생길 염려가 있을 수 있으므로, 민법 제63조는 법인 아닌 사단이나 재단에도 유추적용할 수 있다(대결[전합] 2009.11.19. 2008마699).

ㄹ (×) 비법인사단이 타인 간의 금전채무를 보증하는 행위는 총유물 그 자체의 관리·처분이 따르지 아니하는 단순한 채무부담행위에 불과하여 이를 총유물의 관리·처분행위라고 볼 수는 없다(대판[전합] 2007.4.19. 2004다60072·60089).

ㅁ (×) 교회가 그 실체를 갖추어 법인 아닌 사단으로 성립한 경우에 교회의 대표자가 교회를 위하여 취득한 권리의무는 교회에 귀속되나, 교회가 아직 실체를 갖추지 못하여 법인 아닌 사단으로 성립하기 전에 설립의 주체인 개인이 취득한 권리의무는 그것이 앞으로 성립할 교회를 위한 것이라 하더라도 바로 법인 아닌 사단인 교회에 귀속될 수는 없고, 또한 설립 중의 회사의 개념과 법적 성격에 비추어, 법인 아닌 사단인 교회가 성립하기 전의 단계에서 설립 중의 회사의 법리를 유추적용할 수는 없다(대판 2008.2.28. 2007다37394·37400).

ㄱ (○) 주택조합과 같은 비법인사단의 대표자가 직무에 관하여 타인에게 손해를 가한 경우 그 사단은 민법 제35조 제1항의 유추적용에 의하여 그 손해를 배상할 책임이 있다(대판 2003.7.25. 2002다27088).

ㄷ (○) 비법인사단에는 대표권 제한 등기에 관한 규정(민법 제60조) 등 법인격을 전제로 하는 규정은 유추적용되지 아니한다.

> **Plus One**
>
> 비법인사단의 경우에는 대표자의 대표권 제한에 관하여 등기할 방법이 없어 민법 제60조의 규정을 준용할 수 없고, 비법인사단의 대표자가 정관에서 사원총회의 결의를 거쳐야 하도록 규정한 대외적 거래행위에 관하여 이를 거치지 아니한 경우라도, 이와 같은 사원총회 결의사항은 비법인사단의 내부적 의사결정에 불과하다 할 것이므로, 그 거래 상대방이 그와 같은 대표권 제한 사실을 알았거나 알 수 있었을 경우가 아니라면 그 거래행위는 유효하다고 봄이 상당하고, 이 경우 거래의 상대방이 대표권 제한 사실을 알았거나 알 수 있었음은 이를 주장하는 비법인사단 측이 주장·입증하여야 한다(대판 2003.7.22. 2002다64780).

26 권리능력 없는 사단에 관한 설명으로 옳지 않은 것은?(다툼이 있는 경우에는 판례에 의함)

▌2013년 1회 행정사

① 권리능력 없는 사단도 그 명의로 등기할 수 있다.

② 권리능력 없는 사단의 사원은 총유물에 대한 지분권을 갖지 못한다.

③ 권리능력 없는 사단의 사원의 지위는 달리 정함이 없는 한 양도할 수 없다.

④ 달리 정함이 없는 한 권리능력 없는 사단의 대표자가 총회의 결의없이 행한 총유물의 처분에 대해서는 권한을 넘은 표현대리에 관한 제126조의 규정이 준용된다.

⑤ 권리능력 없는 사단에 대하여는 사단법인에 관한 민법규정 가운데서 법인격을 전제로 하는 것을 제외하고는 이를 유추적용한다.

해설 난도 ★★☆

④ (×) 비법인사단인 교회의 대표자는 총유물인 교회 재산의 처분에 관하여 교인총회의 결의를 거치지 아니하고는 이를 대표하여 행할 권한이 없다. 그리고 교회의 대표자가 권한 없이 행한 교회 재산의 처분행위에 대하여는 민법 제126조의 표현대리에 관한 규정이 준용되지 아니한다(대판 2009.2.12. 2006다23312).

① (○) 부동산등기법 제26조는 종중, 문중, 그 밖에 대표자나 관리인이 있는 법인 아닌 사단에 속하는 부동산의 등기에 관하여 그 명의로 등기할 수 있도록 하여 법인 아닌 사단에 등기능력을 부여하고 있다.

② (○) 법인 아닌 사단의 단체성으로 인하여 구성원은 사용·수익권을 가질 뿐 이를 넘어서서 사단 재산에 대한 지분권은 인정되지 아니하므로, 총유재산의 처분·관리는 물론 보존행위까지도 법인 아닌 사단의 명의로 하여야 한다(대판 [전합] 2006.4.20. 2004다37775 − 다수의견).

③ (○) 판례의 취지를 고려할 때 비법인사단의 사원지위의 양도에 관한 규약이나 관행이 없는 경우에는 이를 양도할 수 없다고 보는 것이 타당하다.

> **Plus One**
>
> 사단법인의 사원의 지위는 양도 또는 상속할 수 없다고 규정한 민법 제56조의 규정은 강행규정이라고 할 수 없으므로, 비법인사단에서도 사원의 지위는 규약이나 관행에 의하여 양도 또는 상속될 수 있다(대판 1997.9.26. 95다6205).

⑤ (○) 법인 아닌 사단에 대하여는 사단법인에 관한 민법규정 가운데서 법인격을 전제로 하는 것을 제외하고는 이를 유추적용하여야 한다(대판 1992.10.9. 92다23087).

27 법인에 관한 설명으로 옳지 않은 것은?

2021년 9회 행정사

① 영리 아닌 사업을 목적으로 하는 재단은 주무관청의 허가를 얻어 이를 법인으로 할 수 있다.

② 법인은 그 주된 사무소의 소재지에서 설립등기를 함으로써 성립한다.

③ 법인은 법률의 규정에 좇아 정관으로 정한 목적의 범위 내에서 권리와 의무의 주체가 된다.

④ 재단법인의 존립시기는 정관의 필요적 기재사항이다.

⑤ 재단법인의 설립자가 그 명칭만 정하지 아니하고 사망한 때에는 이해관계인 또는 검사의 청구에 의하여 법원이 이를 정한다.

해설 난도 ★☆☆

④ (×) 재단법인의 존립시기는 재단법인 정관의 임의적 기재사항이다(민법 제40조·제43조 참조).

> **Plus One**
>
> 사단법인의 정관(민법 제40조) ᅪ 목·명·사·자·이·사·존
> 사단법인의 설립자는 다음 각 호의 사항을 기재한 정관을 작성하여 기명날인하여야 한다.
> 1. 목적
> 2. 명칭
> 3. 사무소의 소재지
> 4. 자산에 관한 규정
> 5. 이사의 임면에 관한 규정
> 6. 사원자격의 득실에 관한 규정
> 7. 존립시기나 해산사유를 정하는 때에는 그 시기 또는 사유
>
> 재단법인의 정관(민법 제43조)
> 재단법인의 설립자는 일정한 재산을 출연하고 제40조 제1호 내지 제5호의 사항을 기재한 정관을 작성하여 기명날인하여야 한다.

① (○) 학술, 종교, 자선, 기예, 사교 기타 영리 아닌 사업을 목적으로 하는 사단 또는 재단은 주무관청의 허가를 얻어 이를 법인으로 할 수 있다(민법 제32조).

② (○) 법인은 그 주된 사무소의 소재지에서 설립등기를 함으로써 성립한다(민법 제33조).

③ (○) 법인은 법률의 규정에 좇아 정관으로 정한 목적의 범위 내에서 권리와 의무의 주체가 된다(민법 제34조).

⑤ (○) 재단법인의 설립자가 그 명칭, 사무소소재지 또는 이사임면의 방법을 정하지 아니하고 사망한 때에는 이해관계인 또는 검사의 청구에 의하여 법원이 이를 정한다(민법 제44조).

28 민법상 법인에 관한 설명으로 옳은 것은?(다툼이 있으면 판례에 따름) ▎2022년 10회 행정사

① 재단법인의 기본재산을 새롭게 편입하는 행위는 주무관청의 허가를 받지 않아도 유효하다.
② 재단법인의 감사는 민법상 필수기관이다.
③ 사단법인의 사원권은 정관에 정함이 있는 경우 상속될 수 있다.
④ 사단법인이 정관에 이사의 대표권에 관한 제한을 규정한 경우에는 이를 등기하지 않더라도 악의의 제3자에게 대항할 수 있다.
⑤ 이사 전원의 의결에 의하여 잔여재산을 처분하도록 한 사단법인의 정관 규정은 성질상 등기하여야만 제3자에게 대항할 수 있는 청산인의 대표권에 관한 제한으로 보아야 한다.

해설 난도 ★★☆

③ (○) "사단법인의 사원의 지위는 양도 또는 상속할 수 없다"고 한 민법 제56조의 규정은 강행규정은 아니라고 할 것이므로, 정관에 의하여 이를 인정하고 있을 때에는 양도·상속이 허용된다(대판 1992.4.14. 91다26850).
① (×) 재단법인의 기본재산에 관한 사항은 정관의 기재사항으로서 기본재산의 변경은 정관의 변경을 초래하기 때문에 주무장관의 허가를 받아야 하고, 따라서 기존의 기본재산을 처분하는 행위는 물론 새로이 기본재산으로 편입하는 행위도 주무장관의 허가가 있어야 유효하다(대판 1991.5.28. 90다8558).
② (×) 재단법인에서 이사는 필수기관(민법 제57조)에 해당하나, 감사는 임의기관에 불과하다(민법 제66조).
④ (×) 법인의 정관에 법인 대표권의 제한에 관한 규정이 있으나 그와 같은 취지가 등기되어 있지 않다면 법인은 그와 같은 정관의 규정에 대하여 선의냐 악의냐에 관계없이 제3자에 대하여 대항할 수 없다(대판 1992.2.14. 91다24564).
⑤ (×) 이사 전원의 의결에 의하여 잔여재산을 처분하도록 한 정관 규정은 성질상 등기하여야만 제3자에게 대항할 수 있는 청산인의 대표권에 관한 제한이라고 볼 수 없다(대판 1995.2.10. 94다13473).

29 민법상 사단법인에 관한 설명으로 옳지 않은 것은?(다툼이 있으면 판례에 따름)

▎2020년 8회 행정사

① 이사는 원칙적으로 법인의 제반 업무처리를 대리인에게 포괄적으로 위임할 수 없다.
② 정관의 규범적 의미와 다른 해석이 사원총회의 결의에 의해 표명되었더라도 이는 법원을 구속하는 효력이 없다.
③ 이사의 임면에 관한 사항은 정관의 임의적 기재사항이다.
④ 이사회의 결의사항에 이해관계가 있는 이사는 의결권이 없다.
⑤ 민법상 청산절차에 관한 규정에 반하는 잔여재산 처분행위는 특단의 사정이 없는 한 무효이다.

해설 난도 ★☆☆

③ (×) 사단법인에서 이사의 임면에 관한 규정(민법 제40조 제5호)은 정관의 필요적 기재사항이다.
① (○) 이사는 정관 또는 총회의 결의로 금지하지 아니한 사항에 한하여 타인으로 하여금 특정한 행위를 대리하게 할 수 있다(민법 제62조).
② (○) 어느 시점의 사단법인의 사원들이 정관의 규범적인 의미 내용과 다른 해석을 사원총회의 결의라는 방법으로 표명하였다 하더라도 그 결의에 의한 해석은 그 사단법인의 구성원인 사원들이나 법원을 구속하는 효력이 없다(대판 2000.11.24. 99다12437).
④ (○) 민법 제74조는 사단법인과 어느 사원과의 관계사항을 의결하는 경우 그 사원은 의결권이 없다고 규정하고 있으므로, 민법 제74조의 유추해석상 민법상 법인의 이사회에서 법인과 어느 이사와의 관계사항을 의결하는 경우에는 그 이사는 의결권이 없다(대판 2009.4.9. 2008다1521).
⑤ (○) 민법상의 청산절차에 관한 규정은 모두 제3자의 이해관계에 중대한 영향을 미치기 때문에 이른바 강행규정이라고 해석되므로 이에 반하는 잔여재산의 처분행위는 특단의 사정이 없는 한 무효라고 보아야 한다(대판 1995.2.10. 94다13473).

30 민법상 사단법인 설립 시 정관의 필요적 기재사항이 아닌 것은? ▮2017년 5회 행정사

① 목 적
② 명 칭
③ 사무소의 소재지
④ 자산에 관한 규정
⑤ 이사자격의 득실에 관한 규정

해설 난도 ★☆☆

이사자격의 득실에 관한 규정이 아닌 사원자격의 득실에 관한 규정이 사단법인 설립 시 정관의 필요적 기재사항에 해당한다(민법 제40조 참조).

31 민법상 법인에 관한 설명으로 옳은 것은? ▮2016년 4회 행정사

① 사교 등 비영리를 목적으로 하는 사단은 주무관청의 허가 없이 신고만으로 법인을 설립할 수 있다.
② 이사가 없는 경우에 이로 인하여 손해가 생길 염려 있는 경우, 법원은 이해관계인의 청구에 의하여 특별대리인을 선임하여야 한다.
③ 법인이 주사무소소재지를 관할하는 등기소의 관할구역 외로 주사무소를 이전하는 경우, 구소재지에서는 3주간 내에 이전등기를 하고 신소재지에서는 3주간 내에 설립등기사항에 게기한 사항을 등기하여야 한다.
④ 이사의 대표권에 대한 제한은 이를 정관에 기재하지 아니하여도 그 효력이 있다.
⑤ 법인은 정관 또는 총회의 결의로 감사를 두어야 한다.

해설 난도 ★★☆

③ (○) 법인이 그 사무소를 이전하는 때에는 구소재지에서는 3주간 내에 이전등기를 하고 신소재지에서는 동기간 내에 제49조 제2항에 게기한 사항을 등기하여야 한다(민법 제51조 제1항).
① (×) 학술, 종교, 자선, 기예, 사교 기타 영리 아닌 사업을 목적으로 하는 사단 또는 재단은 주무관청의 허가를 얻어 이를 법인으로 할 수 있다(민법 제32조).
② (×) 이사가 없거나 결원이 있는 경우에 이로 인하여 손해가 생길 염려 있는 때에는 법원은 이해관계인이나 검사의 청구에 의하여 임시이사를 선임하여야 한다(민법 제63조).
④ (×) 이사의 대표권에 대한 제한은 이를 정관에 기재하지 아니하면 그 효력이 없다(민법 제41조).
⑤ (×) 법인은 정관 또는 총회의 결의로 감사를 둘 수 있다(민법 제66조).

32 甲 법인의 대표이사 乙은 대표자로서의 모든 권한을 丙에게 포괄적으로 위임하여 丙이 실질적으로 甲 법인의 사실상 대표자로서 그 사무를 집행하고 있다. 이에 관한 설명으로 옳은 것을 모두 고른 것은?(다툼이 있으면 판례에 따름) ▮2022년 10회 행정사

> ㄱ. 甲의 사무에 관한 丙의 대행행위는 원칙적으로 甲에게 효력이 미치지 않는다.
> ㄴ. 丙이 외관상 직무행위로 인하여 丁에게 손해를 입힌 경우, 甲은 특별한 사정이 없는 한 丁에 대하여 법인의 불법행위책임에 관한 민법 제35조의 손해배상책임을 진다.
> ㄷ. 만약 甲이 비법인사단이라면 乙은 甲의 사무 중 정관에서 대리를 금지한 사항의 처리에 대해서도 丙에게 포괄적으로 위임할 수 있다.

① ㄱ
② ㄴ
③ ㄱ, ㄴ
④ ㄱ, ㄷ
⑤ ㄴ, ㄷ

해설 난도 ★★★

ㄱ (○) 이사는 정관 또는 총회의 결의로 금지하지 아니한 사항에 한하여 타인으로 하여금 특정한 행위를 대리하게 할 수 있으므로(민법 제62조), 대표이사 乙이 대표자로서의 권한을 丙에게 포괄적으로 위임하여 丙이 그 사무를 집행하고 있다면 丙의 대행행위는 원칙적으로 甲에게 효력이 미치지 않는다고 보아야 한다.

ㄴ (○) 판례의 취지를 고려할 때 丙이 외관상 직무행위로 인하여 丁에게 손해를 입힌 경우, '직무에 관하여'란 민법 제35조의 요건을 충족하므로 甲은 특별한 사정이 없는 한 丁에 대하여 민법 제35조의 손해배상책임을 진다.

Plus One

행위의 외형상 법인의 대표자의 직무행위라고 인정할 수 있는 것이라면 설사 그것이 대표자 개인의 사리를 도모하기 위한 것이었거나 혹은 법령의 규정에 위배된 것이었다 하더라도 위의 직무에 관한 행위에 해당한다고 보아야 한다(대판 2004.2.27. 2003다15280).

ㄷ (×) 비법인사단의 경우에도 민법 제62조가 유추적용되므로 乙은 비법인사단 甲의 사무 중 정관에서 대리를 금지한 사항의 처리를 丙에게 포괄적으로 위임할 수 없다고 보는 것이 타당하다.

Plus One

비법인사단에 대하여는 사단법인에 관한 민법규정 가운데 법인격을 전제로 하는 것을 제외하고는 이를 유추적용하여야 하므로 비법인사단 대표자가 행한 타인에 대한 업무의 포괄적 위임과 그에 따른 포괄적 수임인의 대행행위는 민법 제62조를 위반한 것이어서 비법인사단에 대하여 그 효력이 미치지 않는다(대판 2011.4.28. 2008다15438).

CHAPTER 03

33 사단법인 甲의 대표자 乙이 직무에 관한 불법행위로 丙에게 손해를 가하였다. 甲의 불법행위능력(민법 제35조)에 관한 설명으로 옳지 않은 것은?(다툼이 있으면 판례에 따름) ▮2021년 9회 행정사

① 甲의 불법행위가 성립하여 甲이 丙에게 손해를 배상하면 甲은 乙에게 구상할 수 있다.

② 乙이 법인을 실질적으로 운영하면서 사실상 대표하여 사무를 집행하였더라도 대표자로 등기되지 않았다면 민법 제35조에서 정한 '대표자'에 해당하지 않는다.

③ 甲의 불법행위책임은 그가 乙의 선임·감독에 주의를 다하였음을 이유로 면책되지 않는다.

④ 乙의 행위가 외형상 대표자의 직무행위로 인정되는 경우라면 그것이 乙 개인의 이익만을 도모하기 위한 것이라도 직무에 관한 행위에 해당한다.

⑤ 乙이 청산인인 경우에도 甲의 불법행위책임이 성립할 수 있다.

해설 난도 ★☆☆

② (×) 판례의 취지를 고려할 때 대표자 乙이 사단법인 甲을 실질적으로 운영하면서 사실상 대표하여 사무를 집행하였다면 그는 민법 제35조 제1항의 대표자에 해당한다고 보아야 한다.

> **Plus One**
>
> 민법 제35조 제1항은 "법인은 이사 기타 대표자가 그 직무에 관하여 타인에게 가한 손해를 배상할 책임이 있다"라고 정한다. 여기서 '법인의 대표자'에는 그 명칭이나 직위 여하, 또는 대표자로 등기되었는지 여부를 불문하고 당해 법인을 실질적으로 운영하면서 법인을 사실상 대표하여 법인의 사무를 집행하는 사람을 포함한다고 해석함이 상당하다(대판 2011.4.28. 2008다15438).

① (○) 사단법인 甲의 불법행위책임과 대표자 乙의 불법행위책임이 인정되면 양자는 부진정연대책임의 관계에 있으므로 사단법인 甲이 피해자 丙에게 배상한 경우, 사단법인 甲은 대표자 乙에 대하여 구상권을 행사할 수 있다(민법 제61조, 제65조).

③ (○) 민법 제35조의 법인의 불법행위책임에는 민법 제756조 제1항 단서와 같은 면책규정이 없기 때문에 사단법인 甲이 대표자 乙의 선임·감독에 주의를 다하였음을 증명하더라도 면책되지 않는다.

④ (○) 대표자 乙의 행위의 외형상 법인의 대표자의 직무행위라고 인정할 수 있는 것이라면 설사 그것이 대표자 개인의 사리를 도모하기 위한 것이었거나 혹은 법령의 규정에 위배된 것이었다 하더라도 직무에 관한 행위에 해당한다고 보아야 한다(대판 2004.2.27. 2003다15280).

⑤ (○) 민법 제35조 제1항의 '이사 기타 대표자'는 대표기관을 의미하며 여기에는 청산인도 포함되므로 대표자 乙이 청산인인 경우에도 사단법인 甲의 불법행위책임이 인정된다.

34 민법 제35조(법인의 불법행위능력)에 관한 설명으로 옳은 것은?(다툼이 있으면 판례에 따름)

▮2020년 8회 행정사

① 대표권이 없는 이사가 직무행위로 타인에게 손해를 가한 경우 법인은 불법행위책임을 진다.

② 법인의 불법행위책임이 성립하는 경우 가해행위를 한 대표기관은 손해배상책임을 면한다.

③ 외형상 대표자의 직무행위로 인정되더라도 법령에 위반한 행위는 직무에 관한 행위가 아니다.

④ 대표자의 행위가 직무행위에 해당하지 않음을 피해자가 중대한 과실로 알지 못한 경우에는 법인에게 손해배상책임을 물을 수 없다.

⑤ 법인의 불법행위책임에는 과실상계의 법리가 적용되지 않는다.

④ (○) 법인의 대표자의 행위가 직무에 관한 행위에 해당하지 아니함을 <u>피해자 자신이 알았거나 또는 중대한 과실로 인하여 알지 못한 경우</u>에는 법인에게 손해배상책임을 물을 수 없다고 할 것이다(대판 2009.11.26. 2009다57033).

① (×) 민법 제35조에서 말하는 '이사 기타 대표자'는 법인의 대표기관을 의미하는 것이고 <u>대표권이 없는 이사는 법인의 기관이기는 하지만 대표기관은 아니기 때문에 그들의 행위로 인하여 법인의 불법행위가 성립하지 않는다</u>(대판 2005.12.23. 2003다30159).

② (×) 법인은 이사 기타 대표자가 그 직무에 관하여 타인에게 가한 손해를 배상할 책임이 있고, 이사 기타 대표자는 이로 인하여 자기의 손해배상책임을 면하지 못한다(민법 제35조 제1항).

③ (×) 행위의 외형상 법인의 대표자의 직무행위라고 인정할 수 있는 것이라면 <u>설사 그것이 대표자 개인의 사리를 도모하기 위한 것이었거나 혹은 법령의 규정에 위배된 것이었다 하더라도</u> 위의 직무에 관한 행위에 해당한다고 보아야 한다(대판 2004.2.27. 2003다15280).

⑤ (×) 법인에 대한 손해배상책임 원인이 대표기관의 고의적인 불법행위라고 하더라도, 피해자에게 그 불법행위 내지 손해발생에 과실이 있다면 법원은 과실상계의 법리에 좇아 손해배상의 책임 및 그 금액을 정함에 있어 이를 참작하여야 한다(대판 1987.12.8. 86다카1170).

35 민법 제35조(법인의 불법행위능력)에 관한 설명으로 옳은 것은?(다툼이 있으면 판례에 따름)

❚ 2019년 7회 행정사

① 민법 제35조 소정의 '이사 기타 대표자'에는 대표권 없는 이사가 포함된다.
② 법인의 불법행위가 성립하는 경우, 대표자의 행위가 피해자에 대한 불법행위를 구성한다면 그 대표자도 피해자에 대하여 손해배상책임을 면하지 못한다.
③ 법인의 불법행위가 성립하여 법인이 피해자에게 배상한 경우, 법인은 대표자 개인에 대하여 구상권을 행사할 수 없다.
④ 법인의 대표자의 행위가 직무에 관한 행위에 해당하지 아니함을 피해자가 경과실로 알지 못한 경우 법인의 불법행위책임은 성립하지 않는다.
⑤ 법인의 대표자의 행위가 법령의 규정에 위배된 것이라면 외관상, 객관적으로 직무에 관한 행위라고 인정되더라도 민법 제35조 제1항의 직무에 관한 행위에 해당하지 않는다.

해설 난도 ★☆☆

② (○) 법인은 이사 기타 대표자가 그 직무에 관하여 타인에게 가한 손해를 배상할 책임이 있고, 이사 기타 대표자는 이로 인하여 자기의 손해배상책임을 면하지 못한다(민법 제35조 제1항).

① (×) 민법 제35조에서 말하는 '이사 기타 대표자'는 법인의 대표기관을 의미하는 것이고 <u>대표권이 없는 이사는 법인의 기관이기는 하지만 대표기관은 아니기 때문에 그들의 행위로 인하여 법인의 불법행위가 성립하지 않는다</u>(대판 2005.12.23. 2003다30159).

③ (×) <u>법인의 불법행위책임과 대표기관 개인의 불법행위책임이 인정되면 양자는 부진정연대책임의 관계에 있으므로 법인이 피해자에게 배상한 경우, 법인은 대표기관 개인에 대하여 구상권을 행사할 수 있다</u>(민법 제61조, 제65조).

④ (×) 판례의 취지를 고려할 때 피해자에게 경과실이 있을 뿐인 경우에는 법인의 불법행위책임이 인정된다(대판 2009.11.26. 2009다57033).

⑤ (×) 행위의 외형상 법인의 대표자의 직무행위라고 인정할 수 있는 것이라면 <u>설사 그것이 대표자 개인의 사리를 도모하기 위한 것이었거나 혹은 법령의 규정에 위배된 것이었다 하더라도</u> 위의 직무에 관한 행위에 해당한다고 보아야 한다(대판 2004.2.27. 2003다15280).

36 민법상 법인의 대표권에 관한 설명으로 옳지 않은 것은?(다툼이 있으면 판례에 따름)

┃ 2018년 6회 행정사

① 이사의 대표권 제한에 관한 정관의 규정이 등기되어 있지 않으면, 법인은 그 규정으로 악의의 제3자에게도 대항할 수 없다.

② 법인과 이사의 이익상반행위로 특별대리인을 선임하는 경우, 법원은 이해관계인이나 검사의 청구에 의하여 선임하여야 한다.

③ 민법규정에 의하여 선임된 직무대행자가 그 권한을 정한 규정에 위반하여 법인의 통상사무 범위를 벗어난 행위를 한 경우, 법인은 선의의 제3자에 대하여 책임을 진다.

④ 대표자의 행위가 직무에 관한 행위에 해당하지 아니함을 피해자가 중과실로 알지 못한 경우에도, 피해자는 법인에게 손해배상책임을 물을 수 있다.

⑤ 법인의 대표에 관하여는 대리에 관한 규정을 준용한다.

해설 난도 ★☆☆

④ (✕) 법인의 대표자의 행위가 직무에 관한 행위에 해당하지 아니함을 피해자 자신이 알았거나 또는 중대한 과실로 인하여 알지 못한 경우에는 법인에게 손해배상책임을 물을 수 없다고 할 것이다(대판 2009.11.26. 2009다57033).

① (○) 법인의 정관에 법인 대표권의 제한에 관한 규정이 있으나 그와 같은 취지가 등기되어 있지 않다면 법인은 그와 같은 정관의 규정에 대하여 선의냐 악의냐에 관계없이 제3자에 대하여 대항할 수 없다(대판 1992.2.14. 91다24564).

② (○) 법인과 이사의 이익이 상반하는 사항에 관하여는 이사는 대표권이 없다. 이 경우에는 법원은 이해관계인이나 검사의 청구에 의하여 특별대리인을 선임하여야 한다(민법 제64조).

③ (○) 민법 제60조의2

> **Plus One**
>
> 직무대행자의 권한(민법 제60조의2)
> ① 제52조의2의 직무대행자는 가처분명령에 다른 정함이 있는 경우 외에는 법인의 통상사무에 속하지 아니한 행위를 하지 못한다. 다만, 법원의 허가를 얻은 경우에는 그러하지 아니하다.
> ② 직무대행자가 제1항의 규정에 위반한 행위를 한 경우에도 법인은 선의의 제3자에 대하여 책임을 진다.

⑤ (○) 법인의 대표에 관하여는 대리에 관한 규정을 준용한다(민법 제59조 제2항).

37 법인의 불법행위책임에 관한 설명으로 옳지 않은 것은?(다툼이 있으면 판례에 따름)

┃ 2017년 5회 행정사

① 대표권이 없는 이사의 행위로 인하여는 법인의 불법행위가 성립하지 않는다.

② 외형상 법인의 대표자의 직무행위라고 인정할 수 있는 것이라면 그것이 법령규정에 위반한 행위라도 직무에 관한 행위에 해당한다.

③ 법인의 대표자의 행위가 직무에 관한 행위에 해당하지 아니함을 피해자가 중대한 과실로 인하여 알지 못한 경우에 법인은 손해배상책임을 부담하지 않는다.

④ 이사의 대표권에 대한 제한은 정관에 기재하여야 효력이 발생하고, 등기하면 제3자에게 대항할 수 있다.

⑤ 법인의 권리능력을 벗어나는 행위의 효과는 법인에게 귀속되지 않기 때문에 이로 인하여 상대방이 손해를 입었더라도 그 행위를 집행한 대표기관은 책임을 부담하지 않는다.

해설 난도 ★★☆

⑤ (×) 법인의 목적범위 외의 행위로 인하여 타인에게 손해를 가한 때에는 그 사항의 의결에 찬성하거나 그 의결을 집행한 사원, 이사 및 기타 대표자가 연대하여 배상하여야 한다(민법 제35조 제2항).

① (○) 민법 제35조에서 말하는 '이사 기타 대표자'는 법인의 대표기관을 의미하는 것이고 대표권이 없는 이사는 법인의 기관이기는 하지만 대표기관은 아니기 때문에 그들의 행위로 인하여 법인의 불법행위가 성립하지 않는다(대판 2005.12.23. 2003다30159).

② (○) 행위의 외형상 법인의 대표자의 직무행위라고 인정할 수 있는 것이라면 설사 그것이 대표자 개인의 사리를 도모하기 위한 것이었거나 혹은 법령의 규정에 위배된 것이었다 하더라도 위의 직무에 관한 행위에 해당한다고 보아야 한다(대판 2004.2.27. 2003다15280).

③ (○) 법인의 대표자의 행위가 직무에 관한 행위에 해당하지 아니함을 피해자 자신이 알았거나 또는 중대한 과실로 인하여 알지 못한 경우에는 법인에게 손해배상책임을 물을 수 없다고 할 것이다(대판 2009.11.26. 2009다57033).

④ (○) 이사의 대표권에 대한 제한은 이를 정관에 기재하지 아니하면 그 효력이 없고, 등기하지 아니하면 그 제3자에게 대항하지 못한다(민법 제41조, 제60조).

---

38 민법상 법인의 권리능력과 불법행위능력에 관한 설명으로 옳지 않은 것은?(다툼이 있으면 판례에 따름)
┃2016년 4회 행정사

① 법인은 법률의 규정에 좇아 정관으로 정한 목적의 범위 내에서 권리와 의무의 주체가 된다.

② 법인의 피용자가 사무집행에 관하여 불법행위를 한 경우, 법인은 민법 제756조의 책임을 부담한다.

③ 법인의 목적범위 외의 행위로 인하여 타인에게 손해를 가한 때에는 그 사항의 의결에 찬성하거나 그 의결을 집행한 사원, 이사 및 기타 대표자가 연대하여 배상하여야 한다.

④ 법인의 대표자의 행위가 직무에 관한 행위에 해당하지 아니함을 피해자가 중대한 과실로 인하여 알지 못한 경우에도 법인에게 불법행위책임을 물을 수 있다.

⑤ 민법 제35조 제1항의 법인의 대표자에는 그 명칭이나 직위 여하 또는 대표자로 등기되었는지 여부를 불문하고 당해 법인을 실질적으로 운영하면서 법인을 사실상 대표하여 법인의 사무를 집행하는 사람을 포함한다고 해석함이 상당하다.

해설 난도 ★☆☆

④ (×), ② (○) [1] 민법 제35조 제1항은 "법인은 이사 기타 대표자가 그 직무에 관하여 개인에게 가한 손해를 배상할 책임이 있다"고 규정하고 있고, 민법 제756조 제1항은 "타인을 사용하여 어느 사무에 종사하게 한 자는 피용자가 그 사무집행에 관하여 제3자에게 가한 손해를 배상할 책임이 있다"고 규정하고 있다. 따라서 법인에 있어서 그 대표자가 직무에 관하여 불법행위를 한 경우에는 민법 제35조 제1항에 의하여, 법인의 피용자가 사무집행에 관하여 불법행위를 한 경우에는 민법 제756조 제1항에 의하여 각기 손해배상책임을 부담한다. [2] 법인의 대표자의 행위가 직무에 관한 행위에 해당하지 아니함을 피해자 자신이 알았거나 또는 중대한 과실로 인하여 알지 못한 경우에는 법인에게 손해배상책임을 물을 수 없다고 할 것이다(대판 2009.11.26. 2009다57033).

① (○) 법인은 법률의 규정에 좇아 정관으로 정한 목적의 범위 내에서 권리와 의무의 주체가 된다(민법 제34조).

③ (○) 법인의 목적범위 외의 행위로 인하여 타인에게 손해를 가한 때에는 그 사항의 의결에 찬성하거나 그 의결을 집행한 사원, 이사 및 기타 대표자가 연대하여 배상하여야 한다(민법 제35조 제2항).

⑤ (○) 민법 제35조 제1항의 '법인의 대표자'에는 그 명칭이나 직위 여하, 또는 대표자로 등기되었는지 여부를 불문하고 당해 법인을 실질적으로 운영하면서 법인을 사실상 대표하여 법인의 사무를 집행하는 사람을 포함한다고 해석함이 상당하다(대판 2011.4.28. 2008다15438).

39 법인의 불법행위능력(민법 제35조)에 관한 설명으로 옳지 않은 것은?(다툼이 있으면 판례에 따름)

▌2015년 3회 행정사

① 법인을 실질적으로 운영하면서 법인을 사실상 대표하여 법인의 사무를 집행하는 자가 대표자로 등기되어 있지 않은 경우, 그가 그 직무에 관하여 타인에게 손해를 가하더라도 법인의 불법행위가 성립하지 않는다.

② 대표권이 없는 이사는 법인의 기관이기는 하지만 대표기관은 아니기 때문에 그 이사의 행위로 인하여 법인의 불법행위가 성립하지 않는다.

③ 대표자의 행위가 대표자 개인의 사리를 도모하기 위한 것이었다 하더라도 외관상, 객관적으로 직무에 관한 행위라고 인정할 수 있는 것이라면, 특별한 사정이 없는 한 그 직무에 관한 행위에 해당한다.

④ 대표자의 행위가 직무에 관한 행위에 해당하지 아니함을 피해자 자신이 알았거나 또는 중대한 과실로 인하여 알지 못한 경우에는 법인에게 손해배상책임을 물을 수 없다.

⑤ 법인의 목적범위 외의 행위로 타인에게 손해를 가한 경우, 그 사항의 의결에 찬성하거나 그 의결을 집행한 사원, 이사 및 기타 대표자가 연대하여 배상책임을 진다.

해설 난도 ★☆☆

① (×) 민법 제35조 제1항의 '법인의 대표자'에는 그 명칭이나 직위 여하, 또는 대표자로 등기되었는지 여부를 불문하고 당해 법인을 실질적으로 운영하면서 법인을 사실상 대표하여 법인의 사무를 집행하는 사람을 포함한다고 해석함이 상당하다(대판 2011.4.28. 2008다15438).

② (○) 민법 제35조에서 말하는 '이사 기타 대표자'는 법인의 대표기관을 의미하는 것이고 대표권이 없는 이사는 법인의 기관이기는 하지만 대표기관은 아니기 때문에 그들의 행위로 인하여 법인의 불법행위가 성립하지 않는다(대판 2005.12.23. 2003다30159).

③ (○) 행위의 외형상 법인의 대표자의 직무행위라고 인정할 수 있는 것이라면 설사 그것이 대표자 개인의 사리를 도모하기 위한 것이었거나 혹은 법령의 규정에 위배된 것이었다 하더라도 위의 직무에 관한 행위에 해당한다고 보아야 한다(대판 2004.2.27. 2003다15280).

④ (○) 법인의 대표자의 행위가 직무에 관한 행위에 해당하지 아니함을 피해자 자신이 알았거나 또는 중대한 과실로 인하여 알지 못한 경우에는 법인에게 손해배상책임을 물을 수 없다고 할 것이다(대판 2009.11.26. 2009다57033).

⑤ (○) 법인의 목적범위 외의 행위로 인하여 타인에게 손해를 가한 때에는 그 사항의 의결에 찬성하거나 그 의결을 집행한 사원, 이사 및 기타 대표자가 연대하여 배상하여야 한다(민법 제35조 제2항).

40 민법 제35조(법인의 불법행위능력)에 관한 설명으로 옳지 않은 것은?(다툼이 있는 경우에는 판례에 의함)

▌2014년 2회 행정사

① "법인의 대표자"에는 법인을 실질적으로 운영하면서 법인을 사실상 대표하여 법인의 사무를 집행하는 사람을 포함한다.

② "직무에 관하여"는 행위의 외형상 대표자의 직무행위로 인정할 수 있는 행위이면 된다.

③ 법인의 불법행위가 성립하게 되면 가해행위를 한 대표자는 손해배상책임을 면한다.

④ 비법인사단의 대표자의 행위가 직무에 관한 행위에 해당하지 아니함을 피해자가 알았거나 중대한 과실로 인하여 알지 못한 때에는 비법인사단에 손해배상책임을 물을 수 없다.

⑤ 법인의 목적범위 외의 행위로 인하여 타인에게 손해를 가한 때에는 그 사항의 의결에 찬성하거나 그 의결을 집행한 사원, 이사 및 기타 대표자가 연대하여 배상하여야 한다.

해설 난도 ★☆☆

③ (×) 법인은 이사 기타 대표자가 그 직무에 관하여 타인에게 가한 손해를 배상할 책임이 있고, 이사 기타 대표자는 이로 인하여 자기의 손해배상책임을 면하지 못한다(민법 제35조 제1항 단서).

① (○) 민법 제35조 제1항의 '법인의 대표자'에는 그 명칭이나 직위 여하, 또는 대표자로 등기되었는지 여부를 불문하고 당해 법인을 실질적으로 운영하면서 법인을 사실상 대표하여 법인의 사무를 집행하는 사람을 포함한다고 해석함이 상당하다(대판 2011.4.28. 2008다15438).

② (○) 직무에 관한 것이라는 의미는 행위의 외형상 법인의 대표자의 직무행위라고 인정할 수 있는 것이라면 설사 그것이 대표자 개인의 사리를 도모하기 위한 것이었거나 혹은 법령의 규정에 위배된 것이었다 하더라도 위의 직무에 관한 행위에 해당한다고 보아야 한다(대판 2004.2.27. 2003다15280).

④ (○) 비법인사단의 경우 대표자의 행위가 직무에 관한 행위에 해당하지 아니함을 피해자 자신이 알았거나 또는 중대한 과실로 인하여 알지 못한 경우에는 비법인사단에게 손해배상책임을 물을 수 없다고 할 것이다(대판 2003.7.25. 2002다27088).

⑤ (○) 법인의 목적범위 외의 행위로 인하여 타인에게 손해를 가한 때에는 그 사항의 의결에 찬성하거나 그 의결을 집행한 사원, 이사 및 기타 대표자가 연대하여 배상하여야 한다(민법 제35조 제2항).

---

41 민법 제35조(법인의 불법행위능력)에 관한 설명으로 옳지 않은 것은?(다툼이 있는 경우에는 판례에 의함)

┃2013년 1회 행정사

① 법인을 실질적으로 운영하면서 법인을 사실상 대표하여 법인 사무를 집행하는 사람도 법인의 대표자에 포함된다.

② 대표권 없는 이사의 행위에 대해서는 법인의 불법행위가 성립하지 않는다.

③ 대표기관의 행위가 외형상 법인의 직무에 관한 행위로 인정될 수 있더라도, 그것이 개인의 사리를 도모하기 위한 것이라면 직무에 관한 행위에 해당하지 않는다.

④ 대표기관이 강행규정을 위반한 계약을 체결하여 그 상대방이 손해를 입은 경우에도 직무관련성이 인정되면 법인의 불법행위책임이 인정된다.

⑤ 법인이 대표자의 선임·감독에 주의를 다하였음을 증명하더라도 법인의 불법행위책임으로부터 면책되지 않는다.

해설 난도 ★★☆

③ (×) 행위의 외형상 법인의 대표자의 직무행위라고 인정할 수 있는 것이라면 <u>설사 그것이 대표자 개인의 사리를 도모하기 위한 것이었거나 혹은 법령의 규정에 위배된 것이었다 하더라도 위의 직무에 관한 행위에 해당한다고 보아야 한다</u>(대판 2004.2.27. 2003다15280).

① (○) 민법 제35조 제1항의 '법인의 대표자'에는 그 명칭이나 직위 여하, 또는 대표자로 등기되었는지 여부를 불문하고 당해 법인을 실질적으로 운영하면서 법인을 사실상 대표하여 법인의 사무를 집행하는 사람을 포함한다고 해석함이 상당하다(대판 2011.4.28. 2008다15438).

② (○) 민법 제35조에서 말하는 '이사 기타 대표자'는 법인의 대표기관을 의미하는 것이고 대표권이 없는 이사는 법인의 기관이기는 하지만 대표기관은 아니기 때문에 그들의 행위로 인하여 법인의 불법행위가 성립하지 않는다(대판 2005.12.23. 2003다30159).

④ (○) 법인의 대표자가 강행규정을 위반한 계약을 체결하여 그 상대방이 그로 인하여 손해를 입은 경우에는 민법 제35조에 의하여 법인의 불법행위책임이 인정된다(대판 1987.11.10. 87다카473).

⑤ (○) 민법 제35조의 법인의 불법행위책임에는 민법 제756조 제1항 단서와 같은 면책규정이 없기 때문에 법인이 대표자의 선임·감독에 주의를 다하였음을 증명하더라도 면책되지 않는다.

42 법인에 관한 설명으로 옳은 것을 모두 고른 것은?　　　　　| 2021년 9회 행정사

> ㄱ. 임시이사는 법인과 이사의 이익이 상반하는 사항에 관하여 선임되는 법인의 기관이다.
> ㄴ. 법인의 이사가 여러 명인 경우에는 정관에 다른 규정이 없으면 법인의 사무집행은 이사의 과반
> 　　수로써 결정한다.
> ㄷ. 법인의 대표에 관하여는 대리에 관한 규정을 준용한다.
> ㄹ. 이사는 정관 또는 총회의 결의로 금지하지 아니한 사항에 한하여 타인으로 하여금 특정한 행위
> 　　를 대리하게 할 수 있다.

① ㄱ, ㄴ　　　　　　　　　　　　② ㄷ, ㄹ
③ ㄱ, ㄴ, ㄷ　　　　　　　　　　④ ㄴ, ㄷ, ㄹ
⑤ ㄱ, ㄴ, ㄷ, ㄹ

해설 난도 ★☆☆

ㄴ (O) 이사가 수인인 경우에는 정관에 다른 규정이 없으면 법인의 사무집행은 이사의 과반수로써 결정한다(민법 제58조 제2항).
ㄷ (O) 법인의 대표에 관하여는 대리에 관한 규정을 준용한다(민법 제59조 제2항).
ㄹ (O) 이사는 정관 또는 총회의 결의로 금지하지 아니한 사항에 한하여 타인으로 하여금 특정한 행위를 대리하게 할 수 있다(민법 제62조).
ㄱ (×) 임시이사는 이사가 없거나 결원이 있는 경우에 손해가 생길 염려 있는 때에 선임하게 되고, 특별대리인은 법인과 이사의 이익이 상반되는 경우에 선임하게 된다(민법 제63조, 제64조).

43 민법상 법인의 기관에 관한 설명으로 옳지 않은 것은?(다툼이 있으면 판례에 따름)

| 2019년 7회 행정사

① 민법상 이사의 임기를 제한하는 규정은 없다.
② 사원총회의 결의는 민법 또는 정관에 다른 규정이 없으면 사원 과반수의 출석과 출석사원의 결의권의 과반수로써 한다.
③ 이사는 정관 또는 총회의 결의로 금지하지 아니한 사항에 한하여 타인으로 하여금 특정한 행위를 대리하게 할 수 있다.
④ 임시이사 선임의 요건인 '이사가 없거나 결원이 있는 경우'란 이사가 전혀 없거나 정관에서 정한 인원수에 부족이 있는 경우를 말한다.
⑤ 정관에 이사의 해임사유에 관한 규정이 있는 경우에는 이사의 중대한 의무위반이 있어도 법인은 정관에서 정하지 아니한 사유로 이사를 해임할 수 없다.

해설 난도 ★★☆

⑤ (×) 법인의 정관에 이사의 해임사유에 관한 규정이 있는 경우 법인으로서는 <u>이사의 중대한 의무위반 또는 정상적인 사무집행 불능 등의 특별한 사정이 없는 이상</u>, 정관에서 정하지 아니한 사유로 이사를 해임할 수 없다(대판 2013.11.28. 2011다41741).

① (○) 상법상 주식회사의 필수기관인 이사의 임기가 3년으로 제한(상법 제383조 제2항)되는 것과 달리 민법상의 법인의 이사에 대하여는 그 임기를 제한하는 규정을 두고 있지 아니하다.

② (○) 총회의 결의는 본법 또는 정관에 다른 규정이 없으면 사원 과반수의 출석과 출석사원의 결의권의 과반수로써 한다(민법 제75조 제1항).

③ (○) 이사는 정관 또는 총회의 결의로 금지하지 아니한 사항에 한하여 타인으로 하여금 특정한 행위를 대리하게 할 수 있다(민법 제62조).

④ (○) 민법 제63조에서 임시이사 선임의 요건으로 정하고 있는 '이사가 없거나 결원이 있는 경우'라 함은 이사가 전혀 없거나 정관에서 정한 인원수에 부족이 있는 경우를 말하고, '이로 인하여 손해가 생길 염려가 있는 때'라 함은 통상의 이사선임절차에 따라 이사가 선임되기를 기다릴 때에 법인이나 제3자에게 손해가 생길 우려가 있는 것을 의미한다(대결[전합] 2009.11.19. 2008마699).

44 민법상 사단법인의 기관에 관한 설명으로 옳지 않은 것은?(다툼이 있으면 판례에 따름)

▌2018년 6회 행정사

① 이사의 임면에 관한 사항은 정관의 임의적 기재사항이다.

② 사단법인의 이사는 매년 1회 이상 통상총회를 소집하여야 한다.

③ 이사가 수인인 경우, 정관에 다른 규정이 없으면 법인의 사무집행은 이사의 과반수로써 결정한다.

④ 감사는 필요기관이 아니다.

⑤ 사원총회의 의결사항은 정관에 다른 규정이 없으면, 총회를 소집할 때 미리 통지된 사항에 한한다.

해설 난도 ★☆☆

① (×) 사단법인에서 이사의 임면에 관한 규정(민법 제40조 제5호)은 정관의 필요적 기재사항이다.

> **Plus One**
>
> 사단법인의 정관(민법 제40조) 〓 목·명·사·자·이·사·존
>
> 사단법인의 설립자는 다음 각 호의 사항을 기재한 정관을 작성하여 기명날인하여야 한다.
>
> 1. 목적
> 2. 명칭
> 3. 사무소의 소재지
> 4. 자산에 관한 규정
> 5. 이사의 임면에 관한 규정
> 6. 사원자격의 득실에 관한 규정
> 7. 존립시기나 해산사유를 정하는 때에는 그 시기 또는 사유

② (○) 사단법인의 이사는 매년 1회 이상 통상총회를 소집하여야 한다(민법 제69조).

③ (○) 이사가 수인인 경우에는 정관에 다른 규정이 없으면 법인의 사무집행은 이사의 과반수로써 결정한다(민법 제58조 제2항).

④ (○) 법인은 정관 또는 총회의 결의로 감사를 둘 수 있으므로(민법 제66조), 감사는 그 설치가 임의적인 기관에 불과하다.

⑤ (○) 총회는 통지한 사항에 관하여서만 결의할 수 있다. 그러나 정관에 다른 규정이 있는 때에는 그 규정에 의한다(민법 제72조).

45 민법상 법인의 기관에 관한 설명으로 옳은 것은?(다툼이 있으면 판례에 따름) ▮2015년 3회 행정사

① 사단법인의 이사와 감사는 필수기관이다.
② 이사가 없거나 결원이 있는 경우에 이로 인하여 손해가 생길 염려가 있는 때에는 법원은 이해관계인이나 검사의 청구에 의하여 직무대행자를 선임하여야 한다.
③ 사단법인의 사원의 지위는 양도 또는 상속할 수 없다는 민법의 규정은 강행규정이므로, 정관으로 이에 반하는 규정을 둘 수 없다.
④ 법인과 이사의 이익이 상반하는 사항에 관하여는 임시이사를 선임하여야 한다.
⑤ 사원총회에서 결의할 수 있는 것은 정관에 다른 규정이 없는 한 총회를 소집할 때 미리 통지한 사항에 한정된다.

해설 난도 ★★☆

⑤ (O) 총회는 통지한 사항에 관하여서만 결의할 수 있다. 그러나 정관에 다른 규정이 있는 때에는 그 규정에 의한다(민법 제72조).
① (X) 사단법인의 이사는 필수기관에 해당하나(민법 제57조), 감사는 정관 또는 총회의 결의로써 둘 수 있는 임의기관에 불과하다(민법 제66조).
② (X) 이사가 없거나 결원이 있는 경우에 이로 인하여 손해가 생길 염려 있는 때에는 법원은 이해관계인이나 검사의 청구에 의하여 <u>임시이사</u>를 선임하여야 한다(민법 제63조).
③ (X) "사단법인의 사원의 지위는 양도 또는 상속할 수 없다"고 한 <u>민법 제56조의 규정</u>은 강행규정은 아니라고 할 것이므로, 정관에 의하여 이를 인정하고 있을 때에는 양도 · 상속이 허용된다(대판 1992.4.14. 91다26850).
④ (X) 법인과 이사의 이익이 상반하는 사항에 관하여는 이사는 대표권이 없다. 이 경우에는 <u>특별대리인</u>을 선임하여야 한다(민법 제64조).

46 법인의 이사에 관한 설명으로 옳지 않은 것은?(다툼이 있는 경우에는 판례에 의함)

▮2014년 2회 행정사

① 이사의 임면에 관한 사항은 정관의 필요적 기재사항이다.
② 이사의 대표권의 제한은 이를 등기하지 않으면 악의의 제3자에게도 대항할 수 없다.
③ 이사가 그의 권한으로 선임한 대리인은 법인의 기관이다.
④ 특별한 사정이 없으면, 법인과 이사의 이익이 상반하는 사항에 관하여는 그 이사는 대표권이 없다.
⑤ 이사의 직무대행자는 원칙적으로 법인의 통상사무에 속하는 행위만을 할 수 있다.

해설 난도 ★★☆

③ (X) <u>이사가 그의 권한으로 선임한 대리인은 법인의 기관이 아니라 법인의 대리인에 불과하며 이사는 이러한 대리인의 선임 · 감독에 책임을 진다(민법 제121조 제1항).
① (O) 사단법인, 재단법인에서 이사의 임면에 관한 규정(민법 제40조 제5호, 제43조)은 정관의 필요적 기재사항이다.
② (O) 법인의 정관에 법인 대표권의 제한에 관한 규정이 있으나 그와 같은 취지가 등기되어 있지 않다면 법인은 그와 같은 정관의 규정에 대하여 선의냐 악의냐에 관계없이 제3자에 대하여 대항할 수 없다(대판 1992.2.14. 91다24564).
④ (O) 법인과 이사의 이익이 상반하는 사항에 관하여는 이사는 대표권이 없다. 이 경우에는 특별대리인을 선임하여야 한다(민법 제64조).
⑤ (O) 직무대행자는 가처분명령에 다른 정함이 있는 경우 외에는 법인의 통상사무에 속하지 아니한 행위를 하지 못한다. 다만, 법원의 허가를 얻은 경우에는 그러하지 아니하다(민법 제60조의2 제1항).

47 법인의 이사에 관한 설명으로 옳은 것은? ▌2013년 1회 행정사

① 법인이 설립허가의 취소로 해산하는 경우 원칙적으로 이사는 청산인이 될 수 없다.

② 이사가 여러 명인 경우, 법인의 사무에 관하여 공동으로 법인을 대표하는 것이 원칙이다.

③ 이사는 정관 또는 총회의 결의로 금지하지 아니한 사항에 한하여 타인으로 하여금 특정한 행위를 대리하게 할 수 있다.

④ 이사의 대표권에 대한 제한은 정관의 기재만으로도 선의의 제3자에게 대항할 수 있다.

⑤ 법인과 이사의 이익이 상반하는 사항에 대해서는 법원이 이해관계인이나 검사의 청구에 의하여 임시이사를 선임하여야 한다.

해설 난도 ★★☆

③ (○) 이사는 정관 또는 총회의 결의로 금지하지 아니한 사항에 한하여 타인으로 하여금 특정한 행위를 대리하게 할 수 있다(민법 제62조).

① (×) <u>법인이 해산한 때에는 파산의 경우를 제하고는 이사가 청산인이 된다.</u> 그러나 정관 또는 총회의 결의로 달리 정한 바가 있으면 그에 의한다(민법 제82조).

② (×) <u>이사는 법인의 사무에 관하여 각자 법인을 대표한다.</u> 그러나 정관에 규정한 취지에 위반할 수 없고 특히 사단법인은 총회의 의결에 의하여야 한다(민법 제59조 제1항).

④ (×) <u>이사의 대표권 제한을 정관에 기재하여 유효한 경우에도 이를 등기하지 아니하면 악의의 제3자에게도 대항할 수 없다</u>(민법 제41조, 제60조).

⑤ (×) 법인과 이사의 이익이 상반하는 사항에 관하여는 이사는 대표권이 없다. 이 경우에는 법원은 이해관계인이나 검사의 청구에 의하여 특별대리인을 선임하여야 한다(민법 제64조).

48 민법상 법인의 정관에 관한 설명으로 옳은 것을 모두 고른 것은?(다툼이 있으면 판례에 따름) ▌2019년 7회 행정사

> ㄱ. 정관의 변경사항이 등기사항인 경우에는 등기하여야 정관변경의 효력이 생긴다.
> ㄴ. 재단법인의 기본재산에 관한 저당권 설정행위는 특별한 사정이 없는 한 정관의 기재사항을 변경하여야 하는 경우에 해당하지 않는다.
> ㄷ. 사단법인의 정관을 변경하기 위해서는 정관에 다른 규정이 없는 한 사원총회에서 총사원 3분의 2 이상의 동의가 있어야 한다.

① ㄷ   ② ㄱ, ㄴ

③ ㄱ, ㄷ   ④ ㄴ, ㄷ

⑤ ㄱ, ㄴ, ㄷ

해설 난도 ★★★

ㄴ (○) 민법상 재단법인의 기본재산에 관한 저당권 설정행위는 특별한 사정이 없는 한 정관의 기재사항을 변경하여야 하는 경우에 해당하지 않으므로, 그에 관하여는 주무관청의 허가를 얻을 필요가 없다(대결 2018.7.20. 2017마1565).

ㄷ (○) 사단법인의 정관은 총사원 3분의 2 이상의 동의가 있는 때에 한하여 이를 변경할 수 있다. 그러나 정수에 관하여 정관에 다른 규정이 있는 때에는 그 규정에 의한다(민법 제42조 제1항).

ㄱ (×) <u>정관의 변경은 주무관청의 허가를 얻지 아니하면 그 효력이 없으며</u>(민법 제42조 제2항), <u>정관의 변경사항이 등기사항인 경우에는 등기하여야 제3자에게 대항할 수 있다</u>(민법 제54조 제1항).

49 법인의 정관에 관한 설명으로 옳지 않은 것은?(다툼이 있으면 판례에 따름) ▮2016년 4회 행정사

① 법인의 존립시기나 해산사유는 재단법인 정관의 필요적 기재사항이다.
② 사단법인의 정관의 변경은 주무관청의 허가를 얻지 아니하면 그 효력이 없다.
③ 재단법인의 설립자가 그 명칭, 사무소소재지 또는 이사임면의 방법을 정하지 아니하고 사망한 때에는 이해관계인 또는 검사의 청구에 의하여 법원이 이를 정한다.
④ 사단법인의 정관은 정수에 관하여 정관에 다른 규정이 없는 한 총사원 3분의 2 이상의 동의가 있는 때에 한하여 이를 변경할 수 있다.
⑤ 재단법인의 목적을 달성할 수 없는 때에는 설립자나 이사는 주무관청의 허가를 얻어 설립의 취지를 참작하여 그 목적 기타 정관의 규정을 변경할 수 있다.

해설 난도 ★★☆

① (×) <u>사단법인의 정관의 필요적 기재사항 중 민법 제40조 제1호 내지 제5호의 규정은 재단법인의 경우에도 필요적 기재사항에 해당하나, 동조 제6호</u>(사원자격의 득실에 관한 규정), <u>제7호</u>(존립시기나 해산사유를 정하는 때에는 그 시기 또는 사유)<u>는 임의적 기재사항이다</u>(민법 제43조, 제40조).
② (○) 사단법인의 정관의 변경은 주무관청의 허가를 얻지 아니하면 그 효력이 없다(민법 제42조 제2항).
③ (○) 재단법인의 설립자가 그 명칭, 사무소소재지 또는 이사임면의 방법을 정하지 아니하고 사망한 때에는 이해관계인 또는 검사의 청구에 의하여 법원이 이를 정한다(민법 제44조).
④ (○) 사단법인의 정관은 총사원 3분의 2 이상의 동의가 있는 때에 한하여 이를 변경할 수 있다. 그러나 정수에 관하여 정관에 다른 규정이 있는 때에는 그 규정에 의한다(민법 제42조 제1항).
⑤ (○) 재단법인의 목적을 달성할 수 없는 때에는 설립자나 이사는 주무관청의 허가를 얻어 설립의 취지를 참작하여 그 목적 기타 정관의 규정을 변경할 수 있다(민법 제46조).

50 민법상 법인의 해산과 청산에 관한 설명으로 옳지 않은 것은?(다툼이 있으면 판례에 따름)

▮2022년 10회 행정사

① 해산한 법인은 청산의 목적범위 내에서만 권리가 있고 의무를 부담한다.
② 사단법인 총회의 해산결의는 정관에 다른 규정이 없는 한 총사원의 4분의 3 이상의 동의가 필요하다.
③ 민법상 청산절차에 관한 규정에 반하는 잔여재산의 처분행위는 특별한 사정이 없는 한 무효이다.
④ 청산 중의 법인은 변제기에 이르지 아니한 채권에 대해서도 변제할 수 있다.
⑤ 법인의 청산인은 채권신고기간 내에는 채권자에 대하여 변제하지 못하므로 법인은 그 기간 동안의 지연손해배상의무를 면한다.

해설 난도 ★★☆

⑤ (×) 청산인은 채권신고기간 내에는 채권자에 대하여 변제하지 못한다. <u>그러나 법인은 채권자에 대한 지연손해배상의 의무를 면하지 못한다</u>(민법 제90조).
① (○) 해산한 법인은 청산의 목적범위 내에서만 권리가 있고 의무를 부담한다(민법 제81조).
② (○) 사단법인은 총사원 4분의 3 이상의 동의가 없으면 해산을 결의하지 못한다. 그러나 정관에 다른 규정이 있는 때에는 그 규정에 의한다(민법 제78조).
③ (○) <u>민법상의 청산절차에 관한 규정은 모두 제3자의 이해관계에 중대한 영향을 미치기 때문에 이른바 강행규정이라</u>고 해석되므로 이에 반하는 잔여재산의 처분행위는 특단의 사정이 없는 한 무효라고 보아야 한다(대판 1995.2.10. 94다13473).
④ (○) 청산 중의 법인은 변제기에 이르지 아니한 채권에 대하여도 변제할 수 있다(민법 제91조 제1항).

51 민법상 법인의 소멸에 관한 설명으로 옳지 않은 것은?(다툼이 있으면 판례에 따름)

┃2019년 7회 행정사

① 사단법인은 사원총회의 결의로도 해산할 수 있다.
② 법원은 법인의 해산 및 청산을 검사, 감독한다.
③ 법인에 대한 청산종결등기가 경료되었다면 청산사무가 종결되지 않았더라도 그 법인은 소멸한다.
④ 법인이 채무를 완제하지 못하게 된 때에는 이사는 지체 없이 파산신청을 하여야 한다.
⑤ 청산인은 청산법인의 능력 범위 내에서 대내적으로 청산사무를 집행하고 대외적으로 청산법인을 대표한다.

해설 난도 ★★☆

③ (×) 법인에 대한 청산종결등기가 경료되었다고 하더라도 청산사무가 종결되지 않는 한 그 범위 내에서는 청산법인으로서 존속한다고 볼 것이다(대판 2003.2.11. 99다66427 · 73371).
① (○) 사단법인은 사원이 없게 되거나 총회의 결의로도 해산한다(민법 제77조 제2항).
② (○) 법인의 해산 및 청산은 법원이 검사, 감독한다(민법 제95조).
④ (○) 법인이 채무를 완제하지 못하게 된 때에는 이사는 지체 없이 파산신청을 하여야 한다(민법 제79조).
⑤ (○) 청산인이 청산법인의 업무집행권과 대표권을 가지므로 대내적으로 청산사무를 집행하고 대외적으로 청산법인을 대표한다.

52 법인에 관한 설명으로 옳지 않은 것은?(다툼이 있는 경우에는 판례에 의함)

┃2014년 2회 행정사

① 영리법인은 모두 사단법인이다.
② 감사는 법인의 임의기관이다.
③ 특별한 사정이 없으면, 사단법인의 사원의 지위는 양도 또는 상속할 수 없다.
④ 특별한 사정이 없으면, 사단법인의 해산결의는 총사원 4분의 3 이상의 동의로 한다.
⑤ 법인의 해산과 청산은 청산인이 감독한다.

해설 난도 ★☆☆

⑤ (×) 법인의 해산 및 청산은 법원이 검사, 감독한다(민법 제95조).
① (○) 영리법인은 구성원(사원)의 이익을 목적으로 하는 법인이기 때문에 본질적으로 사단법인일 수밖에 없다.
② (○) 법인은 정관 또는 총회의 결의로 감사를 둘 수 있으므로(민법 제66조), 감사는 임의기관에 불과하다.
③ (○) "사단법인의 사원의 지위는 양도 또는 상속할 수 없다"고 한 민법 제56조의 규정은 강행규정은 아니라고 할 것이므로, 정관에 의하여 이를 인정하고 있을 때에는 양도 · 상속이 허용된다(대판 1992.4.14. 91다26850).
④ (○) 사단법인은 총사원 4분의 3 이상의 동의가 없으면 해산을 결의하지 못한다. 그러나 정관에 다른 규정이 있는 때에는 그 규정에 의한다(민법 제78조).

53 민법상 법인의 소멸에 관한 설명으로 옳지 않은 것은?(다툼이 있으면 판례에 따름)

┃ 2015년 3회 행정사

① 법인이 목적 이외의 사업을 하거나 설립허가의 조건에 위반하거나 기타 공익을 해하는 행위를 한 경우, 주무관청은 법인의 설립허가를 취소할 수 있다.

② 청산이 종결한 때에는 청산인은 3주간 내에 이를 등기하고 주무관청에 신고하여야 한다.

③ 청산 중의 법인은 채권신고기간이 경과하더라도 변제기에 이르지 않은 채권에 대해서는 변제할 수 없다.

④ 청산절차에 관한 규정은 모두 제3자의 이해관계에 중대한 영향을 미치는 것으로서 강행규정이다.

⑤ 법인에 대한 청산종결등기가 마쳐졌더라도 청산사무가 종결되지 않는 한 그 범위 내에서 청산법인으로 존속한다.

해설 난도 ★★☆

③ (×) 청산 중의 법인은 변제기에 이르지 아니한 채권에 대하여도 변제할 수 있다(민법 제91조 제1항).

① (○) 법인이 목적 이외의 사업을 하거나 설립허가의 조건에 위반하거나 기타 공익을 해하는 행위를 한 때에는 주무관청은 그 허가를 취소할 수 있다(민법 제38조).

② (○) 청산이 종결한 때에는 청산인은 3주간 내에 이를 등기하고 주무관청에 신고하여야 한다(민법 제94조).

④ (○) 민법상의 청산절차에 관한 규정은 모두 제3자의 이해관계에 중대한 영향을 미치기 때문에 이른바 강행규정이라고 해석되므로 이에 반하는 잔여재산의 처분행위는 특단의 사정이 없는 한 무효라고 보아야 한다(대판 1995.2.10. 94다13473).

⑤ (○) 법인에 대한 청산종결등기가 경료되었다고 하더라도 청산사무가 종결되지 않는 한 그 범위 내에서는 청산법인으로서 존속한다고 볼 것이다(대판 2003.2.11. 99다66427·73371).

제1절 서 설

1. 의 의

권리의 객체는 권리의 종류에 따라 다르다. 물권의 객체는 물건, 채권의 객체는 채무자의 일정한 행위, 즉 급부이며, 형성권에서는 법률관계 자체가 객체이다.

2. 민법의 규정

민법에는 권리의 객체에 관한 일반규정이 없다. 다만, 민법은 총칙편 제4장에서 물건에 관하여만 규정한다.

제2절 물 건

1. 물 건

물건의 정의(민법 제98조) 기출 16·15·13
본법에서 물건이라 함은 유체물 및 전기 기타 관리할 수 있는 자연력을 말한다.

(1) 개 념

물건이란 '유체물 및 전기 기타 관리할 수 있는 자연력'을 말한다(민법 제98조). 관리가능성은 배타적 지배가능성을 뜻한다.

① 권리는 물건이 아니다. 단, 물권의 객체는 될 수 있다.

② 해, 달, 공기, 전파, 바다는 물건이 아니다. 관리가능성이 부정되기 때문이다.

(2) 외계의 일부일 것

① 사람의 신체나 그 일부는 물건이 아니다. 의족, 의치 등도 신체에 부착되어 있다면 신체의 일부로 보아야 한다. 다만, 신체로부터 분리되면 물건이 된다.

② 사체, 유골이 물건인지에 관하여 물건성을 인정하는 견해와 부정하는 견해가 대립하지만, 물건성을 인정하는 견해도 매장, 제사, 공양의 대상으로서의 내용만 가진다고 보므로 양 학설은 실질적 차이가 없다.

③ 판례는 「사람의 유체·유골은 매장·관리·제사·공양의 대상이 될 수 있는 유체물로서, 분묘에 안치되어 있는 선조의 유체·유골은 민법 제1008조의3 소정의 제사용 재산인 분묘와 함께 그 제사주재자에게 승계되고, 피상속인 자신의 유체·유골 역시 위 제사용 재산에 준하여 그 제사주재자에게 승계된다. 피상속인이 생전행위 또는 유언으로 자신의 유체·유골을 처분하거나 매장장소를 지정한 경우에, 선량한 풍속 기타 사회질서에 반하지 않는 이상 그 의사는 존중되어야 하고 이는 제사주재자로서도 마찬가지이지만, 피상속인의 의사를 존중해야 하는 의무는 도의적인 것에 그치고, 제사주재자가 무조건 이에 구속되어야 하는 법률적 의무까지 부담한다고 볼 수는 없다」(대판[전합] 2008.11.20. 2007다27670)고 한다. 기출 22·21

(3) 독립한 물건일 것(독립성)

① 물건이 독립한 것인지 여부는 사회관념에 따라 판단된다.

② 물건의 일부 또는 물건의 집합은 원칙적으로 물권의 객체로 되지 못한다(일물일권주의).

2. 물건의 개수에 따른 물건의 분류

(1) 단일물

형체상 단일한 일체를 이루고 각 구성부분이 개성을 상실한 물건을 말한다. 따라서 단일물은 하나의 물건이다.

> **⊕ 더 알아보기**
>
> 건물은 일정한 면적, 공간의 이용을 위하여 지상, 지하에 건설된 구조물을 말하는 것으로서, 건물의 개수는 토지와 달리 공부상의 등록에 의하여 결정되는 것이 아니라 사회통념 또는 거래관념에 따라 물리적 구조, 거래 또는 이용의 목적물로서 관찰한 건물의 상태 등 객관적 사정과 건축한 자 또는 소유자의 의사 등 주관적 사정을 참작하여 결정되는 것이다(대판 1997.7.8. 96다36517). 기출 20

(2) 합성물

각각의 구성부분이 개성을 잃지 않고 결합하여 일체를 이루는 물건으로, 법률상 한 개의 물건으로 다루어진다. 소유자를 달리하는 수 개의 물건이 결합하여 합성물로 되면 첨부의 법리에 따라 소유권의 변동이 일어날 수 있다.

(3) 집합물

다수의 물건이 결합하여 경제적으로 단일한 가치를 가지는 경우이다.

① 일물일권주의 원칙상 집합물 위에 하나의 물권이 성립할 수 없다.

② 단, 법률상 특별한 규정이 있다면 1개의 물건처럼 다루어진다(예 공장 및 광업재단저당법, 입목에 관한 법률 등).

③ 판례는 일정한 요건을 갖춘 경우 집합물을 「1개의 물건」으로 인정한다(대판 1990.12.26. 88다카20224).

> **⊕ 더 알아보기**
>
> 일반적으로 일단의 증감 변동하는 동산을 하나의 물건으로 보아 이를 채권담보의 목적으로 삼으려는 이른바 집합물에 대한 양도담보설정계약체결도 가능하며 이 경우 그 목적 동산이 담보설정자의 다른 물건과 구별될 수 있도록 그 종류, 장소 또는 수량지정 등의 방법에 의하여 특정되어 있으면 그 전부를 하나의 재산권으로 보아 이에 유효한 담보권의 설정이 된 것으로 볼 수 있다(대판 1990.12.26. 88다카 20224). **기출** 18

3. 기타 물건의 분류

(1) 융통물·불융통물

사법상 거래의 객체가 될 수 있는 물건을 융통물이라 하고, 그렇지 못한 물건을 불융통물이라고 한다. 불융통물로는 공용물(예 관공서의 건물, 국공립학교의 건물 등), 공공용물(예 도로, 공원, 하천, 항만 등), 금제물(예 아편, 음란한 문서나 도화, 위조나 변조한 통화 등)이 있다.

(2) 대체물·부대체물

거래상 개성이 중시되지 아니하여 동종·동량의 물건으로 바꾸어도 급부의 동일성이 바뀌지 않는 물건이 대체물이고, 대체성이 없는 물건이 부대체물이다. 양자의 구별은 일반거래상 물건의 개성이 중요시되는지 여부에 따른 일반적·객관적인 성질에 의한다.

(3) 특정물·불특정물

당사자가 물건의 개성을 중요시하여 동종의 다른 물건으로 급부할 수 없는 물건이 특정물이고, 다른 물건으로 급부할 수 있는 물건이 불특정물이다. 양자의 구별은 대체물·부대체물과 달리 당사자의 의사에 의하여 주관적으로 결정된다.

> **부동산, 동산(민법 제99조)**
> ① 토지 및 그 정착물은 부동산이다.
> ② 부동산 이외의 물건은 동산이다.

1. 동산과 부동산

① 민법은 토지와 그 정착물을 부동산이라 하고, 그 밖의 물건을 동산이라고 한다(민법 제99조).
② 동산과 부동산의 법적 취급이 다른 이유는 양자가 가지는 재산적 가치의 차이와 공시방법이 다르기 때문이다.

2. 부동산인 「토지」

(1) 토지의 범위

토지란 인위적으로 구획된 일정범위의 지면에 정당한 이익이 있는 범위 내에서 그 상하(上下)를 포함한다(민법 제212조 참조). 따라서 토지의 구성물은 당연히 토지의 일부분에 지나지 않는다. 지하에서 용출되는 온천수는 토지의 구성부분일 뿐 그 토지와 독립된 권리의 객체가 아니다. 기출 18

(2) 토지의 개수

지적법에 의한 지적공부(토지대장, 임야대장)상의 「필(筆)」로써 계산되며, 분할 또는 합병이 가능하다.

3. 「토지의 정착물」

(1) 건 물

토지의 정착물 중 건물은 토지와는 독립된 별개의 부동산으로 취급되며, 토지에 부합하지 않는다. 건물의 개수는 토지와 달리 공부상의 등록에 의하여 결정되는 것이 아니라 사회통념 또는 거래관념에 따라 물리적 구조, 거래 또는 이용의 목적물로서 관찰한 건물의 상태 등 객관적 사정과 건축한 자 또는 소유자의 의사 등 주관적 사정을 참작하여 결정되며(대판 1997.7.8. 96다36517), 동(棟)으로 표시한다.

> ➕ **더 알아보기**
>
> 독립된 부동산으로서의 건물이라고 하기 위하여는 최소한의 기둥과 지붕 그리고 주벽이 이루어지면 된다(대판 2001.1.16. 2000다51872). 기출 17 · 13

(2) 등기된 입목

원래 수목이나 수목의 집단은 토지에 부합되어 토지의 구성부분으로 취급되나, 입목에 관한 법률에 의하여 보존등기를 하게 되면 그 수목은 토지와 「독립한 부동산」으로 다루어진다(입목에 관한 법률 제2조 제1항 제1호, 제3조 제1항). 기출 18

> **정의(입목에 관한 법률 제2조)**
> ① 이 법에서 사용하는 용어의 뜻은 다음과 같다.
>   1. "입목"이란 토지에 부착된 수목의 집단으로서 그 소유자가 이 법에 따라 소유권보존의 등기를 받은 것을 말한다.
>   2~3. 생략
> ② 생략
>
> **입목의 독립성(입목에 관한 법률 제3조)**
> ① 입목은 부동산으로 본다.
> ② 입목의 소유자는 토지와 분리하여 입목을 양도하거나 저당권의 목적으로 할 수 있다. 기출 13
> ③ 토지소유권 또는 지상권 처분의 효력은 입목에 미치지 아니한다.

(3) 명인방법을 갖춘 수목이나 그 집단 또는 미분리의 과실

① 수목은 토지로부터 분리되면 동산이지만, 분리되지 않은 상태에서는 토지의 일부이다. 그러나 입목에 관한 법률에 따른 입목등기를 하지 않은 수목이라도 명인방법을 갖추면 토지와 독립된 거래의 객체로 된다(대결 1998.10.28. 98마1817). 기출 15 이때 명인방법으로 공시할 수 있는 권리는 소유권(또는 소유권이전형식의 양도담보)에 한한다. 미분리의 과실도 명인방법을 갖추면 독립한 물건으로 다루어진다.

② 명인방법은 수목이나 그 집단 또는 미분리 과실의 현재 소유자가 누구라는 것을 제3자가 명백하게 인식할 수 있도록 하는 방법으로, 관습법에 의하여 인정되는 공시방법이다. 기출 18 따라서 미분리 과실도 명인방법이라는 공시방법을 갖춘 때에는 독립한 물건으로서 거래의 목적이 될 수 있다. 기출 15

(4) 농작물에 관한 판례 법리(대판 1979.8.28. 79다784)

① 토지에 부합하지 않고 경작자에게 소유권이 있다.

> **⊕ 더 알아보기**
>
> 타인의 토지상에 권원 없이 식재한 수목의 소유권은 토지에 부합되어 토지소유자에게 귀속하게 된다(대판 1998.4.24. 97도3425). 기출 14

② 경작자에게 권원이 있을 필요도 없고, 명인방법을 갖출 필요도 없다. 그러나 농작물 매매에서 매수인이 농작물의 소유권을 취득하기 위해서는 명인방법을 갖추어야 하므로, 아직 명인방법을 갖추지 않았다면 농작물의 소유권은 여전히 매도인에게 있다(대판 1996.2.23. 95도2754).

③ 단, 독립성은 있어야 하므로 성숙한 농작물이어야 한다.

4. 동 산

(1) 의 의

부동산 이외의 물건은 동산이다(민법 제99조 제2항). 따라서 가식(假植)의 수목과 같이 토지에 부착된 물건도 정착물이 아니면 동산이고, 전기 기타 관리할 수 있는 자연력도 동산이다. 기출 21 선박·자동차·항공기·건설기계 등도 동산이지만, 특별법에 의하여 부동산에 준하여 취급된다. 무기명채권(예 상품권, 승차권, 입장권, 무기명국채 등)은 물건이 아니므로 동산에도 해당하지 않는다.

(2) 금전의 특수성

금전 역시 동산이지만, 보통의 동산과는 다른 특수성이 인정된다. 기출 21 즉, 금전채무자는 채권자에게 일정한 화폐가치를 이전할 의무를 부담할 뿐이어서 채무불이행에 관한 특칙이 인정되고(민법 제397조), 타인의 점유에 들어간 금전에 대해서는 물권적 청구권이 인정되지 않고 부당이득이 문제될 뿐이며, 선의취득에 관해서도 특수성이 인정된다(민법 제250조 단서).

제4절 주물과 종물

주물, 종물(민법 제100조)
① 물건의 소유자가 그 물건의 상용에 공하기 위하여 자기 소유인 다른 물건을 이에 부속하게 한 때에는 그 부속물은 종물이다.
② 종물은 주물의 처분에 따른다.

---

1. 의 의

물건의 소유자가 그 물건의 일상적인 사용을 돕기 위하여 자기 소유의 다른 물건을 이에 부속하게 한 경우에, 그 물건을 주물이라 하고 주물에 부속된 다른 물건을 종물이라 한다(민법 제100조 제1항).

2. 종물의 요건

(1) 주물의 상용에 공할 것

주물의 상용에 공한다는 것은 사회관념상 계속해서 주물의 경제적 효용을 다하게 하는 작용을 하는 것을 말한다. 따라서 일시적으로 어떤 물건의 효용을 돕고 있는 것은 종물이 아니다. 그리고 주물의 소유자나 이용자의 상용에 공여되고 있더라도 주물 그 자체의 효용과 직접 관계가 없는 물건은 종물이 아니다(대판 1994.6.10. 94다11606). 기출 22 · 20 · 19 · 18 · 15 · 14 주물과 종물 사이의 경제적 효용에 있어서 주종의 관계가 인정되려면 '장소적으로도 밀접한 위치'에 있어야 한다(통설 · 판례).

(2) 독립한 물건일 것

① 종물은 주물의 구성부분을 이루는 것이 아니라, 주물과는 독립한 물건이어야 한다. 기출 19 · 14 법률상 독립한 물건인 이상 동산 · 부동산을 불문한다.

② 건물의 정화조, 주유소 토지에 매설된 유류저장탱크 등은 부합물에 불과할 뿐 종물이 아니다(판례).

(3) 주물과 종물이 모두 동일한 소유자 소유에 속할 것

① 학설은 종물이 타인의 소유라고 하더라도 그 타인의 권리를 해하지 않는 범위 내에서는 민법 제100조가 적용된다고 한다(통설).

② 반면 판례는 「종물이 제3자의 소유임에도 민법 제100조 제2항에 따라 주물과 종물이 법률적 운명을 같이한다면 제3자의 권리가 침해되므로, 주물의 소유자 아닌 사람의 소유에 속하는 물건은 종물이 될 수 없다(대판 2008.5.8. 2007다36933 · 36940)」고 하였다. 기출 20 · 17

3. 종물의 효과

① 종물은 주물의 처분에 따른다(민법 제100조 제2항). 여기서의 처분은 법률행위에 의한 처분뿐만 아니라 주물의 권리관계가 압류와 같은 공법상의 처분 등에 의하여 변동된 경우도 포함된다(대판 2006.10.26. 2006다29020). 기출 22 · 16 주물 위에 저당권이 설정된 경우에 그 저당권의 효력은 설정 후의 종물에도 미친다. 다만, 점유 기타 사실관계에 기한 권리변동에 있어서는 민법 제100조 제2항이 적용되지 않는다는 점을 주의해야 한다. 기출 21

② 민법 제100조 제2항은 임의규정이므로, 당사자는 주물을 처분할 때에 특약으로 종물을 제외할 수 있고 종물만을 별도로 처분할 수도 있다(대판 2012.1.26. 2009다76546). 기출 22 · 20 · 19 · 17 · 16 · 15 · 13

③ 민법 제100조 제2항의 법리는 권리 상호 간에도 유추적용할 수 있다. 기출 19 · 17

> ⊕ 더 알아보기
>
> 이자채권은 원본채권에 대하여 종속성을 갖고 있으나 이미 변제기에 도달한 이자채권은 원본채권과 분리하여 양도할 수 있고 원본채권과 별도로 변제할 수 있으며 시효로 인하여 소멸되기도 하는 등 어느 정도 독립성을 갖게 되는 것이므로, 원본채권이 양도된 경우 이미 변제기에 도달한 이자채권은 원본채권의 양도 당시 그 이자채권도 양도한다는 의사표시가 없는 한 당연히 양도되지는 않는다(대판 1989.3.28. 88다카12803). 기출 22

4. 종물성 여부에 관한 관련 판례

종물 ○	종물 ×
• 농지에 부속한 양수시설 • 횟집점포건물에 붙여서 신축한 생선보관용 수족관 건물 • 주유소의 주유기 • 공장건물과 인접한 저유조 • 백화점건물의 전화교환설비 • 건물 외의 창고, 연탄창고, 공동변소	• 건물의 정화조 • 주유소의 유류저장탱크 • 호텔의 객실에 설치된 전화기, 텔레비전 등

제5절 원물과 과실

천연과실, 법정과실(민법 제101조) 기출 14 · 13
① 물건의 용법에 의하여 수취하는 산출물은 천연과실이다.
② 물건의 사용대가로 받는 금전 기타의 물건은 법정과실로 한다.

과실의 취득(민법 제102조) 기출 19 · 17 · 16 · 15 · 14 · 13
① 천연과실은 그 원물로부터 분리하는 때에 이를 수취할 권리자에게 속한다.
② 법정과실은 수취할 권리의 존속기간일수의 비율로 취득한다.

1. 의 의

물건으로부터 생기는 경제적 수익을 과실이라 하고, 과실을 생기게 하는 물건을 원물이라고 한다. 민법은 물건의 과실만을 인정하고, 권리의 과실을 인정하지 않는다. 기출 21 노동의 대가인 임금도 과실이 아니다.

2. 수취권자

(1) 수취권자에 해당하는 자

과실수취권자는 원칙적으로 원물의 소유자이나 이에 한정하지 않는다. 기출 14 즉, 선의의 점유자(민법 제201조 제1항), 지상권자(민법 제279조), 전세권자(민법 제303조), 목적물을 인도하지 않은 매도인(민법 제587조 전문), 임차인(민법 제618조) 등도 수취권을 가진다. 하나의 원물에 관하여 소유권자와 용익권자가 경합하는 경우, 원칙적으로 용익권자의 과실수취권이 우선한다.

(2) 수취권자에 해당하지 않는 자

반면, 수치인(민법 제693조, 제701조), 수임인(민법 제680조, 제684조), 사무관리자(민법 제734조, 제738조), 후견인(민법 제957조) 등은 수취권자가 아니다.

3. 과실의 종류

(1) 천연과실

① 의의 : 물건의 용법에 의하여 수취하는 산출물을 천연과실이라고 한다(민법 제101조 제1항). 여기에서 '물건의 용법'은 원물의 경제적 용도에 따른다는 의미이고, 물건의 용법에 따르지 않은 산출물에 대하여도 본조가 유추적용된다(통설).

② 귀속 : 천연과실은 원물로부터 분리하는 때의 수취권자에게 귀속된다(민법 제102조 제1항). 이 규정은 임의규정이다. 분리는 자연적이든 인위적이든 불문한다.

(2) 법정과실

① 의의 : 물건의 사용대가로 받는 금전 기타 물건을 법정과실이라고 한다(민법 제101조 제2항). 임료, 지료, 이자 등이 법정과실이다. 따라서 물건의 사용대가가 아닌 노동의 대가(임금)나 권리사용의 대가(예 주식의 배당금, 특허권의 사용료 등)는 법정과실이 아니며, 매매대금도 사용대가가 아니므로 법정과실에 해당하지 않는다. 기출 21

② 귀속 : 법정과실은 수취할 권리의 존속기간일수의 비율로 취득한다(민법 제102조 제2항). 이 규정역시 임의규정이다.

③ 관련 판례 : 국립공원의 입장료는 수익자부담의 원칙에 따라 국립공원의 유지·관리비용의 일부를 입장객에게 부담시키는 것에 지나지 않고, 토지의 사용대가가 아닌 점에서 민법상의 과실은 아니다(대판 2001.12.28. 2000다27749). 기출 20·18

4. 사용이익

① 물건을 현실적으로 사용하여 얻는 이익을 '사용이익'이라고 한다.

② 실질이 과실과 동일하다고 보아 과실에 관한 규정이 유추적용된다.

04 권리의 객체 「기출지문 OX」

제1절 서 설

제2절 물 건

01 피상속인이 유언으로 자신의 유골의 매장장소를 지정한 경우, 제사주재자는 피상속인의 의사에 따를 법률적 의무를 부담한다. `기출` 22 [○ / ×]

02 분묘에 안치되어 있는 선조의 유골은 그 제사주재자에게 승계된다. `기출` 21 [○ / ×]

03 민법상 전기(電氣)는 물건이다. `기출` 16 [○ / ×]

04 전기 기타 관리할 수 있는 자연력은 물건이 아니다. `기출` 15 · 13 [○ / ×]

정답 **01** × **02** ○ **03** ○ **04** ×

해설 01 피상속인이 생전행위 또는 유언으로 자신의 유체·유골을 처분하거나 매장장소를 지정한 경우에, 선량한 풍속 기타 사회질서에 반하지 않는 이상 그 의사는 존중되어야 하고 이는 제사주재자로서도 마찬가지이지만, 피상속인의 의사를 존중해야 하는 의무는 도의적인 것에 그치고, 제사주재자가 무조건 이에 구속되어야 하는 법률적 의무까지 부담한다고 볼 수는 없다(대판[전합] 2008.11.20. 2007다27670 – 다수의견).
02 사람의 유체·유골은 매장·관리·제사·공양의 대상이 될 수 있는 유체물로서, 분묘에 안치되어 있는 선조의 유체·유골은 민법 제1008조의3 소정의 제사용 재산인 분묘와 함께 그 제사주재자에게 승계되고, 피상속인 자신의 유체·유골 역시 위 제사용 재산에 준하여 그 제사주재자에게 승계된다(대판[전합] 2008.11.20. 2007다27670 – 다수의견).
03 본법에서 물건이라 함은 유체물 및 전기 기타 관리할 수 있는 자연력을 말한다(민법 제98조).
04 민법 제98조 참조

05 관리할 수 있는 자연력 및 금전은 동산이다. `기출` 21 [○ / ×]

06 건물의 개수(個數)를 결정함에 있어서 건축자나 소유자의 의사 등 주관적 사정은 고려되지 않는다. `기출` 20 [○ / ×]

07 건물의 개수는 공부상의 등록에 의하여만 결정된다. `기출` 19 [○ / ×]

08 입목에 관한 법률에 따라 등기된 입목이나 입목등기를 하지 않은 수목이더라도 명인방법을 갖추면 토지와 독립된 부동산으로서 거래의 객체가 된다. `기출` 18·15 [○ / ×]

09 입목에 관한 법률에 따라 등기된 입목에는 저당권이 설정될 수 있다. `기출` 13 [○ / ×]

10 장소, 종류, 수량 등이 특정되어 있는 집합물은 양도담보의 대상이 될 수 있다. `기출` 18 [○ / ×]

`정답` 05 ○ 06 × 07 × 08 ○ 09 ○ 10 ○

`해설` 05 민법에서 물건이라 함은 유체물 및 전기 기타 관리할 수 있는 자연력을 말하고(민법 제98조), 토지 및 그 정착물 이외의 물건은 동산에 해당되므로 금전이나 관리할 수 있는 자연력은 동산에 해당한다(민법 제99조).

06 건물은 일정한 면적, 공간의 이용을 위하여 지상, 지하에 건설된 구조물을 말하는 것으로서, 건물의 개수는 토지와 달리 공부상의 등록에 의하여 결정되는 것이 아니라 사회통념 또는 거래관념에 따라 물리적 구조, 거래 또는 이용의 목적물로서 관찰한 건물의 상태 등 객관적 사정과 건축한 자 또는 소유자의 의사 등 주관적 사정을 참작하여 결정되는 것이다(대판 1997.7.8. 96다36517).

07 대판 1997.7.8. 96다36517 참조

08 입목에 관한 법률에 따라 등기된 입목이나 명인방법을 갖춘 수목의 경우에는 독립하여 거래의 객체가 된다(대결 1998.10.28. 98마1817).

09 입목이란 토지에 부착된 수목의 집단으로서 그 소유자가 입목에 관한 법률에 따라 소유권보존의 등기를 받은 것을 말하며, 입목의 소유자는 입목을 토지와 분리하여 저당권의 목적으로 할 수 있다(입목에 관한 법률 제2조 제1항 제1호, 제3조 제2항).

10 일반적으로 일단의 증감 변동하는 동산을 하나의 물건으로 보아 이를 채권담보의 목적으로 삼으려는 이른바 집합물에 대한 양도담보설정계약체결도 가능하며 이 경우 그 목적 동산이 담보설정자의 다른 물건과 구별될 수 있도록 그 종류, 장소 또는 수량지정 등의 방법에 의하여 특정되어 있으면 그 전부를 하나의 재산권으로 보아 이에 유효한 담보권의 설정이 된 것으로 볼 수 있다(대판 1990.12.26. 88다카20224).

11 지하에서 용출되는 온천수는 토지의 구성부분일 뿐 그 토지와 독립된 권리의 객체가 아니다. 기출 18

[○ / ×]

12 독립된 부동산으로서의 건물이라고 하기 위하여는 최소한의 기둥과 지붕 그리고 주벽이 이루어지면 된다. 기출 17·13

[○ / ×]

13 권원 없이 타인의 토지에 한 그루의 수목을 식재한 사람은 그 소유권을 잃는다. 기출 14

[○ / ×]

제4절 주물과 종물

14 주물의 소유자의 상용에 공여되고 있더라도 주물 자체의 효용과 관계가 없는 물건은 종물이 아니다. 기출 22·20·19·18·15·14

[○ / ×]

15 원본채권이 양도되면 특별한 사정이 없는 한 이미 변제기에 도달한 이자채권도 당연히 함께 양도된다. 기출 22

[○ / ×]

16 주물을 처분할 때 종물을 제외하거나 종물만을 별도로 처분하는 특약은 무효이다. 기출 22·17·15

[○ / ×]

정답 11 ○ 12 ○ 13 ○ 14 ○ 15 × 16 ×

해설 11 판례의 취지를 고려할 때 온천수는 토지의 구성부분에 불과하고 독립한 물권의 객체가 되지 않으므로 온천에 관한 권리는 관습상의 물권이나 준물권이라고 할 수 없다.
12 독립된 부동산으로서의 건물이라고 하기 위하여는 최소한의 기둥과 지붕 그리고 주벽이 이루어지면 된다(대판 2001.1.16. 2000다51872).
13 타인의 토지상에 권원 없이 식재한 수목의 소유권은 토지에 부합되어 토지소유자에게 귀속하게 된다(대판 1998.4.24. 97도3425).
14 주물의 상용에 이바지한다 함은 주물 그 자체의 경제적 효용을 다하게 하는 것을 말하는 것으로서, 주물의 소유자나 이용자의 사용에 공여되고 있더라도 주물 그 자체의 효용과 직접 관계가 없는 물건은 종물이 아니다(대결 2000.11.2. 2000마3530).
15 이자채권은 원본채권에 대하여 종속성을 갖고 있으나 이미 변제기에 도달한 이자채권은 원본채권과 분리하여 양도할 수 있고 원본채권과 별도로 변제할 수 있으며 시효로 인하여 소멸되기도 하는 등 어느 정도 독립성을 갖게 되는 것이므로, 원본채권이 양도된 경우 이미 변제기에 도달한 이자채권은 원본채권의 양도 당시 그 이자채권도 양도한다는 의사표시가 없는 한 당연히 양도되지는 않는다(대판 1989.3.28. 88다카12803).
16 민법 제100조 제2항은 임의규정이므로 주물과 종물을 별도로 처분하는 약정도 유효하다.

17 주물을 점유에 의하여 시효취득하여도 종물을 점유하지 않았다면 그 효력은 종물에 미치지 않는다. 기출 21

[○ / ×]

18 주물을 처분할 때 특약으로 종물을 제외할 수 있고 종물만을 별도로 처분할 수도 있다. 기출 20 · 16

[○ / ×]

19 종물은 주물의 처분에 따른다는 민법 제100조 제2항은 강행규정이다. 기출 19 · 13　[○ / ×]

20 '종물은 주물의 처분에 따른다'고 규정한 민법 제100조 제2항의 '처분'에는 공법상 처분은 포함되지 않는다. 기출 22

[○ / ×]

21 종물은 주물의 처분에 따른다는 민법 제100조 제2항의 규정은 권리 상호 간에 적용될 수 없다. 기출 17 · 16

[○ / ×]

22 주물이 압류된 경우 압류의 효력은 종물에도 미친다. 기출 16

[○ / ×]

23 주물과 종물은 모두 동일한 소유자에 속하여야 하므로 법률상 하나의 물건으로 취급된다. 기출 14

[○ / ×]

정답　17 ○　18 ○　19 ×　20 ×　21 ×　22 ○　23 ×

해설　**17** 점유를 요건으로 하는 권리, 즉 취득시효에 의한 소유권취득, 유치권, 질권의 경우에는 그 권리의 성질상 주물 이외에 종물에 대하여도 점유가 필요하며 주물만 점유한 경우 종물은 주물의 처분에 따르지 아니한다.

　18 종물은 주물의 처분에 수반된다는 민법 제100조 제2항은 임의규정이므로, 당사자는 주물을 처분할 때에 특약 으로 종물을 제외할 수 있고 종물만을 별도로 처분할 수도 있다(대판 2012.1.26. 2009다76546).

　19 대판 2012.1.26. 2009다76546

　20 민법 제100조 제2항의 종물과 주물의 관계에 관한 법리는 물건 상호 간의 관계뿐 아니라 권리 상호 간에도 적용되고, 위 규정에서의 처분은 처분행위에 의한 권리변동뿐 아니라 주물의 권리관계가 압류와 같은 공법상 의 처분 등에 의하여 생긴 경우에도 적용된다(대판 2006.10.26. 2006다29020).

　21 민법 제100조 제2항의 종물과 주물의 관계에 관한 법리는 물건 상호 간의 관계뿐 아니라 권리 상호 간에도 적용되고, 위 규정에서의 처분은 처분행위에 의한 권리변동뿐 아니라 주물의 권리관계가 압류와 같은 공법상 의 처분 등에 의하여 생긴 경우에도 적용된다(대판 2006.10.26. 2006다29020).

　22 종물은 주물의 처분에 따르므로(민법 제100조 제2항), 주물에 대한 압류의 효력은 종물에도 미친다.

　23 종물은 주물의 처분에 따르게 되어 종물은 주물과 그 법률적 운명을 같이 한다고 할 수는 있으나, 본래 종물은 독립된 물건이기 때문에 법률상 하나의 물건으로 취급된다고 할 수는 없다.

24 주물의 구성부분도 종물이 될 수 있다. `기출` 19 [○ / ×]

25 주물과 다른 사람의 소유에 속하는 물건은 종물이 될 수 없다. `기출` 20 · 17 [○ / ×]

제5절 원물과 과실

26 권리의 과실(果實)은 민법상 과실(果實)이다. `기출` 21 [○ / ×]

27 국립공원의 입장료는 민법상 (법정)과실이 아니다. `기출` 20 · 18 [○ / ×]

28 법정과실은 수취할 권리의 존속기간일수의 비율로 취득하고, 천연과실은 그 원물로부터 분리하는 때에 이를 수취할 권리자에 속한다. `기출` 19 · 17 · 16 · 15 · 14 · 13 [○ / ×]

29 물건의 소유자만이 아니라 그 물건의 수익권자도 과실을 수취할 수 있는 권리자이다. `기출` 14
[○ / ×]

30 물건의 사용대가로 받는 금전 기타 물건은 천연과실이다. `기출` 13 [○ / ×]

정답 **24** × **25** ○ **26** × **27** ○ **28** ○ **29** ○ **30** ×

해설 **24** 종물은 독립된 물건이어야 하기 때문에 주물의 구성부분은 종물이 될 수 없다.
25 종물은 물건의 소유자가 그 물건의 상용에 공하기 위하여 자기 소유인 다른 물건을 이에 부속하게 한 것을 말하므로(민법 제100조 제1항) 주물과 다른 사람의 소유에 속하는 물건은 종물이 될 수 없다(대판 2008.5.8. 2007다36933 · 36940).
26 물건의 용법에 의하여 수취한 산출물은 천연과실이고, 물건의 사용대가로 받은 금전 기타 물건이 법정과실이기 때문에(민법 제101조) 권리의 과실은 민법상의 과실에는 해당하지 아니한다.
27 국립공원의 입장료는 수익자부담의 원칙에 따라 국립공원의 유지 · 관리비용의 일부를 입장객에게 부담시키는 것에 지나지 않고, 토지의 사용대가가 아닌 점에서 민법상의 과실은 아니다(대판 2001.12.28. 2000다27749).
28 법정과실은 수취할 권리의 존속기간일수의 비율로 취득하고(민법 제102조 제2항), 천연과실은 그 원물로부터 분리하는 때에 이를 수취할 권리자에 속한다(민법 제102조 제1항).
29 과실수취권자는 원칙적으로 물건의 소유자나 지상권자, 전세권자 등 수익자도 과실수취권자에 해당한다.
30 물건의 사용대가로 받는 금전 기타의 물건은 법정과실로 한다(민법 제101조 제2항).

---

04 권리의 객체 「확인학습문제」

제1절	서 설

제2절	물 건

제3절	동산과 부동산

01 민법상 물건에 관한 설명으로 옳지 않은 것은?(다툼이 있으면 판례에 따름) ▌2018년 6회 행정사

① 국립공원의 입장료는 법정과실이 아니다.

② 입목에 관한 법률에 따라 등기된 입목은 그 토지와 독립하여 거래의 객체가 될 수 없다.

③ 장소, 종류, 수량 등이 특정되어 있는 집합물은 양도담보의 대상이 될 수 있다.

④ 주물의 소유자의 사용에 공여되고 있더라도 주물 그 자체의 효용과 직접 관계가 없는 물건은 종물이 아니다.

⑤ 지하에서 용출되는 온천수는 토지의 구성부분일 뿐 그 토지와 독립된 권리의 객체가 아니다.

해설 난도 ★★☆

② (×) 입목의 소유자는 토지와 분리하여 입목을 양도하거나 저당권의 목적으로 할 수 있다(입목에 관한 법률 제3조 제2항). 즉, 등기된 입목은 그 토지와 독립하여 거래의 객체가 될 수 있다.

① (○) 국립공원의 입장료는 수익자부담의 원칙에 따라 국립공원의 유지·관리비용의 일부를 입장객에게 부담시키는 것에 지나지 않고, 토지의 사용대가가 아닌 점에서 민법상의 과실은 아니다(대판 2001.12.28. 2000다27749).

③ (○) 일반적으로 일단의 증감 변동하는 동산을 하나의 물건으로 보아 이를 채권담보의 목적으로 삼으려는 이른바 집합물에 대한 양도담보설정계약체결도 가능하며 이 경우 그 목적 동산이 담보설정자의 다른 물건과 구별될 수 있도록 그 종류, 장소 또는 수량지정 등의 방법에 의하여 특정되어 있으면 그 전부를 하나의 재산권으로 보아 이에 유효한 담보권의 설정이 된 것으로 볼 수 있다(대판 1990.12.26. 88다카20224).

④ (○) 주물의 상용에 이바지한다 함은 주물 그 자체의 경제적 효용을 다하게 하는 것을 말하는 것으로서, 주물의 소유자나 이용자의 사용에 공여되고 있더라도 주물 그 자체의 효용과 직접 관계가 없는 물건은 종물이 아니다(대결 2000.11.2. 2000마3530).

⑤ (○) 판례의 취지를 고려할 때 온천수는 토지의 구성부분에 불과하고 독립한 물권의 객체가 되지 않으므로 온천에 관한 권리는 관습상의 물권이나 준물권이라고 할 수 없다.

> **Plus One**
>
> 온천에 관한 권리는 관습상의 물권이나 준물권이라 할 수 없고 온천수는 공용수 또는 생활상 필요한 용수에 해당되지 않는다(대판 1972.8.29. 72다1243).

02 민법상 물건에 관한 설명으로 옳은 것은?(다툼이 있으면 판례에 따름) ▮2015년 3회 행정사

① 전기 기타 관리할 수 있는 자연력은 물건이 아니다.
② 주물의 소유자나 이용자의 사용에 공여되고 있으면 주물 그 자체의 효용과 직접 관계가 없는 물건이라도 종물에 해당한다.
③ 입목에 관한 법률에 따른 입목등기를 하지 않은 수목이더라도 명인방법을 갖추면 토지와 독립된 부동산으로서 거래의 객체가 된다.
④ 천연과실은 수취할 권리의 존속기간일수의 비율로 취득한다.
⑤ 당사자는 주물을 처분할 때에 특약으로 종물만을 별도로 처분할 수 없다.

해설 난도 ★☆☆

③ (○) 입목에 관한 법률에 따라 등기된 입목이나 명인방법을 갖춘 수목의 경우에는 독립하여 거래의 객체가 된다(대결 1998.10.28. 98마1817).
① (×) 본법에서 물건이라 함은 유체물 및 전기 기타 관리할 수 있는 자연력을 말한다(민법 제98조).
② (×) 주물의 상용에 이바지한다 함은 주물 그 자체의 경제적 효용을 다하게 하는 것을 말하는 것으로서, 주물의 소유자나 이용자의 사용에 공여되고 있더라도 주물 그 자체의 효용과 직접 관계가 없는 물건은 종물이 아니다(대결 2000.11.2. 2000마3530).
④ (×) 법정과실의 취득에 관한 설명이다. 천연과실은 그 원물로부터 분리하는 때에 이를 수취할 권리자에게 속한다(민법 제102조 제1항).
⑤ (×) 종물은 주물의 처분에 수반된다는 민법 제100조 제2항은 임의규정이므로, 당사자는 주물을 처분할 때에 특약으로 종물을 제외할 수 있고 종물만을 별도로 처분할 수도 있다(대판 2012.1.26. 2009다76546).

03 민법상 물건에 관한 설명으로 옳지 않은 것은?(다툼이 있으면 판례에 따름) ▮2020년 8회 행정사

① 건물의 개수(個數)를 결정함에 있어서 건축자나 소유자의 의사 등 주관적 사정은 고려되지 않는다.
② 주물 소유자의 상용에 공여되고 있더라도 주물 그 자체의 효용과 직접 관계 없는 물건은 종물이 아니다.
③ 당사자는 특약으로 주물과 종물을 별도로 처분할 수 있다.
④ 국립공원의 입장료는 민법상 과실(果實)이 아니다.
⑤ 주물의 소유자가 아닌 다른 사람의 소유에 속하는 물건은 종물이 될 수 없다.

해설 난도 ★★☆

① (×) 건물은 일정한 면적, 공간의 이용을 위하여 지상, 지하에 건설된 구조물을 말하는 것으로서, 건물의 개수는 토지와 달리 공부상의 등록에 의하여 결정되는 것이 아니라 사회통념 또는 거래관념에 따라 물리적 구조, 거래 또는 이용의 목적물로서 관찰한 건물의 상태 등 객관적 사정과 건축한 자 또는 소유자의 의사 등 주관적 사정을 참작하여 결정되는 것이다(대판 1997.7.8. 96다36517).
② (○) 주물의 소유자나 이용자의 사용에 공여되고 있더라도 주물 그 자체의 효용과 직접 관계가 없는 물건은 종물이 아니다(대결 2000.11.2. 2000마3530).
③ (○) 종물은 주물의 처분에 수반된다는 민법 제100조 제2항은 임의규정이므로, 당사자는 주물을 처분할 때에 특약으로 종물을 제외할 수 있고 종물만을 별도로 처분할 수도 있다(대판 2012.1.26. 2009다76546).
④ (○) 국립공원의 입장료는 수익자부담의 원칙에 따라 국립공원의 유지·관리비용의 일부를 입장객에게 부담시키는 것에 지나지 않고, 토지의 사용대가가 아닌 점에서 민법상의 과실은 아니다(대판 2001.12.28. 2000다27749).
⑤ (○) 종물은 물건의 소유자가 그 물건의 상용에 공하기 위하여 자기 소유인 다른 물건을 이에 부속하게 한 것을 말하므로(민법 제100조 제1항) 주물과 다른 사람의 소유에 속하는 물건은 종물이 될 수 없다(대판 2008.5.8. 2007다36933·36940).

04 물건에 관한 설명으로 옳은 것은?(다툼이 있으면 판례에 따름) ┃2022년 10회 행정사

① 주물의 소유자의 상용에 공여되고 있더라도 주물 자체의 효용과 관계가 없는 물건은 종물이 아니다.

② 원본채권이 양도되면 특별한 사정이 없는 한 이미 변제기에 도달한 이자채권도 당연히 함께 양도된다.

③ 주물을 처분할 때 종물을 제외하거나 종물만을 별도로 처분하는 특약은 무효이다.

④ 피상속인이 유언으로 자신의 유골의 매장장소를 지정한 경우, 제사주재자는 피상속인의 의사에 따를 법률적 의무를 부담한다.

⑤ '종물은 주물의 처분에 따른다'고 규정한 민법 제100조 제2항의 '처분'에는 공법상 처분은 포함되지 않는다.

해설 난도 ★☆☆

① (○) 주물의 상용에 이바지한다 함은 주물 그 자체의 경제적 효용을 다하게 하는 것을 말하는 것으로서, 주물의 소유자나 이용자의 사용에 공여되고 있더라도 주물 그 자체의 효용과 직접 관계가 없는 물건은 종물이 아니다(대결 2000.11.2. 2000마3530).

② (×) 이자채권은 원본채권에 대하여 종속성을 갖고 있으나 이미 변제기에 도달한 이자채권은 원본채권과 분리하여 양도할 수 있고 원본채권과 별도로 변제할 수 있으며 시효로 인하여 소멸되기도 하는 등 어느 정도 독립성을 갖게 되는 것이므로, <u>원본채권이 양도된 경우 이미 변제기에 도달한 이자채권은 원본채권의 양도 당시 그 이자채권도 양도한다는 의사표시가 없는 한 당연히 양도되지는 않는다</u>(대판 1989.3.28. 88다카12803).

③ (×) 민법 제100조 제2항은 임의규정이므로 주물과 종물을 별도로 처분하는 약정도 유효하다.

④ (×) <u>피상속인이 생전행위 또는 유언으로 자신의 유체·유골을 처분하거나 매장장소를 지정한 경우에, 선량한 풍속 기타 사회질서에 반하지 않는 이상 그 의사는 존중되어야 하고 이는 제사주재자로서도 마찬가지이지만, 피상속인의 의사를 존중해야 하는 의무는 도의적인 것에 그치고, 제사주재자가 무조건 이에 구속되어야 하는 법률적 의무까지 부담한다고 볼 수는 없다</u>(대판[전합] 2008.11.20. 2007다27670 – 다수의견).

⑤ (×) 민법 제100조 제2항의 종물과 주물의 관계에 관한 법리는 물건 상호 간의 관계뿐 아니라 권리 상호 간에도 적용되고, 위 규정에서의 처분은 처분행위에 의한 권리변동뿐 아니라 <u>주물의 권리관계가 압류와 같은 공법상의 처분 등에 의하여 생긴 경우에도 적용된다</u>(대판 2006.10.26. 2006다29020).

05 물건에 관한 설명으로 옳은 것은?(다툼이 있으면 판례에 따름) ▌2019년 7회 행정사

① 주물의 구성부분도 종물이 될 수 있다.

② 천연과실은 수취할 권리의 존속기간일수의 비율로 취득한다.

③ 종물은 주물의 처분에 따른다는 민법 제100조 제2항은 강행규정이다.

④ 주물 그 자체의 효용과 직접 관계가 없는 물건은 주물 소유자의 사용에 공여되고 있더라도 종물이 아니다.

⑤ 건물의 개수는 공부상의 등록에 의하여만 결정된다.

해설 난도 ★☆☆

④ (○) 주물의 상용에 이바지한다 함은 주물 그 자체의 경제적 효용을 다하게 하는 것을 말하는 것으로서, 주물의 소유자나 이용자의 사용에 공여되고 있더라도 주물 그 자체의 효용과 직접 관계가 없는 물건은 종물이 아니다(대결 2000.11.2. 2000마3530).

① (×) 종물은 독립된 물건이어야 하기 때문에 주물의 구성부분은 종물이 될 수 없다.

② (×) 법정과실의 취득에 관한 설명이다. 천연과실은 그 원물로부터 분리하는 때에 이를 수취할 권리자에게 속한다(민법 제102조 제1항).

③ (×) 종물은 주물의 처분에 수반된다는 민법 제100조 제2항은 임의규정이므로, 당사자는 주물을 처분할 때에 특약으로 종물을 제외할 수 있고 종물만을 별도로 처분할 수도 있다(대판 2012.1.26. 2009다76546).

⑤ (×) 건물은 일정한 면적, 공간의 이용을 위하여 지상, 지하에 건설된 구조물을 말하는 것으로서, 건물의 개수는 토지와 달리 공부상의 등록에 의하여 결정되는 것이 아니라 사회통념 또는 거래관념에 따라 물리적 구조, 거래 또는 이용의 목적물로서 관찰한 건물의 상태 등 객관적 사정과 건축한 자 또는 소유자의 의사 등 주관적 사정을 참작하여 결정되는 것이다(대판 1997.7.8. 96다36517).

06 물건에 관한 설명으로 옳지 않은 것은?(다툼이 있으면 판례에 따름) ▌2017년 5회 행정사

① 독립된 부동산으로서의 건물이라고 하기 위하여는 최소한의 기둥과 지붕 그리고 주벽이 이루어지면 된다.

② 주물과 종물을 별도로 처분하는 약정은 효력이 없다.

③ 주물과 다른 사람의 소유에 속하는 물건은 종물이 될 수 없다.

④ 법정과실은 수취할 권리의 존속기간일수의 비율로 취득한다.

⑤ 주물과 종물의 관계에 관한 법리는 주된 권리와 종된 권리 상호 간에도 적용된다.

해설 난도 ★☆☆

② (×) 민법 제100조 제2항은 임의규정이므로 주물과 종물을 별도로 처분하는 약정도 유효하다.

① (○) 독립된 부동산으로서의 건물이라고 하기 위하여는 최소한의 기둥과 지붕 그리고 주벽이 이루어지면 된다(대판 2001.1.16. 2000다51872).

③ (○) 종물은 물건의 소유자가 그 물건의 상용에 공하기 위하여 자기 소유인 다른 물건을 이에 부속하게 한 것을 말하므로(민법 제100조 제1항), 주물과 다른 사람의 소유에 속하는 물건은 종물이 될 수 없다(대판 2008.5.8. 2007다 36933·36940).

④ (○) 법정과실은 수취할 권리의 존속기간일수의 비율로 취득한다(민법 제102조 제2항).

⑤ (○) 주물과 종물에 해 정한 민법 제100조는 물건 상호 간의 관계에 관한 것이지만 권리 상호 간의 관계에도 유추적용된다(대판 2006.10.26. 2006다29020).

07 물건에 관한 설명으로 옳지 않은 것은?(다툼이 있으면 판례에 따름) ❚2016년 4회 행정사

① 민법상 전기(電氣)는 물건이다.

② 주물이 압류된 경우 압류의 효력은 종물에도 미친다.

③ 종물은 주물의 처분에 따른다는 민법 제100조 제2항의 규정은 권리 상호 간에 적용될 수 없다.

④ 주물을 처분할 때 특약으로 종물을 제외할 수 있고 종물만을 별도로 처분할 수도 있다.

⑤ 법정과실은 수취할 권리의 존속기간일수의 비율로 취득하고, 천연과실은 그 원물로부터 분리하는 때에 이를 수취할 권리자에 속한다.

해설 난도 ★★☆

③ (×) 주물과 종물에 관해 정한 민법 제100조는 물건 상호 간의 관계에 관한 것이지만 권리 상호 간의 관계에도 유추적용된다(대판 2006.10.26. 2006다29020).

① (○) 본법에서 물건이라 함은 유체물 및 전기 기타 관리할 수 있는 자연력을 말한다(민법 제98조).

② (○) 종물은 주물의 처분에 따르므로(민법 제100조 제2항), 주물에 대한 압류의 효력은 종물에도 미친다.

④ (○) 종물은 주물의 처분에 수반된다는 민법 제100조 제2항은 임의규정이므로, 당사자는 주물을 처분할 때에 특약으로 종물을 제외할 수 있고 종물만을 별도로 처분할 수도 있다(대판 2012.1.26. 2009다76546).

⑤ (○) 법정과실은 수취할 권리의 존속기간일수의 비율로 취득하고(민법 제102조 제2항), 천연과실은 그 원물로부터 분리하는 때에 이를 수취할 권리자에 속한다(민법 제102조 제1항).

08 다음 설명 중 옳지 않은 것은?(다툼이 있는 경우에는 판례에 의함) ❚2014년 2회 행정사

① 주물과 종물은 모두 동일한 소유자에 속하여야 하므로 법률상 하나의 물건으로 취급된다.

② 권원 없이 타인의 토지에 한 그루의 수목을 식재한 사람은 그 소유권을 잃는다.

③ 물건의 소유자만이 아니라 그 물건의 수익권자도 과실을 수취할 수 있는 권리자이다.

④ 주물 소유자의 상용에 공여되는 물건이라도 주물 그 자체의 효용과 직접 관계없는 물건은 종물이 아니다.

⑤ 물건의 사용대가로 받는 금전 기타의 물건은 수취할 권리의 존속기간일수의 비율로 취득한다.

해설 난도 ★★☆

① (×) 종물은 주물의 처분에 따르게 되어 종물은 주물과 그 법률적 운명을 같이 한다고 할 수 있으나, 본래 종물은 독립된 물건이기 때문에 법률상 하나의 물건으로 취급된다고 할 수는 없다.

② (○) 타인의 토지상에 권원 없이 식재한 수목의 소유권은 토지에 부합되어 토지소유자에게 귀속하게 된다(대판 1998.4.24. 97도3425).

③ (○) 과실수취권자는 원칙적으로 물건의 소유자이나 지상권자, 전세권자 등 수익자도 과실수취권자에 해당한다.

④ (○) 주물의 상용에 이바지한다 함은 주물 그 자체의 경제적 효용을 다하게 하는 것을 말하는 것으로서, 주물의 소유자나 이용자의 사용에 공여되고 있더라도 주물 그 자체의 효용과 직접 관계가 없는 물건은 종물이 아니다(대결 2000.11.2. 2000마3530).

⑤ (○) 물건의 사용대가로 받는 금전 기타의 물건인 법정과실은 수취할 권리의 존속기간일수의 비율로 취득한다(민법 제102조 제2항).

09 물건에 관한 설명으로 옳지 않은 것은?(다툼이 있으면 판례에 따름) ▎2021년 9회 행정사

① 관리할 수 있는 자연력은 동산이다.

② 분묘에 안치되어 있는 선조의 유골은 그 제사주재자에게 승계된다.

③ 금전은 동산이다.

④ 주물을 점유에 의하여 시효취득하여도 종물을 점유하지 않았다면 그 효력은 종물에 미치지 않는다.

⑤ 권리의 과실(果實)은 민법상 과실(果實)이다.

해설 난도 ★★☆

⑤ (×) 물건의 용법에 의하여 수취한 산출물은 천연과실이고, 물건의 사용대가로 받은 금전 기타 물건이 법정과실이기 때문에(민법 제101조) 권리의 과실은 민법상의 과실에는 해당하지 아니한다.

① (○), ③ (○) 민법에서 물건이라 함은 유체물 및 전기 기타 관리할 수 있는 자연력을 말하고(민법 제98조), 토지 및 그 정착물 이외의 물건은 동산에 해당되므로 금전이나 관리할 수 있는 자연력은 동산에 해당한다(민법 제99조).

② (○) 사람의 유체·유골은 매장·관리·제사·공양의 대상이 될 수 있는 유체물로서, 분묘에 안치되어 있는 선조의 유체·유골은 민법 제1008조의3 소정의 제사용 재산인 분묘와 함께 그 제사주재자에게 승계되고, 피상속인 자신의 유체·유골 역시 위 제사용 재산에 준하여 그 제사주재자에게 승계된다(대판[전합] 2008.11.20. 2007다27670 – 다수의견).

④ (○) 점유를 요건으로 하는 권리, 즉 취득시효에 의한 소유권취득, 유치권, 질권의 경우에는 그 권리의 성질상 주물 이외에 종물에 대하여도 점유가 필요하며 주물만 점유한 경우 종물은 주물의 처분에 따르지 아니한다.

10 물건에 관한 설명으로 옳지 않은 것은?(다툼이 있는 경우에는 판례에 의함) ▎2013년 1회 행정사

① 최소한의 기둥과 지붕 및 주벽이 있는 건물은 토지와는 별개의 독립한 물건으로 인정될 수 있다.

② 입목에 관한 법률에 따라 등기된 입목에는 저당권이 설정될 수 있다.

③ '종물은 주물의 처분에 따른다'는 민법의 규정은 임의규정이다.

④ 전기 기타 관리할 수 있는 자연력은 물건이다.

⑤ 물건의 사용대가로 받는 금전 기타 물건은 천연과실이다.

해설 난도 ★★☆

⑤ (×) 물건의 사용대가로 받는 금전 기타의 물건은 법정과실로 한다(민법 제101조 제2항).

① (○) 독립된 부동산으로서의 건물이라고 하기 위하여는 최소한의 기둥과 지붕 그리고 주벽이 이루어지면 된다(대판 2001.1.16. 2000다51872).

② (○) 입목이란 토지에 부착된 수목의 집단으로서 그 소유자가 입목에 관한 법률에 따라 소유권보존의 등기를 받은 것을 말하며, 입목의 소유자는 입목을 토지와 분리하여 저당권의 목적으로 할 수 있다(입목에 관한 법률 제2조 제1항 제1호, 제3조 제2항).

③ (○) 종물은 주물의 처분에 수반된다는 민법 제100조 제2항은 임의규정이므로, 당사자는 주물을 처분할 때에 특약으로 종물을 제외할 수 있고 종물만을 별도로 처분할 수도 있다(대판 2012.1.26. 2009다76546).

④ (○) 본법에서 물건이라 함은 유체물 및 전기 기타 관리할 수 있는 자연력을 말한다(민법 제98조).

05 권리의 변동

학습 Key word

❶ 권리변동의 모습과 권리변동의 원인으로 법률사실의 분류에 대해 학습한다.
❷ 법률행위의 목적 및 해석에 대해 학습한다.
❸ 의사표시 : 진의 아닌 의사표시, 통정허위표시, 착오에 의한 의사표시, 사기·강박에 의한 의사표시, 의사표시의 효력발생 시기에 대해 상세히 학습한다.
❹ 법률행위의 대리 : 대리가 인정되는 범위, 구별개념, 대리의 종류, 대리권, 대리행위, 대리의 효과, 복대리, 무권대리(표현대리/협의의 무권대리)에 대해 상세히 학습한다.
❺ 법률행위의 무효와 취소 : 무효와 취소의 구별, 무효와 취소의 이중효, 일부무효, 유동적 무효, 무권리자 처분행위의 추인, 무효행위의 전환, 취소의 당사자, 취소의 방법, 일부취소, 취소의 효과, 취소할 수 있는 법률행위의 추인, 법정추인, 단기제척사유에 대해 상세히 학습한다.
❻ 법률행위의 부관으로서 조건과 기한에 대해 학습한다.

제1절 서 설

I 의 의

1. 법률요건과 법률효과

법에 의하여 규율되는 생활관계를 법률관계라고 하며, 법률관계의 변동이 일어나려면 일정한 원인이 있어야 하는데, 그 원인을 법률요건이라고 한다. 따라서 법률요건이 갖추어지면 법률관계의 변동이 일어나게 되며 이를 법률효과라고 한다.

2. 권리변동의 모습

(1) 권리의 발생

1) 원시취득(절대적 발생)

타인의 권리에 기초하지 않고 원시적으로 취득하는 것을 말한다(예 건물신축, 선점, 습득, 발견, 시효취득, 선의취득 등). 원시취득 시에는 종전의 권리에 대한 제한이 소멸된다.

2) 승계취득(상대적 발생)

타인의 권리에 기초한 취득을 말한다. 따라서 무권리자로부터 승계취득은 불가능하며, 타인의 권리에 제한이나 흠이 있으면 그대로 승계한다.

① **이전적 승계** : 매매나 상속 등에 의하여 전주가 가지고 있던 권리가 그대로 승계된다.
② **설정적 승계** : 소유자로부터 지상권이나 저당권을 설정받는 경우와 같이 전주의 권리 내용의 일부만을 승계한다.

(2) 권리의 변경

권리의 변경이란 권리의 동일성을 유지하면서 권리의 주체, 내용 또는 작용이 변경되는 것을 말한다.

1) 주체의 변경 : 이전적 승계

2) 내용의 변경

① 질적 변경 : 손해배상청구권으로의 전환, 물상대위, 대물변제 등
② 양적 변경 : 제한물권의 설정으로 소유권이 축소되거나 설정된 제한물권의 소멸로 인하여 소유권이 확장되는 것

3) 작용(효력)의 변경

저당권의 순위변경, 대항력 없는 부동산임차권이 대항력을 갖추는 것, 채권양도통지로 대항력 취득 등

(3) 권리의 소멸

① 절대적 소멸 : 권리 그 자체의 종국적 소멸을 의미한다.
② 상대적 소멸 : 이전적 승계 시 전주의 권리는 소멸하나, 설정적 승계 시에는 상대적 소멸이 없다는 점을 주의해야 한다.

Ⅱ 권리변동의 원인

1. 법률요건과 법률사실

(1) 법률요건

법률요건은 권리변동의 원인이며, 법률요건에는 의사표시를 필요불가결한 요건으로 하는 법률행위와 법률행위 이외의 그 밖의 행위로서 민법이 권리변동의 효과를 발생시키는 것으로 정한 법률의 규정이 있다.

(2) 법률사실

법률사실은 법률요건을 구성하는 개개의 사실이다.

2. 법률사실의 분류

법률사실에 대한 전통적 분류는 일반화의 실익이 적기 때문에 크게 의사표시, 준법률행위, 사실행위로 구분하여 서술하기로 한다.

(1) 의사표시

일정한 법률효과의 발생을 목적으로 하는 의사의 표시행위이며, 법률요건에서 가장 중요한 법률행위의 필수불가결한 요소가 되는 법률사실이다.

(2) 준법률행위(법률적 행위)

당사자의 의사가 아닌 법률의 규정에 의해 법적 효과가 발생하는 법률요건으로 준법률행위 중 표현행위에 대해서는 법률행위에 관한 규정을 유추적용할 수 있다는 것이 실익이다.

1) 표현행위

① 의사의 통지 : 각종의 최고 및 거절, 이행의 청구 등이 이에 해당한다.

② 관념의 통지 : 사실의 통지라고도 하며, 채권양도의 통지나 승낙(민법 제450조), 사원총회의 소집 통지(민법 제71조), 시효중단사유의 채무의 승인(민법 제168조 제3호), 승낙연착의 통지(민법 제528조) 등이 이에 해당한다.

③ 감정의 표시 : 일정한 감정을 표시하는 행위이다. 수증자의 망은행위에 대한 용서(민법 제556조 제2항), 부정에 대한 용서(민법 제841조) 등이 이에 해당한다.

2) 비표현행위(사실행위)

① 순수사실행위(외부적 결과만 발생하면 족함) : 매장물발견(민법 제254조), 가공(민법 제259조), 주소의 설정(민법 제18조 제1항) 등

② 혼합사실행위(결과발생과 일정한 사실적 의사 필요) : 점유의 취득(민법 제192조 제1항), 무주물선점(민법 제252조 제1항), 유실물습득(민법 제253조), 사무관리(민법 제734조) 등 기출 15

(3) 사건 : 사람의 정신작용에 기하지 않은 법률사실

① 출생과 사망, 물건의 멸실, 부합(민법 제256조, 제257조), 혼화(민법 제258조), 부당이득, 기간, 혼동 등
② 가공은 순수사실행위인데 반하여, 부합과 혼화는 사건이다.

제2절 법률행위

제1관 | 법률행위 일반

Ⅰ 의 의

1. 개 념

법률행위라 함은 일정한 법률효과의 발생을 목적으로 하는 하나 또는 수 개의 의사표시를 불가결의 요소로 하는 법률요건을 말한다.

2. 성 질

(1) 법률요건

법률행위는 법률요건이다. 법률요건 중 사적자치의 법적 실현수단이다.

(2) 의사표시와의 관계

법률행위는 의사표시를 필수불가결의 요소로 한다. 그러나 의사표시가 곧바로 법률행위인 것은 아니다. 한편 법률행위는 언제나 의사표시만으로 구성되는 것은 아니다.

(3) 추상화 개념

법률행위는 추상적인 개념이다. 즉, 법률행위라는 개념은 매매와 같은 행위로 구체화되어야 비로소 실재하는 법제도로서 생명력을 갖는다.

3. 법률행위의 요건

(1) 서 설

법률행위가 완전히 그 효과를 발생하려면, 이론적으로는 먼저 법률행위로서 「성립」하여야 하고, 이어서 성립된 법률행위가 「유효」한 것이어야 한다.

(2) 성립요건(적극적 요건 : 권리를 주장하는 자가 요건의 구비를 입증해야 함)

1) 일반 성립요건

법률행위의 주체로서 당사자, 법률행위의 내용으로서 목적 및 법률행위의 불가결한 요소로서 의사표시가 있어야 한다.

2) 특별 성립요건(개별적인 법률행위에 대하여 특별히 요구되는 성립요건)

① 계약에서의 청약과 승낙의 합치

② 요식행위

③ 요물계약에서의 목적물의 인도

(3) 유효요건

1) 일반 효력발생요건(소극적 요건 : 권리발생을 저지하는 측에서 권리장애·멸각사실의 존재를 입증해야 함)

① 당사자에게 각종의 능력이 있어야 한다. 즉, 권리능력, 의사능력 및 행위능력이 있어야 한다.

② 법률행위의 목적에 확정가능성, 실현가능성, 적법성, 사회적 타당성이 있어야 한다.

③ 의사표시에 있어서 의사와 표시가 일치하고 하자가 없어야 한다.

2) 특별 효력발생요건[개별적인 법률행위에 대하여 특별히 요구되는 효력발생요건(적극적 요건 : 그 법률행위의 효력을 주장하는 자가 입증해야 함)]

① 법정대리인의 동의(민법 제5조)

② 대리권의 존재(민법 제114조 이하)

③ 조건의 성취와 기한의 도래(민법 제147조, 제152조)

④ 유언자의 사망(민법 제1073조)

⑤ 유증을 받을 자의 생존(민법 제1089조)

⑥ 허가(판례 : 토지거래허가구역 내의 토지매매 시 관할관청의 허가, 재단법인의 기본재산 처분 시 주무관청의 허가) 등

Ⅱ 법률행위의 종류 기출 15

1. 단독행위·계약·합동행위

법률행위의 요소인 의사표시의 수와 방향에 의한 분류이다.

(1) 단독행위

하나의 의사표시로 이루어진 법률행위이다.
① 상대방 있는 단독행위 : 동의, 취소, 채무면제, 해제, 추인 등
② 상대방 없는 단독행위 : 재단법인설립행위, 유언, 소유권의 포기, 상속의 승인·포기 등
③ 한계 : 단독행위에는 상대방의 지위 불안정을 고려하여 원칙적으로 조건이나 기한을 붙이지 못한다(민법 제493조 제1항 참조). 기출 22

(2) 계 약

청약과 승낙이라는 서로 대립하는 의사의 합치로 성립한다.

(3) 합동행위

두 개 이상의 서로 방향을 같이 하는 의사표시의 합치로 이루어진다.
① 사단법인 설립행위가 이에 해당한다.
② 합동행위에는 통정허위표시 규정(민법 제108조), 자기계약·쌍방대리 금지규정(민법 제124조)이 적용되지 않는다.

2. 채권행위(의무부담행위), 물권행위·준물권행위(처분행위)

① 채권행위는 이행의 문제를 남기고, 처분권이 불필요하다.
② 물권행위는 이행의 문제를 남기지 않고, 처분권이 필요하다. 물권행위는 물권의 변동을 직접 목적으로 하는 행위이고, 준물권행위는 물권 이외의 권리변동을 목적으로 하는 행위이다.
③ 채권법상의 모든 행위가 채권행위인 것은 아니다. 준물권행위로 채권양도가 있다.

3. 출연행위(出捐行爲), 비출연행위(非出捐行爲)

재산행위에는 자기의 재산을 감소시키고 타인의 재산을 증가시키는 출연행위와 그렇지 않은 행위로 비출연행위가 있다. 출연행위는 다시 다음과 같이 분류된다.

(1) 유상행위(有償行爲)와 무상행위(無償行爲)

자기의 출연에 대하여 상대방으로부터도 그에 대응하는 출연, 즉 대가를 받을 것을 목적으로 하는 행위가 유상행위이고, 그렇지 않은 것이 무상행위이다. 유상계약에 대하여 매매에 관한 규정이 준용된다(민법 제567조).

(2) 유인행위(有因行爲)와 무인행위(無因行爲)

출연행위는 일정한 법률상의 원인을 전제로 하여 행하여지는데, 이러한 원인이 존재하지 않으면 효력이 생기지 않는 것을 유인행위라 하고, 원인이 존재하지 않더라도 그대로 유효한 것을 무인행위라고 한다.

4. 신탁행위

현행법상 신탁행위는 민법상의 신탁행위와 신탁법에 의한 신탁행위의 두 가지가 있다.

(1) 민법상 신탁행위

추심을 위한 채권양도와 같이 일정한 경제적 목적을 위하여 신탁자가 수탁자에게 일정한 권리를 이전하고, 수탁자는 그 권리를 그 목적의 범위 내에서만 행사할 의무를 부담하는 법률관계를 말한다. 수탁자는 대외적으로 진정한 권리자의 지위를 가지지만, 대내적으로는 신탁자가 진정한 권리자이다. 이 점이 신탁법상 신탁과 구별된다.

(2) 신탁법상 신탁행위

신탁설정자(위탁자)가 법률행위에 의하여 상대방(신탁인수자 또는 수탁자)에게 재산권을 이전하는 동시에 그 재산권을 일정한 목적에 따라서 자기 또는 제3자(수익자)를 위하여 관리·처분하게 하는 법률관계이고(신탁법 제2조), 이러한 신탁을 설정하는 계약 또는 유언이 신탁행위이다(신탁법 제3조).

5. 요식행위(要式行爲), 불요식행위(不要式行爲)

① 의사표시가 일정한 방식에 따라 행해져야 하는 법률행위를 요식행위라고 하고, 그렇지 않은 행위를 불요식행위라고 한다.
② 법률행위는 계약자유의 원칙상 원칙적으로 불요식행위이다. 그러나 당사자의 신중한 의사결정을 위해, 거래의 안전과 신속 또는 법률관계의 명확화를 위해 일정한 방식이 요구되기도 한다.

6. 생전행위(生前行爲), 사인행위(死因行爲)

① 행위자의 사망으로 그 효력이 생기는 법률행위를 사인행위 또는 사후행위라고 하고, 기타의 보통의 행위를 생전행위라고 한다.
② 사인행위는 원칙적으로 엄격한 방식을 요한다(민법 제1060조 참조).

7. 주(主)된 행위(行爲), 종(從)된 행위(行爲)

① 법률행위가 유효하게 성립하기 위하여 다른 법률행위의 존재를 전제로 하는 행위를 종된 행위라 하고, 그 전제가 되는 행위를 주된 행위라고 한다.
② 종된 행위는 주된 행위와 법률적 운명을 같이하는 것이 원칙이다.

제2관 | 법률행위의 목적

I 의 의

① 법률행위의 목적이란 법률행위를 하는 자가 그 행위에 의하여 발생시키려고 하는 법률효과를 말하며, 법률행위의 내용이라고도 한다.

② 법률행위가 유효하려면 법률행위의 목적이 확정성, 실현가능성, 적법성, 사회적 타당성이라는 요건을 갖추어야 한다(통설).

II 목적의 확정성

① 법률행위가 유효하기 위하여는 법률행위의 목적이 확정되어 있거나 적어도 확정가능하여야 한다. 확정할 수 없으면 무효가 된다. 확정가능의 여부는 법률행위의 해석에 의한다.

② 법률행위의 성립 당시부터 확정성을 갖출 필요는 없고, 「이행할 때까지」 확정할 수 있으면 족하다.

III 목적의 실현가능성

1. 실현가능성의 의미

법률행위가 유효하기 위하여 목적의 실현이 가능하여야 한다. 따라서 목적이 불능인 법률행위는 효력이 없다. 여기에서 불능은 원시적 불능에 한한다.

2. 불능의 종류

(1) 불능사유의 발생시점에 따른 구별

① 원시적 불능
  ㉠ 법률행위의 성립 당시부터 이미 그 목적의 이행 혹은 처분을 할 수 없는 경우를 말한다.
  ㉡ 법률행위는 당연무효가 되며, 계약체결상의 과실(민법 제535조)이 문제된다.

② 후발적 불능
  ㉠ 법률행위의 성립 당시에는 가능하였으나, 이행기 전에 불능으로 된 경우를 말한다.
  ㉡ 채무자의 고의·과실에 의한 불능의 경우, 채무불이행으로 인한 손해배상(민법 제390조) 및 계약해제(민법 제546조)가 문제된다.
  ㉢ 채무자의 귀책사유 없는 이행불능의 경우, 채무자의 목적물인도채무는 소멸하고 위험부담이 문제된다(민법 제537조).

(2) 불능의 범위에 따른 구별

① **전부불능** : 법률행위의 목적이 전부불능인 경우 원시적 불능인지 후발적 불능인지에 따라 처리된다.

② **일부불능** : 법률행위의 목적이 일부가 불능인 경우 원칙적으로 전부무효가 되나, 당사자가 무효부분이 없더라도 나머지 부분의 법률행위를 하였을 것이라고 인정되면 나머지 부분을 유효로 본다(민법 제137조).

> **⊕ 더 알아보기**
>
> 쌍무계약에 있어 당사자 일방이 부담하는 채무의 일부만이 채무자의 책임 있는 사유로 이행할 수 없게 된 때에는 그 이행이 불가능한 부분을 제외한 나머지 부분만의 이행으로는 계약의 목적을 달성할 수 없다면 채무의 이행은 전부가 불능이라고 보아야 할 것이므로 채권자로서는 채무자에 대하여 계약 전부를 해제하거나 또는 채무 전부의 이행에 갈음하는 전보배상을 청구할 수 있을 뿐이지 이행이 가능한 부분만의 급부를 청구할 수는 없다(대판 1995.7.25. 95다5929).

Ⅳ 목적의 적법성

1. 의 의

법률행위가 유효하기 위하여 그 목적이 적법해야 한다. 즉, 강행규정에 위반되는 법률행위는 무효이다. 법령 중 '선량한 풍속 기타 사회질서와 관계가 있는 규정'이 강행규정이다(민법 제105조).

2. 적법성과 사회적 타당성의 관계

(1) 학 설

둘을 별개의 요건으로 보는 구별설(통설)과 동일설(소수설)의 대립이 있다.

(2) 판례(구별설)

강행규정에 위반된다고 하여 곧바로 사회질서에 반하는 행위에 해당한다고 할 수는 없다(대판 2001.5.29. 2001다1782).

3. 강행규정과 임의규정의 구별

① 강행규정과 임의규정 구별의 표준에 관한 일반적인 원칙은 없으며, 각 규정마다 종류·성질·입법목적 등을 고려하여 이를 개별적으로 판정하는 수밖에 없다.

② 다만, 권리능력·행위능력·법인 제도 등에 관한 규정, 거래의 안전을 위한 규정, 경제적 약자를 보호하기 위한 사회정책적 규정, 가족관계·질서에 관한 규정 등은 강행규정에 해당한다. `기출 20`

4. 효력규정과 단속규정의 구별

(1) 견해의 대립

1) 통설·판례

강행규정을 효력규정과 단속규정으로 나누어 효력규정을 위반하면 무효이나, 단속규정을 위반하면 벌칙의 적용이 있을 뿐이고, 행위 그 자체의 사법상의 효력에는 영향이 없다는 견해이다.

2) 소수설

임의규정, 강행규정, 단속규정으로 크게 구분하고, 단속규정에 대하여는 다시 효력규정(위반 시 무효)과 단순한 단속규정(위반 시 사법상 효력에는 영향 없음)으로 세분하는 견해이다.

3) 검토

통설·판례와 소수설의 실질적인 견해의 차이는 없어 보인다. 생각건대 어떤 강행규정이 효력규정인지 단속규정인지를 구별하는 것은 쉽지 않고, 이를 판정하는 일반적인 기준 또한 없다. 이에 따라 당해 규정의 입법취지가 어떤 행위의 효력발생을 금지하는지 아니면 단순히 그러한 행위를 금지하는지에 따라 효력규정과 단속규정을 구분하는 것이 타당하다고 생각된다.

(2) 효력규정과 단속규정의 예시

① 법률이 특히 엄격한 표준을 정하여 일정한 자격을 갖춘 자에게만 허용하는 경우에는 그 규정은 효력규정으로서 그 자격을 대여하는 계약은 무효이다(예 광업권의 대차, 어업권의 임대차 등).

② 단속규정에 위반되는 무허가음식점 등의 영업행위, 신고 없이 숙박업을 하는 행위 등의 사법상 행위는 유효하다.

③ 부동산등기특별조치법상 조세포탈과 부동산투기 등을 방지하기 위하여 위 법률 제2조 제2항 및 제8조 제1호에서 등기하지 아니하고 제3자에게 전매하는 행위를 일정 목적범위 내에서 형사처벌하도록 되어 있으나 이로써 순차매도한 당사자 사이의 중간생략등기합의에 관한 사법상 효력까지 무효로 한다는 취지는 아니다(대판 1993.1.26. 92다39112). 기출 20

④ 증권회사 또는 그 임·직원의 부당권유행위를 금지하는 증권거래법 제52조 제1호는 공정한 증권거래질서의 확보를 위하여 제정된 강행법규로서 이에 위배되는 주식거래에 관한 투자수익보장약정은 무효이고, 투자수익보장이 강행법규에 위반되어 무효인 이상 증권회사의 지점장에게 그와 같은 약정을 체결할 권한이 수여되었는지 여부에 불구하고 그 약정은 여전히 무효이므로 표현대리의 법리가 준용될 여지가 없다(대판 1996.8.23. 94다38199). 기출 21·20·18·17

⑤ 개업공인중개사 등이 중개의뢰인과 직접 거래를 하는 행위를 금지하는 공인중개사법 제33조 제6호를 효력규정으로 보아 이에 위반한 거래행위를 일률적으로 무효라고 할 경우 중개의뢰인이 직접 거래임을 알면서도 자신의 이익을 위해 한 거래도 단지 직접 거래라는 이유로 효력이 부인되어 거래의 안전을 해칠 우려가 있으므로, 위 규정은 강행규정이 아니라 단속규정이다(대판 2017.2.3. 2016다259677). 기출 20

⑥ 부동산 중개수수료에 관한 규정들은 중개수수료 약정 중 소정의 한도를 초과하는 부분에 대한 사법상의 효력을 제한하는 이른바 강행법규에 해당하고, 따라서 구 부동산중개업법 등 관련 법령에서 정한 한도를 초과하는 부동산 중개수수료 약정은 그 한도를 초과하는 범위 내에서 무효이다(대판[전합] 2007.12.20. 2005다32159). 기출 17

⑦ 공익법인의 기본재산의 처분에 관한 공익법인의 설립·운영에 관한 법률 제11조 제3항의 규정은 강행규정으로서 이에 위반하여 주무관청의 허가를 받지 않고 기본재산을 처분하는 것은 무효라 할 것이다(대판 2005.9.28. 2004다50044). 기출 17

5. 탈법행위(간접적 위반)

(1) 의 의

강행규정을 직접 위반하지는 않았지만, 강행규정이 금지하고 있는 실질적 내용을 다른 수단으로 달성하려는 행위를 말한다.

(2) 효 과

탈법행위도 강행규정이 금지하고 있는 결과의 발생을 목적으로 하기 때문에 무효라는 점에는 이견이 없으나 탈법행위 개념을 따로 인정할 필요가 있는지에 관하여 견해가 대립된다.

6. 강행규정 위반의 효력

① 절대적 무효이다. 따라서 당사자가 무효임을 알고 추인하더라도 그 행위가 유효로 되지는 않는다.

② 제3자 보호규정을 강행규정에서 별도로 규정하고 있지 않는 한 강행규정에 반하여 무효인 법률행위를 기초로 하여 새롭게 이해관계를 갖게 되더라도 제3자는 선의·악의를 불문하고 보호되지 않는다(대판 1996.4.26. 94다43207 참조). 다만, 선의취득, 취득시효 등으로 보호받을 수는 있다.

Ⅴ 목적의 사회적 타당성

> **반사회질서의 법률행위(민법 제103조) 기출 19**
> 선량한 풍속 기타 사회질서에 위반한 사항을 내용으로 하는 법률행위는 무효로 한다.

1. 서 설

강행규정을 위반하지 않더라도 법률행위의 내용이 '선량한 풍속 기타 사회질서'에 반하면 무효이다(민법 제103조). 목적의 사회적 타당성은 강행규정과 더불어 사적자치의 한계를 이루며, 양자 공히 선량한 풍속 기타 사회질서와 관련되지만, 강행규정은 개개의 특정행위의 효력을 부인하는 반면, 목적의 사회적 타당성은 일반적·포괄적인 법의 근본이념에 의한 통제라는 점에서 차이가 있다.

2. 선량한 풍속 기타 사회질서의 의의

① 선량한 풍속이란 사회의 건전한 도덕관념이다.

② 사회질서란 사회의 평화와 질서를 유지하기 위하여 국민이 지켜야 할 국가, 사회의 공공적 질서 내지 일반적 이익이다.

3. 사회질서 위반의 요건

(1) 객관적 요건

법률행위의 내용이 선량한 풍속 기타 사회질서에 반해야 한다.

(2) 주관적 인식의 요부

자신의 법률행위가 사회질서에 반함을 행위자가 인식하고 있어야 하는가에 대하여 긍정하는 견해(통설)와 부정하는 견해의 대립이 있다.

(3) 사회질서 위반판단의 기준시기 기출 20 · 19 · 16

학설은 법률행위시설과 효력발생시설이 대립하고 있으며, 판례는 법률행위시설을 취하고 있다.

4. 동기의 불법

(1) 문제점

법률행위의 내용 자체는 사회질서에 반하지 않지만, 동기, 즉 의사표시를 하게 된 연유로 의사표시에 선행하는 심리과정에 반사회적 요소가 포함되어 있는 경우에, 법률행위의 효력은 어떻게 되는지 문제된다.

(2) 학설 및 판례의 태도

다수설은 동기의 불법에 관하여 동기의 착오와 마찬가지로 동기가 표시되거나 상대방에게 알려진 경우에 한하여 민법 제103조가 적용된다는 입장이다. 마찬가지로 판례도 동기가 표시되거나 상대방에게 알려진 경우에 민법 제103조를 적용한다(대판 2001.2.9. 99다38613). 기출 20 · 18 · 13

> **⊕ 더 알아보기**
>
> 민법 제103조에 의하여 무효가 되는 법률행위는 법률행위의 내용이 선량한 풍속 기타 사회질서에 위반되는 경우뿐만 아니라, 그 내용 자체는 반사회질서적인 것이 아니라고 하여도 법률적으로 이를 강제하거나 법률행위에 반사회질서적인 조건 또는 금전적 대가가 결부됨으로써 반사회질서적 성질을 띠게 되는 경우 및 표시되거나 상대방에게 알려진 법률행위의 동기가 반사회질서적인 경우도 당연히 포함한다(대판 2001.2.9. 99다38613)

5. 사회질서 위반행위의 유형화

(1) 정의관념에 반하는 행위

① 밀수입의 자금으로 사용하기 위한 소비대차 또는 그를 목적으로 한 출자행위

② 경매나 입찰에 있어서 부정한 약속을 하는 이른바 담합행위

③ 강제집행을 면할 목적으로 허위의 근저당권설정등기를 경료하는 행위나 비자금을 소극적으로 은닉하기 위하여 임차하는 행위는 반사회질서의 법률행위에 해당하지 않는다. `기출` `22·18·16`

④ 당사자의 일방이 상대방에게 공무원의 직무에 관한 사항에 관하여 특별한 청탁을 하게 하고 그에 대한 보수로 돈을 지급할 것을 내용으로 한 약정(대판 1995.7.14. 94다51994) `기출` `13`

⑤ 매수인이 매도인에게 이중매도할 것을 적극 권유하는 등 그의 배임행위에 적극 가담하여 이루어진 매매계약 `기출` `21·13`

⑥ 참고인이 수사기관에 허위의 진술을 하는 대가로 일정한 급부를 받기로 한 약정(대판 2001.4.24. 2000다71999) `기출` `22·21·20`

⑦ 보험계약자가 다수의 보험계약을 통하여 보험금을 부정 취득할 목적으로 체결한 보험계약(대판 2005.7.28. 2005다23858) `기출` `19`

⑧ 증인은 진실을 진술할 의무가 있으므로, 증언의 대가로 급부를 제공받기로 한 약정 및 허위진술의 대가로 급부를 받기로 하는 약정도 무효이다. `기출` `18·17`

⑨ 형사사건의 성공보수약정은 반사회적 법률행위에 해당하나, `기출` `21·20·17` 민사사건의 성공보수약정은 반사회적 법률행위에 해당하지 않는다.

⑩ 행정기관에 진정서를 제출하여 상대방을 궁지에 빠뜨린 다음 이를 취하하는 조건으로 거액의 급부를 제공받기로 약정한 경우

⑪ 위약벌의 약정은 채무의 이행을 확보하기 위하여 정해지는 것으로서 손해배상의 예정과는 그 내용이 다르므로 손해배상의 예정에 관한 민법 제398조 제2항을 유추적용하여 그 액을 감액할 수는 없다. 다만, 그 의무의 강제에 의하여 얻어지는 채권자의 이익에 비하여 약정된 벌이 과도하게 무거울 때에는 그 일부 또는 전부가 공서양속에 반하여 무효가 된다. `기출` `16`

⑫ 전통사찰의 주지직을 거액의 금품을 대가로 양도·양수하기로 하는 약정이 있음을 알고도 이를 묵인 혹은 방조한 상태에서 한 종교법인의 주지임명행위는 민법 제103조 소정의 반사회질서의 법률행위에 해당하지 않는다(대판 2001.2.9. 99다38613). `기출` `22`

⑬ 살인을 포기할 것을 조건으로 한 증여 `기출` `21`

⑭ 양도소득세의 일부를 회피할 목적으로 매매계약서에 실제로 거래한 가액을 매매대금으로 기재하지 아니하고 그보다 낮은 금액을 매매대금으로 기재하였다 하여, 그것만으로 그 매매계약이 사회질서에 반하는 법률행위로서 무효로 된다고 할 수는 없다(대판 2007.6.14. 2007다3285). `기출` `19`

⑮ 금전소비대차계약과 함께 이자의 약정을 하는 경우, 양쪽 당사자 사이의 경제력의 차이로 인하여 그 이율이 당시의 경제적·사회적 여건에 비추어 사회통념상 허용되는 한도를 초과하여 현저하게 고율로 정하여졌다면, 그와 같이 허용할 수 있는 한도를 초과하는 부분의 이자약정은 선량한 풍속 기타 사회질서에 위반한 사항을 내용으로 하는 법률행위로서 무효이다(대판[전합] 2007.2.15. 2004다50426). `기출` `16`

(2) 윤리적 질서에 반하는 행위

① 첩계약[본처의 동의 유무를 불문하고 선량한 풍속에 반하는 사항을 내용으로 하는 법률행위로서 무효일 뿐만 아니라 위법한 행위이다(대판 1967.10.6. 67다1134)].

② 부첩관계의 종료를 해제조건으로 하는 증여계약은 그 조건만이 무효인 것이 아니라 증여계약 자체가 무효가 된다(대판 1966.6.21. 66다530). **기출** 19 · 13 다만, 부첩관계나 불륜관계를 해소 내지 단절하면서 장래의 생활대책을 마련해주기 위한 목적에서 그 첩의 생활비를 지급하거나 자녀의 양육비를 지급하기로 하는 계약은 유효하다(대판 1980.6.24. 80다458). **기출** 16

③ 자(子)가 부모를 상대로 불법행위에 의한 손해배상을 청구하는 행위

(3) 개인의 자유를 매우 심하게 제한하는 행위

① 어떠한 일이 있어도 이혼하지 아니하겠다는 각서(대판 1969.8.19. 69므18) **기출** 21 · 18

② 반면 해외파견된 근로자가 귀국일로부터 일정 기간 소속회사에 근무하여야 한다는 사규나 약정은 민법 제103조 또는 제104조에 위반된다고 할 수 없다(대판 1982.6.22. 82다카90). **기출** 20

> ⊕ **더 알아보기**
>
> [해외연수 근로자가 귀국 후 일정 기간 근무하지 않으면 그 소요경비를 배상한다는 사규나 약정의 효력]
> 해외파견된 근로자가 귀국일로부터 일정 기간 소속회사에 근무하여야 한다는 사규나 약정은 민법 제103조 또는 제104조에 위반된다고 할 수 없고, 일정 기간 근무하지 않으면 해외파견 소요경비를 배상한다는 사규나 약정은 근로계약기간이 아니라 경비반환채무의 면제기간을 정한 것이므로 근로기준법 제21조에 위배하는 것도 아니다(대판 1982.6.22. 82다카90). **기출** 17

③ 민법 제103조에 의해 단체협약이 무효인지를 판단할 때 고려하여야 할 사정 / 업무상 재해로 인한 사망 등 일정한 사유가 발생하는 경우 조합원의 직계가족 등을 채용하기로 하는 내용의 단체협약이 선량한 풍속 기타 사회질서에 반하는지 판단하는 기준 : 단체협약이 민법 제103조의 적용대상에서 제외될 수는 없으므로 단체협약의 내용이 선량한 풍속 기타 사회질서에 위배된다면 그 법률적 효력은 배제되어야 한다. 다만 단체협약이 선량한 풍속 기타 사회질서에 위배되는지를 판단할 때에는 단체협약이 헌법이 직접 보장하는 기본권인 단체교섭권의 행사에 따른 것이자 헌법이 제도적으로 보장한 노사의 협약자치의 결과물이라는 점 및 노동조합 및 노동관계조정법에 의해 이행이 특별히 강제되는 점 등을 고려하여 법원의 후견적 개입에 보다 신중할 필요가 있다. 헌법 제15조가 정하는 직업선택의 자유, 헌법 제23조 제1항이 정하는 재산권 등에 기초하여 사용자는 어떠한 근로자를 어떠한 기준과 방법에 의하여 채용할 것인지를 자유롭게 결정할 자유가 있다. 다만 사용자는 스스로 이러한 자유를 제한할 수 있는 것이므로, 노동조합과 사이에 근로자 채용에 관하여 임의로 단체교섭을 진행하여 단체협약을 체결할 수 있고, 그 내용이 강행법규나 선량한 풍속 기타 사회질서에 위배되지 아니하는 이상 단체협약으로서의 효력이 인정된다. 사용자가 노동조합과의 단체교섭에 따라 업무상 재해로 인한 사망 등 일정한 사유가 발생하는 경우 조합원의 직계가족 등을 채용하기로 하는 내용의 단체협약을 체결하였다면, 그와 같은 단체협약이 사용자의 채용의 자유를 과도하게 제한하는

정도에 이르거나 채용 기회의 공정성을 현저히 해하는 결과를 초래하는 등의 특별한 사정이 없는 한 선량한 풍속 기타 사회질서에 반한다고 단정할 수 없다. 이러한 단체협약이 사용자의 채용의 자유를 과도하게 제한하는 정도에 이르거나 채용 기회의 공정성을 현저히 해하는 결과를 초래하는지는 단체협약을 체결한 이유나 경위, 그와 같은 단체협약을 통해 달성하고자 하는 목적과 수단의 적합성, 채용대상자가 갖추어야 할 요건의 유무와 내용, 사업장 내 동종 취업규칙 유무, 단체협약의 유지 기간과 준수 여부, 단체협약이 규정한 채용의 형태와 단체협약에 따라 채용되는 근로자의 수 등을 통해 알 수 있는 사용자의 일반 채용에 미치는 영향과 구직희망자들에 미치는 불이익 정도 등 여러 사정을 종합하여 판단하여야 한다(대판[전합] 2020.8.27. 2016다248998 – 다수의견).

④ 또한 강박행위의 주체가 국가 공권력이고 그 공권력 행사의 내용이 기본권을 침해하는 것이라고 하여 그 강박에 의한 의사표시가 항상 반사회성을 띠게 되어 당연히 무효로 된다고는 볼 수 없다(대판 2002.12.10. 2002다56031). 기출 **19**

(4) 사행성이 현저한 행위

① 도박자금을 대여하는 행위 기출 **17**
② 도박으로 부담한 채무의 변제로써 토지를 양도하는 계약
③ 도박에 패한 빚을 토대로 하여 그 노름빚을 변제하기로 한 계약

6. 사회질서 위반행위의 효과

(1) 이행 전 : 절대적 무효

무효이므로 이행할 필요가 없고, 상대방도 이행을 구할 수 없다. 또한 선량한 풍속 기타 사회질서에 반하는 법률행위는 절대적 무효이므로 별도의 선의취득과 같은 권리취득 원인이 없는 한 제3자는 선의인 때에도 보호되지 않는다. 기출 **18** 그리고 추인을 하여도 추인의 효과가 인정되지 않으며, 무효임을 알고 추인하여도 새로운 법률행위를 한 효과가 발생하지 않는다(대판 1973.5.22. 72다2249). 기출 **20 · 17**

(2) 이행 후 : 불법원인급여

> **불법원인급여(민법 제746조)**
> 불법의 원인으로 인하여 재산을 급여하거나 노무를 제공한 때에는 그 이익의 반환을 청구하지 못한다. 그러나 그 불법원인이 수익자에게만 있는 때에는 그러하지 아니하다.

1) 불법원인급여의 요건

① **원인의 불법** : 불법의 의미와 관련하여 견해의 대립이 있으나, 판례는 「민법 제746조가 규정하는 불법원인이라 함은 그 원인될 행위가 선량한 풍속 기타 사회질서에 위반하는 경우를 말하는 것으로서 설사 법률의 금지에 위반하는 경우라 할지라도 그것이 선량한 풍속 기타 사회질서에 위반하지 않는 경우에는 이에 해당하지 않는 것이다(대판 1983.11.22. 83다430)」라고 판시하였다.

⊕ **더 알아보기**

- 무효인 명의신탁약정에 기하여 타인 명의의 등기가 마쳐졌다는 이유만으로 그것이 당연히 불법원인급여에 해당한다고 볼 수 없다(대판 2003.11.27. 2003다41722).
- 어업권의 임대차를 내용으로 하는 임대차계약이 구 수산업법 제33조에 위반되어 무효라고 하더라도 그것이 부당이득의 반환이 배제되는 '불법의 원인'에 해당하는 것으로 볼 수는 없으므로, 어업권을 임대한 어업권자로서는 그 임대차계약에 기해 임차인에게 한 급부로 인하여 임차인이 얻은 이익, 즉 임차인이 양식어장(어업권)을 점유 · 사용함으로써 얻은 이익을 부당이득으로 반환을 구할 수 있다(대판 2010.12.9. 2010다57626 · 57633).

② **급여** : 불법원인급여에 해당하기 위해서는 이익을 얻기 위해서 더 이상 국가의 조력이 필요 없는 종국적인 급여에 해당하여야 한다. 따라서 도박자금채권의 담보로 부동산에 관하여 근저당권설정등기가 경료되었을 뿐이라면 그 근저당권설정등기로 근저당권자가 받을 이익은 소유권 이전과 같은 종국적인 것이 되지 못하여 민법 제746조에서 말하는 이익에는 해당하지 아니하므로, 그 부동산의 소유자는 민법 제746조의 적용을 받음이 없이 그 말소를 청구할 수 있다(대판 1994.12.22. 93다55234).

2) 불법원인급여의 효과

① **부당이득반환청구권** : 급부자는 수익자가 얻은 이익의 반환을 청구하지 못한다(민법 제746조 본문).

⊕ **더 알아보기**

영업상 관계있는 윤락행위를 하는 자에 대하여 가지는 채권은 계약의 형식에 관계없이 무효이므로, 윤락행위를 할 자를 고용 · 모집하거나 그 직업을 소개 · 알선한 자가 윤락행위를 할 자를 고용 · 모집함에 있어 성매매의 유인 · 강요의 수단으로 이용되는 선불금 등 명목으로 제공한 금품이나 그 밖의 재산상 이익 등은 불법원인급여에 해당하여 그 반환을 청구할 수 없다(대판 2004.9.3. 2004다27488 · 27495).

② **소유권에 기한 물권적 청구권** : 불법의 원인으로 급여를 한 사람이 그 원인행위가 무효라고 주장하고, 그 결과 급여물의 소유권이 자기에게 있다는 주장으로 소유권에 기한 반환청구를 하는 것도 허용할 수 없다(대판 1989.9.29. 89다카5994). 따라서 급여한 물건의 소유권은 반사적으로 급여를 받은 상대방에게 귀속된다(대판[전합] 1979.11.13. 79다483).

③ **불법행위를 원인으로 한 손해배상청구권** : 불법의 원인으로 재산을 급여한 사람은 상대방 수령자가 그 '불법의 원인'에 가공하였다고 하더라도 상대방에게만 불법의 원인이 있거나 그의 불법성이 급여자의 불법성보다 현저히 크다고 평가되는 등으로 제반 사정에 비추어 급여자의 손해배상청구를 인정하지 아니하는 것이 오히려 사회상규에 명백히 반한다고 평가될 수 있는 특별한 사정이 없는 한 상대방의 불법행위를 이유로 그 재산의 급여로 말미암아 발생한 자신의 손해를 배상할 것을 주장할 수 없다(대판 2013.8.22. 2013다35412).

CHAPTER 05

7. 불공정한 법률행위(폭리행위)

> **불공정한 법률행위(민법 제104조)** `기출` 18
> 당사자의 궁박, 경솔 또는 무경험으로 인하여 현저하게 공정을 잃은 법률행위는 무효로 한다.

(1) 의 의

① 상대방의 궁박, 경솔 또는 무경험을 이용하여 자기의 급부에 비하여 현저하게 균형을 잃은 반대급부를 하게 함으로써 부당한 재산적 이익을 얻는 행위를 불공정한 법률행위 또는 폭리행위라고 한다(민법 제104조).

② 민법 제103조와 민법 제104조와의 관계에 대하여 통설·판례는 민법 제104조를 민법 제103조의 예시로 본다.

(2) 적용범위

① 증여와 같이 대가적 급부의 출연이 없는 무상행위에는 민법 제104조의 적용이 없다(대판 2000.2.11. 99다56833). `기출` 19 · 17 · 14

② 당사자의 의사에 기하지 않은 경매에 의한 재산권 이전에는 민법 제104조의 적용이 없다(대결 1980.3.21. 80마77).

③ 채권의 포기에도 민법 제104조가 적용될 수 있다(대판 1975.5.13. 75다92).

④ 합동행위 내지 권리능력 없는 사단의 총회결의에도 민법 제104조가 적용된다.

(3) 요 건

1) 객관적 요건

① **현저한 공정성 상실** : 객관적으로 급부와 반대급부 사이에 현저한 불균형이 존재하는 것을 의미한다. 급부와 반대급부 사이의 '현저한 불균형'은 단순히 시가와의 차액 또는 시가와의 배율로 판단할 수 있는 것은 아니고 구체적·개별적 사안에 있어서 일반인의 사회통념에 따라 결정하여야 한다(대판 2010.7.15. 2009다50308). `기출` 18

② **현저한 불공정의 판단기준시점은 법률행위시이다**(통설·판례). `기출` 18 · 14

> **⊕ 더 알아보기**
>
> 어떠한 법률행위가 불공정한 법률행위에 해당하는지는 법률행위시를 기준으로 판단하여야 한다. 따라서 계약 체결 당시를 기준으로 전체적인 계약 내용에 따른 권리의무관계를 종합적으로 고려한 결과 불공정한 것이 아니라면, 사후에 외부적 환경의 급격한 변화에 따라 계약당사자 일방에게 큰 손실이 발생하고 상대방에게는 그에 상응하는 큰 이익이 발생할 수 있는 구조라고 하여 그 계약이 당연히 불공정한 계약에 해당한다고 말할 수 없다(대판[전합] 2013.9.26. 2011다53683 · 53690).

2) 주관적 요건

① 불균형이 당사자의 궁박·경솔·무경험에 기인하여야 한다. 기출 19

② 폭리자가 당사자에게 위와 같은 사정이 있음을 알고서 그것을 이용하려는 의사가 있어야 한다. 따라서 폭리행위의 악의가 없었다면 민법 제104조에 규정된 불공정 법률행위가 성립하지 않는다(대판 2011.1.27. 2010다53457). 기출 19

③ 궁박·경솔·무경험은 모두 구비되어야 하는 요건은 아니고, 그중 일부만 갖추어지면 충분하다(대판 1993.10.12. 93다19924). 기출 18·17·15

④ 궁박이라 함은 급박한 곤궁을 의미하며, 경제적·정신적·심리적 원인에서 기인할 수 있다(대판 2011.9.8. 2011다35722). 기출 22·15·14

⑤ 무경험은 일반적인 생활체험의 부족으로서 어느 특정영역에서의 경험부족이 아니라 거래일반에 대한 경험부족을 의미한다(대판 2002.10.22. 2002다38927).

⑥ 매도인의 대리인이 매매한 경우에 있어서 그 매매가 불공정한 법률행위인가를 판단함에는 매도인의 경솔, 무경험은 그 대리인을 기준으로 하여 판단하여야 하고, 궁박상태에 있었는지의 여부는 매도인 본인의 입장에서 판단되어야 한다(대판 1972.4.25. 71다2255). 기출 22·19·15

⑦ 법률행위가 현저하게 공정을 잃었다고 하여 곧 그것이 궁박, 경솔 또는 무경험으로 이루어진 것이라고 추정되는 것은 아니다(대판 1977.12.13. 76다2179). 기출 22·19·18·15·14

⑧ 경매에 있어서는 불공정한 법률행위 또는 채무자에게 불리한 약정에 관한 것으로서 효력이 없다는 민법 제104조, 제608조는 적용될 여지가 없다(대결 1980.3.21. 80마77). 기출 15

3) 입증책임

폭리행위에 대한 주장 및 입증책임은 그 무효를 주장하는 자에게 있고, 급부와 반대급부 사이에 현저한 불균형이 있다는 사정만으로 곧바로 당사자의 궁박, 경솔 또는 무경험에 기인하는 것으로 추정되지는 않지만, 구체적 사정에 따라 추정되기도 한다.

(4) 효 과

① 요건이 구비되면 그 행위는 무효이고, 추인에 의해서도 그 법률행위가 유효로 될 수 없다(대판 1994.6.24. 94다10900). 기출 22·20·18·13

② 무효행위 전환의 법리에 따라 법률행위의 일부가 유효할 수 있다는 것이 판례이다.

> **⊕ 더 알아보기**
>
> 매매계약이 약정된 매매대금의 과다로 말미암아 민법 제104조에서 정하는 '불공정한 법률행위'에 해당하여 무효인 경우에도 무효행위의 전환에 관한 민법 제138조가 적용될 수 있다(대판 2010.7.15. 2009다50308). 기출 22·18·14

③ 불공정한 법률행위는 무효이므로 아직 급부를 이행하지 아니한 경우에는 이행할 필요가 없다. 다만, 이미 급부를 이행한 경우에는 불법원인급여로서 제746조가 적용된다.

④ 대물변제계약이 불공정한 법률행위로서 무효인 경우에는 절대적 무효이므로 목적부동산의 소유권을 이전받은 선의의 제3자에 대해서도 무효를 주장할 수 있다. 기출 17

제3관 | 법률행위의 해석

> **임의규정(민법 제105조)**
> 법률행위의 당사자가 법령 중의 선량한 풍속 기타 사회질서에 관계없는 규정과 다른 의사를 표시한 때에는 그 의사에 의한다.
>
> **사실인 관습(민법 제106조)**
> 법령 중의 선량한 풍속 기타 사회질서에 관계없는 규정과 다른 관습이 있는 경우에 당사자의 의사가 명확하지 아니한 때에는 그 관습에 의한다.

I 의 의

1. 개 념

법률행위의 해석이란 법률행위의 성립 여부나 유효 여부를 판단하고, 목적(내용)을 확정시키는 것을 말한다. 그런데 법률행위는 의사표시를 요소로 하기 때문에 법률행위의 해석은 결국 의사표시의 해석으로 귀결된다.

2. 해석의 목표

법률행위(의사표시)의 해석의 목표는 표시행위가 가지는 당사자의 의사를 밝히는 것이다.

(1) 학 설

일반적으로 해석이란 당사자의 숨은 진의 내지 내심적 효과의사를 탐구하는 것이 아니라 당사자 의사의 객관적 표현이라고 볼 수 있는 표시행위가 가지는 객관적 의미를 밝히는 것이라고 한다.

(2) 판 례

「법률행위의 해석은 당사자가 그 '표시행위에 부여한 객관적인 의미'를 명백하게 확정하는 것」이라고 판시하고 있다. 기출 20

II 해석의 방법

1. 자연적 해석

① 표의자의 실제 내심의 의사를 밝히는 해석방법으로, 어떤 일정한 표시에 관하여 당사자가 사실상 일치하여 이해한 경우에는 그 의미대로 효력을 인정하는 해석방법을 말한다.
② 주로 상대방 없는 단독행위에서 자연적 해석방법이 적용된다.

③ 오표시무해의 원칙이란 표의자의 잘못된 표시는 그 표시의 진정한 의미를 인식할 수 있거나 명백한 때에는 표의자에게 해가 되지 않는다는 것으로, 자연적 해석 시 착오 문제는 발생하지 않는다.

> **⊕ 더 알아보기**
>
> [자연적 해석 : 오표시무해의 원칙]
> 부동산의 매매계약에 있어 쌍방당사자가 모두 특정의 甲 토지를 계약의 목적물로 삼았으나 그 목적물의 지번 등에 관하여 착오를 일으켜 계약을 체결함에 있어서는 계약서상 그 목적물을 甲 토지와는 별개인 乙 토지로 표시하였다 하여도 甲 토지에 관하여 이를 매매의 목적물로 한다는 쌍방당사자의 의사합치가 있는 이상 위 매매계약은 甲 토지에 관하여 성립한 것으로 보아야 할 것이고 乙 토지에 관하여 매매계약이 체결된 것으로 보아서는 안 될 것이며, 만일 乙 토지에 관하여 위 매매계약을 원인으로 하여 매수인 명의로 소유권이전등기가 경료되었다면 이는 원인이 없이 경료된 것으로서 무효이다(대판 1993.10.26. 93다2629·2636). `기출 14`

2. 규범적 해석

① 상대방의 입장에서 표시행위의 객관적·규범적 의미를 밝히는 해석방법이다.
② 상대방 있는 의사표시에 적용된다.
③ 착오에 의한 취소가 문제되는 것은 규범적 해석에 의할 경우에 한정된다.

> **⊕ 더 알아보기**
>
> [규범적 해석 : 표시주의 관점]
> • 법률행위의 해석은 당사자가 그 표시행위에 부여한 객관적인 의미를 명백하게 확정하는 것으로서, 서면에 사용된 문구에 구애받는 것은 아니지만 어디까지나 당사자의 내심적 의사의 여하에 관계없이 그 서면의 기재 내용에 의하여 당사자가 그 표시행위에 부여한 객관적 의미를 합리적으로 해석하여야 하는 것이고, `기출 20` 당사자가 표시한 문언에 의하여 그 객관적인 의미가 명확하게 드러나지 않는 경우에는 그 문언의 내용과 그 법률행위가 이루어진 동기 및 경위, 당사자가 그 법률행위에 의하여 달성하려는 목적과 진정한 의사, 거래의 관행 등을 종합적으로 고려하여 사회정의와 형평의 이념에 맞도록 논리와 경험의 법칙, 그리고 사회일반의 상식과 거래의 통념에 따라 합리적으로 해석하여야 한다(대판 2000.11.10. 98다31493).
> • 의사표시 해석에 있어서 당사자의 진정한 의사를 알 수 없다면, 의사표시의 요소가 되는 것은 표시행위로부터 추단되는 효과의사, 즉 표시상의 효과의사이고 표의자가 가지고 있던 내심적 효과의사가 아니므로, 당사자의 내심의 의사보다는 외부로 표시된 행위에 의하여 추단된 의사를 가지고 해석함이 상당하다(대판 2002.6.28. 2002다23482).
> • 법원이 진정성립이 인정되는 처분문서를 해석함에 있어서는 특별한 사정이 없는 한 그 처분문서에 기재되어 있는 문언에 따라 당사자의 의사표시가 있었던 것으로 해석하여야 하는 것이나, `기출 20` 그 처분문서의 기재내용과 다른 특별한 명시적, 묵시적 약정이 있는 사실이 인정될 경우에 그 기재내용의 일부를 달리 인정하거나 작성자의 법률행위를 해석함에 있어서 경험칙과 논리법칙에 어긋나지 아니하는 범위 내에서 자유로운 심증으로 판단할 수 있다(대판 2003.4.8. 2001다38593).

3. 보충적 해석

① 법률행위의 내용에 흠결이 있는 경우에 이를 해석에 의하여 보충하는 해석방법이다.

② 주로 계약에서 적용된다. 법률행위의 성립 전이나 불성립 시에는 보충적 해석이 문제되지 않는다.

③ 보충적 해석은 계약을 유지시키고자 하는 해석이기 때문에 착오에 의한 취소는 문제되지 않는다.

Ⅲ 해석의 표준

민법은 법률행위의 해석의 기준에 관해 일반규정을 두고 있지 않으나, 당사자가 기도한 목적, 사실인 관습, 임의법규, 신의성실의 원칙 등이 모두 해석의 기준이 될 수 있다.

제3절 의사표시

제1관 | 흠 있는 의사표시

Ⅰ 서 설

1. 의사표시의 의의

의사표시는 일정한 법률효과를 발생시키려는 의사를 외부로 표시하는 것으로, 법률행위의 본질적 구성부분이다.

2. 의사표시의 구성요소

(1) 구성요소

의사표시는 효과의사, 표시의사, 행위의사, 표시행위 등으로 분해될 수 있다. 다만, 이 중 '표시의사'가 의사표시의 구성요소로 필요한지 여부에 관하여 견해가 대립하고, 다수설은 이를 부정한다. '행위의사'에 대하여도 통설은 독립적인 구성요소로 보지는 않는다.

(2) 효과의사

효과의사는 어떤 구체적인 법률효과의 발생을 의도한 의사이다. 그런데 효과의사가 내심적 효과의사인가 표시상의 효과의사인가에 대하여 견해의 대립이 있으며, 다수설·판례는 법률행위의 해석과 관련하여 의사표시의 요소가 되는 것은 표시상의 효과의사라고 한다(대판 2002.6.28. 2002다23482).

(3) 표시의사

1) 의 의

표시의사란 효과의사를 외부에 표현하려는 의사이다. 포도주 경매사건이나 외환시장에서 손가락표시 등 자신의 표시행위의 법적 의미를 알지 못하고 표시행위를 한 경우를 표시의사가 없는 경우라 하는데, 이때의 법적 취급에 관하여 견해가 대립된다.

2) 표시의사 없는 경우의 법적 취급

① 표시의사는 의사표시의 구성요소가 아니라는 견해(불요설 : 통설) : 거래안전을 위해 표시의사가 없더라도 의사표시는 완전히 성립한다. 단, 의사와 표시의 불일치가 있는 경우로서 착오에 의한 취소 문제로 해결해야 한다는 입장이다.

② 표시의사는 의사표시의 구성요소라는 견해(필요설 : 소수설) : 표시의사가 없는 경우 의사표시는 불성립한다. 따라서 원칙적으로 착오 문제는 발생하지 않는다는 입장이다.

(4) 행위의사

행위의사란 어떤 행위를 하겠다는 인식을 의미하는 바, 수면 중의 행위, 반사적 행위, 최면상태의 행위 등은 행위의사가 없다. 이에 대해 통설은 행위의사를 의사표시의 독립적인 구성요소로 보지 않고 표시행위의 문제로 본다.

(5) 표시행위

1) 문제점

효과의사를 외부에 표시하는 행위로 쟁점은 명시적인 표시행위가 없는 경우에도 침묵이나 거동 등 일정한 행위를 표시행위로 보아 의사표시로 인정할 수 있는가이다.

2) 묵시적 의사표시(거동, 침묵, 포함적 의사표시 등)

① 거동 : 거동에 의한 의사표시는 가능하다.

② 침묵 : 침묵이 의사표시가 되기 위해서는 당사자 사이의 약정이나 거래관행상 일정한 의사표시로 평가될 수 있는 특별한 사정과 그에 대한 인식이 필요하다.

③ 포함적 의사표시(추단적 행위에 의한 의사표시, 간접적 의사표시)
　　㉠ 행위자의 실행행위에 어떤 의사표시가 포함되어 있는 경우로 이를 간접적 의사표시라고 표현하기도 한다.
　　㉡ 취소할 수 있는 법률행위의 법정추인(민법 제145조)은 포함적 의사표시이론에 근거한다.

Ⅱ　진의 아닌 의사표시

진의 아닌 의사표시(민법 제107조)
① 의사표시는 표의자가 진의 아님을 알고 한 것이라도 그 효력이 있다. 그러나 상대방이 표의자의 진의 아님을 알았거나 이를 알 수 있었을 경우에는 무효로 한다. 기출 22·16·15·13
② 전항의 의사표시의 무효는 선의의 제3자에게 대항하지 못한다.

1. 의 의

비진의표시는 의사와 표시의 불일치를 표의자 스스로 알면서 하는 의사표시를 말한다.

2. 요 건

(1) 의사표시의 존재

진의 아닌 의사표시로 되기 위하여 우선 일정한 효과의사를 추단할 만한 행위가 있어야 한다.

(2) 진의와 표시가 불일치할 것

① 진의란 특정한 내용의 의사표시를 하고자 하는 표의자의 생각을 말하는 것이지 표의자가 진정으로 마음속에서 바라는 사항을 뜻하는 것은 아니라고 할 것이다(대판 1993.7.16. 92다41528·92다41535). 기출 20·13

② 표의자가 의사표시의 내용을 진정으로 마음속으로 바라지는 아니하였다고 하더라도 당시의 상황에서는 그것을 최선이라고 판단하여 그 의사표시를 하였을 경우에는 이를 내심의 효과의사가 결여된 진의 아닌 의사표시라고 할 수 없다(대판 2003.4.25. 2002다11458). 기출 20

> ⊕ **더 알아보기**
>
> [명의대여자의 의사표시가 비진의 의사표시에 해당하는지 여부]
> 법률상 또는 사실상의 장애로 자기 명의로 대출받을 수 없는 자를 위하여 대출금채무자로서의 명의를 빌려준 자에게 그와 같은 채무부담의 의사가 없는 것이라고는 할 수 없으므로 그 의사표시를 비진의표시에 해당한다고 볼 수 없고, 설령 명의대여자의 의사표시가 비진의표시에 해당한다고 하더라도 그 의사표시의 상대방인 상호신용금고로서는 명의대여자가 전혀 채무를 부담할 의사 없이 진의에 반한 의사표시를 하였다는 것까지 알았다거나 알 수 있었다고 볼 수도 없다고 보아, 그 명의대여자는 표시행위에 나타난 대로 대출금채무를 부담한다(대판 1996.9.10. 96다18182).

(3) 표의자가 그러한 사실을 알고 있을 것

① 상대방과 통정이 있으면 통정허위표시이다.

② 표의자가 불일치 사실을 모르고 있는 경우에는 착오의 문제이다. 기출 20

3. 효 과 기출 20

(1) 원 칙

표시된 대로 효과가 발생하여 유효하다(민법 제107조 제1항 본문).

(2) 예 외

상대방이 알았거나 알 수 있었을 경우에는 무효이다(민법 제107조 제1항 단서). 이 경우 상대방이 진의 아님을 알았다거나 또는 알 수 있었다는 것은 의사표시의 무효를 주장하는 자가 주장·증명하여야 한다(통설·판례). 단, 무효로써 선의의 제3자에게 대항할 수 없다(민법 제107조 제2항).

진의 아닌 의사표시가 대리인에 의하여 이루어지고 그 대리인의 진의가 본인의 이익이나 의사에 반하여 자기 또는 제3자의 이익을 위한 배임적인 것임을 그 상대방이 알았거나 알 수 있었을 경우에는 민법 제107조 제1항 단서의 유추해석상 그 대리인의 행위에 대하여 본인은 아무런 책임을 지지 않는다고 보아야 한다(대판 2001.1.19. 2000다20694). `기출` 21

4. 적용범위

① 계약 및 상대방 있는 단독행위 : 당연히 민법 제107조가 적용된다.
② 상대방 없는 단독행위 : 민법 제107조 제1항 단서의 적용 여부에 대하여 학설의 다툼이 있다.
③ 친족법상의 행위와 공법상의 의사표시 및 거래의 안전이 중시되는 주식인수의 청약 등에 대하여는 민법 제107조가 적용되지 않는다. 따라서 공무원의 사직의 의사표시에는 민법 제107조가 적용되지 않는다. `기출` 20

5. 판 례

(1) 진의 아닌 의사표시에 해당하는 사례

사용자가 사직의 의사 없는 근로자로 하여금 어쩔 수 없이 사직서를 작성·제출하게 한 후 이를 수리하는 이른바 의원면직의 형식을 취하여 근로계약관계를 종료시키는 경우는 근로자의 사직서 제출이 진의 아닌 의사표시에 해당하여 무효이다(대판 2000.4.25. 99다34475). `기출` 20

(2) 진의 아닌 의사표시에 해당하지 않는 사례

① 비록 재산을 강제로 뺏긴다는 것이 표의자의 본심으로 잠재되어 있었다 하여도 표의자가 강박에 의하여서나마 증여를 하기로 하고 그에 따른 증여의 의사표시를 한 이상 증여의 내심의 효과의사가 결여된 것이라고 할 수는 없다(대판 2002.12.27. 2000다47361). `기출` 20
② 근로자가 징계면직처분을 받은 후 당시 상황에서는 징계면직처분의 무효를 다투어 복직하기는 어렵다고 판단하여 퇴직금 수령 및 장래를 위하여 사직원을 제출하고 재심을 청구하여 종전의 징계면직처분이 취소되고 의원면직처리된 경우, 그 사직의 의사표시는 비진의의사표시에 해당하지 않는다(대판 2000.4.25. 99다34475).
③ 공무원이 사직의 의사표시를 하여 의원면직처분을 하는 경우 그 사직의 의사표시는 그 법률관계의 특수성에 비추어 외부적·객관적으로 표시된 바를 존중하여야 할 것이므로, 비록 사직원제출자의 내심의 의사가 사직할 뜻이 아니었다고 하더라도 진의 아닌 의사표시에 관한 민법 제107조는 그 성질상 사직의 의사표시와 같은 사인의 공법행위에는 준용되지 아니하므로 그 의사가 외부에 표시된 이상 그 의사는 표시된 대로 효력을 발한다(대판 1997.12.12. 97누13962). `기출` 20

Ⅲ 통정한 허위의 의사표시

> **통정한 허위의 의사표시(민법 제108조)**
> ① 상대방과 통정한 허위의 의사표시는 무효로 한다.
> ② 전항의 의사표시의 무효는 선의의 제3자에게 대항하지 못한다.

1. 서 설

(1) 의 의

허위표시라 함은 상대방과 통정하여 하는 자기의 진의와 다른 의사표시를 말한다. 그리고 허위표시를 요소로 하는 법률행위를 가장행위라 한다.

(2) 구 별

① 은닉행위 : 증여를 하면서 증여세 면탈을 목적으로 매매를 가장하여 소유권이전등기를 하는 경우, 위 매매를 가장매매라 한다. 그리고 증여를 은닉행위라고 한다.

② 명의신탁행위 : 명의신탁에서 권리를 대외적으로 이전하려는 신탁자의 진의가 존재하므로, 명의신탁행위는 허위표시가 아니다.

③ 허수아비행위 : 계약당사자가 전면에 나서는 것을 꺼려 다른 사람을 내세워 법률행위를 하되 대내적으로 이에 따른 권리·의무를 자기에게 귀속시키는 행위를 허수아비행위라고 한다. 즉, 허수아비행위는 비진의표시나 통정허위표시가 될 수 없고, 원칙적으로 유효한 행위가 되어 허수아비에게 법적 효과가 귀속되고, 추후 배후자에게로의 권리이전의 문제가 남게 된다.

2. 요 건

(1) 의사표시의 존재

허위표시는 당연히 상대방 있는 의사표시여야 한다.

(2) 표시와 진의의 불일치

표시행위의 의미(표시상의 효과의사)에 대응하는 표의자의 의사(내심적 효과의사)가 존재하는 한, 허위표시가 아니다.

(3) 상대방과의 통정이 있을 것

① 진의와 다른 표시를 하는 데 대하여 표의자가 알고 있어야 할 뿐만 아니라 상대방과 통정해야 한다.

② 이 요건은 허위표시의 무효를 주장하는 자가 증명해야 한다.

3. 효 과

(1) 당사자 간의 효과

허위표시 당사자 사이에서는 언제나 무효이다. 또한 누구든지 그 무효를 주장할 수 있다(대판 2003.3.28. 2002다72125).

1) 민법 제746조와의 관계

허위표시는 그 자체로는 불법이 아니므로 민법 제746조는 적용되지 않는다. 즉, 강제집행을 면할 목적으로 부동산의 소유자 명의를 허위의 근저당권 설정등기를 경료하거나 명의신탁 하는 것이 불법원인급여에 해당한다고 볼 수는 없다(대판 2004.5.28. 2003다70041). 따라서 상대방에게 급부한 것에 대한 부당이득반환을 청구할 수 있다.

2) 민법 제406조와의 관계

무효인 법률행위를 취소할 수 있는지가 문제되는데, 통설·판례는 이를 긍정한다. 즉, 법률행위가 통정허위표시인 경우에도 채권자취소권의 대상이 되며, 채권자취소권의 대상으로 된 채무자의 법률행위라도 통정허위표시의 요건을 갖춘 경우에는 무효이다(대판 1998.2.27. 97다50985).

기출 15·13

(2) 제3자에 대한 효과

1) 제3자의 의의

허위표시의 당사자 및 포괄승계인 이외의 자로서 허위표시에 의하여 형성된 법률관계를 토대로 실질적으로 새로운 이해관계를 갖는 자를 말한다(통설, 대판 2007.7.6. 99다51258). 기출 18 여기에서 선의의 제3자가 보호될 수 있는 법률상 이해관계는 위 전세권설정계약의 당사자를 상대로 하여 직접 법률상 이해관계를 가지는 경우 외에도 그 법률상 이해관계를 바탕으로 하여 다시 위 전세권설정계약에 의하여 형성된 법률관계와 새로이 법률상 이해관계를 가지게 되는 경우도 포함된다(대판 2013.2.15. 2012다49292). 따라서 통정허위표시의 제3자가 악의라도 그 전득자가 통정허위표시에 대하여 선의인 때에는 전득자에게 허위표시의 무효를 주장할 수 없다. 기출 21

제3자에 해당 O	제3자에 해당 X
• 가장매매의 매수인으로부터 그 부동산을 다시 매수한 자(대판 1996.4.26. 94다12074) 기출 22·20·15 • 가장매매에 기한 대금채권의 양수인 또는 가장소비대차에 기한 채권의 양수인 • 가장양수인으로부터 저당권을 취득한 자 기출 16 • 통정허위표시에 의하여 외형상 형성된 법률관계로 생긴 채권의 가압류권자(대판 2004.5.28. 2003다70041) 기출 15·14 • 파산자가 상대방과 통정한 허위의 의사표시를 통하여 가장채권을 보유하고 있다가 파산이 선고된 경우의 파산관재인(대판 2003.6.24. 2002다48214) 기출 20·14 • 허위의 주채무자의 기망행위에 의하여 보증계약을 체결한 후 보증채무를 이행한 보증인(대판 2000.7.6. 99다51258) 기출 22 • 통정허위표시로 설정된 전세권에 대하여 선의로 저당권을 취득한 자(대판 2008.3.13. 2006다58912) 기출 16·15	• 채권의 가장양도에 있어서의 주채무자(대판 1983.1.18. 82다594) 기출 20 • 저당권의 가장포기시 기존의 후순위저당권자 • 가장매매에 의한 손해배상청구권의 양수인(통설) • 채권의 가장양수인으로부터 추심을 위한 채권양도를 받은 자 • 제3자를 위한 계약의 수익자 • 가장소비대차의 계약상 지위를 선의로 이전받은 자(대판 2004.1.15. 2002다31537) 기출 22

2) 제3자의 선의

① 제3자의 선의는 추정되므로 무효를 주장하는 자가 제3자의 악의를 입증해야 한다는 것이 통설·판례(대판 2006.3.10. 2002다1321)이다. [기출] 18·16

② 제3자는 선의이면 족하고, 무과실은 요건이 아니다(대판 2004.5.28. 2003다70041). [기출] 21·17·16·13

③ 선의의 제3자로부터 다시 매수한 자(전득자)가 악의라 할지라도 보호된다(엄폐물 법칙, 통설).

3) '대항하지 못한다'는 의미

① 선의의 제3자가 보호받는 경우 허위표시의 당사자뿐만 아니라 그 누구도 제3자에게 허위표시의 무효를 주장할 수 없다는 것이 통설·판례이다. [기출] 18·14

② 그러나 선의의 제3자가 스스로 허위표시의 무효를 주장할 수는 있다(통설).

4. 적용범위

① 민법 제108조는 계약에 한하지 않고, 상대방 있는 단독행위에도 적용된다.

② 상대방 없는 행위에는 적용되지 않는다.

③ 가족법상의 법률행위에서 허위표시는 언제나 무효이다.

5. 허위표시와 철회

① 당사자 간 합의로 허위표시의 철회는 가능하다(통설).

② 철회가 있기 전 이해관계를 맺은 선의의 제3자에 대하여 철회를 가지고 대항할 수 없고, 철회 후에 이해관계를 맺은 제3자에 대해서는 허위표시의 외형을 제거한 경우에만 철회를 가지고 제3자에게 대항할 수 있다(통설).

6. 민법 제108조 제2항의 유추적용 문제

乙이 甲으로부터 부동산에 관한 담보권설정의 대리권만 수여받고도 그 부동산에 관하여 자기 앞으로 소유권이전등기를 하고 이어서 丙에게 그 소유권이전등기를 경료한 경우, 丙은 乙을 甲의 대리인으로 믿고서 위 등기의 원인행위를 한 것도 아니고, 甲도 乙 명의의 소유권이전등기가 경료된 데 대하여 이를 통정·용인하였거나 이를 알면서 방치하였다고 볼 수 없다면 이에 민법 제126조나 제108조 제2항을 유추할 수는 없다(대판 1991.12.27. 91다3208).

7. 차명대출

동일인에 대한 대출액 한도를 제한한 법령이나 금융기관 내부규정의 적용을 회피하기 위하여 실질적인 주채무자가 실제 대출받고자 하는 채무액에 대하여 제3자를 형식상의 주채무자로 내세우고, 금융기관도 이를 양해하여 제3자에 대하여는 채무자로서의 책임을 지우지 않을 의도하에 제3자 명의로 대출관계서류를 작성받은 경우, 제3자는 형식상의 명의만을 빌려 준 자에 불과하고 그 대출계약의 실질적인 당사자는 금융기관과 실질적 주채무자이므로, 제3자 명의로 되어 있는 대출약정은 그 금융기관의 양해하에 그에 따른 채무부담의 의사 없이 형식적으로 이루어진 것에 불과하여 통정허위표시에 해당하는 무효의 법률행위이고(대판 2001.5.29. 2001다11765), 금융기관과 실질적 주채무자 간의 대출약정은 은닉행위에 해당하여 유효이다.

Ⅳ 착오로 인한 의사표시

> **착오로 인한 의사표시(민법 제109조)**
> ① 의사표시는 법률행위의 내용의 중요부분에 착오가 있는 때에는 취소할 수 있다. 그러나 그 착오가 표의자의 중대한 과실로 인한 때에는 취소하지 못한다. `기출` 22
> ② 전항의 의사표시의 취소는 선의의 제3자에게 대항하지 못한다. `기출` 15

1. 서 설

의사표시는 법률행위의 내용의 중요부분에 착오가 있는 때에는 취소할 수 있다. 그러나 그 착오가 표의자의 중대한 과실로 인한 때에는 취소하지 못하며(민법 제109조 제1항), 그 의사표시의 취소는 선의의 제3자에게 대항하지 못한다(민법 제109조 제2항). 여기서 착오에 의한 의사표시란 표시에 의하여 추단되는 의사와 진의가 일치하지 않으며, 그 불일치를 표의자 자신이 모르는 의사표시를 말한다. 또한 착오가 미필적인 장래의 불확실한 사실에 관한 것이라도 민법 제109조 소정의 착오에서 제외되는 것은 아니다(대판 1994.6.10. 93다24810). `기출` 22

2. 착오의 유형

(1) 표시상의 착오

표의자가 외부적으로 자기가 표시한 것으로 나타난 바를 표시하려 하지 않았던 경우에 이 유형의 착오가 존재한다. 즉, 표시행위 자체를 잘못하는 것이 표시상의 착오이다. 다만, 사자가 아니라 대리인이 표시를 잘못한 경우, 그 대리인의 표시만이 효과를 발생시키므로, 대리인에 의한 표시의 내용과 본인의 의사가 다르더라도, 그것은 원칙적으로 본인의 착오가 되지 아니한다.

(2) 내용의 착오

표의자가 표시하려고 한 바를 제대로 표시하였지만 외부적으로 표시된 바를 법적으로 다른 의미 또는 범위와 결부시킨 경우에 내용의 착오가 존재한다.

(3) 동기의 착오

1) 의 의

동기의 착오란 의사형성의 과정에 있어서의 착오이며, 이에는 당사자 일방의 동기의 착오가 있고, 쌍방의 동기의 착오가 있다.

2) 문제점

민법 제109조 제1항은 '법률행위의 내용'에 착오가 있는 경우에만 착오를 이유로 의사표시를 취소할 수 있도록 규정하고 있는 바, '법률행위의 동기'에 착오가 있는 경우에도 이를 이유로 의사표시를 취소할 수 있을지 문제된다.

① 학 설

ㄱ 동기표시설(다수설) : 동기가 표시되고 이를 상대방이 알고 있는 경우에는 동기가 법률행위의 내용이 되어 민법 제109조를 적용할 수 있다는 견해로 표의자의 보호와 거래안전의 조화를 추구한다.

ㄴ 동기포함설(민법 제109조 적용설) : 민법 제109조가 정한 착오의 개념에 동기의 착오도 포함되기에 표시 여하를 불문하고 민법 제109조의 요건을 갖추면 취소할 수 있다는 견해이다.

ㄷ 민법 제109조 유추적용설 : 법률행위의 해석에 의해 동기가 법률행위의 내용으로 되었다고 할 수 없는 경우에는 일반 착오와 동일하게 취급할 수는 없고, 다만, 거래에 있어서 중요한 사람 또는 물건의 성질에 대한 착오 및 이에 준하는 착오는 민법 제109조를 유추적용할 수 있다는 견해이다.

② 판례 : 동기가 표시되어 의사표시 해석상 법률행위의 내용이 된 경우이거나 표시되지는 않았더라도 동기의 착오가 상대방으로부터 유발되거나 제공된 경우, 민법 제109조를 적용할 수 있다. 다만, 이때에도 민법 제109조의 나머지 요건(중요부분, 무중과실)을 갖추어야 취소할 수 있다는 점을 주의해야 한다.

> **⊕ 더 알아보기**
>
> 동기의 착오가 법률행위의 내용 중 중요부분의 착오에 해당함을 이유로 표의자가 법률행위를 취소하려면 그 동기를 당해 의사표시의 내용으로 삼을 것을 상대방에게 표시하고 의사표시의 해석상 법률행위의 내용으로 되어 있다고 인정되면 충분하고 당사자들 사이에 별도로 그 동기를 의사표시의 내용으로 삼기로 하는 합의까지 이루어질 필요는 없다(대판 2015.7.23. 2012다15336). 기출 20·17·13

③ 검토 : 표의자의 보호와 거래안전의 조화의 필요성을 고려할 때 동기표시설이 타당하다.

3. 취소권 발생의 요건

(1) 법률행위 내용의 중요부분에 착오가 있을 것[이중적 기준설(통설)](대판 1999.4.23. 98다45546)

기출 20·14

1) 객관적 현저성

보통 일반인이 표의자의 입장에 섰더라면 그러한 의사표시를 하지 않았을 것이라고 생각될 정도로 중요한 것이어야 한다.

2) 주관적 현저성

표의자가 이러한 착오가 없었더라면 그 의사표시를 하지 않았을 것이라고 판단될 정도로 중요한 것이어야 한다. 결국, 판례는 법률행위의 내용의 중요부분에 착오가 있는지 여부는 그 행위에 관하여 주관적·객관적 표준에 좇아 구체적 사정에 따라 가려져야 할 것이고, 추상적·일률적으로 이를 가릴 수 없다고 한다(대판 1985.4.23. 84다카890).

3) 중요부분에 해당하는지 여부

① 표의자에게 경제적인 불이익이 없는 경우 : 착오가 법률행위 내용의 중요부분에 있다고 하기 위하여는 표의자에 의하여 추구된 목적을 고려하여 합리적으로 판단하여 볼 때 표시와 의사의 불일치가 객관적으로 현저하여야 하고, 만일 그 착오로 인하여 표의자가 무슨 경제적인 불이익을 입은 것이 아니라고 한다면 이를 법률행위 내용의 중요부분의 착오라고 할 수 없다(대판 1999.2.23. 98다47924). 기출 22·19·14·13

② 당사자에 관한 착오 : 원칙적으로 당사자의 동일성에 관한 착오는 법률행위 내용의 중요부분에 관한 착오에 해당한다. 따라서 채무자의 동일성에 관한 착오는 법률행위 내용의 중요부분에 관한 착오에 해당한다(대판 1995.12.22. 95다37087).

③ 목적물에 관한 착오 : 타인 소유의 부동산을 임대한 것이 임대차계약을 해지할 사유는 될 수 없고 목적물이 반드시 임대인의 소유일 것을 특히 계약의 내용으로 삼은 경우라야 착오를 이유로 임차인이 임대차계약을 취소할 수 있다(대판 1975.1.28. 74다2069).

④ 토지의 현황·경계·시가·지가에 관한 착오

ㄱ 토지의 현황·경계에 관한 착오는 매매계약의 중요부분에 대한 착오에 해당한다.

ㄴ 시가·지가에 관한 착오 : 부동산 매매에 있어서 시가에 관한 착오는 부동산을 매매하려는 의사를 결정함에 있어 동기의 착오에 불과할 뿐 법률행위의 중요부분에 관한 착오라고 할 수 없다(대판 1992.10.23. 92다29337). 기출 15

⑤ 자격에 관한 착오 : 재건축아파트 설계용역에서 건축사 자격이 가지는 중요성에 비추어 볼 때, 재건축조합이 건축사 자격이 없이 건축연구소를 개설한 건축학 교수에게 건축사 자격이 없다는 것을 알았더라면 재건축조합만이 아니라 객관적으로 볼 때 일반인으로서도 이와 같은 설계용역계약을 체결하지 않았을 것으로 보이므로, 재건축조합 측의 착오는 중요부분의 착오에 해당한다(대판 2003.4.11. 2002다70884).

(2) 표의자에게 중과실이 없을 것

① 중대한 과실이란 표의자의 직업, 행위의 종류, 목적 등에 비추어 보통 요구되는 주의를 현저하게 결여하는 것을 말한다(대판 2003.4.11. 2002다70884). 기출 20

② 표의자에게 중과실이 없어야 취소할 수 있음이 원칙이나, 표의자에게 중대한 과실이 있다하더라도 당초에 그 상대방이 악의로서 표의자의 착오를 알고 이를 이용한 경우에는 표의자는 의사표시를 취소할 수 있다(대판 1955.11.10. 4288민상321). 기출 19

(3) 입증책임 기출 22·21·17·13

① 중요부분의 착오가 있다는 것은 착오에 의한 취소를 주장하는 표의자가 입증해야 한다.

② 표의자에게 중과실이 있다는 점은 상대방이 입증하여 취소를 저지해야 한다.

(4) 착오에 대한 상대방의 예견가능성 요부

상대방의 예견가능성을 요건으로 하는 것은 명문에 반하고, 사실상 착오에 의한 취소를 봉쇄하는 결과가 되므로 이를 요건으로 하지 않는다(통설·판례).

4. 효 과

(1) 법률행위의 소급적 무효(민법 제141조 본문)

착오가 법률행위 일부에만 관계된 경우에는 그 부분만의 일부취소가 가능하며, 그 효과는 일부무효의 법리가 적용된다(통설, 대판1998.2.10. 97다44737). **기출 19·14**

(2) 제3자에 대한 효과

① 착오에 의한 의사표시의 취소는 선의의 제3자에게 대항하지 못한다(민법 제109조 제2항).

② 제3자에는 단순히 착오로 인한 의사표시의 취소가 있기 전에 새로운 이해관계를 맺은 자뿐만 아니라 법률행위 취소 이후라도 그러한 사정을 모르는 자도 포함된다(통설).

(3) 신뢰이익의 배상책임

계약체결상의 과실책임(민법 제535조)을 유추적용하여 표의자에게 경과실이 있는 경우, 신뢰이익 배상책임을 인정한다(다수설).

> **계약체결상의 과실(민법 제535조)**
> ① 목적이 불능한 계약을 체결할 때에 그 불능을 알았거나 알 수 있었을 자는 상대방이 그 계약의 유효를 믿었음으로 인하여 받은 손해를 배상하여야 한다. 그러나 그 배상액은 계약이 유효함으로 인하여 생길 이익액을 넘지 못한다.
> ② 전항의 규정은 상대방이 그 불능을 알았거나 알 수 있었을 경우에는 적용하지 아니한다.

(4) 불법행위로 인한 손해배상청구 여부

불법행위로 인한 손해배상책임이 성립하기 위하여는 가해자의 고의 또는 과실 이외에 행위의 위법성이 요구되므로, 전문건설공제조합이 계약보증서를 발급하면서 조합원이 수급할 공사의 실제 도급금액을 확인하지 아니한 과실이 있다고 하더라도 민법 제109조에서 중과실이 없는 착오자의 착오를 이유로 한 의사표시의 취소를 허용하고 있는 이상, 전문건설공제조합이 과실로 인하여 착오에 빠져 계약보증서를 발급한 것이나 그 착오를 이유로 보증계약을 취소한 것이 위법하다고 할 수는 없다(대판 1997.8.22. 97다13023). **기출 21·19**

5. 적용범위

① 신분행위에는 적용이 없다(다수설).

② 소송행위(대판 1964.9.15. 64다92)나 공법상의 행위에는 적용되지 않는다.

③ 정형적 거래행위, 단체적 거래행위에는 원칙적으로 민법 제109조가 적용되지만, 거래안전을 위하여 일정한 경우에는 제한될 수 있다. 회사성립 후에 주식을 인수한 자는 착오를 이유로 그 인수를 취소하지 못한다(상법 제320조 제1항).

6. 민법 제109조와 다른 규정과의 경합 여부

(1) 착오와 사기의 경합

1) 기망행위로 인하여 동기의 착오를 일으킨 경우

판례는 「기망행위로 인하여 법률행위의 중요부분에 관하여 착오를 일으킨 경우 뿐만 아니라 법률행위의 내용으로 표시되지 아니한 의사결정의 동기에 관하여 착오를 일으킨 경우에도 표의자는 그 법률행위를 사기에 의한 의사표시로서 취소할 수 있다」(대판 1985.4.9. 85도167)고 하여 착오와 사기의 경합을 인정하였다.

2) 기망행위로 인하여 표시상의 착오를 일으킨 경우

반면 판례는 「신원보증서류에 서명날인하는 것으로 잘못 알고 이행보증보험약정서를 읽어보지 않은 채 서명날인한 것일 뿐 연대보증약정을 한 사실이 없다는 주장은 위 연대보증약정을 착오를 이유로 취소한다는 취지로 볼 수 있다」(대판 2005.5.27. 2004다43824)고 하여 착오와 사기의 경합을 부정하였다. 기출 20

(2) 착오와 담보책임의 경합

① 학설 : 착오와 담보책임이 경합하는 경우에 양자는 경합하지 않고 매도인의 담보책임이 적용되는 한에 있어서 착오의 규정이 적용되지 않는다(법조경합설)는 견해와 양자의 경합을 인정하는 소수설이 대립한다.

② 판례 : 「민법 제109조 제1항에 의하면 법률행위 내용의 중요부분에 착오가 있는 경우 착오에 중대한 과실이 없는 표의자는 법률행위를 취소할 수 있고, 민법 제580조 제1항, 제575조 제1항에 의하면 매매의 목적물에 하자가 있는 경우 하자가 있는 사실을 과실 없이 알지 못한

매수인은 매도인에 대하여 하자담보책임을 물어 계약을 해제하거나 손해배상을 청구할 수 있다. 착오로 인한 취소 제도와 매도인의 하자담보책임 제도는 취지가 서로 다르고, 요건과 효과도 구별된다. 따라서 매매계약 내용의 중요부분에 착오가 있는 경우 매수인은 매도인의 하자담보책임이 성립하는지와 상관없이 착오를 이유로 매매계약을 취소할 수 있다(대판 2018.9.13. 2015다78703)」고 판시하였다.

③ 검토 : 착오로 인한 취소 제도와 매도인의 하자담보책임 제도는 취지가 서로 다르고, 요건과 효과도 구별되므로, 착오와 담보책임의 경합을 인정하는 것이 타당하다.

(3) 해제와 취소의 경합

매도인이 매수인의 중도금 지급채무불이행을 이유로 매매계약을 적법하게 해제한 후라도, 매수인은 계약해제에 따라 자신이 부담하게 될 손해배상책임을 피하기 위해 착오를 이유로 위 매매계약을 취소하여 이를 무효로 돌릴 수 있다(대판 1991.8.27. 91다11308). **기출** 22 · 21 · 20 · 18 · 13

(4) 화해계약에 있어서 착오

① 민법상 화해계약에 있어서는 당사자는 착오를 이유로 취소하지 못하고 다만, 화해 당사자의 자격 또는 화해의 목적인 분쟁 이외의 사항에 착오가 있는 때에 한하여 취소할 수 있다(민법 제733조).

② 화해의 목적인 분쟁 이외의 사항이라 함은 분쟁의 대상이 아니라 분쟁의 전제 또는 기초가 된 사항으로서 쌍방 당사자가 예정한 것이어서 상호양보의 내용으로 되지 않고 다툼이 없는 사실로 양해된 사항을 말한다(대판 2007.12.27. 2007다70285).

7. 착오에 관한 구체적 검토

(1) 중요부분의 착오에 해당하는 사례

귀속해제된 토지인데도 귀속재산인 줄로 잘못 알고 국가에 증여를 한 경우 이러한 착오는 일종의 동기의 착오라 할 것이나 그 동기를 제공한 것이 관계 공무원이었고 그러한 동기의 제공이 없었더라면 위 토지를 선뜻 국가에게 증여하지는 않았을 것이라면 그 동기는 증여행위의 중요부분을 이룬다고 할 것이므로 뒤늦게 그 착오를 알아차리고 증여계약을 취소했다면 그 취소는 적법하다(대판 1978.7.11. 78다719).

(2) 중요부분의 착오에 해당하지 않는 사례

① 주채무자의 차용금반환채무를 보증할 의사로 공정증서에 연대보증인으로 서명·날인하였으나 그 공정증서가 주채무자의 기존의 구상금채무 등에 관한 준소비대차계약의 공정증서이었던 경우, 위와 같은 착오는 연대보증계약의 중요부분의 착오가 아니다(대판 2006.12.7. 2006다41457).

② 회사사고 담당직원이 회사운전수에게 잘못이 있는 것으로 착각하고 회사를 대리하여 병원경영자와 간에 환자의 입원치료비의 지급을 연대보증하기로 계약한 경우는, 의사표시의 동기에 착오가 있는 것에 불과하므로, 특히 그 동기를 계약 내용으로 하는 의사를 표시하지 아니한 이상, 착오를 이유로 계약을 취소할 수 없다(대판 1979.3.27. 78다2493).

Ⅴ 사기 · 강박에 의한 의사표시

사기, 강박에 의한 의사표시(민법 제110조)
① 사기나 강박에 의한 의사표시는 취소할 수 있다.
② 상대방 있는 의사표시에 관하여 제3자가 사기나 강박을 행한 경우에는 상대방이 그 사실을 알았거나 알 수 있었을 경우에 한하여 그 의사표시를 취소할 수 있다. `기출` 21·18·17·16
③ 전2항의 의사표시의 취소는 선의의 제3자에게 대항하지 못한다. `기출` 22·18

1. 서 설

피기망자나 피강박자의 재산을 보호하려는 것이 아니라 표의자의 의사결정의 자유를 보장하려는 것이 그 취지이다. 따라서 '표의자에게 재산상 손해가 있을 것'은 취소권 발생의 요건이 아니다.

2. 요 건

(1) 사기에 의한 의사표시

1) 의사표시의 존재

사기에 의한 의사표시가 인정되기 위해서는 의사표시의 존재가 인정되어야 한다. 따라서 매매계약 체결 시 토지의 일정 부분을 매매 대상에서 제외시키는 특약을 한 경우, 이는 매매계약의 대상 토지를 특정하여 그 일정 부분에 대하여는 매매계약이 체결되지 않았음을 분명히 한 것으로써 그 부분에 대한 어떠한 법률행위가 이루어진 것으로는 볼 수 없으므로, 그 특약만을 기망에 의한 법률행위로서 취소할 수는 없다(대판 1999.3.26. 98다56607).

2) 사기자의 고의

표의자를 기망하여 착오에 빠지게 하려는 고의와 착오에 기하여 의사표시를 하게 하려는 고의, 즉 2단계의 고의가 있어야 한다. `기출` 22

3) 기망행위가 있었을 것

① 작위에 의한 적극적 기망행위뿐만 아니라 부작위, 특히 침묵도 기망행위를 구성할 수 있다. 부작위가 기망이 되기 위해서는 신의칙 및 거래관념에 비추어 어떤 상황을 고지 내지 설명할 의무가 있음에도 불구하고 이를 알리지 않을 것을 요한다. `기출` 22·19·17
② 기망행위(사기행위)가 존재하여야 한다. 예를 들어, 상품의 선전, 광고에 있어 다소의 과장이나 허위가 수반되는 것은 그것이 일반 상거래의 관행과 신의칙에 비추어 시인될 수 있는 한 기망성이 결여된다고 하겠으나, 대형백화점의 이른바 변칙세일은 기망행위에 해당한다(대판 1993.8.13. 92다52665). `기출` 22

4) 기망행위의 위법성

교환계약의 당사자가 자기 소유 목적물의 시가를 묵비한 것은 특별한 사정이 없는 한 위법한 기망행위가 되지 않는다(대판 1959.1.29. 4291민상139).

5) 인과관계의 존재

기망과 착오, 착오와 의사표시 사이에 모두 인과관계가 있어야 한다.

(2) 강박에 의한 의사표시

1) 의사표시의 존재

절대적 폭력에 의하여 행위를 한 경우에는 의사표시가 존재하지 않는다. 판례는 이러한 행위를 무효로 본다. 기출 17

> ⊕ **더 알아보기**
>
> 강박이 의사결정의 자유를 완전히 박탈하는 정도에 이르지 아니하고 이를 제한하는 정도에 그친 경우에는 그 의사표시는 취소할 수 있음에 그치고 무효라고까지 볼 수 없다(대판 1984.12.11. 84다카1402).
> 기출 15

2) 강박자의 고의

강박자는 표의자에게 공포심을 일으키려는 고의와 그 공포심에 의하여 일정한 의사표시를 하게 하려는 고의, 즉 2단계의 고의가 있어야 한다. 기출 17

3) 강박행위

① 강박행위란 장차 해악이 초래될 것임을 고지하여 공포심을 일으키게 하는 행위를 말한다.
② 해악의 종류나 방법은 불문한다. 해악은 비재산적 법익에 대한 것일 수도 있다.
③ 어떤 해악의 고지가 아니라 단지 각서에 서명·날인할 것을 강력히 요구하는 행위는 강박행위가 아니다.

4) 강박행위의 위법성

이 의미는 강박행위 그 자체가 위법하여야 한다는 의미가 아닌 표의자의 의사결정이 위법하게 이루어져야 한다는 것을 의미한다. 따라서 위법성이 인정되기 위해서는 수단이 위법하거나, 추구하는 목적이 위법하거나 수단과 목적을 상관적으로 고려하여 정당하지 않으면 된다(통설·판례).

> ⊕ **더 알아보기**
>
> [부정행위에 대한 고소, 고발이 강박행위가 되는 경우]
> 일반적으로 부정행위에 대한 고소, 고발은 그것이 부정한 이익을 목적으로 하는 것이 아닌 때에는 정당한 권리행사가 되어 위법하다고 할 수 없으나, 부정한 이익의 취득을 목적으로 하는 경우에는 위법한 강박행위가 되는 경우가 있고 목적이 정당하다 하더라도 행위나 수단 등이 부당한 때에는 위법성이 있는 경우가 있을 수 있다(대판 1992.12.24. 92다25120). 기출 19

5) 인과관계의 존재

강박과 공포, 공포와 의사표시 사이에 모두 인과관계가 있어야 한다.

3. 효 과

(1) 상대방의 사기·강박

사기나 강박에 의한 의사표시는 취소할 수 있다(민법 제110조 제1항).

(2) 제3자의 사기·강박

① 상대방 없는 의사표시 : 표의자는 언제든지 그 의사표시를 취소할 수 있다.

② 상대방 있는 의사표시 : 상대방 있는 의사표시에 관하여 제3자가 사기나 강박을 행한 경우에는 상대방이 그 사실을 알았거나 알 수 있었을 경우에 한하여 그 의사표시를 취소할 수 있다(민법 제110조 제2항). 따라서 조합원의 신청에 따라 보증채권자를 위하여 보증서를 발급하는 방식으로 조합이 보증채권자에 대하여 직접 보증의 의사표시를 함으로써 보증계약이 성립한 경우, 그 보증관계의 해소를 위한 보증 취소의 의사표시는 보증을 신청한 자에 불과한 조합원에 대하여 할 것이 아니라 보증의 의사표시의 상대방인 보증채권자에 대하여 하여야 한다(대판 1999.11.26. 99다36617).

(3) 제3자의 사기·강박 여부가 문제되는 사례

① 실제로 기망 또는 강박행위를 한 사람이 의사표시 상대방의 의사에 좇아 계약교섭에 관여한 경우에 그는 제3자가 아니며, 그 상대방은 제3자를 통해 간섭을 한 것으로 해석한다.

② 민법 제110조 제2항에서 정한 제3자에 해당되지 아니한다고 볼 수 있는 자란 그 의사표시에 관한 상대방의 대리인 등 상대방과 동일시할 수 있는 자만을 의미하고, 단순히 상대방의 피용자이거나 상대방이 사용자책임을 져야 할 관계에 있는 피용자에 지나지 않는 자는 상대방과 동일시할 수 없어 이 규정에서 말하는 제3자에 해당한다(대판 1998.1.23. 96다41496). 기출 21

③ 대리인 등 상대방과 동일시할 수 있는 자가 사기나 강박을 행한 경우에는 민법 제110조 제1항에 의해 취소할 수 있다. 기출 21 따라서 출장소장의 행위는 은행 또는 은행과 동일시 할 수 있는 자의 사기일 뿐 제3자의 사기로 볼 수 없으므로, 은행이 그 사기사실을 알았거나 알 수 있었을 경우에 한하여 위 약정을 취소할 수 있는 것은 아니다(대판 1999.2.23. 98다60828·60835).

(4) 제3자에 대한 효과

① 취소를 주장하는 자와 양립되지 아니하는 법률관계를 가졌던 것이 취소 이전에 있었던가 이후에 있었던가는 가릴 필요 없이 사기에 의한 의사표시 및 그 취소사실을 몰랐던 모든 제3자에 대하여는 그 의사표시의 취소를 대항하지 못한다(대판 1975.12.23. 75다533).

② 사기의 의사표시로 인한 매수인으로부터 부동산의 권리를 취득한 제3자는 특별한 사정이 없는 한 선의로 추정할 것이므로 사기로 인하여 의사표시를 한 부동산의 양도인이 제3자에 대하여 사기에 의한 의사표시의 취소를 주장하려면 제3자의 악의를 입증할 필요가 있다(대판 1970.11.24. 70다2155).

[파산관재인이 민법 제108조 제2항 및 제110조 제3항의 제3자에 해당하는지 여부(적극) 및 그 선의 여부의 판단 기준(= 총파산채권자)]

파산자가 상대방과 통정한 허위의 의사표시를 통하여 가장채권을 보유하고 있다가 파산이 선고된 경우 그 가장채권도 일단 파산재단에 속하게 되고, 파산선고에 따라 파산자와는 독립한 지위에서 파산채권자 전체의 공동의 이익을 위하여 직무를 행하게 된 파산관재인은 그 허위표시에 따라 외형상 형성된 법률관계를 토대로 실질적으로 새로운 법률상 이해관계를 가지게 된 민법 제108조 제2항의 제3자에 해당하고, 그 선의·악의도 파산관재인 개인의 선의·악의를 기준으로 할 수는 없고, 총파산채권자를 기준으로 하여 파산채권자 모두가 악의로 되지 않는 한 파산관재인은 선의의 제3자라고 할 수밖에 없다. 그리고 이와 같이 파산관재인이 제3자로서의 지위도 가지는 점 등에 비추어, 특별한 사정이 없는 한 파산관재인은 사기에 의한 의사표시에 따라 외형상 형성된 법률관계를 토대로 실질적으로 새로운 법률상 이해관계를 가지게 된 민법 제110조 제3항의 제3자에 해당하고, 파산채권자 모두가 악의로 되지 않는 한 파산관재인은 선의의 제3자라고 할 수밖에 없다(대판 2010.4.29. 2009다96083).

4. 적용범위

① 가족법상의 법률행위에는 적용되지 않는다.

② 단체적 행위, 소송행위 및 공법상의 행위에는 적용되지 않는다. 따라서 민법상의 법률행위에 관한 규정은 민사소송법상의 소송행위에는 특별한 규정 기타 특별한 사정이 없는 한 적용이 없는 것이므로 소송행위가 강박에 의하여 이루어진 것임을 이유로 취소할 수는 없다.

5. 민법 제110조와 다른 규정과의 경합 여부

(1) 사기와 착오의 경합

통설과 판례는 경합을 긍정하므로 선택적으로 취소권을 행사할 수 있다.

(2) 사기와 담보책임과의 경합

통설과 판례는 기망에 의해 하자 있는 물건에 관한 매매가 성립한 경우 매수인은 하자담보청구권과 사기에 의한 취소권을 선택적으로 행사할 수 있다고 한다.

민법 제569조가 타인의 권리의 매매를 유효로 규정한 것은 선의의 매수인의 신뢰 이익을 보호하기 위한 것이므로, 매수인이 매도인의 기망에 의하여 타인의 물건을 매도인의 것으로 알고 매수한다는 의사표시를 한 것은 만일 타인의 물건인 줄 알았더라면 매수하지 아니하였을 사정이 있는 경우에는 매수인은 민법 제110조에 의하여 매수의 의사표시를 취소할 수 있다(대판 1973.10.23. 73다268).

(3) 사기와 불법행위책임과의 경합

① 사기와 강박이 불법행위의 요건을 갖춘 때에는 의사표시의 취소와 동시에 불법행위에 기한 손해배상청구권을 행사할 수 있다. 다만, 경합에 대하여 판례는 「제3자의 사기행위로 인하여 피해자가 주택건설사와 사이에 주택에 관한 분양계약을 체결하였다고 하더라도 제3자의 사기 행위 자체가 불법행위를 구성하는 이상, 제3자로서는 그 불법행위로 인하여 피해자가 입은 손해를 배상할 책임을 부담하는 것이므로, 피해자가 제3자를 상대로 손해배상청구를 하기 위하여 반드시 그 분양계약을 취소할 필요는 없다(대판 1998.3.10. 97다55829)」고 판시하였다.

기출 21 · 19 · 17

② 법률행위가 사기에 의한 것으로서 취소되는 경우에 그 법률행위가 동시에 불법행위를 구성하는 때에는 취소의 효과로 생기는 부당이득반환청구권과 불법행위로 인한 손해배상청구권은 경합하여 병존하는 것이므로, 채권자는 어느 것이라도 선택하여 행사할 수 있지만 중첩적으로 행사할 수는 없다(대판 1993.4.27. 92다56087).

제2관 | 의사표시의 효력발생

의사표시의 효력발생시기(민법 제111조)
① 상대방이 있는 의사표시는 상대방에게 도달한 때에 그 효력이 생긴다. 기출 22 · 19 · 18 · 16 · 14
② 의사표시자가 그 통지를 발송한 후 사망하거나 제한능력자가 되어도 의사표시의 효력에 영향을 미치지 아니한다. 기출 22 · 19 · 18 · 16

제한능력자에 대한 의사표시의 효력(민법 제112조) 기출 22 · 18 · 14
의사표시의 상대방이 의사표시를 받은 때에 제한능력자인 경우에는 의사표시자는 그 의사표시로써 대항할 수 없다. 다만, 그 상대방의 법정대리인이 의사표시가 도달한 사실을 안 후에는 그러하지 아니하다.

의사표시의 공시송달(민법 제113조) 기출 22 · 16
표의자가 과실 없이 상대방을 알지 못하거나 상대방의 소재를 알지 못하는 경우에는 의사표시는 민사소송법 공시송달의 규정에 의하여 송달할 수 있다.

CHAPTER 05

I 서설

① 상대방 없는 의사표시의 경우에 특정의 상대방이 없으므로 원칙적으로 표의자가 의사를 표명한 때에 그 효력이 발생한다. 다만, 유언의 경우 민법 제1065조의 방식을 준수해야 하고, 사인행위이므로 유언자의 사망시에 그 효력이 발생한다. 한편 상대방 있는 의사표시의 경우에는 표의자에 의한 표백 → 발신 → 상대방에의 도달 → 상대방의 요지 단계를 거치는데, 위 의사표시가 효력을 발생하기 위해서는 원칙적으로 수령능력 있는 상대방에게 도달하여야 한다(도달주의)(민법 제111조 제1항, 제112조).

② 의사표시의 효력발생시기에 관한 규정은 임의규정이고, 다른 의사표시 규정과는 달리 원칙적으로 공법행위에도 적용된다.

Ⅱ 상대방 있는 의사표시의 효력발생시기

1. 문제점

상대방 있는 의사표시의 경우에는 표의자에 의한 표백 → 발신 → 상대방에의 도달 → 상대방의 요지 단계를 거치는데, 이들 중 어느 시기에 의사표시가 효력을 발생한다고 할지 문제된다.

2. 도달주의

(1) 도달주의의 원칙

① 민법은 도달주의를 채택하여 상대방에게 도달된 때에 그 의사표시가 효력을 발생한다고 한다.

② 도달주의 원칙을 규정한 민법 제111조는 임의규정이다.

(2) 도달의 의미 : 요지가능시설

① 상대방이 요지할 수 있는 상태에 이르면 도달한 것으로 본다(통설, 대판 1983.8.23. 82다카439). 기출 16

② 도달은 상대방이 의사표시의 내용을 알 수 있는 상태에 있으면 족하기 때문에 비록 상대방이 그 내용을 알지 못하였더라도 도달은 있었다고 보아야 한다. 따라서 상대방이 정당한 사유 없이 통지의 수령을 거절한 경우에도 상대방이 통지의 내용을 알 수 있는 객관적 상태에 놓여 있는 때에는 의사표시의 효력이 발생한다(대판 2008.6.12. 2008다19973). 기출 14

> **➕ 더 알아보기**
>
> 채권양도의 통지와 같은 준법률행위의 도달은 의사표시와 마찬가지로 사회관념상 채무자가 통지의 내용을 알 수 있는 객관적 상태에 놓여졌을 때를 지칭하고, 그 통지를 채무자가 현실적으로 수령하였거나 그 통지의 내용을 알았을 것까지는 필요하지 않다. 채권양도의 통지서가 들어 있는 우편물을 채무자의 가정부가 수령한 직후 한집에 거주하고 있는 통지인인 채권자가 그 우편물을 바로 회수해 버렸다면 그 우편의 내용이 무엇인지를 그 가정부가 알고 있었다는 등의 특별한 사정이 없었던 이상 그 채권양도의 통지는 사회관념상 채무자가 그 통지내용을 알 수 있는 객관적 상태에 놓여 있는 것이라고 볼 수 없으므로 그 통지는 피고에게 도달되었다고 볼 수 없을 것이다(대판 1983.8.23. 82다카439). 기출 19

(3) 도달의 인정 여부가 문제되는 경우

① 보통우편의 방법으로 발송되었다는 사실만으로는 그 우편물이 상당기간 내에 도달하였다고 추정할 수 없고, 송달의 효력을 주장하는 측에서 증거에 의하여 도달사실을 입증하여야 할 것이다(대판 2002.7.26. 2000다25002).

② 내용증명 우편물이 발송되고 반송되지 아니하면, 특단의 사정이 없는 한, 그 무렵에 송달되었다고 볼 것이다(대판 1980.1.15. 79다1498). 기출 19·18

[채권양도의 통지가 채무자에게 도달하였는지 여부에 대하여 민사소송법의 송달에 관한 규정을 유추적용할 수 있는지 여부(소극)]

민사소송법상의 송달은 당사자나 그 밖의 소송관계인에게 소송상 서류의 내용을 알 기회를 주기 위하여 법정의 방식에 좇아 행하여지는 통지행위로서, 송달장소와 송달을 받을 사람 등에 관하여 구체적으로 법이 정하는 바에 따라 행하여지지 아니하면 부적법하여 송달로서의 효력이 발생하지 아니한다. 한편 채권양도의 통지는 채무자에게 도달됨으로써 효력이 발생하는 것이고, 여기서 도달이라 함은 사회통념상 상대방이 통지의 내용을 알 수 있는 객관적 상태에 놓여졌다고 인정되는 상태를 가리킨다. 이와 같이 도달은 보다 탄력적인 개념으로서 송달장소나 수송달자 등의 면에서 위에서 본 송달에서와 같은 엄격함은 요구되지 아니하며, 이에 송달장소 등에 관한 민사소송법의 규정을 유추적용할 것이 아니다. 따라서 채권양도의 통지는 민사소송법상의 송달에 관한 규정에서 송달장소로 정하는 채무자의 주소 · 거소 · 영업소 또는 사무소 등에 해당하지 아니하는 장소에서라도 채무자가 사회통념상 그 통지의 내용을 알 수 있는 객관적 상태에 놓여졌다고 인정됨으로써 족하다(대판 2010.4.15. 2010다57).

(4) 도달주의의 효과

① 도달주의를 채택한 결과 의사표시의 불착 또는 연착의 불이익을 표의자가 부담한다. 따라서 의사표시의 효력발생을 주장하는 표의자가 도달에 대한 입증책임을 진다. 기출 14

② 의사표시가 일단 상대방에게 도달하여 그 효력을 발생하면, 더 이상 그 의사표시를 철회할 수 없다. 따라서 발신 이후 도달 이전까지는 아직 효력이 발생하지 않은 상태이므로 철회할 수 있다.

③ 의사표시 발신 후의 사정변경(표의자의 사망 또는 행위능력의 상실)은 의사표시에 영향을 미치지 않는다(민법 제111조 제2항). 기출 22 · 19 · 18 · 16

3. 예외적 발신주의

① 격지자 간의 계약에서 청약에 대한 승낙의 의사표시는 의사표시를 발송한 때에 그 효력을 발생하며, 그때 계약이 성립한다(발신주의)(민법 제531조).

② 거래의 신속을 목적으로 하는 상법에서는 발신주의를 채택한 예가 적지 않다(상법 제53조 등).

[도달주의에 대한 대표적 예외(발신주의)]
• 제한능력자의 상대방의 최고에 대한 제한능력자 측의 확답(민법 제15조)
• 무권대리인의 상대방의 최고에 대한 본인의 확답(민법 제131조)
• 채무인수에서 채무자의 최고에 대한 채권자의 확답(민법 제455조)
• 사원총회의 소집 통지(민법 제71조)
• 격지자 간 계약의 성립(민법 제531조)

Ⅲ 의사표시의 효력발생과 관련된 여론(餘論)

1. 공시송달(민법 제113조)

(1) 요 건

표의자가 과실 없이 의사표시의 상대방을 알지 못하거나 상대방의 소재를 알지 못하는 경우일 것이다. `기출` 22 · 16

(2) 절 차

법원에 신청하면 법원사무관 등이 송달할 서류를 보관하고 그 사유를 법원게시판에 게시하거나 그 밖에 대법원규칙이 정하는 방법에 따라서 하여야 한다(민소법 제195조).

(3) 효 과

① 법원게시판 등에 게시한 날로부터 2주일이 경과된 때 상대방에게 의사표시가 도달한 것으로 간주한다(민소법 제196조 제1항 본문).
② 동일 당사자에 대한 그 다음의 공시송달은 실시한 다음 날부터 효력이 생긴다(민소법 제196조 제1항 단서).
③ 외국에 대한 송달은 2개월 후에 효력이 발생한다(민소법 제196조 제2항).

2. 수령무능력자(민법 제112조)

(1) 의 의

의사표시의 수령능력이란 타인의 의사표시의 내용을 이해할 수 있는 능력을 말한다. 민법은 모든 제한능력자를 의사표시의 수령무능력자로 규정하여 제한능력자를 보호하고 있다(민법 제112조).

(2) 효 과

① 수령무능력자(제한능력자)에 대한 송달은 무효가 아니라 표의자가 효력을 주장할 수 없을 뿐이다. 달리 말하면 수령무능력자 측에서 의사표시의 도달 및 의사표시의 효력발생을 주장하는 것은 무방하다(민법 제112조 본문 참고).
② 그러나 법정대리인이 수령무능력자에의 도달을 안 후에는 표의자가 의사표시의 도달을 주장할 수 있다(민법 제112조 단서). `기출` 18 · 14
③ 의사표시가 기재된 내용증명 우편물이 발송되고 달리 반송되지 아니하였다면 특별한 사정이 없는 한 이는 그 무렵에 송달되었다고 봄이 상당하다(대판 2000.10.27. 2000다20052).

(3) 적용범위

상대방 없는 의사표시, 발신주의에 의한 의사표시, 공시송달에 의한 의사표시에는 적용이 없다.

I 서설

1. 대리의 의의

(1) 대리의 개념

대리란 타인이 '본인의 이름으로' 법률행위를 하거나 또는 의사표시를 수령함으로써 그 법률효과가 직접 본인에게 귀속되도록 하는 제도를 말한다. 즉, 법률상의 행위자는 대리인이지만 그 대리인의 효과의사에 기하여 본인에게 직접 법률효과가 귀속하는 것이다(대리인행위설).

(2) 대리의 기능

통설은 대리의 기능으로 '사적자치의 확장(임의대리)'과 '사적자치의 보충(법정대리)'을 든다.

2. 대리가 인정되는 범위

(1) 법률행위

원칙적으로 대리가 허용되나, 법률행위의 성질이나 당사자 사이의 약정, 법률의 규정에 의하여 대리가 금지되기도 한다.

(2) 준법률행위

① 원칙적으로 대리가 허용되지 않지만, 의사의 통지나 관념의 통지와 같은 표현행위로서의 준법률행위에는 대리가 허용된다.
② 사실행위에는 대리가 허용되지 않는다.

(3) 불법행위

① 대리가 허용되지 않고, 그 효과는 직접 대리인에게 발생한다.
② 만일 대리인이 피용자인 경우에는 본인은 민법 제756조의 사용자책임이 문제된다.

3. 구별개념

(1) 간접대리

① 행위자가 '자기이름으로' 타인을 위하여(타인의 계산으로) 하는 법률행위로 그 효과가 행위자 자신에게 생기되 나중에 그가 취득한 권리를 내부적으로 타인에게 이전하는 관계를 말한다 (예 위탁매매업 등).
② 법률행위의 당사자와 법률효과의 귀속자가 간접대리인이라는 점에서 대리와 구별된다.

(2) 사자(使者)

① 본인이 결정한 내심적 효과의사를 상대방에게 표시하거나 전달함으로써 표시행위의 완성에 협력하는 자이다.

CHAPTER 05

② 표시기관으로서의 사자와 전달기관으로서의 사자로 구분된다(통설).

③ 효과의사를 본인이 결정하면 사자, 대리하는 자가 결정하면 대리인으로 구별할 수 있다.

④ 사자에 있어서는 본인이 행위능력을 가지고 있어야 한다.

⑤ 의사표시의 착오 등에 관하여는 사자의 표시와 본인의 의사를 비교해서 결정하는 것이 타당하므로, ㉠ 사자가 선의로 본인의 의사와는 다르게 의사표시를 전달한 경우 본인이 민법 제109조의 착오를 이유로 취소할 수 있고, ㉡ 사자가 악의로 본인의 의사와는 다르게 의사표시를 전달한 경우 표현대리규정을 유추적용할 수 있다(다수설).

> **⊕ 더 알아보기**
>
> 대리인이 아니고 사실행위를 위한 사자라 하더라도 외견상 그에게 어떠한 권한이 있는 것의 표시 내지 행동이 있어 상대방이 그를 믿었고 또 그를 믿음에 있어 정당한 사유가 있다면 표현대리의 법리에 의하여 본인에게 책임이 있다(대판 1962.2.8. 4294민상192). 기출 18

(3) 대 표

대표기관은 법인의 기관으로서 그의 행위가 법인의 행위로 평가되고, 따라서 대표는 본래의 대리처럼 법률행위에 국한되는 것이 아니라 사실행위나 불법행위에서도 문제된다.

4. 대리의 종류

(1) 임의대리와 법정대리

① 임의대리는 본인의 의사에 의하여 대리권이 주어진 경우이나, 법정대리는 본인의 의사와는 무관하게 대리권이 주어지는 경우를 총칭한다(즉, 법률의 규정에 따라 대리인으로 되는 경우뿐만 아니라 법원의 선임에 의한 경우도 법정대리인이다).

② 임의대리와 법정대리를 구별하는 실익은 대리인의 복임권(민법 제120조, 제122조)과 대리권의 소멸(민법 제128조) 등에서 나타난다.

(2) 능동대리와 수동대리

1) 의 의

능동대리는 본인을 위하여 제3자에게 의사표시를 하는 대리이고(민법 제114조 제1항), 수동대리는 본인을 위하여 제3자의 의사표시를 수령하는 대리이다(민법 제114조 제2항). 판례는 능동대리권이 있으면 수동대리권도 당연히 갖는다고 한다(대판 1994.2.8. 93다39379).

2) 양자의 차이점

① 현명주의의 요건 : 수동대리에는 민법 제115조가 적용되지 않는다.

② 공동대리의 적용 여부 : 수동대리의 경우에는 각자 수령이 가능하다(통설).

(3) 유권대리와 무권대리

정당한 대리권을 가진 경우를 유권대리라 하고, 그렇지 못한 경우를 무권대리라고 한다.

5. 명의모용과 당사자의 확정

(1) 문제점

계약은 원칙적으로 계약을 체결한 당사자 간에 성립한다. 따라서 타인의 명의를 사용하여 법률행위를 한 경우, 누가 계약의 당사자가 되는지 문제되며, 이는 계약에 관여한 당사자의 의사해석의 문제에 해당한다(대판 2010.5.13. 2009다92487).

(2) 판례의 입장

1) 당사자 확정 방법에 대한 일반론

계약을 체결하는 행위자가 타인의 이름으로 법률행위를 한 경우에 행위자 또는 명의인 가운데 누구를 계약의 당사자로 볼 것인가에 관하여는, 우선 행위자와 상대방의 의사가 일치한 경우에는 그 일치한 의사대로 행위자 또는 명의인을 계약의 당사자로 확정해야 하고, 행위자와 상대방의 의사가 일치하지 않는 경우에는 그 계약의 성질·내용·목적·체결 경위 등 그 계약 체결 전후의 구체적인 제반 사정을 토대로 상대방이 합리적인 사람이라면 행위자와 명의자 중 누구를 계약당사자로 이해할 것인가에 의하여 당사자를 결정하여야 한다(대판 2011.2.10. 2010다83199·83205).

2) 명의자가 당사자로 확정되는 경우

① **명의가 중요한 거래행위** : 보험계약과 같이 신용이나 자격 등으로 인하여 명의가 중요한 거래행위의 경우에는 규범적 해석에 따라 명의자가 당사자로 확정된다. 따라서 행위자와 계약당사자가 분리되므로 대리의 법리가 적용된다.

② **대리행위의 효력**

   ㉠ 명의사용에 동의를 얻은 경우 : 행위자가 명의자로부터 명의사용에 대한 동의를 얻었다면 특별한 사정이 없는 한 유권대리행위가 된다.

   ㉡ 명의를 무단으로 도용한 경우 : 행위자가 명의자로부터 동의 없이 명의를 무단으로 사용한 경우에는 무권대리행위에 해당하여 무효이다(민법 제130조 및 제135조 참고). 이때 상대방의 보호와 관련하여 표현대리가 성립하는지 또는 유추적용될 수 있는지 문제된다. 판례는 행위자가 본인 명의를 모용하여 직접 법률행위를 한 경우에는 특별한 사정이 없는 한 민법 제126조 소정의 표현대리는 성립될 수 없지만(대판 2002.6.28. 2001다49814), 행위자에게 본인을 대리할 수 있는 기본대리권이 인정되고, 행위자가 그 기본대리권을 넘는 행위를 하였으며, 상대방에게 행위자가 명의자라고 믿을 만할 정당한 이유가 인정된다면 표현대리의 법리가 유추적용되어 본인에게 효력이 미친다고 한다(대판 1993.2.23. 92다52436).

> **⊕ 더 알아보기**
>
> [기본대리권이 부정된 사안]
> 처가 제3자를 남편으로 가장시켜 관련 서류를 위조하여 남편 소유의 부동산을 담보로 금원을 대출받은 경우, 남편에 대한 민법 제126조 소정의 표현대리책임을 부정하였다(대판 2002.6.28. 2001다49814). 즉, 기본대리권의 존재를 부정하였다.

> [기본대리권이 인정된 사안]
> 본인으로부터 아파트에 관한 임대 등 일체의 관리권한을 위임받아 본인으로 가장하여 아파트를 임대한 바 있는 대리인이 다시 자신을 본인으로 가장하여 임차인에게 아파트를 매도하는 법률행위를 한 경우에는 권한을 넘은 표현대리의 법리를 유추적용하여 본인에 대하여 그 행위의 효력이 미친다고 볼 수 있다(대판 1993.2.23. 92다52436).

3) 행위자가 당사자로 확정되는 경우

임대차계약과 같이 행위자의 개성이 중요한 거래행위의 경우에는 규범적 해석에 따라 행위자가 당사자로 확정된다. 이때에는 행위자와 계약 당사자가 일치하므로 대리의 법리가 적용되지 않고 무권리자 처분행위가 문제된다.

> **⊕ 더 알아보기**
>
> [대리구조가 부정되어 민법 제126조 표현대리의 성립이 부정된 사안]
> 종중으로부터 임야의 매각과 관련한 권한을 부여받은 甲이 임야의 일부를 실질적으로 자기가 매수하여 그 처분권한이 있다고 하면서 乙로부터 금원을 차용하고 그 담보를 위하여 위 임야에 대하여 양도담보계약을 체결한 경우, 이는 종중을 위한 대리행위가 아니어서 그 효력이 종중에게 미치지 아니하고, 민법 제126조의 표현대리의 법리가 적용될 수도 없다(대판 2001.1.19. 99다67598).

6. 대리의 3면관계

대리의 법률관계는 ① 본인과 대리인 사이의 「대리권」, ② 대리인과 상대방 사이의 「대리행위」, ③ 본인과 상대방 사이의 「대리의 효과」의 세 가지 측면에서 고찰되어야 한다.

Ⅱ 대리권(본인과 대리인 사이의 관계)

1. 대리권의 의의

대리권은 타인이 본인의 이름으로 의사표시를 하거나 제3자의 의사표시를 수령함으로써 직접 본인에게 그 법률효과를 귀속시킬 수 있는 법률상의 지위 또는 자격을 말한다. 대리권의 법적 성질에 관하여 자격설이 통설이며, 이에 의하면 대리권은 권리가 아니라 일종의 권한이다.

2. 대리권의 발생원인

(1) 법정대리권의 발생원인

1) 법률의 규정에 의한 법정대리인

자(子)에 대한 친권자의 대리권(민법 제911조, 제920조), 부부의 일상가사대리권(민법 제827조) 등이 있다.

2) 지정권자의 지정에 의한 법정대리인

지정후견인(민법 제931조), 지정유언집행자(민법 제1093조, 제1094조) 등이 있다.

3) 법원의 선임에 의한 법정대리인

부재자 재산관리인(민법 제22조), 선임후견인(민법 제936조), 상속재산관리인(민법 제1023조 등), 유언집행자(민법 제1096조) 등이 있다.

(2) 임의대리권의 발생원인 : 수권행위(授權行爲)

1) 수권행위의 의의

수권행위는 본인이 대리인에게 대리권을 수여하는 행위를 말한다.

2) 수권행위의 법적 성질

상대방 있는 단독행위이므로 수권행위 상대방의 동의, 승낙의 의사표시가 필요하지 않다(통설).

3) 수권행위의 방식

수권행위는 불요식행위이다. 따라서 반드시 서면으로 할 필요는 없으며, 구두로도 할 수 있다(통설). 또한 명시적인 의사표시 외에 묵시적 의사표시로도 할 수 있다(대판 2016.5.26. 2016다203315). **기출 21**

4) 수권행위의 하자

① 대리행위의 하자 유무는 대리인을 기준으로 하여 결정되지만, 단독행위로서 수권행위의 하자는 본인을 기준으로 민법 제107조 이하에 따라 규율된다. 따라서 대리인은 제한능력자라도 무방하지만(민법 제117조), 수권행위에서 본인은 행위능력자여야 한다.

② 대리행위 자체에는 하자가 없더라도 수권행위가 무효·취소되면 대리행위는 당연히 소급하여 무권대리로 되는가에 대하여 견해가 대립하고 있으나 이미 행해진 대리행위에는 영향이 없다는 것이 통설이다.

③ 원인이 되는 기초적 법률관계가 종료하기 전에 본인은 언제든지 수권행위를 철회할 수 있으며, 이때 임의대리권은 소멸한다. **기출 21·19·18·16**

(3) 관련 판례

인감도장 및 인감증명서는 대리권을 인정할 수 있는 하나의 자료에 지나지 아니하고 이에 의하여 당연히 피고에게 원고를 대리하여 양도담보부 금전소비대차계약을 체결하거나 위 계약에 대한 공정증서 작성을 촉탁할 대리권이 인정되는 것은 아니며, 대리권이 있다는 점에 대한 입증책임은 그 효과를 주장하는 피고에게 있다(대판 2008.9.25. 2008다42195).

3. 대리권의 범위와 그 제한

(1) 대리권의 범위

1) 법정대리권의 범위

법정대리권의 범위는 그 발생근거인 법률의 규정에 의하여 정해진다. 따라서 법률의 규정에 의하지 않는 한 법정대리권의 범위를 당사자의 의사에 따라 임의적으로 확장 또는 제한하는 것은 허용되지 않는다.

2) 임의대리권의 범위

> **대리권의 범위(민법 제118조)** `기출` 22 · 21 · 17 · 16
> 권한을 정하지 아니한 대리인은 다음 각 호의 행위만을 할 수 있다.
> 1. 보존행위
> 2. 대리의 목적인 물건이나 권리의 성질을 변하지 아니하는 범위에서 그 이용 또는 개량하는 행위

① **원칙** : 임의대리권은 수권행위에 의하여 주어지므로 그 구체적 범위는 수권행위의 해석에 의하여 결정된다. `기출` 22 다만, 일반적으로 말하면 수권행위의 통상의 내용으로서의 임의대리권은 그 권한에 부수하여 필요한 한도에서 상대방의 의사표시를 수령하는 이른바 수령대리권을 포함하는 것으로 보아야 한다(대판 1994.2.8. 93다39379). `기출` 22 · 21

⊕ 더 알아보기

[대리권 범위 밖의 행위로 평가된 판례들]
- 일반적으로 법률행위에 의하여 수여된 대리권은 원인된 법률관계의 종료에 의하여 소멸하는 것이므로 특별한 다른 사정이 없는 한, 본인을 대리하여 금전소비대차 내지 그를 위한 담보권설정계약을 체결할 권한을 수여받은 대리인에게 본래의 계약관계를 해제할 대리권까지 있다고 볼 수 없다(대판 1993.1.15. 92다39365). `기출` 20 · 14
- 계약을 대리하여 체결하였던 대리인이 체결된 계약의 해제 등 일체의 처분권과 상대방의 의사를 수령할 권한까지 가지고 있다고 볼 수는 없다(대판 2008.6.12. 2008다11276). `기출` 20
- 특별한 다른 사정이 없는 한 부동산을 매수할 권한을 수여받은 대리인에게 그 부동산을 처분할 대리권도 있다고 볼 수 없다(대판 1991.2.12. 90다7364). `기출` 22
- 대여금의 영수권한만을 위임받은 대리인이 그 대여금 채무의 일부를 면제하기 위하여는 본인의 특별수권이 필요하다(대판 1981.6.23. 80다3221). `기출` 14
- 예금계약의 체결을 위임받은 자가 가지는 대리권에 당연히 그 예금을 담보로 하여 대출을 받거나 이를 처분할 수 있는 대리권이 포함되어 있는 것은 아니다(대판 1995.8.22. 94다59042).
  `기출` 20 · 14
- 신탁된 아파트의 분양을 수탁자로부터 위임받은 신탁자가 대물변제를 위하여 분양계약을 체결한 경우, 대리권의 범위 내의 행위는 아니지만 권한을 넘은 표현대리의 성립을 인정하였다(대판 2002.3.15. 2000다52141).

[대리권 범위 내의 행위로 평가된 판례들]
- 부동산의 소유자로부터 매매계약을 체결할 대리권을 수여받은 대리인은 특별한 사정이 없는 한 그 매매계약에서 약정한 바에 따라 중도금이나 잔금을 수령할 권한도 있다(대판 1994.2.8. 93다39379).
  `기출` 20
- 매매계약의 체결과 이행에 관하여 포괄적으로 대리권을 수여받은 대리인은 특별한 다른 사정이 없는 한 상대방에 대하여 약정된 매매대금지급기일을 연기하여 줄 권한도 가진다고 보아야 할 것이다(대판 1992.4.14. 91다43107). `기출` 22 · 20 · 14
- 소송상 화해나 청구의 포기에 관한 특별수권이 되어 있다면, 특별한 사정이 없는 한 그러한 소송행위에 대한 수권만이 아니라 그러한 소송행위의 전제가 되는 당해 소송물인 권리의 처분이나 포기에 대한 권한도 수여되어 있다고 봄이 상당하다(대결 2000.1.31. 99마6205).

② 보충규정으로서 민법 제118조 : 대리권이 존재하는 것은 분명하지만 그 범위가 불명한 경우를 위하여 민법은 보충규정을 두고 있다(민법 제118조).

  ㉠ 보존행위 : 재산의 현상을 유지하기 위한 행위를 말하며, 대리인은 아무런 제한 없이 보존행위를 할 수 있다.

  ㉡ 이용·개량행위 : 이용행위란 재산의 수익을 꾀하는 행위를 말하고, 개량행위는 사용가치 또는 교환가치를 증가시키는 행위를 말한다. 민법은 대리의 목적인 물건이나 권리의 성질이 변하지 않는 범위에서만 이용·개량행위를 허용한다. `기출` 21

(2) 대리권의 제한

1) 자기계약 및 쌍방대리의 금지(민법 제124조)

> **자기계약, 쌍방대리(민법 제124조)** `기출` 21 · 16 · 13
> 대리인은 본인의 허락이 없으면 본인을 위하여 자기와 법률행위를 하거나 동일한 법률행위에 관하여 당사자 쌍방을 대리하지 못한다. 그러나 채무의 이행은 할 수 있다.

① 개념 및 근거

  ㉠ 대리인이 본인을 대리하면서 다른 한편으로 자기 자신이 상대방으로서 계약을 체결하는 것을 자기계약이라 하며, 동일인이 하나의 법률행위에 관하여 당사자 쌍방의 대리인이 되어 대리행위를 하는 것을 쌍방대리라고 한다.

  ㉡ 자기계약과 쌍방대리는 원칙적으로 금지된다. 그 취지는 본인과 대리인 사이의 이해충돌 또는 본인 간의 이해충돌을 막기 위함이다. 민법 제124조는 임의규정에 해당한다.

② 금지의 예외 `기출` 16

  ㉠ 본인의 허락이 있는 경우(민법 제124조 본문)

  ㉡ 채무의 이행(민법 제124조 단서) : 단, 새로운 이해관계의 변경을 수반하는 대물변제와 경개 또는 다툼이 있는 채무의 이행, 기한이 미도래한 채무의 변제, 항변권 있는 채무의 변제 등은 허용되지 않는다.

  ㉢ 본인에게 유리한 경우

③ 위반의 효과 : 자기계약 또는 쌍방대리는 예외에 해당하지 않는 한 무권대리로 된다. 즉, 본인에 대하여 무효이지만, 본인의 추인에 의하여 유효로 될 수 있다.

④ 적용범위

  ㉠ 원칙 : 민법 제124조는 임의대리권과 법정대리권 모두에 적용된다(통설).

  ㉡ 민법 제124조에 대한 특칙 : 친권자에 대한 재산을 자(子)에게 증여하면서 친권자가 수증자로서의 자의 지위를 대리하는 것은 자기계약이기는 하지만 이해상반행위는 아니기 때문에 유효하다(대판 1981.10.13, 81다649).

2) 공동대리

① 의의 및 취지

  ㉠ 대리인이 수인인 경우에 원칙적으로 대리인 각자가 본인을 대리한다. 즉, 각자대리가 원칙이다(민법 제119조 본문). `기출` 21 · 13 그러나 법률 또는 수권행위에서 수인의 대리인이 공동으로만 대리할 수 있는 것으로 되어 있다면 공동으로 대리해야 한다.

ⓒ 공동대리를 정한 취지는 대리인들로 하여금 상호 견제하에 의사결정을 신중히 하게 하여 본인을 보호하고자 함에 있다.

② **위반의 효과**

㉠ 공동대리의 제한을 위반한 대리행위는 무권대리가 된다. 다만, 본인의 추인이 있으면 유효하다.

ⓒ 친권의 행사에서 부모의 일방이 공동명의로 자를 대리한 경우, 다른 일방의 의사에 반하더라도 상대방이 악의가 아니라면 그 대리행위는 유효하다(민법 제920조의2).

4. 대리권의 남용

(1) 의 의

① 대리권의 남용이란 대리인이 대리권의 범위 내에서 대리행위를 하였으나, 본인의 이익이 아닌 자기 또는 제3자의 이익을 꾀하기 위하여 대리행위를 하는 경우를 말한다.

② 판례는 「대표권 남용」 사안에서의 주류는 비진의표시설의 입장에서 판시하고 있지만, 권리남용설의 입장을 보인 것도 있으며, 「대리권 남용」 사안에서는 비진의표시설만을 따르고 있다.

> **➕ 더 알아보기**
>
> 진의 아닌 의사표시가 대리인에 의하여 이루어지고 그 대리인의 진의가 본인의 이익이나 의사에 반하여 자기 또는 제3자의 이익을 위한 배임적인 것임을 그 상대방이 알았거나 알 수 있었을 경우에는 민법 제107조 제1항 단서의 유추해석상 그 대리인의 행위에 대하여 본인은 책임을 지지 아니하므로, 금융기관의 임·직원이 예금 명목으로 돈을 교부받을 때의 진의가 예금주와 예금계약을 맺으려는 것이 아니라 그 돈을 사적인 용도로 사용하거나 비정상적인 방법으로 운용하는 데 있었던 경우에 예금주가 그 임·직원의 예금에 관한 비진의 내지 배임적 의사를 알았거나 알 수 있었다면 금융기관은 그러한 예금에 대하여 예금계약에 기한 반환책임을 지지 아니한다(대판 2007.4.12. 2004다51542).

(2) 적용범위

대리권의 남용이 주로 임의대리에서 논의가 되지만 그에 한정할 것은 아니다. 즉, 법정대리에도 대리권 남용의 법리가 적용되어야 한다. 판례도 법정대리권의 남용을 인정한다(대판 1997.1.24. 96다43928).

5. 대리권의 소멸

> **대리권의 소멸사유(민법 제127조)** 🔲 본·사 / 대·사·성·개·파 [기출] 21·18
> 대리권은 다음 각 호의 어느 하나에 해당하는 사유가 있으면 소멸된다.
> 1. 본인의 사망
> 2. 대리인의 사망, 성년후견의 개시 또는 파산

> **임의대리의 종료(민법 제128조)** `기출` 22 · 21 · 19 · 18 · 16
> 법률행위에 의하여 수여된 대리권은 전조의 경우 외에 그 원인된 법률관계의 종료에 의하여 소멸한다.
> 법률관계의 종료 전에 본인이 수권행위를 철회한 경우에도 같다.

법정대리권과 임의대리권의 공통된 소멸사유	임의대리권 특유의 소멸사유
• 본인 – 사망 • 대리인 – 사망, 성년후견의 개시, 파산	• 원인된 법률관계의 종료 • 법률관계의 종료 전에 수권행위의 철회

Ⅲ 대리행위(대리인과 상대방 사이의 관계)

1. 현명주의

> **대리행위의 효력(민법 제114조)**
> ① 대리인이 그 권한 내에서 본인을 위한 것임을 표시한 의사표시는 직접 본인에게 대하여 효력이
> 생긴다.
> ② 전항의 규정은 대리인에게 대한 제3자의 의사표시에 준용한다.

(1) 현명의 의의

통설은 현명을 대리인의 「대리적 효과의사(대리의사)」를 「외부에 표시하는 의사표시」라고 한다.

(2) 현명의 방식

① 대리인은 대리행위의 법률효과를 본인에게 생기게 하려면 「본인을 위한 것임을 표시」하여야
   한다(민법 제114조).
② 현명은 불요식행위이므로 방식에 제한이 없어 반드시 위임장을 제시할 필요도 없고 구두에
   의해서도 가능하다.
③ 현명 시 본인을 특정할 필요도 없고, 본인의 이름을 명시할 필요도 없다. 즉, 타인을 위한
   것이라는 것만 표시하면 족하다(통설·판례). `기출` 19

> **⊕ 더 알아보기**
>
> 甲이 부동산을 농업협동조합중앙회에 담보로 제공함에 있어 동업자인 乙에게 그에 관한 대리권을 주
> 었다면 乙이 동 중앙회와의 사이에 그 부동산에 관하여 근저당권설정계약을 체결함에 있어 그 피담보
> 채무를 동업관계의 채무로 특정하지 아니하고 또 대리관계를 표시함이 없이 마치 자신이 甲 본인인
> 양 행세하였다 하더라도 위 근저당권설정계약은 대리인인 위 乙이 그의 권한범위 안에서 한 것인 이
> 상 그 효력은 본인인 甲에게 미친다(대판 1987.6.23. 86다카1411).

(3) 현명하지 않은 대리행위의 효력

> **본인을 위한 것임을 표시하지 아니한 행위(민법 제115조)**
> 대리인이 본인을 위한 것임을 표시하지 아니한 때에는 그 의사표시는 자기를 위한 것으로 본다. 그러나 상대방이 대리인으로서 한 것임을 알았거나 알 수 있었을 때에는 전조 제1항의 규정을 준용한다.

1) 원 칙

대리인이 본인을 위한 것임을 표시하지 아니한 때에는 그 의사표시는 자기를 위한 것으로 본다(민법 제115조 본문). 따라서 대리인이 법률행위의 당사자가 되며, 그로 인한 효과도 대리인에게 직접 발생하므로, 대리인은 자신을 위하여 행위할 의사가 없었다는 이유로 그 계약을 착오에 근거하여 취소할 수 없다.

2) 예 외

상대방이 대리인으로서 한 것임을 알았거나 알 수 있었을 때에는 대리행위의 효과가 직접 본인에게 발생한다(민법 제115조 단서).

> **⊕ 더 알아보기**
>
> [1] 민법 제450조에 의한 채권양도통지는 양도인이 직접하지 아니하고 사자를 통하여 하거나 대리인으로 하여금 하게 하여도 무방하고, 채권의 양수인도 양도인으로부터 채권양도통지 권한을 위임받아 대리인으로서 그 통지를 할 수 있다. [2] 채권양도통지 권한을 위임받은 양수인이 양도인을 대리하여 채권양도통지를 함에 있어서는 민법 제114조 제1항의 규정에 따라 양도인 본인과 대리인을 표시하여야 하는 것이므로, 양수인이 서면으로 채권양도통지를 함에 있어 대리관계의 현명을 하지 아니한 채 양수인 명의로 된 채권양도통지서를 채무자에게 발송하여 도달되었다 하더라도 이는 효력이 없다고 할 것이다. [3] 대리에 있어 본인을 위한 것임을 표시하는 이른바 현명은 반드시 명시적으로만 할 필요는 없고 묵시적으로도 할 수 있는 것이고, 채권양도통지를 함에 있어 현명을 하지 아니한 경우라도 채권양도통지를 둘러싼 여러 사정에 비추어 양수인이 대리인으로서 통지한 것임을 상대방이 알았거나 알 수 있었을 때에는 민법 제115조 단서의 규정에 의하여 유효하다(대판 2004.2.13. 2003다43490).

2. 대리행위의 하자

> **대리행위의 하자(민법 제116조)**
> ① 의사표시의 효력이 의사의 흠결, 사기, 강박 또는 어느 사정을 알았거나 과실로 알지 못한 것으로 인하여 영향을 받을 경우에 그 사실의 유무는 대리인을 표준하여 결정한다. `기출` 17 · 13
> ② 특정한 법률행위를 위임한 경우에 대리인이 본인의 지시에 좇아 그 행위를 한 때에는 본인은 자기가 안 사정 또는 과실로 인하여 알지 못한 사정에 관하여 대리인의 부지를 주장하지 못한다.
> `기출` 21

(1) 원칙 : 대리인을 표준하여 결정

① 의사표시의 효력이 의사의 흠결, 사기, 강박 또는 어느 사정을 알았거나 과실로 알지 못한 것으로 인하여 영향을 받을 경우에 그 사실의 유무는 대리인을 표준하여 결정한다(민법 제116조 제1항).

② 그러나 그 대리행위의 하자에서 생기는 효과(취소권, 무효의 주장 등)는 본인에게 귀속됨을 주의해야 한다.

③ 본인에게 착오, 사기, 강박 등의 사유가 있더라도 대리인에게 그러한 사유가 없다면 본인은 이를 주장하여 취소권을 행사할 수 없다.

(2) 예 외

① 제3자가 대리행위의 상대방에게 사기·강박을 행한 경우에 대리인뿐만 아니라 본인이 제3자의 사기·강박을 알았거나 알 수 있었더라도 상대방이 그 의사표시를 취소할 수 있다.

② 본인이 대리행위의 상대방에게 사기·강박을 행한 경우에, 신의칙상 본인의 사기·강박은 대리인의 그것으로 평가되어, 대리인이 그 사실을 알았거나 알 수 있었는지 여부와 관계없이 상대방은 민법 제110조 제1항에 의하여 의사표시를 취소할 수 있다.

③ 대리인이 본인의 지시에 좇아 법률행위를 한 경우에는 본인은 자신에게 악의·과실이 있는 경우 대리인이 선의·무과실이라고 하여도 이를 주장하지 못한다(민법 제116조 제2항).

3. 대리인의 능력

> **대리인의 행위능력(민법 제117조)** 기출 22·21·19·18·17·15
> 대리인은 행위능력자임을 요하지 아니한다

(1) 의 의

① 대리인은 행위능력자임을 요하지 않는다(민법 제117조). 다만, 대리행위 당시 대리인이 적어도 의사능력은 가지고 있어야 한다.

② 본인에게는 행위능력도 의사능력도 불필요하다. 단, 권리능력은 있어야 한다.

(2) 제한능력자인 대리인과 본인의 관계

민법 제117조는 대리인이 제한능력자라는 점을 들어 본인이 그의 대리행위를 취소하지 못한다는 의미를 가질 뿐이며, 제한능력자인 대리인과 본인 사이의 내부적 관계에는 영향을 미치지 않는다. 즉, 대리인은 본인과의 기초적 내부관계를 발생시키는 행위를 제한능력을 이유로 취소할 수 있다.

Ⅳ 대리의 효과(본인과 상대방 사이의 관계)

① 대리인이 한 대리행위의 효과는 모두 직접 본인에게 귀속된다. 이 점에서 대리는 간접대리와 구별된다.
② 대리인이 한 불법행위는 법률행위의 대리가 아니므로 본인에게 그 효과가 귀속되지는 않고, 다만, 본인과 대리인이 사용자·피용자의 관계에 있는 경우에 본인이 민법 제756조의 사용자 책임을 질 수는 있다.

Ⅴ 복대리(複代理)

임의대리인의 복임권(민법 제120조) 기출 19·13
대리권이 법률행위에 의하여 부여된 경우에는 대리인은 본인의 승낙이 있거나 부득이한 사유 있는 때가 아니면 복대리인을 선임하지 못한다.

임의대리인의 복대리인 선임의 책임(민법 제121조)
① 전조의 규정에 의하여 대리인이 복대리인을 선임한 때에는 본인에게 대하여 그 선임감독에 관한 책임이 있다. 기출 19
② 대리인이 본인의 지명에 의하여 복대리인을 선임한 경우에는 그 부적임 또는 불성실함을 알고 본인에게 대한 통지나 그 해임을 태만한 때가 아니면 책임이 없다. 기출 13

법정대리인의 복임권과 그 책임(민법 제122조) 기출 21·19·18·15
법정대리인은 그 책임으로 복대리인을 선임할 수 있다. 그러나 부득이한 사유로 인한 때에는 전조 제1항에 정한 책임만이 있다.

복대리인의 권한(민법 제123조)
① 복대리인은 그 권한 내에서 본인을 대리한다. 기출 17·16
② 복대리인은 본인이나 제3자에 대하여 대리인과 동일한 권리의무가 있다. 기출 21·16·15·13

1. 의 의

(1) 복대리인의 개념

복대리인은 대리인이 「대리인 자신의 이름」으로 선임한 「본인의 대리인」이다. 기출 22·19·15

(2) 복대리인의 법적 성질

① 복대리인은 「본인의 대리인」이고 대리인의 대리인은 아니다.
② 복대리인을 선임한 후에도 대리인의 대리권은 소멸하지 않고 복대리인의 대리권과 병존한다. 따라서 복임행위는 대리권의 「병존적 부여행위」라고 할 것이다.

2. 대리인의 복임권과 책임

(1) 임의대리인의 복임권과 그 책임

① 원칙적으로 복임권을 가지지 못하지만, 예외적으로 본인의 승낙이 있거나 부득이한 사유가 있는 때에 한하여 복대리인 선임이 가능하다. 단, 선임이 가능한 경우에는 선임·감독상의 과실에 대해서만 책임을 진다(민법 제121조 제1항).

> **➕ 더 알아보기**
>
> • 대리의 목적인 법률행위의 성질상 대리인 자신에 의한 처리가 필요하지 아니한 경우에는 본인이 복대리 금지의 의사를 명시하지 아니하는 한 복대리인의 선임에 관하여 묵시적인 승낙이 있는 것으로 보는 것이 타당하다(대판 1996.1.26. 94다30690).
> • 甲이 채권자를 특정하지 아니한 채 부동산을 담보로 제공하여 금원을 차용해 줄 것을 乙에게 위임하였고, 乙은 이를 다시 丙에게 위임하였으며, 丙은 丁에게 위 부동산을 담보로 제공하고 금원을 차용하여 乙에게 교부하였다면, 乙에게 위 사무를 위임한 甲의 의사에는 '복대리인 선임에 관한 승낙'이 포함되어 있다고 봄이 타당하다(대판 1993.8.27. 93다21156).

② 나아가 본인이 복대리인을 지명한 경우에는 책임이 더욱 완화되어 있다.

(2) 법정대리인의 복임권과 그 책임

① 언제나 복임권이 있다.

② 법정대리인은 언제든지 복임권을 가지는 대신에 한편으로는 선임·감독상의 과실 유무에 관계없이 모든 책임을 부담한다(민법 제122조 본문). 그러나 부득이하게 선임한 경우 선임·감독상의 과실에 대해서만 책임을 진다(민법 제122조 단서).

3. 복대리인의 지위

(1) 대리인에 대한 관계

① 복대리인은 대리인이 자기의 권한 내에서 선임한 것이므로 대리인의 감독에 복종하며, 그 권한도 대리권의 범위 내에 한한다.

② 복대리권은 대리권을 초과할 수 없으며, 대리권이 소멸하면 복대리권도 소멸한다.

③ 복대리인의 선임으로 대리인의 대리권은 소멸하지 않으며, 대리인과 복대리인은 모두 본인을 대리한다.

(2) 상대방에 대한 관계

① 복대리인은 본인의 대리인이므로(민법 제123조 제1항), 상대방에 대하여는 대리인과 동일한 권리·의무가 있다(민법 제123조 제2항).

② 복대리인은 복대리행위를 함에 있어서 본인을 위한다는 표시를 하여야 하며(민법 제114조 제1항), 표현대리규정도 복대리행위에 적용될 수 있다. **기출** 15·13

(3) 본인에 대한 관계

민법 제123조 제2항에 의하여 본인과 대리인 사이의 내부적 법률관계가 본인과 복대리인 간의 내부적 기초적 법률관계로 의제된다(통설).

(4) 복대리인의 복임권

선임 대리인과 동일한 조건으로 복임권을 인정할 수 있다(통설).

4. 복대리권의 소멸 `기출` 17 · 15

(1) 대리권 일반의 소멸원인 등

본인의 사망 또는 복대리인의 사망, 복대리인의 성년후견의 개시 또는 파산(민법 제127조), 대리인과 복대리인 사이의 내부적 법률관계의 종료(민법 제128조 전단) 또는 대리인의 수권행위의 철회(민법 제128조 후단)에 의해 복대리권은 소멸한다.

(2) 대리인의 대리권 소멸

본인의 사망 또는 대리인의 사망, 대리인의 성년후견의 개시 또는 파산 등에 의해 대리인의 대리권이 소멸한다.

Ⅵ 무권대리

1. 서 설

대리권 없이 행하여진 대리행위를 무권대리라 한다. 무권대리는 대리인에게 대리권이 있는 것으로 믿을 만한 외관이 있고, 그 외관 형성에 대하여 본인에게도 책임을 물을 만한 사정이 있는 표현대리와, 이러한 사정이 없는 경우인 협의의 무권대리로 나누어지며, 양자를 통틀어 광의의 무권대리라고 한다.

2. 표현대리

(1) 표현대리의 의의

1) 표현대리의 개념

표현대리란 대리인에게 대리권이 없음에도 불구하고 마치 그것이 있는 것과 같은 외관이 존재하고, 그러한 외관의 형성에 관여하든가 외관을 방치하는 등 본인이 책임져야 할 사정이 있는 경우에, 그 무권대리행위에 대하여 본인에게 책임을 지우는 제도이다.

2) 표현대리의 유형

민법은 대리권 수여표시에 의한 표현대리(민법 제125조)와 권한을 넘은 표현대리(민법 제126조), 대리권 소멸 후의 표현대리(민법 제129조)를 규정하고 있다.

3) 표현대리의 본질 및 무권대리와의 관계

① **문제점** : 표현대리가 유권대리의 일종인지 무권대리의 일종인지가 문제되는데 양자를 구별하는 실익은 표현대리가 성립할 경우에도 민법 제130조 이하의 무권대리 규정이 적용될 수 있을지, 특히 무권대리인의 상대방에 대한 책임규정(민법 제135조)의 적용 여부이다.

② **학설** : 표현대리를 유권대리의 아종으로 보는 견해도 있으나 다수설은 표현대리는 광의의 무권대리에 속하는 것으로서 민법 제130조 이하가 적용되는 것이 원칙이나 민법 제135조는 적용되지 않는다는 점이 무권대리와 다르다고 한다.

③ **판례** : 유권대리에 있어서는 본인이 대리인에게 수여한 대리권의 효력에 의하여 법률효과가 발생하는 반면, 표현대리에 있어서는 대리권이 없음에도 불구하고 법률이 특히 거래상대방 보호와 거래안전유지를 위하여 본래 무효인 무권대리행위의 효과를 본인에게 미치게 한 것으로, 양자의 구성요건 해당사실, 즉 주요사실은 다르다고 볼 수밖에 없으니, 유권대리에 관한 주장 속에 무권대리에 속하는 표현대리의 주장이 포함되어 있다고 볼 수 없다(대판[전합] 1983.12.13. 83다카1489). **기출** 21·18·17·16·15·13

④ **검토** : 거래상대방 보호와 거래안전유지를 위하여 표현대리를 인정한 취지를 고려할 때 표현대리는 광의의 무권대리에 포함된다고 보아야 하나, 표현대리의 성립으로 상대방의 보호는 충분하므로, 민법 제135조를 적용하여 무권대리인의 책임을 추궁하는 것은 부정하는 것이 타당하다고 판단된다.

(2) 대리권 수여의 표시에 의한 표현대리(민법 제125조)

> **대리권 수여의 표시에 의한 표현대리(민법 제125조)**
> 제3자에 대하여 타인에게 대리권을 수여함을 표시한 자는 그 대리권의 범위 내에서 행한 그 타인과 그 제3자 간의 법률행위에 대하여 책임이 있다. 그러나 제3자가 대리권 없음을 알았거나 알 수 있었을 때에는 그러하지 아니하다.

1) 의 의

본인이 실제로는 타인에게 대리권을 수여하지 않았음에도 불구하고 수여하였다고 표시함으로써 대리권 수여의 외관이 존재하는 경우에 관한 규정이다.

2) 요 건

① **대리권 수여의 표시**

ㄱ 수권표시의 법적 성질 : 통설은 수권행위가 있었다는 뜻의 「관념의 통지」로 본다.

ㄴ 수권표시의 방법 : 제한이 없다. 따라서 서면으로 하든 구술로 하든, 특정인에 대한 것이든, 불특정인에 대한 것이든 불문한다. 또한 본인이 직접하지 않고 대리인이 될 자를 통해서 하더라도 무방하다.

- 민법 제125조가 규정하는 대리권 수여의 표시에 의한 표현대리는 본인과 대리행위를 한 자 사이의 기본적인 법률관계의 성질이나 그 효력의 유무와는 관계없이 어떤 자가 본인을 대리하여 제3자와 법률행위를 함에 있어 본인이 그 자에게 대리권을 수여하였다는 표시를 제3자에게 한 경우에 성립한다(대판 2007.8.23. 2007다23425).
- 대리권을 수여하는 수권행위는 불요식의 행위로서 명시적인 의사표시에 의함이 없이 묵시적인 의사표시에 의하여 할 수도 있으며, 어떤 사람이 대리인의 외양을 가지고 행위하는 것을 본인이 알면서도 이의를 하지 아니하고 방임하는 등 사실상의 용태에 의하여 대리권의 수여가 추단되는 경우도 있다(대판 2016.5.26. 2016다203315). 기출 22
- 본인에 의한 대리권 수여의 표시는 반드시 대리권 또는 대리인이라는 말을 사용하여야 하는 것이 아니라 사회통념상 대리권을 추단할 수 있는 직함이나 명칭 등의 사용을 승낙 또는 묵인한 경우에도 대리권 수여의 표시가 있은 것으로 볼 수 있다(대판 1998.6.12. 97다53762). 기출 20 · 15

ⓒ 수권표시의 철회 : 철회는 표현대리인이 대리행위를 하기 전에 행해져야 한다. 철회가 효력을 발생하려면 상대방에게 철회된 사실을 알려야 한다. 이때 철회는 표시와 동일한 방법이나 이에 준하는 방법으로 상대방에게 알려야 한다.

② 표시된 대리권의 범위 내의 행위일 것 : 만일 수권표시의 객관적인 범위를 넘는 행위가 있는 경우에 그 초과부분에 대해서는 민법 제126조가 적용될 여지가 있다.

③ 대리행위의 상대방 : 대리권 수여의 표시를 받은 상대방에 한정한다.

④ 상대방의 선의·무과실 : 상대방의 과실 유무는 무권대리행위 당시의 제반사정을 객관적으로 판단하여 결정해야 한다(대판 1974.7.9. 73다1804). 민법 제125조의 책임을 면하려는 본인이 상대방의 악의 또는 과실에 대한 입증책임을 진다. 즉, 상대방은 선의·무과실이어야 한다. 기출 17

3) 적용범위

① 민법 제125조는 임의대리에만 적용되고 법정대리에는 적용되지 않는다(통설·판례).

② 복대리에 관해서도 민법 제125조는 적용된다(판례).

③ 소송행위에는 민법상의 표현대리규정이 적용 또는 유추적용될 수 없다(대판 1983.2.8. 81다카621). 공법상 행위도 마찬가지이다.

④ 대리행위가 강행규정에 위반하는 경우에는 표현대리의 법리가 적용되지 않는다.

4) 법률효과

① 표현대리는 상대방이 이를 주장하는 경우에 비로소 문제되는 것이고, 상대방이 주장하지 않는 한 본인 측에서 표현대리를 주장할 수는 없다.

② 상대방의 철회와 본인의 추인 중 먼저 행해진 것에 따라서 표현대리의 효과가 확정된다.

③ 상대방에 대한 무권대리인의 책임규정(민법 제135조)은 적용되지 않는다.

④ 표현대리가 성립하는 경우에 그 본인은 표현대리행위에 의하여 전적인 책임을 져야 하고, 상대방에게 과실이 있다고 하더라도 과실상계의 법리를 유추적용하여 본인의 책임을 경감할 수 없다(대판 1996.7.12. 95다49554). 기출 21 · 20 · 18 · 14

(3) 권한을 넘은 표현대리(민법 제126조)

> **권한을 넘은 표현대리(민법 제126조)**
> 대리인이 그 권한 외의 법률행위를 한 경우에 제3자가 그 권한이 있다고 믿을 만한 정당한 이유가 있는 때에는 본인은 그 행위에 대하여 책임이 있다.

1) 의 의

대리인이 그 권한 외의 법률행위를 한 경우에도 거래의 안전과 거래 상대방의 이익을 보호하기 위하여 일정한 요건하에 대리행위의 효과를 본인에게 귀속하게 하는 것을 의미한다.

2) 요 건

① 대리인에게 기본대리권이 존재할 것

    ㉠ 기본대리권에 법정대리권도 포함되며, 대리행위와 동종·유사한 것일 필요가 없고 전혀 별개의 행위에 대한 기본대리권도 가능하다. `기출` 21·15

> **⊕ 더 알아보기**
>
> 정당하게 부여받은 대리권의 내용되는 행위와 권한을 넘은 표현대리는 반드시 같은 종류의 행위에 속할 필요는 없다(대판 1969.7.22. 69다548).

    ㉡ 기본대리권은 현재의 대리권을 말하고, 과거에 가졌던 대리권을 넘는 경우에는 민법 제126조가 적용되지 않고 민법 제129조가 적용될 수 있다.

> **⊕ 더 알아보기**
>
> 민법 제126조에서 말하는 권한을 넘은 표현대리는 현재에 대리권을 가진 자가 그 권한을 넘은 경우에 성립하는 것이지, 현재에 아무런 대리권도 가지지 아니한 자가 본인을 위하여 한 어떤 대리행위가 과거에 이미 가졌던 대리권을 넘은 경우에까지 성립하는 것은 아니라고 할 것이고, 한편 과거에 가졌던 대리권이 소멸되어 민법 제129조에 의하여 표현대리로 인정되는 경우에 그 표현대리의 권한을 넘는 대리행위가 있을 때에는 민법 제126조에 의한 표현대리가 성립할 수 있다(대판 2008.1.31. 2007다74713). `기출` 20·17

② 권한을 넘은 표현대리행위가 존재할 것

    ㉠ 표현대리인과 상대방 사이에 대리행위가 없는 때에는 민법 제126조가 적용되지 않는다.

    ㉡ 민법 제126조의 표현대리는 문제된 법률행위와 수여받은 대리권 사이에 아무런 관계가 없는 경우에도 적용된다.

    ㉢ 기본대리권이 공법상의 권리이고 표현대리행위가 사법상의 행위일지라도 민법 제126조의 표현대리는 적용된다. `기출` 14

> **➕ 더 알아보기**
>
> 기본대리권이 등기신청행위라 할지라도 표현대리인이 그 권한을 유월하여 대물변제라는 사법행위를 한 경우에는 표현대리의 법리가 적용된다(대판 1978.3.28. 78다282).

ⓔ 민법 제126조의 상대방은 민법 제125조 및 민법 제129조의 경우와 같이 표현대리행위의 직접 상대방만을 말한다. [기출] 21

ⓜ 본인의 성명을 모용하여 자기가 마치 본인인 것처럼 기망하여 본인 명의로 직접 법률행위를 한 경우, 특별한 사정이 없는 한, 표현대리는 성립될 수 없다.

③ 정당한 이유가 존재할 것

ⓖ 정당한 이유란 대리행위에 대한 대리권이 존재하리라고 상대방이 믿은 데 과실이 없음을 말한다. 즉, 선의이며 과실이 없는 것을 의미한다.

ⓛ 정당한 이유의 존부는 대리인의 대리행위가 행하여질 때에 존재하는 제반사정을 객관적으로 관찰하여 판단하여야 한다(대판 2008.2.1. 2006다33418 · 33425).

ⓒ 정당한 이유의 판정시기는 대리행위 당시이고 그 후의 사정이 고려되어서는 안 된다(대판 1997.6.27. 97다3828). [기출] 21 · 14

ⓔ 정당한 이유의 입증책임에 대하여 다수설은 본인이 상대방의 악의 · 과실을 주장 · 입증해야 한다고 하는 반면, 판례는 유효를 주장하는 자에게 있다고 한다(대판 1968.6.18. 68다694).

ⓜ 타인의 채무에 대한 보증행위는 그 성질상 아무런 반대급부 없이 오직 일방적으로 불이익만을 입는 것인 점에 비추어 볼 때, 남편이 처에게 타인의 채무를 보증함에 필요한 대리권을 수여한다는 것은 사회통념상 이례에 속하므로, 처가 특별한 수권 없이 남편을 대리하여 위와 같은 행위를 하였을 경우에 그것이 민법 제126조 소정의 표현대리가 되려면 처에게 일상가사대리권이 있었다는 것만이 아니라 상대방이 처에게 남편이 그 행위에 관한 대리의 권한을 주었다고 믿었음을 정당화할 만한 객관적인 사정이 있어야 한다(대판 1998.7.10. 98다18988).

3) 적용범위

① 민법 제126조의 표현대리는 임의대리와 법정대리에 모두 적용된다(통설 · 판례).

> **➕ 더 알아보기**
>
> 권한을 넘는 표현대리 규정은 거래의 안전을 도모하여 거래상대방의 이익을 보호하려는 데에 그 취지가 있으므로 법정대리라고 하여 임의대리와는 달리 그 적용이 없다고 할 수 없다(대판 1997.6.27. 97다3828). [기출] 20 · 17

② 민법 제125조와 민법 제129조가 적용됨으로써 상대방에 대한 관계에 있어서는 법률상 대리권의 수여가 있었던 것으로 다루어지기 때문에 그러한 범위를 넘은 경우에도 민법 제126조가 적용되어 민법 제125조와 민법 제129조의 표현대리권이 민법 제126조의 기본대리권에 해당한다(통설).

③ 복임권이 없는 대리인에 의하여 선임된 복대리인의 행위에도 민법 제126조가 적용된다(대판 1998.3.27. 97다48982).

④ 부부 상호 간의 법정대리권인 일상가사대리권에 대해서도 민법 제126조의 적용이 있다(통설).

⑤ 문제가 된 부부의 행위가 일상가사에 속하지 않더라도 일상가사대리권을 기본대리권으로 하여 문제의 행위에 특별수권이 주어졌다고 믿을 만한 정당한 이유가 있는 경우에 민법 제126조의 표현대리를 인정할 수 있다(대판 1986.11.26. 68다1727・1728 참조).

⑥ 비법인사단인 교회의 대표자는 총유물인 교회 재산의 처분에 관하여 교인총회의 결의를 거치지 아니하고는 이를 대표하여 행할 권한이 없다. 따라서 교회의 대표자가 권한 없이 행한 교회 재산의 처분행위에 대하여는 민법 제126조의 표현대리에 관한 규정이 준용되지 아니한다(대판 2009.02.12. 2006다23312). `기출` `18・13`

4) 법률효과

민법 제126조의 요건이 충족되면 상대방은 표현대리인이 한 법률행위의 효력을 본인에게 주장할 수 있다.

(4) 대리권 소멸 후의 표현대리(민법 제129조)

> **대리권 소멸 후의 표현대리(민법 제129조)**
> 대리권의 소멸은 선의의 제3자에게 대항하지 못한다. 그러나 제3자가 과실로 인하여 그 사실을 알지 못한 때에는 그러하지 아니하다.

1) 의 의

① 민법 제129조는 대리권이 소멸하여 대리권이 없게 된 자가 대리행위를 한 경우에 선의・무과실로 그와 거래한 상대방을 보호하기 위하여 그 상대방과의 관계에서 마치 대리권이 있는 경우와 마찬가지로 효과를 인정한다.

② 민법 제129조는 그 효과로 '제3자에 대항하지 못한다'라고 규정하고 있는 바, 그 표현이 민법 제125조나 민법 제126조의 '책임이 있다'와 다르나 그 의미는 같다.

2) 요 건

① 대리인이 이전에는 대리권을 가지고 있었으나 대리행위를 할 때에는 대리권이 소멸하고 있어야 한다. 따라서 처음부터 전혀 대리권이 없는 경우에는 민법 제129조가 적용될 수 없다.

② 제3자는 선의・무과실이어야 한다. 제3자의 악의・과실에 대한 입증책임은 본인에게 있다(통설).

③ 상대방은 대리행위의 직접 상대방만을 말하며 상대방과 거래한 제3자는 포함되지 않는다.

④ 대리권이 이전에 존재하였던 것과 상대방의 신뢰 사이에 인과관계가 있어야 한다.

⑤ 대리인이 권한 내의 행위를 하여야 한다.

⑥ 수권행위가 철회 또는 취소된 경우와 기초적 내부관계가 소멸한 경우에도 대리권은 소멸하므로 민법 제129조의 표현대리가 적용될 수 있다.

3) 적용범위

① 민법 제129조의 표현대리는 임의대리와 법정대리 모두에 적용된다(통설·판례).

> **⊕ 더 알아보기**
>
> 대리권 소멸 후의 표현대리에 관한 민법 제129조는 법정대리인의 대리권 소멸에 관하여도 적용이 있다(대판 1975.1.28. 74다1199). **기출** 18·15

② 민법 제129조는 복대리인의 무권대리행위에 대해서도 적용된다.

> **⊕ 더 알아보기**
>
> 대리인이 대리권 소멸 후 직접 상대방과 사이에 대리행위를 하는 경우는 물론 대리인이 대리권 소멸 후 복대리인을 선임하여 복대리인으로 하여금 상대방과 사이에 대리행위를 하도록 한 경우에도, 상대방이 대리권 소멸 사실을 알지 못하여 복대리인에게 적법한 대리권이 있는 것으로 믿었고 그와 같이 믿은 데 과실이 없다면 민법 제129조에 의한 표현대리가 성립할 수 있다(대판 1998.5.29. 97다55317).

3. 협의의 무권대리(無權代理)

(1) 서 설

대리인이 대리권 없이 대리행위를 한 경우 중 표현대리가 성립하는 경우를 제외한 것이 협의의 무권대리이다. 민법은 협의의 무권대리로 계약의 무권대리(민법 제130조 내지 제135조)와 단독행위의 무권대리(민법 제136조)를 규정하고 있다.

(2) 계약의 무권대리

> **무권대리(민법 제130조)** **기출** 16
> 대리권 없는 자가 타인의 대리인으로 한 계약은 본인이 이를 추인하지 아니하면 본인에 대하여 효력이 없다.
>
> **상대방의 최고권(민법 제131조)** **기출** 21·20·19·18·17
> 대리권 없는 자가 타인의 대리인으로 계약을 한 경우에 상대방은 상당한 기간을 정하여 본인에게 그 추인 여부의 확답을 최고할 수 있다. 본인이 그 기간 내에 확답을 발하지 아니한 때에는 추인을 거절한 것으로 본다.
>
> **추인, 거절의 상대방(민법 제132조)** **기출** 21·20·18·15·13
> 추인 또는 거절의 의사표시는 상대방에 대하여 하지 아니하면 그 상대방에 대항하지 못한다. 그러나 상대방이 그 사실을 안 때에는 그러하지 아니하다.

1) 본인과 상대방 사이의 효과

① 본인의 권리 : 추인권 및 추인거절권

　　㉠ 추인권의 성질 : 무권대리인의 법률행위에 대한 본인의 추인은 상대방이나 무권대리인의 동의나 승낙을 요하지 않는 상대방 있는 단독행위이다.

　　㉡ 추인의 당사자 : 추인권자는 본인이지만, 상속인 등 본인의 포괄승계인도 추인할 수 있고, 그 밖에 법정대리인이나 본인으로부터 특별수권을 부여받은 임의대리인도 추인할 수 있다. 반면 추인의 상대방과 관련하여 판례는 무권대리인, 무권대리인의 직접 상대방 및 그 무권대리행위로 인한 권리 또는 법률관계의 승계인에 대하여도 할 수 있다(대판 1981.4.14. 80다2314)는 입장이다. 기출 18 다만, 추인을 무권대리인에게 하는 경우 상대방이 추인이 있음을 알지 못한 때에는 상대방에 대하여 추인의 효과를 주장하지 못한다(민법 제132조). 따라서 상대방은 그때까지 자신의 의사표시를 철회할 수 있다.

　　㉢ 추인의 방법 : 무권대리행위의 추인에 특별한 방식이 요구되는 것이 아니므로 명시적인 방법만 아니라 묵시적인 방법으로도 할 수 있고, 구술로 하든 서면으로 하든 모두 가능하며, 재판 외에서뿐만 아니라 재판상에서도 할 수 있다.

　　㉣ 일부추인의 가부 : 추인은 원칙적으로 무권대리행위 전부에 대하여 해야 한다(대판 2008.8.21. 2007다79480). 따라서 무권대리행위의 일부에 대한 추인은 허용되지 않지만 상대방의 동의가 있으면 가능하다(대판 1982.1.26. 81다카549).

⊕ 더 알아보기

무권대리행위의 추인은 무권대리인에 의하여 행하여진 불확정한 행위에 관하여 그 행위의 효과를 자기에게 직접 발생케 하는 것을 목적으로 하는 의사표시이며, 무권대리인 또는 상대방의 동의나 승낙을 요하지 않는 단독행위로서 추인은 의사표시의 전부에 대하여 행하여져야 하고, 그 일부에 대하여 추인을 하거나 그 내용을 변경하여 추인을 하였을 경우에는 상대방의 동의를 얻지 못하는 한 무효이다(대판 1982.1.26. 81다카549). 기출 22·21·17·15

ⓜ 추인의 효과와 소급효(민법 제133조)

> **➕ 더 알아보기**
>
> [1] 법률행위에 따라 권리가 이전되려면 권리자 또는 처분권한이 있는 자의 처분행위가 있어야 한다. 무권리자가 타인의 권리를 처분한 경우에는 특별한 사정이 없는 한 권리가 이전되지 않는다. 그러나 이러한 경우에 권리자가 무권리자의 처분을 추인하는 것도 자신의 법률관계를 스스로의 의사에 따라 형성할 수 있다는 사적자치의 원칙에 따라 허용된다. 이러한 <u>추인은 무권리자의 처분이 있음을 알고 해야 하고, 명시적으로 또는 묵시적으로 할 수 있으며, 그 의사표시는 무권리자나 그 상대방 어느 쪽에 해도 무방하다.</u> [2] 권리자가 무권리자의 처분을 추인하면 무권대리에 대해 본인이 추인을 한 경우와 당사자들 사이의 이익상황이 유사하므로, <u>무권대리의 추인에 관한 민법 제130조, 제133조 등을 무권리자의 추인에 유추적용할 수 있다.</u> 따라서 무권리자의 처분이 계약으로 이루어진 경우에 권리자가 이를 추인하면 원칙적으로 계약의 효과가 계약을 체결했을 때에 소급하여 권리자에게 귀속된다고 보아야 한다(대판 2017.6.8. 2017다3499).

ⓗ 추인거절권 : 본인이 추인을 하지 않고 내버려 둘 수도 있으나, 적극적으로 추인의 의사가 없음을 표시하여 무권대리행위의 유동적 무효 상태를 확정적 무효 상태로 만들 수 있는데 이를 본인의 추인거절권이라 한다.

> **➕ 더 알아보기**
>
> 甲이 대리권 없이 乙 소유 부동산을 丙에게 매도하여 부동산소유권이전등기등에관한특별조치법에 의하여 소유권이전등기를 마쳐주었다면 그 매매계약은 무효이고 이에 터잡은 이전등기 역시 무효가 되나, 甲은 乙의 무권대리인으로서 민법 제135조 제1항의 규정에 의하여 매수인인 丙에게 부동산에 대한 소유권이전등기를 이행할 의무가 있으므로 그러한 지위에 있는 <u>甲이 乙로부터 부동산을 상속받아 그 소유자가 되어 소유권이전등기이행의무를 이행하는 것이 가능하게 된 시점에서 자신이 소유자라고 하여 자신으로부터 부동산을 전전매수한 丁에게 원래 자신의 매매행위가 무권대리행위여서 무효였다는 이유로 丁 앞으로 경료된 소유권이전등기가 무효의 등기라고 주장하여 그 등기의 말소를 청구하거나 부동산의 점유로 인한 부당이득금의 반환을 구하는 것은 금반언의 원칙이나 신의성실의 원칙에 반하여 허용될 수 없다</u>(대판 1994.9.27. 94다20617). `기출` 20 · 18

ⓢ 추인거절권의 상대방과 그 방법 : 추인의 경우와 동일하다(민법 제133조).
ⓞ 추인거절의 효과 : <u>추인거절이 있으면 이제는 본인도 추인할 수 없고, 상대방도 최고권, 철회권을 행사할 수 없다.</u>

② 무권대리인과 상속
　ⓧ 무권대리인이 본인을 상속한 경우 : 학설은 비당연유효설 내지 양지위병존설과 당연유효설(다수설)의 대립이 있다. 판례는 당연유효로 보지는 않지만 무권대리로서 무효임을 주장하는 것은 금반언의 원칙이나 신의칙에 반한다(대판 1994.9.27. 94다20617)고 한다. `기출` 22 · 17
　ⓛ 본인이 무권대리인을 상속한 경우 : 당연유효설이 있으나 <u>다수설은 양지위병존설의 입장에서 본인의 자격에서 추인을 거절할 수 있고 이는 신의칙에 반하지 않는다</u>고 한다. 추인을 거절하면 무권대리인의 지위에서 이행 또는 손해배상책임을 부담하게 된다. 판례의 입장도 동일한 것으로 보인다(대판 1994.8.26. 93다20191).

③ 상대방의 권리

　　㉠ 상대방의 최고권(민법 제131조) : 상대방의 선의·악의를 불문하고 본인에게만 행사할 수 있다.

　　㉡ 상대방의 철회권(민법 제134조) : 상대방이 선의인 경우, 본인 또는 무권대리인 모두에게 철회권을 행사할 수 있다. 적법하게 철회가 되면 불확정한 법률행위는 확정적으로 무효가 되고, 본인도 추인을 할 수 없게 되며, 상대방 역시 무권대리인에게 책임(민법 제135조)을 물을 수 없게 된다. 한편 상대방이 대리인에게 대리권이 없음을 알았다는 점에 대한 주장·입증책임은 철회의 효과를 다투는 본인에게 있다(대판 2017.6.29. 2017다213838).

2) 대리인과 상대방과의 관계(무권대리인의 상대방에 대한 책임)

> **상대방에 대한 무권대리인의 책임(민법 제135조)**
> ① 다른 자의 대리인으로서 계약을 맺은 자가 그 대리권을 증명하지 못하고 또 본인의 추인을 받지 못한 경우에는 그는 상대방의 선택에 따라 계약을 이행할 책임 또는 손해를 배상할 책임이 있다.
> 기출 20·16·13
> ② 대리인으로서 계약을 맺은 자에게 대리권이 없다는 사실을 상대방이 알았거나 알 수 있었을 때 또는 대리인으로서 계약을 맺은 사람이 제한능력자일 때에는 제1항을 적용하지 아니한다.
> 기출 21·17·15

① 의의 및 책임의 법적 성질

　　㉠ 무권대리가 되면 본인은 원칙적으로 책임을 지지 않는다.

　　㉡ 무권대리인의 상대방에 대한 책임은 무과실책임이며(대판 2014.2.27. 2013다213038), 법정책임이다(통설).

> **➕ 더 알아보기**
>
> 민법 제135조 제1항에 따른 무권대리인의 상대방에 대한 책임은 무과실책임으로서 대리권의 흠결에 관하여 대리인에게 과실 등의 귀책사유가 있어야만 인정되는 것이 아니고, 무권대리행위가 제3자의 기망이나 문서위조 등 위법행위로 야기되었다고 하더라도 책임은 부정되지 아니한다(대판 2014.2.27. 2013다213038). 기출 21·19

② 책임의 요건

　　㉠ 무권대리인이 대리권을 증명하지 못하고, 본인의 추인을 받지 못할 것

　　㉡ 상대방이 선의·무과실일 것(민법 제135조 제2항) : 상대방의 선의·무과실의 판단은 대리행위 당시를 기준으로 하며, 무권대리인이 상대방이 대리권 없음을 알았거나 알 수 있었다는 사실을 주장·입증해야 한다(통설).

　　㉢ 무권대리인이 제한능력자가 아닐 것(민법 제135조 제2항)

　　㉣ 상대방이 철회권을 행사한 경우에는 민법 제135조의 책임을 추궁할 수 없다.

③ 책임의 내용 : 「상대방」의 선택에 따라 계약의 이행 또는 손해배상책임을 진다.

> **⊕ 더 알아보기**
>
> 타인의 대리인으로 계약을 한 자가 그 대리권을 증명하지 못하고 또 본인의 추인을 얻지 못한 때에는 상대방의 선택에 좇아 계약의 이행 또는 손해배상의 책임이 있는 것인바 이 상대방이 가지는 계약이행 또는 손해배상청구권의 소멸시효는 그 선택권을 행사할 수 있는 때로부터 진행한다 할 것이고 또 선택권을 행사할 수 있는 때라고 함은 대리권의 증명 또는 본인의 추인을 얻지 못한 때라고 할 것이다(대판 1965.8.24. 64다1156).

3) 본인과 무권대리인과의 관계

① 본인이 추인한 경우 : 본인이 추인하면 사무관리(민법 제734조)가 성립한다.

② 본인이 추인하지 않은 경우 : 본인과 대리인 사이에는 아무런 효과도 발생하지 않는다. 다만, 부당이득(민법 제741조), 불법행위(민법 제750조)가 문제될 수 있고, 본인이 대리인에게 내부적 법률관계에 의하여 채무불이행책임(민법 제390조)을 추궁할 수도 있다.

(3) 단독행위의 무권대리

> **단독행위와 무권대리(민법 제136조)**
> 단독행위에는 그 행위 당시에 상대방이 대리인이라 칭하는 자의 대리권 없는 행위에 동의하거나 그 대리권을 다투지 아니한 때에 한하여 전6조의 규정을 준용한다. 대리권 없는 자에 대하여 그 동의를 얻어 단독행위를 한 때에도 같다.

1) 상대방 없는 단독행위

① 유언, 재단법인의 설립행위, 권리의 포기 등의 상대방 없는 단독행위는 능동대리 및 수동대리를 묻지 않고 언제나 무효이다.

② 본인의 추인이 있더라도 무효이다.

2) 상대방 있는 단독행위

① 단독행위에는 그 행위 당시에 상대방이 대리인이라 칭하는 자의 대리권 없는 행위에 동의하거나 그 대리권을 다투지 아니한 때에 한하여 무권대리에 관한 규정을 준용한다. 대리권 없는 자에 대하여 그 동의를 얻어 단독행위를 한 때에도 같다(민법 제136조).

② 상대방 있는 단독행위도 원칙적으로 무효이다.

③ 민법 제136조 전단의 능동대리의 경우 대리권을 다투지 아니한 때란 이의를 제출하지 아니한 것을 말하고, 무권대리인에게 대리권이 없다는 데에 대한 선의·악의 내지 과실·무과실은 문제되지 않는다.

④ 민법 제136조 후단의 수동대리의 경우에는 무권대리인의 동의를 얻어 단독행위를 한 경우에만 계약과 동일한 효과가 발생한다.

Ⅰ 서 설

1. 개 념

처음부터 당연히 법률행위의 효력이 발생하지 아니하는 경우를 무효라 하고, 취소권자의 취소라는 행위가 있어야 비로소 소급적으로 무효가 되는 경우를 취소라고 한다.

2. 무효와 취소의 구별

구 분	무 효	취 소
효 력	처음부터 당연히 효력이 없음	원칙적으로 유효한 법률행위이나 취소를 통해 소급적 무효가 됨
주장권자	누구든지 무효 주장 가능	취소권자만 주장 가능(민법 제140조)
상대방	누구에게나 무효 주장 가능	법률행위 상대방에게만 주장 가능
기 간	한번 무효는 계속 무효	취소는 단기제척기간 존재(민법 제146조)
추 인	무효행위의 추인제도가 있음. 다만, 추인하여도 원칙적으로 그 효력이 발생하지 아니함. 다만, 무효임을 알고 추인한 경우 새로운 법률행위로 될 수 있음(민법 제139조)	취소할 수 있는 법률행위를 추인하면 유효한 법률행위로 확정
법정추인 제도	없 음	있음(민법 제145조)

3. 무효와 취소의 이중효

어느 법률행위가 무효사유와 취소사유를 모두 포함하고 있는 경우 예를 들어, 매도인이 매수인의 중도금 지급채무불이행을 이유로 매매계약을 해제한 후에도, 매수인은 계약해제에 따른 불이익을 면하기 위해 착오를 이유로 매매계약 전체를 취소하여 이를 무효로 돌릴 수 있다. 이를 무효와 취소의 이중효라고 한다.

Ⅱ 법률행위의 무효

1. 의 의

법률행위가 성립요건을 갖추지 못할 때 법률행위의 부존재라고 하고, 성립요건은 갖추었으나 효력요건을 갖추지 못한 경우를 법률행위의 무효라고 한다.

2. 무효의 종류

(1) 절대적 무효 · 상대적 무효

① 절대적 무효는 누구에 대해서도 무효를 주장할 수 있는 경우이다(예 민법 제103조, 민법 제 104조 위반, 강행규정 위반 등).

② 상대적 무효는 당사자 사이에서는 무효이지만 선의의 제3자에게 대항하지 못하는 경우이다 (예 비진의표시가 무효로 되는 경우(민법 제107조 제1항), 통정허위표시(민법 제108조 제2항) 등).

(2) 당연무효 · 재판상 무효

무효는 원칙적으로 법률상 당연무효이다. 이와 달리 법률관계의 획일적 확정을 위하여 소(訴)에 의해서만 이를 주장할 수 있는 경우가 재판상 무효이다.

3. 무효의 일반적 효과

① 법률행위가 무효이면 법률효과는 발생하지 않으므로, 무효인 법률행위에 따른 법률효과를 침해하는 것처럼 보이는 위법행위나 채무불이행이 있더라도 법률효과 침해에 따른 손해배상을 청구할 수 없다(대판 2003.3.28. 2002다72125). 기출 20

② 무효인 법률행위에 기한 이행이 있기 전이라면 더 이상 이행할 필요가 없지만, 이미 급부가 이행되었다면 그 급부는 원칙적으로 부당이득에 관한 규정(민법 제741조 이하)에 의하여 반환되어야 한다.

4. 일부무효

법률행위의 일부무효(민법 제137조) 기출 21 · 20 · 17 · 16 · 13
법률행위의 일부분이 무효인 때에는 그 전부를 무효로 한다. 그러나 그 무효부분이 없더라도 법률행위를 하였을 것이라고 인정될 때에는 나머지 부분은 무효가 되지 아니한다.

(1) 의 의

① 전부무효가 원칙이나 예외적으로 무효부분을 제외한 나머지 부분은 유효가 될 수 있다.

② 일부무효에 관한 민법 제137조는 임의규정이다. 따라서 일부무효에 관하여 효력규정에 위반되지 않는 당사자의 명시적 또는 묵시적 약정이 있으면 그에 의하고, 제137조는 적용되지 않는다(대판 2010.3.25. 2009다41465).

(2) 요 건

1) 법률행위의 일체성과 분할가능성이 있을 것(객관적 요건)

① 일체성 : 당사자가 법률행위의 여러 부분을 하나의 전체로서 의욕한 경우 일체성이 인정된다.

② 분할가능성 : 단, 그 여러 부분이 각각 분할가능성이 인정되어야 일부무효의 법리가 적용된다.

2) 무효부분이 없더라도 법률행위를 하였을 것이라고 인정될 것(주관적 요건)

① 무효부분이 없더라도 나머지 부분만으로도 법률행위를 하였을 것이라는 「가정적 의사」가 필요하다.

> **⊕ 더 알아보기**
>
> 매매의 대상에 장차 불하받게 되는 특정의 토지 외에 양도인이 경작하던 간척지에 대한 임차권이 포함되어 있는 것으로 인정된다고 하여도 임차권의 대상이 되는 토지는 불하되기 전의 간척 중인 토지로서 이 토지에 대한 임차권의 양도만이 거래허가의 대상이 되는 것이므로, 이에 대한 토지거래허가가 없었다고 하여 당연히 양도계약 전부가 무효로 된다고 할 수는 없는바, 법률행위의 내용이 불가분인 경우에는 그 일부분이 무효일 때에도 일부 무효의 문제는 생기지 아니하나, 분할이 가능한 경우에는 민법 제137조의 규정에 따라 그 전부가 무효로 될 때도 있고, 그 일부만 무효로 될 때도 있기 때문이다(대판 1994.5.24. 93다58332).

② 판단시점은 법률행위 당시를 기준으로 한다.

3) 입증책임

잔부(殘部)의 유효를 주장하는 자가 위 요건의 존재를 입증해야 한다.

(3) 효 과

① 원칙적으로 전부무효이나, 위 요건을 갖춘 경우 그 일부만을 유효로 볼 수 있다.

② 유효가 되는 시점은 법률행위 당시로 소급한다.

(4) 적용범위

① 민법 제137조는 임의규정이므로 당사자의 의사에 의해 배제할 수 있다.

② 또한 법률에 일부무효에 관한 효력에 관하여 특별한 규정이 있는 경우에도 적용되지 않는다.

5. 유동적 무효

(1) 의 의

유동적 무효란 법률행위가 무효이기는 하지만 추인 등에 의하여 행위시에 소급하여 유효로 될 수 있는 경우를 말한다. 이는 취소할 수 있는 법률행위인 유동적 유효와 다르다.

(2) 토지거래 허가제도

1) 적용범위

토지거래 허가제도는 대가를 받고 소유권 또는 지상권을 이전 또는 설정하는 경우, 즉 유상계약에만 한정되어 적용되는 것이다(대판 2009.5.14. 2009도926).

2) 토지거래 허가를 받지 않은 계약의 효력

판례는 「허가를 받기 전의 거래계약이 처음부터 허가를 배제하거나 잠탈하는 내용의 계약일 경우에는 확정적으로 무효로서 유효화될 여지가 없으나 이와 달리 허가받을 것을 전제로 한 거래계약

(허가를 배제하거나 잠탈하는 내용의 계약이 아닌 계약은 여기에 해당하는 것으로 본다)일 경우에는 허가를 받을 때까지는 법률상 미완성의 법률행위로서 소유권 등 권리의 이전 또는 설정에 관한 거래의 효력이 전혀 발생하지 않음은 위의 확정적 무효의 경우와 다를 바 없지만, 일단 허가를 받으면 그 계약은 소급하여 유효한 계약이 되고 이와 달리 불허가가 된 때에는 무효로 확정되므로 허가를 받기까지는 유동적 무효의 상태에 있다고 보는 것이 타당하므로 허가받을 것을 전제로 한 거래계약은 허가받기 전의 상태에서는 거래계약의 채권적 효력도 전혀 발생하지 않으므로 권리의 이전 또는 설정에 관한 어떠한 내용의 이행청구도 할 수 없으나 일단 허가를 받으면 그 계약은 소급해서 유효화되므로 허가 후에 새로이 거래계약을 체결할 필요는 없다」(대판 [전합] 1991.12.24, 90다12243 - 다수의견)고 하였다. `기출` 18 · 16 · 14

3) 유동적 무효인 채권계약에 관한 법률관계

① **이행청구권의 인정 여부(소극)** : 허가를 받을 것을 전제로 한 거래계약은 허가받기 전의 상태에서는 거래계약의 채권적 효력도 전혀 발생하지 않으므로 권리의 이전 또는 설정에 관한 어떠한 내용의 이행청구도 할 수 없고, 그러한 거래계약의 당사자로서는 허가받기 전의 상태에서 상대방의 거래계약상 채무불이행을 이유로 거래계약을 해제하거나 그로 인한 손해배상을 청구할 수 없다(대판 1997.7.25, 97다4357 · 4364). `기출` 19 · 16

② **해약금에 의한 해제 가능 여부(적극)** : 특별한 사정이 없는 한 국토이용관리법상의 토지거래허가를 받지 않아 유동적 무효 상태인 매매계약에 있어서도 당사자 사이의 매매계약은 매도인이 계약금의 배액을 상환하고 계약을 해제함으로써 적법하게 해제된다(대판 1997.6.27, 97다9369).

`기출` 15

③ **의사표시에 의한 계약의 무효 · 취소 주장 가부(적극)** : 국토이용관리법상 규제구역 내에 속하는 토지거래에 관하여 관할 도지사로부터 거래허가를 받지 아니한 거래계약은 처음부터 위 허가를 배제하거나 잠탈하는 내용의 계약이 아닌 한 허가를 받기까지는 유동적 무효의 상태에 있고 거래 당사자는 거래허가를 받기 위하여 서로 협력할 의무가 있으나, 그 토지거래가 계약 당사자의 표시와 불일치한 의사(비진의표시, 허위표시 또는 착오) 또는 사기, 강박과 같은 하자 있는 의사에 의하여 이루어진 경우에는, 이들 사유에 의하여 그 거래의 무효 또는 취소를 주장할 수 있는 당사자는 그러한 거래허가를 신청하기 전 단계에서 이러한 사유를 주장하여 거래허가신청 협력에 대한 거절의사를 일방적으로 명백히 함으로써 그 계약을 확정적으로 무효화시키고 자신의 거래허가절차에 협력할 의무를 면할 수 있다(대판 1997.11.14, 97다36118).

④ **임의로 지급한 계약금 · 중도금에 대한 부당이득반환청구권의 인정 여부(원칙적 소극)** : 국토이용관리법상 토지거래 허가를 받지 않아 거래계약이 유동적 무효의 상태에 있는 경우, 유동적 무효 상태의 계약은 관할관청의 불허가처분이 있을 때뿐만 아니라 당사자 쌍방이 허가신청 협력의무의 이행거절 의사를 명백히 표시한 경우에는 확정적으로 무효가 된다고 할 것이고, 이 경우 비로소 부당이득반환청구를 구할 수 있다(대판 1993.7.27, 91다33766). 또한 거래계약이 확정적으로 무효가 된 경우에는 거래계약이 확정적으로 무효로 됨에 있어서 귀책사유가 있는 자라고 하더라도 그 계약의 무효를 주장할 수 있다(대판 1997.7.25, 97다4357 · 4364). `기출` 19 · 15

4) 협력의무에 관한 법률관계

① 협력의무의 인정 여부(적극) : 국토이용관리법상의 규제구역 내의 토지에 관하여 관할관청의 허가 없이 체결된 매매계약이라 하더라도 거래당사자 사이에는 계약이 효력이 있는 것으로 완성될 수 있도록 서로 협력할 의무가 있어 매매계약의 쌍방 당사자는 공동으로 관할관청의 허가를 신청할 의무가 있고, 이러한 의무에 위배하여 허가신청절차에 협력하지 않는 당사자에 대하여 상대방은 협력의무의 이행을 구할 수 있는 것이므로, 허가를 받을 것을 전제로 하여 체결된 매매계약의 매수인은 비록 그 매매계약이 허가를 받을 때까지는 법률상 미완성의 법률행위로서 소유권의 이전에 관한 계약의 효력이 전혀 발생하지 아니한다고 할지라도 위와 같은 토지거래허가신청절차청구권을 피보전권리로 하여 매매목적물의 처분을 금하는 가처분을 구할 수 있다(대판 1988.12.22. 98다44376). 기출 14

② 협력의무와 대금지급의무의 동시이행관계 여부(소극) : 협력의무가 대금지급의무와 동시이행관계에 있는 것은 아니다. 즉, 토지거래의 허가를 요하는 규제지역 내의 토지에 대한 거래계약은 허가받기 전의 상태에서는 채권적 효력도 전혀 발생하지 아니하여 계약의 이행청구를 할 수 없음은 당연하므로, 매수인이 토지거래허가에 대한 매도인의 협력을 구하기 위한 전제로 계약 내용에 따른 전대금지급의무를 이행 또는 이행제공하여야 하는 것은 아니다. 기출 16

③ 협력의무불이행에 기한 손해배상청구권 인정 여부(적극) : 유동적 무효 상태에 있는 매매계약에 대하여 허가를 받을 수 있도록 허가신청을 하여야 할 협력의무를 이행하지 아니하고 매수인이 그 매매계약을 일방적으로 철회함으로써 매도인이 손해를 입은 경우에 매수인은 이 협력의무불이행과 인과관계가 있는 손해는 이를 배상하여야 할 의무가 있다(대판 1995.4.28. 93다26397). 나아가 당사자 사이에서 일방이 토지거래허가를 받기 위한 협력 자체를 이행하지 아니하거나 허가신청에 이르기 전에 매매계약을 철회하는 경우 상대방에게 일정한 손해액을 배상하기로 하는 약정을 유효하게 할 수 있다(대판 1996.3.8. 95다18673).

④ 협력의무불이행에 기한 계약해제 여부(소극) : 유동적 무효의 상태에 있는 거래계약의 당사자는 상대방이 그 거래계약의 효력이 완성되도록 협력할 의무를 이행하지 아니하였음을 들어 일방적으로 유동적 무효의 상태에 있는 거래계약 자체를 해제할 수 없다(대판[전합] 1999.6.17. 98다40459). 기출 14

5) 유동적 무효가 확정적 유효로 되는 경우

① 허가를 받은 경우(대판 1992.7.28. 91다33612)

② 허가구역 지정이 해제된 때(대판 2002.5.14. 2002다12635)

6. 무권리자 처분행위의 효력 및 그 추인

(1) 무권리자 처분행위의 의의

무권리자 처분행위란 타인의 재산을 처분할 권한이 없는 자가 타인의 권리를 자신의 이름으로 처분하는 것을 말한다.

(2) 무권리자 처분행위에 대한 추인

1) 인정 근거

종래 판례는 무권대리의 추인에서 근거를 찾았으나, 최근에는 사적자치의 원칙을 인정근거로 하고 있다.

2) 추인의 방법 및 대상

① 추인은 명시적 뿐만 아니라 묵시적으로도 할 수 있다.

② 추인의 의사표시는 무권리자나 그 상대방 어느 쪽에게도 할 수 있다(대판 2001.11.9. 2001다44291).

3) 추인의 효과

① 권리자와 상대방 사이의 법률관계 : 권리자가 추인을 한 경우 무권리자의 처분행위의 효력은 권리자에게 미친다(대판 2001.11.9. 2001다44291). 기출 20

② 무권리자와 상대방 사이의 법률관계 : 권리자가 무권리자의 처분행위에 대하여 추인을 하면, 무권리자는 상대방에게 담보책임을 지지 않는다. 한편 무권리자의 채권행위는 추인과 무관하게 민법 제569조에 의하여 처음부터 유효이다. 이 점이 채권계약도 무효인 무권대리행위와 구별된다.

③ 권리자와 무권리자의 관계 : 권리자가 무권리자의 처분행위에 대하여 추인을 한 경우 무권리자의 상대방이 유효하게 권리를 취득하게 될 뿐, 무권리자가 권리자에 대하여 그 처분으로 얻을 이득을 정당하게 보유할 권원이 있지는 않으므로, 권리자는 무권리자가 처분으로 얻은 이득을 부당이득으로 반환청구할 수 있다(대판 1992.9.8. 92다15550).

7. 무효행위의 전환

> **무효행위의 전환(민법 제138조)** 기출 17
> 무효인 법률행위가 다른 법률행위의 요건을 구비하고 당사자가 그 무효를 알았더라면 다른 법률행위를 하는 것을 의욕하였으리라고 인정될 때에는 다른 법률행위로서 효력을 가진다.

(1) 의 의

① 무효행위의 전환이란 원래 법률행위가 무효이지만 이러한 법률행위가 동시에 다른 법률행위로서의 요건을 갖추고 있는 경우에, 당사자가 무효임을 알았다면 그 다른 법률행위를 하였을 것이라고 인정되는 경우 다른 법률행위로서의 효력을 인정하는 것을 말한다.

② 무효행위의 전환을 질적 일부무효라고 한다.

③ 현실적 의사가 아니라 「가상적 의사」를 기초로 한다는 점에서 추인과 다르다.

(2) 요 건

① 일단 무효인 법률행위가 존재하여야 한다.

② 다른 법률행위로서의 요건을 갖추어야 한다.

③ 가상적 의사가 인정되어야 한다. 가상적 의사의 판단시점은 전환시점이 아니라 법률행위 당시를 기준으로 한다.

매매계약이 약정된 매매대금의 과다로 말미암아 민법 제104조에서 정하는 '불공정한 법률행위'에 해당하여 무효인 경우에도 무효행위의 전환에 관한 민법 제138조가 적용될 수 있다. 따라서 당사자 쌍방이 위와 같은 무효를 알았더라면 대금을 다른 액으로 정하여 매매계약에 합의하였을 것이라고 예외적으로 인정되는 경우에는, 그 대금액을 내용으로 하는 매매계약이 유효하게 성립한다. 이때 당사자의 의사는 매매계약이 무효임을 계약 당시에 알았다면 의욕하였을 가정적(假定的) 효과의사로서, 당사자 본인이 계약 체결 시와 같은 구체적 사정 아래 있다고 상정하는 경우에 거래관행을 고려하여 신의성실의 원칙에 비추어 결단하였을 바를 의미한다(대판 2010.7.15. 2009다50308). 기출 20

(3) 효 과

① 무효행위의 전환요건을 갖추면 다른 법률행위로서의 효력이 인정된다.
② 원래의 법률행위 시점부터 효력이 발생한다.

(4) 적용범위

① 단독행위의 전환에 대해 학설의 대립이 있으나 민법은 비밀증서 유언의 요건 흠결 시 자필증서 유언의 요건을 갖추면 자필증서 유언으로의 전환을 인정하고 있다(민법 제1071조).
② 신분행위의 전환에 관하여 판례는 혼인 외의 출생자를 혼인 중의 출생자로 신고한 경우에 그 신고는 친생자출생신고로는 무효이지만 인지신고로서의 효력을 인정한다(대판 1971.11.15. 71다1983). 또한 타인의 자를 자기의 자로서 출생신고한 경우에 그 신고는 출생신고로는 무효이지만 입양신고로서는 유효하다(대판[전합] 1977.7.26. 77다492 – 다수의견)고 판시하고 있다.

8. 무효행위의 추인

무효행위의 추인(민법 제139조) 기출 21·20·19·18
무효인 법률행위는 추인하여도 그 효력이 생기지 아니한다. 그러나 당사자가 그 무효임을 알고 추인한 때에는 새로운 법률행위로 본다.

(1) 의 의

① 민법은 원칙적으로 추인을 금지하되(민법 제139조 본문), 예외적으로 당사자가 그 무효임을 알고 추인한 때에는 새로운 법률행위를 한 것으로 간주하고 있다(민법 제139조 단서).
② 민법상 법률행위의 추인에는 소급효가 없다.

(2) 요 건

① **법률행위가 무효일 것** : 법률행위가 불성립된 경우에는 무효행위의 추인이 적용될 수 없다.
② **무효임을 알고 추인하였을 것** : 추인의 의사표시는 묵시적으로 할 수 있다. 추인은 「현실적인 의사표시」이다.
③ 새로운 법률행위의 요건을 구비할 것

(3) 효 과

① 무효인 법률행위에 대한 추인은 소급효가 없는 것이 원칙이다(민법 제139조 본문). 그러나 당사자 간의 합의로 소급하여 유효로 할 수 있다(통설·판례).

> **⊕ 더 알아보기**
>
> 무효인 법률행위는 당사자가 무효임을 알고 추인할 경우 새로운 법률행위를 한 것으로 간주할 뿐이고 소급효가 없는 것이므로 무효인 가등기를 유효한 등기로 전용키로 한 약정은 그때부터 유효하고 이로써 위 가등기가 소급하여 유효한 등기로 전환될 수 없다(대판 1992.5.12. 91다26546).

② 대법원은 무효인 신분행위의 추인에는 민법 제139조의 적용을 부정하면서 소급효를 인정하고 있다(대판 1965.12.28. 65므61). 기출 17

(4) 한 계

강행규정·민법 제103조·민법 제104조 위반으로 무효인 경우에는 추인이 있더라도 무효이다.

(5) 관련 쟁점 : 무권리자 처분행위

무권리자의 처분행위로서 무효인 처분행위도 권리자가 제3자의 이익을 해하지 않는 한 소급적으로 추인하여 유효로 할 수 있다.

Ⅲ   법률행위의 취소

1. 서 설

(1) 의 의

법률행위의 취소란 일단 유효하게 성립한 법률행위의 효력을 제한능력 또는 의사표시의 결함을 이유로 취소권자의 의사표시에 의하여 행위시에 소급하여 무효로 하는 것을 말한다.

(2) 적용범위

법률행위의 취소에 관한 민법 제140조 이하는 제한능력 또는 의사표시의 결함을 이유로 하는 취소에 한하여 적용된다.

(3) 구별개념

1) 철 회

법률행위의 효력발생 전에 그 발생을 저지하는 행위이다.

2) 해 제

해제의 효과에 관한 직접효과설에 의하면, 일단 유효하게 성립한 계약의 효력을 약정해제권이나 법정해제권에 기하여 소급적으로 소멸하게 하는 행위이다.

2. 취소의 당사자

(1) 취소권자

1) 제한능력자, 착오·사기·강박에 의한 의사표시자

취소권을 행사하는 자는 능력이 있을 필요도 없고, 하자 상태에서 벗어나 있을 필요도 없다. 따라서 제한능력자는 법정대리인의 동의 없이 단독으로 취소할 수 있다. `기출` 20·17 또한 착오를 한 표의자만 취소할 수 있을 뿐, 착오자의 상대방은 착오를 이유로 취소할 수 없다.

2) 대리인

취소도 법률행위이므로 대리인도 할 수 있다. 따라서 임의대리인(본인으로부터 별도의 수권이 필요)과 법정대리인(고유의 취소권이 인정) 모두 취소권이 인정된다.

3) 승계인

특정승계인, 포괄승계인 모두 취소권을 행사할 수 있으나, 특정승계인에 대해서는 취소권만의 승계는 인정되지 않는다. `기출` 16

4) 보증인

보증인은 주채무자의 취소권이나 해제권을 직접 행사할 수는 없고, 주채무자에게 이러한 권리가 있을 때에는 이행을 거절할 수 있을 뿐이다(민법 제435조 참조). 단, 주채무자에게 상계권이 있을 때에는 보증인이 그 상계권을 직접 행사할 수 있다(민법 제434조).

(2) 취소의 상대방

① 취소의 상대방은 취소의 대상이 되는 법률행위의 상대방이다.
② 상대방 없는 단독행위에서는 상대방이 확정되어 있지 않기 때문에 취소를 특정인에게 행할 필요가 없고, 취소의 의사를 적당한 방법으로 외부에 알리기만 하면 된다(다수설).
③ 취소할 수 있는 행위의 상대방이 그 행위로 취득한 권리를 양도한 경우에 그 취소의 상대방은 양수인이 아니라 원래의 상대방이다.

3. 취소의 방법

(1) 취소의 의사표시

① 취소권은 형성권이므로, 취소권자는 그의 일방적 의사표시에 의하여 취소권을 행사할 수 있다.

② 취소의 의사표시는 특별한 방식을 요하지 않는다. 취소의 의사가 상대방에 의하여 인식될 수 있다면 어떠한 방법에 의하더라도 무방하다.

③ 취소의 의사표시란 반드시 명시적이어야 하는 것은 아니고, 취소자가 그 착오를 이유로 자신의 법률행위의 효력을 처음부터 배제하려고 한다는 의사가 드러나면 족하다(대판 2005.5.27. 2004다 43824). 기출 18

④ 법률행위의 취소를 당연한 전제로 한 소송상의 이행청구나 이를 전제로 한 이행거절 가운데는 취소의 의사표시가 포함되어 있다고 볼 수 있다(대판 1993.9.14. 93다13162).

(2) 취소의 대상

제한능력을 이유로 하는 취소의 대상은 법률행위 자체이다.

(3) 일부취소

① 하나의 법률행위 중 일부에만 취소사유가 있는 경우에 그 일부만을 취소할 수 있을지 문제되는데 통설과 판례는 「일부무효의 법리」에 준하여 일부취소를 인정한다.

> ⊕ 더 알아보기
>
> 권리금계약은 임차권양도계약과 결합하여 그 전체가 경제적, 사실적으로 일체로서 행하여진 것으로 그 하나가 다른 하나의 조건이 되어 어느 하나의 존재 없이는 당사자가 다른 하나를 의욕하지 않았을 것으로 보이므로, 권리금계약 부분만 따로 떼어 이를 취소할 수는 없다(대판 2013.5.9. 2012다 115120). 기출 19

② 즉, 일부무효와 마찬가지로 법률행위의 일부를 취소하기 위해서는 ㉠ 일체로서 법률행위가 ㉡ 가분적이고, ㉢ 그 법률행위의 일부에 취소사유가 존재해야 한다. 그 밖에 ㉣ 나머지 부분을 유지하려는 당사자의 가정적 의사가 있어야 한다.

③ 일부취소가 있으면 그 부분만이 소급적으로 무효가 되나, 당사자의 가정적 의사에 따라 법률행위 전부가 무효가 될 수 있다.

4. 취소의 효과

> **취소의 효과(민법 제141조)** 기출 20·17·16
>
> 취소된 법률행위는 처음부터 무효인 것으로 본다. 다만, 제한능력자는 그 행위로 인하여 받은 이익이 현존하는 한도에서 상환(償還)할 책임이 있다.

(1) 원칙 : 소급적 무효

① 취소가 있으면 그 법률행위는 처음부터 무효인 것으로 본다(민법 제141조 본문). 다만, 취소한 후라도 무효행위의 추인 요건에 따라 다시 추인할 수 있다(대판 1997.12.12. 95다38240). **기출 21·20·18**

② 취소되면 법률행위가 소급하여 무효로 되기에 그 법률행위에 기하여 급부가 이미 행하여졌다면 부당이득반환의 법리(민법 제741조)에 의하여 그 급부가 반환되어야 한다. 반면 아직 급부가 이행되지 않은 경우에는 급부는 후속문제를 남기지 않고 소멸한다.

③ 취소의 효과는 원칙적으로 절대적이다. 단, 거래의 안전을 위해 법률에서 제3자에 대하여 취소로 대항할 수 없도록 규정하고 있는 경우가 있는데 이를 상대적 취소라 한다. 제한능력을 이유로 한 취소가 절대적 취소에 해당하고, 사기나 착오를 이유로 한 취소가 상대적 취소에 해당한다.

(2) 제한능력자의 반환범위에 관한 특칙

① 제한능력자는 선의·악의를 불문하고 언제나 현존이익만 반환하면 된다(민법 제141조 단서). 이 규정은 민법 제748조 제2항에 대한 특칙이다.

② 현존이익이란 취소되는 행위에 의하여 사실상 얻은 이익이 그대로 있거나 또는 그것이 변형되어 잔존하는 것을 말한다.

③ 이익이 현존하는지 여부 및 현존이익의 범위는 「취소한 시점」을 기준으로 판단한다.

④ 이익의 현존에 대한 입증책임의 소재에 관하여, 다수설과 판례는 공평을 근거로 이익이 현존하는 것으로 추정되며 따라서 제한능력자가 현존이익이 없음을 입증해야 한다고 한다(대판 2009.1.15. 2008다58367).

(3) 소급효의 예외

근로계약, 조합계약과 같은 계속적인 계약관계는 소급효가 부인된다(통설).

5. 취소할 수 있는 법률행위의 추인

> **추인의 방법, 효과(민법 제143조)**
> ① 취소할 수 있는 법률행위는 제140조에 규정한 자가 추인할 수 있고 추인 후에는 취소하지 못한다. **기출 20·17**
> ② 전조의 규정은 전항의 경우에 준용한다.
>
> **추인의 요건(민법 제144조)**
> ① 추인은 취소의 원인이 소멸된 후에 하여야만 효력이 있다. **기출 13**
> ② 제1항은 법정대리인 또는 후견인이 추인하는 경우에는 적용하지 아니한다. **기출 20·17**

(1) 의 의

취소할 수 있는 법률행위의 추인이란 취소할 수 있는 법률행위를 취소하지 않겠다는 취소권자의 의사표시로, 취소권의 포기이다.

(2) 요 건

① 추인은 취소권의 포기이므로, 취소할 수 있는 행위임을 알고 추인해야 한다(대판 1997.5.30. 97다2986). **기출 18** 법정추인과의 차이점이다.

② 추인은 추인권자(즉, 취소권자)가 취소의 원인이 종료한 후에 하여야 하고(대판 1997.5.30. 97다2986), 그렇지 않다면 그 효력이 없다(민법 제144조 제1항). 따라서 제한능력자는 능력자가 된 후, 착오·사기·강박에 의한 표의자는 그 상태를 벗어난 후가 아니면 추인할 수 없다. 다만, 법정대리인은 이러한 제한 없이 추인할 수 있다(민법 제144조 제2항).

③ 법률행위의 상대방에게 추인의 의사표시를 해야 한다(민법 제143조 제2항).

④ 취소권을 행사하여 소급하여 무효가 된 후의 추인은 무효행위의 추인에 해당한다(대판 1997.12.12. 95다38240).

(3) 효 과

추인이 있으면 취소할 수 있는 행위를 더 이상 취소할 수 없고, 그 행위는 확정적으로 유효로 된다.

6. 법정추인

> **법정추인(민법 제145조)** 🔲 전·이·경·담·양·강 **기출 22·21·17**
> 취소할 수 있는 법률행위에 관하여 전조의 규정에 의하여 추인할 수 있는 후에 다음 각 호의 사유가 있으면 추인한 것으로 본다. 그러나 이의를 보류한 때에는 그러하지 아니하다.
> 1. 전부나 일부의 이행
> 2. 이행의 청구
> 3. 경개
> 4. 담보의 제공
> 5. 취소할 수 있는 행위로 취득한 권리의 전부나 일부의 양도
> 6. 강제집행

(1) 의 의

① 민법은 추인할 수 있는 후에 일정한 사유가 있으면 당연히 추인한 것으로 간주하는 법정추인을 규정하고 있다(민법 제145조).

② 취소할 수 있는 법률행위에만 적용된다.

③ 취소원인이 소멸된 후에만 법정추인이 가능하다.

④ 행위자가 취소할 수 있는 법률행위인지를 알고 있을 필요가 없다(통설·판례).

(2) 법정추인의 사유

① 전부 또는 일부의 이행 : 취소권자가 상대방에게 이행한 경우는 물론이고 상대방의 이행을 수령한 경우를 포함한다.

② 이행의 청구 : 취소권자가 청구하는 경우에 한한다.

③ 경개 : 취소권자가 채권자인지 아니면 채무자인지 묻지 않는다.

④ 담보의 제공 : 취소권자가 채무자로서 담보를 제공하거나 채권자로서 그러한 담보의 제공을 받는 경우이다.

⑤ 취소할 수 있는 행위로 취득한 권리의 전부나 일부의 양도 : 취소권자가 양도하는 경우에 한한다. 기출 19 반면 취소함으로써 발생하게 될 장래의 채권의 양도는 제외된다.

⑥ 강제집행(압류) : 집행을 하는 경우뿐만 아니라 집행을 받는 경우에도 소송상 이의를 제기할 수 있었음에도 불구하고 이를 하지 않는 경우에는 이에 포함된다.

(3) 효 과

위 요건(법정추인의 사유)이 갖추어지면 추인이 있었던 것으로 의제된다.

7. 단기제척사유

> **취소권의 소멸(민법 제146조)** 기출 22·20·16·13
> 취소권은 추인할 수 있는 날로부터 3년 내에 법률행위를 한 날로부터 10년 내에 행사하여야 한다.

(1) 법적 성질

민법 제146조가 규정하는 기간은 법률관계를 조속히 확정하여 상대방을 보호하기 위한 제도로 그 기간의 성질은 제척기간이다(통설, 대판 1996.9.20, 96다25371). 따라서 제척기간의 도과 여부는 당사자의 주장과 관계없이 법원이 당연히 조사하여 고려하여야 할 사항이다(대판 1996.9.20, 96다25371).

(2) 취소권의 단기소멸의 요건

1) 추인할 수 있는 때로부터 3년

① 취소할 수 있는 때로부터가 아니다.

② 「추인할 수 있는 날」이란 「취소의 원인이 종료」되어 취소권 행사에 관한 장애가 없어져서 취소권자가 취소의 대상인 법률행위를 추인할 수 있고 취소할 수도 있는 상태가 된 때를 가리킨다(대판 1998.11.27, 98다7421).

2) 법률행위를 한 날로부터 10년

3) 양 기간의 관계

① 둘 중 먼저 도달한 것이 있으면 그때 완전히 소멸한다.

② 법정대리인과 행위능력자 중 누구에 대해서라도 먼저 기간이 도과하면 취소권은 모두 소멸한다.

(3) 취소에 의해 발생한 청구권의 존속기간

① 통설은 취소권과 마찬가지로 단기제척기간에 걸린다고 한다.

② 판례는 전혀 별개의 문제이므로 취소권은 단기제척기간 내에 행사해야 하지만, 그 효과로서 생긴 부당이득반환청구권은 취소권을 행사한 때로부터 소멸시효가 별도로 진행한다고 한다(대판 1991.2.22, 90다13420 참조).

I 서 설

법률행위가 성립하면 곧바로 그 효력이 발생함이 원칙이다. 그러나 법률행위의 효력의 발생 또는 소멸을 제한하기 위하여 법률행위에 부가되는 약관을 법률행위의 부관이라고 한다. 민법상으로는 조건·기한·부담의 세 가지가 있다. 이 중 조건과 기한은 총칙에 일반규정을 두고, 부담부 증여(민법 제561조)와 부담부 유증(민법 제1088조)에 관한 특별규정을 둔다.

II 조 건

1. 조건의 의의

① 조건이란 법률행위의 효력의 발생 또는 소멸을 장래의 불확실한 사실의 성부에 의존케 하는 법률행위의 부관이다.

② 조건이 되는 사실은 발생할 것인지 여부가 객관적으로 불확실한 장래의 사실이어야 한다. 장래 반드시 실현되는 사실은 기한이지 조건으로 되지 못한다.

③ 조건은 당사자가 임의로 부가한 것이어야 한다. 따라서 법정조건은 조건이 아니다.

④ 의사표시의 일반원칙에 따라 조건을 붙이고자 하는 의사, 즉 조건의사와 그 표시가 필요하며, 조건의사가 있더라도 그것이 외부에 표시되지 않으면 법률행위의 동기에 불과할 뿐이고 그것만으로는 법률행위의 부관으로서의 조건이 되는 것은 아니다(대판 2003.5.13. 2003다10797).

2. 조건의 종류

(1) 정지조건과 해제조건

① 정지조건 : 법률행위의 효력을 그 성취에 의해 발생하게 하는 조건이다(민법 제147조 제1항). 정지조건부 법률행위에 해당한다는 존재 사실은 그 법률행위로 인한 법률효과의 발생을 저지하는 사유로서, 법률효과의 발생을 다투는 자가 입증해야 하나, 정지조건의 성취는 법률행위의 효력을 주장하는 자가 입증해야 한다.

② 해제조건 : 법률행위의 효력을 그 성취에 의해 소멸하게 하는 조건이다(민법 제147조 제2항).

(2) 수의조건과 비수의조건

① 수의조건 : 조건의 성부가 당사자의 일방적 의사에 의존하는 조건으로, 이에는 다시 ㉠ 법률행위의 효력이 전적으로 당사자의 일방적 의사에만 의존하는 순수수의조건과 ㉡ 당사자 일방의 의사와 함께 일정한 다른 사실상태에 의존하는 단순수의조건이 있다. 이 중 순수수의조건은 당사자에게 법률행위의 효력을 발생시킬 의사가 없다고 보아야 하므로 언제나 무효라고 할 것이지만, 단순수의조건은 유효한 조건이다.

② 비수의조건 : 조건의 성부가 당사자의 일방적 의사에만 의존하지 않는 조건을 말한다. 이에는 ㉠ 조건의 성부가 당사자의 일방적 의사와는 관계없이 결정되는 우성조건과 ㉡ 조건의 성부가 당사자의 일방적 의사와 제3자의 의사에 의하여 결정되는 혼성조건이 있다.

(3) 가장조건

형식적으로 조건이지만 실질적으로는 조건으로서의 효력이 인정되지 못하는 것을 총칭하여 가장조건이라고 한다.

> **불법조건, 기성조건(민법 제151조)**
> ① 조건이 선량한 풍속 기타 사회질서에 위반한 것인 때에는 그 법률행위는 무효로 한다.
> `기출` 20 · 17 · 16 · 13
> ② 조건이 법률행위의 당시 이미 성취한 것인 경우에는 그 조건이 정지조건이면 조건 없는 법률행위로 하고 해제조건이면 그 법률행위는 무효로 한다. `기출` 19 · 14
> ③ 조건이 법률행위의 당시에 이미 성취할 수 없는 것인 경우에는 그 조건이 해제조건이면 조건 없는 법률행위로 하고 정지조건이면 그 법률행위는 무효로 한다. `기출` 22 · 17 · 13

① **법정조건** : 법률행위의 효력이 발생하기 위하여 법률이 명문으로 요구하는 요건이 법정조건이다. 조건은 법률행위의 내용으로서 당사자들의 의사로 정하여야 하기에 법정조건은 조건이 아니다.

② **불법조건**

㉠ 선량한 풍속 기타 사회질서에 위반한 조건이 불법조건이다. 불법조건이 붙은 경우에 그 조건만이 무효인 것이 아니라 그 법률행위 전부가 무효로 된다(민법 제151조 제1항).

> ### ➕ 더 알아보기
> • 부첩관계인 부부생활의 종료를 해제조건으로 하는 증여계약은 그 조건만이 무효인 것이 아니라 증여계약 자체가 무효이다(대판 1966.6.21. 66다530).
> • 조건부 법률행위에 있어 조건의 내용 자체가 불법적인 것이어서 무효일 경우 또는 조건을 붙이는 것이 허용되지 아니하는 법률행위에 조건을 붙인 경우 그 조건만을 분리하여 무효로 할 수는 없고 그 법률행위 전부가 무효로 된다(대결 2005.11.8. 2005마541). `기출` 22 · 15

㉡ 매매계약에서 매도인에게 부과될 공과금을 매수인이 책임진다는 취지의 특약을 하였다 하더라도 이는 공과금이 부과되는 경우 그 부담을 누가 할 것인가에 관한 약정으로서 그 자체가 불법조건이라고 할 수 없고 이것만 가지고 사회질서에 반한다고 단정하기도 어렵다(대판 1993.5.25. 93다296).

③ **기성조건** : 조건인 사실이 법률행위 성립 당시 이미 발생한 경우가 기성조건이다. 기성조건이 정지조건이면 조건 없는 법률행위가 되고, 해제조건이면 그 법률행위가 무효이다(민법 제151조 제2항). 따라서 정지조건부 화해계약 당시 이미 그 조건이 성취되었다면 이는 무조건 화해계약으로 볼 것이다(대판 1959.12.24. 4292민상670).

④ **불능조건** : 조건이 법률행위 성립 당시 이미 성취할 수 없는 것으로 객관적으로 확정된 경우가 불능조건이다. 불능조건이 해제조건이면 조건 없는 법률행위가 되고, 정지조건이라면 그 법률행위는 무효이다(민법 제151조 제3항).

(4) 관련 판례

동산의 매매계약을 체결하면서, 매도인이 대금을 모두 지급받기 전에 목적물을 매수인에게 인도하지만 대금이 모두 지급될 때까지는 목적물의 소유권은 매도인에게 유보되며 대금이 모두 지급된 때에 그 소유권이 매수인에게 이전된다는 내용의 이른바 소유권유보의 특약을 한 경우, 목적물의 소유권을 이전한다는 당사자 사이의 물권적 합의는 매매계약을 체결하고 목적물을 인도한 때 이미 성립하지만 대금이 모두 지급되는 것을 정지조건으로 한다(대판 1999.9.7. 99다30534).

3. 조건에 친하지 않은 법률행위

(1) 의 의

법률행위에 조건이 붙으면 그 효력의 발생이나 존속이 불확실하게 되는데 그러한 불확실성을 감내할 수 없는 법률행위를 조건에 친하지 않은 법률행위라고 한다. 그럼에도 불구하고 조건에 친하지 않은 법률행위에 조건을 붙이면, 그 법률행위는 전체가 무효로 된다(대결 2005.11.8. 2005마541).

(2) 단독행위

① 원칙적으로 조건을 붙일 수 없다. 따라서 상계, 해제, 해지, 철회, 선택채권의 선택, 환매권 등에 조건을 붙일 수 없다.

② 단, 상대방의 동의가 있는 경우 또는 상대방에게 이익만을 주거나 상대방에게 불이익으로 되지 않는 경우에는 조건을 붙일 수 있다.

(3) 신분행위

① 원칙적으로 조건을 붙일 수 없다.

② 단, 유언에는 조건을 붙일 수 있다(민법 제1073조 제2항). 또한 혼인과 달리 약혼에는 조건을 붙일 수 있다(통설).

(4) 어음·수표행위

① 원칙적으로 조건을 붙일 수 없고, 조건을 붙이면 그 행위 전부가 무효가 된다. 단, 어음·수표의 배서에 붙인 조건은 그 조건만 무효가 되어 그 배서는 조건 없는 배서가 된다. 또한 어음보증에는 조건을 붙일 수 있다(대판 1986.9.9. 84다카2310).

② 조건과는 친하지 않지만, 기한과는 친하다.

(5) 물권행위

물권행위에 조건을 붙일 수 있는지 다툼이 있으나 다수설은 긍정하며, 판례는 소유권유보부매매(동산할부매매)에서 대금완납을 정지조건으로 하여 소유권이 이전된다는 '정지조건부 소유권이전의 합의'를 인정하고 있다.

4. 조건의 성취와 불성취

> **조건성취의 효과(민법 제147조)**
> ① 정지조건 있는 법률행위는 조건이 성취한 때로부터 그 효력이 생긴다. `기출` 17·16·15
> ② 해제조건 있는 법률행위는 조건이 성취한 때로부터 그 효력을 잃는다. `기출` 19
> ③ 당사자가 조건성취의 효력을 그 성취 전에 소급하게 할 의사를 표시한 때에는 그 의사에 의한다.
> `기출` 19·17·16·13

(1) 의 의

조건인 장래의 불확실한 사실이 일어나는 것을 조건의 성취라 하고, 그 반대의 경우를 불성취라고 한다.

(2) 조건의 성취 또는 불성취의 주장

1) 조건성취의 주장

① 조건의 성취로 인하여 불이익을 받을 당사자가 신의성실에 반하여 조건의 성취를 방해한 경우에, 상대방은 그 조건이 성취된 것으로 주장할 수 있다(민법 제150조 제1항).
② 여기서의 당사자는 조건의 성취로 인하여 직접 불이익을 받는 자에 한한다.
③ 방해행위는 고의에 기한 경우뿐만 아니라 과실에 의한 경우를 포함하며, 작위에 한하지 않고 부작위라도 무방하다(대판 1990.11.13. 88다카29290).
④ 상대방의 주장에 의하여 조건성취로 의제되는 시점은 신의칙에 반하는 방해행위가 없었다면 조건이 성취되었으리라고 추정되는 시점이다(대판 1998.12.22. 98다42356).

2) 조건불성취의 주장

조건의 성취로 인하여 이익을 받을 당사자가 신의성실에 반하여 조건을 성취시킨 경우에 상대방은 그 조건이 성취되지 않은 것으로 주장할 수 있다(민법 제150조 제2항).

(3) 조건의 성취 또는 불성취의 효과

조건성취의 효과는 원칙적으로 소급하지 않는다. 즉, 정지조건부 법률행위는 그 조건이 성취된 때부터 그 효력이 생기고(민법 제147조 제1항), 해제조건부 법률행위는 그 조건이 성취된 때부터 그 효력을 잃는다(민법 제147조 제2항). 다만, 당사자가 조건성취의 효력을 그 성취 전에 소급하게 할 의사를 표시한 경우에는 그 의사에 의한다(민법 제147조 제3항).

(4) 증명책임

1) 정지조건부 법률행위

어떠한 법률행위가 조건의 성취시 법률행위의 효력이 발생하는 소위 정지조건부 법률행위에 해당한다는 사실은 그 법률행위로 인한 법률효과의 발생을 저지하는 사유로서 그 법률효과의 발생을 다투려는 자에게 주장입증책임이 있다(대판 1993.9.28. 93다20832). 반면 정지조건이 성취되었다는 사실은 권리를 취득하고자 하는 측에서 증명책임이 있다(대판 1983.4.12. 81다카692).

2) 해제조건부 법률행위

해제조건부 법률행위에 해당하는 사실 및 해제조건이 성취되었다는 사실 모두 법률행위 효력의 소멸을 주장하는 측에게 증명책임이 있다.

5. 조건부 법률행위의 일반적 효력

> **조건부 권리의 침해금지(민법 제148조)** `기출` 19·17
> 조건 있는 법률행위의 당사자는 조건의 성부가 미정한 동안에 조건의 성취로 인하여 생길 상대방의 이익을 해하지 못한다.
>
> **조건부 권리의 처분 등(민법 제149조)** `기출` 19·17·16·15·13
> 조건의 성취가 미정한 권리의무는 일반규정에 의하여 처분, 상속, 보존 또는 담보로 할 수 있다.
>
> **조건성취, 불성취에 대한 반신의행위(민법 제150조)**
> ① 조건의 성취로 인하여 불이익을 받을 당사자가 신의성실에 반하여 조건의 성취를 방해한 때에는 상대방은 그 조건이 성취한 것으로 주장할 수 있다. `기출` 20·16·14
> ② 조건의 성취로 인하여 이익을 받을 당사자가 신의성실에 반하여 조건을 성취시킨 때에는 상대방은 그 조건이 성취하지 아니한 것으로 주장할 수 있다. `기출` 18

(1) 의 의

① 조건성취에 의하여 이익을 받을 당사자는 조건성취 여부가 미정인 상태에서도 일종의 기대권을 가진다.

② 조건부 법률행위에서 조건의 내용 자체가 불법적인 것이어서 무효인 경우 또는 조건을 붙이는 것이 허용되지 않는 법률행위에 조건을 붙이는 경우에, 그 조건만을 분리하여 무효로 할 수 없고, 그 법률행위 전부가 무효로 된다(대결 2005.11.8. 2005마541).

(2) 조건부 권리의 보호

① 조건부 법률행위의 당사자는 조건의 성부가 미정인 동안 조건의 성취로 인하여 생길 상대방의 이익을 해치지 못한다(민법 제148조).

> **⊕ 더 알아보기**
>
> 해제조건부 증여로 인한 부동산소유권이전등기를 마쳤다 하더라도 그 해제조건이 성취되면 그 소유권은 증여자에게 복귀한다고 할 것이고, 이 경우 당사자 간에 별단의 의사표시가 없는 한 그 조건성취의 효과는 소급하지 아니하나, 조건성취 전에 수증자가 한 처분행위는 조건성취의 효과를 제한하는 한도 내에서는 무효라고 할 것이고, 다만 그 조건이 등기되어 있지 않는 한 그 처분행위로 인하여 권리를 취득한 제3자에게 위 무효를 대항할 수 없다(대판 1992.5.22. 92다5584).

② 조건부 권리에 대한 침해가 민법 제150조 위반에 해당하는 경우에, 당사자는 선택적으로 조건성취의 주장 또는 손해배상의 청구를 할 수 있다.

(3) 조건부 권리의 처분 등

조건부 권리도 조건의 성취가 미정인 동안에도 일반규정에 의하여 처분·상속·보존·담보로 할 수 있다(민법 제149조).

Ⅲ 기 한

1. 기한의 의의

기한이란 법률행위의 효력의 발생이나 소멸을 장래 발생할 것이 확실한 사실에 의존케 하는 법률행위의 부관을 말한다. 기한은 법률행위의 내용으로 당사자가 임의로 정한 것이므로, 법정기한은 기한이 아니다.

2. 기한의 종류

(1) 시기와 종기

시기란 법률행위 효력의 발생에 관한 기한을 말하고, 종기란 효력의 소멸이 걸려 있는 기한이다.

(2) 확정기한과 불확정기한

① 기한의 내용인 사실이 발생하는 시기가 확정되어 있는 것이 확정기한이고, 그렇지 않은 것이 불확정기한이다.

② 어떤 부관이 불확정기한인지 조건인지 구별하기 어려운 경우 「법률행위의 해석」에 의해 판단한다. 부관에 표시된 사실이 발생하지 않으면 채무를 이행하지 않아도 된다고 보는 것이 합리적인 경우에는 조건으로 보아야 한다. 그러나 부관에 표시된 사실이 발생한 때에는 물론이고 반대로 발생하지 않는 것이 확정된 때에도 채무를 이행하여야 한다고 보는 것이 합리적인 경우에는 표시된 사실의 발생 여부가 확정되는 것을 불확정기한으로 정한 것으로 보아야 한다(대판 2018.6.28. 2018다201702).

> **⊕ 더 알아보기**
>
> 당사자가 불확정한 사실이 발생한 때를 이행기한으로 정한 경우, 그 사실이 발생한 때는 물론 그 사실의 발생이 불가능하게 된 때에도 그 이행기한은 도래한 것으로 보아야 한다(대판 2007.5.10. 2005다67353). 기출 15

3. 기한에 친하지 않은 법률행위

① 혼인 등 신분행위에는 시기를 붙일 수 없다.

② 소급효가 있는 법률행위에는 시기를 붙일 수 없다(예 취소, 추인, 상계 등).

③ 그러나 어음·수표행위에는 시기를 붙일 수 있다.

4. 기한부 법률행위의 효력

> **기한도래의 효과(민법 제152조)**
> ① 시기 있는 법률행위는 기한이 도래한 때로부터 그 효력이 생긴다. [기출] 22·20
> ② 종기 있는 법률행위는 기한이 도래한 때로부터 그 효력을 잃는다. [기출] 19
>
> **기한부 권리와 준용규정(민법 제154조)** [기출] 19
> 제148조와 제149조의 규정은 기한 있는 법률행위에 준용한다.

(1) 기한도래의 효과

① 시기부 법률행위는 기한이 도래한 때부터 그 효력이 생긴다(민법 제152조 제1항). 반면 종기부 법률행위는 기한이 도래한 때부터 그 효력을 잃는다(민법 제152조 제2항).
② 기한에는 소급효가 없으며, 당사자의 특약에 의해서도 소급효를 인정할 수 없다.

(2) 기한부 권리

조건부 권리에 관한 규정(민법 제148조, 제149조)은 기한부 권리에도 준용된다(민법 제154조).

5. 기한의 이익

> **기한의 이익과 그 포기(민법 제153조)**
> ① 기한은 채무자의 이익을 위한 것으로 추정한다. [기출] 22·18·13
> ② 기한의 이익은 이를 포기할 수 있다. 그러나 상대방의 이익을 해하지 못한다. [기출] 15

(1) 의 의

기한의 이익이란 기한이 존재하는 것, 즉 기한이 도래하지 않음으로써 당사자가 받는 이익을 말한다.

(2) 기한의 이익의 추정

① 기한의 이익을 누가 가지는지는 우선 「법률행위의 성질」에 따라 정해진다.
② 당사자의 특약이나 법률행위의 성질에 비추어 보아도 어느 당사자를 위한 것인지 불분명하다면 채무자를 위한 것으로 추정한다(민법 제153조 제1항).

(3) 기한의 이익의 포기

① 기한의 이익은 포기할 수 있다. 다만, 상대방의 이익을 해치지 못한다(민법 제153조 제2항).
② 기한의 이익이 상대방을 위하여 존재하는 경우 상대방의 손해를 배상하고 포기할 수 있다.
③ 기한의 이익을 가지는 무이자 소비대차의 차주나 무상임치인은 손해배상 없이 언제든지 기한의 이익을 포기할 수 있다.

④ 포기는 상대방 있는 단독행위로, 상대방에 대한 일방적 의사표시로 행하여진다.

⑤ 기한의 이익의 포기는 소급효가 없고, 장래를 향해서만 효과가 있다.

(4) 기한의 이익의 상실

> **기한의 이익의 상실(민법 제388조)**
> 채무자는 다음 각 호의 경우에는 기한의 이익을 주장하지 못한다.
> 1. 채무자가 담보를 손상, 감소 또는 멸실하게 한 때
> 2. 채무자가 담보제공의 의무를 이행하지 아니한 때

1) 의 의

당사자의 합의에 의한 기한이익 상실의 특약 외에 법은 일정한 경우에 채무자는 기한의 이익을 주장하지 못한다고 한다(민법 제388조).

2) 기한이익의 상실 특약

① 정지조건부 기한이익 상실 특약 : 그 내용에 의하여 일정한 사유가 발생하면 채권자의 청구 등을 요함이 없이 당연히 기한의 이익이 상실되어 채무의 이행기가 도래하는 약정이다.

② 형성권적 기한이익 상실 특약 : 일정한 사유가 발생한 후 채권자의 통지나 청구 등 채권자의 의사표시를 기다려 비로소 채무의 이행기가 도래하는 약정이다.

⊕ 더 알아보기

> 기한이익 상실의 특약이 위 양자 중 어느 것에 해당하느냐는 당사자의 의사해석의 문제이지만 일반적으로 기한이익 상실의 특약이 채권자를 위하여 둔 것인 점에 비추어 명백히 정지조건부 기한이익 상실의 특약이라고 볼 만한 특별한 사정이 없는 이상 형성적권 기한이익 상실의 특약으로 추정하는 것이 타당하다(대판 2002.9.4. 2002다28340).

3) 기한의 도래

민법상 기한의 이익의 상실사유가 발생한 경우 즉시 기한의 도래가 의제된 것이 아니라 채권자가 기한의 이익의 상실을 주장하여 즉시 변제를 청구할 수도 있고, 변제기를 기다려 청구할 수도 있다.

05 권리의 변동 「기출지문 OX」

제1절 서 설

제2절 법률행위

01 강행법규에 위반한 자가 스스로 그 약정의 무효를 주장하는 것은 특별한 사정이 없는 한 신의칙에 반한다. 기출 20 [○ / ×]

02 강행법규를 위반하여 무효인 계약에 대해서는 그 상대방의 선의, 무과실에 따라 표현대리 법리가 적용된다. 기출 20 [○ / ×]

03 형사사건에 대한 의뢰인과 변호사의 성공보수약정은 강행법규위반으로서 무효일 뿐 반사회적 법률행위는 아니다. 기출 21·20·17 [○ / ×]

정답 01 × 02 × 03 ×

해설 01 강행법규에 위반한 자가 스스로 그 약정의 무효를 주장하는 것이 신의칙에 위반되는 권리의 행사라는 이유로 그 주장을 배척한다면, 이는 오히려 강행법규에 의하여 배제하려는 결과를 실현시키는 셈이 되어 입법취지를 완전히 몰각하게 되므로 달리 특별한 사정이 없는 한 위와 같은 주장은 신의칙에 반하는 것이라고 할 수 없다 (대판 2004.6.11. 2003다1601).
    02 증권회사 또는 그 임·직원의 부당권유행위를 금지하는 증권거래법 제52조 제1호는 공정한 증권거래질서의 확보를 위하여 제정된 강행법규로서 이에 위배되는 주식거래에 관한 투자수익보장약정은 무효이고, 투자수익보장이 강행법규에 위반되어 무효인 이상 증권회사의 지점장에게 그와 같은 약정을 체결할 권한이 수여되었는지 여부에 불구하고 그 약정은 여전히 무효이므로 표현대리의 법리가 준용될 여지가 없다(대판 1996.8.23. 94다38199).
    03 형사사건에서의 성공보수약정은 수사·재판의 결과를 금전적인 대가와 결부시킴으로써, 기본적 인권의 옹호와 사회정의의 실현을 사명으로 하는 변호사 직무의 공공성을 저해하고, 의뢰인과 일반 국민의 사법제도에 대한 신뢰를 현저히 떨어뜨릴 위험이 있으므로, 선량한 풍속 기타 사회질서에 위배되는 것으로 평가할 수 있다(대판[전합] 2015.7.23. 2015다200111).

---

04 개업공인중개사가 중개의뢰인과 직접 거래하는 행위를 금지하는 공인중개사법 규정은 강행규정이 아니라 단속규정이다. 기출 20 [○ / ×]

05 부동산을 등기하지 않고 순차적으로 매도하는 중간생략등기합의는 강행법규에 위반하여 무효이다. 기출 20 [○ / ×]

06 전통사찰의 주지직을 거액의 금품을 대가로 양도·양수하기로 하는 약정이 있음을 알고도 이를 묵인한 상태에서 한 종교법인의 주지 임명행위는 반사회질서의 법률행위에 해당한다. 기출 22 [○ / ×]

07 강제집행을 면하기 위해 부동산에 허위의 근저당권설정등기를 경료하는 행위는 반사회질서의 법률 행위에 해당한다. 기출 22·16 [○ / ×]

08 수사기관에서 참고인으로 자신이 잘 알지 못하는 내용에 대한 허위 진술의 대가로 작성된 각서에 기한 급부의 약정은 반사회질서의 법률행위에 해당한다. 기출 22·21·20 [○ / ×]

정답 **04** ○ **05** × **06** × **07** × **08** ○

해설 **04** 개업공인중개사 등이 중개의뢰인과 직접 거래를 하는 행위를 금지하는 공인중개사법 제33조 제6호를 효력규정으로 보아 이에 위반한 거래행위를 일률적으로 무효라고 할 경우 중개의뢰인이 직접 거래임을 알면서도 자신의 이익을 위해 한 거래도 단지 직접 거래라는 이유로 효력이 부인되어 거래의 안전을 해칠 우려가 있으므로, 위 규정은 강행규정이 아니라 단속규정이다(대판 2017.2.3. 2016다259677).

05 부동산등기특별조치법상 조세포탈과 부동산투기 등을 방지하기 위하여 위 법률 제2조 제2항 및 제8조 제1호에서 등기하지 아니하고 제3자에게 전매하는 행위를 일정 목적범위 내에서 형사처벌하도록 되어 있으나 이로써 순차매도한 당사자 사이의 중간생략등기합의에 관한 사법상 효력까지 무효로 한다는 취지는 아니다(대판 1993.1.26. 92다39112).

06 전통사찰의 주지직을 거액의 금품을 대가로 양도·양수하기로 하는 약정이 있음을 알고도 이를 묵인 혹은 방조한 상태에서 한 종교법인의 주지임명행위는 민법 제103조 소정의 반사회질서의 법률행위에 해당하지 않는다(대판 2001.2.9. 99다38613).

07 강제집행을 면할 목적으로 부동산에 허위의 근저당권설정등기를 경료하는 행위는 민법 제103조의 선량한 풍속 기타 사회질서에 위반한 사항을 내용으로 하는 법률행위로 볼 수 없다(대판 2004.5.28. 2003다70041).

08 수사기관에서 참고인으로 진술하면서 자신이 잘 알지 못하는 내용에 대하여 허위의 진술을 하는 경우에 그 허위 진술행위가 범죄행위를 구성하지 않는다고 하여도 그 급부의 상당성 여부를 판단할 필요 없이 허위 진술의 대가로 작성된 각서에 기한 급부의 약정은 민법 제103조 소정의 반사회적 질서행위로 무효이다(대판 2001.4.24. 2000다71999).

09 해외파견 근로자의 귀국 후 일정 기간 소속회사에 근무토록 한 약정은 특별한 사정이 없는 한 반사회적 법률행위라고 할 수 없다. 기출 20 · 17 [○ / ×]

10 반사회적 법률행위로서 무효인 계약은 당사자가 무효임을 알고 추인하여도 원칙적으로는 새로운 법률행위로 볼 수 없다. 기출 20 [○ / ×]

11 어느 법률행위가 선량한 풍속 기타 사회질서에 위반하는지는 특별한 사정이 없는 한 그 법률행위 당시를 기준으로 판단한다. 기출 20 · 19 · 16 [○ / ×]

12 다수의 보험계약을 통하여 보험금을 부정취득할 목적으로 체결된 보험계약은 그것만으로는 선량한 풍속 기타 사회질서에 반하지 않는다. 기출 19 [○ / ×]

13 증인이 증언을 조건으로 소송당사자로부터 통상 용인될 수 있는 수준을 넘는 대가를 받기로 약정하더라도, 증인에게 증언거부권이 있다면 그 약정은 유효하다. 기출 19 · 17 · 13 [○ / ×]

14 법률행위가 사회질서에 반하여 무효인 경우, 그 법률행위를 기초로 하여 권리를 취득한 선의의 제3자에게도 그 무효를 주장할 수 있다. 기출 18 · 17 [○ / ×]

정답 **09** ○ **10** ○ **11** ○ **12** × **13** × **14** ○

해설 **09** 해외파견된 근로자가 귀국일로부터 일정 기간 소속회사에 근무하여야 한다는 사규나 약정은 민법 제103조 또는 제104조에 위반된다고 할 수 없고, 일정 기간 근무하지 않으면 해외 파견 소요경비를 배상한다는 사규나 약정은 근로계약기간이 아니라 경비반환채무의 면제기간을 정한 것이므로 근로기준법 제21조에 위배하는 것도 아니다(대판 1982.6.22. 82다카90).

10 법률행위가 사회질서에 반하여 무효인 경우에는 추인의 법리가 적용되지 아니하나(대판 1973.5.22. 72다2249), 과도한 위약벌을 위약이 있은 후에 자의로 이행하겠다고 약속하는 경우와 같이 민법 제103조가 오로지 법률행위 당사자의 이익을 보호하기 위한 목적으로만 작동하는 경우에는 그 당사자가 임의로 추인하는 것을 부정할 이유는 없다(대판 2013.11.28. 2010다91831).

11 어느 법률행위가 사회질서에 반하는지 여부는 원칙적으로 법률행위 당시를 기준으로 판단해야 한다는 것이 학설, 판례(대판 2001.11.9. 2001다44987)의 일반적인 태도이다.

12 보험계약자가 다수의 보험계약을 통하여 보험금을 부정취득할 목적으로 보험계약을 체결한 경우, 이와 같은 보험계약은 민법 제103조 소정의 선량한 풍속 기타 사회질서에 반하여 무효이다(대판 2005.7.28. 2005다23858).

13 어느 당사자가 그 증언이 필요함을 기화로 증언하여 주는 대가로 용인될 수 있는 정도를 초과하는 급부를 제공받기로 한 약정은 반사회질서적인 금전적 대가가 결부된 경우로 그러한 약정은 민법 제103조 소정의 반사회질서행위에 해당하여 무효로 된다(대판 1994.3.11. 93다40522).

14 선량한 풍속 기타 사회질서에 반하는 법률행위는 절대적 무효이므로 선의의 제3자에게도 그 무효를 주장할 수 있다.

15 관련 법령에서 정한 한도를 초과하는 부동산 중개수수료 약정은 전부 무효이다. 기출 17

[○ / ×]

16 부첩관계를 해소하면서 첩의 희생을 위자하고 첩의 장래 생활대책을 마련해 준다는 뜻에서 금원을 지급하기로 한 약정은 공서양속에 반하지 않는다. 기출 16

[○ / ×]

17 의무의 강제에 의하여 얻어지는 채권자의 이익에 비하여 약정된 위약벌이 과도하게 무거운 경우, 그 일부 또는 전부가 공서양속에 반하여 무효로 된다. 기출 16

[○ / ×]

18 부첩관계인 부부생활의 종료를 해제조건으로 하는 증여계약은 사회질서에 반하므로 무효이다. 기출 13

[○ / ×]

19 불공정한 법률행위에서 특별한 사정이 없는 한 경솔·궁박은 본인을 기준으로 판단하고, 무경험은 대리인을 기준으로 판단한다. 기출 22·19

[○ / ×]

20 법률행위가 현저하게 공정성을 잃은 경우, 그 법률행위 당사자의 궁박·경솔·무경험은 추정된다. 기출 22·19

[○ / ×]

CHAPTER 05

정답 **15** × **16** ○ **17** ○ **18** ○ **19** × **20** ×

해설 **15** 부동산 중개수수료에 관한 규정들은 중개수수료 약정 중 소정의 한도를 초과하는 부분에 대한 사법상의 효력을 제한하는 이른바 강행법규에 해당하고, 따라서 구 부동산중개업법 등 관련 법령에서 정한 한도를 초과하는 부동산 중개수수료 약정은 그 한도를 초과하는 범위 내에서 무효이다(대판[전합] 2007.12.20. 2005다32159).

16 피고가 원고와의 부첩관계를 해소하기로 하는 마당에 그동안 원고가 피고를 위하여 바친 노력과 비용 등의 희생을 배상 내지 위자하고 또 원고의 장래 생활대책을 마련해 준다는 뜻에서 금원을 지급하기로 약정한 것이라면 부첩관계를 해소하는 마당에 위와 같은 의미의 금전지급약정은 공서양속에 반하지 않는다고 보는 것이 상당하다(대판 1980.6.24. 80다458).

17 위약벌의 약정은 채무의 이행을 확보하기 위하여 정해지는 것으로서 손해배상의 예정과는 내용이 다르므로 손해배상의 예정에 관한 민법 제398조 제2항을 유추적용하여 감액할 수 없으나, 의무의 강제로 얻어지는 채권자의 이익에 비하여 약정된 벌이 과도하게 무거울 때에는 일부 또는 전부가 공서양속에 반하여 무효로 된다(대판 2015.12.10. 2014다14511).

18 부첩관계인 부부생활의 종료를 해제조건으로 하는 증여계약은 그 조건만이 무효인 것이 아니라 증여계약 자체가 무효이다(대판 1966.6.21. 66다530).

19 대리인에 의하여 법률행위가 이루어진 경우 그 법률행위가 민법 제104조의 불공정한 법률행위에 해당하는지 여부를 판단함에 있어서 경솔과 무경험은 대리인을 기준으로 하여 판단하고, 궁박은 본인의 입장에서 판단하여야 한다(대판 2002.10.22. 2002다38927).

20 법률행위가 현저하게 공정을 잃었다고 하여 곧 그것이 궁박, 경솔하게 이루어진 것으로 추정되지 아니하므로 본조의 불공정한 법률행위의 법리가 적용되려면 그 주장하는 측에서 궁박, 경솔 또는 무경험으로 인하였음을 증명하여야 한다(대판 1969.12.30. 69다1873).

21 불공정한 법률행위에는 무효행위의 전환에 관한 민법 제138조는 적용되지 않는다. 기출 22·14

[○ / ×]

22 증여계약도 불공정한 법률행위가 될 수 있다. 기출 19·17·14

[○ / ×]

23 피해 당사자가 궁박, 경솔 또는 무경험의 상태에 있었다면 상대방 당사자에게 그와 같은 사정을 알면서 이를 이용하려는 의사가 없어도 불공정한 법률행위가 성립한다. 기출 19

[○ / ×]

24 불공정한 법률행위가 성립하기 위한 요건인 궁박, 경솔, 무경험은 그중 일부만 갖추어져도 충분하다. 기출 18·17

[○ / ×]

25 일반적으로 계약의 당사자가 누구인지는 그 계약에 관여한 당사자의 의사해석의 문제에 해당한다. 기출 20

[○ / ×]

26 법률행위의 내용이 처분문서로 작성된 경우 문언의 객관적인 의미가 명확하다면 특별한 사정이 없는 한 문언대로 의사표시의 존재와 내용을 인정하여야 한다. 기출 20

[○ / ×]

정답 **21** × **22** × **23** × **24** ○ **25** ○ **26** ○

해설 **21** 매매계약이 약정된 매매대금의 과다로 말미암아 민법 제104조에서 정하는 '불공정한 법률행위'에 해당하여 무효인 경우에도 무효행위의 전환에 관한 민법 제138조가 적용된다(대판 2011.4.28. 2010다106702).

22 불공정한 법률행위란 자기의 급부에 비하여 현저하게 균형을 잃은 반대급부를 하게 함으로써 부당한 재산적 이익을 얻는 행위를 말하므로 증여와 같이 대가적 의미의 출연이 없는 무상행위에는 민법 제104조의 적용이 없다(대판 2000.2.11. 99다56833).

23 피해 당사자가 궁박, 경솔 또는 무경험의 상태에 있었다고 하더라도 그 상대방 당사자에게 그와 같은 피해 당사자 측의 사정을 알면서 이를 이용하려는 의사, 즉 폭리행위의 악의가 없었다거나 또는 객관적으로 급부와 반대급부 사이에 현저한 불균형이 존재하지 아니한다면 불공정 법률행위는 성립하지 않는다(대판 2002.10.22. 2002다38927).

24 민법 제104조의 불공정한 법률행위가 성립하기 위하여 당사자 일방의 궁박, 경솔, 무경험은 모두 구비하여야 하는 요건이 아니고 그중 어느 하나만 갖추어져도 충분하다(대판 1993.10.12. 93다19924).

25 일반적으로 계약의 당사자가 누구인지는 그 계약에 관여한 당사자의 의사해석의 문제에 해당한다(대판 2010.5.13. 2009다92487).

26 법률행위에 따라 작성된 처분문서에 담긴 문언의 객관적인 의미가 명확하다면, 특별한 사정이 없는 한 그 문언대로 의사표시의 존재 및 내용을 인정하여야 한다(대판 2016.10.27. 2014다82026).

27 비진의표시에서 진의는 표의자가 진정으로 마음속에서 바라는 사항을 뜻한다. [기출] 20·13

[○ / ×]

28 공무원의 사직의 의사표시와 같은 공법행위에도 비진의표시에 관한 민법의 규정이 적용된다. [기출] 20

[○ / ×]

29 가장소비대차에 있어 대주의 계약상의 지위를 이전받은 자는 통정허위표시를 기초로 새로운 법률상의 이해관계를 맺은 제3자에 해당한다. [기출] 22

[○ / ×]

30 통정허위표시인 채권양도계약의 양도인에 대하여 채무를 부담하고 있던 사람은 통정허위표시에 기하여 새롭게 이해관계를 맺은 제3자에 해당하지 않는다. [기출] 20

[○ / ×]

31 통정허위표시에서 선의의 제3자가 되기 위해서는 선의임에 과실이 없어야 한다. [기출] 16

[○ / ×]

CHAPTER 05

정답 | **27** × **28** × **29** × **30** ○ **31** ×

해설 | **27** 진의 아닌 의사표시에 있어서의 진의란 특정한 내용의 의사표시를 하고자 하는 표의자의 생각을 말하는 것이지 표의자가 진정으로 마음속에서 바라는 사항을 뜻하는 것은 아니므로, 표의자가 의사표시의 내용을 진정으로 마음속에서 바라지는 아니하였다고 하더라도 당시의 상황에서는 그것을 최선이라고 판단하여 그 의사표시를 하였을 경우에는 이를 내심의 효과의사가 결여된 진의 아닌 의사표시라고 할 수 없다(대판 2000.4.25. 99다34475).
28 공무원인 사직원제출자의 내심의 의사가 사직할 뜻이 아니었다고 하더라도 진의 아닌 의사표시에 관한 민법 제107조는 그 성질상 사직의 의사표시와 같은 사인의 공법행위에는 준용되지 아니하므로 그 의사가 외부에 표시된 이상 그 의사는 표시된 대로 효력을 발한다(대판 1997.12.12. 97누13962).
29 가장소비대차에 있어 대주의 계약상의 지위를 그대로 이전받은 자는 새로운 법률상 이해관계를 가지게 되었다고 볼 수 없어 민법 제108조 제2항의 제3자에 해당하지 않는다고 보는 것이 타당하다.
30 판례(대판 1983.1.18. 82다594)는 채권의 가장양수인에게 채무를 변제하지 않고 있었던 채무자는 제3자에 해당하지 아니한다는 취지이나, 통정허위표시인 채권양도계약의 양도인에 대하여 채무를 부담하고 있던 채무자에게도 같은 법리가 적용된다고 판단된다.
31 민법 제108조 제2항에 규정된 통정허위표시에 있어서의 제3자는 그 선의 여부가 문제이지 이에 관한 과실 유무를 따질 것이 아니다(대판 2006.3.10. 2002다1321).

32 법률행위 내용의 중요부분에 착오가 있는 경우, 그 착오가 표의자의 중과실로 인한 것이 아니라면 특별한 사정이 없는 한 이를 이유로 의사표시를 취소할 수 있다. 기출 22 [○ / ×]

33 착오로 인한 의사표시에 관한 민법 제109조 제1항의 적용은 당사자의 합의로 배제할 수 있다. 기출 22·19·17 [○ / ×]

34 표의자가 장래에 있을 어떤 사항의 발생이 미필적임을 알아 그 발생을 예기한 데 지나지 않는 경우, 그 기대가 이루어지지 않은 것을 착오로 볼 수는 없다. 기출 22·19 [○ / ×]

35 착오자의 착오로 인한 취소로 상대방이 손해를 입게 되더라도, 착오자는 불법행위로 인한 손해배상 책임을 부담하지 않는다. 기출 21·19 [○ / ×]

36 동기의 착오를 이유로 취소하려면 당사자 사이에 동기를 의사표시의 내용으로 하는 합의가 필요하다. 기출 20·17·13 [○ / ×]

37 매매계약이 적법하게 해제된 후에도 착오를 이유로 그 매매계약을 취소할 수 있다. 기출 20·14·13 [○ / ×]

정답 **32** ○ **33** ○ **34** ○ **35** ○ **36** × **37** ○

해설 **32** 의사표시는 법률행위의 내용의 중요부분에 착오가 있는 때에는 취소할 수 있다. 그러나 그 착오가 표의자의 중대한 과실로 인한 때에는 취소하지 못한다(민법 제109조 제1항).

33 당사자의 합의로 착오로 인한 의사표시 취소에 관한 민법 제109조 제1항의 적용을 배제할 수 있다(대판 2016.4.15. 2013다97694).

34 표의자가 행위를 할 당시에 장래에 있을 어떤 사항의 발생이 미필적임을 알아 그 발생을 예기한 데 지나지 않는 경우는, 표의자의 심리상태에 인식과 대조에 불일치가 있다고 할 수 없어 착오로 다룰 수는 없다 할 것이다(대판 2010.5.27. 2009다94841).

35 불법행위로 인한 손해배상책임이 성립하기 위하여는 가해자의 고의 또는 과실 이외에 행위의 위법성이 요구되므로, 전문건설공제조합이 계약보증서를 발급하면서 조합원이 수급할 공사의 실제 도급금액을 확인하지 아니한 과실이 있다고 하더라도 민법 제109조에서 중과실이 없는 착오자의 착오를 이유로 한 의사표시의 취소를 허용하고 있는 이상, 전문건설공제조합이 과실로 인하여 착오에 빠져 계약보증서를 발급한 것이나 그 착오를 이유로 보증계약을 취소한 것이 위법하다고 할 수는 없다(대판 1997.8.22. 97다13023).

36 동기의 착오가 법률행위의 내용 중 중요부분의 착오에 해당함을 이유로 표의자가 법률행위를 취소하려면 그 동기를 당해 의사표시의 내용으로 삼을 것을 상대방에게 표시하고 의사표시의 해석상 법률행위의 내용으로 되어 있다고 인정되면 충분하고 당사자들 사이에 별도로 그 동기를 의사표시의 내용으로 삼기로 하는 합의까지 이루어질 필요는 없다(대판 2015.7.23. 2012다15336).

37 매도인이 매수인의 중도금 지급채무불이행을 이유로 매매계약을 적법하게 해제한 후라도 매수인으로서는 상대방이 한 계약해제의 효과로서 발생하는 손해배상책임을 지거나 매매계약에 따른 계약금의 반환을 받을 수 없는 불이익을 면하기 위하여 착오를 이유로 한 취소권을 행사하여 위 매매계약 전체를 무효로 돌리게 할 수 있다(대판 1991.8.27. 91다11308).

38 상대방의 기망으로 표시상의 착오에 빠진 자의 행위에 대하여 착오취소의 법리가 적용된다.
기출 20 　　　　　　　　　　　　　　　　　　　　　　　　　　　　　　　　　　[○ / ×]

39 등기명의자가 소유권이전등기의 무효를 주장한 종전 소유자의 공동상속인 중 1인을 단독상속인으로 오인하여 소유권환원에 관하여 합의한 경우, 이는 중요부분의 착오이다. 기출 14 [○ / ×]

40 사기에 의한 의사표시가 인정되기 위해서는 의사표시자에게 재산상의 손실을 주려는 사기자의 고의는 필요하지 않다. 기출 22 　　　　　　　　　　　　　　　　　　　　　　　　[○ / ×]

41 상대방의 대리인이 사기를 행하여 계약을 체결한 경우 그 대리인은 '제3자에 의한 사기'에서의 '제3자'에 해당되지 않는다. 기출 21 　　　　　　　　　　　　　　　　　　　　[○ / ×]

42 상대방이 사용자책임을 져야 할 관계에 있는 피용자가 사기를 행하여 계약을 체결한 경우 그 피용자는 '제3자에 의한 사기'에서의 '제3자'에 해당한다. 기출 21 　　　　　　　　[○ / ×]

정답　38 ○　39 ×　40 ○　41 ○　42 ○

해설　38　신원보증서류에 서명날인한다는 착각에 빠진 상태로 연대보증의 서면에 서명날인한 경우, 결국 위와 같은 행위는 강학상 기명날인의 착오(또는 서명의 착오), 즉 어떤 사람이 자신의 의사와 다른 법률효과를 발생시키는 내용의 서면에, 그것을 읽지 않거나 올바르게 이해하지 못한 채 기명날인을 하는 이른바 표시상의 착오에 해당하므로, 비록 위와 같은 착오가 제3자의 기망행위에 의하여 일어난 것이라 하더라도 그에 관하여는 사기에 의한 의사표시에 관한 법리, 특히 상대방이 그러한 제3자의 기망행위 사실을 알았거나 알 수 있었을 경우가 아닌 한 의사표시자가 취소권을 행사할 수 없다는 민법 제110조 제2항의 규정을 적용할 것이 아니라, 착오에 의한 의사표시에 관한 법리만을 적용하여 취소권 행사의 가부를 가려야 한다(대판 2005.5.27. 2004다43824).

39　등기명의자 甲과 종전 소유자의 상속인으로서 소유권이전등기의 원인무효를 주장하는 乙 사이에 토지소유권 환원의 방법으로 乙 앞으로 소유권이전등기를 경료하여 주기로 하는 합의가 이루어진 경우, 乙이 공동상속인들 중 1인이라면 공유물에 대한 보존행위로서 단독으로 공유물에 관한 원인무효의 등기의 말소를 구하거나 소유권이전등기에 관한 합의를 할 수 있다고 보아야 하므로, 甲이 乙을 단독상속인으로 믿고서 그와 같은 소유권환원의 합의에 이르렀더라도 그와 같은 착오는 합의내용의 중요부분에 해당한다고 볼 수 없다(대판 1996.12.23. 95다35371).

40　사기자의 고의를 인정하기 위하여는 표의자를 기망하여 착오에 빠지게 하려는 고의와 착오에 기하여 의사표시를 하게 하려는 고의 등 2단의 고의가 있는 것으로 족하고 별도로 표의자에게 재산상의 손실을 주려는 고의는 필요하지 아니하다.

41　상대방 있는 의사표시에 관하여 제3자가 사기나 강박을 한 경우에는 상대방이 그 사실을 알았거나 알 수 있었을 경우에 한하여 그 의사표시를 취소할 수 있으나, 상대방의 대리인 등 상대방과 동일시할 수 있는 자의 사기나 강박은 제3자의 사기·강박에 해당하지 아니한다(대판 1999.2.23. 98다60828).

42　상대방의 피용자이거나 상대방이 사용자책임을 져야 할 관계에 있는 피용자에 지나지 않는 자는 상대방과 동일시할 수는 없어 민법 제110조 제2항에서 말하는 제3자에 해당한다(대판 1998.1.23. 96다41496).

43 '제3자에 의한 사기'로 계약을 체결한 피기망자는 그 계약을 취소하지 않은 상태에서 그 제3자에 대하여 불법행위로 인한 손해배상청구를 할 수 없다. 기출 21·19 [○ / ×]

44 의사표시자가 청약의 의사표시를 발송한 후 사망하였다면, 그 의사표시는 처음부터 무효인 것으로 본다. 기출 22·16 [○ / ×]

45 행위능력을 갖춘 미성년자에게는 특별한 사정이 없는 한 의사표시의 수령능력이 인정된다. 기출 22 [○ / ×]

46 의사표시를 받은 상대방이 제한능력자라 하더라도 그의 법정대리인이 그 의사표시가 도달한 사실을 안 후에는 의사표시자는 그 효력을 주장할 수 있다. 기출 18 [○ / ×]

47 표의자가 과실 없이 상대방을 알지 못하는 경우, 민사소송법 공시송달의 규정에 의하여 의사표시를 송달할 수 있다. 기출 22·16 [○ / ×]

48 상대방이 있는 의사표시는 상대방이 요지(了知)한 때에 그 효력이 생긴다. 기출 16 [○ / ×]

49 표의자는 그의 의사표시가 상대방에게 도달하였으나 상대방이 이행에 착수하기 전에는 그 의사표시를 철회할 수 있다. 기출 14 [○ / ×]

정답 **43** × **44** × **45** ○ **46** ○ **47** ○ **48** × **49** ×

해설 **43** 제3자의 사기행위로 인하여 피해자가 주택건설사와 사이에 주택에 관한 분양계약을 체결하였다고 하더라도 제3자의 사기행위 자체가 불법행위를 구성하는 이상, 제3자로서는 그 불법행위로 인하여 피해자가 입은 손해를 배상할 책임을 부담하는 것이므로, 피해자가 제3자를 상대로 손해배상청구를 하기 위하여 반드시 그 분양계약을 취소할 필요는 없다(대판 1998.3.10. 97다55829).

44 의사표시자가 그 통지를 발송한 후 사망하거나 제한능력자가 되어도 의사표시의 효력에 영향을 미치지 아니하므로(민법 제111조 제2항), 의사표시자의 청약이 상대방에게 도달하였다면 청약은 효력이 발생한다.

45 미성년자는 수령무능력자이나(민법 제112조 본문), 미성년자가 예외적으로 행위능력을 가지는 경우에는 수령능력도 인정될 수 있음을 유의하여야 한다.

46 의사표시의 상대방이 의사표시를 받은 때에 제한능력자인 경우에는 의사표시자는 그 의사표시로써 대항할 수 없다. 다만, 그 상대방의 법정대리인이 의사표시가 도달한 사실을 안 후에는 그러하지 아니하다(민법 제112조).

47 표의자가 과실 없이 상대방을 알지 못하거나 상대방의 소재를 알지 못하는 경우에는 의사표시는 민사소송법 공시송달의 규정에 의하여 송달할 수 있다(민법 제113조).

48 상대방이 있는 의사표시는 상대방에게 도달한 때에 그 효력이 생긴다(민법 제111조 제1항). 여기서의 도달은 사회관념상 상대방이 의사표시의 내용을 알 수 있는(요지할 수 있는) 객관적 상태에 놓여 있는 경우를 의미한다.

49 표의자의 의사표시가 일단 상대방에게 도달하였다면 표의자는 그 의사표시에 구속되어 상대방이 이행에 착수하기 전이라도 철회할 수 없다.

50 수권행위에서 권한을 정하지 아니한 대리인은 보존행위만을 할 수 있다. 기출 22 [○ / ×]

51 권한을 정하지 아니한 대리인은 대리의 목적물에 대해 모든 개량행위를 할 수 있다. 기출 21

[○ / ×]

52 복대리인은 본인의 대리인이다. 기출 22·19·17·15 [○ / ×]

53 본인은 임의대리인이 제한능력자라는 이유로 대리행위를 취소할 수 있다. 기출 22·21·17

[○ / ×]

54 임의대리인이 부득이한 사유로 복대리인을 선임한 경우, 본인에 대하여 그 선임감독에 관한 책임이 없다. 기출 19 [○ / ×]

55 법정대리인이 본인의 지명 없이 복대리인을 선임한 경우, 그 불성실함을 알고 본인에 대한 통지나 그 해임을 태만한 때가 아니면 책임이 없다. 기출 18 [○ / ×]

CHAPTER 05

정답 50 × 51 × 52 ○ 53 × 54 × 55 ×

해설 50 권한을 정하지 아니한 대리인은 보존행위와 대리의 목적인 물건이나 권리의 성질을 변하지 아니하는 범위에서 그 이용 또는 개량하는 행위를 할 수 있다(민법 제118조).
51 권한을 정하지 아니한 대리인은 보존행위와 대리의 목적인 물건이나 권리의 성질을 변하지 아니하는 범위에서 그 이용 또는 개량하는 행위를 할 수 있다(민법 제118조).
52 복대리인은 대리인이 대리권의 범위 내의 행위를 하게 하기 위하여 대리인 자신의 이름으로 선임한 본인의 대리인이다.
53 대리인은 행위능력자임을 요하지 아니하므로(민법 제117조), 본인은 임의대리인이 제한능력자라는 이유로 대리행위를 취소할 수 없다.
54 임의대리인은 부득이한 사유 있는 때에는 복대리인을 선임할 수 있고, 본인에 대하여 그 선임감독에 관한 책임이 있다(민법 제120조, 제121조 제1항).
55 법정대리인은 임의대리인과 달리 원칙적으로 복임권의 제한이 없으므로 선임·감독상의 과실 유무에 관계없이 모든 책임을 부담한다. 그러나 부득이한 사유로 선임한 경우에는 그 선임·감독상의 과실에 대해서만 책임을 진다(민법 제122조).

56 표현대리가 성립하여 본인이 이행책임을 지는 경우, 상대방에게 과실이 있으면 과실상계의 법리를 적용하여 본인의 책임을 경감할 수 있다. 기출 21·20·18·14　　　　　[○ / ×]

57 권한을 넘은 표현대리에 관한 규정에서의 제3자에는 당해 표현대리행위의 직접 상대방이 된 자 외에 전득자도 포함된다. 기출 21　　　　　[○ / ×]

58 대리인이 사자(使者)를 통하여 권한을 넘은 법률행위를 하더라도 민법 제126조의 표현대리가 성립할 수 있다. 기출 18　　　　　[○ / ×]

59 표현대리가 성립된다고 하여 무권대리의 성질이 유권대리로 전환되는 것은 아니며, 유권대리에 관한 주장에는 표현대리의 주장이 포함되어 있지 않다. 기출 21·18·17·16·15　　　　　[○ / ×]

60 증권회사로부터 위임받은 고객의 유치, 투자상담 및 권유, 위탁매매약정실적의 제고 등의 업무는 사실행위에 불과하나 이를 기본대리권으로 하여 권한을 넘은 표현대리가 성립할 수 있다. 기출 16
　　　　　[○ / ×]

정답　56 × 57 × 58 ○ 59 ○ 60 ×

해설　56 표현대리행위가 성립하는 경우에 본인은 표현대리행위에 기하여 전적인 책임을 져야 하는 것이고 상대방에게 과실이 있다고 하더라도 과실상계의 법리를 유추적용하여 본인의 책임을 감경할 수 없는 것이다(대판 1994.12.22. 94다24985).

57 권한을 넘은 표현대리에 관한 민법 제126조의 규정에서 제3자라 함은 당해 표현대리행위의 직접 상대방이 된 자만을 지칭하는 것이고, 이는 위 규정을 배서와 같은 어음행위에 적용 또는 유추적용할 경우에 있어서도 마찬가지로 보아야 할 것이다(대판 1994.5.27. 93다21521).

58 대리인이 사자 내지 임의로 선임한 복대리인을 통하여 권한 외의 법률행위를 한 경우, 상대방이 그 행위자를 대리권을 가진 대리인으로 믿었고 또한 그렇게 믿는 데에 정당한 이유가 있는 때에는, 민법 제126조를 적용함에 있어서 기본대리권의 흠결 문제는 생기지 않는다(대판 1998.3.27. 97다48982).

59 표현대리가 성립된다고 하여 무권대리의 성질이 유권대리로 전환되는 것은 아니므로, 양자의 구성요건 해당 사실 즉 주요사실은 다르다고 볼 수밖에 없으니 유권대리에 관한 주장 속에 무권대리에 속하는 표현대리의 주장이 포함되어 있다고 볼 수 없다(대판[전합] 1983.12.13. 83다카1489).

60 증권회사로부터 위임받은 고객의 유치, 투자상담 및 권유, 위탁매매약정실적의 제고 등의 업무는 사실행위에 불과하므로 이를 기본대리권으로 하여서는 권한초과의 표현대리가 성립할 수 없다(대판 1992.5.26. 91다32190).

61 민법 제135조에 따른 무권대리인의 상대방에 대한 책임은 대리권 흠결에 관하여 무권대리인에게 귀책사유가 있어야만 인정된다. 기출 19 [O / ×]

62 추인은 무권대리행위의 상대방에 대하여는 할 수 있지만, 무권대리행위로 인한 권리의 승계인에 대해서는 할 수 없다. 기출 18 [O / ×]

제5절 법률행위의 무효와 취소

63 법률행위가 무효와 취소사유를 모두 포함하고 있는 경우, 당사자는 취소권이 있더라도 무효에 따른 효과를 제거하기 위해 이미 무효인 법률행위를 취소할 수 없다. 기출 22 [O / ×]

64 의사무능력을 이유로 법률행위가 무효인 경우 의사무능력자는 이익의 현존 여부를 불문하고 받은 이익 전부를 반환하여야 한다. 기출 21 [O / ×]

정답 **61** × **62** × **63** × **64** ×

해설 **61** 민법 제135조 제1항에 따른 무권대리인의 상대방에 대한 책임은 무과실책임으로서 대리권의 흠결에 관하여 대리인에게 과실 등의 귀책사유가 있어야만 인정되는 것이 아니고, 무권대리행위가 제3자의 기망이나 문서위조 등 위법행위로 야기되었다고 하더라도 책임은 부정되지 아니한다(대판 2014.2.27. 2013다213038).

62 무권대리행위의 추인에 특별한 방식이 요구되는 것이 아니므로 명시적인 방법만 아니라 묵시적인 방법으로도 할 수 있고, 그 추인은 무권대리인, 무권대리행위의 직접의 상대방 및 그 무권대리행위로 인한 권리 또는 법률 관계의 승계인에 대하여도 할 수 있다(대판 1981.4.14. 80다2314).

63 어느 법률행위가 무효사유와 취소사유를 모두 포함하고 있는 경우 예를 들어, 매도인이 매수인의 중도금 지급 채무불이행을 이유로 매매계약을 해제한 후에도, 매수인은 계약해제에 따른 불이익을 면하기 위해 착오를 이 유로 매매계약전체를 취소하여 이를 무효로 돌릴 수 있다.

64 무능력자의 책임을 제한하는 민법 제141조 단서는 부당이득에 있어 수익자의 반환범위를 정한 민법 제748조 의 특칙으로서 무능력자의 보호를 위해 그 선의·악의를 묻지 아니하고 반환범위를 현존이익에 한정시키려는 데 그 취지가 있으므로, 의사능력의 흠결을 이유로 법률행위가 무효가 되는 경우에도 유추적용되어야 할 것이 다(대판 2009.1.15. 2008다58367).

65 국토의 계획 및 이용에 관한 법률상의 토지거래허가구역 내의 토지매매계약은 관할관청의 허가를 받아야만 그 효력이 발생하고 그 허가를 받기 전에는 채권적 효력도 발생하지 아니한다. **기출** 19·16 [○ / ×]

66 국토의 계획 및 이용에 관한 법률상의 토지거래허가구역 내의 토지매매계약에서 당사자들이 계약상 대금지급의무를 소유권이전등기의무에 선행하여 이행하기로 약정하였더라도, 허가 전이라면 매매대금 미지급을 이유로 계약을 해제할 수 없다. **기출** 16 [○ / ×]

67 국토의 계획 및 이용에 관한 법률상의 토지거래허가구역 내의 토지매매계약에서 토지매매계약의 무효가 확정되지 않은 상태에서는 매수인은 임의로 지급한 계약금을 부당이득으로 반환을 청구할 수 없다. **기출** 14 [○ / ×]

68 미성년자가 한 법률행위는 그가 단독으로 유효하게 취소할 수 없다. **기출** 14 [○ / ×]

정답 **65** ○ **66** ○ **67** ○ **68** ×

해설 **65** 국토이용관리법상의 규제구역 내의 '토지등의 거래계약' 허가에 관한 관계규정의 내용과 그 입법취지에 비추어 볼 때 토지의 소유권 등 권리를 이전 또는 설정하는 내용의 거래계약은 관할관청의 허가를 받아야만 그 효력이 발생하고 허가를 받기 전에는 물권적 효력은 물론 채권적 효력도 발생하지 아니하여 무효라고 보아야 한다(대판[전합] 1991.12.24. 90다12243 - 다수의견).

66 관할관청으로부터 토지거래허가를 받기까지는 매매계약이 그 계약 내용대로의 효력이 있을 수 없는 것이어서 매수인으로서도 그 계약 내용에 따른 대금지급의무가 있다고 할 수 없으며, 설사 계약상 매수인의 대금지급의무가 매도인의 소유권이전등기의무에 선행하여 이행하기로 약정되어 있었다고 하더라도, 매수인에게 그 대금지급의무가 없음은 마찬가지여서 매도인으로서는 그 대금지급이 없었음을 이유로 계약을 해제할 수 없다(대판[전합] 1991.12.24. 90다12243 - 다수의견).

67 국토이용관리법상의 규제구역 내의 "토지 등의 거래계약"은 관할관청의 허가를 받아야만 그 효력이 발생하고 허가를 받기 전에는 물권적 효력은 물론 채권적 효력도 발생하지 아니하여 무효라고 보아야 할 것이나 허가받을 것을 전제로 한 거래계약일 경우에는 일단 허가를 받으면 그 계약은 소급하여 유효한 계약이 되고 이와 달리 불허가가 된 때에는 무효로 확정되는 것으로서 허가를 받기까지는 유동적 무효의 상태에 있다고 보아야 하고 당사자 사이에 있어서는 그 계약이 효력 있는 것으로 완성될 수 있도록 서로 협력할 의무가 있음이 당연하므로 계약의 쌍방 당사자는 공동으로 관할관청의 허가를 신청할 의무가 있으므로 허가받기 전의 매매계약이 유동적 무효라고 하여 매매계약에 관한 계약금을 교부한 상태에 있는 계약당사자 일방이 언제든지 계약의 무효를 주장하여 부당이득으로 계약금의 반환을 구할 수 있다고 할 수는 없을 것이다(대판 1993.6.22. 91다21435).

68 미성년자(제한능력자)는 자기가 한 법률행위를 법정대리인의 동의 없이 단독으로 유효하게 취소할 수 있다(민법 제140조 참조).

69 기한은 특별한 사정이 없는 한 채무자의 이익을 위한 것으로 추정한다. 기출 22 · 20 · 18 · 13
[○ / ×]

70 조건의 성취가 미정인 권리의무는 일반규정에 의하여 처분, 상속, 보존 또는 담보로 할 수 있다.
기출 17 · 16 · 13
[○ / ×]

71 조건은 법률행위의 효력의 발생 또는 소멸을 장래 발생이 확실한 사실에 의존시키는 법률행위의 부관이다. 기출 18 · 14
[○ / ×]

72 부첩관계의 종료를 해제조건으로 하는 증여계약에서 그 조건은 무효이므로 그 증여계약은 조건 없는 법률행위가 된다. 기출 19
[○ / ×]

73 불확정한 사실이 발생한 때를 이행기한으로 정한 경우, 그 사실이 발생한 때뿐만 아니라 발생이 불가능하게 된 때에도 이행기한은 도래한 것으로 보아야 한다. 기출 15
[○ / ×]

CHAPTER 05

정답 **69** ○ **70** ○ **71** × **72** × **73** ○

해설 **69** 기한은 채무자의 이익을 위한 것으로 추정한다(민법 제153조 제1항).
70 조건의 성취가 미정한 권리의무는 일반규정에 의하여 처분, 상속, 보존 또는 담보로 할 수 있다(민법 제149조).
71 조건은 법률행위의 효력의 발생 또는 소멸을 장래 발생이 불확실한 사실에 의존시키는 법률행위의 부관이다.
72 부첩관계인 부부생활의 종료를 해제조건으로 하는 증여계약은 그 조건만이 무효인 것이 아니라 증여계약 자체가 무효이다(대판 1966.6.21. 66다530).
73 당사자가 불확정한 사실이 발생한 때를 이행기한으로 정한 경우, 그 사실이 발생한 때는 물론 그 사실의 발생이 불가능하게 된 때에도 그 이행기한은 도래한 것으로 보아야 한다(대판 2007.5.10. 2005다67353).

제1절 서 설

제2절 법률행위

01 다음 중 행위 그 자체로 법률행위가 아닌 것을 모두 고른 것은? ▌2015년 3회 행정사

> ㄱ. 점유의 취득   ㄴ. 유실물의 습득
> ㄷ. 매장물의 발견   ㄹ. 소유권의 포기
> ㅁ. 무주물의 선점

① ㄱ, ㄴ   ② ㄱ, ㄹ, ㅁ
③ ㄴ, ㄷ, ㄹ   ④ ㄷ, ㄹ, ㅁ
⑤ ㄱ, ㄴ, ㄷ, ㅁ

해설 난도 ★★☆

ㄱ(점유의 취득), ㄴ(유실물의 습득), ㄷ(매장물의 발견), ㅁ(무주물의 선점)은 사실행위이고, ㄹ(소유권의 포기)은 상대방 없는 단독행위로서 법률행위에 해당한다.

02 강행법규에 위반한 법률행위에 관한 설명으로 옳은 것은?(다툼이 있으면 판례에 따름)
▌2020년 8회 행정사

① 강행법규에 위반한 자가 스스로 그 약정의 무효를 주장하는 것은 특별한 사정이 없는 한 신의칙에 반한다.
② 형사사건에 대한 의뢰인과 변호사의 성공보수약정은 강행법규위반으로서 무효일 뿐 반사회적 법률행위는 아니다.
③ 부동산을 등기하지 않고 순차적으로 매도하는 중간생략등기합의는 강행법규에 위반하여 무효이다.
④ 개업공인중개사가 중개의뢰인과 직접 거래하는 행위를 금지하는 공인중개사법 규정은 강행규정이 아니라 단속규정이다.
⑤ 강행법규를 위반하여 무효인 계약에 대해서는 그 상대방의 선의, 무과실에 따라 표현대리 법리가 적용된다.

④ (○) 개업공인중개사 등이 중개의뢰인과 직접 거래를 하는 행위를 금지하는 공인중개사법 제33조 제6호를 효력규정으로 보아 이에 위반한 거래행위를 일률적으로 무효라고 할 경우 중개의뢰인이 직접 거래임을 알면서도 자신의 이익을 위해 한 거래도 단지 직접 거래라는 이유로 효력이 부인되어 거래의 안전을 해칠 우려가 있으므로, 위 규정은 강행규정이 아니라 단속규정이다(대판 2017.2.3. 2016다259677).

① (×) 강행법규에 위반한 자가 스스로 그 약정의 무효를 주장하는 것이 신의칙에 위반되는 권리의 행사라는 이유로 그 주장을 배척한다면, 이는 오히려 강행법규에 의하여 배제하려는 결과를 실현시키는 셈이 되어 입법취지를 완전히 몰각하게 되므로 달리 특별한 사정이 없는 한 위와 같은 주장은 신의칙에 반하는 것이라고 할 수 없다(대판 2004.6.11. 2003다1601).

② (×) 형사사건에서의 성공보수약정은 수사·재판의 결과를 금전적인 대가와 결부시킴으로써, 기본적 인권의 옹호와 사회정의의 실현을 사명으로 하는 변호사 직무의 공공성을 저해하고, 의뢰인과 일반 국민의 사법제도에 대한 신뢰를 현저히 떨어뜨릴 위험이 있으므로, 선량한 풍속 기타 사회질서에 위배되는 것으로 평가할 수 있다(대판[전합] 2015.7.23. 2015다200111).

③ (×) 부동산등기특별조치법상 조세포탈과 부동산투기 등을 방지하기 위하여 위 법률 제2조 제2항 및 제8조 제1호에서 등기하지 아니하고 제3자에게 전매하는 행위를 일정 목적범위 내에서 형사처벌하도록 되어 있으나 이로써 순차매도한 당사자 사이의 중간생략등기합의에 관한 사법상 효력까지 무효로 한다는 취지는 아니다(대판 1993.1.26. 92다39112).

⑤ (×) 증권회사 또는 그 임·직원의 부당권유행위를 금지하는 증권거래법 제52조 제1호는 공정한 증권거래질서의 확보를 위하여 제정된 강행법규로서 이에 위배되는 주식거래에 관한 투자수익보장약정은 무효이고, 투자수익보장이 강행법규에 위반되어 무효인 이상 증권회사의 지점장에게 그와 같은 약정을 체결할 권한이 수여되었는지 여부에 불구하고 그 약정은 여전히 무효이므로 표현대리의 법리가 준용될 여지가 없다(대판 1996.8.23. 94다38199).

03 강행규정이 아닌 것은?(다툼이 있으면 판례에 따름) ┃2019년 7회 행정사

① 신의성실의 원칙에 관한 민법 제2조
② 권리능력의 존속기간에 관한 민법 제3조
③ 미성년자의 행위능력에 관한 민법 제5조
④ 사단법인의 사원권의 양도, 상속금지에 관한 민법 제56조
⑤ 법인 해산 시 잔여재산의 귀속에 관한 민법 제80조

④ (×) 사단법인의 사원권의 양도, 상속금지(대판 1992.4.14. 91다26850)에 관한 민법 제56조는 단속규정에 해당한다.
① 신의성실의 원칙(대판 1995.12.22. 94다42129)을 규정한 민법 제2조, ②·③ 민법상 능력에 관한 규정인 민법 제3조, 제5조, ⑤ 법인 해산 시 잔여재산의 귀속(대판 2000.12.8. 98두5279)에 관한 민법 제80조는 강행규정에 해당한다.

04 반사회질서의 법률행위에 해당하는 것을 모두 고른 것은?(다툼이 있으면 판례에 따름)

▌2022년 10회 행정사

> ㄱ. 수사기관에서 참고인으로 자신이 잘 알지 못하는 내용에 대한 허위 진술의 대가로 작성된 각서에 기한 급부의 약정
> ㄴ. 강제집행을 면하기 위해 부동산에 허위의 근저당권설정등기를 경료하는 행위
> ㄷ. 전통사찰의 주지직을 거액의 금품을 대가로 양도·양수하기로 하는 약정이 있음을 알고도 이를 묵인한 상태에서 한 종교법인의 주지 임명행위

① ㄱ
② ㄷ
③ ㄱ, ㄴ
④ ㄴ, ㄷ
⑤ ㄱ, ㄴ, ㄷ

해설 난도 ★★☆

ㄱ (○) 수사기관에서 참고인으로 진술하면서 자신이 잘 알지 못하는 내용에 대하여 허위의 진술을 하는 경우에 그 허위 진술행위가 범죄행위를 구성하지 않는다고 하여도 그 급부의 상당성 여부를 판단할 필요 없이 허위 진술의 대가로 작성된 각서에 기한 급부의 약정은 민법 제103조 소정의 반사회적 질서행위로 무효이다(대판 2001.4.24. 2000다71999).

ㄴ (×) 강제집행을 면할 목적으로 부동산에 허위의 근저당권설정등기를 경료하는 행위는 민법 제103조의 선량한 풍속 기타 사회질서에 위반한 사항을 내용으로 하는 법률행위로 볼 수 없다(대판 2004.5.28. 2003다70041).

ㄷ (×) 전통사찰의 주지직을 거액의 금품을 대가로 양도·양수하기로 하는 약정이 있음을 알고도 이를 묵인 혹은 방조한 상태에서 한 종교법인의 주지임명행위는 민법 제103조 소정의 반사회질서의 법률행위에 해당하지 않는다(대판 2001.2.9. 99다38613).

05 반사회적 법률행위에 관한 설명으로 옳지 않은 것은?(다툼이 있으면 판례에 따름)

▌2021년 9회 행정사

① 형사사건의 변호사 성공보수약정은 반사회적 법률행위이다.
② 아버지 소유의 부동산이 이미 제3자에게 매도되어 제3자로부터 등기독촉을 받고 있는 사정을 잘 알고 있는 아들이 그 아버지로부터 그 부동산을 증여받은 경우, 그 증여는 반사회적 법률행위이다.
③ 살인을 포기할 것을 조건으로 한 증여는 반사회적 법률행위가 아니다.
④ 부부간에 어떠한 일이 있어도 이혼하지 않겠다는 합의는 반사회적 법률행위이다.
⑤ 수사기관에서 참고인으로 허위 진술하는 대가로 돈을 받기로 한 약정은 반사회적 법률행위이다.

해설 난도 ★☆☆

③ (×) 증여 그 자체는 반사회적 법률행위에 해당하지 아니하나, 반사회적 조건인 살인을 포기할 것이라는 조건이 부가됨으로써 증여가 반사회적 법률행위가 되는 것으로 보아야 한다.

① (○) 형사사건에서의 성공보수약정은 수사·재판의 결과를 금전적인 대가와 결부시킴으로써, 기본적 인권의 옹호와 사회정의의 실현을 사명으로 하는 변호사 직무의 공공성을 저해하고, 의뢰인과 일반 국민의 사법제도에 대한 신뢰를 현저히 떨어뜨릴 위험이 있으므로, 선량한 풍속 기타 사회질서에 위배되는 것으로 평가할 수 있다(대판[전합] 2015.7.23. 2015다200111).

② (O) 매도인이 매수인에게 목적부동산을 매도한 사실을 알고서 수증자가 매도인으로부터 증여를 원인으로 하여 소유권이전등기를 함으로써 매도인의 매수인에 대한 배임행위에 가담한 결과에 이르렀다면, 이는 실체관계에 부합하는 유효한 등기가 될 리가 없고 반사회질서의 행위로서 무효이다(대판 1983.4.26. 83다카57).

④ (O) 어떠한 일이 있어도 이혼하지 아니하겠다는 각서를 써 주었다 하더라도 그와 같은 의사표시는 신분행위의 의사결정을 구속하는 것으로서 공서양속에 위배하여 무효이다(대판 1969.8.19. 69므18).

⑤ (O) 수사기관에서 참고인으로 진술하면서 자신이 잘 알지 못하는 내용에 대하여 허위의 진술을 하는 경우에 그 허위 진술행위가 범죄행위를 구성하지 않는다고 하여 그 급부의 상당성 여부를 판단할 필요 없이 허위 진술의 대가로 작성된 각서에 기한 급부의 약정은 민법 제103조 소정의 반사회적 질서행위로 무효이다(대판 2001.4.24. 2000다71999).

06 반사회적 법률행위에 관한 설명으로 옳지 않은 것은?(다툼이 있으면 판례에 따름)

▮ 2020년 8회 행정사

① 해외파견 근로자의 귀국 후 일정 기간 소속회사에 근무토록 한 약정은 특별한 사정이 없는 한 반사회적 법률행위라고 할 수 없다.

② 반사회적 법률행위로서 무효인 계약은 당사자가 무효임을 알고 추인하여도 원칙적으로는 새로운 법률행위로 볼 수 없다.

③ 매매계약의 동기가 반사회적이고 그 동기가 외부에 표시된 경우 그 매매계약은 무효이다.

④ 어느 법률행위가 선량한 풍속 기타 사회질서에 위반하는지는 특별한 사정이 없는 한 그 법률행위 당시를 기준으로 판단한다.

⑤ 수사기관에서 허위 진술의 대가를 지급하기로 한 약정은 그 대가가 적정하다면 반사회적 법률행위에 해당하지 않는다.

해설 난도 ★☆☆

⑤ (×) 수사기관에서 참고인으로 진술하면서 자신이 잘 알지 못하는 내용에 대하여 허위의 진술을 하는 경우에 그 허위 진술행위가 범죄행위를 구성하지 않는다고 하여 그 급부의 상당성 여부를 판단할 필요 없이 허위 진술의 대가로 작성된 각서에 기한 급부의 약정은 민법 제103조 소정의 반사회적 질서행위로 무효이다(대판 2001.4.24. 2000다71999).

① (O) 해외파견된 근로자가 귀국일로부터 일정 기간 소속회사에 근무하여야 한다는 사규나 약정은 민법 제103조 또는 제104조에 위반된다고 할 수 없고, 일정 기간 근무하지 않으면 해외 파견 소요경비를 배상한다는 사규나 약정은 근로계약기간이 아니라 경비반환채무의 면제기간을 정한 것이므로 근로기준법 제21조에 위배하는 것도 아니다(대판 1982.6.22. 82다카90).

② (O) 법률행위가 사회질서에 반하여 무효인 경우에는 추인의 법리가 적용되지 아니하나(대판 1973.5.22. 72다2249), 과도한 위약벌을 위약이 있은 후에 자의로 이행하겠다고 약속하는 경우와 같이 민법 제103조가 오로지 법률행위 당사자의 이익을 보호하기 위한 목적으로만 작동하는 경우에는 그 당사자가 임의로 추인하는 것을 부정할 이유는 없다(대판 2013.11.28. 2010다91831).

③ (O) 민법 제103조에서 정하는 '반사회질서의 법률행위'는 법률행위의 목적인 권리의무의 내용이 선량한 풍속 기타 사회질서에 위반되는 경우뿐만 아니라, 그 내용 자체는 반사회질서적인 것이 아니라고 하여도 법적으로 이를 강제하거나 법률행위에 사회질서의 근간에 반하는 조건 또는 금전적인 대가가 결부됨으로써 그 법률행위가 반사회질서적 성질을 띠게 되는 경우 및 표시되거나 상대방에게 알려진 법률행위의 동기가 반사회질서적인 경우를 포함한다(대판 2009.9.10. 2009다37251).

④ (O) 어느 법률행위가 사회질서에 반하는지 여부는 원칙적으로 법률행위 당시를 기준으로 판단해야 한다는 것이 학설, 판례(대판 2001.11.9. 2001다44987)의 일반적인 태도이다.

07 반사회질서의 법률행위에 관한 설명으로 옳지 않은 것은?(다툼이 있으면 판례에 따름)

▮2019년 7회 행정사

① 선량한 풍속 기타 사회질서에 위반한 사항을 내용으로 하는 법률행위는 무효이다.

② 법률행위가 선량한 풍속 기타 사회질서에 위반되는지 여부는 법률행위가 이루어진 때를 기준으로 판단해야 한다.

③ 법률행위의 성립과정에 강박이라는 불법적인 방법이 사용된 경우, 그것만으로는 반사회질서의 법률행위라고 할 수 없다.

④ 다수의 보험계약을 통하여 보험금을 부정취득할 목적으로 체결된 보험계약은 그것만으로는 선량한 풍속 기타 사회질서에 반하지 않는다.

⑤ 양도소득세의 일부를 회피할 목적으로 매매계약서에 실제로 거래한 것보다 낮은 금액을 매매대금으로 기재한 경우, 그것만으로는 그 매매계약이 사회질서에 반하지 않는다.

해설 난도 ★★★

④ (×) 보험계약자가 다수의 보험계약을 통하여 보험금을 부정취득할 목적으로 보험계약을 체결한 경우, 이와 같은 보험계약은 민법 제103조 소정의 선량한 풍속 기타 사회질서에 반하여 무효이다(대판 2005.7.28. 2005다23858).

① (○) 선량한 풍속 기타 사회질서에 위반한 사항을 내용으로 하는 법률행위는 무효로 한다(민법 제103조).

② (○) 어느 법률행위가 사회질서에 반하는지 여부는 원칙적으로 법률행위 당시를 기준으로 판단해야 한다는 것이 학설, 판례(대판 2001.11.9. 2001다44987)의 일반적인 태도이다.

③ (○) 단지 법률행위의 성립과정에 강박이라는 불법적 방법이 사용된 데에 불과한 때에는 강박에 의한 의사표시의 하자나 의사의 흠결을 이유로 효력을 논의할 수는 있을지언정 반사회질서의 법률행위로서 무효라고 할 수는 없다(대판 2002.12.27. 2000다47361).

⑤ (○) 양도소득세의 일부를 회피할 목적으로 매매계약서에 실제로 거래한 가액을 매매대금으로 기재하지 아니하고 그보다 낮은 금액을 매매대금으로 기재하였다 하여, 그것만으로 그 매매계약이 사회질서에 반하는 법률행위로서 무효로 된다고 할 수는 없다(대판 2007.6.14. 2007다3285).

08 반사회질서의 법률행위에 관한 설명으로 옳은 것은?(다툼이 있으면 판례에 따름)

▮2018년 6회 행정사

① 강제집행을 면할 목적으로 부동산에 허위의 근저당권설정등기를 경료하는 행위는 반사회질서의 법률행위에 해당한다.

② 증인이 증언을 조건으로 소송당사자로부터 통상 용인될 수 있는 수준을 넘는 대가를 받기로 약정하더라도, 증인에게 증언거부권이 있다면 그 약정은 유효하다.

③ 상대방에게 표시되거나 알려진 법률행위의 동기가 사회질서에 반하더라도 반사회질서의 법률행위에 해당될 수 없다.

④ 어떠한 일이 있어도 이혼하지 아니하겠다는 각서를 써 준 경우, 그와 같은 의사표시는 반사회질서의 법률행위가 아니다.

⑤ 법률행위가 사회질서에 반하여 무효인 경우, 그 법률행위를 기초로 하여 권리를 취득한 선의의 제3자에게도 그 무효를 주장할 수 있다.

⑤ (○) 선량한 풍속 기타 사회질서에 반하는 법률행위는 절대적 무효이므로 선의의 제3자에게도 그 무효를 주장할 수 있다.

① (×) 강제집행을 면할 목적으로 부동산에 허위의 근저당권설정등기를 경료하는 행위는 민법 제103조의 선량한 풍속 기타 사회질서에 위반한 사항을 내용으로 하는 법률행위로 볼 수 없다(대판 2004.5.28. 2003다70041).

② (×) 어느 당사자가 그 증언이 필요함을 기화로 증언하여 주는 대가로 용인될 수 있는 정도를 초과하는 급부를 제공받기로 한 약정은 반사회질서적인 금전적 대가가 결부된 경우로 그러한 약정은 민법 제103조 소정의 반사회질서행위에 해당하여 무효로 된다(대판 1994.3.11. 93다40522).

③ (×) 민법 제103조에서 정하는 '반사회질서의 법률행위'는 법률행위의 목적인 권리의무의 내용이 선량한 풍속 기타 사회질서에 위반되는 경우뿐만 아니라, 그 내용 자체는 반사회질서적인 것이 아니라고 하여도 법적으로 이를 강제하거나 법률행위에 사회질서의 근간에 반하는 조건 또는 금전적인 대가가 결부됨으로써 그 법률행위가 반사회질서적 성질을 띠게 되는 경우 및 표시되거나 상대방에게 알려진 법률행위의 동기가 반사회질서적인 경우를 포함한다(대판 2009.9.10. 2009다37251).

④ (×) 어떠한 일이 있어도 이혼하지 아니하겠다는 각서를 써 주었다 하더라도 그와 같은 의사표시는 신분행위의 의사결정을 구속하는 것으로서 공서양속에 위배하여 무효이다(대판 1969.8.19. 69므18).

---

09 반사회질서의 법률행위에 관한 설명으로 옳은 것은?(다툼이 있으면 판례에 따름)

⏐2017년 5회 행정사

① 대물변제계약이 불공정한 법률행위로서 무효인 경우에도 목적부동산의 소유권을 이전받은 선의의 제3자에 대하여는 무효를 주장할 수 없다.

② 반사회질서의 법률행위라도 당사자가 그 무효임을 알고 추인하면 새로운 법률행위로서 유효하다.

③ 형사사건에 관하여 체결된 성공보수약정은 약정액이 통상적으로 용인될 수 있는 수준을 초과하여도 선량한 풍속 기타 사회질서에 위배되지 않는다.

④ 관련 법령에서 정한 한도를 초과하는 부동산 중개수수료 약정은 전부 무효이다.

⑤ 소송에서 증인이 증언을 조건으로 소송의 일방 당사자로부터 통상적으로 용인될 수 있는 수준을 넘어서는 대가를 제공받기로 하는 약정은 무효이다.

⑤ (○) 어느 당사자가 그 증언이 필요함을 기화로 증언하여 주는 대가로 용인될 수 있는 정도를 초과하는 급부를 제공받기로 한 약정은 반사회질서적인 금전적 대가가 결부된 경우로 그러한 약정은 민법 제103조 소정의 반사회질서행위에 해당하여 무효로 된다(대판 1994.3.11. 93다40522).

① (×) 대물변제계약이 불공정한 법률행위로서 무효인 경우에는 절대적 무효이므로 목적부동산의 소유권을 이전받은 선의의 제3자에 대해서도 무효를 주장할 수 있다.

② (×) 법률행위가 사회질서에 반하여 무효인 경우에는 추인의 법리가 적용되지 아니하나(대판 1973.5.22. 72다2249), 과도한 위약벌을 위약이 있은 후에 자의로 이행하겠다고 약속하는 경우와 같이 민법 제103조가 오로지 법률행위 당사자의 이익을 보호하기 위한 목적으로만 작동하는 경우에는 그 당사자가 임의로 추인하는 것을 부정할 이유는 없다(대판 2013.11.28. 2010다91831).

③ (×) 형사사건에서의 성공보수약정은 수사·재판의 결과를 금전적인 대가와 결부시킴으로써, 기본적 인권의 옹호와 사회정의의 실현을 사명으로 하는 변호사 직무의 공공성을 저해하고, 의뢰인과 일반 국민의 사법제도에 대한 신뢰를 현저히 떨어뜨릴 위험이 있으므로, 선량한 풍속 기타 사회질서에 위배되는 것으로 평가할 수 있다(대판[전합] 2015.7.23. 2015다200111).

④ (×) 부동산 중개수수료에 관한 규정들은 중개수수료 약정 중 소정의 한도를 초과하는 부분에 대한 사법상의 효력을 제한하는 이른바 강행법규에 해당하고, 따라서 구 부동산중개업법 등 관련 법령에서 정한 한도를 초과하는 부동산 중개수수료 약정은 그 한도를 초과하는 범위 내에서 무효이다(대판[전합] 2007.12.20. 2005다32159).

CHAPTER 05

10 반사회질서의 법률행위에 관한 설명으로 옳지 않은 것은?(다툼이 있으면 판례에 따름)

▌2016년 4회 행정사

① 어느 법률행위가 선량한 풍속 기타 사회질서에 위반되어 무효인지의 여부는 법률행위시를 기준으로 판단해야 한다.

② 금전소비대차시 당사자 사이의 경제력 차이로 인하여 사회통념상 허용되는 한도를 초과하여 현저하게 고율의 이자약정이 체결되었다면, 그 허용할 수 있는 한도를 초과하는 부분의 이자약정은 반사회질서의 법률행위로서 무효이다.

③ 부첩관계를 해소하면서 첩의 희생을 위자하고 첩의 장래 생활대책을 마련해 준다는 뜻에서 금원을 지급하기로 한 약정은 공서양속에 반하지 않는다.

④ 의무의 강제에 의하여 얻어지는 채권자의 이익에 비하여 약정된 위약벌이 과도하게 무거운 경우, 그 일부 또는 전부가 공서양속에 반하여 무효로 된다.

⑤ 강제집행을 면할 목적으로 부동산에 허위의 근저당권설정등기를 경료하는 행위는 반사회질서의 법률행위로서 무효이다.

해설 난도 ★☆☆

⑤ (✕) 강제집행을 면할 목적으로 부동산에 허위의 근저당권설정등기를 경료하는 행위는 민법 제103조의 선량한 풍속 기타 사회질서에 위반한 사항을 내용으로 하는 법률행위로 볼 수 없다(대판 2004.5.28. 2003다70041).

① (○) 어느 법률행위가 사회질서에 반하는지 여부는 원칙적으로 법률행위 당시를 기준으로 판단해야 한다는 것이 학설, 판례(대판 2001.11.9. 2001다44987)의 일반적인 태도이다.

② (○) 금전소비대차계약과 함께 이자의 약정을 하는 경우, 양쪽 당사자 사이의 경제력의 차이로 인하여 그 이율이 당시의 경제적·사회적 여건에 비추어 사회통념상 허용되는 한도를 초과하여 현저하게 고율로 정하여졌다면, 그와 같이 허용할 수 있는 한도를 초과하는 부분의 이자 약정은 선량한 풍속 기타 사회질서에 위반한 사항을 내용으로 하는 법률행위로서 무효이다(대판[전합] 2007.2.15. 2004다50426).

③ (○) 피고가 원고와의 부첩관계를 해소하기로 하는 마당에 그동안 원고가 피고를 위하여 바친 노력과 비용 등의 희생을 배상 내지 위자하고 또 원고의 장래 생활대책을 마련해 준다는 뜻에서 금원을 지급하기로 약정한 것이라면 부첩관계를 해소하는 마당에 위와 같은 의미의 금전지급약정은 공서양속에 반하지 않는다고 보는 것이 상당하다(대판 1980.6.24. 80다458).

④ (○) 위약벌의 약정은 채무의 이행을 확보하기 위하여 정해지는 것으로서 손해배상의 예정과는 내용이 다르므로 손해배상의 예정에 관한 민법 제398조 제2항을 유추적용하여 감액할 수 없으나, 의무의 강제로 얻어지는 채권자의 이익에 비하여 약정된 벌이 과도하게 무거울 때에는 일부 또는 전부가 공서양속에 반하여 무효로 된다(대판 2015.12.10. 2014다14511).

10 ⑤ 정답

11 반사회적 법률행위에 관한 설명으로 옳지 않은 것은?(다툼이 있는 경우에는 판례에 의함)

┃ 2013년 1회 행정사

① 부동산의 제2매수인이 다른 사람에게 매매목적물이 이미 매도된 것을 알고 매수하였다면, 그것만으로 그 이중매매는 반사회적 법률행위로서 무효가 된다.

② 소송에서 증언을 하여 줄 것을 주된 조건으로 통상적으로 용인될 수 있는 범위를 넘어선 급부를 제공할 것을 약정한 것은 반사회적 법률행위에 해당한다.

③ 표시되거나 상대방에게 알려진 법률행위의 동기가 반사회적인 경우 그 법률행위는 무효이다.

④ 부첩관계인 부부생활의 종료를 해제조건으로 하는 증여계약은 사회질서에 반하므로 무효이다.

⑤ 당사자의 일방이 상대방에게 공무원의 직무에 관한 사항에 관하여 특별한 청탁을 하게 하고 그에 대한 보수로 돈을 지급할 것을 내용으로 한 약정은 사회질서에 반하여 무효이다.

해설 난도 ★☆☆

① (✕) 부동산의 이중매매가 반사회적 법률행위로서 무효가 되기 위하여는 매도인의 배임행위와 매수인이 매도인의 배임행위에 적극 가담한 행위로 이루어진 매매로서, 그 적극 가담하는 행위는 매수인이 다른 사람에게 매매목적물이 매도된 것을 안다는 것만으로는 부족하고, 적어도 그 매도사실을 알고도 매도를 요청하여 매매계약에 이르는 정도가 되어야 한다(대판 1994.3.11. 93다55289).

② (○) 어느 당사자가 그 증언이 필요함을 기화로 증언하여 주는 대가로 용인될 수 있는 정도를 초과하는 급부를 제공받기로 한 약정은 반사회질서적인 금전적 대가가 결부된 경우로 그러한 약정은 민법 제103조 소정의 반사회질서행위에 해당하여 무효로 된다(대판 1994.3.11. 93다40522).

③ (○) 민법 제103조에서 정하는 '반사회질서의 법률행위'는 법률행위의 목적인 권리의무의 내용이 선량한 풍속 기타 사회질서에 위반되는 경우뿐만 아니라, 그 내용 자체는 반사회질서적인 것이 아니라고 하여도 법적으로 이를 강제하거나 법률행위에 사회질서의 근간에 반하는 조건 또는 금전적인 대가가 결부됨으로써 그 법률행위가 반사회질서적 성질을 띠게 되는 경우 및 표시되거나 상대방에게 알려진 법률행위의 동기가 반사회질서적인 경우를 포함한다(대판 2009.9.10. 2009다37251).

④ (○) 부첩관계인 부부생활의 종료를 해제조건으로 하는 증여계약은 그 조건만이 무효인 것이 아니라 증여계약 자체가 무효이다(대판 1966.6.21. 66다530).

⑤ (○) 당사자의 일방이 상대방에게 공무원의 직무에 관한 사항에 관하여 특별한 청탁을 하게 하고 그에 대한 보수로 돈을 지급할 것을 내용으로 한 약정은 사회질서에 반하는 무효의 계약이고, 따라서 민법 제746조에 의하여 그 대가의 반환을 청구할 수 없다(대판 1995.7.14. 94다51994).

12 불공정한 법률행위에 관한 설명으로 옳은 것은?(다툼이 있으면 판례에 따름) ┃ 2022년 10회 행정사

① 불공정한 법률행위는 원칙적으로 추인에 의해서 유효로 될 수 없다.

② 궁박은 경제적 원인에 기인하는 것을 말하며, 심리적 원인에 기인할 수 없다.

③ 특별한 사정이 없는 한 경솔·궁박은 본인을 기준으로 판단하고, 무경험은 대리인을 기준으로 판단한다.

④ 법률행위가 현저하게 공정성을 잃은 경우, 그 법률행위 당사자의 궁박·경솔·무경험은 추정된다.

⑤ 불공정한 법률행위에는 무효행위의 전환에 관한 민법 제138조는 적용되지 않는다.

해설 난도 ★★★

① (○) 불공정한 법률행위로서 무효인 경우에는 추인에 의하여 무효인 법률행위가 유효로 될 수 없다(대판 1994.6.24. 94다10900).

② (×) 궁박이라 함은 '급박한 곤궁'을 의미하는 것으로서 경제적 원인에 기인할 수도 있고, 정신적 또는 심리적 원인에 기인할 수도 있다(대판 2005.2.17. 2004다60577).

③ (×) 대리인에 의하여 법률행위가 이루어진 경우 그 법률행위가 민법 제104조의 불공정한 법률행위에 해당하는지 여부를 판단함에 있어서 경솔과 무경험은 대리인을 기준으로 하여 판단하고, 궁박은 본인의 입장에서 판단하여야 한다(대판 2002.10.22. 2002다38927).

④ (×) 법률행위가 현저하게 공정을 잃었다고 하여 곧 그것이 궁박, 경솔하게 이루어진 것으로 추정되지 아니하므로 본조의 불공정한 법률행위의 법리가 적용되려면 그 주장하는 측에서 궁박, 경솔 또는 무경험으로 인하였음을 증명하여야 한다(대판 1969.12.30. 69다1873).

⑤ (×) 매매계약이 약정된 매매대금의 과다로 말미암아 민법 제104조에서 정하는 '불공정한 법률행위'에 해당하여 무효인 경우에도 무효행위의 전환에 관한 민법 제138조가 적용된다(대판 2011.4.28. 2010다106702).

13 불공정한 법률행위에 관한 설명으로 옳은 것은?(다툼이 있으면 판례에 따름) ┃ 2019년 7회 행정사

① 증여계약도 불공정한 법률행위가 될 수 있다.

② 급부와 반대급부 사이의 현저한 불균형을 판단함에 있어서 피해 당사자의 궁박, 경솔 또는 무경험의 정도는 고려대상이 아니다.

③ 대리행위의 경우, 경솔과 무경험은 대리인을 기준으로 하여 판단하고 궁박은 본인의 입장에서 판단해야 한다.

④ 피해 당사자가 궁박, 경솔 또는 무경험의 상태에 있었다면 상대방 당사자에게 그와 같은 사정을 알면서 이를 이용하려는 의사가 없어도 불공정한 법률행위가 성립한다.

⑤ 법률행위가 현저하게 공정을 잃은 경우 그것은 당사자의 궁박, 경솔 또는 무경험으로 인한 것으로 추정된다.

③ (○) 대리인에 의하여 법률행위가 이루어진 경우 그 법률행위가 민법 제104조의 불공정한 법률행위에 해당하는지 여부를 판단함에 있어서 경솔과 무경험은 대리인을 기준으로 하여 판단하고, 궁박은 본인의 입장에서 판단하여야 한다(대판 2002.10.22. 2002다38927).

① (×) 불공정한 법률행위란 자기의 급부에 비하여 현저하게 균형을 잃은 반대급부를 하게 함으로써 부당한 재산적 이익을 얻는 행위를 말하므로 증여와 같이 대가적 의미의 출연이 없는 무상행위에는 민법 제104조의 적용이 없다(대판 2000.2.11. 99다56833).

② (×) 급부와 반대급부 사이의 '현저한 불균형'은 단순히 시가와의 차액 또는 시가와의 배율로 판단할 수 있는 것은 아니고 구체적·개별적 사안에 있어서 일반인의 사회통념에 따라 결정하여야 한다. 그 판단에 있어서는 피해 당사자의 궁박·경솔·무경험의 정도가 아울러 고려되어야 하고, 당사자의 주관적 가치가 아닌 거래상의 객관적 가치에 의하여야 한다(대판 2010.7.15. 2009다50308).

④ (×) 피해 당사자가 궁박, 경솔 또는 무경험의 상태에 있었다고 하더라도 그 상대방 당사자에게 그와 같은 피해 당사자 측의 사정을 알면서 이를 이용하려는 의사, 즉 폭리행위의 악의가 없었다거나 또는 객관적으로 급부와 반대급부 사이에 현저한 불균형이 존재하지 아니한다면 불공정 법률행위는 성립하지 않는다(대판 2002.10.22. 2002다38927).

⑤ (×) 법률행위가 현저하게 공정을 잃었다고 하여 곧 그것이 궁박, 경솔하게 이루어진 것으로 추정되지 아니하므로 본조의 불공정한 법률행위의 법리가 적용되려면 그 주장하는 측에서 궁박, 경솔 또는 무경험으로 인하였음을 증명하여야 한다(대판 1969.12.30. 69다1873).

14 불공정한 법률행위에 관한 설명으로 옳지 않은 것은?(다툼이 있으면 판례에 따름)

▌2018년 6회 행정사

① 당사자의 궁박, 경솔 또는 무경험으로 인하여 현저하게 공정을 잃은 법률행위는 무효이다.
② 불공정한 법률행위에 해당하는지 여부는 법률행위 당시를 기준으로 판단하여야 한다.
③ 불공정한 법률행위가 성립하기 위한 요건인 궁박, 경솔, 무경험은 그중 일부만 갖추어져도 충분하다.
④ 법률행위가 현저하게 공정을 잃었다고 하여 곧바로 그것이 궁박한 사정으로 인정되는 것은 아니다.
⑤ 급부와 반대급부 사이의 현저한 불균형은 시가와의 차액 또는 시가와의 배율에 따라 일률적으로 판단해야 한다.

⑤ (×) 급부와 반대급부 사이의 '현저한 불균형'은 단순히 시가와의 차액 또는 시가와의 배율로 판단할 수 있는 것은 아니고 구체적·개별적 사안에 있어서 일반인의 사회통념에 따라 결정하여야 한다(대판 2010.7.15. 2009다50308).

① (○) 당사자의 궁박, 경솔 또는 무경험으로 인하여 현저하게 공정을 잃은 법률행위는 무효로 한다(민법 제104조).

② (○) 불공정한 법률행위에 해당하는지 여부는 법률행위시를 기준으로 판단하는 것이 학설, 판례(대판 1984.4.10. 81다239)의 일반적인 태도이나, 일부 판례(대판 1965.6.15. 65다610)는 대물변제예약에 기한 양도담보의 경우에 대물변제의 효력이 발생할 변제기를 기준으로 판단하고 있다.

③ (○) 민법 제104조의 불공정한 법률행위가 성립하기 위하여 당사자 일방의 궁박, 경솔, 무경험은 모두 구비하여야 하는 요건이 아니고 그중 어느 하나만 갖추어져도 충분하다(대판 1993.10.12. 93다19924).

④ (○) 법률행위가 현저하게 공정을 잃었다고 하여 곧 그것이 궁박, 경솔하게 이루어진 것으로 추정되지 아니하므로 본조의 불공정한 법률행위의 법리가 적용되려면 그 주장하는 측에서 궁박, 경솔 또는 무경험으로 인하였음을 증명하여야 한다(대판 1969.12.30. 69다1873).

15 법률행위의 목적에 관한 설명으로 옳지 않은 것은?(다툼이 있으면 판례에 따름)

▌2017년 5회 행정사

① 불공정한 법률행위가 성립하기 위하여는 궁박·경솔·무경험의 요건이 모두 충족되어야 한다.
② 무상증여는 불공정한 법률행위가 될 수 없다.
③ 해외파견된 근로자가 귀국일로부터 3년간 회사에 근무하여야 하고, 이를 위반한 경우에는 해외파견에 소요된 경비를 배상하여야 한다는 회사의 사규는 반사회질서의 법률행위에 해당하지 않는다.
④ 공익법인이 주무관청의 허가 없이 기본재산을 처분하는 것은 무효이다.
⑤ 도박자금에 제공할 목적으로 금전의 대차를 한 때에는 그 대차계약은 반사회질서의 법률행위로 무효이다.

해설 난도 ★☆☆

① (✕) 민법 제104조의 불공정한 법률행위가 성립하기 위하여 당사자 일방의 궁박, 경솔, 무경험은 모두 구비하여야 하는 요건이 아니고 그중 어느 하나만 갖추어져도 충분하다(대판 1993.10.12. 93다19924).
② (○) 불공정한 법률행위란 자기의 급부에 비하여 현저하게 균형을 잃은 반대급부를 하게 함으로써 부당한 재산적 이익을 얻는 행위를 말하므로 증여와 같이 대가적 의미의 출연이 없는 무상행위에는 민법 제104조의 적용이 없다(대판 2000.2.11. 99다56833).
③ (○) 해외파견된 근로자가 귀국일로부터 일정 기간 소속회사에 근무하여야 한다는 사규나 약정은 민법 제103조 또는 제104조에 위반된다고 할 수 없고, 일정 기간 근무하지 않으면 해외 파견 소요경비를 배상한다는 사규나 약정은 근로계약기간이 아니라 경비반환채무의 면제기간을 정한 것이므로 근로기준법 제21조에 위배하는 것도 아니다(대판 1982.6.22. 82다카90).
④ (○) 공익법인의 기본재산의 처분에 관한 공익법인의 설립·운영에 관한 법률 제11조 제3항의 규정은 강행규정으로서 이에 위반하여 주무관청의 허가를 받지 않고 기본재산을 처분하는 것은 무효라 할 것이다(대판 2005.9.28. 2004다50044).
⑤ (○) 도박자금에 제공할 목적으로 금전의 대차를 한 때에는 그 대차계약은 민법 제103조의 반사회질서의 법률행위로 무효이다(대판 1973.5.22. 72다2249).

16 불공정한 법률행위(민법 제104조)에 관한 설명으로 옳지 않은 것은?(다툼이 있으면 판례에 따름)

▌2015년 3회 행정사

① 법률행위가 현저하게 공정을 잃은 경우, 그것은 경솔하게 이루어졌거나 궁박한 사정이 있었던 것으로 추정된다.
② 강제경매에서 시가보다 현저하게 낮게 매각된 경우에 불공정한 법률행위가 성립될 수 없다.
③ 불공정한 법률행위가 성립하기 위한 요건인 궁박, 경솔, 무경험은 그중 일부만 갖추어도 된다.
④ 불공정한 법률행위에서 궁박이란 급박한 곤궁을 의미하는 것으로서 정신적 원인에 기인할 수도 있다.
⑤ 대리행위의 경우에 경솔·무경험은 대리인을 기준으로 판단하고, 궁박 상태에 있었는지 여부는 본인을 기준으로 판단하여야 한다.

난도 ★★☆

① (×) <u>법률행위가 현저하게 공정을 잃었다고 하여 곧 그것이 궁박, 경솔하게 이루어진 것으로 추정되지 아니하므로</u> 본조의 불공정한 법률행위의 법리가 적용되려면 그 주장하는 측에서 궁박, 경솔 또는 무경험으로 인하였음을 증명하여야 한다(대판 1969.12.30. 69다1873).

② (○) 경매에 있어서는 불공정한 법률행위 또는 채무자에게 불리한 약정에 관한 것으로서 효력이 없다는 민법 제104조, 제608조는 적용될 여지가 없다(대결 1980.3.21. 80마77).

③ (○) 민법 제104조의 불공정한 법률행위가 성립하기 위하여 당사자 일방의 궁박, 경솔, 무경험은 모두 구비하여야 하는 요건이 아니고 그중 어느 하나만 갖추어져도 충분하다(대판 1993.10.12. 93다19924).

④ (○) 몹시 곤궁함을 의미하는 궁박은 경제적 궁박에 한정되지 않고 정신적 또는 신체적 원인에 기인하는 것을 포함한다.

⑤ (○) 대리인에 의하여 법률행위가 이루어진 경우 그 법률행위가 민법 제104조의 불공정한 법률행위에 해당하는지 여부를 판단함에 있어서 경솔과 무경험은 대리인을 기준으로 하여 판단하고, 궁박은 본인의 입장에서 판단하여야 한다(대판 2002.10.22. 2002다38927).

17 불공정한 법률행위에 관한 설명으로 옳지 않은 것은?(다툼이 있는 경우에는 판례에 의함)

┃ 2014년 2회 행정사

① "궁박"은 "급박한 곤궁"을 의미하지만 이는 반드시 경제적 궁박으로 제한되지 않는다.

② 급부와 반대급부 간에 현저한 불균형이 있으면 궁박·경솔 또는 무경험으로 인한 법률행위로 추정된다.

③ 불공정한 법률행위에 해당하는지 여부는 법률행위시를 기준으로 판단하여야 한다.

④ 증여와 같이 아무런 대가 없이 의무자가 일방적으로 급부하는 법률행위는 그 공정성 여부를 논의할 수 있는 성질의 법률행위가 되지 아니한다.

⑤ 불공정한 법률행위에 해당하여 무효가 된 때에도 무효행위의 전환이 인정될 수 있다.

난도 ★★☆

② (×) <u>법률행위가 현저하게 공정을 잃었다고 하여 곧 그것이 궁박, 경솔하게 이루어진 것으로 추정되지 아니하므로</u> 본조의 불공정한 법률행위의 법리가 적용되려면 그 주장하는 측에서 궁박, 경솔 또는 무경험으로 인하였음을 증명하여야 한다(대판 1969.12.30. 69다1873).

① (○) 몹시 곤궁함을 의미하는 궁박은 경제적 궁박에 한정되지 않고 정신적 또는 신체적 원인에 기인하는 것을 포함한다.

③ (○) 불공정한 법률행위에 해당하는지 여부는 법률행위시를 기준으로 판단하는 것이 학설, 판례(대판 1984.4.10. 81다239)의 일반적인 태도이나, 일부 판례(대판 1965.6.15. 65다610)는 대물변제예약에 기한 양도담보의 경우에 대물변제의 효력이 발생할 변제기를 기준으로 판단하고 있다.

④ (○) 불공정한 법률행위란 자기의 급부에 비하여 현저하게 균형을 잃은 반대급부를 하게 함으로써 부당한 재산적 이익을 얻는 행위를 말하므로 증여와 같이 대가적 의미의 출연이 없는 무상행위에는 민법 제104조의 적용이 없다(대판 2000.2.11. 99다56833).

⑤ (○) 매매계약이 약정된 매매대금의 과다로 말미암아 민법 제104조에서 정하는 '불공정한 법률행위'에 해당하여 무효인 경우에도 무효행위의 전환에 관한 민법 제138조가 적용된다(대판 2011.4.28. 2010다106702).

18 법률행위의 해석에 관한 설명으로 옳지 않은 것은?(다툼이 있으면 판례에 따름)

┃2020년 8회 행정사

① 일반적으로 계약의 당사자가 누구인지는 그 계약에 관여한 당사자의 의사해석의 문제에 해당한다.

② 의사표시의 해석은 당사자가 그 표시행위에 부여한 객관적인 의미를 명백하게 확정하는 것이다.

③ 표의자와 그 상대방이 생각한 의미가 서로 다른 경우 합리적인 상대방의 시각에서 표의자가 표시
한 내용을 어떻게 이해하였는지 고려하여 객관적·규범적으로 해석하여야 한다.

④ 법률행위의 내용이 처분문서로 작성된 경우 문서에 부여된 객관적 의미와 관계없이 원칙적으로
당사자의 내심적 의사에 구속되어 그 내용을 해석하여야 한다.

⑤ 법률행위의 내용이 처분문서로 작성된 경우 문언의 객관적인 의미가 명확하다면 특별한 사정이
없는 한 문언대로 의사표시의 존재와 내용을 인정하여야 한다.

해설 난도 ★☆☆

④ (×) 법원이 진정성립이 인정되는 처분문서를 해석함에 있어서는 특별한 사정이 없는 한 그 처분문서에 기재되어
있는 문언에 따라 당사자의 의사표시가 있었던 것으로 해석하여야 하는 것이다(대판 2003.4.8. 2001다38593).

① (○) 일반적으로 계약의 당사자가 누구인지는 그 계약에 관여한 당사자의 의사해석의 문제에 해당한다(대판 2010.5.13.
2009다92487).

② (○) 법률행위의 해석은 당사자가 그 표시행위에 부여한 객관적인 의미를 명백하게 확정하는 것으로서, 서면에 사용된
문구에 구애받는 것은 아니지만 어디까지나 당사자의 내심적 의사의 여하에 관계없이 그 서면의 기재 내용에 의하여
당사자가 그 표시행위에 부여한 객관적 의미를 합리적으로 해석하여야 하는 것이다(대판 1996.10.25. 96다16049).

③ (○) 의사표시를 한 사람이 생각한 의미가 상대방이 생각한 의미와 다른 경우에는 의사표시를 수령한 상대방이 합리적
인 사람이라면 표시된 내용을 어떻게 이해하였다고 볼 수 있는지를 고려하여 의사표시를 객관적·규범적으로 해석하
여야 한다(대판 2017.2.15. 2014다19776).

⑤ (○) 법률행위에 따라 작성된 처분문서에 담긴 문언의 객관적인 의미가 명확하다면, 특별한 사정이 없는 한 그 문언대
로 의사표시의 존재 및 내용을 인정하여야 한다(대판 2016.10.27. 2014다82026).

19 법률행위의 해석에 관한 설명으로 옳은 것은?(다툼이 있는 경우에는 판례에 의함)

❙ 2014년 2회 행정사

① 매매계약서에 "계약사항에 대한 이의가 생겼을 때에는 매도인의 해석에 따른다"는 조항을 둔 경우, 법원은 매도인의 해석에 따라 판결하여야 한다.

② 분양약정에서 당사자들이 분양가격의 결정기준으로 합의하였던 기준들에 따른 분양가격의 결정이 불가능하게 된 경우, 새로운 분양가격에 관한 합의가 없으면 매수인은 위 분양약정에 기하여 바로 소유권이전등기절차의 이행을 청구할 수 없다.

③ 당사자가 합의로 지명한 감정인의 감정의견에 따라 보상금을 지급하기로 약정한 경우에는 당사자의 약정 취지에 반하는 감정이 이루어진 때에도 법원은 감정 결과에 따라 판결하여야 한다.

④ 어떠한 의무를 부담하는 내용의 기재가 있는 서면에 "최대한 노력하겠습니다"라고 기입한 경우 특별한 사정이 없으면 이는 그러한 의무를 법적으로 부담하는 채무자의 의사표시이다.

⑤ 부동산 매매계약에서 당사자가 모두 甲 토지를 계약의 목적물로 삼았으나 그 지번 등에 관하여 착오를 일으켜 계약서에 그 목적물을 乙 토지로 표시하였다면 乙 토지에 관한 매매계약이 성립한 것으로 보아야 한다.

해설 난도 ★★☆

② (○) 아파트 분양약정의 해석상 당사자 사이에 분양가격의 결정기준으로 합의하였던 기준들에 의하여 분양가격 결정이 불가능하게 되었다면, 당사자 사이에 새로운 분양가격에 관한 합의가 이루어지지 않는 한 그 분양약정에 기하여 당사자 일방이 바로 소유권이전등기절차의 이행을 청구할 수는 없고, 여기에 법원이 개입하여 당사자 사이에 체결된 계약의 해석의 범위를 넘어 판결로써 분양가격을 결정할 수 없다(대판 1995.9.26. 95다18222).

① (×) 매매계약서에 계약사항에 대한 이의가 생겼을 때에는 매도인의 해석에 따른다는 조항은 법원의 법률행위해석권을 구속하는 조항이라고 볼 수 없다(대판 1974.9.24. 74다1057).

③ (×) 당사자의 합의에 의하여 지명된 감정인의 감정의견에 따라 동업관계의 종료에 따른 정산 분배금을 지급하기로 약정하였다고 하더라도 당사자의 약정 취지에 반하는 감정이 이루어졌다거나 그 감정의견이 명백히 신빙성이 없거나 불공정하다고 판단되는 등의 특별한 사정이 있다면 당사자가 그 감정 결과에 따라야 하는 것은 아니다. 이러한 경우 수소법원은 다른 합리성이 있는 전문적 의견을 보충자료로 삼거나 증거들을 종합하여 분쟁사안을 판단하여야 한다(대판 2013.12.12 2011다77894).

④ (×) 어떠한 의무를 부담하는 내용의 기재가 있는 문면에 "최대 노력하겠습니다"라고 기재되어 있는 경우, 특별한 사정이 없는 한 당사자가 위와 같은 문구를 기재한 객관적인 의미는 문면 그 자체로 볼 때 그러한 의무를 법적으로는 부담할 수 없지만 사정이 허락하는 한 그 이행을 사실상 하겠다는 취지로 해석함이 상당하다(대판 1994.3.25. 93다32668).

⑤ (×) 부동산의 매매계약에 있어 쌍방당사자가 모두 특정의 甲 토지를 계약의 목적물로 삼았으나 그 목적물의 지번 등에 관하여 착오를 일으켜 계약을 체결함에 있어서는 계약서상 그 목적물을 甲 토지와는 별개인 乙 토지로 표시하였다 하여도 甲 토지에 관하여 이를 매매의 목적물로 한다는 쌍방당사자의 의사합치가 있은 이상 위 매매계약은 甲 토지에 관하여 성립한 것으로 보아야 할 것이다(대판 1993.10.26. 93다2629).

20 비진의표시에 관한 설명으로 옳은 것은?(다툼이 있으면 판례에 따름) ▍2020년 8회 행정사

① 비진의표시에서 진의는 표의자가 진정으로 마음속에서 바라는 사항을 뜻한다.

② 비진의표시에서 진의는 특정한 내용의 의사표시를 하고자 하는 표의자의 생각을 의미하는 것은 아니다.

③ 표의자가 진정 마음에서 바라지는 아니하였더라도 당시의 상황에서는 최선이라고 판단하여 의사표시를 하였다면 비진의표시는 아니다.

④ 표의자가 강박에 의하여 증여를 하기로 하고 그에 따른 증여의 의사표시를 하였더라도, 재산을 강제로 뺏긴다는 본심이 잠재되어 있다면 그 증여는 비진의표시에 해당한다.

⑤ 공무원의 사직의 의사표시와 같은 공법행위에도 비진의표시에 관한 민법의 규정이 적용된다.

해설 난도 ★★☆

③ (○), ① (×), ② (×) 진의 아닌 의사표시에 있어서의 진의란 특정한 내용의 의사표시를 하고자 하는 표의자의 생각을 말하는 것이지 표의자가 진정으로 마음속에서 바라는 사항을 뜻하는 것은 아니므로, 표의자가 의사표시의 내용을 진정으로 마음속에서 바라지는 아니하였다고 하더라도 당시의 상황에서는 그것을 최선이라고 판단하여 그 의사표시를 하였을 경우에는 이를 내심의 효과의사가 결여된 진의 아닌 의사표시라고 할 수 없다(대판 2000.4.25. 99다34475).

④ (×) 재산을 강제로 뺏긴다는 것이 표의자의 본심으로 잠재되어 있었다 하여도 표의자가 강박에 의하여서나마 증여를 하기로 하고 그에 따른 증여의 의사표시를 한 이상 증여의 내심의 효과의사가 결여된 것이라고 할 수는 없다(대판 1993.7.16. 92다41528).

⑤ (×) 공무원인 사직원제출자의 내심의 의사가 사직할 뜻이 아니었다고 하더라도 진의 아닌 의사표시에 관한 민법 제107조는 그 성질상 사직의 의사표시와 같은 사인의 공법행위에는 준용되지 아니하므로 그 의사가 외부에 표시된 이상 그 의사는 표시된 대로 효력을 발한다(대판 1997.12.12. 97누13962).

21 민법 제107조(진의 아닌 의사표시)에 관한 설명으로 옳지 않은 것은?(다툼이 있는 경우에는 판례에 의함) ▍2013년 1회 행정사

① 대리권남용의 경우에도 유추적용될 수 있다.

② 근로자가 사직서가 수리되지 않으리라고 믿고 제출한 사실을 상대방이 알고 있으면 그 사직서 제출행위는 무효로 된다.

③ 진의 아닌 의사표시는 원칙적으로 표시된 대로 법적 효과가 발생한다.

④ 표시가 진의와 다름을 표의자가 알고 있다는 점에서 착오와 구별된다.

⑤ 진의란 표의자가 진정으로 마음속에서 바라는 사항을 말하는 것이지 특정한 내용의 의사표시를 하고자 하는 표의자의 생각을 뜻하는 것은 아니다.

⑤ (×) 진의 아닌 의사표시에 있어서의 진의란 특정한 내용의 의사표시를 하고자 하는 표의자의 생각을 말하는 것이지 표의자가 진정으로 마음속에서 바라는 사항을 뜻하는 것은 아니므로, 표의자가 의사표시의 내용을 진정으로 마음속에서 바라지는 아니하였다고 하더라도 당시의 상황에서는 그것을 최선이라고 판단하여 그 의사표시를 하였을 경우에는 이를 내심의 효과의사가 결여된 진의 아닌 의사표시라고 할 수 없다(대판 2000.4.25. 99다34475).

① (○) 진의 아닌 의사표시가 대리인에 의하여 이루어지고 그 대리인의 진의가 본인의 이익이나 의사에 반하여 자기 또는 제3자의 이익을 위한 배임적인 것임을 그 상대방이 알았거나 알 수 있었을 경우에는 민법 제107조 제1항 단서의 유추해석상 그 대리인의 행위에 대하여 본인은 아무런 책임을 지지 않는다고 보아야 한다(대판 2001.1.19. 2000다20694).

② (○) 근로자가 회사의 경영방침에 따라 사직원을 제출하고 회사가 이를 받아들여 퇴직처리를 하였다가 즉시 재입사하는 형식을 취한 경우 사직원제출은 근로자의 비진의표시에 해당하지만, 회사는 사직원제출이 근로자의 진의 아님을 알고 있었다고 보아야 하므로 퇴직의 효과는 발생하지 않는다(대판 1988.5.10. 87다카2578).

③ (○) 의사표시는 표의자가 진의 아님을 알고 한 것이라도 그 효력이 있다. 그러나 상대방이 표의자의 진의 아님을 알았거나 이를 알 수 있었을 경우에는 무효로 한다(민법 제107조 제1항).

④ (○) 진의 아닌 의사표시는 상대방과 통정이 없다는 점에서 허위표시와 구별되고 표시가 진의와 다름을 표의자가 알고 있다는 점에서 착오와 구별된다.

22 甲이 乙에게 X부동산을 허위표시로 매도하고 이전등기를 해 주었다. 이에 관한 설명으로 옳지 않은 것은?(다툼이 있으면 판례에 따름)

① 甲은 乙을 상대로 매매대금의 지급을 청구할 수 없다.

② 甲은 乙을 상대로 X부동산의 반환을 구할 수 있다.

③ 만약 乙과 X부동산에 대해 저당권설정계약을 체결하고 저당권설정등기를 한 丙이 허위표시에 대해 선의인 경우, 甲은 그 저당권등기의 말소를 구할 수 없다.

④ 만약 乙 명의로 등기된 X부동산을 가압류한 丙이 허위표시에 대해 선의이지만 과실이 있는 경우, 甲은 丙에 대하여 가압류의 무효를 주장할 수 없다.

⑤ 만약 X부동산이 乙로부터 丙, 丙으로부터 丁에게 차례로 매도되어 각기 그 명의로 이전등기까지 된 경우, 허위표시에 대해 丙이 악의이면 丁이 선의이더라도 甲은 丁 명의이전등기의 말소를 구할 수 있다.

⑤ (×) 악의의 제3자로부터 전득한 자가 선의라면 그는 민법 제108조 제2항의 선의의 제3자에 해당한다. 따라서 허위표시에 대해 丙이 악의라도 丁이 선의라면 甲은 丁 명의이전등기의 말소를 구할 수 없다.

① (○) 가장매매 당사자인 甲과 乙 간의 X부동산에 대한 매매계약은 통정허위표시로 무효이기 때문에 가장매도인 甲은 乙을 상대로 매매대금의 지급을 청구할 수 없다.

② (○) 매매계약은 통정허위표시로 무효이므로 가장매도인 甲은 이미 급부한 것을 부당이득으로 반환청구할 수 있다. 따라서 가장매도인 甲은 乙에게 X부동산의 반환을 구할 수 있다.

③ (○) 민법 제108조 제2항에 규정된 통정허위표시에 있어서의 제3자는 그 선의 여부가 문제이지 이에 관한 과실 유무를 따질 것이 아니다(대판 2006.3.10. 2002다1321). 따라서 甲은 선의의 丙에 대하여 저당권등기의 말소를 구할 수 없다.

④ (○) 乙 명의로 등기된 X부동산을 가압류한 丙은 비록 과실이 있더라도 민법 제108조 제2항의 선의의 제3자에 해당한다. 따라서 甲은 丙에 대하여 가압류의 무효를 주장할 수 없다.

23 통정허위표시를 기초로 새로운 법률상의 이해관계를 맺은 제3자를 모두 고른 것은?(다툼이 있으면 판례에 따름)

┃2022년 10회 행정사

> ㄱ. 가장매매의 매수인으로부터 그와의 매매계약에 의한 소유권이전청구권 보전을 위한 가등기를 마친 자
> ㄴ. 허위의 선급금 반환채무 부담행위에 기하여 그 채무를 보증하고 이행까지 하여 구상권을 취득한 자
> ㄷ. 가장소비대차에 있어 대주의 계약상의 지위를 이전받은 자

① ㄱ   ② ㄷ
③ ㄱ, ㄴ   ④ ㄱ, ㄷ
⑤ ㄴ, ㄷ

해설 난도 ★★☆

ㄱ (○) 허위표시 매매에 의한 매수인으로부터 부동산상의 권리를 취득한 제3자[소유권이전청구권보전을 위한 가등기를 마친 자(註)]는 특별한 사정이 없는 한 선의로 추정할 것이므로 허위표시를 한 부동산양도인이 제3자에 대하여 소유권을 주장하려면 그 제3자의 악의임을 입증하여야 한다(대판 1970.9.29. 70다466).

ㄴ (○) 보증인이 주채무자의 기망행위에 의하여 주채무[선급금 반환채무(註)]가 있는 것으로 믿고 주채무자와 보증계약을 체결한 다음 그에 따라 보증채무자로서 그 채무까지 이행한 경우, 그 보증인이 주채무자의 채권자에 대한 채무부담행위라는 허위표시에 기초하여 구상권 취득에 관한 법률상 이해관계를 가지게 되었으므로 민법 제108조 제2항 소정의 '제3자'에 해당한다(대판 2000.7.6. 99다51258).

ㄷ (×) 판례의 취지를 고려할 때 가장소비대차에 있어 대주의 계약상의 지위를 그대로 이전받은 자는 새로운 법률상 이해관계를 가지게 되었다고 볼 수 없어 민법 제108조 제2항의 제3자에 해당하지 않는다고 보는 것이 타당하다.

> **Plus One**
>
> 구 상호신용금고법 소정의 계약이전은 금융거래에서 발생한 계약상의 지위가 이전되는 사법상의 법률효과를 가져오는 것이므로, 소외 금고[대주(註)]로부터 이 사건 금전소비대차계약의 대출금 채권에 대하여 계약이전을 받은 피고는 소외 금고의 계약상 지위를 이전받은 자이어서 원고[차주(註)]와 소외 금고 사이의 위 통정허위표시에 따라 형성된 법률관계를 기초로 하여 새로운 법률상 이해관계를 가지게 된 민법 제108조 제2항의 제3자에 해당하지 않는다(대판 2004.1.15. 2002다31537).

24 통정허위표시에 기하여 새롭게 이해관계를 맺은 제3자에 해당하지 않는 사람은?(다툼이 있으면 판례에 따름)

┃2020년 8회 행정사

① 통정허위표시인 매매계약에 기하여 부동산 소유권을 취득한 양수인으로부터 그 부동산을 양수한 사람
② 통정허위표시인 채권양도계약의 양도인에 대하여 채무를 부담하고 있던 사람
③ 통정허위표시인 저당권설정 행위로 취득된 저당권의 실행으로 그 목적인 부동산을 경매에서 매수한 사람
④ 통정허위표시인 금전소비대차계약에서 대주가 파산한 경우 파산관재인으로 선임된 사람
⑤ 통정허위표시에 의하여 부동산 소유권을 취득한 양수인과 매매계약을 체결하고 소유권이전등기청구권 보전을 위한 가등기를 마친 사람

해설 난도 ★★☆

② (×) 판례(대판 1983.1.18. 82다594)는 채권의 가장양수인에게 채무를 변제하지 않고 있었던 채무자는 제3자에 해당하지 아니한다는 취지이나, 통정허위표시인 채권양도계약의 양도인에 대하여 채무를 부담하고 있던 채무자에게도 같은 법리가 적용된다고 판단된다.

> **Plus One**
>
> **[통정허위표시인 채권양도계약이 체결된 경우 채무자가 민법 제108조 제2항 소정의 제3자에 해당되는지 여부(소극)]**
> 민법 제108조 제2항에서 말하는 제3자는 허위표시의 당사자와 그의 포괄승계인 이외의 자 모두를 가리키는 것이 아니고 그 가운데서 허위표시행위를 기초로 하여 새로운 이해관계를 맺은 자를 한정해서 가리키는 것으로 새겨야 할 것이므로 이 사건 퇴직금 채무자인 피고는 원채권자인 소외(갑)이 소외(을)에게 퇴직금채권을 양도했다고 하더라도 그 퇴직금을 양수인에게 지급하지 않고 있는 동안에 위 양도계약이 허위표시란 것이 밝혀진 이상 위 허위표시의 선의의 제3자임을 내세워 진정한 퇴직금전부채권자인 원고에게 그 지급을 거절할 수 없다(대판 1983.1.18. 82다594).

① (○) 가장매매의 매수인으로부터 목적부동산을 다시 매수하여 소유권이전등기를 마친 자는 선의의 제3자에 해당한다(대판 1960.2.4. 4291민상636).
③ (○) 채권자와 채무자가 통모하여 허위의 의사표시로써 저당권설정 행위를 하고 채권자가 그 저당권을 실행하여 경매절차가 적법히 진행된 결과 제3자가 경락으로 소유권을 취득코 그 이전등기를 종료한 경우에 선의의 제3자에게는 그 허위표시를 주장하여 대항할 수 없다(대판 1957.3.23. 4289민상580).
④ (○) 파산자가 상대방과 통정한 허위의 의사표시를 통하여 가장채권을 보유하고 있다가 파산이 선고된 경우 그 가장채권도 일단 파산재단에 속하게 되고, 파산선고에 따라 파산자와는 독립한 지위에서 파산채권자 전체의 공동의 이익을 위하여 직무를 행하게 된 파산관재인은 그 허위표시에 따라 외형상 형성된 법률관계를 토대로 실질적으로 새로운 법률상 이해관계를 가지게 된 민법 제108조 제2항의 제3자에 해당한다(대판 2003.6.24. 2002다48214).
⑤ (○) 허위표시 매매에 의한 매수인으로부터 부동산상의 권리를 취득한 제3자[소유권이전청구권보전을 위한 가등기를 마친 자(註)]는 특별한 사정이 없는 한 선의로 추정할 것이므로 허위표시를 한 부동산양도인이 제3자에 대하여 소유권을 주장하려면 그 제3자의 악의임을 입증하여야 한다(대판 1970.9.29. 70다466).

25 허위표시에 관한 설명으로 옳은 것을 모두 고른 것은?(다툼이 있으면 판례에 따름)

┃ 2018년 6회 행정사

> ㄱ. 허위표시의 무효로서 대항할 수 없는 제3자의 범위는 허위표시를 기초로 새로운 법률상 이해관계를 맺었는지에 따라 실질적으로 파악해야 한다.
> ㄴ. 가장매도인이 가장매수인으로부터 부동산을 취득한 제3자에게 자신의 소유권을 주장하려면 특별한 사정이 없는 한, 가장매도인은 그 제3자의 악의를 증명하여야 한다.
> ㄷ. 허위표시를 한 자는 그 의사표시가 무효라는 사실을 주장할 수 없다.

① ㄱ
② ㄴ
③ ㄱ, ㄴ
④ ㄱ, ㄷ
⑤ ㄴ, ㄷ

해설 난도 ★☆☆

ㄱ (○), ㄷ (×) 상대방과 통정한 허위의 의사표시는 무효이고 누구든지 그 무효를 주장할 수 있는 것이 원칙이나, 허위표시의 당사자와 포괄승계인 이외의 자로서 허위표시에 의하여 외형상 형성된 법률관계를 토대로 실질적으로 새로운 법률상 이해관계를 맺은 선의의 제3자에 대하여는 허위표시의 당사자뿐만 아니라 그 누구도 허위표시의 무효를 대항하지 못하는 것인데, 제3자의 범위는 권리관계에 기초하여 형식적으로만 파악할 것이 아니라 허위표시행위를 기초로 하여 새로운 법률상 이해관계를 맺었는지 여부에 따라 실질적으로 파악하여야 한다(대판 2020.1.30. 2019다280375).

ㄴ (○) 허위표시 매매에 의한 매수인으로부터 부동산상의 권리를 취득한 제3자는 특별한 사정이 없는 한 선의로 추정할 것이므로 허위표시를 한 부동산양도인이 제3자에 대하여 소유권을 주장하려면 그 제3자의 악의임을 입증하여야 한다(대판 1970.9.29. 70다466 등).

26 甲과 乙은 강제집행을 면할 목적으로 서로 통모하여 甲 소유의 X토지를 乙에게 매도하는 내용의 허위 매매계약서를 작성하고, 이에 근거하여 乙 앞으로 소유권이전등기를 마쳤다. 이에 관한 설명으로 옳지 않은 것은?(다툼이 있으면 판례에 따름)

┃ 2017년 5회 행정사

① 甲은 X토지에 대하여 乙 명의의 소유권이전등기의 말소를 청구할 수 있다.
② 乙의 채권자 丙이 乙 명의의 X토지를 가압류하면서 丙이 甲과 乙 사이의 매매계약이 허위표시임을 알았다면 丙의 가압류는 무효이다.
③ 乙이 사망한 경우 甲은 乙의 단독상속인 丁에게 X토지에 대한 매매계약의 무효를 주장할 수 있다.
④ 乙의 채권자 丙이 乙 명의의 X토지를 가압류한 경우 丙이 보호받기 위해서는 선의이고 무과실이어야 한다.
⑤ 乙 명의의 X토지를 가압류한 丙은 특별한 사정이 없는 한 선의로 추정된다.

난도 ★★★

④ (×) 민법 제108조 제2항에 규정된 통정허위표시에 있어서의 제3자는 그 선의 여부가 문제이지 이에 관한 과실 유무를 따질 것이 아니다(대판 2006.3.10. 2002다1321). 따라서 丙이 보호받기 위해서는 선의로 족하다.

① (○) 甲과 乙 간의 X토지에 대한 매매계약은 통정허위표시에 해당하여 무효이므로(민법 제108조 제1항), 甲은 乙 명의의 소유권이전등기의 말소를 청구할 수 있다.

② (○) 가장매수인 乙의 채권자 丙이 乙 명의의 X토지를 가압류하였으나 甲과 乙 사이의 X토지 매매계약이 통정허위표시에 해당함을 안 경우, 甲과 乙 사이의 매매계약이 허위표시로 무효이기 때문에 丙의 가압류도 무효가 된다.

③ (○) 민법 제108조 제2항의 제3자는 허위표시의 당사자와 포괄승계인 이외의 자로서 허위표시에 의하여 외형상 형성된 법률관계를 토대로 실질적으로 새로운 법률상 이해관계를 맺은 자를 의미하므로 甲은 乙의 단독상속인 丁에게 X토지에 대한 매매계약의 무효를 주장할 수 있다.

⑤ (○) 허위표시에 의하여 외형상 형성된 법률관계를 토대로 실질적으로 새로운 법률상 이해관계를 맺은 제3자에 해당하는 丙은 특별한 사정이 없는 한 선의로 추정된다.

27 통정허위표시에 관한 설명으로 옳지 않은 것은?(다툼이 있으면 판례에 따름) ▎2016년 4회 행정사

① 통정허위표시는 무효이나, 그 무효로써 선의의 제3자에게 대항하지 못한다.

② 선의의 제3자가 되기 위해서는 선의임에 과실이 없어야 한다.

③ 제3자는 특별한 사정이 없는 한 선의로 추정할 것이므로, 제3자가 악의라는 사실에 관한 주장·입증책임은 그 허위표시의 무효를 주장하는 자에게 있다.

④ 통정허위표시에 의한 매매의 매수인으로부터 매수목적물에 대하여 선의로 저당권을 설정받은 자는 선의의 제3자에 해당된다.

⑤ 통정허위표시로 설정된 전세권에 대하여 선의로 저당권을 취득한 자는 선의의 제3자에 해당된다.

난도 ★★☆

② (×) 민법 제108조 제2항에 규정된 통정허위표시에 있어서의 제3자는 그 선의 여부가 문제이지 이에 관한 과실 유무를 따질 것이 아니다(대판 2006.3.10. 2002다1321).

① (○) 상대방과 통정한 허위의 의사표시는 무효로 한다. 의사표시의 무효는 선의의 제3자에게 대항하지 못한다(민법 제108조).

③ (○) 민법 제108조 제1항에서 상대방과 통정한 허위의 의사표시를 무효로 규정하고, 제2항에서 그 의사표시의 무효는 선의의 제3자에게 대항하지 못한다고 규정하고 있는데, 여기에서 제3자는 특별한 사정이 없는 한 선의로 추정할 것이므로, 제3자가 악의라는 사실에 관한 주장·입증책임은 그 허위표시의 무효를 주장하는 자에게 있다(대판 2006.3.10. 2002다1321).

④ (○) 가장매매의 매수인으로부터 선의로 저당권을 설정받은 자는 민법 제108조 제2항의 선의의 제3자에 해당한다는 것이 학설의 일반적인 태도이다.

⑤ (○) 실제로는 전세권설정계약이 없으면서도 임대차계약에 기한 임차보증금반환채권을 담보할 목적 또는 금융기관으로부터 자금을 융통할 목적으로 임차인과 임대인 사이의 합의에 따라 임차인 명의로 전세권설정등기를 경료한 후 그 전세권에 대하여 근저당권이 설정된 경우, 가사 위 전세권설정계약만 놓고 보아 그것이 통정허위표시에 해당하여 무효라 하더라도 이로써 위 전세권설정계약에 의하여 형성된 법률관계를 토대로 별개의 법률원인에 의하여 새로운 법률상 이해관계를 갖게 된 근저당권자에 대하여는 그와 같은 사정을 알고 있었던 경우에만 그 무효를 주장할 수 있다(대판 2008.3.13. 2006다58912).

28 허위표시에 기초하여 새로운 법률상의 이해관계를 맺은 자(통정허위표시에서의 제3자)에 해당하지 않는 것은?(다툼이 있으면 판례에 따름)　 ▎2015년 3회 행정사

① 가장매매의 매수인으로부터 목적부동산을 다시 매수하여 소유권이전등기를 마친 자

② 가장매매의 매수인으로부터 매매계약에 의한 소유권이전청구권보전을 위한 가등기를 마친 자

③ 허위표시인 전세권설정계약에 기하여 등기까지 마친 전세권에 대하여 저당권을 취득한 자

④ 허위표시인 근저당권설정계약이 유효하다고 믿고 그 피담보채권에 대하여 가압류한 자

⑤ 채권의 가장양도에서 가장양수인에게 채무를 변제하지 않고 있었던 채무자

해설 난도 ★★★

⑤ (×) 채권의 가장양수인에게 채무를 변제하지 않고 있었던 채무자는 민법 제108조 제2항의 제3자에 해당하지 아니한다(대판 1983.1.18. 82다594).

> **Plus One**
>
> [통정허위표시인 채권양도계약이 체결된 경우 채무자가 민법 제108조 제2항 소정의 제3자에 해당되는지 여부(소극)]
> 민법 제108조 제2항에서 말하는 제3자는 허위표시의 당사자와 그의 포괄승계인 이외의 자 모두를 가리키는 것이 아니고 그 가운데서 허위표시행위를 기초로 하여 새로운 이해관계를 맺은 자를 한정해서 가리키는 것으로 새겨야 할 것이므로 <u>이 사건 퇴직금 채무자인 피고는 원채권자인 소외(갑)이 소외(을)에게 퇴직금채권을 양도했다고 하더라도 그 퇴직금을 양수인에게 지급하지 않고 있는 동안에 위 양도계약이 허위표시란 것이 밝혀진 이상 위 허위표시의 선의의 제3자임을 내세워 진정한 퇴직금전부채권자인 원고에게 그 지급을 거절할 수 없다</u>(대판 1983.1.18. 82다594).

① (○) 가장매매의 매수인으로부터 목적부동산을 다시 매수하여 소유권이전등기를 마친 자는 선의의 제3자에 해당한다(대판 1960.2.4. 4291민상636).

② (○) 허위표시 매매에 의한 매수인으로부터 부동산상의 권리를 취득한 제3자[소유권이전청구권보전을 위한 가등기를 마친 자(註)]는 특별한 사정이 없는 한 선의로 추정할 것이므로 허위표시를 한 부동산양도인이 제3자에 대하여 소유권을 주장하려면 그 제3자의 악의임을 입증하여야 한다(대판 1970.9.29. 70다466).

③ (○) 실제로는 전세권설정계약이 없으면서도 임대차계약에 기한 임차보증금반환채권을 담보할 목적 또는 금융기관으로부터 자금을 융통할 목적으로 임차인과 임대인 사이의 합의에 따라 임차인 명의로 전세권설정등기를 경료한 후 그 전세권에 대하여 근저당권이 설정된 경우, 가사 위 전세권설정계약만 놓고 보아 그것이 통정허위표시에 해당하여 무효라 하더라도 이로써 위 전세권설정계약에 의하여 형성된 법률관계를 토대로 별개의 법률원인에 의하여 새로운 법률상 이해관계를 갖게 된 근저당권자에 대하여는 그와 같은 사정을 알고 있었던 경우에만 그 무효를 주장할 수 있다(대판 2008.3.13. 2006다58912).

④ (○) 통정한 허위표시에 의하여 외형상 형성된 법률관계로 생긴 채권[가장행위에 기한 근저당권부채권(註)]을 가압류한 경우, 그 가압류권자는 허위표시에 기초하여 새로운 법률상 이해관계를 가지게 되므로 민법 제108조 제2항의 제3자에 해당한다고 봄이 상당하고, 또한 민법 제108조 제2항의 제3자는 선의이면 족하고 무과실은 요건이 아니다(대판 2004.5.28. 2003다70041).

29 통정허위표시에 관한 설명으로 옳은 것은?(다툼이 있는 경우에는 판례에 의함) ┃ 2014년 2회 행정사

① 통정은 상대방과 짜고 함을 의미하지만, 이때 표의자의 상대방이 단순히 진의와 다른 표시가 있다는 사실을 인식하면 충분하다.

② 대리인이 그 권한 안에서 본인의 이름으로 의사표시를 함에 있어서 상대방과 통정하여 진의와 다른 의사를 표시한 경우, 그 의사표시는 본인에게 효력이 생긴다.

③ 허위표시의 당사자가 아닌 사람은 허위표시의 무효로써 허위표시에 기초하여 새로운 법률상 이해관계를 가진 선의의 제3자에게 대항할 수 있다.

④ 상대방과 허위표시로써 성립한 가장채권을 보유한 채권자에 대하여 파산이 선고된 경우 파산관재인은 허위표시의 무효로부터 보호되는 선의의 제3자가 될 수 없다.

⑤ 통정한 허위표시에 의하여 외형상 형성된 법률관계로 생긴 채권을 가압류한 경우, 그 가압류권자는 허위표시에 기초하여 새로운 법률상 이해관계를 가지게 된 제3자에 해당한다.

해설 난도 ★★☆

⑤ (○) <u>통정한 허위표시에 의하여 외형상 형성된 법률관계로 생긴 채권을 가압류한 경우, 그 가압류권자는 허위표시에 기초하여 새로운 법률상 이해관계를 가지게 되므로 민법 제108조 제2항의 제3자에 해당한다고 봄이 상당하고, 또한 민법 제108조 제2항의 제3자는 선의이면 족하고 무과실은 요건이 아니다</u>(대판 2004.5.28. 2003다70041).

① (×) 통정허위표시의 통정은 상대방과 짜고 함을 의미하고 상대방이 단순히 이를 인식하고 있는 것만으로는 부족하다.

② (×) 대리인이 대리권의 범위 내에서 본인의 이름으로 의사표시를 하면서 <u>상대방과 통정하여 진의와 다른 표시를 한 경우, 그 의사표시는 허위표시로서 무효가 된다</u>(민법 제116조 제1항).

③ (×) 상대방과 통정한 허위의 의사표시는 무효이고 누구든지 그 무효를 주장할 수 있는 것이 원칙이나, 허위표시의 당사자와 포괄승계인 이외의 자로서 허위표시에 의하여 외형상 형성된 법률관계를 토대로 실질적으로 새로운 법률상 이해관계를 맺은 <u>선의의 제3자에 대하여는 허위표시의 당사자뿐만 아니라 그 누구도 허위표시의 무효를 대항하지 못하는 것이다</u>(대판 2000.7.6. 99다51258).

④ (×) 파산자가 상대방과 통정한 허위의 의사표시를 통하여 가장채권을 보유하고 있다가 파산이 선고된 경우 그 가장채권도 일단 파산재단에 속하게 되고, 파산선고에 따라 파산자와는 독립한 지위에서 파산채권자 전체의 공동의 이익을 위하여 직무를 행하게 된 파산관재인은 그 허위표시에 따라 외형상 형성된 법률관계를 토대로 실질적으로 새로운 법률상 이해관계를 가지게 된 민법 제108조 제2항의 제3자에 해당한다(대판 2003.6.24. 2002다48214).

CHAPTER 05

30 甲은 채권자 丙으로부터의 강제집행을 면하기 위하여 乙과 짜고 자신의 유일한 재산인 X토지를 乙 명의로 매매를 원인으로 하는 소유권이전등기를 해 주었다. 다음 설명 중 옳지 않은 것은?(다툼이 있는 경우에는 판례에 의함)

▌2013년 1회 행정사

① 甲·乙 간의 매매계약은 허위표시로서 당사자 간에는 언제나 무효이다.

② 丙은 乙을 상대로 매매계약의 취소와 함께 이전등기의 말소를 구하는 소송을 제기할 수 있다.

③ 乙로부터 X토지를 상속받은 자는 매매계약이 허위표시임을 몰랐던 경우에도 그 소유권을 취득할 수 없다.

④ 乙로부터 X토지에 대한 저당권을 설정받은 자가 저당권설정 당시에 매매계약이 허위표시임을 과실로 알지 못했다면 그 저당권자는 선의의 제3자로서 보호받을 수 없다.

⑤ 乙로부터 X토지를 매수하여 소유권이전청구권 보전을 위한 가등기를 마친 자에 대하여 甲이 甲·乙 간의 매매계약이 허위표시임을 이유로 X토지의 소유권을 주장하려면, 甲은 가등기권리자의 악의를 증명하여야 한다.

해설 난도 ★★☆

④ (×) 민법 제108조 제2항에 규정된 통정허위표시에 있어서의 제3자는 그 선의 여부가 문제이지 이에 관한 과실 유무를 따질 것이 아니다(대판 2006.3.10. 2002다1321). 따라서 선의인 저당권자에게 과실이 있더라도 제3자로서 보호받을 수 있다.

① (○) 강제집행을 면할 목적으로 서로 통모하여 甲 소유의 X토지를 乙에게 매도하고 소유권이전등기를 경료한 경우 甲·乙 간의 X토지에 대한 매매계약은 통정허위표시로서 당사자 간에는 언제나 무효이다.

② (○) 채무자 甲의 법률행위가 통정허위표시인 경우에도 채권자취소권의 대상이 되므로(대판 1998.2.27. 97다50985), 채권자 丙은 수익자 乙을 상대로 X토지에 대한 매매계약의 취소와 함께 소유권이전등기의 말소를 구하는 소송을 제기할 수 있다.

③ (○) 민법 제108조 제2항의 제3자는 허위표시의 당사자와 포괄승계인 이외의 자로서 허위표시에 의하여 외형상 형성된 법률관계를 토대로 실질적으로 새로운 법률상 이해관계를 맺은 자를 의미하므로 乙로부터 X토지를 상속받은 자는 제3자에 해당하지 아니하여 매매계약이 허위표시임을 몰랐던 경우에도 그 소유권을 취득할 수 없다.

⑤ (○) 판례(대판 1970.9.29. 70다466)의 취지를 고려할 때 소유권이전청구권 보전을 위한 가등기를 마친 자는 선의로 추정되므로 甲이 그에게 X토지의 소유권을 주장하려면, 가등기권리자의 악의를 증명하여야 한다.

31 착오로 인한 의사표시에 관한 설명으로 옳지 않은 것은?(다툼이 있으면 판례에 따름)

▌2022년 10회 행정사

① 법률행위 내용의 중요부분에 착오가 있는 경우, 그 착오가 표의자의 중과실로 인한 것이 아니라면 특별한 사정이 없는 한 이를 이유로 의사표시를 취소할 수 있다.

② 표의자는 자신에게 중과실이 없음에 대한 주장·증명책임을 부담한다.

③ 착오로 인한 의사표시에 관한 민법 제109조 제1항의 적용은 당사자의 합의로 배제할 수 있다.

④ 착오로 인하여 표의자가 경제적 불이익을 입지 않았다면 이는 법률행위 내용의 중요부분의 착오로 볼 수 없다.

⑤ 표의자가 장래에 있을 어떤 사항의 발생이 미필적임을 알아 그 발생을 예기한 데 지나지 않는 경우, 그 기대가 이루어지지 않은 것을 착오로 볼 수는 없다.

난도 ★★☆

② (×) 착오한 표의자의 중대한 과실 유무에 관한 주장과 입증책임은 착오자가 아니라 의사표시를 취소하게 하지 않으려는 상대방에게 있다(대판 2005.5.12. 2005다6228).

① (○) 의사표시는 법률행위의 내용의 중요부분에 착오가 있는 때에는 취소할 수 있다. 그러나 그 착오가 표의자의 중대한 과실로 인한 때에는 취소하지 못한다(민법 제109조 제1항).

③ (○) 당사자의 합의로 착오로 인한 의사표시 취소에 관한 민법 제109조 제1항의 적용을 배제할 수 있다(대판 2016.4.15. 2013다97694).

④ (○) 착오로 인하여 표의자가 무슨 경제적인 불이익을 입은 것이 아니라면 이를 법률행위 내용의 중요부분의 착오라고 할 수 없다(대판 2006.12.7. 2006다41457).

⑤ (○) 표의자가 행위를 할 당시에 장래에 있을 어떤 사항의 발생이 미필적임을 알아 그 발생을 예기한 데 지나지 않는 경우는, 표의자의 심리상태에 인식과 대조에 불일치가 있다고 할 수 없어 착오로 다룰 수는 없다 할 것이다(대판 2010.5.27. 2009다94841).

32 착오에 관한 설명으로 옳지 않은 것은?(다툼이 있으면 판례에 따름) ┃2021년 9회 행정사

① 법률행위의 내용의 중요부분에 착오가 있으면 취소할 수 있는 것이 원칙이다.

② 1심 판결에서 패소한 자가 항소심 판결 선고 전에 패소를 예상하고 법률행위를 하였으나 이후 항소심에서 승소판결이 선고된 경우 착오를 이유로 그 법률행위를 취소할 수 있다.

③ 의사표시의 착오가 표의자의 중대한 과실로 발생하였으나 상대방이 표의자의 착오를 알고 이용한 경우 표의자는 의사표시를 취소할 수 있다.

④ 착오한 표의자의 중대한 과실 유무에 관한 증명책임은 의사표시를 취소하게 하지 않으려는 상대방에게 있다.

⑤ 착오자의 착오로 인한 취소로 상대방이 손해를 입게 되더라도, 착오자는 불법행위로 인한 손해배상책임을 부담하지 않는다.

난도 ★★☆

② (×) 판결 선고 전에 이미 그 선고결과를 예상하고 법률행위를 하였으나 실제로 선고된 판결이 그 예상과 다르다 하더라도 이 표의자의 심리상태에 인식과 대조사실에 불일치가 있다고는 할 수 없어 착오로 다룰 수는 없다(대판 1972.3.28. 71다2193).

① (○) 의사표시는 법률행위의 내용의 중요부분에 착오가 있는 때에는 취소할 수 있다. 그러나 그 착오가 표의자의 중대한 과실로 인한 때에는 취소하지 못한다(민법 제109조 제1항).

③ (○) 상대방이 표의자의 착오를 알고 이를 이용한 경우에는 착오가 표의자의 중대한 과실로 인한 것이라고 하더라도 표의자는 의사표시를 취소할 수 있다(대판 2014.11.27. 2013다49794).

④ (○) 착오한 표의자의 중대한 과실 유무에 관한 주장과 입증책임은 착오자가 아니라 의사표시를 취소하게 하지 않으려는 상대방에게 있다(대판 2005.5.12. 2005다6228).

⑤ (○) 불법행위로 인한 손해배상책임이 성립하기 위하여는 가해자의 고의 또는 과실 이외에 행위의 위법성이 요구되므로, 전문건설공제조합이 계약보증서를 발급하면서 조합원이 수급할 공사의 실제 도급금액을 확인하지 아니한 과실이 있다고 하더라도 민법 제109조에서 중과실이 없는 착오자의 착오를 이유로 한 의사표시의 취소를 허용하고 있는 이상, 전문건설공제조합이 과실로 인하여 착오에 빠져 계약보증서를 발급한 것이나 그 착오를 이유로 보증계약을 취소한 것이 위법하다고 할 수는 없다(대판 1997.8.22. 97다13023).

33 착오로 인한 의사표시에 관한 설명으로 옳지 않은 것은?(다툼이 있으면 판례에 따름)

┃2019년 7회 행정사

① 장래의 미필적 사실의 발생에 대한 기대나 예상이 빗나간 것에 불과한 것은 착오라고 할 수 없다.

② 표의자가 착오로 인하여 경제적인 불이익을 입은 것이 아니라면 이를 법률행위 내용의 중요부분의 착오라고 할 수 없다.

③ 표의자가 경과실로 인하여 착오에 빠져 법률행위를 하고 그 착오를 이유로 법률행위를 취소하는 것은 위법하다고 할 수 없다.

④ 착오로 인한 의사표시 취소에 관한 민법 제109조 제1항의 적용을 당사자의 합의로 배제할 수 있다.

⑤ 의사표시의 착오가 표의자의 중대한 과실로 인한 때에는 상대방이 표의자의 착오를 알고 이용한 경우에도 표의자는 그 의사표시를 취소할 수 없다.

해설 난도 ★★☆

⑤ (×) 상대방이 표의자의 착오를 알고 이를 이용한 경우에는 착오가 표의자의 중대한 과실로 인한 것이라고 하더라도 표의자는 의사표시를 취소할 수 있다(대판 2014.11.27. 2013다49794).

① (○) 매매계약 당시 장차 도시계획이 변경되어 공동주택, 호텔 등의 신축에 대한 인·허가를 받을 수 있을 것이라고 생각하였으나 그 후 생각대로 되지 않은 경우, 이는 법률행위 당시를 기준으로 장래의 미필적 사실의 발생에 대한 기대나 예상이 빗나간 것에 불과할 뿐 착오라고 할 수는 없다(대판 2007.8.23. 2006다15755).

② (○) 착오로 인하여 표의자가 무슨 경제적인 불이익을 입은 것이 아니라면 이를 법률행위 내용의 중요부분의 착오라고 할 수 없다(대판 2006.12.7. 2006다41457).

③ (○) 불법행위로 인한 손해배상책임이 성립하기 위하여는 가해자의 고의 또는 과실 이외에 행위의 위법성이 요구되므로, 전문건설공제조합이 계약보증서를 발급하면서 조합원이 수급할 공사의 실제 도급금액을 확인하지 아니한 과실이 있다고 하더라도 민법 제109조에서 중과실이 없는 착오자의 착오를 이유로 한 의사표시의 취소를 허용하고 있는 이상, 전문건설공제조합이 과실로 인하여 착오에 빠져 계약보증서를 발급한 것이나 그 착오를 이유로 보증계약을 취소한 것이 위법하다고 할 수는 없다(대판 1997.8.22. 97다13023).

④ (○) 당사자의 합의로 착오로 인한 의사표시 취소에 관한 민법 제109조 제1항의 적용을 배제할 수 있다(대판 2016.4.15. 2013다97694).

34 착오에 의한 의사표시에 관한 설명으로 옳지 않은 것은?(다툼이 있으면 판례에 따름)

┃ 2020년 8회 행정사

① 동기의 착오를 이유로 취소하려면 당사자 사이에 동기를 의사표시의 내용으로 하는 합의가 필요하다.

② 착오를 이유로 취소하기 위해서는 일반인이 표의자라면 그러한 의사표시를 하지 않았을 정도의 중요부분에 착오가 있어야 한다.

③ 착오를 이유로 취소할 수 없는 중대한 과실은 표의자의 직업 등에 비추어 보통 요구되는 주의를 현저히 결여한 것을 의미한다.

④ 매매계약이 적법하게 해제된 후에도 착오를 이유로 그 매매계약을 취소할 수 있다.

⑤ 상대방의 기망으로 표시상의 착오에 빠진 자의 행위에 대하여 착오취소의 법리가 적용된다.

해설 난도 ★★☆

① (×) 동기의 착오가 법률행위의 내용 중 중요부분의 착오에 해당함을 이유로 표의자가 법률행위를 취소하려면 그 동기를 당해 의사표시의 내용으로 삼을 것을 상대방에게 표시하고 의사표시의 해석상 법률행위의 내용으로 되어 있다고 인정되면 충분하고 당사자들 사이에 별도로 그 동기를 의사표시의 내용으로 삼기로 하는 합의까지 이루어질 필요는 없다(대판 2015.7.23. 2012다15336).

② (○) 법률행위의 중요부분의 착오라 함은 표의자가 그러한 착오가 없었더라면 그 의사표시를 하지 않으리라고 생각될 정도로 중요한 것이어야 하고 보통 일반인도 표의자의 처지에 섰더라면 그러한 의사표시를 하지 않았으리라고 생각될 정도로 중요한 것이어야 한다(대판 2009.3.16. 2008다1842).

③ (○) 착오가 표의자의 중대한 과실로 인한 때에는 취소하지 못한다고 할 것인데, 여기서 '중대한 과실'이라 함은 표의자의 직업, 행위의 종류, 목적 등에 비추어 보통 요구되는 주의를 현저히 결여하는 것을 의미한다(대판 1997.9.30. 97다26210).

④ (○) 매도인이 매수인의 중도금 지급채무불이행을 이유로 매매계약을 적법하게 해제한 후라도 매수인으로서는 상대방이 한 계약해제의 효과로서 발생하는 손해배상책임을 지거나 매매계약에 따른 계약금의 반환을 받을 수 없는 불이익을 면하기 위하여 착오를 이유로 한 취소권을 행사하여 위 매매계약 전체를 무효로 돌리게 할 수 있다(대판 1991.8.27. 91다11308).

⑤ (○) 신원보증서류에 서명날인한다는 착각에 빠진 상태로 연대보증의 서면에 서명날인한 경우, 결국 위와 같은 행위는 강학상 기명날인의 착오(또는 서명의 착오), 즉 어떤 사람이 자신의 의사와 다른 법률효과를 발생시키는 내용의 서면에, 그것을 읽지 않거나 올바르게 이해하지 못한 채 기명날인을 하는 이른바 표시상의 착오에 해당하므로, 비록 위와 같은 착오가 제3자의 기망행위에 의하여 일어난 것이라 하더라도 그에 관하여는 사기에 의한 의사표시에 관한 법리, 특히 상대방이 그러한 제3자의 기망행위 사실을 알았거나 알 수 있었을 경우가 아닌 한 의사표시자가 취소권을 행사할 수 없다는 민법 제110조 제2항의 규정을 적용할 것이 아니라, 착오에 의한 의사표시에 관한 법리만을 적용하여 취소권 행사의 가부를 가려야 한다(대판 2005.5.27. 2004다43824).

35 착오에 관한 설명으로 옳지 않은 것은?(다툼이 있는 경우에는 판례에 의함) ┃2014년 2회 행정사

① 법률행위의 일부분에만 착오가 있고 그 법률행위가 가분적이면 그 나머지 부분이라도 유지하려는 당사자의 가정적 의사가 인정되는 경우 그 일부만의 취소도 가능하다.

② 표의자가 착오로 의사표시를 하였으나 그에게 아무런 경제적 불이익이 발생하지 않은 때에는 중요부분의 착오가 되지 아니한다.

③ 법률행위의 중요부분의 착오는 착오가 없었더라면 표의자뿐만 아니라 일반인도 표의자의 처지에서 그러한 의사표시를 하지 않았을 것이라고 생각될 정도로 중요한 것이어야 한다.

④ 등기명의자가 소유권이전등기의 무효를 주장한 종전 소유자의 공동상속인 중 1인을 단독상속인으로 오인하여 소유권환원에 관하여 합의한 경우, 이는 중요부분의 착오이다.

⑤ 채무자의 채무불이행을 원인으로 적법하게 해제된 매매계약도 착오를 이유로 취소될 수 있다.

해설 난도 ★★☆

④ (×) 등기명의자 甲과 종전 소유자의 상속인으로서 소유권이전등기의 원인무효를 주장하는 乙 사이에 토지소유권 환원의 방법으로 乙 앞으로 소유권이전등기를 경료하여 주기로 하는 합의가 이루어진 경우, 乙이 공동상속인들 중 1인이라면 공유물에 대한 보존행위로서 단독으로 공유물에 관한 원인무효의 등기의 말소를 구하거나 소유권이전 등기에 관한 합의를 할 수 있다고 보아야 하므로, <u>甲이 乙을 단독상속인으로 믿고서 그와 같은 소유권환원의 합의에 이르렀더라도 그와 같은 착오는 합의내용의 중요부분에 해당한다고 볼 수 없다</u>(대판 1996.12.23. 95다35371).

① (○) 하나의 법률행위의 일부분에만 취소사유가 있다고 하더라도 그 법률행위가 가분적이거나 그 목적물의 일부가 특정될 수 있다면, 그 나머지 부분이라도 이를 유지하려는 당사자의 가정적 의사가 인정되는 경우 그 일부만의 취소도 가능하다 할 것이고, 그 일부의 취소는 법률행위의 일부에 관하여 효력이 생긴다(대판 1998.2.10. 97다44737).

② (○) 착오로 인하여 표의자가 무슨 경제적인 불이익을 입은 것이 아니라면 이를 법률행위 내용의 중요부분의 착오라고 할 수 없다(대판 2006.12.7. 2006다41457).

③ (○) 법률행위의 중요부분의 착오라 함은 표의자가 그러한 착오가 없었더라면 그 의사표시를 하지 않으리라고 생각될 정도로 중요한 것이어야 하고 보통 일반인도 표의자의 처지에 섰더라면 그러한 의사표시를 하지 않았으리라고 생각될 정도로 중요한 것이어야 한다(대판 2009.3.16. 2008다1842).

⑤ (○) 매도인이 매수인의 중도금 지급채무불이행을 이유로 매매계약을 적법하게 해제한 후라도 매수인으로서는 상대방이 한 계약해제의 효과로서 발생하는 손해배상책임을 지거나 매매계약에 따른 계약금의 반환을 받을 수 없는 불이익을 면하기 위하여 <u>착오를 이유로 한 취소권을 행사하여 위 매매계약 전체를 무효로 돌리게 할 수 있다</u>(대판 1991.8.27. 91다11308).

36 착오로 인한 의사표시에 관한 설명으로 옳지 않은 것은?(다툼이 있으면 판례에 따름)

┃2017년 5회 행정사

① 의사표시의 동기에 착오가 있더라도 당사자 사이에서 그 동기를 의사표시의 내용으로 삼은 경우에는 의사표시의 내용의 착오가 되어 취소할 수 있다.

② 착오로 인한 의사표시에 있어서 표의자에게 중대한 과실이 있는지의 여부에 관한 증명책임은 표의자에게 있다.

③ 근저당권설정계약에서 채무자의 동일성에 관한 착오는 법률행위 내용의 중요부분에 관한 착오에 해당한다.

④ 대리인에 의한 계약체결의 경우 착오의 유무는 대리인을 표준으로 결정한다.

⑤ 당사자는 합의를 통하여 착오로 인한 의사표시 취소에 관한 민법 제109조 제1항의 적용을 배제할 수 있다.

② (×) 착오한 표의자의 중대한 과실 유무에 관한 주장과 입증책임은 착오자가 아니라 의사표시를 취소하게 하지 않으려는 상대방에게 있다(대판 2005.5.12. 2005다6228).

① (○) 의사표시는 법률행위의 내용의 중요부분에 착오가 있는 때에는 취소할 수 있고, 의사표시의 동기에 착오가 있는 경우에는 당사자 사이에 그 동기를 의사표시의 내용으로 삼았을 때에 한하여 의사표시의 내용의 착오가 되어 취소할 수 있다(대판 2009.3.16. 2008다1842).

③ (○) 甲이 채무자란이 백지로 된 근저당권설정계약서를 제시받고 그 채무자가 乙인 것으로 알고 근저당권설정자로 서명날인을 하였는데 그 후 채무자가 丙으로 되어 근저당권설정등기가 경료된 경우, 甲은 그 소유의 부동산에 관하여 근저당권설정계약상의 채무자를 丙이 아닌 乙로 오인한 나머지 근저당설정의 의사표시를 한 것이고, 이와 같은 채무자의 동일성에 관한 착오는 법률행위 내용의 중요부분에 관한 착오에 해당한다(대판 1995.12.22. 95다37087).

④ (○) 의사표시의 효력이 의사의 흠결, 사기, 강박 또는 어느 사정을 알았거나 과실로 알지 못한 것으로 인하여 영향을 받을 경우에 그 사실의 유무는 대리인을 표준하여 결정한다(민법 제116조 제1항).

⑤ (○) 당사자의 합의로 착오로 인한 의사표시 취소에 관한 민법 제109조 제1항의 적용을 배제할 수 있다(대판 2016.4.15. 2013다97694).

37 민법 제109조(착오로 인한 의사표시)에 관한 설명으로 옳지 않은 것은?(다툼이 있는 경우에는 판례에 의함)

① 동기의 착오를 이유로 법률행위를 취소하기 위해서는 당사자 사이에 그 동기를 의사표시의 내용으로 삼기로 하는 별도의 합의가 있어야 한다.

② 동기의 착오가 상대방에 의하여 유발된 경우에는 동기의 표시 여부와 관계없이 취소가 인정된다.

③ 매도인이 매수인의 중도금 지급채무불이행을 이유로 매매계약을 적법하게 해제한 후라도 매수인은 착오를 이유로 그 매매계약을 취소할 수 있다.

④ 착오한 표의자의 중대한 과실 유무에 관한 증명책임은 의사표시를 취소하게 하지 않으려는 상대방에게 있다.

⑤ 착오로 인하여 표의자가 경제적 불이익을 입은 것이 아니라면, 이는 법률행위 내용의 중요부분의 착오가 아니다.

해설 난도 ★★☆

① (×) 등기명의자 갑과 종전 소유자의 상속인으로서 소유동기의 착오가 법률행위의 내용의 중요부분의 착오에 해당함을 이유로 표의자가 법률행위를 취소하려면 그 동기를 당해 의사표시의 내용으로 삼을 것을 상대방에게 표시하고 의사표시의 해석상 법률행위의 내용으로 되어 있다고 인정되면 충분하고 당사자들 사이에 별도로 그 동기를 의사표시의 내용으로 삼기로 하는 합의까지 이루어질 필요는 없다(대판 1998.2.10. 97다44737).

② (○) 판례는 동기의 착오가 상대방에 의하여 유발된 경우에는 동기의 표시 여부와 법률행위의 내용의 중요부분인지 여부와 관계없이 취소를 인정한다(대판 1990.7.10. 90다카7460).

③ (○) 매도인이 매수인의 중도금 지급채무불이행을 이유로 매매계약을 적법하게 해제한 후라도 매수인으로서는 상대방이 한 계약해제의 효과로서 발생하는 손해배상책임을 지거나 매매계약에 따른 계약금의 반환을 받을 수 없는 불이익을 면하기 위하여 착오를 이유로 한 취소권을 행사하여 위 매매계약 전체를 무효로 돌리게 할 수 있다(대판 1991.8.27. 91다11308).

④ (○) 착오한 표의자의 중대한 과실 유무에 관한 주장과 입증책임은 착오자가 아니라 의사표시를 취소하게 하지 않으려는 상대방에게 있다(대판 2005.5.12. 2005다6228).

⑤ (○) 착오로 인하여 표의자가 무슨 경제적인 불이익을 입은 것이 아니라면 이를 법률행위 내용의 중요부분의 착오라고 할 수 없다(대판 2006.12.7. 2006다41457).

38 사기에 의한 의사표시에 관한 설명으로 옳지 않은 것은?(다툼이 있으면 판례에 따름)

┃2022년 10회 행정사

① 광고에 있어 다소의 과장은 일반 상거래의 관행과 신의칙에 비추어 시인될 수 있는 한 기망성이 결여된다.

② 부작위에 의한 기망행위에서 고지의무는 조리상 일반원칙에 의해서는 인정될 수 없다.

③ 사기에 의한 의사표시가 인정되기 위해서는 의사표시자에게 재산상의 손실을 주려는 사기자의 고의는 필요하지 않다.

④ 기망행위로 인하여 법률행위의 내용으로 표시되지 않은 동기에 관하여 착오를 일으킨 경우에도 그 법률행위를 사기에 의한 의사표시를 이유로 취소할 수 있다.

⑤ 사기에 의한 의사표시의 취소는 선의의 제3자에게 대항하지 못한다.

해설 난도 ★☆☆

② (×) 소극적 행위로서의 부작위에 의한 기망은 법률상 고지의무 있는 자가 일정한 사실에 관하여 상대방이 착오에 빠져 있음을 알면서도 이를 고지하지 않는 것을 말한다. 여기에서 법률상 고지의무는 법령, 계약, 관습, 조리 등에 의하여 인정되는 것으로서 문제가 되는 구체적인 사례에 즉응하여 거래실정과 신의성실의 원칙에 의하여 결정되어야 한다(대판 2020.6.25. 2018도13696).

① (○) 상품의 선전·광고에 다소의 과장이나 허위가 수반되는 것은 그것이 일반 상거래의 관행과 신의칙에 비추어 시인될 수 있는 한 기망성이 결여된다고 하겠으나, 거래에 있어서 중요한 사항에 관하여 구체적 사실을 신의성실의 의무에 비추어 비난받을 정도의 방법으로 허위로 고지한 경우에는 기망행위에 해당한다(대판 2014.1.23. 2012다 84417).

③ (○) 사기자의 고의를 인정하기 위하여는 표의자를 기망하여 착오에 빠지게 하려는 고의와 착오에 기하여 의사표시를 하게 하려는 고의 등 2단의 고의가 있는 것으로 족하고 별도로 표의자에게 재산상의 손실을 주려는 고의는 필요하지 아니하다.

④ (○) 기망행위로 인하여 법률행위의 중요부분에 관하여 착오를 일으킨 경우 뿐만 아니라 법률행위의 내용으로 표시되지 아니한 의사결정의 동기에 관하여 착오를 일으킨 경우에도 표의자는 그 법률행위를 사기에 의한 의사표시로서 취소할 수 있다(대판 1985.4.9. 85도167).

⑤ (○) 사기에 의한 의사표시의 취소는 선의의 제3자에게 대항하지 못한다(민법 제110조 제3항).

39 사기에 의한 의사표시에 관한 설명으로 옳지 않은 것은?(다툼이 있으면 판례에 따름)

┃2021년 9회 행정사

① 상대방이 기망하였으나 표의자가 기망되지 않고 의사표시를 하였다면 기망을 이유로 그 의사표시를 취소할 수 없다.

② 제3자가 행한 사기로 계약을 체결한 경우 상대방이 그 사실을 알았거나 알 수 있었을 경우에 한하여 그 계약을 취소할 수 있다.

③ 상대방의 대리인이 사기를 행하여 계약을 체결한 경우 그 대리인은 '제3자에 의한 사기'에서의 '제3자'에 해당되지 않는다.

④ 상대방이 사용자책임을 져야 할 관계에 있는 피용자가 사기를 행하여 계약을 체결한 경우 그 피용자는 '제3자에 의한 사기'에서의 '제3자'에 해당한다.

⑤ '제3자에 의한 사기'로 계약을 체결한 피기망자는 그 계약을 취소하지 않은 상태에서 그 제3자에 대하여 불법행위로 인한 손해배상청구를 할 수 없다.

⑤ (×) <u>제3자의 사기행위로 인하여 피해자가 주택건설사와 사이에 주택에 관한 분양계약을 체결하였다고 하더라도 제3자의 사기행위 자체가 불법행위를 구성하는 이상, 제3자로서는 그 불법행위로 인하여 피해자가 입은 손해를 배상할 책임을 부담하는 것이므로, 피해자가 제3자를 상대로 손해배상청구를 하기 위하여 반드시 그 분양계약을 취소할 필요는 없다</u>(대판 1998.3.10. 97다55829).

① (○) 상대방이 기망하였으나 표의자가 기망되지 않고 의사표시를 하였다면 기망행위와 표의자의 의사표시 사이에 인과관계가 존재하지 않아 상대방의 사기에 의한 의사표시가 인정되지 아니므로 표의자는 기망을 이유로 그 의사표시를 취소할 수 없다.

② (○) 상대방 있는 의사표시에 관하여 제3자가 사기나 강박을 행한 경우에는 상대방이 그 사실을 알았거나 알 수 있었을 경우에 한하여 그 의사표시를 취소할 수 있다(민법 제110조 제2항).

③ (○) 상대방 있는 의사표시에 관하여 제3자가 사기나 강박을 한 경우에는 상대방이 그 사실을 알았거나 알 수 있었을 경우에 한하여 그 의사표시를 취소할 수 있으나, <u>상대방의 대리인 등 상대방과 동일시할 수 있는 자의 사기나 강박은 제3자의 사기·강박에 해당하지 아니한다</u>(대판 1999.2.23. 98다60828).

④ (○) <u>상대방의 피용자이거나 상대방이 사용자책임을 져야 할 관계에 있는 피용자에 지나지 않는 자는 상대방과 동일시할 수는 없어 민법 제110조 제2항에서 말하는 제3자에 해당한다</u>(대판 1998.1.23. 96다41496).

40 사기, 강박에 의한 의사표시에 관한 설명으로 옳은 것을 모두 고른 것은?(다툼이 있으면 판례에 따름)

┃2019년 7회 행정사

> ㄱ. 부작위에 의한 기망행위도 인정될 수 있다.
> ㄴ. 제3자의 사기로 계약을 체결한 경우, 그 계약을 취소하지 않으면 그 제3자에 대하여 손해배상을 청구할 수 없다.
> ㄷ. 부정행위에 대한 고소, 고발은 부정한 이익의 취득을 목적으로 하는 경우에도 위법한 강박행위가 될 수 없다.

① ㄱ
② ㄴ
③ ㄱ, ㄷ
④ ㄴ, ㄷ
⑤ ㄱ, ㄴ, ㄷ

ㄱ (○) 신의칙상 어떤 상황을 설명해야 할 고지의무가 있음에도 불구하고 고지하지 않은 경우에는 부작위에 의한 기망행위에 해당한다.

ㄴ (×) <u>제3자의 사기행위로 인하여 피해자가 주택건설사와 사이에 주택에 관한 분양계약을 체결하였다고 하더라도 제3자의 사기행위 자체가 불법행위를 구성하는 이상, 제3자로서는 그 불법행위로 인하여 피해자가 입은 손해를 배상할 책임을 부담하는 것이므로, 피해자가 제3자를 상대로 손해배상청구를 하기 위하여 반드시 그 분양계약을 취소할 필요는 없다</u>(대판 1998.3.10. 97다55829).

ㄷ (×) <u>일반적으로 부정행위에 대한 고소, 고발은 그것이 부정한 이익을 목적으로 하는 것이 아닌 때에는 정당한 권리행사가 되어 위법하다고 할 수 없으나, 부정한 이익의 취득을 목적으로 하는 경우에는 위법한 강박행위가 되는 경우가 있고 목적이 정당하다 하더라도 행위나 수단 등이 부당한 때에는 위법성이 있는 경우가 있을 수 있다</u>(대판 1992.12.24. 92다25120).

41 甲이 乙을 기망하여 乙 소유 토지를 丙에게 시가에 비해 현저히 저렴한 가격으로 처분하도록 유인하였고, 이에 따라 乙은 丙과 그 토지에 대한 매매계약을 체결한 후 소유권이전등기를 마쳐주었다. 乙은 甲의 사기를 이유로 丙과의 매매계약을 취소하고자 한다. 이에 관한 설명으로 옳은 것을 모두 고른 것은?(다툼이 있으면 판례에 따름) ▌2018년 6회 행정사

> ㄱ. 甲의 기망사실을 丙이 알 수 있었던 경우, 乙은 위 계약을 취소할 수 있다.
> ㄴ. 甲의 사기로 불법행위가 성립하더라도, 乙은 위 계약을 취소하지 않는 한 甲에 대하여 불법행위로 인한 손해배상을 청구할 수 없다.
> ㄷ. 선의의 제3자 丁이 丙으로부터 위 토지를 매수하여 소유권이전등기를 마쳤다면, 그 후 乙이 자신과 丙 사이의 매매계약을 취소하여도 이를 근거로 丁명의의 소유권이전등기의 말소를 청구할 수 없다.

① ㄱ
② ㄴ
③ ㄱ, ㄷ
④ ㄴ, ㄷ
⑤ ㄱ, ㄴ, ㄷ

해설 난도 ★★☆

ㄱ (O) 상대방 있는 의사표시에 관하여 제3자 甲이 기망을 행한 경우 상대방 丙이 그 사실을 알 수 있었다면 표의자인 乙은 그 의사표시를 취소할 수 있다(민법 제110조 제2항).

ㄷ (O) 사기로 인한 의사표시의 취소는 선의의 제3자에게 대항하지 못하므로(민법 제110조 제3항), 乙이 丙과의 매매계약을 취소하여도 선의의 丁명의의 소유권이전등기의 말소를 청구할 수 없다.

ㄴ (×) 판례(대판 1998.3.10. 97다55829)의 취지를 고려할 때 乙은 당해 의사표시를 취소하지 아니하고도 제3자 甲에게 불법행위로 인한 손해배상을 청구할 수 있다.

42 사기, 강박에 의한 의사표시에 관한 설명으로 옳지 않은 것은?(다툼이 있으면 판례에 따름) ▌2017년 5회 행정사

① 제3자에 의한 사기행위로 계약을 체결한 경우에는 그 계약을 취소해야만 제3자에 대하여 불법행위로 인한 손해배상을 청구할 수 있다.

② 신의성실의 원칙상 고지의무가 있는 자가 소극적으로 진실을 숨기는 것은 기망행위에 해당한다.

③ 강박에 의하여 의사결정을 스스로 할 수 있는 여지가 완전히 박탈된 상태에서 이루어진 법률행위는 무효이다.

④ 상대방 있는 의사표시에 관하여 제3자가 사기를 행한 경우에는 상대방이 그 사실을 알았거나 알 수 있었을 경우에 한하여 그 의사표시를 취소할 수 있다.

⑤ 강박에 의한 의사표시라고 하려면 상대방이 불법으로 어떤 해악을 고지함으로 인하여 공포를 느끼고 의사표시를 한 것이어야 한다.

① (×) 제3자의 사기행위로 인하여 피해자가 주택건설사와 사이에 주택에 관한 분양계약을 체결하였다고 하더라도 제3자의 사기행위 자체가 불법행위를 구성하는 이상, 제3자로서는 그 불법행위로 인하여 피해자가 입은 손해를 배상할 책임을 부담하는 것이므로, 피해자가 제3자를 상대로 손해배상청구를 하기 위하여 반드시 그 분양계약을 취소할 필요는 없다(대판 1998.3.10. 97다55829).

② (○) 작위에 의한 적극적 기망행위뿐만 아니라 부작위, 특히 침묵도 고지의무 또는 설명의무가 전제되는 경우에는 기망행위가 될 수 있다.

③ (○) 상대방 또는 제3자의 강박에 의하여 의사결정의 자유가 완전히 박탈된 상태에서 이루어진 의사표시는 효과의사에 대응하는 내심의 의사가 결여된 것이므로 무효라고 볼 수밖에 없다(대판 1984.12.11. 84다카1402).

④ (○) 상대방 있는 의사표시에 관하여 제3자가 사기나 강박을 행한 경우에는 상대방이 그 사실을 알았거나 알 수 있었을 경우에 한하여 그 의사표시를 취소할 수 있다(민법 제110조 제2항).

⑤ (○) 강박에 의한 의사표시라고 하려면 상대방이 불법으로 어떤 해악을 고지함으로 말미암아 공포를 느끼고 의사표시를 한 것이어야 한다(대판 2000.3.23. 99다64049).

43 의사표시에 관한 설명으로 옳지 않은 것은? ┃2022년 10회 행정사

① 청약의 의사표시는 그 표시가 상대방에게 도달한 때에 그 효력이 생긴다.

② 의사표시자가 청약의 의사표시를 발송한 후 사망하였다면, 그 의사표시는 처음부터 무효인 것으로 본다.

③ 행위능력을 갖춘 미성년자에게는 특별한 사정이 없는 한 의사표시의 수령능력이 인정된다.

④ 표의자가 과실 없이 상대방을 알지 못하는 경우, 민사소송법 공시송달의 규정에 의하여 의사표시를 송달할 수 있다.

⑤ 의사표시의 상대방이 의사표시를 받은 때에 제한능력자인 경우, 특별한 사정이 없는 한 의사표시자는 그 의사표시로써 대항할 수 없다.

해설 난도 ★★☆

② (×) 의사표시자가 그 통지를 발송한 후 사망하거나 제한능력자가 되어도 의사표시의 효력에 영향을 미치지 아니하므로(민법 제111조 제2항), 의사표시자의 청약이 상대방에게 도달하였다면 청약은 효력이 발생한다.

① (○) 상대방이 있는 의사표시는 상대방에게 도달한 때에 그 효력이 생긴다(민법 제111조 제1항).

③ (○) 미성년자는 수령무능력자이나(민법 제112조 본문), 미성년자가 예외적으로 행위능력을 가지는 경우에는 수령능력도 인정될 수 있음을 유의하여야 한다.

④ (○) 표의자가 과실 없이 상대방을 알지 못하거나 상대방의 소재를 알지 못하는 경우에는 의사표시는 민사소송법 공시송달의 규정에 의하여 송달할 수 있다(민법 제113조).

⑤ (○) 의사표시의 상대방이 의사표시를 받은 때에 제한능력자인 경우에는 의사표시자는 그 의사표시로써 대항할 수 없다. 다만, 그 상대방의 법정대리인이 의사표시가 도달한 사실을 안 후에는 그러하지 아니하다(민법 제112조).

44 甲은 자기 소유의 부동산을 1억원에 매도하겠다는 청약을 등기우편으로 乙에게 보냈다. 이에 관한 설명으로 옳지 않은 것은?(다툼이 있으면 판례에 따름) ▌2019년 7회 행정사

① 甲의 청약은 乙에게 도달한 때에 효력이 생긴다.

② 甲이 등기우편을 발송한 후 성년후견개시의 심판을 받은 경우, 乙에게 도달한 甲의 청약은 효력이 발생하지 않는다.

③ 甲의 등기우편은 반송되는 등 특별한 사정이 없는 한 乙에게 배달된 것으로 인정하여야 한다.

④ 甲은 등기우편이 乙에게 도달하기 전에 자신의 청약을 철회할 수 있다.

⑤ 甲의 청약이 효력을 발생하기 위해서 乙이 그 내용을 알 것까지는 요하지 않는다.

해설 난도 ★★☆

② (×) 의사표시자가 그 통지를 발송한 후 사망하거나 제한능력자가 되어도 의사표시의 효력에 영향을 미치지 아니하므로(민법 제111조 제2항), 甲이 등기우편을 발송한 후 성년후견개시의 심판을 받은 경우에도 甲의 청약은 효력이 발생한다.

① (○) 상대방이 있는 의사표시는 상대방에게 도달한 때에 그 효력이 생긴다(민법 제111조 제1항). 따라서 甲의 청약이 乙에게 도달한 때에 효력이 생긴다.

③ (○) 우편법 등 관계규정의 취지에 비추어 볼 때 우편물이 등기취급의 방법으로 발송된 경우 반송되는 등의 특별한 사정이 없는 한 그 무렵 수취인에게 배달되었다고 보아야 한다(대판 1992.3.27. 91누3819). 따라서 甲의 등기우편은 특별한 사정이 없는 한 乙에게 배달된 것으로 보아야 한다.

④ (○) 甲의 등기우편이 乙에게 도달하기 전에는 청약의 구속력이 인정되지 아니하므로 甲은 자신의 청약의 의사표시를 철회할 수 있다.

⑤ (○) 판례(대판 1983.8.23. 82다카439)의 취지를 고려할 때 의사표시의 상대방인 乙이 그 내용을 알 것까지는 요하지 않는다고 보아야 한다.

> **Plus One**
> 채권양도의 통지와 같은 준법률행위의 도달은 의사표시와 마찬가지로 사회관념상 채무자가 통지의 내용을 알 수 있는 객관적 상태에 놓여졌을 때를 지칭하고, 그 통지를 채무자가 현실적으로 수령하였거나 그 통지의 내용을 알았을 것까지는 필요하지 않다(대판 1983.8.23. 82다카439).

45 의사표시의 효력발생에 관한 설명으로 옳지 않은 것은?(다툼이 있으면 판례에 따름) ▌2018년 6회 행정사

① 의사표시가 기재된 내용증명 우편물이 발송되고 반송되지 아니하면 특별한 사정이 없는 한, 그 무렵에 송달되었다고 볼 수 있다.

② 의사표시의 도달로 인정되려면 사회통념상 상대방이 그 통지를 현실적으로 수령하여 그 내용을 알아야 한다.

③ 의사표시를 받은 상대방이 제한능력자라 하더라도 그의 법정대리인이 그 의사표시가 도달한 사실을 안 후에는 의사표시자는 그 효력을 주장할 수 있다.

④ 의사표시자가 통지를 발송한 후 제한능력자가 되어도 그 의사표시의 효력에 영향을 미치지 아니한다.

⑤ 상대방 있는 의사표시에 관하여 민법은 상대방에게 도달한 때에 그 효력이 생기는 것을 원칙으로 한다.

② (×) 채권양도의 통지와 같은 준법률행위의 도달은 의사표시와 마찬가지로 사회관념상 채무자가 통지의 내용을 알수 있는 객관적 상태에 놓여졌을 때를 지칭하고, 그 통지를 채무자가 현실적으로 수령하였거나 그 통지의 내용을 알았을 것까지는 필요하지 않다(대판 1983.8.23. 82다카439).

① (○) 재건축조합을 탈퇴한다는 의사표시가 기재된 내용증명 우편물이 발송되고 달리 반송되지 아니하였다면 특별한 사정이 없는 한 이는 그 무렵에 송달되었다고 봄이 상당하다(대판 2000.10.27. 2000다20052).

③ (○) 의사표시의 상대방이 의사표시를 받은 때에 제한능력자인 경우에는 의사표시자는 그 의사표시로써 대항할 수 없다. 다만, 그 상대방의 법정대리인이 의사표시가 도달한 사실을 안 후에는 그러하지 아니하다(민법 제112조).

④ (○) 의사표시자가 그 통지를 발송한 후 사망하거나 제한능력자가 되어도 의사표시의 효력에 영향을 미치지 아니한다(민법 제111조 제2항).

⑤ (○) 상대방 있는 의사표시는 대화자 또는 격지자를 구별하지 않고 그 통지가 상대방에게 도달한 때로부터 효력이 발생한다는 도달주의를 원칙으로 하고 있다(민법 제111조).

46 의사표시에 관한 설명으로 옳은 것은?　　　　　　　　　　　　　　| 2016년 4회 행정사

① 의사표시자가 그 통지를 발송한 후 사망하여도 의사표시의 효력에 영향을 미치지 아니한다.

② 진의 아닌 의사표시에서 상대방이 표의자의 진의 아님을 알았거나 알 수 있었을 경우, 표의자는 그 의사표시를 취소할 수 있다.

③ 표의자가 과실로 상대방의 소재를 알지 못하는 경우, 의사표시는 민사소송법 공시송달의 규정에 의하여 송달할 수 있다.

④ 상대방이 있는 의사표시는 상대방이 요지(了知)한 때에 그 효력이 생긴다.

⑤ 상대방 있는 의사표시에 관하여 제3자가 강박을 행한 경우, 상대방이 그 사실을 알았던 경우에 한하여 그 의사표시를 취소할 수 있다.

해설 난도 ★★☆

① (○) 의사표시자가 그 통지를 발송한 후 사망하거나 제한능력자가 되어도 의사표시의 효력에 영향을 미치지 아니한다(민법 제111조 제2항).

② (×) 의사표시는 표의자가 진의 아님을 알고 한 것이라도 그 효력이 있다. 그러나 상대방이 표의자의 진의 아님을 알았거나 이를 알 수 있었을 경우에는 무효로 한다(민법 제107조 제1항).

③ (×) 표의자가 과실 없이 상대방을 알지 못하거나 상대방의 소재를 알지 못하는 경우에는 의사표시는 민사소송법 공시송달의 규정에 의하여 송달할 수 있다(민법 제113조).

④ (×) 상대방이 있는 의사표시는 상대방에게 도달한 때에 그 효력이 생긴다(민법 제111조 제1항). 여기서의 도달은 사회관념상 상대방이 의사표시의 내용을 알 수 있는(요지할 수 있는) 객관적 상태에 놓여 있는 경우를 의미한다.

⑤ (×) 상대방 있는 의사표시에 관하여 제3자가 사기나 강박을 행한 경우에는 상대방이 그 사실을 알았거나 알 수 있었을 경우에 한하여 그 의사표시를 취소할 수 있다(민법 제110조 제2항).

47 의사표시에 관한 설명으로 옳은 것은?(다툼이 있으면 판례에 따름) ▮ 2015년 3회 행정사

① 착오에 의한 의사표시의 취소는 선의의 제3자에게 대항할 수 있다.

② 부동산 매매에서 시가에 관한 착오는 특별한 사정이 없는 한 법률행위의 중요부분에 관한 착오라고 할 수 없다.

③ 채무자의 법률행위가 통정허위표시에 해당되어 무효인 경우에는 채권자취소권의 대상이 되지 않는다.

④ 진의 아닌 의사표시는 상대방이 표의자의 진의 아님을 알았거나 알 수 있었을 경우에 그 효력이 있다.

⑤ 강박이 의사결정의 자유를 완전히 박탈하는 정도에 이르지 않고 이를 제한하는 정도에 그친 경우에 그 의사표시는 무효이다.

해설 난도 ★☆☆

② (○) 토지매매에 있어서 시가에 관한 착오는 토지를 매수하려는 의사를 결정함에 있어 그 동기의 착오에 불과할 뿐 법률행위의 중요부분에 관한 착오라 할 수 없다(대판 1985.4.23. 84다카890).

① (×) 착오에 의한 의사표시의 취소는 선의의 제3자에게 대항하지 못한다(민법 제109조 제2항).

③ (×) 채무자의 법률행위가 통정허위표시인 경우에도 채권자취소권의 대상이 된다(대판 1998.2.27. 97다50985).

④ (×) 의사표시는 표의자가 진의 아님을 알고 한 것이라도 그 효력이 있다. 그러나 상대방이 표의자의 진의 아님을 알았거나 이를 알 수 있었을 경우에는 무효로 한다(민법 제107조 제1항).

⑤ (×) 강박이 의사결정의 자유를 완전히 박탈하는 정도에 이르지 아니하고 이를 제한하는 정도에 그친 경우에는 그 의사표시는 취소할 수 있음에 그치고 무효라고까지 볼 수 없다(대판 1984.12.11. 84다카1402).

48 의사표시의 효력발생시기에 관한 설명으로 옳지 않은 것은?(다툼이 있는 경우에는 판례에 의함)

▮ 2014년 2회 행정사

① 상대방이 있는 의사표시는 상대방에게 도달한 때에 그 효력이 생기는 것이 원칙이다.

② 표의자는 그의 의사표시가 상대방에게 도달하였으나 상대방이 이행에 착수하기 전에는 그 의사표시를 철회할 수 있다.

③ 제한능력자에게 의사를 표시한 사람은 제한능력자의 법정대리인이 의사표시가 도달한 사실을 안 후에는 그 의사표시로써 제한능력자에게 대항할 수 있다.

④ 상대방이 정당한 사유 없이 의사표시의 수령을 거절한 경우에는 그 의사표시는 상대방이 그 내용을 알 수 있는 객관적 상태에 놓여 있는 때에 효력이 생긴다.

⑤ 의사표시의 부도달에 대한 위험은 표의자에게 있다.

해설 난도 ★★☆

② (×) 표의자의 의사표시가 일단 상대방에게 도달하였다면 표의자는 그 의사표시에 구속되어 상대방이 이행에 착수하기 전이라도 철회할 수 없다.

① (○) 상대방이 있는 의사표시의 효력발생시기는 도달주의를 원칙으로 한다(민법 제111조 제1항). 다만, 격지자 간의 계약은 승낙의 통지를 발송한 때에 성립한다고 하여 발신주의를 취하고 있다(민법 제531조).

③ (○) 의사표시의 상대방이 의사표시를 받은 때에 제한능력자인 경우에는 의사표시자는 그 의사표시로써 대항할 수 없다. 다만, 그 상대방의 법정대리인이 의사표시가 도달한 사실을 안 후에는 그러하지 아니하다(민법 제112조).

④ (○) 상대방이 의사표시의 내용을 확인하지 않은 채 그 수령을 거절한 경우에도 원칙적으로 상대방이 그 통지의 내용을 알 수 있는 객관적 상태에 놓여 있는 때에 의사표시는 도달된 것으로 보아야 한다.

⑤ (○) 도달주의를 채택한 결과 의사표시의 도착 또는 연착의 불이익은 표의자가 부담한다.

49 대리에 관한 설명으로 옳지 않은 것은?(다툼이 있으면 판례에 따름) ┃2022년 10회 행정사

① 대리인은 행위능력자임을 요하지 아니한다.

② 사실상의 용태에 의하여 대리권의 수여가 추단될 수 있다.

③ 임의대리의 원인된 법률관계가 종료하기 전이라도 본인은 수권행위를 철회할 수 있다.

④ 수권행위에서 권한을 정하지 아니한 대리인은 보존행위만을 할 수 있다.

⑤ 복대리인은 본인의 대리인이다.

해설 난도 ★★☆

④ (×) 권한을 정하지 아니한 대리인은 보존행위와 대리의 목적인 물건이나 권리의 성질을 변하지 아니하는 범위에서 그 이용 또는 개량하는 행위를 할 수 있다(민법 제118조).

① (○) 대리인은 행위능력자임을 요하지 아니한다(민법 제117조).

② (○) 대리권을 수여하는 수권행위는 불요식의 행위로서 명시적인 의사표시에 의함이 없이 묵시적인 의사표시에 의하여 할 수도 있으며, 어떤 사람이 대리인의 외양을 가지고 행위하는 것을 본인이 알면서도 이의를 하지 아니하고 방임하는 등 사실상의 용태에 의하여 대리권의 수여가 추단되는 경우도 있다(대판 2016.5.26. 2016다203315).

③ (○) 임의대리의 경우 그 원인된 법률관계의 종료 전에 본인이 수권행위를 철회할 수 있다(민법 제128조).

⑤ (○) 복대리인은 대리인이 대리권의 범위 내의 행위를 하게 하기 위하여 대리인 자신의 이름으로 선임한 본인의 대리인이다.

50 임의대리에 관한 설명으로 옳지 않은 것은?(다툼이 있으면 판례에 따름) ┃2021년 9회 행정사

① 권한을 정하지 아니한 대리인은 대리의 목적물에 대해 모든 개량행위를 할 수 있다.

② 대리권은 그 권한에 부수하여 필요한 한도에서 상대방의 의사표시를 수령하는 수령대리권을 포함하는 것이 원칙이다.

③ 수권행위는 묵시적인 의사표시로 할 수 있다.

④ 대리권의 존속 중 원인된 법률관계가 종료하기 전에는 본인은 수권행위를 철회할 수 있다.

⑤ 대리인에 대한 성년후견의 개시는 대리권의 소멸사유이다.

해설 난도 ★★☆

① (×) 권한을 정하지 아니한 대리인은 보존행위와 대리의 목적인 물건이나 권리의 성질을 변하지 아니하는 범위에서 그 이용 또는 개량하는 행위를 할 수 있다(민법 제118조).

② (○) 수권행위의 통상의 내용으로서의 임의대리권은 그 권한에 부수하여 필요한 한도에서 상대방의 의사표시를 수령하는 이른바 수령대리권을 포함하는 것으로 보아야 한다(대판 1994.2.8. 93다39379).

③ (○) 수권행위는 불요식행위이기 때문에 명시적 의사표시 외에 묵시적 의사표시로도 할 수 있다.

④ (○) 임의대리의 경우 그 원인된 법률관계의 종료 전에 본인이 수권행위를 철회할 수 있다(민법 제128조).

⑤ (○) 대리권은 본인의 사망, 대리인의 사망, 성년후견의 개시 또는 파산으로 소멸한다(민법 제127조).

51 임의대리권의 범위에 관한 설명으로 옳지 않은 것은?(다툼이 있으면 판례에 따름)

┃2022년 10회 행정사

① 임의대리권의 범위는 원칙적으로 수권행위에 의하여 정해진다.
② 특별한 사정이 없는 한 통상의 임의대리권은 필요한 한도에서 수령대리권을 포함한다.
③ 매도인으로부터 매매계약체결에 대한 대리권을 수여받은 자는 특별한 사정이 없는 한 그 매매계약에 따른 중도금을 수령할 권한이 있다.
④ 매도인으로부터 매매계약의 체결과 이행에 대해 포괄적인 대리권을 수여받은 자는 특별한 사정이 없는 한 약정된 매매대금의 지급기일을 연기해 줄 권한이 없다.
⑤ 부동산을 매수할 권한을 수여받은 자는 원칙적으로 그 부동산을 처분할 권한이 없다.

> **해설** 난도 ★☆☆
>
> ④ (×), ③ (○) 부동산의 소유자로부터 매매계약을 체결할 대리권을 수여받은 대리인은 특별한 다른 사정이 없는 한 그 매매계약에서 약정한 바에 따라 중도금이나 잔금을 수령할 수도 있다고 보아야 하고, 매매계약의 체결과 이행에 관하여 포괄적으로 대리권을 수여받은 대리인은 특별한 다른 사정이 없는 한 상대방에 대하여 약정된 매매대금지급기일을 연기하여 줄 권한도 가진다고 보아야 할 것이다(대판 1992.4.14. 91다43107).
>
> ① (○) 임의대리권의 범위는 원칙적으로 수권행위에 의하여 정하여지고 수권행위의 해석에 의하여 구체화된다.
>
> ② (○) 수권행위의 통상의 내용으로서의 임의대리권은 그 권한에 부수하여 필요한 한도에서 상대방의 의사표시를 수령하는 이른바 수령대리권을 포함하는 것으로 보아야 한다(대판 1994.2.8. 93다39379).
>
> ⑤ (○) 법률행위에 의하여 수여된 대리권은 그 원인된 법률관계의 종료에 의하여 소멸하는 것이므로 특별한 다른 사정이 없는 한 부동산을 매수할 권한을 수여받은 대리인에게 그 부동산을 처분할 대리권도 있다고 볼 수 없다(대판 1991.2.12. 90다7364).

52 당사자 일방으로부터 부동산 매매계약의 체결에 관한 대리권만 수여받은 대리인이 특별한 사정이 없는 한 할 수 있는 행위에 해당하는 것은?(다툼이 있으면 판례에 따름)   ┃2020년 8회 행정사

① 매도인을 대리하여 중도금이나 잔금을 수령하는 행위
② 매도인을 대리하여 약정된 매매대금의 지급기일을 연기해주는 행위
③ 매도인을 대리하여 잔금채권을 담보로 대출을 받는 행위
④ 매수인을 대리하여 매매계약을 해제하는 행위
⑤ 매수인을 대리하여 매매목적 부동산을 처분하는 행위

> **해설** 난도 ★★☆
>
> 대리인이 ① 매도인을 대리하여 중도금이나 잔금을 수령하는 행위(대판 1994.2.8. 93다39379)는 대리인의 대리권의 범위 내에 속하나, ③ 매도인을 대리하여 잔금채권을 담보로 대출을 받는 행위(유사한 취지로 대판 2008.6.12. 2008다11276), ④ 매수인을 대리하여 매매계약을 해제하는 행위(대판 1987.4.28. 85다카971), ⑤ 매수인을 대리하여 매매목적 부동산을 처분하는 행위(대판 1991.2.12. 90다7364)는 그러하지 아니하다. 주의할 것은 대리인이 매매계약의 체결과 이행에 관하여 포괄적으로 대리권을 수여받은 경우 ② 대리인이 매도인을 대리하여 약정된 매매대금의 지급기일을 연기해주는 행위(대판 1992.4.14. 91다43107)는 대리권의 범위 내에 속한다고 볼 수 있으나, 문제에서 대리인은 부동산 매매계약의 체결에 관한 대리권만 수여받았으므로 매도인을 대리하여 약정된 매매대금의 지급기일을 연기해주는 행위는 대리권의 범위 내에 속한다고 볼 수 없다는 점이다.

53 법률행위의 대리에 관한 설명으로 옳은 것은?(다툼이 있으면 판례에 따름) ▌2017년 5회 행정사

① 권한의 범위가 정해지지 않은 임의대리인은 부패하기 쉬운 농산물을 처분할 수 없다.
② 대리인은 행위능력자이어야 한다.
③ 부동산 입찰절차에서 동일물건에 관하여 이해관계가 다른 2인 이상의 대리인이 된 경우에는 그 대리인이 한 입찰은 무효이다.
④ 예금계약의 체결을 위임받은 자의 대리권에는 당연히 그 예금을 담보로 하여 대출을 받거나 이를 처분할 수 있는 대리권이 포함되어 있다.
⑤ 복대리인은 그 권한 내에서 대리인을 대리한다.

해설 난도 ★★☆

③ (○) 부동산 입찰절차에서 동일물건에 관하여 이해관계가 다른 2인 이상의 대리인이 된 경우에는 그 대리인이 한 입찰은 무효이다(대결 2004.2.13. 2003마44).
① (×) 권한을 정하지 아니한 대리인은 보존행위나 이용 또는 개량행위만을 할 수 있고(민법 제118조), 부패하기 쉬운 농산물을 처분하는 것은 동조 제1호의 보존행위에 포함되는 것으로 볼 수 있다.
② (×) 대리인은 행위능력자임을 요하지 아니한다(민법 제117조).
④ (×) 예금계약의 체결을 위임받은 자가 가지는 대리권에 당연히 그 예금을 담보로 하여 대부를 받거나 기타 이를 처분할 수 있는 대리권이 포함되어 있는 것은 아니다(대판 1992.6.23. 91다14987).
⑤ (×) 복대리인은 그 권한 내에서 본인을 대리한다(민법 제123조 제1항).

54 대리에 관한 설명으로 옳지 않은 것은?(다툼이 있는 경우에는 판례에 의함) ▌2013년 1회 행정사

① 본인이 대리인에게 자기계약을 허락한 경우에는 그 대리행위는 유효하다.
② 대리에 의한 의사표시의 효력이 의사의 흠결로 영향을 받을 경우에는 그 사실 유무는 대리인을 기준으로 정한다.
③ 대리권의 범위가 불분명한 대리인은 소멸시효의 중단과 같은 보존행위는 할 수 있지만 금전을 이자부로 대여하는 이용행위는 할 수 없다.
④ 유권대리의 주장이 있다고 하여 표현대리의 주장이 당연히 포함되는 것은 아니다.
⑤ 대리인이 여러 명인 경우에는 대리인은 원칙적으로 각자가 본인을 대리한다.

해설 난도 ★☆☆

③ (×) 민법 제118조 제2호의 이용 또는 개량행위에는 물건을 임대하거나 금전을 이자부로 대여하는 경우, 무이자 소비대차를 이자부로 대여하는 경우가 포함되기 때문에 대리권의 범위가 불분명한 대리인은 소멸시효의 중단과 같은 보존행위뿐만 아니라 금전을 이자부로 대여하는 이용행위도 할 수 있다.
① (○) 대리인은 본인의 허락이 없으면 본인을 위하여 자기와 법률행위를 하거나 동일한 법률행위에 관하여 당사자 쌍방을 대리하지 못한다. 그러나 채무의 이행은 할 수 있다(민법 제124조).
② (○) 의사표시의 효력이 의사의 흠결, 사기, 강박 또는 어느 사정을 알았거나 과실로 알지 못한 것으로 인하여 영향을 받을 경우에 그 사실의 유무는 대리인을 표준하여 결정한다(민법 제116조 제1항).
④ (○) 표현대리가 성립된다고 하여 무권대리의 성질이 유권대리로 전환되는 것은 아니므로, 양자의 구성요건 해당사실, 즉 주요사실은 다르다고 볼 수밖에 없으니 유권대리에 관한 주장 속에 무권대리에 속하는 표현대리의 주장이 포함되어 있다고 볼 수 없다(대판[전합] 1983.12.13. 83다카1489).
⑤ (○) 대리인이 수인인 때에는 각자가 본인을 대리한다(민법 제119조 본문).

CHAPTER 05

55 대리에 관한 설명으로 옳지 않은 것은?(다툼이 있는 경우에는 판례에 의함) ┃2014년 2회 행정사

① 매매계약을 체결할 권한을 수여받은 대리인은 특별한 사정이 없으면, 그 매매계약에 따른 중도금 과 잔금을 받을 권한을 갖는다.

② 매매계약의 체결과 이행에 관하여 포괄적인 권한을 수여받은 대리인은 특별한 사정이 없으면, 상대방에 대하여 약정된 매매대금의 지급기일을 연기할 권한을 갖는다.

③ 대여금의 영수권한만을 위임받은 대리인은 그 대여금 채무의 일부를 면제하기 위하여는 특별수권 이 필요하다.

④ 특별한 사정이 없으면, 예금계약의 체결을 위임받은 자의 대리권에는 그 예금을 담보로 하여 대출 을 받거나 이를 처분할 수 있는 권한이 포함되지 않는다.

⑤ 본인을 위하여 금전소비대차와 그 담보를 위한 담보권설정계약을 체결할 권한을 수여받은 대리인 은 특별한 사정이 없으면, 금전소비대차계약과 담보권설정계약이 체결된 후에 이를 해제할 권한 을 갖는다.

해설 난도 ★☆☆

⑤ (×) 특별한 다른 사정이 없는 한, 본인을 대리하여 금전소비대차 내지 그를 위한 담보권설정계약을 체결할 권한을 수여받은 대리인에게 본래의 계약관계를 해제할 대리권까지 있다고 볼 수 없다(대판 1993.1.15. 92다39365).

① (○), ② (○) 부동산의 소유자로부터 매매계약을 체결할 대리권을 수여받은 대리인은 특별한 다른 사정이 없는 한 그 매매계약에서 약정한 바에 따라 중도금이나 잔금을 수령할 수도 있다고 보아야 하고, 매매계약의 체결과 이행에 관하여 포괄적으로 대리권을 수여받은 대리인은 특별한 다른 사정이 없는 한 상대방에 대하여 약정된 매매대금지급기 일을 연기하여 줄 권한도 가진다고 보아야 할 것이다(대판 1992.4.14. 91다43107).

③ (○) 대여금의 영수권한만을 위임받은 대리인이 그 대여금 채무의 일부를 면제하기 위하여는 본인의 특별수권이 필요하다(대판 1981.6.23. 80다3221).

④ (○) 예금계약의 체결을 위임받은 자가 가지는 대리권에 당연히 그 예금을 담보로 대출을 받거나 이를 처분할 수 있는 대리권이 포함되어 있는 것은 아니다(대판 2002.6.14. 2000다38992).

56 민법에서 정한 임의대리권의 소멸사유에 해당하지 않는 것은? ┃2018년 6회 행정사

① 본인의 사망

② 대리인의 사망

③ 본인의 성년후견개시

④ 본인과 대리인 사이의 원인된 법률관계의 종료

⑤ 본인과 대리인 사이의 원인된 법률관계의 종료 전 수권행위의 철회

해설 난도 ★☆☆

③ (×) 본인이 아니라 대리인의 성년후견개시가 임의대리권 소멸사유에 해당한다(민법 제127조 제2호).

①, ②는 법정대리권과 임의대리권의 공통된 소멸사유이고, ④, ⑤는 임의대리권 특유의 소멸사유이다.

Plus One	
법정대리권과 임의대리권의 공통된 소멸사유	**임의대리권 특유의 소멸사유**
• 본인 - 사망 • 대리인 - 사망, 성년후견의 개시, 파산	• 원인된 법률관계의 종료 • 법률관계의 종료 전에 수권행위의 철회

57 대리행위에 관한 설명으로 옳은 것은?(다툼이 있으면 판례에 따름)   ▌2021년 9회 행정사

① 미성년자 甲의 법정대리인 乙이 제3자 丙의 이익만을 위한 대리행위를 하고 그 사정을 상대방 丁이 알고 있었다면, 그 대리행위는 甲에게 효과가 없다.

② 매매위임장을 제시하고 매매계약을 체결하면서 계약서에 대리인의 성명만 기재하는 경우, 특단의 사정이 없는 한 그 계약은 본인에게 효력이 없다.

③ 특정한 법률행위를 위임한 경우에 대리인이 본인의 지시에 좇아 그 행위를 한 때에는 본인은 자기가 안 사정에 관하여 대리인의 부지(不知)를 주장할 수 있다.

④ 하나의 물건에 대해 본인과 대리인이 각각 계약을 체결한 경우, 대리인이 체결한 계약은 무효이다.

⑤ 본인은 임의대리인이 제한능력자라는 이유로 대리행위를 취소할 수 있다.

해설 난도 ★★☆

① (○) 판례(대판 1996.4.26. 94다29850)의 취지를 고려할 때 상대방 丁이 법정대리인 乙의 대리권남용 사실을 알고 있었다면 그 대리행위는 甲에게 효과가 없다.

> **Plus One**
> 진의 아닌 의사표시가 대리인에 의하여 이루어지고 그 대리인의 진의가 본인의 이익이나 의사에 반하여 자기 또는 제3자의 이익을 위한 배임적인 것임을 그 상대방이 알았거나 알 수 있었을 경우에는, 민법 제107조 제1항 단서의 유추해석상 그 대리인의 행위는 본인의 대리행위로 성립할 수 없으므로 본인은 대리인의 행위에 대하여 아무런 책임이 없다(대판 1996.4.26. 94다29850).

② (×) 매매위임장을 제시하고 매매계약을 체결하는 자는 특단의 사정이 없는 한 소유자를 대리하여 매매행위를 하는 것이라고 보아야 한다(대판 1982.5.25. 81다1349).

③ (×) 특정한 법률행위를 위임한 경우에 대리인이 본인의 지시에 좇아 그 행위를 한 때에는 본인은 자기가 안 사정 또는 과실로 인하여 알지 못한 사정에 관하여 대리인의 부지를 주장하지 못한다(민법 제116조 제2항).

④ (×) 대리인이 그 권한범위 내에서 대리행위를 하여 본인과 대리인이 각각 계약을 체결한 경우에는 모두 본인에 대하여 그 효력이 있다고 판단된다.

⑤ (×) 대리인은 행위능력자임을 요하지 아니하므로(민법 제117조), 본인은 임의대리인이 제한능력자라는 이유로 대리행위를 취소할 수 없다.

58 대리에 관한 설명으로 옳지 않은 것은?(다툼이 있으면 판례에 따름) ▎2019년 7회 행정사

① 대리인은 행위능력자임을 요하지 않는다.

② 유언은 대리가 허용되지 않는다.

③ 대리에 있어 본인을 위한 것임을 표시하는 현명은 묵시적으로 할 수는 없다.

④ 임의대리의 경우 그 원인된 법률관계의 종료 전에 본인이 수권행위를 철회할 수 있다.

⑤ 대리인이 수인인 때에는 원칙적으로 각자가 본인을 대리한다.

해설 난도 ★☆☆

③ (×) 대리에 있어 본인을 위한 것임을 표시하는 현명은 명시적으로 뿐만 아니라 묵시적으로도 가능하다.

① (○) 대리인은 행위능력자임을 요하지 아니한다(민법 제117조).

② (○) 유언과 같은 신분행위에는 대리가 원칙적으로 허용되지 아니한다.

④ (○) 임의대리의 경우 그 원인된 법률관계의 종료 전에 본인이 수권행위를 철회할 수 있다(민법 제128조 후문).

⑤ (○) 대리인이 수인인 때에는 각자가 본인을 대리한다. 그러나 법률 또는 수권행위에 다른 정한 바가 있는 때에는 그러하지 아니하다(민법 제119조).

---

59 甲은 乙에게 매매계약체결의 대리권을 수여하였고, 乙은 甲을 대리하여 丙 소유의 토지에 관하여 丙과 매매계약을 체결하였다. 그 계약의 효력이 甲에게 미치는 경우를 모두 고른 것은?(다툼이 있으면 판례에 따름) ▎2018년 6회 행정사

> ㄱ. 甲이 피한정후견인 乙에게 대리권을 수여하여 위 계약이 체결된 경우
>
> ㄴ. 甲이 수권행위를 통하여 乙과 丁이 공동으로 대리하도록 정하였음에도 乙이 단독의 의사결정으로 위 계약을 체결한 경우
>
> ㄷ. 乙이 위 토지에 대한 丙의 선행 매매사실을 알면서도 丙의 배임적 이중매매행위에 적극 가담하여 위 계약을 체결하였으나 이러한 사실을 甲이 알지 못한 경우

① ㄱ

② ㄷ

③ ㄱ, ㄴ

④ ㄴ, ㄷ

⑤ ㄱ, ㄴ, ㄷ

해설 난도 ★★☆

ㄱ (○) 대리인은 행위능력자임을 요하지 아니하므로(민법 제117조), 甲이 피한정후견인 乙에게 대리권을 수여하여 乙이 丙 소유의 토지에 관하여 丙과 매매계약을 체결한 경우, 그 계약의 효력은 甲에게 미친다.

ㄴ (×) 공동대리의 제한에 위반하여 乙이 단독으로 대리행위를 한 경우, 乙의 대리행위는 무권대리가 되어 본인 甲의 추인이나 표현대리가 인정되지 아니하는 한 본인 甲에게 그 효력이 미치지 아니한다.

ㄷ (×) 乙이 丙의 배임적 이중매매행위에 적극 가담하여 丙과 매매계약을 체결한 경우, 이 매매계약은 반사회질서의 법률행위로서 무효이고 의사표시의 효력이 어느 사정을 알았거나 과실로 알지 못한 것으로 인하여 영향을 받을 경우에 그 사실의 유무는 대리인 乙을 표준하여 결정하게 되므로 이러한 사실을 甲이 알지 못한 경우라도 그 계약의 효력은 甲에게 미치지 아니한다.

60 미성년자 甲의 법정대리인 乙이 복대리인 丙을 선임한 경우에 관한 설명으로 옳지 않은 것은?

┃2021년 9회 행정사

① 乙은 항상 복임권이 있다.
② 丙도 법정대리인의 지위를 가진다.
③ 乙이 부득이한 사유로 丙을 선임한 경우라면 甲에 대하여 그 선임감독에 관한 책임이 있다.
④ 乙이 사망한 경우 丙의 복대리인의 지위는 원칙적으로 소멸한다.
⑤ 丙은 자신이 수령한 법률행위의 목적물을 乙에게 인도할 의무가 있다.

해설 난도 ★☆☆

② (×) 법정대리인 乙이 선임한 복대리인 丙은 임의대리인의 지위를 가진다.
① (○) 법정대리인 乙의 복임권은 원칙적으로 제한이 없다.
③ (○) 법정대리인은 그 책임으로 복대리인을 선임할 수 있다. 그러나 부득이한 사유로 인한 때에는 선임감독에 관한 책임만이 있다(민법 제122조). 따라서 이 경우 법정대리인 乙은 甲에 대하여 그 선임감독에 관한 책임을 부담한다.
④ (○) 복대리인 丙의 복대리권은 법정대리인 乙의 대리권을 기초로 하는 것이므로 법정대리인 乙이 사망하면 복대리인 丙의 지위도 소멸한다.
⑤ (○) 복대리인 丙은 본인이나 제3자에 대하여 대리인과 동일한 권리의무가 있으므로(민법 제123조 제2항), 복대리인 丙은 자신이 수령한 법률행위의 목적물을 <u>미성년자 본인 甲의 법정대리인 乙</u>에게 인도할 의무가 있다.

61 복대리에 관한 설명으로 옳은 것은?

┃2019년 7회 행정사

① 복대리인은 대리인의 대리인이다.
② 법정대리인은 복대리인을 선임하지 못한다.
③ 복대리인의 대리권은 대리인의 대리권의 범위를 넘지 못한다.
④ 임의대리인이 부득이한 사유로 복대리인을 선임한 경우, 본인에 대하여 그 선임감독에 관한 책임이 없다.
⑤ 복대리인이 선임된 후 대리인의 대리권이 소멸하더라도 복대리권은 소멸하지 않는다.

해설 난도 ★☆☆

③ (○) 복대리인의 대리권은 대리인의 대리권의 존재 및 범위에 의존하기 때문에 그 범위는 대리인의 그것보다 클 수 없다.
① (×) 복대리인은 대리인이 대리권의 범위 내의 행위를 하게 하기 위하여 <u>대리인 자신의 이름으로 선임한 본인의 대리인이다.</u>
② (×) 법정대리인은 그 책임으로 복대리인을 선임할 수 있다. 그러나 부득이한 사유로 인한 때에는 선임감독에 관한 책임만이 있다(민법 제122조).
④ (×) 임의대리인은 부득이한 사유 있는 때에는 복대리인을 선임할 수 있고, 본인에 대하여 그 선임감독에 관한 책임이 있다(민법 제120조, 제121조 제1항).
⑤ (×) 복대리인의 대리권은 대리인의 대리권을 기초로 하는 것이므로 복대리인이 선임된 후 대리인의 대리권이 소멸하면 복대리권도 소멸한다.

62 복대리권의 소멸사유가 아닌 것은?

ǀ 2017년 5회 행정사

① 본인의 사망
② 대리인의 파산
③ 복대리인의 파산
④ 대리인의 성년후견의 개시
⑤ 본인의 성년후견의 개시

해설 난도 ★☆☆

복대리권은 대리권 일반의 소멸사유(예 본인의 사망, 복대리인의 사망·성년후견의 개시 또는 파산), 대리인과 복대리인 사이의 내부적 법률관계의 종료 또는 대리인의 수권행위의 철회, 대리인의 대리권 소멸사유(예 본인의 사망, 대리인의 사망·성년후견의 개시 또는 파산)에 의하여 소멸한다. <u>그러나 본인의 성년후견의 개시는 복대리권의 소멸사유에 해당하지 아니한다.</u>

---

63 법정대리인이 복대리인을 선임하는 경우에 관한 설명으로 옳은 것은?(다툼이 있으면 판례에 따름)

ǀ 2018년 6회 행정사

① 복대리권은 복임행위가 철회되더라도 소멸되지 않는다.
② 본인의 승낙이 있거나 부득이한 사유가 없으면 복대리인을 선임하지 못한다.
③ 부득이한 사유로 복대리인을 선임한 경우, 본인에 대하여 그 선임·감독에 관한 책임이 있다.
④ 본인의 지명 없이 복대리인을 선임한 경우, 그 불성실함을 알고 본인에 대한 통지나 그 해임을 태만한 때가 아니면 책임이 없다.
⑤ 법정대리인이 대리권 소멸 후에 복대리인을 선임하여 그에게 대리행위를 하게 하였다면 특별한 사정이 없는 한, 민법 제129조의 표현대리가 성립할 수 없다.

해설 난도 ★★☆

③ (○) 법정대리인이 부득이한 사유로 복대리인을 선임한 경우에는 본인에 대하여 그 선임감독에 관한 책임이 있다(민법 제122조 단서).
① (×) 복대리권은 대리인의 복임행위에 의하여 발생하므로 <u>대리인의 복대리인에 대한 복임행위의 철회에 의해 복대리권은 소멸한다.</u>
② (×) 법정대리인은 <u>그 책임으로 (제한 없이)</u> 복대리인을 선임할 수 있다(민법 제122조 본문).
④ (×) <u>법정대리인은 임의대리인과 달리 원칙적으로 복임권의 제한이 없으므로 선임·감독상의 과실 유무에 관계없이 모든 책임을 부담한다.</u> 그러나 부득이한 사유로 선임한 경우에는 그 선임·감독상의 과실에 대해서만 책임을 진다(민법 제122조).
⑤ (×) 대리권 소멸 후의 표현대리에 관한 민법 제129조는 법정대리인의 대리권 소멸에 관하여도 적용이 있다(대판 1975.1.28. 74다1199). 따라서 법정대리인이 대리권 소멸 후에 복대리인을 선임하여 그에게 대리행위를 하게 하였다면 특별한 사정이 없는 한, 민법 제129조의 표현대리가 성립할 수 있다.

64 대리에 관한 설명으로 옳은 것은? 2016년 4회 행정사

① 복대리인은 그 권한 내에서 대리인을 대리한다.
② 임의대리인의 대리권의 범위를 정하지 아니한 경우, 대리인은 보존행위뿐만 아니라 처분행위도 할 수 있다.
③ 대리인은 본인의 허락이 있어도 부동산 매매에 관하여 자기계약을 체결하지 못한다.
④ 임의대리에서 본인은 원인된 법률관계가 존속하고 있으면, 수권행위를 철회하여 임의대리권을 소멸시킬 수 없다.
⑤ 복대리인은 본인이나 제3자에 대하여 대리인과 동일한 권리의무가 있다.

해설 난도 ★☆☆

⑤ (○) 복대리인은 본인이나 제3자에 대하여 대리인과 동일한 권리의무가 있다(민법 제123조 제2항).
① (×) 복대리인은 그 권한 내에서 <u>본인을 대리한다</u>(민법 제123조 제1항).
② (×) <u>권한을 정하지 아니한 대리인</u>은 보존행위와 대리의 목적인 물건이나 권리의 성질을 변하지 아니하는 범위에서 그 이용 또는 개량하는 행위를 할 수 있으나(민법 제118조), <u>처분행위를 할 수는 없다</u>.
③ (×) 대리인은 본인의 허락이 있으면 본인을 위하여 부동산 매매에 관하여 자기계약을 체결할 수 있다(민법 제124조 본문 반대해석).

> **Plus One**
> **자기계약, 쌍방대리(민법 제124조)**
> 대리인은 본인의 허락이 없으면 본인을 위하여 자기와 법률행위를 하거나 동일한 법률행위에 관하여 당사자 쌍방을 대리하지 못한다. 그러나 채무의 이행은 할 수 있다.

④ (×) 법률관계의 종료 전에 본인이 수권행위를 철회하여 임의대리권을 소멸시킬 수 있다(민법 제128조 후문).

65 복대리에 관한 설명으로 옳지 않은 것은?(다툼이 있으면 판례에 따름) ┃2015년 3회 행정사

① 복대리인은 대리인의 대리인이 아니다.

② 복대리에서도 표현대리가 성립할 수 있다.

③ 복대리인은 본인이나 제3자에 대하여 대리인과 동일한 권리의무가 있다.

④ 복대리인이 선임된 후에 대리인의 대리권이 소멸하더라도 복대리권은 소멸하지 않는다.

⑤ 법정대리인이 부득이한 사유로 복대리인을 선임한 경우, 본인에 대하여 복대리인의 선임감독에 관한 책임이 있다.

해설 난도 ★☆☆

④ (×) 복대리인의 대리권은 대리인의 대리권을 기초로 하는 것이므로 복대리인이 선임된 후 대리인의 대리권이 소멸하면 복대리권도 소멸한다.

① (○) 복대리인은 대리인이 대리권의 범위 내의 행위를 하게 하기 위하여 대리인 자신의 이름으로 선임한 본인의 대리인이다.

② (○) 복대리인의 대리행위에 대하여도 원칙적으로 표현대리의 규정이 적용된다. 판례는 복대리인의 대리행위에 대하여 민법 제126조의 권한을 넘은 표현대리규정(대판 1998.3.27. 97다48982), 민법 제129조의 대리권 소멸 후의 표현대리규정(대판 1998.5.29. 97다55317)을 적용한 바 있다.

③ (○) 복대리인은 대리인 자신의 이름으로 선임한 본인의 대리인이므로 본인이나 제3자에 대하여 대리인과 동일한 권리의무가 있다(민법 제123조 제2항).

⑤ (○) 법정대리인은 그 책임으로 복대리인을 선임할 수 있다. 그러나 부득이한 사유로 인한 때에는 선임감독에 관한 책임만이 있다(민법 제122조).

---

66 甲의 임의대리인 乙은 자신의 이름으로 甲의 대리인 丙을 선임하였다. 다음 설명 중 옳은 것은?(다툼이 있는 경우에는 판례에 의함) ┃2013년 1회 행정사

① 乙은 언제나 甲의 대리인을 선임할 수 있는 권한을 가진다.

② 丙이 甲의 지명에 의해 선임된 경우에는 乙은 丙이 부적임자임을 알고 甲에게 통지하지 않았더라도 선임감독의 책임을 지지 않는다.

③ 甲과 丙 사이에는 아무런 권리·의무관계가 없다.

④ 丙의 대리행위가 권한을 넘은 표현대리에 해당하면 甲은 그 상대방에 대하여 본인으로서 책임을 져야 한다.

⑤ 丙이 甲의 지명에 의해 선임된 경우에는 乙의 대리권이 소멸하여도 丙의 대리권은 소멸하지 않는다.

해설 난도 ★☆☆

④ (○) 복대리인의 대리권도 민법 제126조의 기본대리권에 해당하므로 복대리인이 복대리권의 범위를 넘어서 대리행위를 한 경우 민법 제126조의 표현대리가 성립할 수 있다(대판 1998.3.27. 97다48982). 따라서 복대리인 丙의 대리행위가 권한을 넘은 표현대리에 해당하면 甲은 그 상대방에 대하여 본인으로서 책임을 져야 한다.

① (×) 임의대리인 乙은 본인 甲의 승낙이 있거나 부득이한 사유가 있는 때에 한하여 복대리인을 선임할 수 있을 뿐이다(민법 제120조).

② (×) 복대리인 丙이 본인 甲의 지명에 의하여 선임된 경우라도 대리인 乙은 丙이 부적임자임을 알고 甲에게 통지하지 않았다면 선임감독의 책임을 진다(민법 제121조 제2항).

③ (×) 복대리인 丙은 대리인 乙이 자신의 이름으로 선임한 본인 甲의 대리인이므로 본인이나 제3자에 대하여 대리인과 동일한 권리의무가 있다(민법 제123조 제2항).

⑤ (×) 복대리인 丙의 대리권은 대리인 乙의 대리권을 기초로 하는 것이므로 복대리인 丙이 선임된 후 대리인 乙의 대리권이 소멸하면 복대리권도 소멸한다.

67 대리권 없는 乙이 甲을 대리하여 甲 소유 X건물에 대하여 丙과 매매계약을 체결하였다. 표현대리가 성립하지 않는 경우 이에 관한 설명으로 옳은 것은?(다툼이 있으면 판례에 따름)

▌2020년 8회 행정사

① 계약체결 당시 乙이 무권대리인임을 丙이 알았다면 丙은 甲에게 추인 여부의 확답을 최고할 수 없다.

② 甲은 丙에 대하여 계약을 추인할 수 있으나 乙에 대하여는 이를 추인할 수 없다.

③ 계약체결 당시 乙이 무권대리인임을 丙이 알았더라도 甲이 추인하기 전이라면 丙은 乙을 상대로 의사표시를 철회할 수 있다.

④ 甲이 추인을 거절한 경우, 丙의 선택으로 乙에게 이행을 청구하였으나 이를 이행하지 않은 乙은 丙에 대하여 채무불이행에 따른 손해배상책임을 진다.

⑤ 甲이 사망하여 乙이 단독상속한 경우 乙은 본인의 지위에서 위 계약의 추인을 거절할 수 있다.

해설 난도 ★★☆

④ (○) 본인 甲이 추인을 거절한 경우, 무권대리행위의 상대방인 丙의 선택으로 무권대리인 乙에게 이행을 청구할 수 있고, 乙이 이행하지 아니하는 경우 乙은 丙에 대하여 채무불이행에 따른 손해배상책임을 진다(민법 제135조 제1항).

① (×) 무권대리인의 상대방 丙의 본인 甲에 대한 추인 여부의 확답 최고는 丙의 선의・악의를 불문하고 할 수 있다(민법 제131조 전문).

② (×) 본인 甲은 무권대리행위의 상대방 丙뿐만 아니라 무권대리인 乙에게도 추인할 수 있다. 다만, 무권대리인 乙에게 추인하는 경우 상대방 丙이 추인이 있었음을 알지 못하였다면 그에게 추인의 효과를 주장하지 못한다(민법 제132조 본문).

③ (×) 계약체결 당시 乙이 무권대리인임을 상대방 丙이 알았다면 丙은 무권대리인 乙을 상대로 의사표시를 철회할 수 없다(민법 제134조).

⑤ (×) 대리권한 없이 타인의 부동산을 매도한 자가 그 부동산을 상속한 후 소유자의 지위에서 자신의 대리행위가 무권대리로 무효임을 주장하여 등기말소 등을 구하는 것은 금반언원칙이나 신의칙상 허용될 수 없으므로(대판 1994.9.27. 94다20617), 본인 甲을 단독상속한 무권대리인 乙은 본인의 지위에서 매매계약의 추인을 거절할 수 없다.

68 표현대리에 관한 설명으로 옳지 않은 것은?(다툼이 있으면 판례에 따름) ▮ 2020년 8회 행정사

① 민법 제125조의 표현대리가 성립하기 위한 대리권 수여의 의사표시는 사회통념상 대리권을 추단할 수 있는 직함의 사용을 승낙한 경우도 포함된다.

② 대리인이 복대리인을 통하여 대리권의 범위를 넘는 법률행위를 한 경우에도 권한을 넘은 표현대리에 관한 민법 제126조가 적용된다.

③ 표현대리가 성립하여 본인이 이행책임을 지는 경우, 상대방에게 과실이 있으면 과실상계의 법리를 적용하여 본인의 책임을 경감할 수 있다.

④ 대리권 소멸 후의 표현대리가 인정된 경우에 그 표현대리의 권한을 넘는 대리행위가 있으면 권한을 넘은 표현대리가 성립할 수 있다.

⑤ 권한을 넘은 표현대리에 관한 민법 제126조는 임의대리뿐만 아니라 법정대리에도 적용된다.

해설 난도 ★☆☆

③ (×) 표현대리행위가 성립하는 경우에 본인은 표현대리행위에 기하여 전적인 책임을 져야 하는 것이고 상대방에게 과실이 있다고 하더라도 과실상계의 법리를 유추적용하여 본인의 책임을 감경할 수 없는 것이다(대판 1994.12.22. 94다24985).

① (○) 본인에 의한 대리권 수여의 표시는 반드시 대리권 또는 대리인이라는 말을 사용하여야 하는 것이 아니라 사회통념상 대리권을 추단할 수 있는 직함이나 명칭 등의 사용을 승낙 또는 묵인한 경우에도 대리권 수여의 표시가 있는 것으로 볼 수 있다(대판 1998.6.12. 97다53762).

② (○) 대리인이 사자 내지 임의로 선임한 복대리인을 통하여 권한 외의 법률행위를 한 경우, 상대방이 그 행위자를 대리권을 가진 대리인으로 믿었고 또한 그렇게 믿는 데에 정당한 이유가 있는 때에는, 민법 제126조를 적용함에 있어서 기본대리권의 흠결 문제는 생기지 않는다(대판 1998.3.27. 97다48982).

④ (○) 과거에 가졌던 대리권이 소멸되어 민법 제129조에 의하여 표현대리로 인정되는 경우에 그 표현대리의 권한을 넘는 대리행위가 있을 때에는 민법 제126조에 의한 표현대리가 성립할 수 있다(대판 2008.1.31. 2007다74713).

⑤ (○) 권한을 넘는 표현대리 규정은 거래의 안전을 도모하여 거래상대방의 이익을 보호하려는 데에 그 취지가 있으므로 법정대리라고 하여 임의대리와는 달리 그 적용이 없다고 할 수 없다(대판 1997.6.27. 97다3828).

69 권한을 넘은 표현대리(민법 제126조)에 관한 설명으로 옳지 않은 것은?(다툼이 있으면 판례에 따름) ▮ 2021년 9회 행정사

① 권한을 넘은 대리행위와 기본대리권이 반드시 동종의 것이어야 하는 것은 아니다.

② 대리인이 사술을 써서 대리행위의 표시를 하지 아니하고 단지 본인의 성명을 모용하여 자기가 본인인 것처럼 기망하여 본인 명의로 직접 법률행위를 한 경우에는 특별한 사정이 없는 한 권한을 넘은 표현대리는 성립할 수 없다.

③ 권한을 넘은 표현대리에 관한 규정에서의 제3자에는 당해 표현대리행위의 직접 상대방이 된 자 외에 전득자도 포함된다.

④ 권한을 넘은 표현대리에 있어서 정당한 이유의 유무는 대리행위 당시를 기준으로 하여 판단한다.

⑤ 복임권이 없는 대리인이 선임한 복대리인의 대리권도 권한을 넘은 표현대리에서의 기본대리권이 될 수 있다.

③ (×) 권한을 넘은 표현대리에 관한 민법 제126조의 규정에서 제3자라 함은 당해 표현대리행위의 직접 상대방이 된 자만을 지칭하는 것이고, 이는 위 규정을 배서와 같은 어음행위에 적용 또는 유추적용할 경우에 있어서도 마찬가지로 보아야 할 것이다(대판 1994.5.27. 93다21521).

① (○) 정당하게 부여받은 대리권의 내용되는 행위와 권한을 넘은 표현대리는 반드시 같은 종류의 행위에 속할 필요는 없다(대판 1969.7.22. 69다548).

② (○) 사술을 써서 대리행위의 표시를 하지 아니하고 단지 본인의 성명을 모용하여 자기가 마치 본인인 것처럼 기망하여 본인 명의로 직접 법률행위를 한 경우에는 특별한 사정이 없는 한 권한을 넘은 표현대리는 성립될 수 없다(대판 2002.6.28. 2001다49814).

④ (○) 권한을 넘은 표현대리에 있어서 정당한 이유의 유무는 대리행위 당시를 기준으로 하여 판정하여야 하고 매매계약 성립 이후의 사정은 고려할 것이 아니다(대판 1997.6.27. 97다3828).

⑤ (○) 대리인이 사자 내지 임의로 선임한 복대리인을 통하여 권한 외의 법률행위를 한 경우, 상대방이 그 행위자를 대리권을 가진 대리인으로 믿었고 또한 그렇게 믿는 데에 정당한 이유가 있는 때에는, 민법 제126조를 적용함에 있어서 기본대리권의 흠결 문제는 생기지 않는다(대판 1998.3.27. 97다48982).

70 표현대리에 관한 설명으로 옳지 않은 것은?(다툼이 있으면 판례에 따름)　┃2018년 6회 행정사

① 유권대리에 관한 주장에는 표현대리의 주장이 포함되어 있지 않다.

② 강행법규에 위반하여 무효인 행위에 대해서는 표현대리의 법리가 적용되지 않는다.

③ 표현대리가 성립된다고 하여 무권대리의 성질이 유권대리로 전환되는 것은 아니다.

④ 표현대리가 성립하는 경우, 상대방에게 과실이 있으면 과실상계의 법리에 따라 본인의 책임을 경감할 수 있다.

⑤ 대리인이 사자(使者)를 통하여 권한을 넘은 법률행위를 하더라도 민법 제126조의 표현대리가 성립할 수 있다.

④ (×) 표현대리행위가 성립하는 경우에 본인은 표현대리행위에 기하여 전적인 책임을 져야 하는 것이고 상대방에게 과실이 있다고 하더라도 과실상계의 법리를 유추적용하여 본인의 책임을 감경할 수 없는 것이다(대판 1994.12.22. 94다24985).

① (○), ③ (○) 표현대리가 성립된다고 하여 무권대리의 성질이 유권대리로 전환되는 것은 아니므로, 양자의 구성요건 해당사실, 즉 주요사실은 다르다고 볼 수밖에 없으니 유권대리에 관한 주장 속에 무권대리에 속하는 표현대리의 주장이 포함되어 있다고 볼 수 없다(대판[전합] 1983.12.13. 83다카1489).

② (○) 투자수익보장이 강행법규에 위반되어 무효인 이상 증권회사의 지점장에게 그와 같은 약정을 체결할 권한이 수여되었는지 여부에 불구하고 그 약정은 여전히 무효이므로 표현대리의 법리가 준용될 여지가 없다(대판 1996.8.23. 94다38199).

⑤ (○) 대리인이 사자 내지 임의로 선임한 복대리인을 통하여 권한 외의 법률행위를 한 경우, 상대방이 그 행위자를 대리권을 가진 대리인으로 믿었고 또한 그렇게 믿는 데에 정당한 이유가 있는 때에는, 민법 제126조를 적용함에 있어서 기본대리권의 흠결 문제는 생기지 않는다(대판 1998.3.27. 97다48982).

71 표현대리에 관한 설명으로 옳지 않은 것은?(다툼이 있으면 판례에 따름) 2017년 5회 행정사

① 권한을 넘은 표현대리에 있어서 법정대리권은 기본대리권이 될 수 없다.
② 대리행위가 강행법규 위반으로 무효인 경우에는 표현대리가 성립할 수 없다.
③ 유권대리에 관한 주장 속에 표현대리의 주장이 포함되어 있다고 볼 수 없다.
④ 민법 제129조의 대리권 소멸 후의 표현대리로 인정되는 경우에, 그 표현대리의 권한을 넘는 대리행위가 있을 때에는 민법 제126조의 표현대리가 성립될 수 있다.
⑤ 대리권 수여의 표시에 의한 표현대리가 성립하려면 대리권 없음에 대하여 상대방이 선의이고 무과실이어야 한다.

해설 난도 ★☆☆
① (×) 권한을 넘는 표현대리 규정은 거래의 안전을 도모하여 거래상대방의 이익을 보호하려는 데에 그 취지가 있으므로 법정대리라고 하여 임의대리와는 달리 그 적용이 없다고 할 수 없다(대판 1997.6.27. 97다3828).
② (○) 투자수익보장이 강행법규에 위반되어 무효인 이상 증권회사의 지점장에게 그와 같은 약정을 체결할 권한이 수여되었는지 여부에 불구하고 그 약정은 여전히 무효이므로 표현대리의 법리가 준용될 여지가 없다(대판 1996.8.23. 94다38199).
③ (○) 표현대리가 성립된다고 하여 무권대리의 성질이 유권대리로 전환되는 것은 아니므로, 양자의 구성요건 해당사실, 즉 주요사실은 다르다고 볼 수밖에 없으니 유권대리에 관한 주장 속에 무권대리에 속하는 표현대리의 주장이 포함되어 있다고 볼 수 없다(대판[전합] 1983.12.13. 83다카1489).
④ (○) 과거에 가졌던 대리권이 소멸되어 민법 제129조에 의하여 표현대리로 인정되는 경우에 그 표현대리의 권한을 넘는 대리행위가 있을 때에는 민법 제126조에 의한 표현대리가 성립할 수 있다(대판 2008.1.31. 2007다74713).
⑤ (○) 민법 제125조의 표현대리에 해당하기 위하여는 상대방은 선의·무과실이어야 하므로 상대방에게 과실이 있다면 제125조의 표현대리를 주장할 수 없다(대판 1997.3.25. 96다51271).

72 표현대리와 협의의 무권대리에 관한 설명으로 옳지 않은 것은?(다툼이 있으면 판례에 따름)

① 유권대리에 관한 주장 속에는 표현대리의 주장이 당연히 포함되어 있다고 볼 수는 없다.
② 처음부터 어떠한 대리권도 없었던 자에 대하여 대리권 소멸 후의 표현대리는 성립할 수 없다.
③ 증권회사로부터 위임받은 고객의 유치, 투자상담 및 권유, 위탁매매약정실적의 제고 등의 업무는 사실행위에 불과하나 이를 기본대리권으로 하여 권한을 넘은 표현대리가 성립할 수 있다.
④ 협의의 무권대리인이 타인의 대리인으로 한 계약은 본인이 이를 추인하지 아니하면 본인에 대하여 효력이 없다.
⑤ 협의의 무권대리행위의 상대방은 계약 당시 무권대리행위임을 안 때에는 본인이나 그 대리인에 대하여 자신의 의사표시를 철회할 수 없다.

324 · 2023 행정사 1차 민법총칙 단기완성　　　　　　　　　　　　　　71 ❶　72 ❸　[정답]

③ (×) 증권회사로부터 위임받은 고객의 유치, 투자상담 및 권유, 위탁매매약정실적의 제고 등의 업무는 사실행위에 불과하므로 이를 기본대리권으로 하여서는 권한초과의 표현대리가 성립할 수 없다(대판 1992.5.26. 91다32190).

① (○) 표현대리가 성립된다고 하여 무권대리의 성질이 유권대리로 전환되는 것은 아니므로, 양자의 구성요건 해당사실, 즉 주요사실은 다르다고 볼 수밖에 없으니 유권대리에 관한 주장 속에 무권대리에 속하는 표현대리의 주장이 포함되어 있다고 볼 수 없다(대판[전합] 1983.12.13. 83다카1489).

② (○) 처음부터 어떠한 대리권도 없었던 자에 대하여는 민법 제129조의 표현대리가 아닌 협의의 무권대리가 문제된다.

④ (○) 대리권이 없는 자, 즉 협의의 무권대리인이 타인의 대리인으로 한 계약은 본인이 이를 추인하지 아니하면 본인에 대하여 효력이 없다(민법 제130조).

⑤ (○) 대리권 없는 자, 즉 협의의 무권대리인의 상대방은 계약 당시 무권대리행위임을 안 때에는 본인이나 그 대리인에 대하여 자신의 의사표시를 철회할 수 없다(민법 제134조 단서).

73 표현대리에 관한 설명으로 옳지 않은 것은?(다툼이 있는 경우에는 판례에 의함)

┃ 2014년 2회 행정사

① 표현대리가 성립하면 본인은 표현대리행위에 대하여 전적으로 책임을 져야 하고, 과실상계의 법리를 유추적용하여 본인의 책임을 경감할 수 없다.

② 대리권 수여의 표시에 의한 표현대리는 본인과 대리행위를 한 사람 사이의 기본적인 법률관계의 성질이나 그 효력의 유무와는 관계없이, 어떤 자가 본인을 대리하여 제3자와 법률행위를 함에 있어 본인이 그 사람에게 대리권을 수여하였다는 표시를 제3자에게 한 경우에 성립한다.

③ 등기신청행위를 기본대리권으로 가진 사람이 대물변제라는 사법행위를 한 경우, 그 대리행위는 기본대리권과 같은 종류의 행위가 아니므로 권한을 넘은 표현대리가 성립할 수 없다.

④ 권한을 넘은 표현대리에서 무권대리인에게 그 권한이 있다고 믿을 만한 정당한 이유가 있는가의 여부는 대리행위 당시를 기준으로 결정하여야 한다.

⑤ 기본적인 어떠한 대리권도 없었던 사람에 대하여 대리권 소멸 후의 표현대리는 성립할 수 없다.

③ (×) 기본대리권이 등기신청행위라 할지라도 표현대리인이 그 권한을 유월하여 대물변제라는 사법행위를 한 경우에는 표현대리의 법리가 적용된다(대판 1978.3.28. 78다282).

① (○) 표현대리행위가 성립하는 경우에 본인은 표현대리행위에 기하여 전적인 책임을 져야 하는 것이고 상대방에게 과실이 있다고 하더라도 과실상계의 법리를 유추적용하여 본인의 책임을 감경할 수 없는 것이다(대판 1994.12.22. 94다24985).

② (○) 대리권 수여의 표시에 의한 표현대리는 본인과 대리행위를 한 자 사이의 기본적인 법률관계의 성질이나 그 효력의 유무와는 직접적인 관계가 없이 어떤 자가 본인을 대리하여 제3자와 법률행위를 함에 있어 본인이 그 자에게 대리권을 수여하였다는 표시를 제3자에게 한 경우에는 성립될 수가 있다(대판 1998.6.12. 97다53762).

④ (○) 권한을 넘은 표현대리에 있어서 정당한 이유의 유무는 대리행위 당시를 기준으로 하여 판정하여야 하고 매매계약 성립 이후의 사정은 고려할 것이 아니다(대판 1997.6.27. 97다3828).

⑤ (○) 처음부터 어떠한 대리권도 없었던 자에 대하여는 민법 제129조의 표현대리가 아닌 협의의 무권대리가 문제된다.

74 표현대리에 관한 설명으로 옳은 것은?(다툼이 있으면 판례에 따름) ❚2015년 3회 행정사

① 유권대리에 관한 주장 속에는 무권대리에 속하는 표현대리의 주장이 포함되어 있다고 볼 수 없다.
② 대리권 소멸 후의 표현대리에 관한 규정은 법정대리에는 적용되지 않는다.
③ 표현대리가 성립하여 대리행위의 효과가 본인에게 귀속되면 표현대리의 성질이 유권대리로 전환된다.
④ 기본대리권이 월권행위와 관련이 없는 경우에는 권한을 넘은 표현대리는 성립할 여지가 없다.
⑤ 대리권을 추단할 수 있는 직함이나 명칭 등의 사용을 본인이 승낙 또는 묵인하였더라도 대리권 수여의 표시가 있는 것으로 볼 수 없다.

해설 난도 ★☆☆

① (O), ③ (×) 표현대리가 성립된다고 하여 무권대리의 성질이 유권대리로 전환되는 것은 아니므로, 양자의 구성요건 해당사실, 즉 주요사실은 다르다고 볼 수밖에 없으니 유권대리에 관한 주장 속에 무권대리에 속하는 표현대리의 주장이 포함되어 있다고 볼 수 없다(대판[전합] 1983.12.13. 83다카1489).
② (×) 대리권 소멸 후의 표현대리에 관한 민법 제129조는 법정대리인의 대리권 소멸에 관하여도 적용이 있다(대판 1975.1.28. 74다1199).
④ (×) 정당하게 부여받은 대리권의 내용되는 행위와 권한을 넘은 표현대리는 반드시 같은 종류의 행위에 속할 필요는 없다(대판 1969.7.22. 69다548).
⑤ (×) 본인에 의한 대리권 수여의 표시는 반드시 대리권 또는 대리인이라는 말을 사용하여야 하는 것이 아니라 사회통념상 대리권을 추단할 수 있는 직함이나 명칭 등의 사용을 승낙 또는 묵인한 경우에도 대리권 수여의 표시가 있는 것으로 볼 수 있다(대판 1998.6.12. 97다53762).

75 대리에 관한 설명으로 옳은 것을 모두 고른 것은? ❚2021년 9회 행정사

> ㄱ. 계약의 무권대리에 대한 추인은 다른 의사표시가 없으면 추인한 때부터 그 효력이 생긴다.
> ㄴ. 무권대리의 상대방이 상당한 추인기간을 설정한 경우, 그 기간 내에 본인이 확답을 발하지 않은 때에는 추인한 것으로 본다.
> ㄷ. 대리인이 수인인 경우 각자가 본인을 대리하는 것이 원칙이다.
> ㄹ. 채무의 이행의 경우 본인의 허락이 없어도 쌍방대리는 유효하다.

① ㄱ, ㄴ   ② ㄱ, ㄷ
③ ㄴ, ㄷ   ④ ㄴ, ㄹ
⑤ ㄷ, ㄹ

해설 난도 ★★☆

ㄷ (O) 대리인이 수인인 때에는 각자가 본인을 대리한다. 그러나 법률 또는 수권행위에 다른 정한 바가 있는 때에는 그러하지 아니하다(민법 제119조).
ㄹ (O) 대리인은 본인의 허락이 없으면 본인을 위하여 자기와 법률행위를 하거나 동일한 법률행위에 관하여 당사자 쌍방을 대리하지 못한다. 그러나 채무의 이행은 할 수 있다(민법 제124조).
ㄱ (×) 추인은 다른 의사표시가 없는 때에는 계약시에 소급하여 그 효력이 생긴다(민법 제133조 본문).
ㄴ (×) 무권대리의 상대방이 상당한 기간을 정하여 본인에게 추인 여부의 확답을 최고한 경우 본인이 그 기간 내에 확답을 발하지 아니한 때에는 추인을 거절한 것으로 본다(민법 제131조).

76 무권대리행위에 대한 본인의 추인에 관한 설명으로 옳은 것은?(다툼이 있으면 판례에 따름)

▎2022년 10회 행정사

① 추인은 무권대리인의 동의가 있어야 유효하다.
② 추인은 무권대리인이 아닌 무권대리행위의 상대방에게 하여야 한다.
③ 무권대리행위가 범죄가 되는 경우, 본인이 그 사실을 알고 장기간 형사고소를 하지 않았다면 묵시적 추인이 인정된다.
④ 추인은 무권대리행위가 있음을 알고 하여야 한다.
⑤ 무권대리행위의 일부에 대한 추인은 상대방의 동의가 없더라도 유효하다.

해설 난도 ★★☆

④ (○) 본인의 추인은 무권대리행위의 효과를 자기에게 귀속시키려는 본인의 단독행위로 의사표시의 요건을 갖추어야 하고 무권대리행위가 있었음을 알고 하여야 한다.

① (×), ⑤ (×) 무권대리행위의 추인은 무권대리인에 의하여 행하여진 불확정한 행위에 관하여 그 행위의 효과를 자기에게 직접 발생케 하는 것을 목적으로 하는 의사표시이며, 무권대리인 또는 상대방의 동의나 승락을 요하지 않는 단독행위로서 추인은 의사표시의 전부에 대하여 행하여져야 하고, 그 일부에 대하여 추인을 하거나 그 내용을 변경하여 추인을 하였을 경우에는 상대방의 동의를 얻지 못하는 한 무효이다(대판 1982.1.26. 81다카549).

② (×) 민법 제132조는 무권대리행위의 상대방을 추인의 상대방으로 규정하고 있지만 추인이 사후적인 대리권 수여의 성질을 가지고 있으므로 무권대리인도 추인의 상대방이 될 수 있다고 보는 것이 학설, 판례(대판 1992.10.27. 92다19033)의 일반적인 태도이다.

③ (×) 무권대리행위가 범죄가 되는 경우에 대하여 그 사실을 알고도 장기간 형사고소를 하지 아니하였다 하더라도 그 사실만으로 묵시적인 추인이 있었다고 할 수는 없다(대판 1998.2.10. 97다31113).

77 계약에 대한 무권대리에 관한 설명으로 옳은 것은?(다툼이 있으면 판례에 따름)

▌2021년 9회 행정사

① 범죄가 되는 무권대리행위에 대하여 장기간 형사고소를 하지 아니하였다는 사실만으로 묵시적인 추인이 있었다고 볼 수 있다.
② 본인이 추인을 거절하더라도 상대방은 철회권을 행사할 수 있다.
③ 본인이 무권대리행위의 일부에 대해 추인을 한 경우, 그에 대하여 상대방의 동의를 얻으면 유효하다.
④ 본인이 무권대리인에게 한 추인의 의사표시는 항상 효력이 없다.
⑤ 무권대리인의 계약상대방에 대한 책임(민법 제135조 제1항)은 대리권의 흠결에 관하여 대리인에게 과실이 있어야 인정된다.

해설 난도 ★★☆

③ (○) 무권대리행위의 추인은 무권대리인에 의하여 행하여진 불확정한 행위에 관하여 그 행위의 효과를 자기에게 직접 발생케 하는 것을 목적으로 하는 의사표시이며, 무권대리인 또는 상대방의 동의나 승낙을 요하지 않는 단독행위로서 추인은 의사표시의 전부에 대하여 행하여져야 하고, 그 일부에 대하여 추인을 하거나 그 내용을 변경하여 추인을 하였을 경우에는 상대방의 동의를 얻지 못하는 한 무효이다(대판 1982.1.26. 81다카549).
① (×) 무권대리행위가 범죄가 되는 경우에 대하여 그 사실을 알고도 장기간 형사고소를 하지 아니하였다 하더라도 그 사실만으로 묵시적인 추인이 있었다고 할 수는 없다(대판 1998.2.10. 97다31113).
② (×) 본인의 추인거절이 있으면 무권대리행위는 무효로 확정되어 그 후에는 본인이 추인할 수 없을 뿐만 아니라 상대방도 철회권을 행사할 수 없다.
④ (×) 추인의 의사표시를 무권대리인에게 한 경우에도 그 사실을 상대방이 안 때에는 추인의 효력을 상대방에게 주장할 수 있다(민법 제132조).
⑤ (×) 민법 제135조 제1항에 따른 무권대리인의 상대방에 대한 책임은 무과실책임으로서 대리권의 흠결에 관하여 대리인에게 과실 등의 귀책사유가 있어야만 인정되는 것이 아니고, 무권대리행위가 제3자의 기망이나 문서위조 등 위법행위로 야기되었다고 하더라도 책임은 부정되지 아니한다(대판 2014.2.27. 2013다213038).

78 무권대리와 표현대리에 관한 설명으로 옳지 않은 것은?(다툼이 있으면 판례에 따름)

▌2021년 9회 행정사

① 유권대리에 관한 주장 속에는 무권대리에 속하는 표현대리의 주장이 포함되어 있다고 볼 수 없다.
② 표현대리가 성립하는 경우, 상대방에게 과실이 있어도 과실상계의 법리를 유추적용하여 본인의 책임을 경감할 수 없다.
③ 대리행위가 강행법규 위반으로 무효인 경우 표현대리 법리가 적용되지 않는다.
④ 상대방은 계약 당시에 대리인에게 대리권이 없음을 안 때에는 계약을 철회할 수 없다.
⑤ 제한능력자인 무권대리인은 민법 제135조 제1항에 따라 계약을 이행할 책임 또는 손해를 배상할 책임이 있다.

⑤ (×) 제한능력자인 무권대리인에게는 민법 제135조 제1항을 적용하지 아니한다(민법 제135조 제2항).

① (○) 표현대리가 성립된다고 하여 무권대리의 성질이 유권대리로 전환되는 것은 아니므로, 양자의 구성요건 해당사실, 즉 주요사실은 다르다고 볼 수밖에 없으니 유권대리에 관한 주장 속에 무권대리에 속하는 표현대리의 주장이 포함되어 있다고 볼 수 없다(대판[전합] 1983.12.13. 83다카1489).

② (○) 표현대리행위가 성립하는 경우에 본인은 표현대리행위에 기하여 전적인 책임을 져야 하는 것이고 상대방에게 과실이 있다고 하더라도 과실상계의 법리를 유추적용하여 본인의 책임을 감경할 수 없는 것이다(대판 1994.12.22. 94다24985).

③ (○) 투자수익보장이 강행법규에 위반되어 무효인 이상 증권회사의 지점장에게 그와 같은 약정을 체결할 권한이 수여되었는지 여부에 불구하고 그 약정은 여전히 무효이므로 표현대리의 법리가 준용될 여지가 없다(대판 1996.8.23. 94다38199).

④ (○) 대리권 없는 자가 한 계약은 본인의 추인이 있을 때까지 상대방은 본인이나 그 대리인에 대하여 이를 철회할 수 있다. 그러나 계약 당시에 상대방이 대리권 없음을 안 때에는 그러하지 아니하다(민법 제134조).

79 무권대리에 관한 설명으로 옳지 않은 것은?(다툼이 있으면 판례에 따름) ▌2019년 7회 행정사

① 무권대리인이 체결한 계약은 본인이 이를 추인할 수 있다.

② 무권대리인이 체결한 계약의 상대방은 상당한 기간을 정하여 본인에게 추인 여부의 확답을 최고할 수 있다.

③ 대리권 없이 타인의 부동산을 매도한 자가 그 부동산을 단독상속한 후 그 대리행위가 무권대리로 무효임을 주장하는 것은 신의칙상 허용될 수 없다.

④ 무권대리행위가 제3자의 기망 등 위법행위로 야기되었더라도 민법 제135조에 따른 무권대리인의 상대방에 대한 책임은 부정되지 않는다.

⑤ 민법 제135조에 따른 무권대리인의 상대방에 대한 책임은 대리권 흠결에 관하여 무권대리인에게 귀책사유가 있어야만 인정된다.

해설 난도 ★★☆

⑤ (×), ④ (○) 민법 제135조 제1항에 따른 무권대리인의 상대방에 대한 책임은 무과실책임으로서 대리권의 흠결에 관하여 대리인에게 과실 등의 귀책사유가 있어야만 인정되는 것이 아니고, 무권대리행위가 제3자의 기망이나 문서위조 등 위법행위로 야기되었다고 하더라도 책임은 부정되지 아니한다(대판 2014.2.27. 2013다213038).

① (○) 본인은 무권대리인이 체결한 계약의 효력을 자신에게 미치게 하기 위해 이를 추인할 수 있다.

② (○) 대리권 없는 자가 타인의 대리인으로 계약을 한 경우에 상대방은 상당한 기간을 정하여 본인에게 그 추인 여부의 확답을 최고할 수 있다(민법 제131조 전문).

③ (○) 대리권한 없이 타인의 부동산을 매도한 자가 그 부동산을 상속한 후 소유자의 지위에서 자신의 대리행위가 무권대리로 무효임을 주장하여 등기말소 등을 구하는 것은 금반언원칙이나 신의칙상 허용될 수 없다(대판 1994.9.27. 94다20617).

80 무권대리인이 체결한 계약의 추인 및 추인거절에 관한 설명으로 옳지 않은 것은?(다툼이 있으면 판례에 따름) ┃2018년 6회 행정사

① 추인은 묵시적인 방법으로도 할 수 있다.

② 기간을 정한 상대방의 최고에 대하여 본인이 그 기간 내에 추인 여부의 확답을 발하지 않으면 추인을 거절한 것으로 본다.

③ 추인의 거절을 이미 알고 있는 상대방에 대해서는 그 거절의 의사표시를 하지 않아도 대항할 수 있다.

④ 무권대리행위를 한 후 본인의 지위를 단독으로 상속한 무권대리인은 선의인 상대방에 대하여 무권대리행위의 추인을 거절하지 못한다.

⑤ 추인은 무권대리행위의 상대방에 대하여는 할 수 있지만, 무권대리행위로 인한 권리의 승계인에 대해서는 할 수 없다.

해설 난도 ★☆☆

⑤ (×), ① (○) <u>무권대리행위의 추인에 특별한 방식이 요구되는 것이 아니므로 명시적인 방법만 아니라 묵시적인 방법으로도 할 수 있고, 그 추인은 무권대리인, 무권대리행위의 직접의 상대방 및 그 무권대리행위로 인한 권리 또는 법률관계의 승계인에 대하여도 할 수 있다</u>(대판 1981.4.14. 80다2314).

② (○) 상당한 기간을 정한 상대방의 최고에 대하여 본인이 그 기간 내에 추인 여부의 확답을 발하지 않으면 추인을 거절한 것으로 본다(민법 제131조 후문).

③ (○) 추인거절의 의사표시는 상대방에 대하여 하지 아니하면 그 상대방에 대항하지 못하나, 상대방이 그 사실을 안 때에는 의사표시를 하지 않더라도 대항할 수 있다(민법 제132조).

④ (○) 대리권한 없이 타인의 부동산을 매도한 자가 그 부동산을 상속한 후 소유자의 지위에서 자신의 대리행위가 무권대리로 무효임을 주장하여 등기말소 등을 구하는 것은 금반언원칙이나 신의칙상 허용될 수 없다(대판 1994.9.27. 94다20617).

81 협의의 무권대리에 관한 설명으로 옳은 것은?(다툼이 있으면 판례에 따름) ┃2017년 5회 행정사

① 상대방이 상당한 기간을 정하여 본인에게 무권대리행위의 추인 여부의 확답을 최고한 경우 본인이 그 기간 내에 확답을 발하지 아니한 때에는 추인한 것으로 본다.

② 무권대리행위의 추인은 무권대리인이나 상대방에게 명시적인 방법으로만 할 수 있다.

③ 상대방은 계약 당시에 대리인에게 대리권이 없음을 안 때에도 본인의 추인이 있을 때까지 계약을 철회할 수 있다.

④ 본인이 무권대리행위의 내용을 변경하여 추인한 경우에는 상대방의 동의를 얻지 못하는 한 무효이다.

⑤ 대리인으로서 계약을 맺은 자에게 대리권이 없다는 사실을 알 수 있었던 상대방은 무권대리인에게 계약을 이행할 책임 또는 손해를 배상할 책임을 물을 수 있다.

해설 난도 ★☆☆

④ (○) <u>무권대리행위의 추인은 무권대리인에 의하여 행하여진 불확정한 행위에 관하여 그 행위의 효과를 자기에게 직접 발생케 하는 것을 목적으로 하는 의사표시이며, 무권대리인 또는 상대방의 동의나 승낙을 요하지 않는 단독행위로서 추인은 의사표시의 전부에 대하여 행하여져야 하고, 그 일부에 대하여 추인을 하거나 그 내용을 변경하여 추인을 하였을 경우에는 상대방의 동의를 얻지 못하는 한 무효이다</u>(대판 1982.1.26. 81다카549).

① (×) 상당한 기간을 정한 상대방의 최고에 대하여 본인이 그 기간 내에 추인 여부의 확답을 발하지 않으면 추인을 거절한 것으로 본다(민법 제131조 후문).

② (×) <u>무권대리행위의 추인에 특별한 방식이 요구되는 것이 아니므로 명시적인 방법만 아니라 묵시적인 방법으로도 할 수 있고, 그 추인은 무권대리인, 무권대리행위의 직접의 상대방 및 그 무권대리행위로 인한 권리 또는 법률관계의 승계인에 대하여도 할 수 있다</u>(대판 1981.4.14. 80다2314).

③ (×) 무권대리행위의 상대방이 <u>계약 당시에 대리인에게 대리권 없음을 안 때에는 계약을 철회할 수 없다</u>(민법 제134조 단서).

⑤ (×) 대리인으로서 계약을 맺은 자에게 대리권이 없다는 사실을 상대방이 알았거나 알 수 있었을 때에는 무권대리인에게 계약을 이행할 책임 또는 손해를 배상할 책임을 물을 수 없다(민법 제135조 제2항).

---

82 甲의 아들인 성년자 乙이 아무런 권한 없이 丙에게 甲의 대리인이라고 사칭하고, 甲 소유의 X아파트를 丙에게 매각하였다. 다음 설명 중 옳지 않은 것은?(다툼이 있으면 판례에 따름)

▮2016년 4회 행정사

① 乙이 丙에게 X아파트를 매각한 직후 甲이 X아파트를 丁에게 매각하고 소유권이전등기를 경료해 준 이후에, 甲이 乙의 무권대리행위를 추인하더라도 丁은 X아파트의 소유권을 취득한다.

② 甲은 丙에 대하여 적극적으로 추인의 의사가 없음을 표시하여 무권대리행위를 무효로 확정지을 수 있다.

③ 丙이 매매계약 당시 乙에게 대리권이 없음을 알지 못하였던 경우, 丙은 甲의 추인이 있기 전에 乙을 상대로 매매계약을 철회할 수 있다.

④ 丙은 상당한 기간을 정하여 甲에게 X아파트 매매계약의 추인 여부의 확답을 최고할 수 있고, 甲이 그 기간 내에 확답을 발하지 않으면 추인한 것으로 본다.

⑤ 乙이 자신의 대리권을 증명하지 못하고 甲의 추인을 받지 못한 경우, 乙은 과실이 없어도 丙의 선택에 따라 계약을 이행하거나 손해를 배상할 책임이 있다.

해설 난도 ★★☆

④ (×) 상대방 丙은 상당한 기간을 정하여 본인 甲에게 X아파트 매매계약의 추인 여부의 확답을 최고할 수 있고, <u>甲이 그 기간 내에 확답을 발하지 않으면 추인을 거절한 것으로 본다</u>(민법 제131조).

① (○) 본인 甲이 乙의 무권대리행위를 추인하여 乙이 丙에게 X아파트를 매각한 행위가 소급하여 유효하더라도 제3자에 해당하는 丁의 권리를 해하지 못하므로 소유권이전등기를 경료한 丁은 X아파트의 소유권을 유효하게 취득한다(민법 제133조, 제186조).

② (○) 甲은 상대방 丙에 대하여 적극적으로 추인의 의사가 없음을 표시하여 유동적 무효의 상태에 있는 무권대리행위를 확정적 무효로 확정지을 수 있다.

③ (○) 상대방 丙이 매매계약 당시 무권대리인 乙에게 대리권이 없음을 알지 못하였다면, 丙은 본인 甲의 추인이 있기 전까지 乙을 상대로 매매계약을 철회할 수 있다(민법 제134조).

⑤ (○) 성년의 무권대리인 乙에게 대리권이 없다는 사실을 상대방 丙이 알았거나 알 수 있었다는 사정이 없고, 무권대리인 乙이 자신의 대리권을 증명하지 못하고 본인 甲의 추인을 받지 못하였다면, 乙은 상대방 丙의 선택에 따라 무과실의 계약이행책임이나 손해배상책임을 부담한다(민법 제135조).

83 무권대리행위의 추인에 관한 설명으로 옳지 않은 것은?(다툼이 있으면 판례에 따름)

┃2015년 3회 행정사

① 추인의 의사표시는 본인으로부터 그에 관한 대리권을 수여받은 임의대리인도 할 수 있다.
② 추인의 의사표시는 무권대리인뿐만 아니라 무권대리행위의 상대방에 대하여도 할 수 있다.
③ 무권대리행위의 상대방이 계약 당시 무권대리임을 안 경우에는 본인에 대해 추인 여부의 확답을 최고할 수 없다.
④ 추인은 의사표시 전부에 대하여 행하여져야 하고, 그 내용을 변경하여 추인할 경우에는 상대방의 동의가 없는 한 무효이다.
⑤ 본인이 무권대리인에게 무권대리행위를 추인한 경우, 계약 당시에 대리권 없음을 알지 못한 상대방은 그 추인 사실을 알기 전까지 무권대리인과 체결한 계약을 철회할 수 있다.

해설 난도 ★★★

③ (×) 무권대리행위의 상대방은 선의·악의를 불문하고 최고할 수 있다.

① (O) 추인권자는 본인이지만 상속인 등 본인의 포괄승계인도 추인할 수 있고, 법정대리인이나 본인으로부터 그에 관한 특별수권을 받은 임의대리인도 추인할 수 있다.

② (O) 추인은 사후의 대리권 수여의 실질을 가지기 때문에 무권대리인뿐만 아니라 무권대리행위의 상대방에 대하여도 할 수 있다는 것이 학설, 판례(대판 1992.10.27. 92다19033)의 일반적인 태도이다.

④ (O) 무권대리행위의 추인은 무권대리인에 의하여 행하여진 불확정한 행위에 관하여 그 행위의 효과를 자기에게 직접 발생케 하는 것을 목적으로 하는 의사표시이며, 무권대리인 또는 상대방의 동의나 승낙을 요하지 않는 단독행위로서 추인은 의사표시의 전부에 대하여 행하여져야 하고, 그 일부에 대하여 추인을 하거나 그 내용을 변경하여 추인을 하였을 경우에는 상대방의 동의를 얻지 못하는 한 무효이다(대판 1982.1.26. 81다카549).

⑤ (O) 본인이 무권대리인에게 무권대리행위를 추인한 경우, 그 사실을 알지 못하는 상대방에게는 대항하지 못하므로(민법 제132조 본문), 계약 당시에 대리권 없음을 알지 못한 상대방은 본인의 추인 사실을 알기 전까지 무권대리인과 체결한 계약을 철회할 수 있다(민법 제132조, 제134조).

84 甲이 만 18세인 대학생 乙에게 X아파트 분양계약체결에 관한 대리권을 수여하였고, 乙은 甲을 대리하여 丙이 분양하는 X아파트를 3억원에 분양받기로 하는 계약을 체결한 경우에 관한 설명으로 옳지 않은 것은?(다툼이 있으면 판례에 따름)

┃2015년 3회 행정사

① 丙은 甲에 대하여 X아파트 분양계약에 따른 이행을 청구할 수 있다.
② 乙의 법정대리인은 X아파트 분양계약을 법정대리인의 동의가 없다는 이유로 취소할 수 없다.
③ 丙이 X아파트에 대한 소유권이전등기를 해주지 않은 경우, 특별한 사정이 없는 한 乙은 甲을 대리하여 계약을 해제할 수 없다.
④ 만일 乙이 무권대리인이었고, 丙이 이를 알지 못하였다면, 丙은 乙에게 계약의 이행을 청구할 수 있다.
⑤ 만일 X아파트 단지 인근에 쓰레기 매립장이 건설예정인 사실을 알고 있는 丙이 乙에게 이를 고지하지 않았다면 이는 부작위에 의한 기망행위가 된다.

해설 난도 ★★☆

④ (×) 乙이 대리권이 없다는 사실에 대해 丙이 선의라고 하더라도 무권대리인 乙은 제한능력자(미성년자)이므로 丙은 乙에게 X아파트 분양계약의 이행을 청구할 수 없다(민법 제135조 제2항).

① (○) 대리인은 행위능력자임을 요하지 아니하므로(민법 제117조), 乙에 의한 X아파트 분양계약의 효력은 본인 甲에게 귀속한다. 따라서 丙은 甲에게 X아파트 분양계약에 따른 이행을 청구할 수 있다.

② (○) 미성년자 乙의 대리행위의 효과가 직접 본인 甲에게 귀속되고 乙에게 불이익이 없으므로 乙은 법정대리인의 동의 없이 대리행위를 할 수 있어 법정대리인은 X아파트 분양계약을 취소할 수 없다.

③ (○) 법률행위에 의하여 수여된 대리권은 원인된 법률관계의 종료에 의하여 소멸하는 것이므로 특별한 사정이 없는 한, 매수명의자를 대리하여 매매계약을 체결하였다 하여 곧바로 대리인이 매수인을 대리하여 매매계약의 해제 등 일체의 처분권과 상대방의 의사를 수령할 권한까지 가지고 있다고 볼 수는 없으므로(대판 1997.3.25. 96다51271), X아파트 분양계약체결에 관한 대리권을 수여받은 乙은 특별한 사정이 없는 한 甲을 대리하여 계약을 해제할 수는 없다.

⑤ (○) 아파트 분양자는 아파트 단지 인근에 쓰레기 매립장이 건설예정인 사실을 분양계약자에게 고지할 신의칙상 의무를 부담하므로(대판 2006.10.12. 2004다48515), 아파트 분양자 丙이 乙에게 이 사실을 고지하지 않았다면 이는 부작위에 의한 기망행위가 된다.

85 대리권 없는 乙이 甲의 대리인이라 칭하며 甲 소유의 X토지를 丙에게 매도하였다. 다음 설명 중 옳은 것은?(다툼이 있는 경우에는 판례에 의함) ▮2013년 1회 행정사

① 甲은 乙을 상대로 추인권을 행사할 수 있다.

② 甲의 추인이 있기 전에 甲과 丁이 X토지에 대하여 매매계약을 체결하고 丁이 소유권이전을 위한 가등기를 해 두었더라도, 甲이 무권대리인의 매매계약을 추인하면 그로 인한 소급효는 丁에게도 미친다.

③ 乙이 단독으로 甲을 상속한 경우, 乙은 丙과 체결한 매매계약에 대하여 추인거절권을 행사할 수 있다.

④ 甲의 추인이 있기 전이라면, 丙이 매매계약 체결 당시 乙에게 대리권 없음을 알았던 경우라도 丙은 매매계약을 철회할 수 있다.

⑤ 甲이 추인을 거절한 경우, 丙은 乙을 상대로 계약의 이행과 함께 손해배상을 청구할 수 있다.

해설 난도 ★★☆

① (○) 본인 甲은 무권대리행위의 상대방 丙뿐만 아니라 무권대리인 乙에게도 추인할 수 있다. 다만, 무권대리인 乙에게 추인하는 경우에는 상대방 丙이 그 사실을 알지 못하였다면 그에게 추인의 효과를 주장하지 못할 뿐이다(민법 제132조 단서).

② (×) 丁이 X토지에 대하여 甲과 매매계약을 체결하고 소유권이전을 위한 가등기를 해 두었다면, 甲이 무권대리인의 매매계약을 추인하여 소급효가 인정된다고 하더라도 그 소급효는 제3자 丁의 권리를 해하지 못하므로 丁에게 미치지 아니한다(민법 제133조).

③ (×) 대리권한 없이 타인의 부동산을 매도한 자가 그 부동산을 상속한 후 소유자의 지위에서 자신의 대리행위가 무권대리로 무효임을 주장하여 등기말소 등을 구하는 것은 금반언원칙이나 신의칙상 허용될 수 없으므로(대판 1994.9.27. 94다20617), 무권대리인 乙은 본인의 지위에서 丙과 체결한 매매계약의 추인을 거절할 수 없다.

④ (×) 상대방 丙이 계약 체결 당시 乙이 무권대리인임을 알았다면 丙은 본인 甲이나 무권대리인 乙을 상대로 매매계약을 철회할 수 없다(민법 제134조 단서).

⑤ (×) 본인 甲이 추인을 거절한 경우, 상대방 丙은 자기의 선택에 따라 乙을 상대로 계약의 이행 또는 손해배상을 청구할 수 있다.

86 법률행위의 무효에 관한 설명으로 옳은 것은?(다툼이 있으면 판례에 따름) ▎2022년 10회 행정사

① 진의 아닌 의사표시는 원칙적으로 무효이다.

② 법률행위가 무효와 취소사유를 모두 포함하고 있는 경우, 당사자는 취소권이 있더라도 무효에 따른 효과를 제거하기 위해 이미 무효인 법률행위를 취소할 수 없다.

③ 법률행위의 무효는 제한능력자, 착오나 사기·강박에 의하여 의사표시를 한 자, 그의 대리인 또는 승계인 이외에는 주장할 수 없다.

④ 타인의 권리를 목적으로 하는 매매계약은 특별한 사정이 없는 한 유효하다.

⑤ 무효인 법률행위는 추인할 수 있는 날로부터 3년, 법률행위를 한 날로부터 10년 이후에는 추인할 수 없다.

해설 난도 ★★☆

④ (○) 민법 제569조, 제570조에 비추어 보면, 양도계약의 목적물이 타인의 권리에 속하는 경우에 있어서도 그 양도계약은 계약당사자 간에 있어서는 유효하고, 그 양도계약에 따라 양도인은 그 목적물을 취득하여 양수인에게 이전하여 줄 의무가 있다(대판 1993.8.24. 93다24445).

① (×) 의사표시는 표의자가 진의 아님을 알고 한 것이라도 그 효력이 있다. 그러나 상대방이 표의자의 진의 아님을 알았거나 이를 알 수 있었을 경우에는 무효로 한다(민법 제107조 제1항).

② (×) 어느 법률행위가 무효사유와 취소사유를 모두 포함하고 있는 경우 예를 들어, 매도인이 매수인의 중도금 지급채무 불이행을 이유로 매매계약을 해제한 후에도, 매수인은 계약해제에 따른 불이익을 면하기 위해 착오를 이유로 매매계약전체를 취소하여 이를 무효로 돌릴 수 있다.

③ (×) 법률행위의 무효는 누구든지 주장할 수 있으나, 법률행위의 취소는 취소권자(제한능력자, 착오나 사기·강박에 의하여 의사표시를 한 자, 그의 대리인 또는 승계인)만이 주장할 수 있다(민법 제140조 참조).

⑤ (×) 취소할 수 있는 법률행위는 추인할 수 있는 날로부터 3년, 법률행위를 한 날로부터 10년 이후에는 추인할 수 없다(민법 제146조).

87 법률행위의 무효에 관한 설명으로 옳은 것은?(다툼이 있으면 판례에 따름) ▎2021년 9회 행정사

① 법률행위의 일부분이 무효이면 그 일부분만 무효로 되는 것이 원칙이다.

② 의사무능력을 이유로 법률행위가 무효인 경우 의사무능력자는 이익의 현존 여부를 불문하고 받은 이익 전부를 반환하여야 한다.

③ 무효인 법률행위에 대해 당사자가 무효임을 알고 추인하면 그 법률행위는 소급하여 유효하게 되는 것이 원칙이다.

④ 불공정한 법률행위로서 무효인 경우 그 무효인 법률행위는 추인에 의하여 유효로 될 수 없다.

⑤ 반사회적 법률행위로서 무효인 경우 그 무효로 선의의 제3자에게 대항할 수 없다.

난도 ★★☆

④ (○) 불공정한 법률행위로서 무효인 경우에는 추인에 의하여 무효인 법률행위가 유효로 될 수 없다(대판 1994.6.24. 94다10900).

① (×) 법률행위의 일부분이 무효인 때에는 그 전부를 무효로 한다(민법 제137조 본문).

② (×) 무능력자의 책임을 제한하는 민법 제141조 단서는 부당이득에 있어 수익자의 반환범위를 정한 민법 제748조의 특칙으로서 무능력자의 보호를 위해 그 선의·악의를 묻지 아니하고 반환범위를 현존이익에 한정시키려는 데 그 취지가 있으므로, 의사능력의 흠결을 이유로 법률행위가 무효가 되는 경우에도 유추적용되어야 할 것이다(대판 2009.1.15. 2008다58367).

③ (×) 무효인 법률행위에 대하여 당사자가 무효임을 알고 추인하면 추인시부터 새로운 법률행위를 한 것으로 의제될 뿐 소급효가 인정되지는 않는다(민법 제139조).

⑤ (×) 반사회적 법률행위로서 무효인 경우 그 무효는 절대적 무효이므로 무효로써 선의의 제3자에게 대항할 수 있다.

88 법률행위의 무효에 관한 설명으로 옳지 않은 것은?(다툼이 있으면 판례에 따름)

▮2020년 8회 행정사

① 법률행위의 일부가 무효인 때에는 원칙적으로 그 전부를 무효로 한다.

② 무효인 법률행위에 따른 법률효과를 침해하는 것처럼 보이는 채무불이행이 있다면 채무불이행으로 인한 손해배상을 청구할 수 있다.

③ 불공정한 법률행위로서 무효인 경우 무효행위의 전환에 관한 민법 제138조가 적용될 수 있다.

④ 법률행위가 불성립하는 경우 무효행위의 추인을 통해 유효로 전환할 수 없다.

⑤ 무효행위의 추인은 그 무효 원인이 소멸한 후에 하여야 효력이 있다.

난도 ★★★

② (×) 무효인 법률행위에 따른 법률효과를 침해하는 것처럼 보이는 위법행위나 채무불이행이 있다고 하여도 법률효과의 침해에 따른 손해는 없는 것이므로 그 손해배상을 청구할 수는 없다(대판 2003.3.28. 2002다72125).

① (○) 법률행위의 일부분이 무효인 때에는 그 전부를 무효로 한다(민법 제137조 본문).

③ (○) 매매계약이 약정된 매매대금의 과다로 말미암아 민법 제104조에서 정하는 '불공정한 법률행위'에 해당하여 무효인 경우에도 무효행위의 전환에 관한 민법 제138조가 적용될 수 있다(대판 2010.7.15. 2009다50308).

④ (○) 무효행위의 추인은 일단 성립한 법률행위가 무효인 경우에 문제되는 것으로 법률행위가 성립하지 않았다면 무효행위의 추인을 통해 유효로 전환할 수 없다.

⑤ (○) 무효행위의 추인은 그 무효 원인이 소멸한 후에 하여야 그 효력이 있다(대판 1997.12.12. 95다38240).

89 법률행위의 당사자 외에 선의의 제3자에 대하여도 무효를 주장할 수 있는 경우를 모두 고른 것은? (다툼이 있으면 판례에 따름)

▮ 2019년 7회 행정사

> ㄱ. 의사무능력자의 법률행위
> ㄴ. 반사회질서의 법률행위
> ㄷ. 무효인 진의 아닌 의사표시
> ㄹ. 통정한 허위의 의사표시

① ㄱ, ㄴ
② ㄱ, ㄷ
③ ㄷ, ㄹ
④ ㄱ, ㄴ, ㄹ
⑤ ㄴ, ㄷ, ㄹ

해설 난도 ★☆☆

상대적 무효인 ㄷ, ㄹ과 달리 ㄱ, ㄴ은 법률행위의 당사자 외에 선의의 제3자에 대하여도 무효를 주장할 수 있는 절대적 무효이다.

90 무효인 법률행위에 관한 설명으로 옳지 않은 것은?(다툼이 있으면 판례에 따름)

▮ 2018년 6회 행정사

① 무효행위의 추인은 그 무효 원인이 소멸한 후에 하여야 그 효력이 있다.
② 무효행위의 추인은 원칙적으로 소급효가 없다.
③ 불공정한 법률행위로서 무효인 경우에는 추인에 의하여 유효로 될 수 없다.
④ 불공정한 법률행위로서 무효인 경우에는 무효행위의 전환에 관한 민법 제138조가 적용될 수 없다.
⑤ 토지거래허가구역 내의 토지매매계약에서 토지거래허가를 받기 전에 처음부터 그 허가를 배제하기로 하는 약정은 확정적으로 무효이다.

해설 난도 ★★☆

④ (×) 매매계약이 약정된 매매대금의 과다로 말미암아 민법 제104조에서 정하는 '불공정한 법률행위'에 해당하여 무효인 경우에도 무효행위의 전환에 관한 민법 제138조가 적용될 수 있다(대판 2010.7.15. 2009다50308).
① (○) 무효행위의 추인은 그 무효 원인이 소멸한 후에 하여야 그 효력이 있다(대판 1997.12.12. 95다38240).
② (○) 무효인 법률행위에 대하여 당사자가 무효임을 알고 추인하면 추인시부터 새로운 법률행위를 한 것으로 의제될 뿐 소급효가 인정되지는 않는다(민법 제139조).
③ (○) 불공정한 법률행위로서 무효인 경우에는 추인에 의하여 무효인 법률행위가 유효로 될 수 없다(대판 1994.6.24. 94다10900).
⑤ (○) 허가를 받기 전의 거래계약이 처음부터 허가를 배제하거나 잠탈하는 내용의 계약일 경우에는 확정적으로 무효로서 유효화될 여지가 없다(대판[전합] 1991.12.24. 90다12243 - 다수의견).

91 무효인 법률행위에 관한 설명으로 옳지 않은 것은?(다툼이 있으면 판례에 따름)

▮2017년 5회 행정사

① 무효인 재산상 법률행위를 당사자가 무효임을 알고 추인한 경우 제3자에 대한 관계에서도 처음부터 유효한 법률행위가 된다.
② 무효인 법률행위가 다른 법률행위의 요건을 구비한 경우, 당사자가 그 무효를 알았다면 다른 법률행위를 하는 것을 의욕하였으리라고 인정될 때에는 다른 법률행위로서의 효력을 가진다.
③ 무효행위의 추인은 무효 원인이 소멸한 후에 하여야 효력이 있다.
④ 무효행위의 추인은 명시적일뿐만 아니라 묵시적으로도 할 수 있다.
⑤ 법률행위의 일부분이 무효인 때에는 그 전부를 무효로 한다. 그러나 그 무효부분이 없더라도 법률행위를 하였을 것이라고 인정될 때에는 나머지 부분은 무효가 되지 아니한다.

해설 난도 ★☆☆

① (×) 무효인 재산상 법률행위에 대한 추인은 예외적으로 당사자 간에 한하여 합의로 소급효를 인정할 수 있다는 견해가 일반적이다.

Plus One

민법 제139조는 재산법에 관한 총칙규정이며 신분법에 관하여는 그대로 통용될 수 없으므로 혼인신고가 한쪽 당사자의 모르는 사이에 이루어져 무효인 경우에도 그 후 양쪽 당사자가 그 혼인에 만족하고 그대로 부부생활을 계속한 경우에는 그 혼인을 무효로 할 것이 아니다(대판 1965.12.28. 65므61). 즉, 대법원은 무효인 신분행위에는 민법 제139조의 적용을 부정하면서 소급효를 인정하고 있다.

② (O) 무효인 법률행위가 다른 법률행위의 요건을 구비하고 당사자가 그 무효를 알았더라면 다른 법률행위를 하는 것을 의욕하였으리라고 인정될 때에는 다른 법률행위로서 효력을 가진다(민법 제138조).
③ (O) 무효행위의 추인은 그 무효 원인이 소멸한 후에 하여야 그 효력이 있다(대판 1997.12.12. 95다38240).
④ (O) 무효인 법률행위를 추인에 의하여 새로운 법률행위로 보기 위하여서는 당사자가 이전의 법률행위가 무효임을 알고 그 행위에 대하여 추인하여야 하며 이 추인은 묵시적으로도 가능하다(대판 2014.3.27. 2012다106607).
⑤ (O) 법률행위의 일부분이 무효인 때에는 그 전부를 무효로 한다. 그러나 그 무효부분이 없더라도 법률행위를 하였을 것이라고 인정될 때에는 나머지 부분은 무효가 되지 아니한다(민법 제137조).

92 甲이 토지거래허가구역 내의 자신의 토지에 대하여 乙과 매매계약을 체결한 경우에 관한 설명으로 옳은 것은?(다툼이 있으면 판례에 따름) ▮2019년 7회 행정사

① 토지거래허가를 받기 전에도 위 계약의 채권적 효력은 발생한다.

② 토지거래허가를 받기 전에도 乙은 甲에게 소유권이전 의무불이행으로 인한 손해배상청구를 할 수 있다.

③ 위 계약 체결 후 토지거래허가를 받은 경우, 위 계약은 특별한 사정이 없는 한 그 허가를 받은 때부터 유효가 된다.

④ 토지거래허가를 받기 전에 甲이 허가신청협력의무의 이행거절 의사를 명백히 표시한 경우, 위 계약은 확정적으로 무효가 된다.

⑤ 토지거래허가를 받지 못하여 위 계약이 확정적으로 무효가 된 경우, 그 무효가 됨에 있어 귀책사유가 있는 자는 위 계약의 무효를 주장할 수 없다.

해설 난도 ★★★

④ (○), ① (×), ② (×), ③ (×), ⑤ (×) [1] 국토이용관리법상 토지거래허가구역 내에 있는 토지에 관하여 소유권 등 권리를 이전 또는 설정하는 내용의 거래계약은 관할 시장·군수 또는 구청장의 허가를 받아야만 효력이 발생하고 허가를 받기 전에는 물권적 효력은 물론 채권적 효력도 발생하지 아니하여 무효라고 보아야 할 것이므로, 따라서 허가받을 것을 전제로 하는 거래계약은 허가를 받을 때까지는 법률상 미완성의 법률행위로서 소유권 등 권리의 이전 또는 설정에 관한 거래의 효력이 전혀 발생하지 않으나 일단 허가를 받으면 그 계약은 소급하여 유효한 계약이 되고, 이와 달리 불허가가 된 때에 무효로 확정되므로 허가를 받기까지는 유동적 무효의 상태에 있다고 볼 것인바, 허가를 받을 것을 전제로 한 거래계약은 허가받기 전의 상태에서는 거래계약의 채권적 효력도 전혀 발생하지 않으므로 권리의 이전 또는 설정에 관한 어떠한 내용의 이행청구도 할 수 없고, 그러한 거래계약의 당사자로서는 허가받기 전의 상태에서 상대방의 거래계약상 채무불이행을 이유로 거래계약을 해제하거나 그로 인한 손해배상을 청구할 수 없다. [2] 국토이용관리법상 토지거래허가를 받지 않아 거래계약이 유동적 무효의 상태에 있는 경우, 유동적 무효 상태의 계약은 관할관청의 불허가처분이 있을 때뿐만 아니라 당사자 쌍방이 허가신청협력의무의 이행거절 의사를 명백히 표시한 경우에는 허가 전 거래계약관계, 즉 계약의 유동적 무효 상태가 더 이상 지속된다고 볼 수 없으므로, 계약관계는 확정적으로 무효가 된다고 할 것이고, 그와 같은 법리는 거래계약상 일방의 채무가 이행불능임이 명백하고 나아가 상대방이 거래계약의 존속을 더 이상 바라지 않고 있는 경우에도 마찬가지라고 보아야 하며, 거래계약이 확정적으로 무효가 된 경우에는 거래계약이 확정적으로 무효로 됨에 있어서 귀책사유가 있는 자라고 하더라도 그 계약의 무효를 주장할 수 있다(대판 1997.7.25. 97다4357·4364).

93 국토의 계획 및 이용에 관한 법률상의 토지거래허가구역 내의 토지를 매매한 경우에 관한 설명으로 옳지 않은 것은?(다툼이 있으면 판례에 따름) ▌2016년 4회 행정사

① 토지매매계약은 관할관청의 허가를 받아야만 그 효력이 발생하고 그 허가를 받기 전에는 채권적 효력도 발생하지 아니한다.

② 처음부터 토지거래허가를 배제하거나 잠탈하는 내용의 계약일 경우에는 확정적으로 무효로서 유효화될 여지가 없다.

③ 당사자들이 계약상 대금지급의무를 소유권이전등기의무에 선행하여 이행하기로 약정하였더라도, 허가 전이라면 매매대금 미지급을 이유로 계약을 해제할 수 없다.

④ 매도인의 토지거래허가 신청절차 협력의무와 매수인의 매매대금지급의무가 동시이행의 관계에 있는 것은 아니다.

⑤ 계약의 쌍방 당사자는 공동허가신청절차에 협력할 의무가 있지만, 이러한 의무에 일방이 위배하더라도 상대방은 협력의무의 이행을 소구할 수는 없다.

해설 난도 ★★★

⑤ (×) 유동적 무효 상태에 있는, 토지거래허가구역 내 토지에 관한 매매계약에서 계약의 쌍방 당사자는 공동허가신청절차에 협력할 의무가 있고, 이러한 의무에 위배하여 허가신청절차에 협력하지 않는 당사자에 대하여 상대방은 협력의무의 이행을 소구할 수도 있다(대판 2009.4.23. 2008다50615).

① (○), ② (○), ③ (○) 가. 국토이용관리법상의 규제구역 내의 '토지등의 거래계약'허가에 관한 관계규정의 내용과 그 입법취지에 비추어 볼 때 토지의 소유권 등 권리를 이전 또는 설정하는 내용의 거래계약은 관할관청의 허가를 받아야만 그 효력이 발생하고 허가를 받기 전에는 물권적 효력은 물론 채권적 효력도 발생하지 아니하여 무효라고 보아야 할 것인바, 다만 허가를 받기 전의 거래계약이 처음부터 허가를 배제하거나 잠탈하는 내용의 계약일 경우에는 확정적으로 무효로서 유효화될 여지가 없으나 이와 달리 허가받을 것을 전제로 한 거래계약(허가를 배제하거나 잠탈하는 내용의 계약이 아닌 계약은 여기에 해당하는 것으로 본다)일 경우에는 허가를 받을 때까지는 법률상 미완성의 법률행위로서 소유권 등 권리의 이전 또는 설정에 관한 거래의 효력이 전혀 발생하지 않음은 위의 확정적 무효의 경우와 다를 바 없지만, 일단 허가를 받으면 그 계약은 소급하여 유효한 계약이 되고 이와 달리 불허가가 된 때에는 무효로 확정되므로 허가를 받기까지는 유동적 무효의 상태에 있다고 보는 것이 타당하므로 허가받을 것을 전제로 한 거래계약은 허가받기 전의 상태에서는 거래계약의 채권적 효력도 전혀 발생하지 않으므로 권리의 이전 또는 설정에 관한 어떠한 내용의 이행청구도 할 수 없으나 일단 허가를 받으면 그 계약은 소급해서 유효화되므로 허가 후에 새로이 거래계약을 체결할 필요는 없다. 나. 관할관청으로부터 토지거래허가를 받기까지는 매매계약이 그 계약 내용대로의 효력이 있을 수 없는 것이어서 매수인으로서도 그 계약 내용에 따른 대금지급의무가 있다고 할 수 없으며, 설사 계약상 매수인의 대금지급의무가 매도인의 소유권이전등기의무에 선행하여 이행하기로 약정되어 있었다고 하더라도, 매수인에게 그 대금지급의무가 없음은 마찬가지여서 매도인으로서는 그 대금지급이 없었음을 이유로 계약을 해제할 수 없다(대판[전합] 1991.12.24. 90다12243 - 다수의견).

④ (○) 매도인의 토지거래계약허가 신청절차에 협력할 의무와 토지거래허가를 받으면 매매계약 내용에 따라 매수인이 이행하여야 할 매매대금 지급의무나 이에 부수하여 매수인이 부담하기로 특약한 양도소득세 상당 금원의 지급의무 사이에는 상호 이행상의 견련성이 있다고 할 수 없으므로, 매도인으로서는 그러한 의무이행의 제공이 있을 때까지 그 협력의무의 이행을 거절할 수 있는 것은 아니다(대판 1996.10.25. 96다23825).

94 甲은 토지거래허가구역 내의 X토지에 대하여 관할관청으로부터 허가를 받지 않고 乙에게 매도하는 계약을 체결하였고, 乙은 계약금을 지급한 경우에 관한 설명으로 옳지 않은 것은?(다툼이 있으면 판례에 따름) ▮2015년 3회 행정사

① 甲은 허가를 받기 전에도 특별한 사정이 없는 한 계약금의 배액을 상환하고 적법하게 계약을 해제할 수 있다.

② 甲・乙 쌍방이 허가신청을 하지 않기로 의사표시를 명백히 한 경우에는 X토지에 대한 매매계약은 확정적으로 유효이다.

③ 乙은 매매계약이 확정적으로 무효가 되지 않는 한 계약 체결 시 지급한 계약금에 대하여 이를 부당이득으로 반환청구할 수 없다.

④ 매매계약과 별개의 약정으로, 甲과 乙은 매매 잔금이 지급기일에 지급되지 않는 경우에 매매계약을 자동해제하기로 정할 수 있다.

⑤ 매매계약을 체결한 이후에 X토지에 대한 토지거래허가구역 지정이 해제된 경우, 甲과 乙 사이의 매매계약은 특별한 사정이 없는 한 확정적으로 유효가 된다.

해설 난도 ★★★

② (×) 국토이용관리법상 토지거래허가를 받지 않아 거래계약이 유동적 무효의 상태에 있는 경우, <u>유동적 무효 상태의 계약은 관할관청의 불허가처분이 있을 때뿐만 아니라 당사자 쌍방이 허가신청협력의무의 이행거절 의사를 명백히 표시한 경우에는 허가 전 거래계약관계, 즉 계약의 유동적 무효 상태가 더 이상 지속된다고 볼 수 없으므로, 계약관계는 확정적으로 무효가 된다</u>(대판 1997.7.25. 97다4357・4364). 따라서 X토지에 대한 매매계약은 확정적으로 무효이다.

① (○) 매매 당사자 일방이 계약 당시 상대방에게 계약금을 교부한 경우 당사자 사이에 다른 약정이 없는 한 당사자 일방이 계약 이행에 착수할 때까지 계약금 교부자는 이를 포기하고 계약을 해제할 수 있고, 그 상대방은 계약금의 배액을 상환하고 계약을 해제할 수 있음이 계약 일반의 법리인 이상, <u>특별한 사정이 없는 한 국토이용관리법상의 토지거래허가를 받지 않아 유동적 무효 상태인 매매계약에 있어서도 당사자 사이의 매매계약은 매도인이 계약금의 배액을 상환하고 계약을 해제함으로써 적법하게 해제되므로</u>(대판 1997.6.27. 97다9369), 매도인 甲은 계약금의 배액을 상환하고 적법하게 계약을 해제할 수 있다.

③ (○) 국토이용관리법상의 규제구역 내의 "토지 등의 거래계약"은 관할관청의 허가를 받아야만 그 효력이 발생하고 허가를 받기 전에는 물권적 효력은 물론 채권적 효력도 발생하지 아니하여 무효라고 보아야 할 것이나 허가받을 것을 전제로 한 거래계약일 경우에는 일단 허가를 받으면 그 계약은 소급하여 유효한 계약이 되고 이와 달리 불허가가 된 때에는 무효로 확정되는 것으로서 허가를 받기까지는 유동적 무효의 상태에 있다고 보아야 하고 당사자 사이에 있어서는 그 계약이 효력 있는 것으로 완성될 수 있도록 서로 협력할 의무가 있음이 당연하므로 <u>계약의 쌍방 당사자는 공동으로 관할관청의 허가를 신청할 의무가 있으므로 허가받기 전의 매매계약이 유동적 무효라고 하여 매매계약에 관한 계약금을 교부한 상태에 있는 계약당사자 일방이 언제든지 계약의 무효를 주장하여 부당이득으로 계약금의 반환을 구할 수 있다고 할 수는 없을 것이다</u>(대판 1993.6.22. 91다21435). 따라서 乙은 매매계약이 확정적으로 무효가 되지 않는 한 계약금을 부당이득으로 반환청구할 수 없다.

④ (○) 국토의 계획 및 이용에 관한 법률상의 토지거래허가를 받지 않아 유동적 무효상태인 매매계약에 있어서는 그 계약 내용대로의 효력이 있을 수 없는 것이어서 매수인으로서는 아직 그 계약 내용에 따른 대금지급의무가 있다고 할 수 없어 <u>매도인이 매수인의 대금지급의무 불이행을 이유로 매매계약을 해제할 수 없으나, 당사자 사이에 별개의 약정으로 매매 잔금이 그 지급기일에 지급되지 아니하는 경우 매매계약을 자동적으로 해제하기로 약정하는 것은 가능하므로</u>(대판 2010.7.22. 2010다1456), 매매계약과 별개의 약정으로, 甲과 乙은 매매 잔금이 지급기일에 지급되지 않는 경우에 매매계약을 자동해제하기로 정할 수 있다.

⑤ (○) 허가구역 지정기간 중에 허가구역 안의 토지에 대하여 한 토지거래계약이 허가구역 지정이 해제되기 전에 다른 사유로 확정적으로 무효로 된 경우를 제외하고는 더 이상 관할행정청으로부터 토지거래허가를 받을 필요가 없이 확정적으로 유효로 된다고 보아야 할 것이지 여전히 그 계약이 유동적 무효상태에 있다고 볼 것은 아니므로(대판 1999.7.9. 97누11607), 매매계약을 체결한 이후에 X토지에 대한 토지거래허가구역 지정이 해제된 경우, 甲과 乙 사이의 매매계약은 특별한 사정이 없는 한 확정적으로 유효가 된다.

95 국토의 계획 및 이용에 관한 법률이 정하는 토지거래허가구역 내의 토지거래행위에 관한 설명으로 옳지 않은 것은?(다툼이 있는 경우에는 판례에 의함) ▮2014년 2회 행정사

① 권리의 이전 또는 설정에 관한 토지거래계약은 그에 대한 허가를 받을 때까지는 효력이 전혀 없다.

② 당사자의 일방이 허가신청절차에 협력하지 아니한다면 상대방은 소송으로써 그 이행을 구할 수 있다.

③ 매수인이 대금을 선급하기로 약정하였다면 허가를 받기 전에도 매도인은 대금 미지급을 이유로 계약을 해제할 수 있다.

④ 일단 허가를 받으면 토지거래계약은 처음부터 효력이 있으므로 거래계약을 다시 체결할 필요가 없다.

⑤ 토지매매계약의 무효가 확정되지 않은 상태에서는 매수인은 임의로 지급한 계약금을 부당이득으로 반환을 청구할 수 없다.

해설 난도 ★★☆

③ (×), ① (○), ② (○), ④ (○) 가. 국토이용관리법상의 규제구역 내의 '토지등의 거래계약'허가에 관한 관계규정의 내용과 그 입법취지에 비추어 볼 때 <u>토지의 소유권 등 권리를 이전 또는 설정하는 내용의 거래계약은 관할관청의 허가를 받아야만 그 효력이 발생하고 허가를 받기 전에는 물권적 효력은 물론 채권적 효력도 발생하지 아니하여 무효라고 보아야 할 것인바</u>, 다만 허가를 받기 전의 거래계약이 처음부터 허가를 배제하거나 잠탈하는 내용의 계약일 경우에는 확정적으로 무효로서 유효화될 여지가 없으나 이와 달리 허가받을 것을 전제로 한 거래계약(허가를 배제하거나 잠탈하는 내용의 계약이 아닌 계약은 여기에 해당하는 것으로 본다)일 경우에는 허가를 받을 때까지는 법률상 미완성의 법률행위로서 소유권 등 권리의 이전 또는 설정에 관한 거래의 효력이 전혀 발생하지 않음은 위의 확정적 무효의 경우와 다를 바 없지만, 일단 허가를 받으면 그 계약은 소급하여 유효한 계약이 되고 이와 달리 불허가가 된 때에는 무효로 확정되므로 허가를 받기까지는 유동적 무효의 상태에 있다고 보는 것이 타당하므로 허가받을 것을 전제로 한 거래계약은 허가받기 전의 상태에서는 거래계약의 채권적 효력도 전혀 발생하지 않으므로 권리의 이전 또는 설정에 관한 어떠한 내용의 이행청구도 할 수 없으나 일단 허가를 받으면 그 계약은 소급해서 유효화되므로 허가 후에 새로이 거래계약을 체결할 필요는 없다. 라. 규제지역 내의 토지에 대하여 거래계약이 체결된 경우에 계약을 체결한 당사자 사이에 있어서는 그 계약이 효력 있는 것으로 완성될 수 있도록 서로 협력할 의무가 있음이 당연하므로, 계약의 쌍방 당사자는 공동으로 관할관청의 허가를 신청할 의무가 있고, 이러한 의무에 위배하여 허가신청절차에 협력하지 않는 당사자에 대하여 상대방은 협력의무의 이행을 소송으로써 구할 이익이 있다. 바. 관할관청으로부터 토지거래허가를 받기까지는 매매계약이 그 계약 내용대로의 효력이 있을 수 없는 것이어서 매수인으로서도 그 계약 내용에 따른 대금지급의무가 있다고 할 수 없으며, 설사 계약상 매수인의 대금지급의무가 매도인의 소유권이전등기의무에 선행하여 이행하기로 약정되어 있었다고 하더라도, 매수인에게 그 대금지급의무가 없음은 마찬가지여서 매도인으로서는 그 대금지급이 없었음을 이유로 계약을 해제할 수 없다(대판[전합] 1991.12.24. 90다12243 – 다수의견).

⑤ (○) 국토이용관리법상의 규제구역 내의 "토지 등의 거래계약"은 관할관청의 허가를 받아야만 그 효력이 발생하고 허가를 받기 전에는 물권적 효력은 물론 채권적 효력도 발생하지 아니하여 무효라고 보아야 할 것이나 허가받을 것을 전제로 한 거래계약일 경우에는 일단 허가를 받으면 그 계약은 소급하여 유효한 계약이 되고 이와 달리 불허가가 된 때에는 무효로 확정되는 것으로서 허가를 받기까지는 유동적 무효의 상태에 있다고 보아야 하고 당사자 사이에 있어서는 그 계약이 효력 있는 것으로 완성될 수 있도록 서로 협력할 의무가 있음이 당연하므로 <u>계약의 쌍방 당사자는 공동으로 관할관청의 허가를 신청할 의무가 있으므로 허가받기 전의 매매계약이 유동적 무효라고 하여 매매계약에 관한 계약금을 교부한 상태에 있는 계약당사자 일방이 언제든지 계약의 무효를 주장하여 부당이득으로 계약금의 반환을 구할 수 있다고 할 수는 없을 것이다</u>(대판 1993.6.22. 91다21435).

96 甲이 자신 소유의 X토지를 乙에게 매도하면서 乙의 매매대금의 지급과 동시에 乙앞으로 소유권이 전등기를 마쳐주기로 약정하였다. 이에 관한 설명으로 옳지 않은 것은?(다툼이 있으면 판례에 따름)

┃2022년 10회 행정사

① 甲과 乙이 소유권이전등기와 매매대금의 지급을 이행하였으나 위 매매계약이 통정허위표시로 무효인 경우, 특별한 사정이 없는 한 甲이 지급받은 매매대금과 乙명의로 마쳐진 소유권등기를 각각 부당이득으로 반환청구할 수 있다.

② 甲과 乙의 매매계약이 甲이 미성년자임을 이유로 적법하게 취소된 경우, 甲은 특별한 사정이 없는 한 이익이 현존하는 한도에서 상환할 책임이 있다.

③ 甲이 乙의 매매대금 지급불이행을 이유로 매매계약을 적법하게 해제한 경우, 乙은 계약해제에 따른 손해배상책임을 면하기 위해 착오를 이유로 그 매매계약을 취소할 수 없다.

④ 甲과 乙이 각각 소유권이전등기와 매매대금의 지급을 이행한 이후, 乙이 甲의 사기를 이유로 위 매매계약을 적법하게 취소한 경우, 甲의 매매대금반환과 乙의 소유권이전등기말소는 특별한 사정이 없는 한 동시에 이행되어야 한다.

⑤ 甲과 乙의 매매계약이 관련 법령에 따라 관할청의 허가를 받아야 함에도 아직 토지거래허가를 받지 않아 유동적 무효 상태인 경우, 乙은 甲에게 계약의 무효를 주장하여 이미 지급한 계약금의 반환을 부당이득으로 청구할 수 없다.

해설 난도 ★★☆

③ (×) 甲이 乙의 매매대금 지급불이행을 이유로 X토지에 대한 매매계약을 적법하게 해제한 경우, 乙은 매매계약의 해제에 따른 손해배상책임을 면하기 위해 착오를 이유로 한 취소권을 행사하여 매매계약 전체를 무효로 돌리게 할 수 있다(대판 1996.12.6. 95다24982).

① (○) 甲과 乙 사이의 X토지에 대한 매매계약이 통정허위표시로 무효인 경우 그 법률관계는 부당이득반환의 법리에 의하여 정리된다. 즉, 甲과 乙은 상대방에 대하여 乙명의로 마쳐진 소유권등기와 甲이 지급받은 매매대금을 각각 부당이득으로 반환청구할 수 있다.

② (○) 甲과 乙의 매매계약이 甲이 미성년자임을 이유로 적법하게 취소된 경우, 미성년자인 甲은 민법 제748조 제2항에 대한 특칙으로서 그 이익이 현존하는 한도 내에서 상환할 책임이 있다(민법 제141조 단서).

Plus One

무능력자의 책임을 제한하는 민법 제141조 단서는 부당이득에 있어 수익자의 반환범위를 정한 민법 제748조의 특칙으로서 무능력자의 보호를 위해 그 선의·악의를 묻지 아니하고 반환범위를 현존이익에 한정시키려는 데 그 취지가 있으므로, 의사능력의 흠결을 이유로 법률행위가 무효가 되는 경우에도 유추적용되어야 할 것이나, 법률상 원인 없이 타인의 재산 또는 노무로 인하여 이익을 얻고 그로 인하여 타인에게 손해를 가한 경우에 그 취득한 것이 금전상의 이득인 때에는 그 금전은 이를 취득한 자가 소비하였는가의 여부를 불문하고 현존하는 것으로 추정되므로, 위 이익이 현존하지 아니함은 이를 주장하는 자, 즉 의사무능력자 측에 입증책임이 있다(대판 2009.1.15. 2008다58367).

④ (○) 乙이 甲의 사기를 이유로 위 매매계약을 적법하게 취소한 경우 X토지에 대한 매매계약은 소급하여 무효가 되므로 당해 매매계약에 의하여 행하여진 급부는 부당이득반환의 법리에 의하여 반환되어야 하며 甲의 매매대금반환과 乙의 소유권이전등기말소는 특별한 사정이 없는 한 동시에 이행되어야 한다(대판 1993.8.13. 93다5871).

⑤ (○) 甲과 乙의 X토지에 대한 매매계약이 관련 법령에 따라 관할청의 허가를 받아야 함에도 아직 토지거래허가를 받지 않아 유동적 무효 상태인 경우, 당사자 사이에 있어서는 그 계약이 효력 있는 것으로 완성될 수 있도록 서로 협력할 의무가 있어 계약의 당사자인 甲과 乙은 공동으로 관할청의 허가를 신청할 의무가 있으므로 乙은 甲에게 계약의 무효를 주장하여 이미 지급한 계약금의 반환을 부당이득으로 청구할 수 없다(대판 1993.6.22. 91다21435).

97 법률행위의 취소에 관한 설명으로 옳지 않은 것은?(다툼이 있으면 판례에 따름)

▌2021년 9회 행정사

① 제한능력자도 단독으로 취소권을 행사할 수 있다.
② 법률행위의 취소로 무효가 된 그 법률행위는 무효행위의 추인의 법리에 따라 추인할 수 없다.
③ 근로계약이 취소된 경우 이미 제공된 근로자의 노무를 기초로 형성된 취소 이전의 법률관계는 소급하여 효력을 잃지 않는다.
④ 취소권자가 추인할 수 있은 후에 이의를 보류한 상태에서 취소할 수 있는 계약을 이행한 때에는 법정추인이 되지 않는다.
⑤ 계약이 해제된 후에도 해제의 상대방은 해제로 인한 불이익을 면하기 위하여 취소권을 행사하여 계약 전체를 무효로 돌릴 수 있다.

해설 난도 ★★☆

② (×) 취소한 법률행위는 처음부터 무효인 것으로 간주되므로 취소할 수 있는 법률행위가 일단 취소된 이상 그 후에는 취소할 수 있는 법률행위의 추인에 의하여 이미 취소되어 무효인 것으로 간주된 당초의 의사표시를 다시 확정적으로 유효하게 할 수는 없고, 다만 무효인 법률행위의 추인의 요건과 효력으로서 추인할 수는 있다(대판 1997.12.12. 95다38240).
① (○) 제한능력자는 자기가 한 법률행위를 법정대리인의 동의 없이 단독으로 유효하게 취소할 수 있다.

> **Plus One**
> 법률행위의 취소권자(민법 제140조)
> 취소할 수 있는 법률행위는 제한능력자, 착오로 인하거나 사기·강박에 의하여 의사표시를 한 자, 그의 대리인 또는 승계인만이 취소할 수 있다.

③ (○) 근로계약의 무효 또는 취소를 주장할 수 있다 하더라도 근로계약에 따라 그동안 행하여진 근로자의 노무 제공의 효과를 소급하여 부정하는 것은 타당하지 않으므로 이미 제공된 근로자의 노무를 기초로 형성된 취소 이전의 법률관계까지 효력을 잃는다고 보아서는 아니 되고, 취소의 의사표시 이후 장래에 관하여만 근로계약의 효력이 소멸된다고 보아야 한다(대판 2017.12.22. 2013다25194).
④ (○) 취소권자가 이의를 보류한 상태에서 취소할 수 있는 계약을 이행한 경우에는 법정추인이 되지 않는다(민법 제145조 단서).
⑤ (○) 매도인이 매수인의 중도금 지급채무불이행을 이유로 매매계약을 적법하게 해제한 후라도 매수인으로서는 상대방이 한 계약해제의 효과로서 발생하는 손해배상책임을 지거나 매매계약에 따른 계약금의 반환을 받을 수 없는 불이익을 면하기 위하여 착오를 이유로 한 취소권을 행사하여 위 매매계약 전체를 무효로 돌리게 할 수 있다(대판 1991.8.27. 91다11308).

98 취소할 수 있는 법률행위의 법정추인에 해당하지 않는 것은?(다툼이 있으면 판례에 따름)

❚2022년 10회 행정사

① 취소할 수 있는 행위로부터 생긴 채무의 이행을 위해 취소권자가 상대방에게 일부 이행을 한 경우
② 취소할 수 있는 행위로부터 생긴 채무의 이행을 위해 취소권자가 상대방에게 이행을 청구하는 경우
③ 취소할 수 있는 행위로부터 생긴 채무의 이행을 위해 취소권자가 상대방에게 저당권을 설정해 준 경우
④ 취소권자가 취소할 수 있는 행위에 의하여 성립된 채권을 소멸시키고 그 대신 다른 채권을 성립시키는 경개를 하는 경우
⑤ 취소할 수 있는 행위로부터 취득한 권리의 전부를 취소권자의 상대방이 제3자에게 양도하는 경우

해설 난도 ★☆☆

①, ②, ③, ④는 각각 민법 제145조 제1호, 제2호, 제4호, 제3호의 법정추인사유에 해당하나, ⑤는 법정추인사유에 해당하지 않는다. 즉, 취소할 수 있는 행위로 취득한 권리의 전부나 일부의 양도는 취소권자가 양도하는 경우에 한하므로 취소권자의 상대방이 제3자에게 양도하는 경우에는 법정추인이 인정되지 아니한다(민법 제145조 제5호).

> **Plus One**
>
> 법정추인(민법 제145조)
> 취소할 수 있는 법률행위에 관하여 전조의 규정에 의하여 추인할 수 있는 후에 다음 각 호의 사유가 있으면 추인한 것으로 본다. 그러나 이의를 보류한 때에는 그러하지 아니하다. **두** 전·이·경·담·양·강
>   1. 전부나 일부의 이행
>   2. 이행의 청구
>   3. 경개
>   4. 담보의 제공
>   5. 취소할 수 있는 행위로 취득한 권리의 전부나 일부의 양도
>   6. 강제집행

99 법률행위의 취소에 관한 설명으로 옳지 않은 것은?(다툼이 있으면 판례에 따름)

❚2020년 8회 행정사

① 제한능력을 이유로 법률행위가 취소되면 제한능력자는 그 행위로 인해 받은 이익이 현존하는 한도에서 상환할 책임이 있다.
② 취소권은 추인할 수 있는 날로부터 3년 내에, 법률행위를 한 날로부터 10년 내에 행사하여야 한다.
③ 취소할 수 있는 법률행위는 추인에 의하여 유효한 것으로 확정된다.
④ 취소된 법률행위는 원칙적으로 처음부터 무효인 것으로 본다.
⑤ 미성년자가 한 법률행위는 그가 단독으로 유효하게 취소할 수 없다.

⑤ (×) 미성년자(제한능력자)는 자기가 한 법률행위를 법정대리인의 동의 없이 단독으로 유효하게 취소할 수 있다(민법 제140조 참조).

① (○) 제한능력을 이유로 법률행위가 취소되면 제한능력자는 그 행위로 인해 받은 이익이 현존하는 한도에서 상환할 책임이 있다(민법 제141조 단서).

② (○) 취소권은 추인할 수 있는 날로부터 3년 내에, 법률행위를 한 날로부터 10년 내에 행사하여야 한다(민법 제146조).

③ (○) 추인이 있으면 취소할 수 있는 행위를 더 이상 취소할 수 없고 그 행위는 확정적으로 유효하게 된다(민법 제143조 제1항).

④ (○) 취소된 법률행위는 처음부터 무효인 것으로 본다(민법 제141조 본문).

100 법률행위의 취소에 관한 설명으로 옳은 것은?(다툼이 있으면 판례에 따름) ┃2018년 6회 행정사

① 취소원인의 진술이 없는 취소의 의사표시는 그 효력이 없다.

② 이미 취소된 법률행위는 무효인 법률행위의 추인의 요건과 효력으로서도 추인할 수 없다.

③ 해제된 계약은 이미 소멸하여 그 효력이 없으므로 착오를 이유로 다시 취소할 수 없다.

④ 취소할 수 있는 법률행위의 추인은 취소권자가 취소할 수 있는 법률행위임을 알고서 추인하여야 한다.

⑤ 민법이 취소권을 행사할 수 있는 기간으로 정한 '추인할 수 있는 날로부터 3년, 법률행위를 한 날로부터 10년'은 소멸시효기간이다.

④ (○) 추인은 취소권을 가지는 자가 취소원인이 종료한 후에 취소할 수 있는 행위임을 알고서 추인의 의사표시를 하거나 법정추인사유에 해당하는 행위를 행할 때에만 법률행위의 효력을 유효로 확정시키는 효력이 발생한다(대판 1997.5.30. 97다2986).

① (×) 취소의 의사표시란 반드시 명시적이어야 하는 것은 아니고, 취소자가 그 착오를 이유로 자신의 법률행위의 효력을 처음부터 배제하려고 한다는 의사가 드러나면 족한 것이며, 취소원인의 진술 없이도 취소의 의사표시는 유효한 것이다(대판 2005.5.27. 2004다43824).

② (×) 취소한 법률행위는 처음부터 무효인 것으로 간주되므로 취소할 수 있는 법률행위가 일단 취소된 이상 그 후에는 취소할 수 있는 법률행위의 추인에 의하여 이미 취소되어 무효인 것으로 간주된 당초의 의사표시를 다시 확정적으로 유효하게 할 수는 없고, 다만 무효인 법률행위의 추인의 요건과 효력으로서 추인할 수는 있다(대판 1997.12.12. 95다 38240).

③ (×) 매도인이 매수인의 중도금 지급채무불이행을 이유로 매매계약을 적법하게 해제한 후라도 매수인으로서는 상대방이 한 계약해제의 효과로서 발생하는 손해배상책임을 지거나 매매계약에 따른 계약금의 반환을 받을 수 없는 불이익을 면하기 위하여 착오를 이유로 한 취소권을 행사하여 위 매매계약 전체를 무효로 돌리게 할 수 있다(대판 1991.8.27. 91다11308).

⑤ (×) 민법 제146조에 규정된 취소권의 존속기간은 제척기간이라고 보는 것이 학설, 판례(대판 1993.7.27. 92다52795)의 일반적인 태도이다.

101 취소할 수 있는 법률행위로서 법정추인이 되는 경우가 아닌 것은?　　　　▌2017년 5회 행정사

① 취소할 수 있는 행위로부터 생긴 채권에 관하여 취소권자가 상대방에게 이행한 경우
② 취소권자가 취소할 수 있는 행위로 취득한 권리를 전부 양도한 경우
③ 취소권자의 상대방이 이행을 청구하는 경우
④ 취소권자가 채무자로서 담보를 제공하는 경우
⑤ 취소권자가 채권자로서 강제집행 하는 경우

해설 난도 ★★☆
①, ②, ④, ⑤는 각각 민법 제145조 제1호, 제5호, 제4호, 제6호에서 정한 법정추인사유에 해당하나, ③은 법정추인사유에 해당하지 않는다. 이행의 청구는 취소권자의 상대방이 아닌 취소권자의 법정추인사유에 해당한다.

102 甲은 18세 때 시가 5,000만원에 상당하는 명화(名畵)를 법정대리인인 丙의 동의 없이 乙에게 400만원에 매도하였으나, 그 당시 乙은 甲의 외모로 보아 그가 성년이라고 생각하였다. 현재 甲이 미성년자라고 할 때 다음 설명 중 옳은 것은?　　　　▌2017년 5회 행정사

① 甲은 매매계약을 취소할 수 없다.
② 丙은 매매계약을 추인할 수 있으나, 甲은 추인할 수 없다.
③ 乙이 丙에게 1개월 이상의 기간을 정하여 매매계약을 추인할 것인지 확답을 촉구한 경우, 丙이 그 기간 내에 확답을 발송하지 않으면 그 매매계약을 취소한 것으로 본다.
④ 丙이 적법하게 매매계약을 취소한 경우 그 매매계약은 취소한 때로부터 무효인 것으로 본다.
⑤ 甲이 매매대금을 전부 유흥비로 탕진한 후 丙이 매매계약을 적법하게 취소한 경우, 乙은 명화를 반환하고 매매대금 전부를 반환받을 수 있다.

해설 난도 ★★☆
② (○) 법정대리인 丙은 甲에 의한 매매계약을 독자적으로 추인할 수 있으나(민법 제143조 제1항, 제144조 제2항), 현재 미성년자인 甲은 단독으로 추인할 수 없다(민법 제144조 제1항). 다만, 甲이 법정대리인 丙의 동의를 얻어 추인하는 것은 가능하다.
① (×) 미성년자 甲은 명화매매계약을 법정대리인 丙의 동의 없이 단독으로 유효하게 취소할 수 있다.
③ (×) 甲이 아직 성년이 되지 아니한 경우 乙은 법정대리인 丙에게 명화매매계약의 추인 여부에 대한 확답을 촉구할 수 있고 법정대리인 丙이 그 기간 내에 확답을 발송하지 아니한 경우에는 그 명화매매계약을 추인한 것으로 본다(민법 제15조 제2항).
④ (×) 丙이 적법하게 매매계약을 취소한 경우 그 매매계약은 처음부터 무효인 것으로 본다(민법 제141조 본문).
⑤ (×) 丙이 매매계약을 적법하게 취소한 경우 甲이 명화를 반환받더라도 乙은 甲이 매매대금을 전부 유흥비로 탕진하였으므로 현존이익이 없어 매매대금을 반환받을 수 없다.

103 무효 또는 취소할 수 있는 법률행위의 추인에 관한 설명으로 옳은 것은?(다툼이 있으면 판례에 따름)

▎2020년 8회 행정사

① 무효인 계약은 계약당사자가 무효임을 알고 추인한 경우 계약성립시부터 새로운 법률행위를 한 것으로 본다.

② 불공정한 법률행위로서 무효인 경우 당사자가 무효임을 알고 추인하면 그 법률행위는 유효로 된다.

③ 무권리자가 타인의 권리를 처분하는 행위는 권리자가 이를 알고 추인하여도 그 처분의 효력이 발생하지 않는다.

④ 취소할 수 있는 법률행위를 추인할 수 있는 자는 그 법률행위의 취소권자이다.

⑤ 피성년후견인은 취소할 수 있는 법률행위를 단독으로 유효하게 추인할 수 있다.

해설 난도 ★☆☆

④ (○) 취소할 수 있는 법률행위는 제140조에 규정한 취소권자가 추인할 수 있다(민법 제143조 제1항 전단).

① (×) 무효인 계약은 추인하여도 그 효력이 생기지 아니한다. 그러나 당사자가 그 무효임을 알고 계약을 추인한 때에는 그때부터 새로운 법률행위로 본다(민법 제139조).

② (×) 불공정한 법률행위로서 무효인 경우에는 추인에 의하여 무효인 법률행위가 유효로 될 수 없다(대판 1994.6.24. 94다10900).

③ (×) <u>무권리자가 타인의 권리를 자기의 이름으로 또는 자기의 권리로 처분한 경우에, 권리자는 후일 이를 추인함으로써 그 처분행위를 인정할 수 있고</u>, 특별한 사정이 없는 한 이로써 권리자 본인에게 위 처분행위의 효력이 발생함은 사적자치의 원칙에 비추어 당연하다(대판 2001.11.9. 2001다44291).

⑤ (×) 피성년후견인은 후견이 종료되지 아니하는 한 취소할 수 있는 법률행위를 단독으로 유효하게 추인할 수 없으나, 그의 법정대리인은 취소원인이 종료되기 전이라도 추인할 수 있다(민법 제144조). 한편 미성년자와 피한정후견인은 능력자가 되기 전에도 법정대리인의 동의를 얻어 추인할 수 있다(민법 제5조, 제10조).

104 법률행위의 무효와 취소에 관한 설명으로 옳지 않은 것은?(다툼이 있으면 판례에 따름)

┃ 2019년 7회 행정사

① 무효인 법률행위는 추인하여도 원칙적으로 그 효력이 생기지 않는다.
② 법률행위의 일부분이 무효인 경우에 대하여 규정하고 있는 민법 제137조는 임의규정이다.
③ 취소할 수 있는 법률행위에서 취소권자의 상대방이 그 취소할 수 있는 행위로 취득한 권리를 양도하는 경우 법정추인이 된다.
④ 하나의 법률행위의 일부분에만 취소사유가 있다고 하더라도 그 법률행위가 가분적이거나 그 목적물의 일부가 특정될 수 있다면, 그 나머지 부분이라도 이를 유지하려는 당사자의 가정적 의사가 인정되는 경우 그 일부만의 취소도 가능하다.
⑤ 임차권양도계약과 권리금 계약이 결합하여 경제적·사실적 일체로 행하여진 경우, 그 권리금 계약 부분에만 취소사유가 존재하여도 특별한 사정이 없는 한 권리금계약 부분만을 따로 떼어 취소할 수는 없다.

해설 난도 ★☆☆

③ (×) 민법 제145조 제5호는 '취소할 수 있는 행위로 취득한 권리의 전부나 일부의 양도'를 법정추인사유의 하나로 규정하고 있으나 이는 <u>취소권자가 양도하는 경우</u>에 한한다.
① (○) 무효인 법률행위는 추인하여도 그 효력이 생기지 아니한다(민법 제139조 제1항 본문).
② (○) 민법 제137조는 임의규정으로서 의사자치의 원칙이 지배하는 영역에서 적용된다고 할 것이다(대판 2008.9.11. 2008다32501).
④ (○) 하나의 법률행위의 일부분에만 취소사유가 있다고 하더라도 그 법률행위가 가분적이거나 그 목적물의 일부가 특정될 수 있다면, 그 나머지 부분이라도 이를 유지하려는 당사자의 가정적 의사가 인정되는 경우 그 일부만의 취소도 가능하다 할 것이고, 그 일부의 취소는 법률행위의 일부에 관하여 효력이 생긴다(대판 1998.2.10. 97다44737).
⑤ (○) <u>권리금계약은 임차권양도계약과 결합하여 그 전체가 경제적, 사실적으로 일체로서 행하여진 것으로 그 하나가 다른 하나의 조건이 되어 어느 하나의 존재 없이는 당사자가 다른 하나를 의욕하지 않았을 것으로 보이므로, 권리금계 약 부분만 따로 떼어 이를 취소할 수는 없다</u>(대판 2013.5.9. 2012다115120).

105 법률행위의 무효와 취소에 관한 설명으로 옳은 것은?(다툼이 있으면 판례에 따름)

┃ 2016년 4회 행정사

① 무효인 법률행위의 추인은 명시적으로 하여야 하고 묵시적으로는 할 수 없다.
② 법률행위가 취소되면 처음부터 무효인 것으로 되지만, 제한능력자는 그 행위로 인하여 받은 이익이 현존하는 한도에서 상환(償還)할 책임이 있다.
③ 착오에 의한 의사표시를 한 자가 사망한 경우, 그 상속인은 피상속인의 착오를 이유로 취소할 수 없다.
④ 취소권은 추인할 수 있는 날로부터 10년 내에 행사하면 된다.
⑤ 법률행위의 일부분이 무효인 경우, 그 무효부분이 없더라도 법률행위를 하였을 것이라고 인정될 때에도 그 전부를 무효로 한다.

② (○) 취소된 법률행위는 처음부터 무효인 것으로 본다. 다만, 제한능력자는 그 행위로 인하여 받은 이익이 현존하는 한도에서 상환(償還)할 책임이 있다(민법 제141조).

① (×) 무효인 법률행위를 추인에 의하여 새로운 법률행위로 보기 위하여서는 당사자가 이전의 법률행위가 무효임을 알고 그 행위에 대하여 추인하여야 하며 이 추인은 묵시적으로도 가능하다(대판 2014.3.27. 2012다106607).

③ (×) 취소할 수 있는 법률행위는 제한능력자, 착오로 인하거나 사기·강박에 의하여 의사표시를 한 자, 그의 대리인 또는 승계인만이 취소할 수 있고(민법 제140조), 승계인은 특정승계인, 포괄승계인을 묻지 아니하므로, 그 상속인은 피상속인의 착오를 이유로 취소할 수 있다.

④ (×) 취소권은 추인할 수 있는 날로부터 3년 내에, 법률행위를 한 날로부터 10년 내에 행사하여야 한다(민법 제146조).

⑤ (×) 법률행위의 일부분이 무효인 때에는 그 전부를 무효로 한다. 그러나 그 무효부분이 없더라도 법률행위를 하였을 것이라고 인정될 때에는 나머지 부분은 무효가 되지 아니한다(민법 제137조).

106 민법상의 법률행위의 무효와 취소에 관한 설명으로 옳은 것은?(다툼이 있는 경우에는 판례에 의함)

▮ 2013년 1회 행정사

① 의사무능력자가 한 법률행위는 상대적 무효이다.

② 법률행위의 일부분이 무효인 때에는 원칙적으로 나머지 부분은 유효하게 존속한다.

③ 폭리행위로 무효인 법률행위도 추인에 의하여 유효하게 될 수 있다.

④ 미성년자가 법률행위를 한 후, 성년자가 되기 전에 그가 이를 추인하더라도 그 추인은 효력이 없다.

⑤ 취소권은 법률행위를 한 날로부터 3년 내에 행사하여야 한다.

해설 난도 ★☆☆

④ (○) 미성년자가 법률행위를 한 후 추인하려면 취소의 원인이 소멸된 후에 하여야 하므로 성년이 되기 전에 그가 추인하더라도 그 추인은 효력이 없다(민법 제144조 제1항).

① (×) 의사무능력자가 한 법률행위는 누구에게나 주장할 수 있는 절대적 무효이다.

② (×) 법률행위의 일부분이 무효인 때에는 그 전부를 무효로 한다(민법 제137조 본문).

③ (×) 무효인 법률행위에 대하여 추인이 인정되려면 무효원인이 해소되어야 하나, 폭리행위로 무효인 법률행위의 경우처럼 무효원인이 해소되고 있지 않은 경우에는 추인에 의하여 유효하게 될 수 없다.

Plus One

불공정한 법률행위로서 무효인 경우에는 추인에 의하여 무효인 법률행위가 유효로 될 수 없다(대판 1994.6.24. 94다10900).

⑤ (×) 취소권은 추인할 수 있는 날로부터 3년 내에, 법률행위를 한 날로부터 10년 내에 행사하여야 한다(민법 제146조).

107 법률행위의 부관에 관한 설명으로 옳은 것은?(다툼이 있으면 판례에 따름) ▮2022년 10회 행정사

① 상계의 의사표시에는 원칙적으로 조건을 붙일 수 있다.

② 조건부 법률행위에서 조건의 내용 자체가 불법적이어서 무효인 경우, 원칙적으로 그 조건만이 무효이고 나머지 법률행위는 유효이다.

③ 해제조건부 법률행위의 조건이 불능조건인 경우, 그 법률행위는 무효이다.

④ 시기(始期) 있는 법률행위는 기한이 도래한 때로부터 그 효력을 잃는다.

⑤ 기한은 특별한 사정이 없는 한 채무자의 이익을 위한 것으로 추정한다.

해설 난도 ★☆☆

⑤ (○) 기한은 채무자의 이익을 위한 것으로 추정한다(민법 제153조 제1항).

① (×) 상계는 상대방에 대한 의사표시로 하며, 이 의사표시에는 조건 또는 기한을 붙이지 못한다(민법 제493조 제1항).

② (×) 조건부 법률행위에 있어 조건의 내용 자체가 불법적인 것이어서 무효일 경우 또는 조건을 붙이는 것이 허용되지 아니하는 법률행위에 조건을 붙인 경우 그 조건만을 분리하여 무효로 할 수는 없고 그 법률행위 전부가 무효로 된다(대결 2005.11.8. 2005마541).

③ (×) 조건이 법률행위의 당시에 이미 성취할 수 없는 것인 경우에는 그 조건이 해제조건이면 조건 없는 법률행위로 한다(민법 제151조 제3항).

④ (×) 시기 있는 법률행위는 기한이 도래한 때로부터 그 효력이 생긴다(민법 제152조 제1항).

108 조건에 관한 설명으로 옳지 않은 것은? ▮2017년 5회 행정사

① 조건의 성취가 미정인 권리의무는 일반규정에 의하여 처분, 상속, 보존 또는 담보로 할 수 있다.

② 조건이 선량한 풍속 기타 사회질서에 위반한 것인 때에는 그 법률행위는 무효로 한다.

③ 당사자가 조건성취 전에 특별한 의사표시를 하지 않으면 조건성취의 효력은 소급효가 없다.

④ 해제조건부 법률행위의 경우 법률행위 당시 조건이 이미 성취할 수 없는 것인 때에는 그 법률행위는 무효이다.

⑤ 조건부 법률행위의 당사자는 조건의 성부가 미정인 동안에 조건의 성취로 인하여 생길 상대방의 이익을 해하지 못한다.

해설 난도 ★☆☆

④ (×) 조건이 법률행위의 당시에 이미 성취할 수 없는 것인 경우에는 그 조건이 해제조건이면 조건 없는 법률행위로 한다(민법 제151조 제3항).

① (○) 조건의 성취가 미정한 권리의무는 일반규정에 의하여 처분, 상속, 보존 또는 담보로 할 수 있다(민법 제149조).

② (○) 조건이 선량한 풍속 기타 사회질서에 위반한 것인 때에는 그 법률행위는 무효로 한다(민법 제151조 제1항).

③ (○) 정지조건 있는 법률행위는 조건이 성취한 때로부터 그 효력이 생기나, 당사자가 조건성취의 효력을 그 성취 전에 소급하게 할 의사를 표시한 때에는 그 의사에 의한다(민법 제147조 제1항·제3항).

⑤ (○) 조건 있는 법률행위의 당사자는 조건의 성부가 미정한 동안에 조건의 성취로 인하여 생길 상대방의 이익을 해하지 못한다(민법 제148조).

109 조건에 관한 설명으로 옳지 않은 것은?(다툼이 있는 경우에는 판례에 의함) 2014년 2회 행정사

① 조건은 법률행위의 효력의 발생 또는 소멸을 장래 발생이 확실한 사실에 의존시키는 법률행위의 부관이다.

② "행정사시험에 합격하면 자동차를 사주겠다."고 약속한 경우 약속 당시 이미 시험에 합격했다면, 이는 조건 없는 증여계약이다.

③ "내일 해가 서쪽에서 뜨면 자동차를 사주겠다."는 내용의 증여계약은 무효이다.

④ 혼인이나 입양 등 가족법상의 법률행위는 원칙적으로 조건과 친하지 않다.

⑤ 조건의 성취로 인하여 불이익을 받을 당사자가 신의성실에 반하여 조건의 성취를 방해한 때에는 상대방은 그 조건이 성취한 것으로 주장할 수 있다.

해설 난도 ★★☆

① (×) 조건은 법률행위의 효력의 발생 또는 소멸을 <u>장래 발생이 불확실한 사실에 의존시키는</u> 법률행위의 부관이다.

② (○) "행정사시험에 합격하면 자동차를 사주겠다."고 약속한 경우 당시 이미 시험에 합격했다면, <u>정지조건이 법률행위의 당시 이미 성취된 경우이므로</u> 조건 없는 증여계약에 해당한다(민법 제151조 제2항).

③ (○) "내일 해가 서쪽에서 뜨면 자동차를 사주겠다."는 내용의 증여계약은 <u>정지조건이 법률행위 당시에 이미 성취할 수 없는 경우이므로 이러한 내용의 증여계약은 무효이다</u>(민법 제151조 제3항).

④ (○) <u>혼인이나 입양 등 가족법상의 법률행위는</u> 그 효과가 확정적으로 발생할 것이 요구되는 경우이기 때문에 <u>조건과 친하지 아니한 행위에 해당한다.</u>

⑤ (○) 조건의 성취로 인하여 불이익을 받을 당사자가 신의성실에 반하여 조건의 성취를 방해한 때에는 상대방은 그 조건이 성취한 것으로 주장할 수 있다(민법 제150조 제1항).

---

110 조건과 기한에 관한 설명으로 옳은 것은? 2020년 8회 행정사

① 기한은 채권자의 이익을 위한 것으로 본다.

② 정지조건은 법률행위 효력의 발생을 장래의 확실한 사실에 의존케 하는 조건이다.

③ 해제조건은 법률행위 효력의 발생을 장래의 불확실한 사실에 의존케 하는 조건이다.

④ 불법조건이 붙은 법률행위는 원칙적으로 불법조건을 제외한 나머지는 유효하다.

⑤ 시기 있는 법률행위는 기한이 도래한 때로부터 그 효력이 생긴다.

해설 난도 ★☆☆

⑤ (○) 시기 있는 법률행위는 기한이 도래한 때로부터 그 효력이 생긴다(민법 제152조 제1항).

① (×) 기한은 채무자의 이익을 위한 것으로 추정한다(민법 제153조 제1항).

② (×) 정지조건은 법률행위 효력의 발생을 장래의 불확실한 사실에 의존케 하는 조건이다.

③ (×) 해제조건은 법률행위 효력의 소멸을 장래의 불확실한 사실에 의존케 하는 조건이다.

④ (×) 조건이 선량한 풍속 기타 사회질서에 위반한 것인 때에는 그 법률행위는 무효로 한다(민법 제151조 제1항).

111 법률행위의 조건과 기한에 관한 설명으로 옳지 않은 것은?(다툼이 있으면 판례에 따름)

┃2019년 7회 행정사

① 기한부 권리는 일반규정에 의하여 처분할 수 있다.
② 조건 있는 법률행위의 당사자는 조건의 성부가 미정한 동안에 조건의 성취로 인하여 생길 상대방의 이익을 해하지 못한다.
③ 해제조건 있는 법률행위는 조건이 성취한 때로부터 그 효력을 잃지만, 당사자의 의사에 따라 이를 소급하게 할 수 있다.
④ 시기 있는 법률행위는 기한이 도래한 때로부터 그 효력이 생긴다.
⑤ 부첩관계의 종료를 해제조건으로 하는 증여계약에서 그 조건은 무효이므로 그 증여계약은 조건 없는 법률행위가 된다.

해설 난도 ★☆☆

⑤ (×) 부첩관계인 부부생활의 종료를 해제조건으로 하는 증여계약은 그 조건만이 무효인 것이 아니라 증여계약 자체가 무효이다(대판 1966.6.21. 66다530).
① (○) 기한의 성취가 미정인 권리의무는 일반규정에 의하여 처분, 상속, 보존 또는 담보로 할 수 있다(민법 제154조, 제149조).
② (○) 조건 있는 법률행위의 당사자는 조건의 성부가 미정한 동안에 조건의 성취로 인하여 생길 상대방의 이익을 해하지 못한다(민법 제148조).
③ (○) 해제조건 있는 법률행위는 조건이 성취한 때로부터 그 효력을 잃지만, 당사자가 조건성취의 효력을 그 성취 전에 소급하게 할 의사를 표시한 때에는 그 의사에 의한다(민법 제147조 제2항·제3항).
④ (○) 시기 있는 법률행위는 기한이 도래한 때로부터 그 효력이 생긴다(민법 제152조 제1항).

112 조건과 기한에 관한 설명으로 옳지 않은 것은?(다툼이 있으면 판례에 따름) ┃2018년 6회 행정사

① 조건이란 법률행위 효력의 발생 또는 소멸을 장래 발생할 것이 확실한 사실에 의존하게 하는 법률행위의 부관을 말한다.
② 조건의 성취로 이익을 받을 당사자가 신의성실에 반하여 조건을 성취시킨 경우, 상대방은 그 조건이 성취하지 아니한 것으로 주장할 수 있다.
③ 조건이 법률행위 당시 이미 성취한 것인 경우, 그 조건이 정지조건이면 조건 없는 법률행위로 한다.
④ 종기(終期) 있는 법률행위는 기한이 도래한 때로부터 그 효력을 잃는다.
⑤ 기한은 채무자의 이익을 위한 것으로 추정한다.

① (×) 조건이란 법률행위 효력의 발생 또는 소멸을 <u>장래 발생할 것이 불확실한 사실에 의존하게</u> 하는 법률행위의 부관을 말한다.
② (○) 조건의 성취로 인하여 이익을 받을 당사자가 신의성실에 반하여 조건을 성취시킨 때에는 상대방은 그 조건이 성취하지 아니한 것으로 주장할 수 있다(민법 제150조 제2항).
③ (○) 조건이 법률행위의 당시 이미 성취한 것인 경우에는 그 조건이 정지조건이면 조건 없는 법률행위로 한다(민법 제151조 제2항).
④ (○) 종기 있는 법률행위는 기한이 도래한 때로부터 그 효력을 잃는다(민법 제152조 제2항).
⑤ (○) 기한은 채무자의 이익을 위한 것으로 추정한다(민법 제153조 제1항).

113 법률행위의 조건과 기한에 관한 설명으로 옳은 것은?(다툼이 있으면 판례에 따름)

┃2016년 4회 행정사

① 조건성취로 불이익을 받을 자가 고의가 아닌 과실로 신의성실에 반하여 조건의 성취를 방해한 경우, 상대방은 조건이 성취된 것으로 주장할 수 없다.
② 정지조건이 성취되면 법률효과는 그 성취된 때로부터 발생하며, 당사자의 의사로 이를 소급시킬 수 없다.
③ 조건이 선량한 풍속 기타 사회질서에 위반한 것인 때에는 그 조건은 무효로 되지만 그 조건이 붙은 법률행위가 무효로 되는 것은 아니다.
④ "3년 안에 甲이 사망하면 현재 甲이 사용 중인 乙소유의 자전거를 乙이 丙에게 증여한다"는 계약은 조건부 법률행위이다.
⑤ 조건의 성취가 미정한 권리는 일반규정에 의하여 처분할 수 없다.

④ (○) 甲의 사망을 정지조건으로 하는 정지조건부 법률행위로 이해하여야 한다.
① (×) 조건의 성취로 인하여 불이익을 받을 당사자가 신의성실에 반하여 조건의 성취를 방해한 때에는 상대방은 그 조건이 성취한 것으로 주장할 수 있다(민법 제150조 제1항). <u>고의뿐만 아니라 과실에 의하여 조건성취를 방해한 경우에도 이에 해당한다.</u>
② (×) 정지조건 있는 법률행위는 조건이 성취한 때로부터 그 효력이 생기나, 당사자가 조건성취의 효력을 그 성취전에 소급하게 할 의사를 표시한 때에는 그 의사에 의한다(민법 제147조 제1항·제3항).
③ (×) 조건이 선량한 풍속 기타 사회질서에 위반한 것인 때에는 그 법률행위는 무효로 한다(민법 제151조 제1항).
⑤ (×) 조건의 성취가 미정한 권리의무는 일반규정에 의하여 처분, 상속, 보존 또는 담보로 할 수 있다(민법 제149조).

114 법률행위의 조건과 기한에 관한 설명으로 옳지 않은 것은?(다툼이 있으면 판례에 따름)

▌2015년 3회 행정사

① 기한의 이익은 포기할 수 있지만, 상대방의 이익을 해하지 못한다.
② 정지조건 있는 법률행위는 조건이 성취한 때로부터 그 효력을 잃는다.
③ 조건의 성취가 미정한 권리의무는 일반규정에 의하여 처분, 상속, 보존 또는 담보로 할 수 있다.
④ 조건부 법률행위에 있어 조건의 내용 자체가 불법적인 것이어서 무효일 경우, 그 조건만을 분리하여 무효로 할 수 없다.
⑤ 불확정한 사실이 발생한 때를 이행기한으로 정한 경우, 그 사실이 발생한 때뿐만 아니라 발생이 불가능하게 된 때에도 이행기한은 도래한 것으로 보아야 한다.

해설 난도 ★☆☆

② (×) 정지조건 있는 법률행위는 조건이 성취한 때로부터 그 효력이 생긴다(민법 제147조 제1항).
① (○) 기한의 이익은 이를 포기할 수 있다. 그러나 상대방의 이익을 해하지 못한다(민법 제153조 제2항).
③ (○) 조건의 성취가 미정한 권리의무는 일반규정에 의하여 처분, 상속, 보존 또는 담보로 할 수 있다(민법 제149조).
④ (○) 조건부 법률행위에 있어 조건의 내용 자체가 불법적인 것이어서 무효일 경우 또는 조건을 붙이는 것이 허용되지 아니하는 법률행위에 조건을 붙인 경우 그 조건만을 분리하여 무효로 할 수는 없고 그 법률행위 전부가 무효로 된다(대결 2005.11.8. 2005마541).
⑤ (○) 당사자가 불확정한 사실이 발생한 때를 이행기한으로 정한 경우, 그 사실이 발생한 때는 물론 그 사실의 발생이 불가능하게 된 때에도 그 이행기한은 도래한 것으로 보아야 한다(대판 2007.5.10. 2005다67353).

---

115 조건이나 기한에 관한 설명으로 옳지 않은 것은?

▌2013년 1회 행정사

① 당사자가 조건성취의 효력을 그 성취 전에 소급하게 할 의사를 표시한 때에는 그 의사에 의한다.
② 기한의 이익은 당사자의 특약이나 법률행위의 성질상 분명하지 않으면 채권자를 위한 것으로 추정한다.
③ 해제조건이 법률행위 당시 이미 성취될 수 없는 것이면 조건 없는 법률행위로 한다.
④ 조건이 사회질서에 위반한 것인 때에는 그 법률행위는 무효로 한다.
⑤ 조건의 성취가 미정한 권리는 일반규정에 의하여 처분할 수 있다.

해설 난도 ★☆☆

② (×) 기한은 채무자의 이익을 위한 것으로 추정한다(민법 제153조 제1항).
① (○) 당사자가 조건성취의 효력을 그 성취 전에 소급하게 할 의사를 표시한 때에는 그 의사에 의한다(민법 제147조 제3항).
③ (○) 조건이 법률행위의 당시에 이미 성취할 수 없는 것인 경우에는 그 조건이 해제조건이면 조건 없는 법률행위로 한다(민법 제151조 제3항).
④ (○) 조건이 선량한 풍속 기타 사회질서에 위반한 것인 때에는 그 법률행위는 무효로 한다(민법 제151조 제1항).
⑤ (○) 조건의 성취가 미정한 권리의무는 일반규정에 의하여 처분, 상속, 보존 또는 담보로 할 수 있다(민법 제149조).

06 기 간

🔍 학습 Key word

❶ 기간의 의의에 대해 학습한다.
❷ 기간의 계산방법에 대해 상세히 학습한다.

제1절 기 간

본장의 적용범위(민법 제155조) 기출 18
기간의 계산은 법령, 재판상의 처분 또는 법률행위에 다른 정한 바가 없으면 본장의 규정에 의한다.

기간의 기산점(민법 제156조) 기출 22 · 21 · 15 · 14 · 13
기간을 시, 분, 초로 정한 때에는 즉시로부터 기산한다.

기간의 기산점(민법 제157조) 기출 22 · 21 · 20 · 18 · 17 · 16 · 15 · 13
기간을 일, 주, 월 또는 연으로 정한 때에는 기간의 초일은 산입하지 아니한다. 그러나 그 기간이 오전 영시로부터 시작하는 때에는 그러하지 아니하다.

연령의 기산점(민법 제158조) 기출 22 · 19 · 16 · 15 · 14 · 13
연령계산에는 출생일을 산입한다.

기간의 만료점(민법 제159조) 기출 14
기간을 일, 주, 월 또는 연으로 정한 때에는 기간 말일의 종료로 기간이 만료한다.

역에 의한 계산(민법 제160조)
① 기간을 주, 월 또는 연으로 정한 때에는 역에 의하여 계산한다. 기출 22 · 18
② 주, 월 또는 연의 처음으로부터 기간을 기산하지 아니하는 때에는 최후의 주, 월 또는 연에서 그 기산일에 해당한 날의 전일로 기간이 만료한다. 기출 20 · 17 · 16 · 15 · 13
③ 월 또는 연으로 정한 경우에 최종의 월에 해당일이 없는 때에는 그 월의 말일로 기간이 만료한다.
기출 21 · 20

공휴일 등과 기간의 만료점(민법 제161조) 기출 21 · 18
기간의 말일이 토요일 또는 공휴일에 해당한 때에는 기간은 그 익일로 만료한다.

Ⅰ   기간의 의의

① 기간이란 어느 시점부터 어느 시점까지의 계속된 시간을 말한다. 법률사실로서 기간은 사건에 속한다. 따라서 기한(부관)과는 전혀 다르다.

② 기간계산에 관한 민법규정은 보충적인 것이다. 즉, 법령이나 재판상의 처분 또는 법률행위에 달리 정한 바가 있으면 그에 의한다(민법 제155조). 기출 17 · 16 · 15 · 14 그런데 민법의 기간에 관한 규정은 사법관계뿐만 아니라 공법관계에도 적용된다. 기출 17

Ⅱ   기간의 계산방법

민법은 시 · 분 · 초와 같은 단기간의 경우 자연적 계산방법을, 일 · 주 · 월 · 연과 같은 장기간의 경우에는 역법적 계산방법을 활용한다.

1. 기간을 「시 · 분 · 초」로 정한 경우

즉시로 기산하고, 시, 분, 초 단위로 산정하여(민법 제156조), 기간의 만료는 그 정하여진 시, 분, 초가 종료한 때이다. 기출 22 · 21 · 15 · 14 · 13

2. 기간을 「일 · 주 · 월 · 연」으로 정한 경우

(1) 기산점

① 초일불산입의 원칙(민법 제157조 본문) 기출 22 · 20

② 예외적으로 초일을 산입하는 경우 : 연령의 계산(민법 제158조), 오전 0시로부터 기산하는 경우(민법 제157조 단서) 기출 22 · 18 · 17 · 16 · 15 · 13

(2) 만료점

① 기간 말일의 종료로 기간이 만료된다(민법 제159조). 기출 14

② 기간을 「주 · 월 · 연」으로 정한 경우에는 이를 일로 환산하지 않고 역(歷)에 의하여 계산한다(민법 제160조 제1항). 기출 22 · 18

③ 주 · 월 · 연의 처음부터 기산하지 않을 경우에, 최후의 주 · 월 · 연에서 그 기산일에 해당하는 날의 전일로 기간이 만료된다(민법 제160조 제2항). 기출 20 · 17 · 16 · 15 · 13

④ 월 또는 연으로 정하였는데 최종의 월에 해당일이 없으면, 그 월의 말일로 기간이 만료된다(민법 제160조 제3항). 기출 21 · 20

⑤ 기간의 말일이 토요일 또는 공휴일에 해당하는 경우에 그 다음 날로 만료하지만(민법 제161조), 기출 21 · 18 기간의 초일이 토요일 또는 공휴일인 경우에는 그 적용이 없으며 기간은 초일부터 기산한다(대판 1982.2.23. 81누204). 기출 22 · 18 · 17 · 16 · 15

3. 기간의 역산

민법상의 기간의 계산방법은 기간을 소급하여 계산할 때에도 유추적용된다(통설). 기출 16·14·13

예 사단법인의 사원총회를 1주일 전에 통지한다고 할 때에(민법 제71조), 총회일이 10월 19일이라고 한다면 늦어도 10월 11일 24시까지는 사원총회의 소집통지를 발송하여야 한다.

06 기 간 「기출지문 OX」

제1절 기 간

01 기간의 계산은 법령, 재판상의 처분 또는 법률행위에 다른 정한 바가 없으면 민법규정에 의한다.
기출 18 [○ / ×]

02 기간을 시, 분, 초로 정한 때에는 즉시로부터 기산한다. 기출 22 · 21 · 14 [○ / ×]

03 2013.5.15. 08시에 승용차를 빌리면서 12시간 후에 반환하기로 약정하였다면, 같은 날 20시까지 이행하여야 한다. 기출 13 [○ / ×]

04 기간을 일, 주, 월로 정한 때에는 그 기간이 오전 영(零)시로부터 시작하는 때가 아니면 기간의 초일은 산입하지 않는다. 기출 22 · 17 [○ / ×]

05 연령계산에는 출생일을 산입한다. 기출 22 · 14 [○ / ×]

정답 01 ○ 02 ○ 03 ○ 04 ○ 05 ○

해설 01 기간의 계산은 법령, 재판상의 처분 또는 법률행위에 다른 정한 바가 없으면 본장의 규정에 의한다(민법 제155조).
02 기간을 시, 분, 초로 정한 때에는 즉시로부터 기산한다(민법 제156조).
03 기간을 시, 분, 초로 정한 때에는 즉시로부터 기산하고 기간의 만료점은 그 정하여진 시, 분, 초가 종료한 때이다(민법 제156조). 따라서 2013.5.15. 08시의 12시간 후인 2013.5.15. 20시까지 승용차를 반환하여야 한다.
04 기간을 일, 주, 월 또는 연으로 정한 때에는 기간의 초일은 산입하지 아니한다. 그러나 그 기간이 오전 영시로부터 시작하는 때에는 그러하지 아니하다(민법 제157조).
05 연령계산에는 출생일을 산입한다(민법 제158조).

06 1997.6.1. 07시에 출생한 사람은 2016.6.1. 0시부터 성년자가 된다. `기출` 19·16·15·13

[○ / ×]

07 기간을 주, 월 또는 연으로 정한 때에는 역(曆)에 의하여 계산한다. `기출` 22·18 [○ / ×]

08 주, 월 또는 연(年)의 처음으로부터 기간을 기산하지 아니하는 때에는 최후의 주, 월 또는 연(年)에서 그 기산일에 해당한 날로 기간이 만료한다. `기출` 17 [○ / ×]

09 2016.4.30. 10시부터 2개월인 경우 2016.6.30. 10시로 기간이 만료한다. `기출` 16 [○ / ×]

10 2013.3.23. 토요일 13시에 매매목적물을 인도받으면서 1개월 후에 대금을 변제하겠다고 약정하였다면, 2013.4.24. 24시까지 이행하여야 한다. `기출` 13 [○ / ×]

11 기간을 월(月)로 정한 경우에 최종의 월에 해당일이 없는 때에는 그 월의 말일로 기간이 만료한다. `기출` 21

[○ / ×]

12 기간의 초일(初日)이 공휴일에 해당한 때에는 기간은 그 익일부터 기산한다. `기출` 22·21·18·17·16·15

[○ / ×]

`정답` **06** ○ **07** ○ **08** × **09** × **10** × **11** ○ **12** ×

`해설` **06** 사람은 19세로 성년에 이르게 되고 연령계산에는 출생일을 산입하므로(민법 제4조, 제158조), 1997.6.1. 0시를 기산점으로 하여 2016.6.1. 0시(2016.5.31. 24시)부터 성년자가 된다.

07 기간을 주, 월 또는 연으로 정한 때에는 역에 의하여 계산한다(민법 제160조 제1항).

08 주, 월 또는 연의 처음으로부터 기간을 기산하지 아니하는 때에는 최후의 주, 월 또는 연에서 그 기산일에 해당한 날의 전일로 기간이 만료한다(민법 제160조 제2항).

09 2016.4.30. 10시부터 2개월인 경우 기산점은 2016.5.1. 0시이고 2개월인 후인 2016.6.30. 24시로 기간이 만료한다(민법 제157조, 제160조 제2항).

10 기간의 기산점이 공휴일인 경우에는 민법 제161조가 적용되지 아니하므로 1개월 변제기의 기산점은 2013.3.24. 0시이고 만료점은 2013.4.23. 24시이므로 이때까지 이행하여야 한다(민법 제157조, 제160조 제2항).

11 월 또는 연으로 정한 경우에 최종의 월에 해당일이 없는 때에는 그 월의 말일로 기간이 만료한다(민법 제160조 제3항).

12 '기간의 말일이 토요일 또는 공휴일에 해당한 때에는 기간은 그 익일로 만료한다'는 민법 제161조는 기간의 초일이 공휴일인 경우에는 적용되지 아니한다.

13 기간의 말일이 토요일 또는 공휴일에 해당한 때에는 기간은 그 익일로 만료한다. 기출 21

[○ / ×]

14 기한을 일, 주, 월 또는 연으로 정한 때에 기간의 초일을 산입하지 아니하는 것은 강행규정이며 당사자의 약정으로 달리 정할 수 없다. 기출 16

[○ / ×]

15 기간을 일, 주, 월 또는 년으로 정한 때에 그 기간의 초일을 산입하기로 한 당사자 사이의 약정은 유효하다. 기출 15

[○ / ×]

16 사단법인의 사원총회일이 2016.7.19. 10시인 경우 늦어도 7.12. 24시까지 사원에게 총회소집통지를 발신하면 된다. 기출 16 · 13

[○ / ×]

17 민법상 기간의 계산에 관한 규정은 공법관계에는 적용되지 않는다. 기출 17

[○ / ×]

18 기간의 계산에 관한 민법규정은 기산일로부터 소급하여 계산되는 기간의 계산방법에 대하여 적용되지 아니한다. 기출 14

[○ / ×]

19 기간의 계산에 관한 민법규정은 강행규정이다. 기출 14

[○ / ×]

정답 **13** ○ **14** × **15** ○ **16** × **17** × **18** × **19** ×

해설 **13** 기간의 말일이 토요일 또는 공휴일에 해당한 때에는 기간은 그 익일로 만료한다(민법 제161조).
14 민법 제155조에 의하면 법령이나 법률행위 등에 의하여 초일불산입 원칙과 달리 정하는 것도 가능하므로 기간을 일, 주, 월 또는 년으로 정한 때에 그 기간의 초일을 산입하기로 한 당사자 사이의 약정은 유효하다(대판 2007.8.23. 2006다62942).
15 대판 2007.8.23. 2006다62942 참조
16 총회의 소집은 <u>1주간 전에</u> 그 회의의 목적사항을 기재한 통지를 <u>발하고</u> 기타 정관에 정한 방법에 의하여야 한다(민법 제71조). 따라서 <u>사원총회일이 2016.7.19. 10시라면 7월 18일 24시(7월 19일 0시)가 기산점이 되어 그날로부터 역으로 7일을 계산한 7월 12일 오전 0시에 만료하므로 7월 11일 오후 24시까지는 총회소집통지가 발송되어야 한다.</u>
17 민법상 기간의 계산에 관한 규정은 사법관계뿐만 아니라 공법관계에도 적용된다.
18 기간의 계산에 관한 민법규정은 기간의 역산이 필요한 경우에도 유추적용될 수 있다.
19 기간의 계산에 관한 민법규정은 임의규정으로 보아야 한다. 판례(대판 2007.8.23. 2006다62942)도 같은 취지에서 판시한 바 있다.

제1절 기 간

01 민법상 기간에 관한 설명으로 옳지 않은 것은?(다툼이 있으면 판례에 따름) ▮2022년 10회 행정사

① 연령계산에는 출생일을 산입한다.
② 기간의 초일(初日)이 공휴일에 해당한 때에는 기간은 그 익일부터 기산한다.
③ 기간을 시, 분, 초로 정한 때에는 즉시로부터 기산한다.
④ 기간을 주, 월 또는 연으로 정한 때에는 역(曆)에 의하여 계산한다.
⑤ 기간을 일, 주, 월로 정한 때에는 그 기간이 오전 영(零)시로부터 시작하는 때가 아니면 기간의 초일은 산입하지 않는다.

해설 난도 ★★★
② (×) '기간의 말일이 토요일 또는 공휴일에 해당한 때에는 기간은 그 익일로 만료한다'는 민법 제161조는 기간의 초일이 공휴일인 경우에는 적용되지 아니한다.
① (○) 연령계산에는 출생일을 산입한다(민법 제158조).
③ (○) 기간을 시, 분, 초로 정한 때에는 즉시로부터 기산한다(민법 제156조).
④ (○) 기간을 주, 월 또는 연으로 정한 때에는 역에 의하여 계산한다(민법 제160조 제1항).
⑤ (○) 기간을 일, 주, 월 또는 연으로 정한 때에는 기간의 초일은 산입하지 아니한다. 그러나 그 기간이 오전 영시로부터 시작하는 때에는 그러하지 아니하다(민법 제157조).

02 甲은 乙에게 1천만원을 빌려주면서 대여 기간을 각 대여일로부터 1개월로 약정하였다. 민법의 기간에 관한 규정에 따를 때 변제기가 옳은 것을 모두 고른 것은?(8월 15일 외에는 평일을 전제로 함)

▮2020년 8회 행정사

> ㄱ. 대여일 : 1월 31일 14시, 변제기 : 2월 28일(윤년 아님) 24시
> ㄴ. 대여일 : 3월 14일 17시, 변제기 : 4월 14일 17시
> ㄷ. 대여일 : 7월 15일 17시, 변제기 : 8월 15일(공휴일)의 익일인 8월 16일 24시

① ㄷ
② ㄱ, ㄴ
③ ㄱ, ㄷ
④ ㄴ, ㄷ
⑤ ㄱ, ㄴ, ㄷ

난도 ★★☆

ㄱ (○) 1개월의 기산점은 초일불산입의 원칙에 따라 2월 1일 0시이고 만료점(변제기)은 2월 28일 24시가 된다(민법 제157조, 제160조 제3항).

ㄷ (○) 기산점은 7월 16일 0시이고 만료점(변제기)은 8월 15일이 공휴일이기 때문에 익일인 8월 16일 24시이다(민법 제157조, 제161조).

ㄴ (×) 기산점은 3월 15일 0시이고 만료점(변제기)은 4월 14일 24시이다(민법 제157조, 제160조 제2항).

03 기간에 관한 설명으로 옳지 않은 것은?(다툼이 있으면 판례에 따름) ┃2021년 9회 행정사

① 계약 기간의 기산점을 오는 7월 1일부터 기산하여 주(週)로 정한 때에는 기간의 초일은 산입하지 아니한다.

② 기간을 시(時)로 정한 때에는 즉시로부터 기산한다.

③ 기간을 월(月)로 정한 경우에 최종의 월에 해당일이 없는 때에는 그 월의 말일로 기간이 만료한다.

④ 기간의 말일이 토요일 또는 공휴일에 해당한 때에는 기간은 그 익일로 만료한다.

⑤ 정년이 60세라 함은 만 60세에 도달하는 날을 말하는 것이라고 보는 것이 상당하다.

난도 ★★☆

① (×) 기간의 기산점을 '오는'처럼 미래의 일정 시점으로 하는 경우에는 초일을 산입하여 주(週)의 기간을 계산한다(민법 제157조 단서).

② (○) 기간을 시, 분, 초로 정한 때에는 즉시로부터 기산한다(민법 제156조).

③ (○) 기간을 월 또는 연으로 정한 경우에 최종의 월에 해당일이 없는 때에는 그 월의 말일로 기간이 만료한다(민법 제160조 제3항).

④ (○) 기간의 말일이 토요일 또는 공휴일에 해당한 때에는 기간은 그 익일로 만료한다(민법 제161조).

⑤ (○) 판례의 취지를 고려할 때 정년이 60세라 함은 만 60세에 도달하는 날을 의미하는 것이라고 보는 것이 타당하다.

> **Plus One**
> 대한석탄공사에 피용된 채탄부의 정년이 53세라 함은 만 53세에 도달하는 날을 말하는 것이라고 보는 것이 상당하다(대판 1973.6.12. 71다2669).

04 기간에 관한 설명으로 옳지 않은 것은?(다툼이 있으면 판례에 따름) ┃2018년 6회 행정사

① 기간의 계산은 법령, 재판상의 처분 또는 법률행위에 다른 정한 바가 없으면 민법규정에 의한다.

② 연령이 아닌 기간 계산에서 기간을 월(月)로 정한 경우, 그 기간이 오전 0시로부터 시작하는 때에는 초일을 산입한다.

③ 기간의 초일이 공휴일이라 하더라도 그 기간은 초일부터 기산한다.

④ 기간을 주(週)로 정한 때에는 역(曆)에 의하여 계산한다.

⑤ 기간의 말일이 토요일인 때에는 기간은 그 전일로 만료한다.

⑤ (×) <u>기간의 말일이 토요일 또는 공휴일에 해당한 때에는 기간은 그 익일로 만료한다</u>(민법 제161조).

① (○) 기간의 계산은 법령, 재판상의 처분 또는 법률행위에 다른 정한 바가 없으면 본장의 규정에 의한다(민법 제155조).

② (○) 기간을 일, 주, 월 또는 연으로 정한 때에는 기간의 초일은 산입하지 아니한다. 그러나 그 기간이 오전 영시로부터 시작하는 때에는 초일은 산입한다(민법 제157조).

③ (○) 민법 제161조는 기간의 초일이 공휴일인 경우에는 적용되지 아니한다. 따라서 기산일이 공휴일인 경우에는 그날 부터 기산한다.

④ (○) 기간을 주, 월 또는 연으로 정한 때에는 역에 의하여 계산한다(민법 제160조 제1항).

---

05 2000년 5월 25일 오후 11시에 출생한 자가 성년이 되는 때는? ▮2019년 7회 행정사

① 2018년 5월 25일 오후 11시

② 2019년 5월 25일 오전 0시

③ 2019년 5월 25일 오후 11시

④ 2020년 5월 25일 오전 0시

⑤ 2020년 5월 25일 오후 11시

해설 난도 ★★☆

사람은 19세로 성년에 이르게 되고 연령계산에는 출생일을 산입하므로(민법 제4조, 제158조), 2000년 5월 25일 오전 0시를 기산점으로 하여 2019년 5월 25일 오전 0시(2019년 5월 24일 오후 12시)에 성년이 된다.

---

06 민법상 기간에 관한 설명으로 옳은 것은?(다툼이 있으면 판례에 따름) ▮2016년 4회 행정사

① 월로 정한 기간의 기산일이 공휴일인 경우에는 그 다음 날부터 기산한다.

② 기한을 일, 주, 월 또는 연으로 정한 때에 기간의 초일을 산입하지 아니하는 것은 강행규정이며 당사자의 약정으로 달리 정할 수 없다.

③ 2016.4.30. 10시부터 2개월인 경우 2016.6.30. 10시로 기간이 만료한다.

④ 사단법인의 사원총회일이 2016.7.19. 10시인 경우 늦어도 7.12.24시까지 사원에게 총회소집통지를 발신하면 된다.

⑤ 1997.6.1. 07시에 출생한 사람은 2016.6.1. 0시부터 성년자가 된다.

해설 난도 ★★☆

⑤ (○) 사람은 19세로 성년에 이르게 되고 연령계산에는 출생일을 산입하므로(민법 제4조, 제158조), <u>1997.6.1. 0시를 기산점으로 하여 2016.6.1. 0시(2016.5.31. 24시)부터 성년자가 된다.</u>

① (×) 민법 제161조는 기간의 초일이 공휴일인 경우에는 적용되지 아니한다. 따라서 월로 정한 기간의 기산일이 공휴일 인 경우에는 그날부터 기산한다.

② (×) 민법 제155조에 의하면 법령이나 법률행위 등에 의하여 초일불산입 원칙과 달리 정하는 것도 가능하므로 기간을 일, 주, 월 또는 년으로 정한 때에 그 기간의 초일을 산입하기로 한 당사자 사이의 약정은 유효하다(대판 2007.8.23. 2006다62942).

③ (×) 2016.4.30. 10시부터 2개월인 경우 기산점은 2016.5.1. 0시이고 2개월인 후인 2016.6.30. 24시로 기간이 만료한 다(민법 제157조, 제160조 제2항).

④ (×) 총회의 소집은 1주간 전에 그 회의의 목적사항을 기재한 통지를 발하고 기타 정관에 정한 방법에 의하여야 한다(민 법 제71조). 따라서 사원총회일이 2016.7.19. 10시라면 7월 18일 24시(7월 19일 0시)가 기산점이 되어 그날로부터 역으로 7일을 계산한 7월 12일 오전 0시에 만료하므로 7월 11일 오후 24시까지는 총회소집통지가 발송되어야 한다.

CHAPTER 06

07 민법상 기간에 관한 설명으로 옳은 것은?(다툼이 있으면 판례에 따름) ▮2017년 5회 행정사

① 기간이 오전 0시부터 시작하는 경우라고 하더라도 초일을 산입하지 않는다.
② 기간의 계산에 관하여 법률행위에서 다르게 정하고 있더라도 민법의 기간계산 방법이 우선한다.
③ 초일이 공휴일이라고 해서 다음 날부터 기간을 기산하는 것은 아니다.
④ 민법상 기간의 계산에 관한 규정은 공법관계에는 적용되지 않는다.
⑤ 주, 월 또는 연(年)의 처음으로부터 기간을 기산하지 아니하는 때에는 최후의 주, 월 또는 연(年)에서 그 기산일에 해당한 날로 기간이 만료한다.

해설 난도 ★☆☆

③ (○) '기간의 말일이 토요일 또는 공휴일에 해당한 때에는 기간은 그 익일로 만료한다'는 민법 제161조는 기간의 초일이 공휴일인 경우에는 적용되지 아니한다.
① (×) 기간이 오전 영시로부터 시작하는 때에는 초일을 산입한다(민법 제157조 단서).
② (×) 기간의 계산은 법령, 재판상의 처분 또는 법률행위에 다른 정한 바가 없으면 본장의 규정에 의한다(민법 제155조). 즉, 기간계산에 관한 민법규정은 보충적인 것이다.
④ (×) 민법상 기간의 계산에 관한 규정은 사법관계뿐만 아니라 공법관계에도 적용된다.
⑤ (×) 주, 월 또는 연의 처음으로부터 기간을 기산하지 아니하는 때에는 최후의 주, 월 또는 연에서 그 기산일에 해당한 날의 전일로 기간이 만료한다(민법 제160조 제2항).

08 민법상 기간에 관한 설명으로 옳지 않은 것은?(다툼이 있으면 판례에 따름) ▮2015년 3회 행정사

① 기간을 일, 주, 월 또는 년으로 정한 때에 그 기간의 초일을 산입하기로 한 당사자 사이의 약정은 유효하다.
② 1996.6.5. 08시에 출생한 사람은 2015.6.5. 0시부터 성년자가 된다.
③ 월로 정한 기간의 기산일이 공휴일인 경우에는 그 다음 날부터 기산한다.
④ 2015.5.31. 09시부터 1개월인 경우, 2015.6.30. 24시에 기간이 만료한다.
⑤ 2015.6.10. 09시에 甲이 乙에게 자전거를 빌리면서 10시간 후에 반환하기로 한 경우, 甲은 乙에게 2015.6.10. 19시까지 반환하여야 한다.

해설 난도 ★★☆

③ (×) 민법 제161조는 기간의 초일이 공휴일인 경우에는 적용되지 아니한다. 따라서 월로 정한 기간의 기산일이 공휴일인 경우에는 그날부터 기산한다.
① (○) 민법 제155조에 의하면 법령이나 법률행위 등에 의하여 초일불산입 원칙과 달리 정하는 것도 가능하므로 기간을 일, 주, 월 또는 년으로 정한 때에 그 기간의 초일을 산입하기로 한 당사자 사이의 약정은 유효하다(대판 2007.8.23. 2006다62942).
② (○) 사람은 19세로 성년에 이르게 되고 연령계산에는 출생일을 산입하므로(민법 제4조, 제158조), 1996.6.5. 0시를 기산점으로 하여 2015.6.5. 0시(2015.6.4. 24시)부터 성년자가 된다.
④ (○) 2015.5.31. 09시부터 1개월인 경우, 2015.6.1. 0시가 기산점이고 1개월 후인 2015.6.30. 24시에 기간이 만료한다(민법 제157조, 제160조 제2항).
⑤ (○) 기간을 시, 분, 초로 정한 때에는 즉시로부터 기산하고 기간의 만료점은 그 정하여진 시, 분, 초가 종료한 때이다(민법 제156조). 따라서 2015.6.10. 09시부터 기산하여 10시간 후인 2015.6.10. 19시까지 甲은 乙에게 자전거를 반환하여야 한다.

09 기간에 관한 설명으로 옳은 것은? ┃2014년 2회 행정사

① 기간의 계산에 관한 민법규정은 강행규정이다.

② 연령을 계산할 때에는 출생일을 산입하지 아니한다.

③ 기간을 일, 주, 월 또는 연으로 정한 때에는 기간 말일의 개시로 만료한다.

④ 시, 분, 초를 단위로 하는 기간은 자연적 계산방법에 따라 즉시부터 기산한다.

⑤ 기간의 계산에 관한 민법규정은 기산일로부터 소급하여 계산되는 기간의 계산방법에 대하여 적용
되지 아니한다.

해설 난도 ★☆☆

④ (○) 기간을 시, 분, 초로 정한 때에는 즉시로부터 기산한다(민법 제156조).

① (×) 기간의 계산에 관한 민법규정은 임의규정으로 보아야 한다. 판례(대판 2007.8.23. 2006다62942)도 같은 취지에
서 판시한 바 있다.

② (×) 연령계산에는 출생일을 산입한다(민법 제158조).

③ (×) 기간을 일, 주, 월 또는 연으로 정한 때에는 기간 말일의 종료로 기간이 만료한다(민법 제159조).

⑤ (×) 기간의 계산에 관한 민법규정은 기간의 역산이 필요한 경우에도 유추적용된다. 이 경우에도 초일은 산입하지
아니한다(대판 1989.4.11. 87다카2901).

---

10 기간에 관한 계산으로 옳지 않은 것은? ┃2013년 1회 행정사

① 1993.5.30. 01시에 출생한 사람은 2012.5.30. 0시부터 성년자가 된다.

② 2013.5.15. 08시에 승용차를 빌리면서 12시간 후에 반환하기로 약정하였다면, 같은 날 20시까지
이행하여야 한다.

③ 2012.3.8. 14시에 돈을 빌리면서 1년 후에 변제하기로 약정하였다면, 2013.3.8. 24시까지 이행하
여야 한다.

④ 2013.3.23. 토요일 13시에 매매목적물을 인도받으면서 1개월 후에 대금을 변제하겠다고 약정하
였다면, 2013.4.24. 24시까지 이행하여야 한다.

⑤ 사단법인의 사원총회 소집을 1주 전에 통지하여야 하는 경우, 총회일이 2013.5.15. 10시라면 늦
어도 2013.5.7. 24시까지는 총회소집의 통지를 발송하여야 한다.

해설 난도 ★★★

④ (×) 기간의 기산점이 공휴일인 경우에는 민법 제161조가 적용되지 아니하므로 1개월 변제기의 기산점은 2013.3.24.
0시이고, 만료점은 2013.4.23. 24시이므로 이때까지 이행하여야 한다(민법 제157조, 제160조 제2항).

① (○) 사람은 19세로 성년에 이르게 되고 연령계산에는 출생일을 산입하므로(민법 제4조, 제158조), 1993.5.30. 0시를
기산점으로 하여 2012.5.30. 0시(2012.5.29. 24시)부터 성년자가 된다.

② (○) 기간을 시, 분, 초로 정한 때에는 즉시로부터 기산하고 기간의 만료점은 그 정하여진 시, 분, 초가 종료한 때이다
(민법 제156조). 따라서 2013.5.15. 08시부터 기산하여 12시간 후인 2013.5.15. 20시까지 승용차를 반환하여야 한다.

③ (○) 1년 변제기의 기산점은 2012.3.9. 0시이고, 만료점은 2013.3.8. 24시이므로 이때까지 이행하여야 한다(민법
제157조, 제160조 제2항).

⑤ (○) 총회의 소집은 1주간 전에 그 회의의 목적사항을 기재한 통지를 발하고 기타 정관에 정한 방법에 의하여야
한다(민법 제71조). 따라서 사원총회일이 2013.5.15. 10시라면 5월 14일 24시(5월 15일 0시)가 기산점이 되어 그날로
부터 역으로 7일을 계산한 5월 8일 0시에 만료하므로 5월 7일 오후 24시까지는 총회소집통지가 발송되어야 한다.

CHAPTER 06

07 소멸시효

🔍 **학습 Key word**

❶ 소멸시효와 제척기간에 대해 비교 학습한다.
❷ 소멸시효의 요건으로서 소멸시효의 대상이 되는 권리, 소멸시효의 기산점, 소멸시효의 기간에 대해 상세히 학습한다.
❸ 소멸시효의 중단사유 및 중단의 효력에 대해 상세히 학습하고, 추가로 정지사유에 대해서도 조문을 중심으로 학습한다.
❹ 소멸시효완성의 효과 : 절대적 소멸설과 상대적 소멸설을 비교 학습하고, 소멸시효의 소급효, 소멸시효이익의 포기, 종속된 권리에 대한 효력에 대해서 상세히 학습한다.

제1절 총 설

Ⅰ 시효의 의의

1. 시효의 개념

시효란 일정한 사실상태가 일정 기간 계속된 경우에, 진정한 권리관계와 일치하는지 여부를 불문하고 그 사실상태를 존중하여 일정한 법률효과를 발생시키는 제도이다.

2. 시효의 법적 성질

① 시효는 일정한 법률효과를 발생시키는 법률요건이다.
② 시효는 재산권에 관한 것이며, 가족관계에는 적용이 없다.
③ 법질서 안정을 위한 공익적 제도이기에 개인의 의사로 배척할 수 없다.

Ⅱ 시효제도의 존재이유(통설·판례)

시효제도의 존재이유로 통설·판례는 ① 법적 안정성의 확보, ② 증명곤란의 구제, ③ 권리행사의 태만에 대한 제재를 든다.

Ⅲ 구별제도 : 제척기간

1. 의 의

(1) 개 념

제척기간이란 법률이 예정하고 있는 일정한 권리의 행사기간 또는 존속기간을 말하며, 권리와 관련된 법률관계를 조속히 확정시키려는 취지에서 제척기간을 두고 있다. 제척기간은 불변기간이 아니어서 그 기간을 지난 후에는 당사자가 책임질 수 없는 사유로 그 기간을 준수하지 못하였더라도 추후에 보완될 수 없다(대결 2003.8.11. 2003스32).

(2) 법적 성질

① 통설은 제척기간이 정하여진 권리는 그 기간 내 소의 제기가 있어야 보전되는 것으로 보아, 제소기간(출소기간)으로 본다.

② 판례는 재판상 또는 재판 외의 권리행사가 있으면 보전되는 것으로 보나, 점유침탈자 또는 방해자에 대한 청구권의 제척기간을 출소기간으로 본다(대판 2002.4.26. 2001다8097·8103). 제소기간의 경우에는 소를 제기한 때, 즉 소장을 법원에 제출한 때 기간준수의 효과가 인정된다(민소법 제265조).

> **⊕ 더 알아보기**
>
> 채권양도의 통지는 양도인이 채권이 양도되었다는 사실을 채무자에게 알리는 것에 그치는 행위이므로, 그것만으로 제척기간 준수에 필요한 권리의 재판 외 행사에 해당한다고 할 수 없다. 따라서 집합건물인 아파트의 입주자대표회의가 스스로 하자담보추급에 의한 손해배상청구권을 가짐을 전제로 하여 직접 아파트의 분양자를 상대로 손해배상청구소송을 제기하였다가, 소송 계속 중에 정당한 권리자인 구분소유자들에게서 손해배상채권을 양도받고 분양자에게 통지가 마쳐진 후 그에 따라 소를 변경한 경우에는, 채권양도통지에 채권양도의 사실을 알리는 것 외에 이행을 청구하는 뜻이 별도로 덧붙여지거나 그 밖에 구분소유자들이 재판 외에서 권리를 행사하였다는 등 특별한 사정이 없는 한, 위 손해배상청구권은 입주자대표회의가 위와 같이 소를 변경한 시점에 비로소 행사된 것으로 보아야 한다(대판 [전합] 2012.3.22. 2010다28840 – 다수의견).

2. 소멸시효와의 비교 기출 22·20

구 분	소멸시효	제척기간
제도의 취지	법적 안정성의 확보, 증명곤란의 구제, 권리행사의 태만에 대한 제재	권리와 관련된 법률관계를 조속히 확정
소멸시기 (소급효 인정 여부)	소급효 ○	소급효 × (장래효)
중단·정지 제도	有	無
포기 제도	有 (시효완성 후 시효이익 포기 가능)	無
기간의 단축·경감	인정 ○	인정 ×
기간의 배제, 연장 또는 가중	인정 ×	인정 ×
기산점	권리를 행사할 수 있는 때	권리가 발생한 때
변론주의 적용 여부	소멸시효의 기산점은 변론주의의 적용대상이나, 소멸시효기간은 변론주의가 적용되지 않는다.	× (제척기간은 법원이 직권조사)

CHAPTER 07

3. 내용

(1) 소멸시효와의 구별기준

일반적으로 법문에 '시효로 인하여'라는 표현이 있으면 소멸시효로 보고, 그렇지 않은 것은 제척기간으로 본다. 형성권의 행사기간은 제척기간이다.

(2) 문제되는 경우

① 상속의 승인·포기의 취소권과 유증의 승인·포기의 취소권은 행사기간에 관하여 통설은 제척기간으로 본다.

② 유류분반환청구권의 행사기간에 관하여 학설은 제척기간으로 보나, 판례는 소멸시효로 본다 (대판 1993.4.13. 92다3595).

③ 불법행위에 기한 손해배상청구권(민법 제766조)
- ㉠ 제1항의 3년의 기간은 소멸시효라고 보는 데 이견이 없다.
- ㉡ 제2항의 10년의 기간에 대해 통설은 제척기간이라고 보나, 판례는 소멸시효라고 한다.

④ 형성권 관련 쟁점
- ㉠ 형성권의 행사기간은 원칙적으로 제척기간이다. 기간의 정함이 없는 경우 10년으로 한다.
- ㉡ 제척기간은 법원의 직권조사사항이다.
- ㉢ 행사방법은 원칙적으로 재판 외에서도 가능하다.

(3) 소멸시효와 제척기간의 경합 [기출 22]

판례는「수급인의 담보책임에 기한 하자보수에 갈음하는 손해배상청구권에 대하여는 민법 제670조 또는 제671조의 제척기간이 적용되고, 이는 법률관계의 조속한 안정을 도모하고자 하는 데에 취지가 있다. 그런데 이러한 도급인의 손해배상청구권에 대하여는 권리의 내용·성질 및 취지에 비추어 민법 제162조 제1항의 채권 소멸시효의 규정 또는 도급계약이 상행위에 해당하는 경우에는 상법 제64조의 상사시효의 규정이 적용되고, 민법 제670조 또는 제671조의 제척기간 규정으로 인하여 위 각 소멸시효 규정의 적용이 배제된다고 볼 수 없다(대판 2012.11.15. 2011다56491)」고 판시하여 소멸시효와 제척기간의 경합을 인정하였다.

제2절 소멸시효의 요건

제1관 | 소멸시효의 대상이 되는 권리

I 서설

시효로 인하여 권리가 소멸하려면 ① 권리가 소멸시효의 목적이 될 수 있어야 하고(대상적격), ② 권리자가 권리를 행사할 수 있음에도 불구하고 행사하지 않아야 하며(시효의 기산점), ③ 권리불행사의 상태가 일정 기간 계속되어야 한다(시효기간)는 요건이 갖추어져야 한다. 이하에서는 대상적격에 대해 검토하고, 나머지 요건은 목차를 달리하여 검토하겠다.

Ⅱ 소멸시효의 대상적격 ^{기출} 19

1. 소멸시효에 걸리는 권리

채권뿐만 아니라 소유권을 제외한 그 밖의 재산권도 소멸시효의 대상이다(민법 제162조).
① 채권은 10년간 행사하지 아니하면 소멸시효가 완성한다(민법 제162조 제1항).
② 판결에 의하여 확정된 채권은 단기의 소멸시효에 해당한 것이라도 그 소멸시효는 10년으로 한다(민법 제165조 제1항).
③ 파산절차에 의하여 확정된 채권 및 재판상의 화해, 조정, 기타 판결과 동일한 효력이 있는 것에 의하여 확정된 채권도 단기의 소멸시효에 해당한 것이라도 그 소멸시효는 10년으로 한다(민법 제165조 제2항). ^{기출} 18
④ 판결확정 당시에 변제기가 도래하지 아니한 채권에 적용하지 아니한다(민법 제165조 제3항).
⑤ 해제조건부 채권, 불확정기한부 채권도 소멸시효의 대상이 된다.

2. 소멸시효에 걸리지 않는 권리

(1) 비재산권

인격권 등의 비재산권은 소멸시효에 걸리지 않는다. ^{기출} 19

(2) 형성권

형성권에 존속기간이 정해져 있는 경우, 원칙적으로 제척기간으로 보아야 한다.

(3) 소유권 ^{기출} 20 · 19

소멸시효에 걸리지 않는다. 합의해제에 따른 매도인의 원상회복청구권은 소유권에 기한 물권적 청구권으로서 소멸시효의 대상이 되지 않는다(대판 1982.7.27. 80다2968). ^{기출} 22

(4) 법률행위로 인한 등기청구권

부동산에 관하여 인도, 등기 등의 어느 한 쪽만에 대하여서라도 권리를 행사하는 자는 전체적으로 보아 그 부동산에 관하여 권리 위에 잠자는 자라고 할 수 없다 할 것이므로, 매수인이 목적부동산을 인도받아 계속 점유하는 경우에는 그 소유권이전등기청구권의 소멸시효가 진행하지 않는다

(대판[전합] 1999.3.18. 98다32175). ^{기출} 22

(5) 소멸시효에 걸리지 않는 재산권

① 점유권과 유치권은 점유가 존재하는 한 소멸시효가 문제되지 않는다. ^{기출} 21 · 20
② 상린권과 공유물분할청구권과 같이 소유권에 수반하는 권리는 소유권과 독립하여 소멸시효에 걸리지 않는다.
③ 피담보채권이 존속하는 한 담보물권만이 소멸시효에 걸리지는 않는다(담보물권의 부종성).
④ 항변권이 소멸시효에 걸리는지 논의가 있으나 적어도 동시이행의 항변권 또는 보증인의 최고·검색의 항변권은 소멸시효에 걸리지 않는다고 보아야 한다.
⑤ 소멸시효 제도의 존재 이유와 취지, 임대차기간이 끝난 후 보증금반환채권에 관계되는 당사자 사이의 이익형량, 주택임대차보호법 제4조 제2항의 입법 취지 등을 종합하면, 주택임대차보호법에 따른 임대차에서 그 기간이 끝난 후 임차인이 보증금을 반환받기 위해 목적물을 점유하고 있는 경우 보증금반환채권에 대한 소멸시효는 진행하지 않는다고 보아야 한다(대판

2020.7.9. 2016다244224 · 2016다244231).

제2관 | 소멸시효의 기산점

I 의 의

소멸시효의 기산점은 권리를 행사할 수 있는 때로부터 진행한다(민법 제166조 제1항). 여기서 '권리를 행사할 수 있는 때'라 함은 권리를 행사함에 있어 이행기의 미도래, 정지조건부 권리에 있어서의 조건 미성취와 같은 법률상의 장애가 없는 경우를 말하는 것이다(대판 2006.12.7. 2005다21029). 기출 21 · 19

⊕ 더 알아보기

법률상 장애(시효 진행 ×)	
• 정지조건이 아직 성취되지 않은 경우이거나 이행기가 아직 도래하지 않은 경우 • 건물에 관한 소유권이전등기청구권에 있어서 그 목적물인 건물이 완공되지 않은 경우 등 기출 14	
사실상 장애	
원칙 : 시효 진행 ○	권리자의 개인적인 사정, 법률지식의 부족, 권리존재의 부지, 채무자의 부재 등 사실상의 장애로 권리를 행사하지 못한 것은 법률상 장애가 아니므로 시효의 진행을 막지 못한다(대판 1982.1.19. 80다2626). 이는 사실상 그 권리의 존부나 권리행사의 가능성을 알지 못하였거나 알지 못함에 과실이 없다고 하여도 마찬가지이다(대판 2010.9.9. 2008다15865).
예외 : 시효 진행 ×	• 보험금청구권의 소멸시효는 특별한 다른 사정이 없는 한 보험사고가 발생한 때부터 진행하는 것이 원칙이지만, 보험사고가 발생하였는지 여부가 객관적으로 분명하지 아니하여 보험금청구권자가 과실 없이 보험사고의 발생을 알 수 없었던 경우에도 보험사고가 발생한 때부터 보험금청구권의 소멸시효가 진행한다고 해석하는 것은 보험금청구권자에게 가혹한 결과를 초래하게 되어 정의와 형평의 이념에 반하고 소멸시효 제도의 존재 이유에도 부합하지 않으므로, 이와 같이 객관적으로 보아 보험사고가 발생한 사실을 확인할 수 없는 사정이 있는 경우에는 보험금청구권자가 보험사고의 발생을 알았거나 알 수 있었던 때부터 보험금청구권의 소멸시효가 진행한다고 해석할 것이다(대판 2008.11.13. 2007다19624 등) • 소멸시효의 진행은 당해 청구권이 성립한 때로부터 발생하고 원칙적으로 권리의 존재나 발생을 알지 못하였다고 하더라도 소멸시효의 진행에 장애가 되지 않는다고 할 것이지만, 법인의 이사회결의가 부존재함에 따라 발생하는 제3자의 부당이득반환청구권처럼 법인이나 회사의 내부적인 법률관계가 개입되어 있어 청구권자가 권리의 발생 여부를 객관적으로 알기 어려운 상황에 있고 청구권자가 과실 없이 이를 알지 못한 경우에도 청구권이 성립한 때부터 바로 소멸시효가 진행한다고 보는 것은 정의와 형평에 맞지 않을 뿐만 아니라 소멸시효 제도의 존재 이유에도 부합한다고 볼 수 없으므로, 이러한 경우에는 이사회결의부존재확인판결의 확정과 같이 객관적으로 청구권의 발생을 알 수 있게 된 때로부터 소멸시효가 진행된다고 보는 것이 타당하다(대판 2003.4.8. 2002다64957·64964).

Ⅱ 각종 권리의 기산점

권리	소멸시효의 기산점
확정기한부	확정기한이 도래한 때가 소멸시효의 기산점이다. 기출 20·17 따라서 이행기가 도래한 후 채권자와 채무자가 기한을 유예하기로 합의한 경우 그 유예된 때로 이행기가 변경되어 소멸시효는 변경된 이행기가 도래한 때부터 다시 진행한다. 이 경우 유예의 합의는 명시적으로 뿐만 아니라 묵시적으로도 가능하다(대판 2017.4.13. 2016다274904).
불확정기한부	불확정기한이 객관적으로 도래한 때가 소멸시효의 기산점이다. 기출 20 따라서 채무자가 기한 도래의 사실을 알고 있었는지 여부는 문제되지 않는다. ※ 불확정기한부 채무의 이행지체책임은 채무자가 기한도래를 안 때부터 발생한다. 기출 20
기한의 정함이 없는 채권	채권의 성립 시부터 소멸시효가 진행된다(원칙). 기출 20·14 • 부당이득반환청구권 − 채권 성립 시부터 소멸시효가 진행된다. ※ 기한의 정함이 없는 채권의 이행지체책임은 채무자가 채권자의 이행청구를 받은 때부터 진다(민법 제387조 제2항).
동시이행의 항변권이 있는 채권	본래의 이행기가 도래한 때부터 소멸시효가 진행된다. 기출 17
기한이익상실의 특약이 있는 경우	• 정지조건부 기한이익상실의 특약 : 기한이익 상실사유 발생 시(정지조건이 성취된 때)부터 소멸시효가 진행된다(대판 1997.8.29. 97다12990). 또한 그 특약에 정한 기한이익의 상실사유가 발생함과 동시에 기한의 이익을 상실케 하는 채권자의 의사표시가 없더라도 이행기도래의 효과가 발생하고, 채무자는 특별한 사정이 없는 한 그때부터 이행지체의 상태에 놓이게 된다(대판 1989.9.29. 88다카14663). • 형성권적 기한이익상실의 특약 : 형성권적 기한이익 상실의 특약이 있는 할부채무에 있어서는 1회의 불이행이 있더라도 각 할부금에 대해 그 각 변제기의 도래 시마다 그때부터 순차로 소멸시효가 진행하고 채권자가 특히 잔존 채무 전액의 변제를 구하는 취지의 의사를 표시한 경우에 한하여 전액에 대하여 그때부터 소멸시효가 진행한다(대판 1997.8.29. 97다12990).
부작위채권	위반행위를 한 때부터 소멸시효가 진행된다(민법 제166조 제2항). 기출 21·20·18·17·13
선택채권	선택권 행사 가능 시부터 소멸시효가 진행된다.
채무불이행에 기한 손해배상청구권	채무불이행이 발생한 때부터 소멸시효가 진행된다. 기출 17 • 소유권이전등기 말소등기의무의 이행불능으로 인한 전보배상청구권의 소멸시효는 말소등기의무가 이행불능 상태에 돌아간 때로부터 진행된다(대판 2005.9.15. 2005다29474).
대상청구권	이행불능 시부터(원칙)
불법행위에 기한 손해배상청구권	• 손해 및 가해자를 안 날(민법 제766조 제1항) • 불법행위를 한 날(민법 제766조 제2항) • 성년이 될 때(민법 제766조 제3항)
정지조건부 권리	정지조건부 권리의 경우에는 조건 미성취의 동안은 권리를 행사할 수 없는 것이어서 소멸시효는 조건이 성취된 때로부터 진행한다(대판 2009.12.24. 2007다64556). 기출 21·20·17
계속적 물품공급계약에 의한 외상대금채권	계속적 물품공급계약에 기하여 발생한 외상대금채권은 특별한 사정이 없는 한 개별 거래로 인한 각 외상대금채권이 발생한 때로부터 개별적으로 소멸시효가 진행하는 것이지 거래종료일부터 외상대금채권 총액에 대하여 한꺼번에 소멸시효가 기산한다고 할 수 없다(대판 2007.1.25. 2006다68940).
의사의 치료비채권	특약이 없는 한 개개의 진료가 종료될 때마다 각각의 당해 진료에 필요한 비용의 이행기가 도래하여 그에 대한 소멸시효가 진행된다(대판 2001.11.9. 2001다52568).

Ⅲ 변론주의의 적용대상

① 소멸시효의 기산점은 변론주의의 적용대상이다. 기출 19 이에 따라 본래의 소멸시효 기산일과 당사자가 주장하는 기산일이 서로 다른 경우에는 변론주의의 원칙상 법원은 당사자가 주장하는 기산일을 기준으로 소멸시효를 계산하여야 하는데, 이는 당사자가 본래의 기산일보다 뒤의 날짜를 기산일로 하여 주장하는 경우는 물론이고, 특별한 사정이 없는 한 그 반대의 경우에 있어서도 마찬가지라고 보아야 할 것이다(대판 2009.12.24. 2009다60244).

> **⊕ 더 알아보기**
>
> [소멸시효기간에 관한 주장에 변론주의가 적용되는지 여부(소극)]
> 어떤 권리의 소멸시효기간이 얼마나 되는지에 관한 주장은 단순한 법률상의 주장에 불과하므로 변론주의의 적용대상이 되지 않고 법원이 직권으로 판단할 수 있다(대판 2013.2.15. 2012다68217).
>
> 기출 19

② 시효의 기산점에 대한 입증책임은 시효이익을 주장하는 자가 진다(대판 1995.6.30. 94다13435).

제3관 | 소멸시효의 기간

Ⅰ 일반 채권

> **채권, 재산권의 소멸시효(민법 제162조)** 기출 21·13
> ① 채권은 10년간 행사하지 아니하면 소멸시효가 완성한다.
> ② 채권 및 소유권 이외의 재산권은 20년간 행사하지 아니하면 소멸시효가 완성한다.
>
> **상사시효(상법 제64조)**
> 상행위로 인한 채권은 본법에 다른 규정이 없는 때에는 5년간 행사하지 아니하면 소멸시효가 완성한다. 그러나 다른 법령에 이보다 단기의 시효의 규정이 있는 때에는 그 규정에 의한다.

민법상 채권은 10년이 원칙이고(민법 제162조 제1항), 상행위로 인한 상사채권은 5년이 원칙이다(상법 제64조).

Ⅱ 단기시효

1. 3년의 시효

> **3년의 단기소멸시효(민법 제163조)** 🔑 이·의·도·변·변·생·수 `기출` 16
> 다음 각 호의 채권은 3년간 행사하지 아니하면 소멸시효가 완성한다.
> 1. 이자, 부양료, 급료, 사용료 기타 1년 이내의 기간으로 정한 금전 또는 물건의 지급을 목적으로 한 채권
> 2. 의사, 조산사, 간호사 및 약사의 치료, 근로 및 조제에 관한 채권
> 3. 도급받은 자, 기사 기타 공사의 설계 또는 감독에 종사하는 자의 공사에 관한 채권
> 4. 변호사, 변리사, 공증인, 공인회계사 및 법무사에 대한 직무상 보관한 서류의 반환을 청구하는 채권
> 5. 변호사, 변리사, 공증인, 공인회계사 및 법무사의 직무에 관한 채권
> 6. 생산자 및 상인이 판매한 생산물 및 상품의 대가
> 7. 수공업자 및 제조자의 업무에 관한 채권

(1) 제1호

① '1년 이내의 기간으로 정한 채권'이란 1년 이내의 정기로 지급되는 채권을 의미하는 것이지, 변제기가 1년 이내인 채권을 말하는 것이 아니다. `기출` 16

② 이자란 약정이자를 의미하는 것이지 지연이자는 아니다.

> **➕ 더 알아보기**
>
> 금전채무의 이행지체로 인하여 발생하는 지연손해금은 그 성질이 손해배상금이지 이자가 아니며, 민법 제163조 제1호가 규정한 '1년 이내의 기간으로 정한 채권'도 아니므로 3년간의 단기소멸시효의 대상이 되지 아니한다(대판 1998.11.10. 98다42141).

③ 사용료는 부동산의 사용료를 의미하고, 동산의 사용료는 1년의 단기소멸시효기간이 적용된다.

(2) 제2호

무자격자의 치료행위라도 그 사법상 효력이 부인되는 것은 아니며 소멸시효 규정도 그대로 적용된다.

(3) 제3호

① 수급인의 공사에 관한 채권은 수급인이 채권자로서 나설 경우의 공사채권이나 공사에 부수되는 채권을 의미하므로(대판 2010.11.25. 2010다56685), 도급인이 수급인을 상대로 그 공사의 과급금의 반환을 청구하는 채권은 포함되지 않는다(대판 1963.4.18. 63다92). 이 경우 수급인의 도급인에 대한 저당권설정청구권은 3년의 소멸시효기간이 적용된다(대판 2016.10.27. 2014다211978).

② 소멸시효의 기산점은 일을 완성한 때라 할 것이다.

(4) 제6호

3년의 단기소멸시효가 적용되는 '상인이 판매한 상품의 대가'란 상품의 매매로 인한 대금 그 자체의 채권만을 말하는 것으로서, 상품의 공급 자체와 등가성이 있는 청구권에 한한다(대판 1996.1.23. 95다39854).

2. 1년의 시효

> **1년의 단기소멸시효(민법 제164조)** 🔑 여·의·노·학 [기출] 22·20·17
> 다음 각 호의 채권은 1년간 행사하지 아니하면 소멸시효가 완성한다.
>   1. 여관, 음식점, 대석, 오락장의 숙박료, 음식료, 대석료, 입장료, 소비물의 대가 및 체당금의 채권
>   2. 의복, 침구, 장구 기타 동산의 사용료의 채권
>   3. 노역인, 연예인의 임금 및 그에 공급한 물건의 대금채권
>   4. 학생 및 수업자의 교육, 의식 및 유숙에 관한 교주, 숙주, 교사의 채권

일정한 채권의 소멸시효기간에 관하여 이를 특별히 1년의 단기로 정하는 민법 제164조는 그 각호에서 개별적으로 정하여진 채권의 채권자가 그 채권의 발생원인이 된 계약에 기하여 상대방에 대하여 부담하는 반대채무에 대하여는 적용되지 아니한다. 따라서 그 채권의 상대방이 그 계약에 기하여 가지는 반대채권은 원칙으로 돌아가, 다른 특별한 사정이 없는 한 민법 제162조 제1항에서 정하는 10년의 일반소멸시효기간의 적용을 받는다(대판 2013.11.14. 2013다65178). [기출] 19

Ⅲ 판결이 확정된 채권의 소멸시효기간 : 10년

> **판결 등에 의하여 확정된 채권의 소멸시효(민법 제165조)**
> ① 판결에 의하여 확정된 채권은 단기의 소멸시효에 해당한 것이라도 그 소멸시효는 10년으로 한다. [기출] 17·13
> ② 파산절차에 의하여 확정된 채권 및 재판상의 화해, 조정 기타 판결과 동일한 효력이 있는 것에 의하여 확정된 채권도 전항과 같다.
> ③ 전2항의 규정은 판결확정 당시에 변제기가 도래하지 아니한 채권에 적용하지 아니한다. [기출] 19·18

1. 취 지

확정판결에 의하여 권리관계가 확정된 후에도 다시 단기소멸시효에 걸린다면 권리의 보존을 위하여 여러 차례 중단절차를 거쳐야 하는 불편을 고려한 규정이다.

2. 내 용

① 본조의 판결은 기판력 있는 확정판결만을 의미한다. 인낙조서가 그 예이다.

② 시효연장의 효과는 상대적이어서 판결 등의 당사자에게만 연장된다.

 ㉠ 채권자와 주채무자 사이의 확정판결에 의하여 주채무가 확정되어 그 소멸시효기간이 10년으로 연장되었다 할지라도, 위 확정판결 등은 채권자와 연대보증인 사이에는 아무런 영향을 미치지 않고 채권자의 연대보증인의 연대보증채권의 소멸시효기간은 여전히 종전의 소멸시효기간에 따른다(대판 2006.8.24. 2004다26287 · 26294).

> ⊕ **더 알아보기**
>
> [비교] 유치권의 피담보채권의 소멸시효기간이 확정판결 등에 의하여 10년으로 연장된 경우, 유치권이 성립된 부동산의 매수인이 종전의 단기소멸시효를 원용할 수 있는지 여부(소극)
> 유치권이 성립된 부동산의 매수인은 피담보채권의 소멸시효가 완성되면 시효로 인하여 채무가 소멸되는 결과 직접적인 이익을 받는 자에 해당하므로 소멸시효의 완성을 원용할 수 있는 지위에 있다고 할 것이나, 매수인은 유치권자에게 채무자의 채무와는 별개의 독립된 채무를 부담하는 것이 아니라 단지 채무자의 채무를 변제할 책임을 부담하는 점 등에 비추어 보면, 유치권의 피담보채권의 소멸시효기간이 확정판결 등에 의하여 10년으로 연장된 경우 매수인은 그 채권의 소멸시효기간이 연장된 효과를 부정하고 종전의 단기소멸시효기간을 원용할 수는 없다(대판 2009.9.24. 2009다39530)

 ㉡ 단, 민법규정에 의하여 시효중단의 효력은 당연히 보증인에게도 미친다(민법 제440조).

③ 판결 등에 의하여 확정된 채권은 판결확정 당시에 변제기가 도래한 채권이어야 한다.

Ⅳ 기타 재산권의 소멸시효기간

채권과 소유권 이외의 재산권의 소멸시효기간은 20년이다(민법 제162조 제2항).

제3절 시효의 장애 : 소멸시효의 중단과 정지

제1관 | 소멸시효의 중단

> **소멸시효의 중단사유(민법 제168조)**
> 소멸시효는 다음 각 호의 사유로 인하여 중단된다.
> 1. 청구
> 2. 압류 또는 가압류, 가처분
> 3. 승인

Ⅰ 의 의

① 소멸시효의 중단이란 소멸시효가 진행하는 도중에 권리의 불행사라는 소멸시효의 기초가 되는 사실을 깨뜨리는 사정이 발생한 경우, 이미 진행한 시효기간의 효력을 상실케 하는 제도이다(대판 1979.7.10. 79다569).

② 시효가 중단된 때에는 중단까지에 경과한 시효기간은 이를 산입하지 아니하고 중단사유가 종료한 때로부터 새로이 진행한다(민법 제178조 제1항). 기출 20

③ 시효중단사유는 변론주의의 대상이어서 당사자의 주장이 없으면 법원이 이에 관하여 판단할 필요가 없다. 그에 대한 입증책임은 시효완성을 다투는 당사자가 진다(대판 2017.3.22. 2016다258124).

Ⅱ 소멸시효의 중단사유

1. 청구(민법 제168조 제1호)

재판상의 청구와 시효중단(민법 제170조) 기출 15·13
① 재판상의 청구는 소송의 각하, 기각 또는 취하의 경우에는 시효중단의 효력이 없다.
② 전항의 경우에 6월 내에 재판상의 청구, 파산절차참가, 압류 또는 가압류, 가처분을 한 때에는 시효는 최초의 재판상 청구로 인하여 중단된 것으로 본다.

파산절차참가와 시효중단(민법 제171조) 기출 13
파산절차참가는 채권자가 이를 취소하거나 그 청구가 각하된 때에는 시효중단의 효력이 없다.

지급명령과 시효중단(민법 제172조) 기출 18
지급명령은 채권자가 법정기간 내에 가집행신청을 하지 아니함으로 인하여 그 효력을 잃은 때에는 시효중단의 효력이 없다.

화해를 위한 소환, 임의출석과 시효중단(민법 제173조) 기출 21·13
화해를 위한 소환은 상대방이 출석하지 아니하거나 화해가 성립되지 아니한 때에는 1월 내에 소를 제기하지 아니하면 시효중단의 효력이 없다. 임의출석의 경우에 화해가 성립되지 아니한 때에도 그러하다.

최고와 시효중단(민법 제174조)
최고는 6월 내에 재판상의 청구, 파산절차참가, 화해를 위한 소환, 임의출석, 압류 또는 가압류, 가처분을 하지 아니하면 시효중단의 효력이 없다.

청구는 시효의 대상인 권리를 재판상 내지 재판 외로 행사하는 것을 말한다. 민법은 청구의 유형으로 재판상 청구(민법 제170조), 파산절차참가(민법 제171조), 지급명령(민법 제172조), 화해를 위한 소환 내지 임의출석(민법 제173조), 최고(민법 제174조)를 규정하고 있다.

(1) 재판상 청구(민법 제170조)

의의	자기의 권리를 재판상 주장하는 것을 말하며, 보통 소를 제기하는 것을 의미		
요건	민사소송 ○ (각종의 모든 소 ○, 재심 ○)	형사소송 × (단, 배상명령신청 ○)	행정소송 × (단, 과세처분의 취소 또는 효확인의 소 ○)
효과	<ul><li>소멸시효의 중단 시점 : 소를 제기한 날(제소 시), 응소한 때(응소 시)</li><li>응소행위에 의한 시효중단이 인정되기 위해서는 시효를 주장하는 자가 원고가 되어 소를 제기한 데 대하여 피고로서 응소하여 그 소송에서 적극적으로 권리를 주장하고 그것이 받아들여진 경우여야 한다 (대판[전합] 1993.12.21. 92다47861). 기출 21 따라서 물상보증인이나 제3취득자가 제기한 소송에 대하여 채권자가 응소한 경우에는 시효가 중단되지 않는다(대판 2007.1.11. 2006다33364). 기출 16·14 재판상 청구는 소송의 각하, 기각 또는 취하의 경우에는 시효중단의 효력이 없다(민법 제170조 제1항). 그러나 이 경우에도 재판 외의 최고로서의 효력은 인정되므로(대판 1987.12.22. 87다카2337), 피고가 응소하여 권리를 주장하였으나 그 소가 각하되거나 취하되는 경우에는, 6월 이내에 재판상의 청구 등 다른 시효중단조치를 취한 때에는 응소 시에 시효중단의 효력이 있다(민법 제170조 제2항).</li><li>[1] 채무자의 제3채무자에 대한 금전채권에 대하여 압류 및 추심명령이 있더라도, 이는 추심채권자에게 피압류채권을 추심할 권능만을 부여하는 것이고, 이로 인하여 채무자가 제3채무자에게 가지는 채권이 추심채권자에게 이전되거나 귀속되는 것은 아니다. 따라서 채무자가 제3채무자를 상대로 금전채권의 이행을 구하는 소를 제기한 후 채권자가 위 금전채권에 대하여 압류 및 추심명령을 받아 제3채무자를 상대로 추심의 소를 제기한 경우, 채무자가 권리주체의 지위에서 한 시효중단의 효력은 집행법원의 수권에 따라 피압류채권에 대한 추심권능을 부여받아 일종의 추심기관으로서 그 채권을 추심하는 추심채권자에게도 미친다. [2] 재판상의 청구는 소송의 각하, 기각 또는 취하의 경우에는 시효중단의 효력이 없지만, 그 경우 6개월 내에 재판상의 청구, 파산절차참가, 압류 또는 가압류, 가처분을 한 때에는 시효는 최초의 재판상 청구로 인하여 중단된 것으로 본다(민법 제170조). 그러므로 채무자가 제3채무자를 상대로 제기한 금전채권의 이행소송이 압류 및 추심명령으로 인한 당사자적격의 상실로 각하되더라도, 위 이행소송의 계속 중에 피압류채권에 대하여 채무자에 갈음하여 당사자적격을 취득한 추심채권자가 위 각하판결이 확정된 날로부터 6개월 내에 제3채무자를 상대로 추심의 소를 제기하였다면, 채무자가 제기한 재판상 청구로 인하여 발생한 시효중단의 효력은 추심채권자의 추심소송에서도 그대로 유지된다고 보는 것이 타당하다(대판 2019.7.25. 2019다212945).</li></ul>		

⊕ 더 알아보기

[흠 있는 소제기가 재판상 청구에 해당하는지 여부(적극)]

- 비록 대항요건을 갖추지 못하여 채무자에게 대항하지 못한다고 하더라도 채권의 양수인이 채무자를 상대로 재판상의 청구를 하였다면 이는 소멸시효중단사유인 재판상의 청구에 해당한다(대판 2005.11.10. 2005다41818).
- 채권양도 후 대항요건이 구비되기 전의 양도인은 채무자에 대한 관계에서는 여전히 채권자의 지위에 있으므로 채무자를 상대로 시효중단의 효력이 있는 재판상의 청구를 할 수 있고, 이 경우 양도인이 제기한 소송 중에 채무자가 채권양도의 효력을 인정하는 등의 사정으로 인하여 양도인의 청구가 기각됨으로써 민법 제170조 제1항에 의하여 시효중단의 효과가 소멸된다고 하더라도, 양도인의 청구가 당초부터 무권리자에 의한 청구로 되는 것은 아니므로, 양수인이 그로부터 6월 내에 채무자를 상대로 재판상의 청구 등을 하였다면, 민법 제169조 및 제170조 제2항에 의하여 양도인의 최초의 재판상 청구로 인하여 시효가 중단된다(대판 2009.2.12. 2008다20109).
- 공동주택의 입주자대표회의가 하자보수에 갈음한 손해배상청구의 소를 제기하여 수행하던 중 자신에게 위 손해배상청구권이 없음을 알고 일부 구분소유자로부터 그 권리를 양도받아 채권양도에 의한 손해배상청구를 예비적 청구원인으로 추가한 경우, 당초의 소제기는 권리 없는 자의 소제기이므로 시효중단의 효력이 없고, 특별한 사정이 없는 한 채권양도를 받아 정당한 권리자로서 예비적 청구원인의 준비서면을 제출한 날에 비로소 시효중단의 효력이 발생한다(대판 2008.12.24. 2008다48490).

(2) 최고(민법 제174조)

① **의의** : 최고란 채권자가 채무자에 대하여 재판 외에서 채무이행을 청구하는 것으로, 그 법적 성질은 채권자의 의사통지이다.

② **방식** : 소멸시효중단사유의 하나로서 민법 제174조가 규정하고 있는 최고는 채무자에 대하여 채무이행을 구한다는 채권자의 의사통지(준법률행위)로서, 이에는 특별한 형식이 요구되지 아니할 뿐 아니라 행위 당시 당사자가 시효중단의 효과를 발생시킨다는 점을 알거나 의욕하지 않았다 하더라도 이로써 권리행사의 주장을 하는 취지임이 명백하다면 최고에 해당하는 것으로 보아야 할 것이므로, 채권자가 확정판결에 기한 채권의 실현을 위하여 채무자의 제3채무자에 대한 채권에 관하여 압류 및 추심명령을 받아 그 결정이 제3채무자에게 송달이 되었다면 거기에 소멸시효중단사유인 최고로서의 효력을 인정하여야 한다(대판 2003.5.13. 2003다16238).

③ **효 과**

㉠ 임시적인 시효중단의 효과가 발생하는데, 최고는 상대방에게 도달한 때에 그 효과가 발생한다.

㉡ 확정적인 중단을 위해 6개월 이내에 별도의 조치가 필요하다.

• 문제점 : 민법 제174조에 의하면 최고는 6월 내에 재판상 청구, 파산절차참가, 화해를 위한 소환, 임의출석, 압류 또는 가압류, 가처분을 하지 아니하면 시효중단의 효력이 없다. 여기서 문제는 6개월의 기산점이 어느 시점인지이다.

• 판례의 입장

– 원칙 : 6개월의 기산점은 원칙적으로 최고가 상대방에게 도달한 때부터 기산된다. 따라서 민법 제174조가 시효중단사유로 규정하고 있는 최고를 여러 번 거듭하다가 재판상 청구 등을 한 경우에 시효중단의 효력은 항상 최초의 최고 시에 발생하는 것이 아니라 재판상 청구 등을 한 시점을 기준으로 하여 이로부터 소급하여 6월 이내에 한 최고 시에 발생한다(대판 2019.3.14. 2018두56435).

– 예외 : 채무이행을 최고받은 채무자가 그 이행의무의 존부 등에 대하여 조사를 해 볼 필요가 있다는 이유로 채권자에 대하여 그 이행의 유예를 구한 경우에는 채권자가 그 회답을 받을 때까지는 최고의 효력이 계속된다고 보아야 하고 따라서 같은 조 소정의 6월의 기간은 채권자가 채무자로부터 회답을 받은 때로부터 기산되는 것이라고 해석하여야 한다(대판 1995.5.12. 94다24336).

2. 압류 · 가압류 · 가처분

압류, 가압류, 가처분과 시효중단(민법 제175조)
압류, 가압류 및 가처분은 권리자의 청구에 의하여 또는 법률의 규정에 따르지 아니함으로 인하여 취소된 때에는 시효중단의 효력이 없다.

압류, 가압류, 가처분과 시효중단(민법 제176조) 기출 16 · 13
압류, 가압류 및 가처분은 시효의 이익을 받은 자에 대하여 하지 아니한 때에는 이를 그에게 통지한 후가 아니면 시효중단의 효력이 없다.

의 의	압류 또는 가압류·가처분은 반드시 재판상의 청구를 전제로 하지 않을 뿐만 아니라 판결이 있더라도 재판확정 후에는 다시 시효가 진행하므로, 민법은 압류 등을 별도로 시효중단사유로 규정하고 있음

시효중단의 효력발생

요 건	• 유효한 가압류, 압류, 가처분이 있을 것
	  – 당연무효의 압류 등에는 시효중단효가 인정되지 않는다(대판 2006.8.24. 2004다26287·26294).
	
	기출 15
	  – 부동산경매절차에서 집행력 있는 채무명의 정본을 가진 채권자가 하는 배당요구는 민법 제168조 제2호의 압류에 준하는 것으로서 배당요구에 관련된 채권에 관하여 소멸시효를 중단하는 효력이 생긴다고 할 것이고, 따라서 원인채권의 지급을 확보하기 위하여 어음이 수수된 당사자 사이에 채권자가 어음채권에 관한 집행력 있는 채무명의 정본에 기하여 한 배당요구는 그 원인채권의 소멸시효를 중단시키는 효력이 있다(대판 2002.2.26. 2000다25484).
	• 시효가 완성되기 전일 것
	• 시효이익을 받을 자에게 하였을 것
	  – 압류, 가압류 및 가처분은 시효의 이익을 받은 자에 대하여 하지 아니한 때에는 이를 그에게 통지한 후가 아니면 시효중단의 효력이 없다(민법 제176조).
	  – [1] 채권자가 채무자의 제3채무자에 대한 채권을 압류 또는 가압류한 경우에 채무자에 대한 채권자의 채권에 관하여 시효중단의 효력이 생긴다고 할 것이나, 압류 또는 가압류된 채무자의 제3채무자에 대한 채권에 대하여는 민법 제168조 제2호 소정의 소멸시효중단사유에 준하는 확정적인 시효중단의 효력이 생긴다고 할 수 없다. [2] 소멸시효중단사유의 하나로서 민법 제174조가 규정하고 있는 최고는 채무자에 대하여 채무이행을 구한다는 채권자의 의사통지(준법률행위)로서, 이에는 특별한 형식이 요구되지 아니할 뿐 아니라 행위 당시 당사자가 시효중단의 효과를 발생시킨다는 점을 알거나 의욕하지 않았다 하더라도 이로써 권리행사의 주장을 하는 취지임이 명백하다면 최고에 해당하는 것으로 보아야 할 것이므로, 채권자가 확정판결에 기한 채권의 실현을 위하여 채무자의 제3채무자에 대한 채권에 관하여 압류 및 추심명령을 받아 그 결정이 제3채무자에게 송달이 되었다면 거기에 소멸시효 중단사유인 최고로서의 효력을 인정하여야 한다(대판 2003.5.13. 2003다16238).

시 기	민법 제168조 제2호에서 가압류를 시효중단사유로 정하고 있지만, 가압류로 인한 시효중단의 효력이 언제 발생하는지에 관해서는 명시적으로 규정되어 있지 않다. 민사소송법 제265조에 의하면, 시효중단사유 중 하나인 '재판상의 청구'(민법 제168조 제1호, 제170조)는 소를 제기한 때 시효중단의 효력이 발생한다. 가압류에 관해서도 위 민사소송법 규정을 유추적용하여 '재판상의 청구'와 유사하게 가압류를 신청한 때 (소급하여) 시효중단의 효력이 생긴다고 보아야 한다. 가압류를 시효중단사유로 규정한 이유는 가압류에 의하여 채권자가 권리를 행사하였다고 할 수 있기 때문이다(대판 2017.4.7 2016다35451).

시효중단의 효력소멸

요 건	• 압류 등이 취소된 경우
	  – 권리자의 청구에 의하여 또는 법률의 규정에 따르지 아니함으로 인하여 취소된 때에는 시효중단의 효력이 없다(민법 제175조). 그러나 압류절차를 개시한 이상 집행불능에 그치더라도 시효중단의 효력은 발생한다(대판 2011.5.13. 2011다10044).
	• 압류가 해제되거나 집행절차가 종료된 경우
	  – [1] 시효가 중단된 때에는 중단까지에 경과한 시효기간은 이를 산입하지 아니하고 중단사유가 종료한 때로부터 새로이 진행하는데(국세기본법 제28조 제2항, 민법 제178조 제1항), 소멸시효의 중단사유 중 '압류'에 의한 시효중단의 효력은 압류가 해제되거나 집행절차가 종료될 때 중단사유가 종료한 것으로 볼 수 있다. [2] 보험계약자의 보험금 채권에 대한 압류가 행하여지더라도 채무자나 제3채무자는 기본적 계약관계인 보험계약 자체를 해지할 수 있고, 보험계약이 해지되면 계약에 의하여 발생한 보험금 채권은 소멸하게 되므로 이를 대상으로 한 압류명령은 실효된다. [3] 체납처분에 의한 채권압류로 인하여 채권자의 채무자에 대한 채권의 시효가 중단된 경우에 압류에 의한 체납처분 절차가 채권추심 등으로 종료된 때뿐만 아니라, 피압류채권이 기본계약관계의 해지·실효 또는 소멸시효완성 등으로 인하여 소멸함으로써 압류의 대상이 존재하지 않게 되어 압류 자체가 실효된 경우에도 체납처분 절차는 더 이상 진행될 수 없으므로 시효중단사유가 종료한 것으로 보아야 하고, 그때부터 시효가 새로이 진행한다(대판 2017.4.28. 2016다239840).

CHAPTER 07

요건	• 가압류등기가 말소된 경우 – [1] 민법 제168조에서 가압류를 시효중단사유로 정하고 있는 것은 가압류에 의하여 채권자가 권리를 행사하였다고 할 수 있기 때문이고 가압류에 의한 집행보전의 효력이 존속하는 동안은 가압류채권자에 의한 권리행사가 계속되고 있다고 보아야 할 것이므로 <u>가압류에 의한 시효중단의 효력은 가압류의 집행보전의 효력이 존속하는 동안은 계속된다.</u> [2] 가압류에 의한 시효중단은 경매절차에서 부동산이 매각되어 가압류등기가 말소되기 전에 배당절차가 진행되어 가압류채권자에 대한 배당표가 확정되는 등의 특별한 사정이 없는 한, <u>채권자가 가압류집행에 의하여 권리행사를 계속하고 있다고 볼 수 있는 가압류등기가 말소된 때 그 중단사유가 종료되어, 그때부터 새로 소멸시효가 진행한다</u>(매각대금 납부 후의 배당절차에서 가압류채권자의 채권에 대하여 배당이 이루어지고 배당액이 공탁되었다고 하여 가압류채권자가 그 공탁금에 대하여 채권자로서 권리행사를 계속하고 있다고 볼 수는 없으므로 그로 인하여 가압류에 의한 시효중단의 효력이 계속된다고 할 수 없다(대판 2013.11.14. 2013다18622·18639). 기출 21

3. 승 인

승인과 시효중단(민법 제177조) 기출 18·15·14
시효중단의 효력 있는 승인에는 상대방의 권리에 관한 처분의 능력이나 권한 있음을 요하지 아니한다.

의 의	승인은 시효의 이익을 받을 당사자인 채무자가 그 시효의 완성으로 권리를 상실하게 될 자 또는 그 대리인에게 그 권리의 존재를 인정한다는 뜻을 표시하는 행위이다(대판 1992.4.14. 92다947). 이에 따라 현존하지 아니하는 장래의 채권을 미리 승인하는 것은 채무자가 그 권리의 존재를 인식하고서 한 것이라고 볼 수 없어 허용되지 않는다고 할 것이다(대판 2001.11.9. 2001다52568). 기출 21
법적 성질	승인은 준법률행위 중 관념의 통지로서 의사표시 규정이 유추적용된다. 따라서 승인하는 자는 행위능력·의사능력이 필요하다.
당사자	• 채무승인을 할 수 있는 자는 시효이익을 받을 당사자인 채무자 및 그 대리인이고, 승인의 상대방은 소멸시효의 완성으로 채권을 상실하게 될 자 또는 그 대리인이다(대판 2014.1.23. 2013다64793). • 시효중단의 효력 있는 승인에는 상대방의 권리에 관한 처분의 능력이나 권한 있음을 요하지 아니한다(민법 제177조). 그러나 민법 제177조의 반대해석상 승인자는 해당 권리에 대한 관리능력이나 권한은 있어야 한다(대판 1965.12.28. 65다2133).
승인의 의미 기출 15·14	소멸시효 진행 이전 승인 / 소멸시효 진행 이후 승인 / 소멸시효완성 이후 승인
	소멸시효중단 × / 소멸시효중단 ○ / 소멸시효이익의 포기
방 법	특별한 방식을 요하지 않음(서면·구두, 명시·묵시, 재판상·재판 외 모두 가능)
효 과	• 소멸시효중단 시점 : 승인이 상대방에게 도달한 때(대판 1995.9.29. 95다30178) • 채무승인이 있었다는 사실에 대한 입증책임은 채권자에게 있다(대판 2005.2.17. 2004다59959). 기출 18 • 시효완성 전에 채무의 일부를 변제한 경우에는 그 수액에 관하여 다툼이 없는 한 채무승인으로서의 효력이 있어 채무 전부에 관하여 시효중단의 효력이 발생한다(대판 2018.11.9. 2018다250513). 기출 21·18

Ⅲ 시효중단의 효력

> **시효중단의 효력(민법 제169조)** 기출 21·17·14
> 시효의 중단은 당사자 및 그 승계인 간에만 효력이 있다.
>
> **중단 후에 시효진행(민법 제178조)**
> ① 시효가 중단된 때에는 중단까지에 경과한 시효기간은 이를 산입하지 아니하고 중단사유가 종료한 때로부터 새로이 진행한다. 기출 20·17·14
> ② 재판상의 청구로 인하여 중단한 시효는 전항의 규정에 의하여 재판이 확정된 때로부터 새로이 진행한다.

1. 기본적 효력

① 시효가 중단되면 그때까지 경과한 시효기간은 그 효력을 잃고(민법 제178조 제1항 전단), 중단사유가 없어지면 시효가 새로 진행되어야 한다.
② 시효가 중단된 후에는 중단사유가 종료된 때부터 다시 시효가 진행된다(민법 제178조 제1항 후단).

2. 시효중단의 효력이 미치는 인적 범위

(1) 원 칙

시효의 중단은 원칙적으로 당사자 및 그 승계인 사이에서만 그 효력이 있다(민법 제169조).
① 당사자는 시효중단행위에 관여한 당사자를 의미하고, 시효의 대상인 권리관계의 당사자를 말하는 것은 아니다.
② 승계인이란 시효중단에 관여한 당사자로부터 중단의 효과를 받는 권리를 승계한 자를 말하며, 특정승계이건 포괄승계이건 불문한다. 그리고 승계는 중단사유가 발생한 후에 이루어져야 하고, 중단사유 발생 전의 승계인은 포함되지 않는다.

(2) 예 외

다음의 경우에는 시효중단의 효력이 미치는 범위가 확대된다.
① 주채무자에 대한 시효의 중단은 보증인에 대하여 그 효력이 있다. 반면, 보증채무에 대한 시효가 중단되더라도 주채무에 대한 소멸시효가 중단되지는 않는다.
② 압류, 가압류, 가처분의 시효이익을 받은 자에 대하여 하지 않았더라도, 이를 시효이익을 받은 자에게 통지하면 그때부터 시효가 중단된다.
③ 연대채무자에 대한 이행청구는 다른 연대채무자에게도 효력이 있다. 반면 부진정연대채무자의 경우에는 그렇지 않다.

3. 시효중단의 효력이 미치는 물적 범위

(1) 일부청구

원칙적으로 한 개의 채권 중 일부에 관하여만 판결을 구한다는 취지를 명백히 한 경우 그 소제기에 의한 소멸시효의 중단의 효력은 그 일부에만 발생하고 나머지 부분에는 발생하지 아니한다.

> ### ➕ 더 알아보기
>
> **[일부청구와 시효중단의 범위]**
> [1] 하나의 채권 중 일부에 관하여만 판결을 구한다는 취지를 명백히 하여 소송을 제기한 경우에는 소제기에 의한 소멸시효중단의 효력이 그 일부에 관하여만 발생하고, 나머지 부분에는 발생하지 아니하나, 소장에서 청구의 대상으로 삼은 채권 중 일부만을 청구하면서 소송의 진행경과에 따라 장차 청구금액을 확장할 뜻을 표시하고 당해 소송이 종료될 때까지 실제로 청구금액을 확장한 경우에는 소제기 당시부터 채권 전부에 관하여 판결을 구한 것으로 해석되므로, 이러한 경우에는 소제기 당시부터 채권 전부에 관하여 재판상 청구로 인한 시효중단의 효력이 발생한다. [2] 소장에서 청구의 대상으로 삼은 채권 중 일부만을 청구하면서 소송의 진행경과에 따라 장차 청구금액을 확장할 뜻을 표시하였으나 당해 소송이 종료될 때까지 실제로 청구금액을 확장하지 않은 경우에는 소송의 경과에 비추어 볼 때 채권 전부에 관하여 판결을 구한 것으로 볼 수 없으므로, 나머지 부분에 대하여는 재판상 청구로 인한 시효중단의 효력이 발생하지 아니한다. 그러나 이와 같은 경우에도 소를 제기하면서 장차 청구금액을 확장할 뜻을 표시한 채권자로서는 장래에 나머지 부분을 청구할 의사를 가지고 있는 것이 일반적이라고 할 것이므로, 다른 특별한 사정이 없는 한 당해 소송이 계속 중인 동안에는 나머지 부분에 대하여 권리를 행사하겠다는 의사가 표명되어 최고에 의해 권리를 행사하고 있는 상태가 지속되고 있는 것으로 보아야 하고, 채권자는 당해 소송이 종료된 때부터 6월 내에 민법 제174조에서 정한 조치를 취함으로써 나머지 부분에 대한 소멸시효를 중단시킬 수 있다(대판 2020.2.6. 2019다223723).

(2) 가분채권의 일부분을 피보전채권으로 한 가압류

채권자가 가분채권의 일부분을 피보전채권으로 주장하여 채무자 소유의 재산에 대하여 가압류를 한 경우에 있어서는 그 피보전채권 부분만에 한하여 시효중단의 효력이 있다 할 것이고 가압류에 의한 보전채권에 포함되지 아니한 나머지 채권에 대하여는 시효중단의 효력이 발생할 수 없다(대판 1976.2.24. 75다1240).

(3) 일부변제

시효완성 전에 채무의 일부를 변제한 경우에는, 그 수액에 관하여 다툼이 없는 한 채무승인으로서의 효력이 있어 시효중단의 효과가 발생한다(대판 1996.1.23. 95다39854).

(4) 어음채권과 원인채권

원인채권의 지급을 확보하기 위하여 어음이 수수된 당사자 사이에서 채권자가 어음채권을 청구채권으로 하여 채무자의 재산을 압류함으로써 그 권리를 행사한 경우에는 그 원인채권의 소멸시효를 중단시키는 효력이 있다. 그러나 이미 어음채권의 소멸시효가 완성된 후에는 그 채권이 소멸되고 시효중단을 인정할 여지가 없으므로, 시효로 소멸된 어음채권을 청구채권으로 하여 채무자의 재산을 압류한다 하더라도 이를 어음채권 내지는 원인채권을 실현하기 위한 적법한 권리행사로 볼 수 없어, 그 압류에 의하여 그 원인채권의 소멸시효가 중단된다고 볼 수 없다(대판 2010.5.13. 2010다6345).

(5) 복수의 채권

채권자가 동일한 목적을 달성하기 위하여 복수의 채권을 갖고 있는 경우, 채권자로서는 그 선택에 따라 권리를 행사할 수 있되, 그중 어느 하나의 청구를 한 것만으로는 다른 채권 그 자체를 행사한 것으로 볼 수는 없으므로, 특별한 사정이 없는 한 그 다른 채권에 대한 소멸시효중단의 효력은 없다(대판 2011.2.10. 2010다81285).

4. 시효중단의 효력이 미치는 시간적 범위(민법 제178조)

(1) 재판상 청구 등

재판상의 청구로 인한 시효의 중단은 재판이 확정된 때로부터 새로이 진행한다(민법 제178조 제2항).

(2) 압류·가압류·가처분

압류·가압류·가처분은 절차의 종료로 인하여 그 효력이 상실된 때로부터 새롭게 시효가 진행된다.

(3) 승 인

원고(반소피고)의 승인에 대하여 피고가 채무의 변제를 유예해 주었다고 인정되는 경우, 만약 그 유예기간을 정하지 않았다면 변제유예의 의사를 표시한 때부터, 그리고 유예기간을 정하였다면 그 유예기간이 도래한 때부터 다시 소멸시효가 진행된다(대판 2006.9.22. 2006다22852·22869).

제2관 | 소멸시효의 정지

제한능력자의 시효정지(민법 제179조)
소멸시효의 기간만료 전 6개월 내에 제한능력자에게 법정대리인이 없는 경우에는 그가 능력자가 되거나 법정대리인이 취임한 때부터 6개월 내에는 시효가 완성되지 아니한다.

재산관리자에 대한 제한능력자의 권리, 부부 사이의 권리와 시효정지(민법 제180조)
① 재산을 관리하는 아버지, 어머니 또는 후견인에 대한 제한능력자의 권리는 그가 능력자가 되거나 후임 법정대리인이 취임한 때부터 6개월 내에는 소멸시효가 완성되지 아니한다.
② 부부 중 한쪽이 다른 쪽에 대하여 가지는 권리는 혼인관계가 종료된 때부터 6개월 내에는 소멸시효가 완성되지 아니한다. 기출 15

상속재산에 관한 권리와 시효정지(민법 제181조)
상속재산에 속한 권리나 상속재산에 대한 권리는 상속인의 확정, 관리인의 선임 또는 파산선고가 있는 때로부터 6월 내에는 소멸시효가 완성하지 아니한다.

> **천재 기타 사변과 시효정지(민법 제182조)** 기출 18
>
> 천재 기타 사변으로 인하여 소멸시효를 중단할 수 없을 때에는 그 사유가 종료한 때로부터 1월 내에는 시효가 완성하지 아니한다.

Ⅰ 의 의

시효기간이 거의 완성할 무렵에 권리자가 중단행위를 하는 것이 불가능 또는 대단히 곤란한 사정이 있는 경우에 그 시효기간의 진행을 일시적으로 멈추게 하고 그러한 사정이 없어졌을 때 다시 나머지 기간을 진행시키는 것을 말한다.

Ⅱ 정지사유

1. 제한능력자를 위한 정지

① 소멸시효의 기간만료 전 6개월 내에 제한능력자에게 법정대리인이 없는 경우에는 그가 능력자가 되거나 법정대리인이 취임한 때부터 6개월 내에는 시효가 완성되지 아니한다(민법 제179조).
② 재산을 관리하는 아버지, 어머니, 또는 후견인에 대한 제한능력자의 권리는 그가 능력자가 되거나 후임 법정대리인이 취임한 때부터 6개월 이내에는 소멸시효가 완성되지 아니한다(민법 제180조 제1항).

2. 혼인관계의 종료에 의한 정지

부부의 한쪽이 다른 쪽에 대하여 가지는 권리는 혼인관계가 종료된 때부터 6개월 내에는 소멸시효가 완성되지 아니한다(민법 제180조 제2항).

3. 상속재산에 관한 정지

상속재산에 속한 권리나 상속재산에 대한 권리는 상속인의 확정, 관리인의 선임 또는 파산선고가 있는 때로부터 6개월 이내에는 소멸시효가 완성하지 아니한다(민법 제181조).

4. 천재 기타 사변에 의한 정지

천재 기타 사변으로 인하여 소멸시효를 중단할 수 없을 때에는 그 사유가 종료한 때로부터 1월 내에는 시효가 완성하지 아니한다(민법 제182조).

I 소멸시효완성의 효과에 대한 견해 대립

구 분		절대적 소멸설	상대적 소멸설
시효완성의 효과 (권리소멸 여부)		시효완성으로 권리는 당연 소멸	시효완성으로 권리는 소멸하지 않고 원용권이 발생
재판상 시효완성사실을 주장해야 하는지 여부 `기출` 21 · 18		민사소송법의 변론주의 원칙상 원용하지 않으면 직권고려 불가	권리가 소멸하지 않으므로 원용하지 않으면 직권고려 불가
시효완성 후의 변제	알고 변제한 경우	악의의 비채변제로서 반환청구 불가 (민법 제742조)	시효완성 후의 변제는 시효완성 사실을 알고 했든 모르고 했든 유효한 변제로서 부당이득반환청구 불가
	모르고 변제한 경우	도의관념에 적합한 비채변제로서 반환청구 불가(민법 제744조)	
소멸시효이익의 포기에 대한 이론 구성		시효이익을 받지 않겠다는 의사표시로 이해	원용권을 포기하는 의사표시로 이해

II 소멸시효의 소급효

소멸시효의 소급효(민법 제167조) `기출` 21 · 20 · 18 · 14
소멸시효는 그 기산일에 소급하여 효력이 생긴다.

III 소멸시효이익의 포기

시효의 이익의 포기 기타(민법 제184조)
① 소멸시효의 이익은 미리 포기하지 못한다. `기출` 13
② 소멸시효는 법률행위에 의하여 이를 배제, 연장 또는 가중할 수 없으나 이를 단축 또는 경감할 수
있다. `기출` 21 · 17

1. 의 의

소멸시효이익의 포기에 대한 이론적 설명에 대해 학설상 다툼이 있으나 판례는 시효이익의 포기
를 시효의 완성으로 인한 법적인 이익을 받지 않겠다고 하는 효과의사를 필요로 하는 의사표시로
파악하고 있다(대판 2013.7.25. 2011다56187 · 56194).

2. 요건

(1) 소멸시효가 완성된 후일 것

소멸시효의 이익은 미리 포기하지 못한다(민법 제184조 제1항). 따라서 시효완성 전에 채무자가 한 포기의 의사표시는 시효이익의 포기의 효력이 인정될 수 없다. [기출] 18·13

(2) 포기자에게 처분능력 또는 처분권한이 있을 것

시효이익의 포기는 처분행위에 해당하므로 포기자는 처분권한이 인정되어야 한다.

(3) 상대방에 대한 의사표시로 할 것

시효이익의 포기는 시효완성으로 권리를 상실한 자 또는 그 대리인에게 하여야 한다.

(4) 시효완성사실을 알았을 것

판례는 채무자가 시효완성 후에 채무를 승인하거나 일부를 변제한 때에는 시효완성의 사실을 알고 그 이익을 포기한 것이라고 추정할 수 있다고 한다(대판 2001.6.12. 2001다3580).

3. 효과

(1) 효력발생시기

포기의 의사표시가 상대방에게 적법하게 도달한 때에 시효이익의 포기 효과가 발생한다(대판 2008.11.27. 2006다18129). [기출] 18 따라서 채무자가 소멸시효완성 후에 채권자에 대하여 채무를 승인함으로써 그 시효의 이익을 포기한 경우에는 그때부터 새로이 소멸시효가 진행한다(대판 2009.7.9. 2009다14340). [기출] 18

(2) 인적 범위

주채무자의 시효이익의 포기는 보증인, 물상보증인 등에게는 효력이 미치지 않는다(대판 1991.1.29. 89다카1114). [기출] 18

(3) 물적 범위

소멸시효이익의 포기는 가분채무 일부에 대해서도 가능하다(대판 2012.5.10. 2011다109500). 다만, 통상적으로 가분채권의 일부변제가 전체 채무의 일부로서 변제한 것이라면 채권 전부에 관한 포기의 효과가 인정된다(대판 1993.10.26. 93다14936).

Ⅳ 종속된 권리에 대한 효력

> **종속된 권리에 대한 소멸시효의 효력(민법 제183조)**
> 주된 권리의 소멸시효가 완성한 때에는 종속된 권리에 그 효력이 미친다. [기출] 17·13

주된 권리의 소멸시효가 완성한 때에는 종속된 권리에 그 효력이 미친다(민법 제183조). 이에 따라 원본채권이 시효로 소멸하면, 변제기가 도래하지 아니한 이자채권도 소멸한다.

제1절 총 설

01 소멸시효는 그 성질상 기간의 중단이 있을 수 없지만, 제척기간은 권리자의 청구가 있으면 기간이 중단된다. `기출` 22 · 20 [○ / ×]

02 소멸시효가 완성되면 그 기간이 경과한 때부터 장래에 향하여 권리가 소멸하지만, 제척기간이 완성되면 그 기산일에 소급하여 권리가 소멸한다. `기출` 22 · 20 [○ / ×]

03 소멸시효가 완성된 이후 그 이익을 포기하는 것은 원칙적으로 인정되지만, 제척기간은 그 포기가 인정되지 않는다. `기출` 22 [○ / ×]

04 소멸시효완성에 의한 권리소멸은 법원의 직권조사사항이지만, 제척기간에 의한 권리의 소멸은 원용권자가 이를 주장하여야 한다. `기출` 22 [○ / ×]

05 매도인의 하자담보책임에 기한 매수인의 손해배상청구권과 같이 청구권에 관하여 제척기간을 정하고 있는 경우에는 제척기간이 적용되므로 소멸시효는 당연히 적용될 수 없다. `기출` 22 [○ / ×]

정답 **01** × **02** × **03** ○ **04** × **05** ×

해설 **01** 제척기간에 있어서는 소멸시효와 같이 기간의 중단이 있을 수 없다(대판 2003.1.10. 2000다26425).
02 소멸시효가 완성되면 그 기산일에 소급하여 권리소멸의 효과가 생기지만(민법 제167조), 제척기간이 완성되면 기간이 경과한 때부터 장래를 향하여 권리가 소멸하여 법률관계가 확정된다.
03 소멸시효의 이익을 포기하는 것은 가능하지만(민법 제184조 제1항), 제척기간의 경우에는 기간의 경과로 권리가 당연히 소멸하므로 포기가 인정되지 아니한다.
04 소멸시효완성에 의한 권리의 소멸은 시효원용권자가 시효원용사실을 원용한 경우에 비로소 고려되는 항변사항이지만 제척기간에 의한 권리의 소멸은 당사자가 주장하지 않아도 법원이 직권으로 고려해야 하는 직권조사사항이다.
05 매도인에 대한 하자담보에 기한 손해배상청구권에 대하여는 민법 제582조의 제척기간이 적용되고, 이는 법률관계의 조속한 안정을 도모하고자 하는 데에 취지가 있다. 그런데 하자담보에 기한 매수인의 손해배상청구권은 권리의 내용·성질 및 취지에 비추어 민법 제162조 제1항의 채권 소멸시효의 규정이 적용되고, 민법 제582조의 제척기간 규정으로 인하여 소멸시효 규정의 적용이 배제된다고 볼 수 없으며, 이때 다른 특별한 사정이 없는 한 무엇보다도 매수인이 매매 목적물을 인도받은 때부터 소멸시효가 진행한다고 해석함이 타당하다(대판 2011.10.13. 2011다10266).

06 소멸시효의 이익을 포기하기 위해서는 원칙적으로 소멸시효의 완성사실을 알아야 한다. `기출` 20

[○ / ×]

07 권리자의 청구로 소멸시효가 중단된 경우 그때까지 경과된 기간은 시효기간에 산입된다. `기출` 20

[○ / ×]

제2절 소멸시효의 요건

08 점유권은 시효에 걸리지 아니한다. `기출` 21

[○ / ×]

09 점유자가 점유를 상실하면 그때로부터 점유권의 소멸시효가 진행된다. `기출` 20

[○ / ×]

10 소유권은 재산권이므로 소멸시효의 대상이 된다. `기출` 20

[○ / ×]

11 시효는 권리행사에 법률상의 장애사유가 없는 때로부터 진행한다. `기출` 21

[○ / ×]

12 소멸시효의 기산점이 되는 '권리를 행사할 수 있는 때'란 권리를 행사하는 데 있어 사실상의 장애가 없는 경우를 말한다. `기출` 19

[○ / ×]

`정답` 06 ○ 07 × 08 ○ 09 × 10 × 11 ○ 12 ×

`해설` 06 소멸시효가 완성한 후에 시효이익을 포기하는 것은 유효하며 이는 시효가 완성되었다는 것을 알고 하는 것을 전제로 한다.

07 시효가 중단된 때에는 중단까지에 경과한 시효기간은 이를 산입하지 아니하고 중단사유가 종료한 때로부터 새로이 진행한다(민법 제178조 제1항).

08 물건을 사실상 지배함으로써 성립하고 지배를 상실함으로써 바로 소멸하는 점유권에서는 성질상 소멸시효가 문제되지 아니한다.

09 점유권에서는 성질상 소멸시효가 문제되지 아니한다.

10 항구성을 가지는 소유권은 소멸시효에 걸리지 않는다.

11 민법 제166조 제1항은 "소멸시효는 권리를 행사할 수 있는 때로부터 진행한다."고 규정하고 있는바, 여기서 '권리를 행사할 수 있는 때'라 함은 권리를 행사함에 있어 이행기의 미도래, 정지조건부 권리에 있어서의 조건 미성취와 같은 법률상의 장애 없는 경우를 말하는 것이다(대판 2006.12.7. 2005다21029).

12 '권리를 행사할 수 없는' 경우라 함은 그 권리행사에 법률상의 장애사유, 예컨대 기간의 미도래나 조건불성취 등이 있는 경우를 말하는 것이고, 권리행사를 하는 것이 사실상 곤란하였다는 등의 사유는 그에 해당하지 아니한다(대판 2014.1.16. 2013다205341).

13 건물이 완공되지 않아 소유권이전등기청구권을 행사할 수 없었다는 사유는 그 청구권의 소멸시효의 진행을 막는 법률상의 장애사유가 되지 아니한다. [기출] 14 [○ / ×]

14 본래의 소멸시효 기산일과 당사자가 주장하는 기산일이 서로 다른 경우에 법원은 당사자가 주장하는 기산일을 기준으로 소멸시효를 계산해야 한다. [기출] 19 [○ / ×]

15 어떤 권리의 소멸시효기간이 얼마나 되는지에 대해서 법원은 당사자의 주장에 따라 판단하여야 한다. [기출] 19 [○ / ×]

16 부작위를 목적으로 하는 채권의 시효는 위반행위를 한 때로부터 진행한다. [기출] 21 · 20 · 18 · 17 · 13 [○ / ×]

17 시효가 완성된 채권의 시효이익을 채무자가 포기하면 포기한 때로부터 그 채권의 시효가 새로 진행한다. [기출] 21 · 18 [○ / ×]

18 변제기가 확정기한인 때에는 그 기한이 도래한 때부터 기산된다. [기출] 20 · 17 [○ / ×]

19 변제기가 불확정기한인 때에는 채권자가 기한도래의 사실을 안 때부터 기산된다. [기출] 20 [○ / ×]

[정답] 13 × 14 ○ 15 × 16 ○ 17 ○ 18 ○ 19 ×

[해설] 13 건물에 관한 소유권이전등기청구권에 있어서 그 목적물인 건물이 완공되지 아니하여 이를 행사할 수 없었다는 사유는 법률상의 장애사유에 해당한다(대판 2007.8.23. 2007다28024).
14 본래의 소멸시효 기산일과 당사자가 주장하는 기산일이 서로 다른 경우에는 변론주의의 원칙상 법원은 당사자가 주장하는 기산일을 기준으로 소멸시효를 계산하여야 하는데, 이는 당사자가 본래의 기산일보다 뒤의 날짜를 기산일로 하여 주장하는 경우는 물론이고, 특별한 사정이 없는 한 그 반대의 경우에 있어서도 마찬가지라고 보아야 할 것이다(대판 2009.12.24. 2009다60244).
15 어떤 권리의 소멸시효기간이 얼마나 되는지에 관한 주장은 단순한 법률상의 주장에 불과하므로 변론주의의 적용대상이 되지 않고 법원이 직권으로 판단할 수 있다(대판 2013.2.15. 2012다68217).
16 부작위를 목적으로 하는 채권의 소멸시효는 위반행위를 한 때로부터 진행한다(민법 제166조 제2항).
17 채무자가 소멸시효완성 후에 채권자에 대하여 채무를 승인함으로써 그 시효의 이익을 포기한 경우에는 그때부터 새로이 소멸시효가 진행한다(대판 2009.7.9. 2009다14340).
18 확정기한부 채권은 그 기한이 도래한 때로부터 소멸시효가 진행한다.
19 불확정기한부 채권은 기한이 객관적으로 도래한 때부터 소멸시효가 진행한다. 채권자가 기한도래의 사실을 안 때부터 기산되는 것은 이행지체책임이다.

20 기한의 정함이 없는 채권은 그 채권이 발생한 때부터 기산된다. `기출` 20 · 14　　[○ / ×]

21 정지조건부 채권은 조건이 성취된 때부터 기산된다. `기출` 21 · 20 · 17　　[○ / ×]

22 채무불이행으로 인한 손해배상청구권의 소멸시효는 계약이 성립한 때로부터 진행한다. `기출` 17

[○ / ×]

23 동시이행의 항변권이 붙은 채권의 소멸시효는 그 이행기로부터 진행한다. `기출` 17　[○ / ×]

24 채권 및 소유권 이외의 재산권은 10년간 행사하지 아니하면 시효가 완성한다. `기출` 21

[○ / ×]

25 채권은 10년, 소유권 이외의 재산권은 20년 동안 행사하지 않으면 소멸시효가 완성됨이 원칙이다.
`기출` 13　　[○ / ×]

26 노역인의 임금채권은 3년의 단기소멸시효에 걸리는 채권이다. `기출` 17 · 16　　[○ / ×]

정답　**20** ○ **21** ○ **22** × **23** ○ **24** × **25** ○ **26** ×

해설　**20** 기한의 정함이 없는 채권은 권리가 발생한 때부터 소멸시효가 진행한다.
　21 정지조건부 권리의 경우에는 조건 미성취의 동안은 권리를 행사할 수 없는 것이어서 소멸시효는 조건이 성취된 때로부터 진행한다(대판 2009.12.24. 2007다64556).
　22 채무불이행으로 인한 손해배상청구권의 소멸시효는 <u>채무불이행시로부터 진행한다</u>(대판 1995.6.30. 94다54269).
　23 <u>부동산에 대한 매매대금 채권이 소유권이전등기청구권과 동시이행의 관계에 있다고 할지라도 매도인은 매매대금의 지급기일 이후 언제라도 그 대금의 지급을 청구할 수 있는 것이며, 다만 매수인은 매도인으로부터 그 이전등기에 관한 이행의 제공을 받기까지 그 지급을 거절할 수 있는 데 지나지 아니하므로 매매대금 청구권은 그 지급기일 이후 시효의 진행에 걸린다</u>(대판 1991.3.22. 90다9797).
　24 채권 및 소유권 이외의 재산권은 <u>20년간</u> 행사하지 아니하면 소멸시효가 완성한다(민법 제162조 제2항).
　25 채권은 10년간 행사하지 아니하면 소멸시효가 완성되며, 채권 및 소유권 이외의 재산권은 20년간 행사하지 아니하면 소멸시효가 완성한다(민법 제162조).
　26 노역인의 임금채권은 민법 제164조 제3호의 1년의 단기소멸시효에 걸리는 채권이다.

27 2년 후에 원금과 이자를 한꺼번에 받기로 하고 대여한 경우의 이자채권은 3년의 단기소멸시효에 걸리는 채권이다. 기출 16 [O / ×]

28 음식점의 음식대금채권, 여관의 숙박대금채권, 판결에 의하여 확정된 채권, 의복 등 동산의 사용료 채권, 연예인의 임금채권은 모두 1년의 소멸시효기간의 적용을 받는 채권이다. 기출 22 [O / ×]

29 노역인의 임금채권, 의사의 치료비 채권, 여관의 숙박료 채권, 의복의 사용료 채권, 음식점의 음식료 채권은 모두 1년의 단기소멸시효에 걸리는 채권이다. 기출 17 [O / ×]

30 어떤 채권이 1년의 단기소멸시효에 걸리는 경우, 그 채권의 발생원인이 된 계약에 기하여 상대방이 가지는 반대채권도 당연히 1년의 단기소멸시효에 걸린다. 기출 19 [O / ×]

31 판결에 의하여 확정된 채권은 판결확정 당시에 변제기가 도래하지 않아도 10년의 소멸시효에 걸린다. 기출 19 [O / ×]

정답 27 × 28 × 29 × 30 × 31 ×

해설 **27** 민법 제163조 제1호에서 말하는 1년 이내의 기간으로 정한 금전 또는 물건의 지급을 목적으로 하는 채권이라 함은 1년 이내에 정기에 지급되는 채권을 의미하는 것이고 변제기가 1년 이내의 채권이라는 의미가 아니므로 1회의 변제로서 소멸되는 소비대차의 이자 채권은 이에 포함되지 않는다고 할 것이다(대판 1996.7.12. 96다19017).

28 음식점의 음식대금채권(민법 제164조 제1호), 여관의 숙박대금채권(민법 제164조 제1호), 의복 등 동산의 사용료 채권(민법 제164조 제2호), 연예인의 임금채권(민법 제164조 제3호)은 1년의 단기소멸시효기간이 적용되는 채권에 해당하나, 판결에 의하여 확정된 채권은 단기의 소멸시효에 해당한 것이라도 10년의 소멸시효기간이 적용된다(민법 제165조 제1항).

29 노역인의 임금채권(민법 제164조 제3호), 여관의 숙박료 채권(민법 제164조 제1호), 의복의 사용료 채권(민법 제164조 제2호), 음식점의 음식료 채권(민법 제164조 제1호)은 1년의 단기소멸시효에 걸리는 채권이나, 의사의 치료비 채권(민법 제163조 제2호)은 3년의 단기소멸시효에 걸리는 채권이다.

30 일정한 채권의 소멸시효기간에 관하여 이를 특별히 1년의 단기로 정하는 민법 제164조는 그 각호에서 개별적으로 정하여진 채권의 채권자가 그 채권의 발생원인이 된 계약에 기하여 상대방에 대하여 부담하는 반대채무에 대하여는 적용되지 아니한다. 따라서 그 채권의 상대방이 그 계약에 기하여 가지는 반대채권은 원칙으로 돌아가, 다른 특별한 사정이 없는 한 민법 제162조 제1항에서 정하는 10년의 일반 소멸시효기간의 적용을 받는다(대판 2013.11.14. 2013다65178).

31 판결에 의하여 확정된 채권은 단기의 소멸시효에 해당한 것이라도 그 소멸시효는 10년으로 한다. 그러나 판결확정 당시에 변제기가 도래하지 아니한 채권에 적용하지 아니한다(민법 제165조 제1항·제3항).

32 파산절차에 의하여 확정된 채권이 확정 당시에 변제기가 이미 도래한 경우 단기의 소멸시효에 해당하는 것이라도, 그 시효는 10년으로 한다. `기출` 18 · 17 [○ / ×]

33 음식점의 음식료에 대한 채권이 판결에 의하여 확정된 경우, 그 소멸시효기간은 1년이다. `기출` 13 [○ / ×]

제3절 시효의 장애 : 소멸시효의 중단과 정지

34 재판상의 청구는 그 소송이 취하된 경우에는 그로부터 6개월 내에 다시 재판상의 청구 등을 하지 않는 한 소멸시효중단의 효력이 없다. `기출` 15 [○ / ×]

35 재판상의 청구를 한 후에 소의 각하가 있고 6월 내에 다시 재판상의 청구를 한 경우, 소멸시효는 다시 재판상의 청구를 한 때로부터 중단된 것으로 본다. `기출` 13 [○ / ×]

36 시효의 중단사유가 재판상의 청구인 때에는 중단까지 경과한 시효기간은 이를 산입하지 아니하고 재판이 확정된 때로부터 새로이 시효가 진행한다. `기출` 17 · 14 [○ / ×]

37 채무자가 제기한 소에 대하여 채권자가 응소하여 그 소송에서 적극적으로 권리를 주장하고 그것이 받아들여진 경우 재판상의 청구가 될 수 있다. `기출` 21 [○ / ×]

`정답` 32 ○ 33 × 34 ○ 35 × 36 ○ 37 ○

`해설` 32 파산절차에 의하여 확정된 채권은 판결확정 당시에 변제기가 도래한 경우 단기소멸시효에 해당하는 것이라도 그 소멸시효는 10년으로 한다(민법 제165조 참조).
33 판결에 의하여 확정된 채권은 단기의 소멸시효에 해당한 것이라도 그 소멸시효는 10년으로 하므로(민법 제165조 제1항), 음식점의 음식료에 대한 채권의 소멸시효기간이 1년이더라도(민법 제164조 제1호) 판결에 의하여 확정된 경우 그 소멸시효기간은 10년이 된다.
34 민법 제170조 참조
35 재판상의 청구를 한 후에 소의 각하가 있고 6월 내에 다시 재판상의 청구를 한 경우, 소멸시효는 최초의 재판상 청구로 인하여 중단된 것으로 본다(민법 제170조 참조).
36 재판상의 청구로 인하여 시효가 중단된 때에는 중단까지에 경과한 시효기간은 이를 산입하지 아니하고 재판이 확정된 때로부터 새로이 진행한다(민법 제178조).
37 시효를 주장하는 자가 원고가 되어 소를 제기한 데 대하여 권리자가 피고로서 응소하여 소송에서 적극적으로 권리를 주장하고 그것이 받아들여진 경우도 재판상의 청구에 포함된다(대판 2012.1.12. 2011다78606).

38 현존하지 않는 장래의 채권을 시효진행이 개시되기 전에 미리 승인하는 것도 허용된다. 기출 21

[○ / ×]

39 시효완성 전에 한 채무의 일부변제는 특별한 사정이 없는 한 시효중단사유가 될 수 있다. 기출 21 · 18

[○ / ×]

40 채무승인이 있었다는 사실은 이를 주장하는 채권자 측에서 증명하여야 한다. 기출 18

[○ / ×]

41 시효중단의 효력이 있는 승인에는 상대방의 권리에 관한 처분의 능력이나 권한이 있음을 요하지 않는다. 기출 18 · 15 · 14

[○ / ×]

42 시효완성 후 당해 채무의 이행을 채무자가 약정한 경우에는 특별한 사정이 없는 한, 시효이익을 포기한 것으로 보아야 한다. 기출 18

[○ / ×]

43 비법인사단이 총유물을 매도한 후 그 대표자가 매수인에게 소유권이전등기의무에 대하여 시효중단의 효력이 있는 승인을 하는 경우에 있어 사원총회의 결의를 거치지 아니하였다면 그 승인은 무효이다. 기출 16

[○ / ×]

정답 ㅣ 38 × 39 ○ 40 ○ 41 ○ 42 ○ 43 ×

해설 ㅣ
38 현존하지 아니하는 장래의 채권을 미리 승인하는 것은 채무자가 그 권리의 존재를 인식하고서 한 것이라고 볼 수 없어 허용되지 않는다고 할 것이다(대판 2001.11.9. 2001다52568).

39 시효완성 전에 채무의 일부를 변제한 경우에는 그 수액에 관하여 다툼이 없는 한 채무승인으로서의 효력이 있어 채무 전부에 관하여 시효중단의 효력이 발생한다(대판 2018.11.9. 2018다250513).

40 소멸시효의 중단사유로서 채무자에 의한 채무승인이 있었다는 사실은 이를 주장하는 채권자 측에서 입증하여야 한다(대판 2005.2.17. 2004다59959).

41 시효중단의 효력 있는 승인에는 상대방의 권리에 관한 처분의 능력이나 권한 있음을 요하지 아니한다(민법 제177조).

42 시효완성 후 당해 채무의 이행을 채무자가 약정한 경우에는 특별한 사정이 없는 한 채무자는 시효완성의 사실을 알고 그 채무를 묵시적으로 승인하여 시효의 이익을 포기한 것으로 보아야 한다.

43 비법인사단의 사원총회가 그 총유물에 관한 매매계약의 체결을 승인하는 결의를 하였다면, 통상 그러한 결의에는 그 매매계약의 체결에 따라 발생하는 채무의 부담과 이행을 승인하는 결의까지 포함되었다고 봄이 상당하므로, 비법인사단의 대표자가 그 채무에 대하여 소멸시효중단의 효력이 있는 승인을 하거나 그 채무를 이행할 경우에는 특별한 사정이 없는 한 별도로 그에 대한 사원총회의 결의를 거칠 필요는 없다고 보아야 한다(대판 2009.11.26. 2009다64383).

44 승인은 소멸시효의 진행이 개시된 이후에만 가능하고, 그 이전에는 승인을 하더라도 시효가 중단되지 않는다. 기출 15·14 [○ / ×]

45 시효의 중단은 당사자 및 그 승계인 사이에만 효력이 있는 것이 원칙이다. 기출 21·17·14 [○ / ×]

46 파산절차참가는 채권자가 이를 취소한 때에는 시효중단의 효력이 없다. 기출 13 [○ / ×]

47 지급명령신청은 시효중단사유가 아니다. 기출 18 [○ / ×]

48 임의출석의 경우에 화해가 성립되지 아니한 때에는 1월 내에 소를 제기하지 아니하면 시효중단의 효력이 없다. 기출 21·13 [○ / ×]

49 부동산의 가압류로 중단된 시효는 특별한 사정이 없는 한, 가압류등기가 말소된 때로부터 새로이 진행된다. 기출 18 [○ / ×]

50 대여금 채권의 소멸시효가 진행하는 중 채권자가 채무자 소유의 부동산에 가압류집행을 함으로써 소멸시효의 진행을 중단시킨 경우 그 기입등기일로부터 새롭게 소멸시효기간이 진행한다. 기출 16 [○ / ×]

정답 **44** ○ **45** ○ **46** ○ **47** × **48** ○ **49** ○ **50** ×

해설 **44** 승인은 권리의 존재를 인식하면서 해야 하므로 사전승인은 인정되지 아니한다. 따라서 승인은 소멸시효의 진행이 개시된 이후에만 가능하고, 그 이전에는 승인을 하더라도 시효가 중단되지 않는다(대판 2001.11.9. 2001다52568).

45 시효의 중단은 당사자 및 그 승계인 간에만 효력이 있다(민법 제169조).

46 파산절차참가는 채권자가 이를 취소하거나 그 청구가 각하된 때에는 시효중단의 효력이 없다(민법 제171조).

47 지급명령의 신청은 소멸시효중단의 사유이다(민법 제172조).

48 화해를 위한 소환은 상대방이 출석하지 아니하거나 화해가 성립되지 아니한 때에는 1월 내에 소를 제기하지 아니하면 시효중단의 효력이 없다. 임의출석의 경우에 화해가 성립되지 아니한 때에도 그러하다(민법 제173조).

49 가압류에 의한 시효중단은 특별한 사정이 없는 한, 채권자가 가압류집행에 의하여 권리행사를 계속하고 있다고 볼 수 있는 가압류등기가 말소된 때 그 중단사유가 종료되어, 그때부터 새로 소멸시효가 진행한다고 봄이 타당하다(대판 2013.11.14. 2013다18622·18639).

50 시효가 중단된 때에는 중단까지에 경과한 시효기간은 이를 산입하지 아니하고 중단사유가 종료한 때로부터 새로이 진행한다(민법 제178조 제1항). 따라서 압류·가압류·가처분의 경우는 절차가 종료한 때로부터 새로이 진행한다.

51 물상보증인이 채권자를 상대로 채무자의 채무가 모두 소멸하였다고 주장하면서 근저당권말소청구소송을 제기하였는데 채권자가 피고로서 응소하여 적극적으로 권리를 주장하고 받아들여진 경우에도 그 채권의 소멸시효는 중단되지 않는다. 기출 18 · 14   [○ / ×]

52 채권자가 물상보증인의 소유인 부동산에 경료된 근저당권을 실행하기 위하여 경매를 신청한 경우, 그 경매와 관련하여 채무자에게 압류사실이 통지되었는지 여부와 무관하게 소멸시효중단의 효력이 발생한다. 기출 16   [○ / ×]

53 물상보증인의 부동산을 압류한 경우에 그 사실을 주채무자에게 통지한 후가 아니면 그 주채무자에게 시효중단의 효력이 없다. 기출 13   [○ / ×]

54 당연무효의 가압류 · 가처분은 소멸시효의 중단사유에 해당하지 않는다. 기출 15   [○ / ×]

55 부부 중 한쪽이 다른 쪽에 대하여 갖는 권리는 혼인관계가 종료된 때부터 6개월 내에는 소멸시효가 완성되지 않는다. 기출 15   [○ / ×]

56 천재 기타 사변으로 인하여 소멸시효를 중단할 수 없을 때에는 그 사유가 종료한 때로부터 1월 내에는 시효가 완성하지 아니한다. 기출 18 · 13   [○ / ×]

정답   51 ○ 52 × 53 ○ 54 ○ 55 ○ 56 ○

해설   **51** 물상보증인이 그 피담보채무의 부존재 또는 소멸을 이유로 제기한 저당권설정등기 말소등기절차이행청구소송에서 채권자 겸 저당권자가 청구기각의 판결을 구하고 피담보채권의 존재를 주장하였다고 하더라도 이로써 직접 채무자에 대하여 재판상 청구를 한 것으로 볼 수는 없는 것이므로 피담보채권의 소멸시효에 관하여 규정한 민법 제168조 제1호 소정의 '청구'에 해당하지 아니한다(대판 2004.1.16. 2003다30890).

    52 경매절차에서 이해관계인인 주채무자에게 경매개시결정이 송달되었다면 주채무자는 민법 제176조에 의하여 당해 피담보채권의 소멸시효중단의 효과를 받는다고 할 것이나 민법 제176조의 규정에 따라 압류사실이 통지된 것으로 볼 수 있기 위하여는 압류사실을 주채무자가 알 수 있도록 경매개시결정이나 경매기일통지서가 교부송달의 방법으로 주채무자에게 송달되어야만 하는 것이다(대판 1994.11.25. 94다26097).

    53 압류, 가압류 및 가처분은 시효의 이익을 받은 자에 대하여 하지 아니한 때에는 그에게 통지한 후가 아니면 시효중단의 효력이 없으므로(민법 제176조), 물상보증인의 부동산을 압류한 경우에 그 사실을 주채무자에게 통지하여야 그에게 시효중단의 효력이 미친다.

    54 사망한 사람을 피신청인으로 한 가압류신청은 부적법하고 그 신청에 따른 가압류결정이 내려졌다고 하여도 그 결정은 당연무효로서 그 효력이 상속인에게 미치지 않으며, 이러한 당연무효의 가압류는 민법 제168조 제1호에 정한 소멸시효의 중단사유에 해당하지 않는다(대판 2006.8.24. 2004다26287).

    55 민법 제180조 제2항

    56 천재 기타 사변으로 인하여 소멸시효를 중단할 수 없을 때에는 그 사유가 종료한 때로부터 1월 내에는 시효가 완성하지 아니한다(민법 제182조).

CHAPTER 07

57 시효기간 만료로 인한 권리의 소멸은 시효의 이익을 받은 자가 시효완성의 항변을 하지 않으면 그 의사에 반하여 재판할 수 없다. 기출 21·18 [○ / ×]

58 시효를 원용할 수 있는 사람은 권리의 소멸에 의하여 직접 이익을 받는 사람에 한정된다. 기출 21 [○ / ×]

59 소멸시효는 그 기산일에 소급하여 효력이 생긴다. 기출 21·18·14 [○ / ×]

60 담보가등기가 경료된 부동산을 양수하여 소유권이전등기를 마친 자는 그 가등기담보권에 의하여 담보된 채권의 채무자가 시효이익을 포기한 경우 독자적으로 시효이익을 주장할 수 없다. 기출 16 [○ / ×]

61 시효완성 후 시효이익의 포기는 허용되지만, 시효완성 전 시효이익의 포기는 허용되지 않는다. 기출 18·13 [○ / ×]

62 시효이익의 포기는 그 의사표시로 인하여 권리에 직접적인 영향을 받는 상대방에게 도달한 때에 그 효력이 발생한다. 기출 18 [○ / ×]

정답 57 ○ 58 ○ 59 ○ 60 × 61 ○ 62 ○

해설 57 당사자의 원용이 없어도 시효완성의 사실로서 채무는 당연히 소멸하고, 다만 소멸시효의 이익을 받는 자가 소멸시효이익을 받겠다는 뜻을 항변하지 않는 이상 그 의사에 반하여 재판할 수 없을 뿐이다(대판 1979.2.13. 78다2157).

58 소멸시효를 원용할 수 있는 사람은 권리의 소멸에 의하여 직접 이익을 받는 자에 한정된다(대판 2007.11.29. 2007다54849).

59 소멸시효는 그 기산일에 소급하여 효력이 생긴다(민법 제167조).

60 채권담보의 목적으로 매매예약의 형식을 빌어 소유권이전청구권 보전을 위한 가등기가 경료된 부동산을 양수하여 소유권이전등기를 마친 제3자는 당해 가등기담보권의 피담보채권의 소멸에 의하여 직접 이익을 받는 자이므로, 채무자가 이미 그 가등기에 기한 본등기를 경료하여 시효이익을 포기한 것으로 볼 수 있다고 하더라도 그 시효이익의 포기는 상대적 효과가 있음에 지나지 아니하므로 채무자 이외의 이해관계자에 해당하는 담보 부동산의 양수인으로서는 여전히 독자적으로 소멸시효를 원용할 수 있다(대판 1995.7.11. 95다12446).

61 소멸시효의 이익은 미리 포기하지 못한다(민법 제184조 제1항).

62 시효이익의 포기와 같은 상대방 있는 단독행위는 그 의사표시로 인하여 권리에 직접적인 영향을 받는 상대방에게 도달하는 때에 효력이 발생한다 할 것이다(대판 1994.12.23. 94다40734).

63 시효는 법률행위에 의하여 이를 배제하거나 경감할 수 없다. 기출 21·17 [○ / ×]

64 주채무자가 시효이익을 포기하면 보증인에게도 그 효과가 미친다. 기출 18 [○ / ×]

65 주된 권리의 소멸시효가 완성되어도 종속된 권리에는 그 영향을 미치지 않는다. 기출 17 [○ / ×]

66 근저당권설정등기청구권은 피담보채권에 부종하는 청구권이므로 독자적인 시효기간의 적용을 받지 아니한다. 기출 14 [○ / ×]

67 원본채권이 시효로 소멸하면, 변제기가 도래하지 아니한 이자채권도 소멸한다. 기출 13 [○ / ×]

정답 63 × 64 × 65 × 66 × 67 ○

해설 63 소멸시효는 법률행위에 의하여 이를 배제, 연장 또는 가중할 수 없으나 이를 단축 또는 경감할 수 있다(민법 제184조 제2항).

64 주채무가 시효로 소멸한 때에는 보증인도 그 시효소멸을 원용할 수 있으며, 주채무자가 시효의 이익을 포기하더라도 보증인에게는 그 효력이 없다(대판 1991.1.29. 89다카1114).

65 주된 권리의 소멸시효가 완성한 때에는 종속된 권리에 그 효력이 미친다(민법 제183조).

66 근저당권설정등기청구권은 피담보채권과는 별개의 청구권으로서 시효기간 또한 독자적으로 진행된다(대판 2004.2.13. 2002다7213).

67 주된 권리의 소멸시효가 완성한 때에는 종속된 권리에 그 효력이 미친다(민법 제183조). 따라서 원본채권이 시효로 소멸하면, 변제기가 도래하지 아니한 이자채권도 소멸한다.

제1절 총 설

01 소멸시효와 제척기간에 관한 설명으로 옳지 않은 것은?(다툼이 있으면 판례에 따름)

┃ 2020년 8회 행정사

① 권리자의 청구로 소멸시효가 중단된 경우 그때까지 경과된 기간은 시효기간에 산입된다.
② 소멸시효가 완성되면 그 기산일에 소급하여 권리소멸의 효과가 생긴다.
③ 소멸시효의 이익을 포기하기 위해서는 원칙적으로 소멸시효의 완성사실을 알아야 한다.
④ 제척기간의 기산점은 특별한 사정이 없는 한 원칙적으로 권리가 발생한 때이다.
⑤ 제척기간은 그 성질상 기간의 중단이 있을 수 없다.

해설 난도 ★☆☆

① (×) 시효가 중단된 때에는 중단까지에 경과한 시효기간은 이를 산입하지 아니하고 중단사유가 종료한 때로부터 새로이 진행한다(민법 제178조 제1항).
② (○) 소멸시효는 그 기산일에 소급하여 효력이 생긴다(민법 제167조).
③ (○) 소멸시효가 완성한 후에 시효이익을 포기하는 것은 유효하며 이는 시효가 완성되었다는 것을 알고 하는 것을 전제로 한다.
④ (○) 소멸시효의 기산점은 권리를 행사할 수 있는 때이나 제척기간의 기산점은 원칙적으로 권리가 발생한 때이다.
⑤ (○) 제척기간에 있어서는 소멸시효와 같이 기간의 중단이 있을 수 없다(대판 2003.1.10. 2000다26425).

02 소멸시효와 제척기간에 관한 설명으로 옳은 것은?(다툼이 있으면 판례에 따름)

▌2022년 10회 행정사

① 소멸시효가 완성되면 그 기간이 경과한 때부터 장래에 향하여 권리가 소멸하지만, 제척기간이 완성되면 그 기산일에 소급하여 권리가 소멸한다.

② 소멸시효는 그 성질상 기간의 중단이 있을 수 없지만, 제척기간은 권리자의 청구가 있으면 기간이 중단된다.

③ 소멸시효가 완성된 이후 그 이익을 포기하는 것은 원칙적으로 인정되지만, 제척기간은 그 포기가 인정되지 않는다.

④ 소멸시효완성에 의한 권리소멸은 법원의 직권조사사항이지만, 제척기간에 의한 권리의 소멸은 원용권자가 이를 주장하여야 한다.

⑤ 매도인의 하자담보책임에 기한 매수인의 손해배상청구권과 같이 청구권에 관하여 제척기간을 정하고 있는 경우에는 제척기간이 적용되므로 소멸시효는 당연히 적용될 수 없다.

해설 난도 ★★☆

③ (○) 소멸시효의 이익을 포기하는 것은 가능하지만(민법 제184조 제1항), 제척기간의 경우에는 기간의 경과로 권리가 당연히 소멸하므로 포기가 인정되지 아니한다.

① (×) 소멸시효가 완성되면 그 기산일에 소급하여 권리소멸의 효과가 생기지만(민법 제167조), 제척기간이 완성되면 기간이 경과한 때부터 장래를 향하여 권리가 소멸하여 법률관계가 확정된다.

② (×) 제척기간에 있어서는 소멸시효와 같이 기간의 중단이 있을 수 없다(대판 2003.1.10. 2000다26425).

④ (×) 소멸시효완성에 의한 권리의 소멸은 시효원용권자가 시효원용사실을 원용한 경우에 비로소 고려되는 항변사항이지만 제척기간에 의한 권리의 소멸은 당사자가 주장하지 않아도 법원이 직권으로 고려해야 하는 직권조사사항이다.

⑤ (×) 매도인에 대한 하자담보에 기한 손해배상청구권에 대하여는 민법 제582조의 제척기간이 적용되고, 이는 법률관계의 조속한 안정을 도모하고자 하는 데에 취지가 있다. 그런데 하자담보에 기한 매수인의 손해배상청구권은 권리의 내용·성질 및 취지에 비추어 민법 제162조 제1항의 채권 소멸시효의 규정이 적용되고, 민법 제582조의 제척기간 규정으로 인하여 소멸시효 규정의 적용이 배제된다고 볼 수 없으며, 이때 다른 특별한 사정이 없는 한 무엇보다도 매수인이 매매 목적물을 인도받은 때부터 소멸시효가 진행한다고 해석함이 타당하다(대판 2011.10.13. 2011다10266).

03 甲이 자신 소유의 X토지를 乙에게 매도하고, 乙은 甲에게 매매대금을 모두 지급하였다. 甲과 乙이 행사하는 다음 등기청구권 중 소멸시효가 진행되는 경우를 모두 고른 것은?(다툼이 있으면 판례에 따름)

┃2022년 10회 행정사

> ㄱ. 乙이 甲을 상대로 위 매매계약에 기하여 X토지에 대해 소유권이전등기청구권을 행사하는 경우
> ㄴ. 乙이 위 매매계약에 기하여 甲으로부터 X토지를 인도받아 사용·수익하고 있으나, 아직 甲의 명의로 소유권이전등기가 남아 있어 甲을 상대로 X토지에 대해 소유권이전등기청구권을 행사하는 경우
> ㄷ. 乙이 위 매매계약에 기하여 甲으로부터 X토지에 대해 소유권이전등기를 경료받았으나, 이후 甲과 乙의 매매계약이 적법하게 취소되어 甲이 乙을 상대로 소유권에 기한 말소등기청구권을 행사하는 경우

① ㄱ
② ㄴ
③ ㄱ, ㄷ
④ ㄴ, ㄷ
⑤ ㄱ, ㄴ, ㄷ

해설 난도 ★☆☆

ㄱ (○), ㄴ (×) 판례의 취지를 고려할 때 乙이 甲의 X토지를 매수하여 소유권이전등기청구권을 행사하는 경우에는 소멸시효가 진행되어 10년의 소멸시효에 걸리지만, 매수인 乙이 甲으로부터 X토지를 인도받아 사용·수익하고 있어 甲을 상대로 소유권이전등기청구권을 행사하는 경우라면 그 소멸시효는 진행하지 아니한다고 보는 것이 타당하다.

> **Plus One**
> 부동산매매계약에 있어서 매수인의 소유권이전등기청구권은 채권적 청구권이므로 10년의 소멸시효에 걸리지만 매수인이 매매목적물인 부동산을 인도받아 점유하고 있는 이상 매매대금의 지급 여부와는 관계없이 그 소멸시효가 진행되지 아니한다(대판 1991.3.22. 90다9797).

ㄷ (×) 甲과 乙의 매매계약이 적법하게 취소되었다면 X토지의 소유권은 甲에게 복귀하게 되므로(물권행위의 유인성) 소유권에 기한 물권적 청구권은 소멸시효의 대상이 되지 아니한다는 판례의 취지를 고려할 때 甲이 乙을 상대로 소유권에 기한 말소등기청구권을 행사하는 경우에는 소멸시효는 진행하지 아니한다고 보는 것이 타당하다.

> **Plus One**
> 매매계약이 합의해제된 경우에도 매수인에게 이전되었던 소유권은 당연히 매도인에게 복귀하는 것이므로 합의해제에 따른 매도인의 원상회복청구권은 소유권에 기한 물권적 청구권이라고 할 것이고 이는 소멸시효의 대상이 되지 아니한다(대판 1982.7.27. 80다2968).

04 소멸시효의 대상이 되는 권리를 모두 고른 것은?

∥ 2019년 7회 행정사

> ㄱ. 해제조건부 채권
> ㄴ. 불확정기한부 채권
> ㄷ. 소유권
> ㄹ. 인격권

① ㄱ, ㄴ   ② ㄱ, ㄷ
③ ㄱ, ㄹ   ④ ㄴ, ㄷ
⑤ ㄴ, ㄹ

[해설] 난도 ★☆☆

소유권(ㄷ)은 그 항구성으로 인해, 인격권(ㄹ)은 비재산적 권리로서 소멸시효의 대상이 되지 않으나, 해제조건부 채권(ㄱ), 불확정기한부 채권(ㄴ)은 소멸시효의 대상이 된다.

05 민법상 원칙적으로 적용되는 소멸시효의 기산점에 관한 설명으로 옳지 않은 것은?(다툼이 있으면 판례에 따름)

∥ 2020년 8회 행정사

① 변제기가 확정기한인 때에는 그 기한이 도래한 때부터 기산된다.
② 변제기가 불확정기한인 때에는 채권자가 기한도래의 사실을 안 때부터 기산된다.
③ 기한의 정함이 없는 채권은 그 채권이 발생한 때부터 기산된다.
④ 부작위를 목적으로 하는 채권의 소멸시효는 위반행위를 한 때부터 진행한다.
⑤ 정지조건부 채권은 조건이 성취된 때부터 기산된다.

[해설] 난도 ★★☆

② (×) 불확정기한부 채권은 <u>기한이 객관적으로 도래한 때부터</u> 소멸시효가 진행한다. 채권자가 기한도래의 사실을 안 때부터 기산되는 것은 이행지체책임이다.
① (○) 확정기한부 채권은 <u>그 기한이 도래한 때로부터</u> 소멸시효가 진행한다.
③ (○) 기한의 정함이 없는 채권은 <u>권리가 발생한 때부터</u> 소멸시효가 진행한다.
④ (○) 부작위를 목적으로 하는 채권의 소멸시효는 <u>위반행위를 한 때로부터</u> 진행한다(민법 제166조 제2항).
⑤ (○) 정지조건부 권리의 경우에는 조건 미성취의 동안은 권리를 행사할 수 없는 것이어서 소멸시효는 <u>조건이 성취된 때로부터</u> 진행한다(대판 2009.12.24. 2007다64556).

CHAPTER 07

06 소멸시효의 기산점에 관한 설명으로 옳지 않은 것은?(다툼이 있으면 판례에 따름)

┃2017년 5회 행정사

① 채무불이행으로 인한 손해배상청구권의 소멸시효는 계약이 성립한 때로부터 진행한다.
② 확정기한부 채권의 소멸시효는 그 기한이 도래한 때로부터 진행한다.
③ 정지조건부 권리의 소멸시효는 그 조건이 성취된 때로부터 진행한다.
④ 부작위를 목적으로 하는 채권의 소멸시효는 위반행위를 한 때로부터 진행한다.
⑤ 동시이행의 항변권이 붙은 채권의 소멸시효는 그 이행기로부터 진행한다.

해설 난도 ★☆☆

① (×) 채무불이행으로 인한 손해배상청구권의 소멸시효는 채무불이행시로부터 진행한다(대판 1995.6.30. 94다54269).
② (○) 확정기한부 채권은 그 기한이 도래한 때로부터 소멸시효가 진행한다.
③ (○) 정지조건부 권리의 경우에는 조건 미성취의 동안은 권리를 행사할 수 없는 것이어서 소멸시효는 조건이 성취된 때로부터 진행한다(대판 2009.12.24. 2007다64556).
④ (○) 부작위를 목적으로 하는 채권의 소멸시효는 위반행위를 한 때로부터 진행한다(민법 제166조 제2항).
⑤ (○) 부동산에 대한 매매대금 채권이 소유권이전등기청구권과 동시이행의 관계에 있다고 할지라도 매도인은 매매대금의 지급기일 이후 언제라도 그 대금의 지급을 청구할 수 있는 것이며, 다만 매수인은 매도인으로부터 그 이전등기에 관한 이행의 제공을 받기까지 그 지급을 거절할 수 있는 데 지나지 아니하므로 매매대금 청구권은 그 지급기일 이후 시효의 진행에 걸린다(대판 1991.3.22. 90다9797).

07 소멸시효에 관한 설명으로 옳지 않은 것은?(다툼이 있으면 판례에 따름)

┃2021년 9회 행정사

① 채권 및 소유권 이외의 재산권은 10년간 행사하지 아니하면 시효가 완성한다.
② 점유권은 시효에 걸리지 아니한다.
③ 시효는 권리행사에 법률상의 장애사유가 없는 때로부터 진행한다.
④ 정지조건부 권리는 조건이 성취된 때부터 시효가 진행된다.
⑤ 부작위를 목적으로 하는 채권의 시효는 위반행위를 한 때로부터 진행한다.

해설 난도 ★☆☆

① (×) 채권 및 소유권 이외의 재산권은 20년간 행사하지 아니하면 소멸시효가 완성한다(민법 제162조 제2항).
② (○) 물건을 사실상 지배함으로써 성립하고 지배를 상실함으로써 바로 소멸하는 점유권에서는 성질상 소멸시효가 문제되지 아니한다.
③ (○) 민법 제166조 제1항은 "소멸시효는 권리를 행사할 수 있는 때로부터 진행한다."고 규정하고 있는바, 여기서 '권리를 행사할 수 있는 때'라 함은 권리를 행사함에 있어 이행기의 미도래, 정지조건부 권리에 있어서의 조건 미성취와 같은 법률상의 장애가 없는 경우를 말하는 것이다(대판 2006.12.7. 2005다21029).
④ (○) 정지조건부 권리의 경우에는 조건 미성취의 동안은 권리를 행사할 수 없는 것이어서 소멸시효는 조건이 성취된 때로부터 진행한다(대판 2009.12.24. 2007다64556).
⑤ (○) 부작위를 목적으로 하는 채권의 소멸시효는 위반행위를 한 때로부터 진행한다(민법 제166조 제2항).

08 다음 중 3년의 단기소멸시효에 걸리는 채권을 모두 고른 것은?(다툼이 있으면 판례에 따름)

▌2016년 4회 행정사

> ㄱ. 의사의 치료에 관한 채권
> ㄴ. 노역인의 임금 채권
> ㄷ. 도급받은 자의 공사에 관한 채권
> ㄹ. 2년 후에 원금과 이자를 한꺼번에 받기로 하고 대여한 경우의 이자채권
> ㅁ. 상인인 가구상이 판매한 자개장롱의 대금채권

① ㄱ, ㅁ   ② ㄱ, ㄷ, ㅁ

③ ㄴ, ㄷ, ㄹ   ④ ㄷ, ㄹ, ㅁ

⑤ ㄱ, ㄴ, ㄷ, ㄹ

해설 난도 ★★☆

ㄱ (○) 3년(민법 제163조 제2호)
ㄷ (○) 3년(민법 제163조 제3호)
ㅁ (○) 3년(민법 제163조 제6호)
ㄴ (×) 1년(민법 제164조 제3호)
ㄹ (×) 민법 제163조 제1호에서 말하는 1년 이내의 기간으로 정한 금전 또는 물건의 지급을 목적으로 하는 채권이라 함은 1년 이내에 정기에 지급되는 채권을 의미하는 것이고 변제기가 1년 이내의 채권이라는 의미가 아니므로 1회의 변제로서 소멸되는 소비대차의 이자채권은 이에 포함되지 않는다고 할 것이다(대판 1996.7.12. 96다19017).

Plus One

3년의 단기소멸시효(민법 제163조)
다음 각 호의 채권은 3년간 행사하지 아니하면 소멸시효가 완성한다. **두** 이·의·도·변·변·생·수
1. 이자, 부양료, 급료, 사용료 기타 1년 이내의 기간으로 정한 금전 또는 물건의 지급을 목적으로 한 채권
2. 의사, 조산사, 간호사 및 약사의 치료, 근로 및 조제에 관한 채권
3. 도급받은 자, 기사 기타 공사의 설계 또는 감독에 종사하는 자의 공사에 관한 채권
4. 변호사, 변리사, 공증인, 공인회계사 및 법무사에 대한 직무상 보관한 서류의 반환을 청구하는 채권
5. 변호사, 변리사, 공증인, 공인회계사 및 법무사의 직무에 관한 채권
6. 생산자 및 상인이 판매한 생산물 및 상품의 대가
7. 수공업자 및 제조자의 업무에 관한 채권

09 민법상 1년의 소멸시효기간의 적용을 받는 채권이 아닌 것은? ┃2022년 10회 행정사

① 음식점의 음식대금채권
② 여관의 숙박대금채권
③ 판결에 의하여 확정된 채권
④ 의복 등 동산의 사용료 채권
⑤ 연예인의 임금채권

해설 난도 ★☆☆

① 음식점의 음식대금채권(민법 제164조 제1호), ② 여관의 숙박대금채권(민법 제164조 제1호), ④ 의복 등 동산의 사용료 채권(민법 제164조 제2호), ⑤ 연예인의 임금채권(민법 제164조 제3호)은 1년의 단기소멸시효기간이 적용되는 채권에 해당하나, ③ 판결에 의하여 확정된 채권은 단기의 소멸시효에 해당한 것이라도 10년의 소멸시효기간이 적용된다(민법 제165조 제1항).

> **Plus One**
>
> 1년의 단기소멸시효(민법 제164조)
> 다음 각 호의 채권은 1년간 행사하지 아니하면 소멸시효가 완성한다. 🔑 여·의·노·학
>   1. 여관, 음식점, 대석, 오락장의 숙박료, 음식료, 대석료, 입장료, 소비물의 대가 및 체당금의 채권
>   2. 의복, 침구, 장구 기타 동산의 사용료의 채권
>   3. 노역인, 연예인의 임금 및 그에 공급한 물건의 대금채권
>   4. 학생 및 수업자의 교육, 의식 및 유숙에 관한 교주, 숙주, 교사의 채권

10 1년의 단기소멸시효에 걸리는 채권이 아닌 것은? ┃2017년 5회 행정사

① 노역인의 임금채권
② 의사의 치료비 채권
③ 여관의 숙박료 채권
④ 의복의 사용료 채권
⑤ 음식점의 음식료 채권

해설 난도 ★☆☆

① 노역인의 임금채권(민법 제164조 제3호), ③ 여관의 숙박료 채권(민법 제164조 제1호), ④ 의복의 사용료 채권(민법 제164조 제2호), ⑤ 음식점의 음식료 채권(민법 제164조 제1호)은 1년의 단기소멸시효에 걸리는 채권이나, ② 의사의 치료비 채권(민법 제163조 제2호)은 3년의 단기소멸시효에 걸리는 채권이다.

11 민법상 소멸시효에 관한 설명으로 옳은 것을 모두 고른 것은?(다툼이 있으면 판례에 따름)

▌2020년 8회 행정사

> ㄱ. 소유권은 재산권이므로 소멸시효의 대상이 된다.
> ㄴ. 음식점의 음식대금채권의 소멸시효는 1년이다.
> ㄷ. 점유자가 점유를 상실하면 그때로부터 점유권의 소멸시효가 진행된다.

① ㄱ   ② ㄴ

③ ㄷ   ④ ㄴ, ㄷ

⑤ ㄱ, ㄴ, ㄷ

해설 난도 ★★☆

ㄴ (○) 민법 제164조 제1호의 1년의 단기소멸시효가 적용된다.

ㄱ (×) 항구성을 가지는 소유권은 소멸시효에 걸리지 않는다.

ㄷ (×) 물건을 사실상 지배함으로써 성립하고 지배를 상실함으로써 바로 소멸하는 점유권에서는 성질상 소멸시효가 문제되지 아니한다.

---

12 소멸시효에 관한 설명으로 옳지 않은 것은?(다툼이 있는 경우에는 판례에 의함)

▌2013년 1회 행정사

① 채권은 10년, 소유권 이외의 재산권은 20년 동안 행사하지 않으면 소멸시효가 완성됨이 원칙이다.

② 음식점의 음식료에 대한 채권이 판결에 의하여 확정된 경우, 그 소멸시효기간은 1년이다.

③ 원본채권이 시효로 소멸하면, 변제기가 도래하지 아니한 이자채권도 소멸한다.

④ 부작위를 목적으로 하는 채권은 위반행위를 한 때로부터 소멸시효가 진행한다.

⑤ 소멸시효의 이익은 시효기간의 완성 전에는 포기할 수 없다.

해설 난도 ★☆☆

② (×) 판결에 의하여 확정된 채권은 단기의 소멸시효에 해당한 것이라도 그 소멸시효는 10년으로 하므로(민법 제165조 제1항), 음식점의 음식료에 대한 채권의 소멸시효기간이 1년이더라도(민법 제164조 제1호) 판결에 의하여 확정된 경우 그 소멸시효기간은 10년이 된다.

① (○) 채권은 10년간 행사하지 아니하면 소멸시효가 완성되며, 채권 및 소유권 이외의 재산권은 20년간 행사하지 아니하면 소멸시효가 완성한다(민법 제162조).

③ (○) 주된 권리의 소멸시효가 완성된 때에는 종속된 권리에 그 효력이 미친다(민법 제183조). 따라서 원본채권이 시효로 소멸하면, 변제기가 도래하지 아니한 이자채권도 소멸한다.

④ (○) 부작위를 목적으로 하는 채권의 소멸시효는 위반행위를 한 때로부터 진행한다(민법 제166조 제2항).

⑤ (○) 소멸시효의 이익은 미리 포기하지 못한다(민법 제184조 제1항).

13 민법상 소멸시효에 관한 설명으로 옳은 것은?(다툼이 있으면 판례에 따름) ▌2019년 7회 행정사

① 판결에 의하여 확정된 채권은 판결확정 당시에 변제기가 도래하지 않아도 10년의 소멸시효에 걸린다.

② 본래의 소멸시효 기산일과 당사자가 주장하는 기산일이 서로 다른 경우에 법원은 당사자가 주장하는 기산일을 기준으로 소멸시효를 계산해야 한다.

③ 소멸시효의 기산점이 되는 '권리를 행사할 수 있는 때'란 권리를 행사하는 데 있어 사실상의 장애가 없는 경우를 말한다.

④ 어떤 권리의 소멸시효기간이 얼마나 되는지에 대해서 법원은 당사자의 주장에 따라 판단하여야 한다.

⑤ 어떤 채권이 1년의 단기소멸시효에 걸리는 경우, 그 채권의 발생원인이 된 계약에 기하여 상대방이 가지는 반대채권도 당연히 1년의 단기소멸시효에 걸린다.

해설 난도 ★★★

② (○) 본래의 소멸시효 기산일과 당사자가 주장하는 기산일이 서로 다른 경우에는 <u>변론주의의 원칙상 법원은 당사자가 주장하는 기산일을 기준으로 소멸시효를 계산하여야 하는데</u>, 이는 당사자가 본래의 기산일보다 뒤의 날짜를 기산일로 하여 주장하는 경우는 물론이고, 특별한 사정이 없는 한 그 반대의 경우에 있어서도 마찬가지라고 보아야 할 것이다(대판 2009.12.24. 2009다60244).

① (×) 판결에 의하여 확정된 채권은 단기의 소멸시효에 해당한 것이라도 그 소멸시효는 10년으로 한다. <u>그러나 판결확정 당시에 변제기가 도래하지 아니한 채권에 적용하지 아니한다</u>(민법 제165조 제1항·제3항).

③ (×) '권리를 행사할 수 없는' 경우라 함은 그 <u>권리행사에 법률상의 장애사유, 예컨대 기간의 미도래나 조건불성취 등이 있는 경우를 말하는 것이고, 권리행사를 하는 것이 사실상 곤란하였다는 등의 사유는 그에 해당하지 아니한다</u>(대판 2014.1.16. 2013다205341).

④ (×) 어떤 권리의 소멸시효기간이 얼마나 되는지에 관한 주장은 단순한 법률상의 주장에 불과하므로 <u>변론주의의 적용대상이 되지 않고 법원이 직권으로 판단할 수 있다</u>(대판 2013.2.15. 2012다68217).

⑤ (×) 일정한 채권의 소멸시효기간에 관하여 이를 특별히 1년의 단기로 정하는 민법 제164조는 그 각호에서 개별적으로 정하여진 채권의 채권자가 그 채권의 발생원인이 된 계약에 기하여 상대방에 대하여 부담하는 반대채무에 대하여는 <u>적용되지 아니한다. 따라서 그 채권의 상대방이 그 계약에 기하여 가지는 반대채권은 원칙으로 돌아가, 다른 특별한 사정이 없는 한 민법 제162조 제1항에서 정하는 10년의 일반 소멸시효기간의 적용을 받는다</u>(대판 2013.11.14. 2013다65178).

14 소멸시효에 관한 설명으로 옳은 것은?(다툼이 있으면 판례에 따름) ▌2016년 4회 행정사

① 물상보증인이 채권자를 상대로 채무자의 채무가 모두 소멸하였다고 주장하면서 근저당권말소청구소송을 제기하였는데 채권자가 피고로서 응소하여 적극적으로 권리를 주장하고 받아들여진 경우에도 그 채권의 소멸시효는 중단되지 않는다.

② 비법인사단이 총유물을 매도한 후 그 대표자가 매수인에게 소유권이전등기의무에 대하여 시효중단의 효력이 있는 승인을 하는 경우에 있어 사원총회의 결의를 거치지 아니하였다면 그 승인은 무효이다.

③ 채권자가 물상보증인의 소유인 부동산에 경료된 근저당권을 실행하기 위하여 경매를 신청한 경우, 그 경매와 관련하여 채무자에게 압류사실이 통지되었는지 여부와 무관하게 소멸시효중단의 효력이 발생한다.

④ 담보가등기가 경료된 부동산을 양수하여 소유권이전등기를 마친 자는 그 가등기담보권에 의하여 담보된 채권의 채무자가 시효이익을 포기한 경우 독자적으로 시효이익을 주장할 수 없다.

⑤ 대여금 채권의 소멸시효가 진행하는 중 채권자가 채무자 소유의 부동산에 가압류집행을 함으로써 소멸시효의 진행을 중단시킨 경우 그 기입등기일로부터 새롭게 소멸시효기간이 진행한다.

해설 난도 ★★★

① (○) 물상보증인이 그 피담보채무의 부존재 또는 소멸을 이유로 제기한 저당권설정등기 말소등기절차이행청구소송에서 채권자 겸 저당권자가 청구기각의 판결을 구하고 피담보채권의 존재를 주장하였다고 하더라도 이로써 직접 채무자에 대하여 재판상 청구를 한 것으로 볼 수는 없는 것이므로 피담보채권의 소멸시효에 관하여 규정한 민법 제168조 제1호 소정의 '청구'에 해당하지 아니한다(대판 2004.1.16. 2003다30890).

② (×) 비법인사단의 사원총회가 그 총유물에 관한 매매계약의 체결을 승인하는 결의를 하였다면, 통상 그러한 결의에는 그 매매계약의 체결에 따라 발생하는 채무의 부담과 이행을 승인하는 결의까지 포함되었다고 봄이 상당하므로, 비법인사단의 대표자가 그 채무에 대하여 소멸시효중단의 효력이 있는 승인을 하거나 그 채무를 이행할 경우에는 특별한 사정이 없는 한 별도로 그에 대한 사원총회의 결의를 거칠 필요는 없다고 보아야 한다(대판 2009.11.26. 2009다64383).

③ (×) 경매절차에서 이해관계인인 주채무자에게 경매개시결정이 송달되었다면 주채무자는 민법 제176조에 의하여 당해 피담보채권의 소멸시효중단의 효과를 받는다고 할 것이나 민법 제176조의 규정에 따라 압류사실이 통지된 것으로 볼 수 있기 위하여는 압류사실을 주채무자가 알 수 있도록 경매개시결정이나 경매기일통지서가 교부송달의 방법으로 주채무자에게 송달되어야만 하는 것이다(대판 1994.11.25. 94다26097).

④ (×) 채권담보의 목적으로 매매계약의 형식을 빌어 소유권이전청구권 보전을 위한 가등기가 경료된 부동산을 양수하여 소유권이전등기를 마친 제3자는 당해 가등기담보권의 피담보채권의 소멸에 의하여 직접 이익을 받는 자이므로, 채무자가 이미 그 가등기에 기한 본등기를 경료하여 시효이익을 포기한 것으로 볼 수 있다고 하더라도 그 시효이익의 포기는 상대적 효과가 있음에 지나지 아니하므로 채무자 이외의 이해관계자에 해당하는 담보 부동산의 양수인으로서는 여전히 독자적으로 소멸시효를 원용할 수 있다(대판 1995.7.11. 95다12446).

⑤ (×) 시효가 중단된 때에는 중단까지에 경과한 시효기간은 이를 산입하지 아니하고 중단사유가 종료한 때로부터 새로이 진행한다(민법 제178조 제1항). 따라서 압류·가압류·가처분의 경우는 절차가 종료한 때로부터 새로이 진행한다.

15 소멸시효의 중단에 관한 설명으로 옳지 않은 것은?(다툼이 있으면 판례에 따름)

┃2021년 9회 행정사

① 채무자가 제기한 소에 대하여 채권자가 응소하여 그 소송에서 적극적으로 권리를 주장하고 그것이 받아들여진 경우 재판상의 청구가 될 수 있다.
② 시효완성 전에 한 채무의 일부변제는 특별한 사정이 없는 한 시효중단사유가 될 수 있다.
③ 현존하지 않는 장래의 채권을 시효진행이 개시되기 전에 미리 승인하는 것도 허용된다.
④ 임의출석의 경우에 화해가 성립되지 아니한 때에는 1월 내에 소를 제기하지 아니하면 시효중단의 효력이 없다.
⑤ 시효의 중단은 당사자 및 그 승계인 사이에만 효력이 있는 것이 원칙이다.

해설 난도 ★★★

③ (×) 현존하지 아니하는 장래의 채권을 미리 승인하는 것은 채무자가 그 권리의 존재를 인식하고서 한 것이라고 볼 수 없어 허용되지 않는다고 할 것이다(대판 2001.11.9. 2001다52568).
① (○) 시효를 주장하는 자가 원고가 되어 소를 제기한 데 대하여 권리자가 피고로서 응소하여 소송에서 적극적으로 권리를 주장하고 그것이 받아들여진 경우도 재판상의 청구에 포함된다(대판 2012.1.12. 2011다78606).
② (○) 시효완성 전에 채무의 일부를 변제한 경우에는 그 수액에 관하여 다툼이 없는 한 채무승인으로서의 효력이 있어 채무 전부에 관하여 시효중단의 효력이 발생한다(대판 2018.11.9. 2018다250513).
④ (○) 화해를 위한 소환은 상대방이 출석하지 아니하거나 화해가 성립되지 아니한 때에는 1월 내에 소를 제기하지 아니하면 시효중단의 효력이 없다. 임의출석의 경우에 화해가 성립되지 아니한 때에도 그러하다(민법 제173조).
⑤ (○) 시효의 중단은 당사자 및 그 승계인 간에만 효력이 있다(민법 제169조).

16 소멸시효의 중단사유에 관한 설명으로 옳지 않은 것은?(다툼이 있으면 판례에 따름)

┃2018년 6회 행정사

① 지급명령신청은 시효중단사유가 아니다.
② 부동산의 가압류로 중단된 시효는 특별한 사정이 없는 한, 가압류등기가 말소된 때로부터 새로이 진행된다.
③ 채무승인이 있었다는 사실은 이를 주장하는 채권자 측에서 증명하여야 한다.
④ 채무의 일부변제도 채무승인으로서 시효중단사유가 될 수 있다.
⑤ 시효중단의 효력이 있는 승인에는 상대방의 권리에 관한 처분의 능력이나 권한이 있음을 요하지 않는다.

해설 난도 ★★☆

① (×) 지급명령의 신청은 소멸시효의 중단사유이다(민법 제172조).
② (○) 가압류에 의한 시효중단은 특별한 사정이 없는 한, 채권자가 가압류집행에 의하여 권리행사를 계속하고 있다고 볼 수 있는 가압류등기가 말소된 때 그 중단사유가 종료되어, 그때부터 새로 소멸시효가 진행한다고 봄이 타당하다(대판 2013.11.14. 2013다18622·18639).
③ (○) 소멸시효의 중단사유로서 채무자에 의한 채무승인이 있었다는 사실은 이를 주장하는 채권자 측에서 입증하여야 한다(대판 2005.2.17. 2004다59959).
④ (○) 시효완성 전에 채무의 일부를 변제한 경우에는 그 수액에 관하여 다툼이 없는 한 채무승인으로서의 효력이 있어 채무 전부에 관하여 시효중단의 효력이 발생한다(대판 2018.11.9. 2018다250513).
⑤ (○) 시효중단의 효력 있는 승인에는 상대방의 권리에 관한 처분의 능력이나 권한 있음을 요하지 아니한다(민법 제177조).

17 소멸시효의 중단 또는 정지에 관한 설명으로 옳지 않은 것은?(다툼이 있으면 판례에 따름)

┃ 2015년 3회 행정사

① 재판상의 청구는 그 소송이 취하된 경우에는 그로부터 6개월 내에 다시 재판상의 청구등을 하지 않는 한 소멸시효중단의 효력이 없다.
② 당연무효의 가압류·가처분은 소멸시효의 중단사유에 해당하지 않는다.
③ 부부 중 한쪽이 다른 쪽에 대하여 갖는 권리는 혼인관계가 종료된 때부터 6개월 내에는 소멸시효가 완성되지 않는다.
④ 승인은 소멸시효의 진행이 개시된 이후에만 가능하고, 그 이전에는 승인을 하더라도 시효가 중단되지 않는다.
⑤ 시효중단의 효력 있는 승인에는 상대방의 권리에 관한 처분의 능력이나 권한이 있을 것을 요한다.

해설 난도 ★★☆

⑤ (×) 시효중단의 효력 있는 승인에는 상대방의 권리에 관한 처분의 능력이나 권한 있음을 요하지 아니한다(민법 제177조).
① (○) 민법 제170조 참조

Plus One

재판상의 청구와 시효중단(민법 제170조)
① 재판상의 청구는 소송의 각하, 기각 또는 취하의 경우에는 시효중단의 효력이 없다.
② 전항의 경우에 6월 내에 재판상의 청구, 파산절차참가, 압류 또는 가압류, 가처분을 한 때에는 시효는 최초의 재판상 청구로 인하여 중단된 것으로 본다.

② (○) 사망한 사람을 피신청인으로 한 가압류신청은 부적법하고 그 신청에 따른 가압류결정이 내려졌다고 하여도 그 결정은 당연무효로서 그 효력이 상속인에게 미치지 않으며, 이러한 당연무효의 가압류는 민법 제168조 제1호에 정한 소멸시효의 중단사유에 해당하지 않는다(대판 2006.8.24. 2004다26287).
③ (○) 부부 중 한쪽이 다른 쪽에 대하여 가지는 권리는 혼인관계가 종료된 때부터 6개월 내에는 소멸시효가 완성되지 아니한다(민법 제180조 제2항).
④ (○) 승인은 권리의 존재를 인식하면서 해야 하므로 사전승인은 인정되지 아니한다. 따라서 승인은 소멸시효의 진행이 개시된 이후에만 가능하고, 그 이전에는 승인을 하더라도 시효가 중단되지 않는다(대판 2001.11.9. 2001다52568).

18 소멸시효에 관한 설명으로 옳은 것은?(다툼이 있는 경우에는 판례에 의함) ┃2014년 2회 행정사

① 시효의 중단사유가 재판상의 청구인 때에는 중단까지 경과한 시효기간은 이를 산입하지 아니하고 재판이 확정된 때로부터 새로이 시효가 진행한다.

② 건물이 완공되지 않아 소유권이전등기청구권을 행사할 수 없었다는 사유는 그 청구권의 소멸시효의 진행을 막는 법률상의 장애사유가 되지 아니한다.

③ 근저당권설정등기청구권은 피담보채권에 부종하는 청구권이므로 독자적인 시효기간의 적용을 받지 아니한다.

④ 물상보증인이 피담보채무의 부존재를 이유로 제기한 저당권설정등기 말소청구소송에서 저당권자가 청구기각의 판결을 구하였다면 이를 직접 채무자에 대한 재판상 청구로 볼 수 있다.

⑤ 채무자는 소멸시효의 진행이 개시된 이후는 물론 그 이전에도 채무를 승인하여 시효를 중단할 수 있다.

해설 난도 ★★★

① (○) 재판상의 청구로 인하여 시효가 중단된 때에는 중단까지에 경과한 시효기간은 이를 산입하지 아니하고 재판이 확정된 때로부터 새로이 진행한다(민법 제178조).

② (×) 건물에 관한 소유권이전등기청구권에 있어서 그 목적물인 건물이 완공되지 아니하여 이를 행사할 수 없었다는 사유는 법률상의 장애사유에 해당한다(대판 2007.8.23. 2007다28024).

③ (×) 근저당권설정등기청구권은 피담보채권과는 별개의 청구권으로서 시효기간 또한 독자적으로 진행된다(대판 2004.2.13. 2002다7213).

④ (×) 물상보증인이 그 피담보채무의 부존재 또는 소멸을 이유로 제기한 저당권설정등기 말소등기절차이행청구소송에서 채권자 겸 저당권자가 청구기각의 판결을 구하고 피담보채권의 존재를 주장하였다고 하더라도 이로써 직접 채무자에 대하여 재판상 청구를 한 것으로 볼 수는 없는 것이므로 피담보채권의 소멸시효에 관하여 규정한 민법 제168조 제1호 소정의 '청구'에 해당하지 아니한다(대판 2004.1.16. 2003다30890).

⑤ (×) 승인은 권리의 존재를 인식하면서 해야 하므로 사전승인은 인정되지 아니한다. 따라서 승인은 소멸시효의 진행이 개시된 이후에만 가능하고, 그 이전에는 승인을 하더라도 시효가 중단되지 않는다(대판 2001.11.9. 2001다52568).

19 소멸시효에 관한 설명으로 옳은 것을 모두 고른 것은? ┃2014년 2회 행정사

> ㄱ. 기한을 정하지 않은 권리의 소멸시효는 권리가 발생한 때로부터 진행한다.
> ㄴ. 소멸시효는 그 기산일에 소급하여 효력이 생긴다.
> ㄷ. 소멸시효의 중단은 그 당사자 사이에만 효력이 생긴다.
> ㄹ. 시효중단의 효력이 있는 승인에는 상대방의 권리에 관한 처분의 능력이나 권한 있음을 요하지 아니한다.

① ㄱ, ㄴ   ② ㄱ, ㄷ
③ ㄷ, ㄹ   ④ ㄱ, ㄴ, ㄹ
⑤ ㄴ, ㄷ, ㄹ

ㄱ (○) 기한의 정함이 없는 채권은 권리가 발생한 때부터 소멸시효가 진행한다.

ㄴ (○) 소멸시효는 그 기산일에 소급하여 효력이 생긴다(민법 제167조).

ㄹ (○) 시효중단의 효력 있는 승인에는 상대방의 권리에 관한 처분의 능력이나 권한 있음을 요하지 아니한다(민법 제177조).

ㄷ (×) 시효의 중단은 당사자 및 그 승계인 간에만 효력이 있다(민법 제169조).

20 소멸시효의 중단과 정지에 관한 설명으로 옳지 않은 것은?

▌2013년 1회 행정사

① 파산절차참가는 채권자가 이를 취소한 때에는 시효중단의 효력이 없다.

② 임의출석의 경우에 화해가 성립되지 아니한 때에는 1월 내에 소를 제기하지 아니하면 시효중단의 효력이 없다.

③ 재판상의 청구를 한 후에 소의 각하가 있고 6월 내에 다시 재판상의 청구를 한 경우, 소멸시효는 다시 재판상의 청구를 한 때로부터 중단된 것으로 본다.

④ 천재 기타 사변으로 인하여 소멸시효를 중단할 수 없을 때에는 그 사유가 종료한 때로부터 1월 내에는 시효가 완성하지 아니한다.

⑤ 물상보증인의 부동산을 압류한 경우에 그 사실을 주채무자에게 통지한 후가 아니면 그 주채무자에게 시효중단의 효력이 없다.

해설 난도 ★★☆

③ (×) 재판상의 청구를 한 후에 소의 각하가 있고 6월 내에 다시 재판상의 청구를 한 경우, 소멸시효는 최초의 재판상 청구로 인하여 중단된 것으로 본다(민법 제170조 참조).

> **Plus One**
>
> **재판상의 청구와 시효중단(민법 제170조)**
> ① 재판상의 청구는 소송의 각하, 기각 또는 취하의 경우에는 시효중단의 효력이 없다.
> ② 전항의 경우에 6월 내에 재판상의 청구, 파산절차참가, 압류 또는 가압류, 가처분을 한 때에는 시효는 최초의 재판상 청구로 인하여 중단된 것으로 본다.

① (○) 파산절차참가는 채권자가 이를 취소하거나 그 청구가 각하된 때에는 시효중단의 효력이 없다(민법 제171조).

② (○) 화해를 위한 소환은 상대방이 출석하지 아니하거나 화해가 성립되지 아니한 때에는 1월 내에 소를 제기하지 아니하면 시효중단의 효력이 없다. 임의출석의 경우에 화해가 성립되지 아니한 때에도 그러하다(민법 제173조).

④ (○) 천재 기타 사변으로 인하여 소멸시효를 중단할 수 없을 때에는 그 사유가 종료한 때로부터 1월 내에는 시효가 완성하지 아니한다(민법 제182조).

⑤ (○) 압류, 가압류 및 가처분은 시효의 이익을 받은 자에 대하여 하지 아니한 때에는 그에게 통지한 후가 아니면 시효중단의 효력이 없으므로(민법 제176조), 물상보증인의 부동산을 압류한 경우에 그 사실을 주채무자에게 통지하여야 그에게 시효중단의 효력이 미친다.

21 소멸시효에 관한 설명으로 옳지 않은 것은?(다툼이 있으면 판례에 따름) ▮2021년 9회 행정사

① 시효기간 만료로 인한 권리의 소멸은 시효의 이익을 받은 자가 시효완성의 항변을 하지 않으면 그 의사에 반하여 재판할 수 없다.

② 시효를 원용할 수 있는 사람은 권리의 소멸에 의하여 직접 이익을 받는 사람에 한정된다.

③ 시효가 완성된 채권의 시효이익을 채무자가 포기하면 포기한 때로부터 그 채권의 시효가 새로 진행한다.

④ 시효는 법률행위에 의하여 이를 배제하거나 경감할 수 없다.

⑤ 시효는 그 기산일에 소급하여 효력이 생긴다.

해설 난도 ★★☆

④ (×) <u>소멸시효는 법률행위에 의하여 이를 배제, 연장 또는 가중할 수 없으나 이를 단축 또는 경감할 수 있다</u>(민법 제184조 제2항).

① (○) <u>당사자의 원용이 없어도 시효완성의 사실로서 채무는 당연히 소멸하고, 다만 소멸시효의 이익을 받는 자가 소멸시효이익을 받겠다는 뜻을 항변하지 않는 이상 그 의사에 반하여 재판할 수 없을 뿐이다</u>(대판 1979.2.13. 78다2157).

② (○) <u>소멸시효를 원용할 수 있는 사람은 권리의 소멸에 의하여 직접 이익을 받는 자에 한정된다</u>(대판 2007.11.29. 2007다54849).

③ (○) 채무자가 소멸시효완성 후에 채권자에 대하여 채무를 승인함으로써 그 <u>시효의 이익을 포기한 경우에는 그때부터 새로이 소멸시효가 진행한다</u>(대판 2009.7.9. 2009다14340).

⑤ (○) 소멸시효는 그 기산일에 소급하여 효력이 생긴다(민법 제167조).

22 소멸시효에 관한 설명으로 옳은 것은? ▮2017년 5회 행정사

① 시효중단사유가 종료하면 남은 시효기간이 경과함으로써 소멸시효는 완성된다.

② 주된 권리의 소멸시효가 완성되어도 종속된 권리에는 그 영향을 미치지 않는다.

③ 소멸시효중단의 효력은 당사자 사이에서만 효력이 있다.

④ 소멸시효는 특약에 의하여 이를 배제, 연장 또는 가중할 수 있다.

⑤ 판결에 의하여 확정된 채권은 단기의 소멸시효에 해당한 것이라도 그 소멸시효는 10년으로 한다.

해설 난도 ★★☆

⑤ (○) 판결에 의하여 확정된 채권은 단기의 소멸시효에 해당한 것이라도 그 소멸시효는 10년으로 한다(민법 제165조 제1항).

① (×) <u>시효가 중단된 때에는 중단까지에 경과한 시효기간은 이를 산입하지 아니하고 중단사유가 종료한 때로부터 새로이 진행한다</u>(민법 제178조 제1항).

② (×) 주된 권리의 소멸시효가 완성한 때에는 종속된 권리에 그 효력이 미친다(민법 제183조).

③ (×) 시효의 중단은 당사자 및 그 승계인 간에만 효력이 있다(민법 제169조).

④ (×) <u>소멸시효는 법률행위에 의하여 이를 배제, 연장 또는 가중할 수 없으나 이를 단축 또는 경감할 수 있다</u>(민법 제184조 제2항).

23 소멸시효에 관한 설명으로 옳지 않은 것은?(다툼이 있으면 판례에 따름) ┃2018년 6회 행정사

① 시효의 이익을 받은 자가 소송에서 소멸시효완성 사실을 주장하지 않으면, 그 의사에 반하여 재판할 수 없다.
② 천재 기타 사변으로 인하여 소멸시효를 중단할 수 없는 경우에는 그 사유가 종료한 때에 시효가 완성된다.
③ 부작위를 목적으로 하는 채권의 소멸시효는 위반행위를 한 때로부터 진행한다.
④ 파산절차에 의하여 확정된 채권이 확정 당시에 변제기가 이미 도래한 경우, 그 시효는 10년으로 한다.
⑤ 소멸시효는 그 기산일에 소급하여 효력이 생긴다.

해설 난도 ★★★

② (×) 천재 기타 사변으로 인하여 소멸시효를 중단할 수 없을 때에는 그 사유가 종료한 때로부터 1월 내에는 시효가 완성하지 아니한다(민법 제182조).
① (○) 피담보채무가 소멸시효의 완성으로 당연히 소멸하였다고 하더라도 변론주의의 원칙상 그 소멸시효의 이익을 받는 자가 소멸시효완성의 주장을 하지 않으면 그 의사에 반하여 재판할 수는 없다(대판 2014.1.23. 2013다64793).
③ (○) 부작위를 목적으로 하는 채권의 소멸시효는 위반행위를 한 때로부터 진행한다(민법 제166조 제2항).
④ (○) 민법 제165조 참조

> **Plus One**
> 판결 등에 의하여 확정된 채권의 소멸시효(민법 제165조)
> ① 판결에 의하여 확정된 채권은 단기의 소멸시효에 해당한 것이라도 그 소멸시효는 10년으로 한다.
> ② 파산절차에 의하여 확정된 채권 및 재판상의 화해, 조정 기타 판결과 동일한 효력이 있는 것에 의하여 확정된 채권도 전항과 같다.
> ③ 전2항의 규정은 판결확정 당시에 변제기가 도래하지 아니한 채권에 적용하지 아니한다.

⑤ (○) 소멸시효는 그 기산일에 소급하여 효력이 생긴다(민법 제167조).

24 소멸시효완성 후 시효이익의 포기에 관한 설명으로 옳지 않은 것은?(다툼이 있으면 판례에 따름)

▮ 2018년 6회 행정사

① 시효완성 후 시효이익의 포기는 허용되지만, 시효완성 전 시효이익의 포기는 허용되지 않는다.
② 시효이익의 포기는 그 의사표시로 인하여 권리에 직접적인 영향을 받는 상대방에게 도달한 때에 그 효력이 발생한다.
③ 주채무자가 시효이익을 포기하면 보증인에게도 그 효과가 미친다.
④ 시효이익을 포기한 경우에는 그때부터 새로이 소멸시효가 진행한다.
⑤ 시효완성 후 당해 채무의 이행을 채무자가 약정한 경우에는 특별한 사정이 없는 한, 시효이익을 포기한 것으로 보아야 한다.

해설 난도 ★★☆

③ (×) 주채무가 시효로 소멸한 때에는 보증인도 그 시효소멸을 원용할 수 있으며, 주채무자가 시효의 이익을 포기하더라도 보증인에게는 그 효력이 없다(대판 1991.1.29. 89다카1114).
① (○) 소멸시효의 이익은 미리 포기하지 못한다(민법 제184조 제1항).
② (○) 시효이익의 포기와 같은 상대방 있는 단독행위는 그 의사표시로 인하여 권리에 직접적인 영향을 받는 상대방에게 도달하는 때에 효력이 발생한다 할 것이다(대판 1994.12.23. 94다40734).
④ (○) 채무자가 소멸시효완성 후에 채권자에 대하여 채무를 승인함으로써 그 시효의 이익을 포기한 경우에는 그때부터 새로이 소멸시효가 진행한다(대판 2009.7.9. 2009다14340).
⑤ (○) 시효완성 후 당해 채무의 이행을 채무자가 약정한 경우에는 특별한 사정이 없는 한 채무자는 시효완성의 사실을 알고 그 채무를 묵시적으로 승인하여 시효의 이익을 포기한 것으로 보아야 한다.

2023
행정사 1차 민법총칙 단기완성

01 민법의 법원(法源)에 관한 설명으로 옳지 않은 것은?(다툼이 있으면 판례에 따름)

① 헌법에 의하여 체결·공포된 민사에 관한 조약은 민법의 법원(法源)이 될 수 있다.

② 관습법은 헌법재판소의 위헌법률심판의 대상이 아니다.

③ 관습법의 존재는 특별한 사정이 없으면 당사자의 주장·증명을 기다릴 필요 없이 법원이 직권으로 확정하여야 한다.

④ 사실인 관습은 법원(法源)으로서 법령에 저촉되지 않는 한 법칙으로서의 효력이 있다.

⑤ 공동선조와 성과 본을 같이 하는 후손은 성별의 구별 없이 성년이 되면 당연히 종중의 구성원이 된다고 보는 것이 조리에 합당하다.

> **해설** 난도 ★★☆
>
> ② (×) 이 사건 관습법[호주가 사망한 경우 딸에게 분재청구권을 인정하지 아니한 구 관습법(註)]은 민법 시행 이전에 상속을 규율하는 법률이 없는 상황에서 재산상속에 관하여 적용된 규범으로서 비록 형식적 의미의 법률은 아니지만 실질적으로는 법률과 같은 효력을 갖는 것이므로 위헌법률심판의 대상이 된다(헌재결 2013.2.28. 2009헌바129).
>
> ④ (×) 사실인 관습은 단순한 관행으로서 법률행위의 당사자의 의사를 보충함에 그치는 것이나 관습법은 법령에 저촉되지 아니하는 한 법칙으로서의 효력이 인정된다.
>
> ① (○) 헌법에 의하여 체결·공포된 조약과 일반적으로 승인된 국제법규에 민사에 관한 사항이 포함되어 있으면 민법의 법원이 될 수 있다(헌법 제6조 제1항).
>
> ③ (○) 법령과 같은 효력을 갖는 관습법은 당사자의 주장 입증을 기다림이 없이 법원이 직권으로 이를 확정하여야 한다(대판 1983.6.14. 80다3231).
>
> ⑤ (○) 공동선조와 성과 본을 같이 하는 후손은 성별의 구별 없이 성년이 되면 당연히 그 구성원이 된다고 보는 것이 조리에 합당하다(대판[전합] 2005.7.21. 2002다1178).

02 신의칙에 관한 설명으로 옳지 않은 것은?(다툼이 있으면 판례에 따름)

① 신의칙에 반하는 것은 강행규정에 위반하는 것이므로 당사자의 주장이 없더라도 법원이 직권으로 판단할 수 있다.

② 법정대리인의 동의 없이 신용구매계약을 체결한 미성년자가 나중에 법정대리인의 동의 없음을 이유로 그 계약을 취소하는 것은 신의칙에 반한다.

③ 무권대리인이 본인을 단독상속한 경우, 본인의 지위에서 자신이 한 무권대리행위의 추인을 거절하는 것은 신의칙에 반한다.

④ 병원은 입원환자의 휴대품 등의 도난을 방지하기 위하여 필요한 적절한 조치를 강구하여 줄 신의칙상 보호의무가 있다.

⑤ 채권자가 유효하게 성립한 계약에 따른 급부의 이행을 청구하는 경우, 법원이 신의칙에 의하여 그 급부의 일부를 감축하는 것은 원칙적으로 허용되지 않는다.

난도 ★★☆

② (×) 법정대리인의 동의 없이 신용구매계약을 체결한 미성년자가 사후에 법정대리인의 동의 없음을 사유로 들어 이를 취소하는 것이 신의칙에 위배된 것이라고 할 수 없다(대판 2007.11.16. 2005다71659).

① (○) 신의성실의 원칙에 반하는 것 또는 권리남용은 강행규정에 위배되는 것이므로 당사자의 주장이 없더라도 법원은 직권으로 판단할 수 있다(대판 1995.12.22. 94다42129).

③ (○) 대리권한 없이 타인의 부동산을 매도한 자가 그 부동산을 상속한 후 소유자의 지위에서 자신의 대리행위가 무권대리로 무효임을 주장하여 등기말소 등을 구하는 것은 금반언원칙이나 신의칙상 허용될 수 없다(대판 1994.9.27. 94다20617).

④ (○) 병원은 병실에의 출입자를 통제·감독하든가 그것이 불가능하다면 최소한 입원환자에게 휴대품을 안전하게 보관할 수 있는 시정장치가 있는 사물함을 제공하는 등으로 입원환자의 휴대품 등의 도난을 방지함에 필요한 적절한 조치를 강구하여 줄 신의칙상의 보호의무가 있다고 할 것이다(대판 2003.4.11. 2002다63275).

⑤ (○) 유효하게 성립한 계약상의 책임을 공평의 이념 또는 신의칙과 같은 일반원칙에 의하여 제한하는 것은 사적자치의 원칙이나 법적 안정성에 대한 중대한 위협이 될 수 있으므로, 채권자가 유효하게 성립한 계약에 따른 급부의 이행을 청구하는 때에 법원이 급부의 일부를 감축하는 것은 원칙적으로 허용되지 않는다(대판 2016.12.1. 2016다240543).

03 부재와 실종에 관한 설명으로 옳지 않은 것은?(다툼이 있으면 판례에 따름)

① 부재자로부터 재산처분권을 위임받은 재산관리인은 그 재산을 처분함에 있어 법원의 허가를 받지 않아도 된다.

② 법원이 선임한 부재자 재산관리인의 권한초과행위에 대한 법원의 허가결정은 기왕의 법률행위를 추인하는 방법으로는 할 수 없다.

③ 법원은 법원이 선임한 부재자 재산관리인으로 하여금 부재자의 재산관리 및 반환에 관하여 상당한 담보를 제공하게 할 수 있다.

④ 실종선고를 받은 자는 실종기간이 만료된 때에 사망한 것으로 본다.

⑤ 부재자의 제1순위 상속인이 있는 경우, 제2순위 상속인은 특별한 사정이 없는 한 부재자에 관한 실종선고를 청구할 수 있는 이해관계인이 아니다.

난도 ★★☆

② (×) 부재자 재산관리인에 의한 권한초과행위인 부재자 소유의 부동산 매매행위에 대한 법원의 허가결정은 그 허가를 받은 재산에 대한 장래의 처분행위뿐만 아니라 기왕의 매매를 추인하는 방법으로도 할 수 있다(대판 2000.12.26. 99다19278).

① (○) 부재자로부터 재산처분권까지 위임받은 재산관리인은 그 재산을 처분함에 있어 법원의 허가를 요하는 것은 아니다(대판 1973.7.24. 72다2136).

③ (○) 법원은 그 선임한 재산관리인으로 하여금 재산의 관리 및 반환에 관하여 상당한 담보를 제공하게 할 수 있다(민법 제26조 제1항).

④ (○) 실종선고를 받은 자는 실종기간이 만료한 때에 사망한 것으로 본다(민법 제28조).

⑤ (○) 부재자의 종손자로서, 부재자가 사망할 경우 제1순위의 상속인이 따로 있어 제2순위의 상속인에 불과한 청구인은 특별한 사정이 없는 한 위 부재자에 대하여 실종선고를 청구할 수 있는 신분상 또는 경제상의 이해관계를 가진 자라고 할 수 없다(대결 1992.4.14. 92스4·92스5·92스6).

04 후견에 관한 설명으로 옳지 않은 것은?

① 가정법원은 성년후견개시의 심판을 할 때 본인의 의사를 고려하여야 한다.

② 가정법원이 피성년후견인에 대하여 한정후견개시의 심판을 할 때에는 종전의 성년후견의 종료 심판을 하여야 한다.

③ 피성년후견인의 법률행위는 원칙적으로 취소할 수 있지만, 가정법원은 취소할 수 없는 법률행위의 범위를 정할 수 있다.

④ 가정법원은 피한정후견인이 한정후견인의 동의를 받아야 하는 행위의 범위를 정할 수 있다.

⑤ 가정법원은 정신적 제약으로 특정한 사무에 관하여 후원이 필요한 자에 대하여는 본인의 의사에 반하더라도 특정후견의 심판을 할 수 있다.

해설 난도 ★☆☆

⑤ (×) 특정후견은 본인의 의사에 반하여 할 수 없다(민법 제14조의2 제1항·제2항).

> **Plus One**
> **특정후견의 심판(민법 제14조의2)**
> ① 가정법원은 질병, 장애, 노령, 그 밖의 사유로 인한 정신적 제약으로 일시적 후원 또는 특정한 사무에 관한 후원이 필요한 사람에 대하여 본인, 배우자, 4촌 이내의 친족, 미성년후견인, 미성년후견감독인, 검사 또는 지방자치단체의 장의 청구에 의하여 특정후견의 심판을 한다.
> ② 특정후견은 본인의 의사에 반하여 할 수 없다.

① (○) 가정법원은 성년후견개시의 심판을 할 때 본인의 의사를 고려하여야 한다(민법 제9조 제2항).

② (○) 가정법원이 피성년후견인 또는 피특정후견인에 대하여 한정후견개시의 심판을 할 때에는 종전의 성년후견 또는 특정후견의 종료 심판을 한다(민법 제14조의3 제2항).

③ (○) 피성년후견인의 법률행위는 취소할 수 있으나, 가정법원은 취소할 수 없는 피성년후견인의 법률행위의 범위를 정할 수 있다(민법 제10조 제1항·제2항).

④ (○) 가정법원은 피한정후견인이 한정후견인의 동의를 받아야 하는 행위의 범위를 정할 수 있다(민법 제13조 제1항).

05 민법상 법인에 관한 설명으로 옳은 것은?(다툼이 있으면 판례에 따름)

① 재단법인의 기본재산을 새롭게 편입하는 행위는 주무관청의 허가를 받지 않아도 유효하다.

② 재단법인의 감사는 민법상 필수기관이다.

③ 사단법인의 사원권은 정관에 정함이 있는 경우 상속될 수 있다.

④ 사단법인이 정관에 이사의 대표권에 관한 제한을 규정한 경우에는 이를 등기하지 않더라도 악의의 제3자에게 대항할 수 있다.

⑤ 이사 전원의 의결에 의하여 잔여재산을 처분하도록 한 사단법인의 정관 규정은 성질상 등기하여야만 제3자에게 대항할 수 있는 청산인의 대표권에 관한 제한으로 보아야 한다.

해설 난도 ★★☆

③ (○) 사단법인의 사원의 지위는 양도 또는 상속할 수 없다"고 한 민법 제56조의 규정은 강행규정은 아니라고 할 것이므로, 정관에 의하여 이를 인정하고 있을 때에는 양도·상속이 허용된다(대판 1992.4.14. 91다26850).

① (×) 재단법인의 기본재산에 관한 사항은 정관의 기재사항으로서 기본재산의 변경은 정관의 변경을 초래하기 때문에 주무장관의 허가를 받아야 하고, 따라서 기존의 기본재산을 처분하는 행위는 물론 새로이 기본재산으로 편입하는 행위도 주무장관의 허가가 있어야 유효하다(대판 1991.5.28. 90다8558).

② (×) 재단법인에서 이사는 필수기관(민법 제57조)에 해당하나, 감사는 임의기관에 불과하다(민법 제66조).

④ (×) 법인의 정관에 법인 대표권의 제한에 관한 규정이 있으나 그와 같은 취지가 등기되어 있지 않다면 법인은 그와 같은 정관의 규정에 대하여 선의냐 악의냐에 관계없이 제3자에 대하여 대항할 수 없다(대판 1992.2.14. 91다24564).

⑤ (×) 이사 전원의 의결에 의하여 잔여재산을 처분하도록 한 정관 규정은 성질상 등기하여야만 제3자에게 대항할 수 있는 청산인의 대표권에 관한 제한이라고 볼 수 없다(대판 1995.2.10. 94다13473).

06 甲 법인의 대표이사 乙은 대표자로서의 모든 권한을 丙에게 포괄적으로 위임하여 丙이 실질적으로 甲 법인의 사실상 대표자로서 그 사무를 집행하고 있다. 이에 관한 설명으로 옳은 것을 모두 고른 것은?(다툼이 있으면 판례에 따름)

> ㄱ. 甲의 사무에 관한 丙의 대행행위는 원칙적으로 甲에게 효력이 미치지 않는다.
> ㄴ. 丙이 외관상 직무행위로 인하여 丁에게 손해를 입힌 경우, 甲은 특별한 사정이 없는 한 丁에 대하여 법인의 불법행위책임에 관한 민법 제35조의 손해배상책임을 진다.
> ㄷ. 만약 甲이 비법인사단이라면 乙은 甲의 사무 중 정관에서 대리를 금지한 사항의 처리에 대해서도 丙에게 포괄적으로 위임할 수 있다.

① ㄱ   ② ㄴ

③ ㄱ, ㄴ   ④ ㄱ, ㄷ

⑤ ㄴ, ㄷ

해설 난도 ★★★

ㄱ (○) 이사는 정관 또는 총회의 결의로 금지하지 아니한 사항에 한하여 타인으로 하여금 특정한 행위를 대리하게 할 수 있으므로(민법 제62조), 대표이사 乙이 대표자로서의 권한을 丙에게 포괄적으로 위임하여 丙이 그 사무를 집행하고 있다면 丙의 대행행위는 원칙적으로 甲에게 효력이 미치지 않는다고 보아야 한다.

ㄴ (○) 판례의 취지를 고려할 때 丙이 외관상 직무행위로 인하여 丁에게 손해를 입힌 경우, '직무에 관하여'란 민법 제35조의 요건을 충족하므로 甲은 특별한 사정이 없는 한 丁에 대하여 민법 제35조의 손해배상책임을 진다.

> **Plus One**
>
> 행위의 외형상 법인의 대표자의 직무행위라고 인정할 수 있는 것이라면 설사 그것이 대표자 개인의 사리를 도모하기 위한 것이었거나 혹은 법령의 규정에 위배된 것이었다 하더라도 위의 직무에 관한 행위에 해당한다고 보아야 한다(대판 2004.2.27. 2003다15280).

ㄷ (×) 비법인사단의 경우에도 민법 제62조가 유추적용되므로 乙은 비법인사단 甲의 사무 중 정관에서 대리를 금지한 사항의 처리를 丙에게 포괄적으로 위임할 수 없다고 보는 것이 타당하다.

> **Plus One**
>
> 비법인사단에 대하여는 사단법인에 관한 민법규정 가운데 법인격을 전제로 하는 것을 제외하고는 이를 유추적용하여야 하므로 비법인사단 대표자가 행한 타인에 대한 업무의 포괄적 위임과 그에 따른 포괄적 수임인의 대행행위는 민법 제62조를 위반한 것이어서 비법인사단에 대하여 그 효력이 미치지 않는다(대판 2011.4.28. 2008다15438).

07 민법상 법인의 해산과 청산에 관한 설명으로 옳지 않은 것은?(다툼이 있으면 판례에 따름)

① 해산한 법인은 청산의 목적범위 내에서만 권리가 있고 의무를 부담한다.

② 사단법인 총회의 해산결의는 정관에 다른 규정이 없는 한 총사원의 4분의 3 이상의 동의가 필요하다.

③ 민법상 청산절차에 관한 규정에 반하는 잔여재산의 처분행위는 특별한 사정이 없는 한 무효이다.

④ 청산 중의 법인은 변제기에 이르지 아니한 채권에 대해서도 변제할 수 있다.

⑤ 법인의 청산인은 채권신고기간 내에는 채권자에 대하여 변제하지 못하므로 법인은 그 기간 동안의 지연손해배상의무를 면한다.

해설 난도 ★★☆

⑤ (×) 청산인은 채권신고기간 내에는 채권자에 대하여 변제하지 못한다. 그러나 법인은 채권자에 대한 지연손해배상의 의무를 면하지 못한다(민법 제90조).

① (○) 해산한 법인은 청산의 목적범위 내에서만 권리가 있고 의무를 부담한다(민법 제81조).

② (○) 사단법인은 총사원 4분의 3 이상의 동의가 없으면 해산을 결의하지 못한다. 그러나 정관에 다른 규정이 있는 때에는 그 규정에 의한다(민법 제78조).

③ (○) 민법상의 청산절차에 관한 규정은 모두 제3자의 이해관계에 중대한 영향을 미치기 때문에 이른바 강행규정이라고 해석되므로 이에 반하는 잔여재산의 처분행위는 특단의 사정이 없는 한 무효라고 보아야 한다(대판 1995.2.10. 94다13473).

④ (○) 청산 중의 법인은 변제기에 이르지 아니한 채권에 대하여도 변제할 수 있다(민법 제91조 제1항).

08 물건에 관한 설명으로 옳은 것은?(다툼이 있으면 판례에 따름)

① 주물의 소유자의 상용에 공여되고 있더라도 주물 자체의 효용과 관계가 없는 물건은 종물이 아니다.

② 원본채권이 양도되면 특별한 사정이 없는 한 이미 변제기에 도달한 이자채권도 당연히 함께 양도된다.

③ 주물을 처분할 때 종물을 제외하거나 종물만을 별도로 처분하는 특약은 무효이다.

④ 피상속인이 유언으로 자신의 유골의 매장장소를 지정한 경우, 제사주재자는 피상속인의 의사에 따를 법률적 의무를 부담한다.

⑤ '종물은 주물의 처분에 따른다'고 규정한 민법 제100조 제2항의 '처분'에는 공법상 처분은 포함되지 않는다.

해설 난도 ★☆☆

① (○) 주물의 상용에 이바지한다 함은 주물 그 자체의 경제적 효용을 다하게 하는 것을 말하는 것으로서, 주물의 소유자나 이용자의 사용에 공여되고 있더라도 주물 그 자체의 효용과 직접 관계가 없는 물건은 종물이 아니다(대결 2000.11.2. 2000마3530).

② (×) 이자채권은 원본채권에 대하여 종속성을 갖고 있으나 이미 변제기에 도달한 이자채권은 원본채권과 분리하여 양도할 수 있고 원본채권과 별도로 변제할 수 있으며 시효로 인하여 소멸되기도 하는 등 어느 정도 독립성을 갖게 되는 것이므로, <u>원본채권이 양도된 경우 이미 변제기에 도달한 이자채권은 원본채권의 양도 당시 그 이자채권도 양도한다는 의사표시가 없는 한 당연히 양도되지는 않는다</u>(대판 1989.3.28. 88다카12803).

③ (×) 민법 제100조 제2항은 임의규정이므로 주물과 종물을 별도로 처분하는 약정도 유효하다.

④ (×) <u>피상속인이 생전행위 또는 유언으로 자신의 유체·유골을 처분하거나 매장장소를 지정한 경우에, 선량한 풍속 기타 사회질서에 반하지 않는 이상 그 의사는 존중되어야 하고 이는 제사주재자로서도 마찬가지이지만, 피상속인의 의사를 존중해야 하는 의무는 도의적인 것에 그치고, 제사주재자가 무조건 이에 구속되어야 하는 법률적 의무까지 부담한다고 볼 수는 없다</u>(대판[전합] 2008.11.20. 2007다27670 – 다수의견).

⑤ (×) 민법 제100조 제2항의 종물과 주물의 관계에 관한 법리는 물건 상호 간의 관계뿐 아니라 권리 상호 간에도 적용되고, 위 규정에서의 처분은 처분행위에 의한 권리변동뿐 아니라 <u>주물의 권리관계가 압류와 같은 공법상의 처분 등에 의하여 생긴 경우에도 적용된다</u>(대판 2006.10.26. 2006다29020).

09 임의대리권의 범위에 관한 설명으로 옳지 않은 것은?(다툼이 있으면 판례에 따름)

① 임의대리권의 범위는 원칙적으로 수권행위에 의하여 정해진다.

② 특별한 사정이 없는 한 통상의 임의대리권은 필요한 한도에서 수령대리권을 포함한다.

③ 매도인으로부터 매매계약체결에 대한 대리권을 수여받은 자는 특별한 사정이 없는 한 그 매매계약에 따른 중도금을 수령할 권한이 있다.

④ 매도인으로부터 매매계약의 체결과 이행에 대해 포괄적인 대리권을 수여받은 자는 특별한 사정이 없는 한 약정된 매매대금의 지급기일을 연기해 줄 권한이 없다.

⑤ 부동산을 매수할 권한을 수여받은 자는 원칙적으로 그 부동산을 처분할 권한이 없다.

해설 난도 ★★☆

④ (×), ③ (○) 부동산의 소유자로부터 매매계약을 체결할 대리권을 수여받은 대리인은 특별한 다른 사정이 없는 한 그 매매계약에서 약정한 바에 따라 중도금이나 잔금을 수령할 수도 있다고 보아야 하고, 매매계약의 체결과 이행에 관하여 포괄적으로 대리권을 수여받은 대리인은 특별한 다른 사정이 없는 한 상대방에 대하여 약정된 매매대금지급기일을 연기하여 줄 권한도 가진다고 보아야 할 것이다(대판 1992.4.14. 91다43107).

① (○) 임의대리권의 범위는 원칙적으로 수권행위에 의하여 정하여지고 수권행위의 해석에 의하여 구체화된다.

② (○) 수권행위의 통상의 내용으로서의 임의대리권은 그 권한에 부수하여 필요한 한도에서 상대방의 의사표시를 수령하는 이른바 수령대리권을 포함하는 것으로 보아야 한다(대판 1994.2.8. 93다39379).

⑤ (○) 법률행위에 의하여 수여된 대리권은 그 원인된 법률관계의 종료에 의하여 소멸하는 것이므로 특별한 다른 사정이 없는 한 부동산을 매수할 권한을 수여받은 대리인에게 그 부동산을 처분할 대리권도 있다고 볼 수 없다(대판 1991.2.12. 90다7364).

10 의사표시에 관한 설명으로 옳지 않은 것은?

① 청약의 의사표시는 그 표시가 상대방에게 도달한 때에 그 효력이 생긴다.

② 의사표시자가 청약의 의사표시를 발송한 후 사망하였다면, 그 의사표시는 처음부터 무효인 것으로 본다.

③ 행위능력을 갖춘 미성년자에게는 특별한 사정이 없는 한 의사표시의 수령능력이 인정된다.

④ 표의자가 과실 없이 상대방을 알지 못하는 경우, 민사소송법 공시송달의 규정에 의하여 의사표시를 송달할 수 있다.

⑤ 의사표시의 상대방이 의사표시를 받은 때에 제한능력자인 경우, 특별한 사정이 없는 한 의사표시자는 그 의사표시로써 대항할 수 없다.

해설 난도 ★★☆

② (×) 의사표시자가 그 통지를 발송한 후 사망하거나 제한능력자가 되어도 의사표시의 효력에 영향을 미치지 아니하므로(민법 제111조 제2항), 의사표시자의 청약이 상대방에게 도달하였다면 청약은 효력이 발생한다.

① (○) 상대방이 있는 의사표시는 상대방에게 도달한 때에 그 효력이 생긴다(민법 제111조 제1항).

③ (○) 미성년자는 수령무능력자이나(민법 제112조 본문), 미성년자가 예외적으로 행위능력을 가지는 경우에는 수령능력도 인정될 수 있음을 유의하여야 한다.

④ (○) 표의자가 과실 없이 상대방을 알지 못하거나 상대방의 소재를 알지 못하는 경우에는 의사표시는 민사소송법 공시송달의 규정에 의하여 송달할 수 있다(민법 제113조).

⑤ (○) 의사표시의 상대방이 의사표시를 받은 때에 제한능력자인 경우에는 의사표시자는 그 의사표시로써 대항할 수 없다. 다만, 그 상대방의 법정대리인이 의사표시가 도달한 사실을 안 후에는 그러하지 아니하다(민법 제112조).

11 대리에 관한 설명으로 옳지 않은 것은?(다툼이 있으면 판례에 따름)

① 대리인은 행위능력자임을 요하지 아니한다.

② 사실상의 용태에 의하여 대리권의 수여가 추단될 수 있다.

③ 임의대리의 원인된 법률관계가 종료하기 전이라도 본인은 수권행위를 철회할 수 있다.

④ 수권행위에서 권한을 정하지 아니한 대리인은 보존행위만을 할 수 있다.

⑤ 복대리인은 본인의 대리인이다.

해설 난도 ★★☆

④ (×) 권한을 정하지 아니한 대리인은 보존행위와 대리의 목적인 물건이나 권리의 성질을 변하지 아니하는 범위에서 그 이용 또는 개량하는 행위를 할 수 있다(민법 제118조).

① (○) 대리인은 행위능력자임을 요하지 아니한다(민법 제117조).

② (○) 대리권을 수여하는 수권행위는 불요식의 행위로서 명시적인 의사표시에 의함이 없이 묵시적인 의사표시에 의하여 할 수도 있으며, 어떤 사람이 대리인의 외양을 가지고 행위하는 것을 본인이 알면서도 이의를 하지 아니하고 방임하는 등 사실상의 용태에 의하여 대리권의 수여가 추단되는 경우도 있다(대판 2016.5.26. 2016다203315).

③ (○) 임의대리의 경우 그 원인된 법률관계의 종료 전에 본인이 수권행위를 철회할 수 있다(민법 제128조).

⑤ (○) 복대리인은 대리인이 대리권의 범위 내의 행위를 하게 하기 위하여 대리인 자신의 이름으로 선임한 본인의 대리인이다.

12 무권대리행위에 대한 본인의 추인에 관한 설명으로 옳은 것은?(다툼이 있으면 판례에 따름)

① 추인은 무권대리인의 동의가 있어야 유효하다.

② 추인은 무권대리인이 아닌 무권대리행위의 상대방에게 하여야 한다.

③ 무권대리행위가 범죄가 되는 경우, 본인이 그 사실을 알고 장기간 형사고소를 하지 않았다면 묵시적 추인이 인정된다.

④ 추인은 무권대리행위가 있음을 알고 하여야 한다.

⑤ 무권대리행위의 일부에 대한 추인은 상대방의 동의가 없더라도 유효하다.

해설 난도 ★★☆

④ (○) 본인의 추인은 무권대리행위의 효과를 자기에게 귀속시키려는 본인의 단독행위로 의사표시의 요건을 갖추어야 하고 무권대리행위가 있었음을 알고 하여야 한다.

① (×), ⑤ (×) 무권대리행위의 추인은 무권대리에 의하여 행하여진 불확정한 행위에 관하여 그 행위의 효과를 자기에게 직접 발생케 하는 것을 목적으로 하는 의사표시이며, 무권대리인 또는 상대방의 동의나 승락을 요하지 않는 단독행위로서 추인은 의사표시의 전부에 대하여 행하여져야 하고, 그 일부에 대하여 추인을 하거나 그 내용을 변경하여 추인을 하였을 경우에는 상대방의 동의를 얻지 못하는 한 무효이다(대판 1982.1.26. 81다카549).

② (×) 민법 제132조는 무권대리행위의 상대방을 추인의 상대방으로 규정하고 있지만 추인이 사후적인 대리권 수여의 성질을 가지고 있으므로 무권대리인도 추인의 상대방이 될 수 있다고 보는 것이 학설, 판례(대판 1992.10.27. 92다19033)의 일반적인 태도이다.

③ (×) 무권대리행위가 범죄가 되는 경우에 대하여 그 사실을 알고도 장기간 형사고소를 하지 아니하였다 하더라도 그 사실만으로 묵시적인 추인이 있었다고 할 수는 없다(대판 1998.2.10. 97다31113).

13 불공정한 법률행위에 관한 설명으로 옳은 것은?(다툼이 있으면 판례에 따름)

① 불공정한 법률행위는 원칙적으로 추인에 의해서 유효로 될 수 없다.

② 궁박은 경제적 원인에 기인하는 것을 말하며, 심리적 원인에 기인할 수 없다.

③ 특별한 사정이 없는 한 경솔·궁박은 본인을 기준으로 판단하고, 무경험은 대리인을 기준으로 판단한다.

④ 법률행위가 현저하게 공정성을 잃은 경우, 그 법률행위 당사자의 궁박·경솔·무경험은 추정된다.

⑤ 불공정한 법률행위에는 무효행위의 전환에 관한 민법 제138조는 적용되지 않는다.

해설 난도 ★★★

① (○) 불공정한 법률행위로서 무효인 경우에는 추인에 의하여 무효인 법률행위가 유효로 될 수 없다(대판 1994.6.24. 94다10900).

② (×) 궁박이라 함은 '급박한 곤궁'을 의미하는 것으로서 경제적 원인에 기인할 수도 있고, 정신적 또는 심리적 원인에 기인할 수도 있다(대판 2005.2.17. 2004다60577).

③ (×) 대리인에 의하여 법률행위가 이루어진 경우 그 법률행위가 민법 제104조의 불공정한 법률행위에 해당하는지 여부를 판단함에 있어서 경솔과 무경험은 대리인을 기준으로 하여 판단하고, 궁박은 본인의 입장에서 판단하여야 한다(대판 2002.10.22. 2002다38927).

④ (×) 법률행위가 현저하게 공정을 잃었다고 하여 곧 그것이 궁박, 경솔하게 이루어진 것으로 추정되지 아니하므로 본조의 불공정한 법률행위의 법리가 적용되려면 그 주장하는 측에서 궁박, 경솔 또는 무경험으로 인하였음을 증명하여야 한다(대판 1969.12.30. 69다1873).

⑤ (×) 매매계약이 약정된 매매대금의 과다로 말미암아 민법 제104조에서 정하는 '불공정한 법률행위'에 해당하여 무효인 경우에도 무효행위의 전환에 관한 민법 제138조가 적용된다(대판 2011.4.28. 2010다106702).

14 사기에 의한 의사표시에 관한 설명으로 옳지 않은 것은?(다툼이 있으면 판례에 따름)

① 광고에 있어 다소의 과장은 일반 상거래의 관행과 신의칙에 비추어 시인될 수 있는 한 기망성이 결여된다.

② 부작위에 의한 기망행위에서 고지의무는 조리상 일반원칙에 의해서는 인정될 수 없다.

③ 사기에 의한 의사표시가 인정되기 위해서는 의사표시자에게 재산상의 손실을 주려는 사기자의 고의는 필요하지 않다.

④ 기망행위로 인하여 법률행위의 내용으로 표시되지 않은 동기에 관하여 착오를 일으킨 경우에도 그 법률행위를 사기에 의한 의사표시를 이유로 취소할 수 있다.

⑤ 사기에 의한 의사표시의 취소는 선의의 제3자에게 대항하지 못한다.

> **해설** 난도 ★★☆

② (×) 소극적 행위로서의 부작위에 의한 기망은 법률상 고지의무 있는 자가 일정한 사실에 관하여 상대방이 착오에 빠져 있음을 알면서도 이를 고지하지 않는 것을 말한다. 여기에서 법률상 고지의무는 법령, 계약, 관습, 조리 등에 의하여 인정되는 것으로서 문제가 되는 구체적인 사례에 즉응하여 거래실정과 신의성실의 원칙에 의하여 결정되어야 한다(대판 2020.6.25. 2018도13696).

① (○) 상품의 선전·광고에 다소의 과장이나 허위가 수반되는 것은 그것이 일반 상거래의 관행과 신의칙에 비추어 시인될 수 있는 한 기망성이 결여된다고 하겠으나, 거래에 있어서 중요한 사항에 관하여 구체적 사실을 신의성실의 의무에 비추어 비난받을 정도의 방법으로 허위로 고지한 경우에는 기망행위에 해당한다(대판 2014.1.23. 2012다 84417).

③ (○) 사기자의 고의를 인정하기 위하여는 표의자를 기망하여 착오에 빠지게 하려는 고의와 착오에 기하여 의사표시를 하게 하려는 고의 등 2단의 고의가 있는 것으로 족하고 별도로 표의자에게 재산상의 손실을 주려는 고의는 필요하지 아니하다.

④ (○) 기망행위로 인하여 법률행위의 중요부분에 관하여 착오를 일으킨 경우 뿐만 아니라 법률행위의 내용으로 표시되지 아니한 의사결정의 동기에 관하여 착오를 일으킨 경우에도 표의자는 그 법률행위를 사기에 의한 의사표시로서 취소할 수 있다(대판 1985.4.9. 85도167).

⑤ (○) 사기에 의한 의사표시의 취소는 선의의 제3자에게 대항하지 못한다(민법 제110조 제3항).

15 통정허위표시를 기초로 새로운 법률상의 이해관계를 맺은 제3자를 모두 고른 것은?(다툼이 있으면 판례에 따름)

> ㄱ. 가장매매의 매수인으로부터 그와의 매매계약에 의한 소유권이전청구권 보전을 위한 가등기를 마친 자
> ㄴ. 허위의 선급금 반환채무 부담행위에 기하여 그 채무를 보증하고 이행까지 하여 구상권을 취득한 자
> ㄷ. 가장소비대차에 있어 대주의 계약상의 지위를 이전받은 자

① ㄱ

② ㄷ

③ ㄱ, ㄴ

④ ㄱ, ㄷ

⑤ ㄴ, ㄷ

ㄱ (○) 허위표시 매매에 의한 매수인으로부터 부동산상의 권리를 취득한 제3자[소유권이전청구권보전을 위한 가등기를 마친 자(註)]는 특별한 사정이 없는 한 선의로 추정할 것이므로 허위표시를 한 부동산양도인이 제3자에 대하여 소유권을 주장하려면 그 제3자의 악의임을 입증하여야 한다(대판 1970.9.29. 70다466).

ㄴ (○) 보증인이 주채무자의 기망행위에 의하여 주채무[선급금 반환채무(註)]가 있는 것으로 믿고 주채무자와 보증계약을 체결한 다음 그에 따라 보증채무자로서 그 채무까지 이행한 경우, 그 보증인이 주채무자의 채권자에 대한 채무부담행위라는 허위표시에 기초하여 구상권 취득에 관한 법률상 이해관계를 가지게 되었으므로 민법 제108조 제2항 소정의 '제3자'에 해당한다(대판 2000.7.6. 99다51258).

ㄷ (×) 판례의 취지를 고려할 때 가장소비대차에 있어 대주의 계약상의 지위를 그대로 이전받은 자는 새로운 법률상 이해관계를 가지게 되었다고 볼 수 없어 민법 제108조 제2항의 제3자에 해당하지 않는다고 보는 것이 타당하다.

> **Plus One**
>
> 구 상호신용금고법 소정의 계약이전은 금융거래에서 발생한 계약상의 지위가 이전되는 사법상의 법률효과를 가져오는 것이므로, 소외 금고[대주(註)]로부터 이 사건 금전소비대차계약의 대출금 채권에 대하여 계약이전을 받은 피고는 소외 금고의 계약상 지위를 이전받은 자이어서 원고[차주(註)]와 소외 금고 사이의 위 통정허위표시에 따라 형성된 법률관계를 기초로 하여 새로운 법률상 이해관계를 가지게 된 민법 제108조 제2항의 제3자에 해당하지 않는다(대판 2004.1.15. 2002다31537).

16 착오로 인한 의사표시에 관한 설명으로 옳지 않은 것은?(다툼이 있으면 판례에 따름)

① 법률행위 내용의 중요부분에 착오가 있는 경우, 그 착오가 표의자의 중과실로 인한 것이 아니라면 특별한 사정이 없는 한 이를 이유로 의사표시를 취소할 수 있다.

② 표의자는 자신에게 중과실이 없음에 대한 주장·증명책임을 부담한다.

③ 착오로 인한 의사표시에 관한 민법 제109조 제1항의 적용은 당사자의 합의로 배제할 수 있다.

④ 착오로 인하여 표의자가 경제적 불이익을 입지 않았다면 이는 법률행위 내용의 중요부분의 착오로 볼 수 없다.

⑤ 표의자가 장래에 있을 어떤 사항의 발생이 미필적임을 알아 그 발생을 예기한 데 지나지 않는 경우, 그 기대가 이루어지지 않은 것을 착오로 볼 수는 없다.

② (×) 착오한 표의자의 중대한 과실 유무에 관한 주장과 입증책임은 착오자가 아니라 의사표시를 취소하게 하지 않으려는 상대방에게 있다(대판 2005.5.12. 2005다6228).

① (○) 의사표시는 법률행위의 내용의 중요부분에 착오가 있는 때에는 취소할 수 있다. 그러나 그 착오가 표의자의 중대한 과실로 인한 때에는 취소하지 못한다(민법 제109조 제1항).

③ (○) 당사자의 합의로 착오로 인한 의사표시 취소에 관한 민법 제109조 제1항의 적용을 배제할 수 있다(대판 2016.4.15. 2013다97694).

④ (○) 착오로 인하여 표의자가 무슨 경제적인 불이익을 입은 것이 아니라면 이를 법률행위 내용의 중요부분의 착오라고 할 수 없다(대판 2006.12.7. 2006다41457).

⑤ (○) 표의자가 행위를 할 당시에 장래에 있을 어떤 사항의 발생이 미필적임을 알아 그 발생을 예기한 데 지나지 않는 경우는, 표의자의 심리상태에 인식과 대조에 불일치가 있다고 할 수 없어 착오로 다룰 수는 없다 할 것이다(대판 2010.5.27. 2009다94841).

17 반사회질서의 법률행위에 해당하는 것을 모두 고른 것은?(다툼이 있으면 판례에 따름)

> ㄱ. 수사기관에서 참고인으로 자신이 잘 알지 못하는 내용에 대한 허위 진술의 대가로 작성된 각서
>   에 기한 급부의 약정
> ㄴ. 강제집행을 면하기 위해 부동산에 허위의 근저당권설정등기를 경료하는 행위
> ㄷ. 전통사찰의 주지직을 거액의 금품을 대가로 양도·양수하기로 하는 약정이 있음을 알고도 이를
>   묵인한 상태에서 한 종교법인의 주지 임명행위

① ㄱ   ② ㄷ
③ ㄱ, ㄴ   ④ ㄴ, ㄷ
⑤ ㄱ, ㄴ, ㄷ

해설 난도 ★★☆

ㄱ (○) 수사기관에서 참고인으로 진술하면서 자신이 잘 알지 못하는 내용에 대하여 허위의 진술을 하는 경우에 그 허위 진술행위가 범죄행위를 구성하지 않는다고 하여도 그 급부의 상당성 여부를 판단할 필요 없이 허위 진술의 대가로 작성된 각서에 기한 급부의 약정은 민법 제103조 소정의 반사회적 질서행위로 무효이다(대판 2001.4.24. 2000다71999).

ㄴ (×) 강제집행을 면할 목적으로 부동산에 허위의 근저당권설정등기를 경료하는 행위는 민법 제103조의 선량한 풍속 기타 사회질서에 위반한 사항을 내용으로 하는 법률행위로 볼 수 없다(대판 2004.5.28. 2003다70041).

ㄷ (×) 전통사찰의 주지직을 거액의 금품을 대가로 양도·양수하기로 하는 약정이 있음을 알고 이를 묵인 혹은 방조한 상태에서 한 종교법인의 주지임명행위는 민법 제103조 소정의 반사회질서의 법률행위에 해당하지 않는다(대판 2001.2.9. 99다38613).

18 법률행위의 부관에 관한 설명으로 옳은 것은?(다툼이 있으면 판례에 따름)

① 상계의 의사표시에는 원칙적으로 조건을 붙일 수 있다.
② 조건부 법률행위에서 조건의 내용자체가 불법적이어서 무효인 경우, 원칙적으로 그 조건만이 무효이고 나머지 법률행위는 유효이다.
③ 해제조건부 법률행위의 조건이 불능조건인 경우, 그 법률행위는 무효이다.
④ 시기(始期) 있는 법률행위는 기한이 도래한 때로부터 그 효력을 잃는다.
⑤ 기한은 특별한 사정이 없는 한 채무자의 이익을 위한 것으로 추정한다.

해설 난도 ★☆☆

⑤ (○) 기한은 채무자의 이익을 위한 것으로 추정한다(민법 제153조 제1항).

① (×) 상계는 상대방에 대한 의사표시로 하며, 이 의사표시에는 조건 또는 기한을 붙이지 못한다(민법 제493조 제1항).

② (×) 조건부 법률행위에 있어 조건의 내용 자체가 불법적인 것이어서 무효일 경우 또는 조건을 붙이는 것이 허용되지 아니하는 법률행위에 조건을 붙인 경우 그 조건만을 분리하여 무효로 할 수는 없고 그 법률행위 전부가 무효로 된다(대결 2005.11.8. 2005마541).

③ (×) 조건이 법률행위의 당시에 이미 성취할 수 없는 것인 경우에는 그 조건이 해제조건이면 조건 없는 법률행위로 한다(민법 제151조 제3항).

④ (×) 시기 있는 법률행위는 기한이 도래한 때로부터 그 효력이 생긴다(민법 제152조 제1항).

19 법률행위의 무효에 관한 설명으로 옳은 것은?(다툼이 있으면 판례에 따름)

① 진의 아닌 의사표시는 원칙적으로 무효이다.

② 법률행위가 무효와 취소사유를 모두 포함하고 있는 경우, 당사자는 취소권이 있더라도 무효에 따른 효과를 제거하기 위해 이미 무효인 법률행위를 취소할 수 없다.

③ 법률행위의 무효는 제한능력자, 착오나 사기·강박에 의하여 의사표시를 한 자, 그의 대리인 또는 승계인 이외에는 주장할 수 없다.

④ 타인의 권리를 목적으로 하는 매매계약은 특별한 사정이 없는 한 유효하다.

⑤ 무효인 법률행위는 추인할 수 있는 날로부터 3년, 법률행위를 한 날로부터 10년 이후에는 추인할 수 없다.

해설 난도 ★★☆

④ (○) 민법 제569조, 제570조에 비추어 보면, 양도계약의 목적물이 타인의 권리에 속하는 경우에 있어서도 그 양도계약은 계약당사자 간에 있어서는 유효하고, 그 양도계약에 따라 양도인은 그 목적물을 취득하여 양수인에게 이전하여 줄 의무가 있다(대판 1993.8.24. 93다24445).

① (×) 의사표시는 표의자가 진의 아님을 알고 한 것이라도 그 효력이 있다. 그러나 상대방이 표의자의 진의 아님을 알았거나 이를 알 수 있었을 경우에는 무효로 한다(민법 제107조 제1항).

② (×) 어느 법률행위가 무효사유와 취소사유를 모두 포함하고 있는 경우 예를 들어, 매도인이 매수인의 중도금 지급채무 불이행을 이유로 매매계약을 해제한 후에도, 매수인은 계약해제에 따른 불이익을 면하기 위해 착오를 이유로 매매계약전체를 취소하여 이를 무효로 돌릴 수 있다.

③ (×) 법률행위의 무효는 누구든지 주장할 수 있으나, 법률행위의 취소는 취소권자(제한능력자, 착오나 사기·강박에 의하여 의사표시를 한 자, 그의 대리인 또는 승계인)만이 주장할 수 있다(민법 제140조 참조).

⑤ (×) 취소할 수 있는 법률행위는 추인할 수 있는 날로부터 3년, 법률행위를 한 날로부터 10년 이후에는 추인할 수 없다(민법 제146조).

20 취소할 수 있는 법률행위의 법정추인에 해당하지 않는 것은?(다툼이 있으면 판례에 따름)

① 취소할 수 있는 행위로부터 생긴 채무의 이행을 위해 취소권자가 상대방에게 일부 이행을 한 경우

② 취소할 수 있는 행위로부터 생긴 채무의 이행을 위해 취소권자가 상대방에게 이행을 청구하는 경우

③ 취소할 수 있는 행위로부터 생긴 채무의 이행을 위해 취소권자가 상대방에게 저당권을 설정해 준 경우

④ 취소권자가 취소할 수 있는 행위에 의하여 성립된 채권을 소멸시키고 그 대신 다른 채권을 성립시키는 경개를 하는 경우

⑤ 취소할 수 있는 행위로부터 취득한 권리의 전부를 취소권자의 상대방이 제3자에게 양도하는 경우

①, ②, ③, ④는 각각 민법 제145조 제1호, 제2호, 제4호, 제3호의 법정추인사유에 해당하나, ⑤는 법정추인사유에 해당하지 않는다. 즉, 취소할 수 있는 행위로 취득한 권리의 전부나 일부의 양도는 취소권자가 양도하는 경우에 한하므로 취소권자의 상대방이 제3자에게 양도하는 경우에는 법정추인이 인정되지 아니한다(민법 제145조 제5호).

Plus One

법정추인(민법 제145조)

취소할 수 있는 법률행위에 관하여 전조의 규정에 의하여 추인할 수 있는 후에 다음 각 호의 사유가 있으면 추인한 것으로 본다. 그러나 이의를 보류한 때에는 그러하지 아니하다. 🔑 전·이·경·담·양·강

1. 전부나 일부의 이행
2. 이행의 청구
3. 경개
4. 담보의 제공
5. 취소할 수 있는 행위로 취득한 권리의 전부나 일부의 양도
6. 강제집행

---

21 민법상 기간에 관한 설명으로 옳지 않은 것은?(다툼이 있으면 판례에 따름)

① 연령계산에는 출생일을 산입한다.

② 기간의 초일(初日)이 공휴일에 해당한 때에는 기간은 그 익일부터 기산한다.

③ 기간을 시, 분, 초로 정한 때에는 즉시로부터 기산한다.

④ 기간을 주, 월 또는 연으로 정한 때에는 역(曆)에 의하여 계산한다.

⑤ 기간을 일, 주, 월로 정한 때에는 그 기간이 오전 영(零)시로부터 시작하는 때가 아니면 기간의 초일은 산입하지 않는다.

해설 난도 ★★☆

② (×) '기간의 말일이 토요일 또는 공휴일에 해당한 때에는 기간은 그 익일로 만료한다'는 민법 제161조는 기간의 초일이 공휴일인 경우에는 적용되지 아니한다.

① (○) 연령계산에는 출생일을 산입한다(민법 제158조).

③ (○) 기간을 시, 분, 초로 정한 때에는 즉시로부터 기산한다(민법 제156조).

④ (○) 기간을 주, 월 또는 연으로 정한 때에는 역에 의하여 계산한다(민법 제160조 제1항).

⑤ (○) 기간을 일, 주, 월 또는 연으로 정한 때에는 기간의 초일은 산입하지 아니한다. 그러나 그 기간이 오전 영시로부터 시작하는 때에는 그러하지 아니하다(민법 제157조).

22 소멸시효와 제척기간에 관한 설명으로 옳은 것은? (다툼이 있으면 판례에 따름)

① 소멸시효가 완성되면 그 기간이 경과한 때부터 장래에 향하여 권리가 소멸하지만, 제척기간이 완성되면 그 기산일에 소급하여 권리가 소멸한다.

② 소멸시효는 그 성질상 기간의 중단이 있을 수 없지만, 제척기간은 권리자의 청구가 있으면 기간이 중단된다.

③ 소멸시효가 완성된 이후 그 이익을 포기하는 것은 원칙적으로 인정되지만, 제척기간은 그 포기가 인정되지 않는다.

④ 소멸시효완성에 의한 권리소멸은 법원의 직권조사사항이지만, 제척기간에 의한 권리의 소멸은 원용권자가 이를 주장하여야 한다.

⑤ 매도인의 하자담보책임에 기한 매수인의 손해배상청구권과 같이 청구권에 관하여 제척기간을 정하고 있는 경우에는 제척기간이 적용되므로 소멸시효는 당연히 적용될 수 없다.

해설 난도 ★★☆

③ (○) 소멸시효의 이익을 포기하는 것은 가능하지만(민법 제184조 제1항), 제척기간의 경우에는 기간의 경과로 권리가 당연히 소멸하므로 포기가 인정되지 아니한다.

① (×) 소멸시효가 완성되면 그 기산일에 소급하여 권리소멸의 효과가 생기지만(민법 제167조), 제척기간이 완성되면 기간이 경과한 때부터 장래를 향하여 권리가 소멸하여 법률관계가 확정된다.

② (×) 제척기간에 있어서는 소멸시효와 같이 기간의 중단이 있을 수 없다(대판 2003.1.10. 2000다26425).

④ (×) 소멸시효완성에 의한 권리의 소멸은 시효원용권자가 시효원용사실을 원용한 경우에 비로소 고려되는 항변사항이지만 제척기간에 의한 권리의 소멸은 당사자가 주장하지 않아도 법원이 직권으로 고려해야 하는 직권조사사항이다.

⑤ (×) 매도인에 대한 하자담보에 기한 손해배상청구권에 대하여는 민법 제582조의 제척기간이 적용되고, 이는 법률관계의 조속한 안정을 도모하고자 하는 데에 취지가 있다. 그런데 하자담보에 기한 매수인의 손해배상청구권은 권리의 내용·성질 및 취지에 비추어 민법 제162조 제1항의 채권 소멸시효의 규정이 적용되고, 민법 제582조의 제척기간 규정으로 인하여 소멸시효 규정의 적용이 배제된다고 볼 수 없으며, 이때 다른 특별한 사정이 없는 한 무엇보다도 매수인이 매매 목적물을 인도받은 때부터 소멸시효가 진행한다고 해석함이 타당하다(대판 2011.10.13. 2011다10266).

23 민법상 1년의 소멸시효기간의 적용을 받는 채권이 아닌 것은?

① 음식점의 음식대금채권

② 여관의 숙박대금채권

③ 판결에 의하여 확정된 채권

④ 의복 등 동산의 사용료 채권

⑤ 연예인의 임금채권

해설 난도 ★☆☆

① 음식점의 음식대금채권(민법 제164조 제1호), ② 여관의 숙박대금채권(민법 제164조 제1호), ④ 의복 등 동산의 사용료 채권(민법 제164조 제2호), ⑤ 연예인의 임금채권(민법 제164조 제3호)은 1년의 단기소멸시효기간이 적용되는 채권에 해당하나, ③ 판결에 의하여 확정된 채권은 단기의 소멸시효에 해당한 것이라도 10년의 소멸시효기간이 적용된다(민법 제165조 제1항).

24 甲이 자신 소유의 X토지를 乙에게 매도하고, 乙은 甲에게 매매대금을 모두 지급하였다. 甲과 乙이 행사하는 다음 등기청구권 중 소멸시효가 진행되는 경우를 모두 고른 것은? (다툼이 있으면 판례에 따름)

> ㄱ. 乙이 甲을 상대로 위 매매계약에 기하여 X토지에 대해 소유권이전등기청구권을 행사하는 경우
> ㄴ. 乙이 위 매매계약에 기하여 甲으로부터 X토지를 인도받아 사용·수익하고 있으나, 아직 甲의 명의로 소유권이전등기가 남아 있어 甲을 상대로 X토지에 대해 소유권이전등기청구권을 행사하는 경우
> ㄷ. 乙이 위 매매계약에 기하여 甲으로부터 X토지에 대해 소유권이전등기를 경료받았으나, 이후 甲과 乙의 매매계약이 적법하게 취소되어 甲이 乙을 상대로 소유권에 기한 말소등기청구권을 행사하는 경우

① ㄱ
② ㄴ
③ ㄱ, ㄷ
④ ㄴ, ㄷ
⑤ ㄱ, ㄴ, ㄷ

해설 난도 ★☆☆

ㄱ (○), ㄴ (×) 판례의 취지를 고려할 때 <u>乙이 甲의 X토지를 매수하여 소유권이전등기청구권을 행사하는 경우에는 소멸시효가 진행되어 10년의 소멸시효에 걸리지만, 매수인 乙이 甲으로부터 X토지를 인도받아 사용·수익하고 있어 甲을 상대로 소유권이전등기청구권을 행사하는 경우라면 그 소멸시효는 진행하지 아니한다고 보는 것이 타당하다.</u>

ㄷ (×) 甲과 乙의 매매계약이 적법하게 취소되었다면 X토지의 소유권은 甲에게 복귀하게 되므로(물권행위의 유인성) 소유권에 기한 물권적 청구권은 소멸시효의 대상이 되지 아니한다는 판례의 취지를 고려할 때 甲이 乙을 상대로 소유권에 기한 말소등기청구권을 행사하는 경우에는 소멸시효는 진행하지 아니한다고 보는 것이 타당하다.

25 甲이 자신 소유의 X토지를 乙에게 매도하면서 乙의 매매대금의 지급과 동시에 乙 앞으로 소유권이 전등기를 마쳐주기로 약정하였다. 이에 관한 설명으로 옳지 않은 것은?(다툼이 있으면 판례에 따름)

① 甲과 乙이 소유권이전등기와 매매대금의 지급을 이행하였으나 위 매매계약이 통정허위표시로 무효인 경우, 특별한 사정이 없는 한 甲이 지급받은 매매대금과 乙명의로 마쳐진 소유권등기를 각각 부당이득으로 반환청구할 수 있다.

② 甲과 乙의 매매계약이 甲이 미성년자임을 이유로 적법하게 취소된 경우, 甲은 특별한 사정이 없는 한 이익이 현존하는 한도에서 상환할 책임이 있다.

③ 甲이 乙의 매매대금지급 불이행을 이유로 매매계약을 적법하게 해제한 경우, 乙은 계약해제에 따른 손해배상책임을 면하기 위해 착오를 이유로 그 매매계약을 취소할 수 없다.

④ 甲과 乙이 각각 소유권이전등기와 매매대금의 지급을 이행한 이후, 乙이 甲의 사기를 이유로 위 매매계약을 적법하게 취소한 경우, 甲의 매매대금반환과 乙의 소유권이전등기말소는 특별한 사정이 없는 한 동시에 이행되어야 한다.

⑤ 甲과 乙의 매매계약이 관련 법령에 따라 관할청의 허가를 받아야 함에도 아직 토지거래허가를 받지 않아 유동적 무효 상태인 경우, 乙은 甲에게 계약의 무효를 주장하여 이미 지급한 계약금의 반환을 부당이득으로 청구할 수 없다.

해설 난도 ★★☆

③ (×) 甲이 乙의 매매대금 지급불이행을 이유로 X토지에 대한 매매계약을 적법하게 해제한 경우, 乙은 매매계약의 해제에 따른 손해배상책임을 면하기 위해 착오를 이유로 한 취소권을 행사하여 매매계약 전체를 무효로 돌리게 할 수 있다(대판 1996.12.6. 95다24982).

① (○) 甲과 乙 사이의 토지에 대한 매매계약이 통정허위표시로 무효인 경우 그 법률관계는 부당이득반환의 법리에 의하여 정리된다. 즉, 甲과 乙은 상대방에 대하여 乙명의로 마쳐진 소유권등기와 甲이 지급받은 매매대금을 각각 부당이득으로 반환청구할 수 있다.

② (○) 甲과 乙의 매매계약이 甲이 미성년자임을 이유로 적법하게 취소된 경우, 미성년자인 甲은 민법 제748조 제2항에 대한 특칙으로서 그 이익이 현존하는 한도 내에서 상환할 책임이 있다(민법 제141조 단서).

Plus One

무능력자의 책임을 제한하는 민법 제141조 단서는 부당이득에 있어 수익자의 반환범위를 정한 민법 제748조의 특칙으로서 무능력자의 보호를 위해 그 선의·악의를 묻지 아니하고 반환범위를 현존이익에 한정시키려는 데 그 취지가 있으므로, 의사능력의 흠결을 이유로 법률행위가 무효가 되는 경우에도 유추적용되어야 할 것이나, 법률상 원인 없이 타인의 재산 또는 노무로 인하여 이익을 얻고 그로 인하여 타인에게 손해를 가한 경우에 그 취득한 것이 금전상의 이득인 때에는 그 금전은 이를 취득한 자가 소비하였는가의 여부를 불문하고 현존하는 것으로 추정되므로, 위 이익이 현존하지 아니함은 이를 주장하는 자, 즉 의사무능력자 측에 입증책임이 있다(대판 2009.1.15. 2008다58367).

④ (○) 乙이 甲의 사기를 이유로 위 매매계약을 적법하게 취소한 경우 X토지에 대한 매매계약은 소급하여 무효가 되므로 당해 매매계약에 의하여 행하여진 급부는 부당이득반환의 법리에 의하여 반환되어야 하며 甲의 매매대금반환과 乙의 소유권이전등기말소는 특별한 사정이 없는 한 동시에 이행되어야 한다(대판 1993.8.13. 93다5871).

⑤ (○) 甲과 乙의 X토지에 대한 매매계약이 관련 법령에 따라 관할청의 허가를 받아야 함에도 아직 토지거래허가를 받지 않아 유동적 무효 상태인 경우, 당사자 사이에 있어서는 그 계약이 효력 있는 것으로 완성될 수 있도록 서로 협력할 의무가 있어 계약의 당사자인 甲과 乙은 공동으로 관할청의 허가를 신청할 의무가 있으므로 乙은 甲에게 계약의 무효를 주장하여 이미 지급한 계약금의 반환을 부당이득으로 청구할 수 없다(대판 1993.6.22. 91다21435).

민법전 : 제1편 총칙

민법

[시행 2021.1.26.] [법률 제17905호, 2021.1.26., 일부개정]

제1편 총칙

제1장 통칙

제1조 법원

민사에 관하여 법률에 규정이 없으면 관습법에 의하고 관습법이 없으면 조리에 의한다.

제2조 신의성실

① 권리의 행사와 의무의 이행은 신의에 좇아 성실히 하여야 한다.
② 권리는 남용하지 못한다.

제2장 인

제1절 능력

제3조 권리능력의 존속기간

사람은 생존한 동안 권리와 의무의 주체가 된다.

제4조 성년

사람은 19세로 성년에 이르게 된다.
[전문개정 2011.3.7.]

제5조   미성년자의 능력

① 미성년자가 법률행위를 함에는 법정대리인의 동의를 얻어야 한다. 그러나 권리만을 얻거나 의무만을 면하는 행위는 그러하지 아니하다.
② 전항의 규정에 위반한 행위는 취소할 수 있다.

제6조   처분을 허락한 재산

법정대리인이 범위를 정하여 처분을 허락한 재산은 미성년자가 임의로 처분할 수 있다.

제7조   동의와 허락의 취소

법정대리인은 미성년자가 아직 법률행위를 하기 전에는 전2조의 동의와 허락을 취소할 수 있다.

제8조   영업의 허락

① 미성년자가 법정대리인으로부터 허락을 얻은 특정한 영업에 관하여는 성년자와 동일한 행위능력이 있다.
② 법정대리인은 전항의 허락을 취소 또는 제한할 수 있다. 그러나 선의의 제3자에게 대항하지 못한다.

제9조   성년후견개시의 심판

① 가정법원은 질병, 장애, 노령, 그 밖의 사유로 인한 정신적 제약으로 사무를 처리할 능력이 지속적으로 결여된 사람에 대하여 본인, 배우자, 4촌 이내의 친족, 미성년후견인, 미성년후견감독인, 한정후견인, 한정후견감독인, 특정후견인, 특정후견감독인, 검사 또는 지방자치단체의 장의 청구에 의하여 성년후견개시의 심판을 한다.
② 가정법원은 성년후견개시의 심판을 할 때 본인의 의사를 고려하여야 한다.
[전문개정 2011.3.7.]

제10조   피성년후견인의 행위와 취소

① 피성년후견인의 법률행위는 취소할 수 있다.
② 제1항에도 불구하고 가정법원은 취소할 수 없는 피성년후견인의 법률행위의 범위를 정할 수 있다.
③ 가정법원은 본인, 배우자, 4촌 이내의 친족, 성년후견인, 성년후견감독인, 검사 또는 지방자치단체의 장의 청구에 의하여 제2항의 범위를 변경할 수 있다.
④ 제1항에도 불구하고 일용품의 구입 등 일상생활에 필요하고 그 대가가 과도하지 아니한 법률행위는 성년후견인이 취소할 수 없다.
[전문개정 2011.3.7.]

제11조   성년후견종료의 심판

성년후견개시의 원인이 소멸된 경우에는 가정법원은 본인, 배우자, 4촌 이내의 친족, 성년후견인, 성년후견감독인, 검사 또는 지방자치단체의 장의 청구에 의하여 성년후견종료의 심판을 한다.
[전문개정 2011.3.7.]

제12조 한정후견개시의 심판

① 가정법원은 질병, 장애, 노령, 그 밖의 사유로 인한 정신적 제약으로 사무를 처리할 능력이 부족한 사람에 대하여 본인, 배우자, 4촌 이내의 친족, 미성년후견인, 미성년후견감독인, 성년후견인, 성년후견감독인, 특정후견인, 특정후견감독인, 검사 또는 지방자치단체의 장의 청구에 의하여 한정후견개시의 심판을 한다.
② 한정후견개시의 경우에 제9조 제2항을 준용한다.
[전문개정 2011.3.7.]

제13조 피한정후견인의 행위와 동의

① 가정법원은 피한정후견인이 한정후견인의 동의를 받아야 하는 행위의 범위를 정할 수 있다.
② 가정법원은 본인, 배우자, 4촌 이내의 친족, 한정후견인, 한정후견감독인, 검사 또는 지방자치단체의 장의 청구에 의하여 제1항에 따른 한정후견인의 동의를 받아야만 할 수 있는 행위의 범위를 변경할 수 있다.
③ 한정후견인의 동의를 필요로 하는 행위에 대하여 한정후견인이 피한정후견인의 이익이 침해될 염려가 있음에도 그 동의를 하지 아니하는 때에는 가정법원은 피한정후견인의 청구에 의하여 한정후견인의 동의를 갈음하는 허가를 할 수 있다.
④ 한정후견인의 동의가 필요한 법률행위를 피한정후견인이 한정후견인의 동의 없이 하였을 때에는 그 법률행위를 취소할 수 있다. 다만, 일용품의 구입 등 일상생활에 필요하고 그 대가가 과도하지 아니한 법률행위에 대하여는 그러하지 아니하다.
[전문개정 2011.3.7.]

제14조 한정후견종료의 심판

한정후견개시의 원인이 소멸된 경우에는 가정법원은 본인, 배우자, 4촌 이내의 친족, 한정후견인, 한정후견감독인, 검사 또는 지방자치단체의 장의 청구에 의하여 한정후견종료의 심판을 한다.
[전문개정 2011.3.7.]

제14조의2 특정후견의 심판

① 가정법원은 질병, 장애, 노령, 그 밖의 사유로 인한 정신적 제약으로 일시적 후원 또는 특정한 사무에 관한 후원이 필요한 사람에 대하여 본인, 배우자, 4촌 이내의 친족, 미성년후견인, 미성년후견감독인, 검사 또는 지방자치단체의 장의 청구에 의하여 특정후견의 심판을 한다.
② 특정후견은 본인의 의사에 반하여 할 수 없다.
③ 특정후견의 심판을 하는 경우에는 특정후견의 기간 또는 사무의 범위를 정하여야 한다.
[본조신설 2011.3.7.]

제14조의3 심판 사이의 관계

① 가정법원이 피한정후견인 또는 피특정후견인에 대하여 성년후견개시의 심판을 할 때에는 종전의 한정후견 또는 특정후견의 종료 심판을 한다.

② 가정법원이 피성년후견인 또는 피특정후견인에 대하여 한정후견개시의 심판을 할 때에는 종전의 성년후견 또는 특정후견의 종료 심판을 한다.

[본조신설 2011.3.7.]

제15조 제한능력자의 상대방의 확답을 촉구할 권리

① 제한능력자의 상대방은 제한능력자가 능력자가 된 후에 그에게 1개월 이상의 기간을 정하여 그 취소할 수 있는 행위를 추인할 것인지 여부의 확답을 촉구할 수 있다. 능력자로 된 사람이 그 기간 내에 확답을 발송하지 아니하면 그 행위를 추인한 것으로 본다.
② 제한능력자가 아직 능력자가 되지 못한 경우에는 그의 법정대리인에게 제1항의 촉구를 할 수 있고, 법정대리인이 그 정하여진 기간 내에 확답을 발송하지 아니한 경우에는 그 행위를 추인한 것으로 본다.
③ 특별한 절차가 필요한 행위는 그 정하여진 기간 내에 그 절차를 밟은 확답을 발송하지 아니하면 취소한 것으로 본다.

[전문개정 2011.3.7.]

제16조 제한능력자의 상대방의 철회권과 거절권

① 제한능력자가 맺은 계약은 추인이 있을 때까지 상대방이 그 의사표시를 철회할 수 있다. 다만, 상대방이 계약 당시에 제한능력자임을 알았을 경우에는 그러하지 아니하다.
② 제한능력자의 단독행위는 추인이 있을 때까지 상대방이 거절할 수 있다.
③ 제1항의 철회나 제2항의 거절의 의사표시는 제한능력자에게도 할 수 있다.

[전문개정 2011.3.7.]

제17조 제한능력자의 속임수

① 제한능력자가 속임수로써 자기를 능력자로 믿게 한 경우에는 그 행위를 취소할 수 없다.
② 미성년자나 피한정후견인이 속임수로써 법정대리인의 동의가 있는 것으로 믿게 한 경우에도 제1항과 같다.

[전문개정 2011.3.7.]

제2절 주소

제18조 주소

① 생활의 근거되는 곳을 주소로 한다.
② 주소는 동시에 두 곳 이상 있을 수 있다.

제19조 거소

주소를 알 수 없으면 거소를 주소로 본다.

제20조 **거소**

국내에 주소없는 자에 대하여는 국내에 있는 거소를 주소로 본다.

제21조 **가주소**

어느 행위에 있어서 가주소를 정한 때에는 그 행위에 관하여는 이를 주소로 본다.

제3절 **부재와 실종**

제22조 **부재자의 재산의 관리**

① 종래의 주소나 거소를 떠난 자가 재산관리인을 정하지 아니한 때에는 법원은 이해관계인이나 검사의 청구에 의하여 재산관리에 관하여 필요한 처분을 명하여야 한다. 본인의 부재 중 재산관리인의 권한이 소멸한 때에도 같다.
② 본인이 그 후에 재산관리인을 정한 때에는 법원은 본인, 재산관리인, 이해관계인 또는 검사의 청구에 의하여 전항의 명령을 취소하여야 한다.

제23조 **관리인의 개임**

부재자가 재산관리인을 정한 경우에 부재자의 생사가 분명하지 아니한 때에는 법원은 재산관리인, 이해관계인 또는 검사의 청구에 의하여 재산관리인을 개임할 수 있다.

제24조 **관리인의 직무**

① 법원이 선임한 재산관리인은 관리할 재산목록을 작성하여야 한다.
② 법원은 그 선임한 재산관리인에 대하여 부재자의 재산을 보존하기 위하여 필요한 처분을 명할 수 있다.
③ 부재자의 생사가 분명하지 아니한 경우에 이해관계인이나 검사의 청구가 있는 때에는 법원은 부재자가 정한 재산관리인에게 전2항의 처분을 명할 수 있다.
④ 전3항의 경우에 그 비용은 부재자의 재산으로써 지급한다.

제25조 **관리인의 권한**

법원이 선임한 재산관리인이 제118조에 규정한 권한을 넘는 행위를 함에는 법원의 허가를 얻어야 한다. 부재자의 생사가 분명하지 아니한 경우에 부재자가 정한 재산관리인이 권한을 넘는 행위를 할 때에도 같다.

제26조 **관리인의 담보제공, 보수**

① 법원은 그 선임한 재산관리인으로 하여금 재산의 관리 및 반환에 관하여 상당한 담보를 제공하게 할 수 있다.
② 법원은 그 선임한 재산관리인에 대하여 부재자의 재산으로 상당한 보수를 지급할 수 있다.
③ 전2항의 규정은 부재자의 생사가 분명하지 아니한 경우에 부재자가 정한 재산관리인에 준용한다.

제27조　실종의 선고

① 부재자의 생사가 5년간 분명하지 아니한 때에는 법원은 이해관계인이나 검사의 청구에 의하여 실종선고를 하여야 한다.

② 전지에 임한 자, 침몰한 선박 중에 있던 자, 추락한 항공기 중에 있던 자 기타 사망의 원인이 될 위난을 당한 자의 생사가 전쟁종지 후 또는 선박의 침몰, 항공기의 추락 기타 위난이 종료한 후 1년간 분명하지 아니한 때에도 제1항과 같다. 〈개정 1984.4.10.〉

제28조　실종선고의 효과

실종선고를 받은 자는 전조의 기간이 만료한 때에 사망한 것으로 본다.

제29조　실종선고의 취소

① 실종자의 생존한 사실 또는 전조의 규정과 상이한 때에 사망한 사실의 증명이 있으면 법원은 본인, 이해관계인 또는 검사의 청구에 의하여 실종선고를 취소하여야 한다. 그러나 실종선고 후 그 취소 전에 선의로 한 행위의 효력에 영향을 미치지 아니한다.

② 실종선고의 취소가 있을 때에 실종의 선고를 직접원인으로 하여 재산을 취득한 자가 선의인 경우에는 그 받은 이익이 현존하는 한도에서 반환할 의무가 있고 악의인 경우에는 그 받은 이익에 이자를 붙여서 반환하고 손해가 있으면 이를 배상하여야 한다.

제30조　동시사망

2인 이상이 동일한 위난으로 사망한 경우에는 동시에 사망한 것으로 추정한다.

제3장　법인

제1절　총칙

제31조　법인성립의 준칙

법인은 법률의 규정에 의함이 아니면 성립하지 못한다.

제32조　비영리법인의 설립과 허가

학술, 종교, 자선, 기예, 사교 기타 영리 아닌 사업을 목적으로 하는 사단 또는 재단은 주무관청의 허가를 얻어 이를 법인으로 할 수 있다.

제33조　법인설립의 등기

법인은 그 주된 사무소의 소재지에서 설립등기를 함으로써 성립한다.

제34조 법인의 권리능력

법인은 법률의 규정에 좇아 정관으로 정한 목적의 범위 내에서 권리와 의무의 주체가 된다.

제35조 법인의 불법행위능력

① 법인은 이사 기타 대표자가 그 직무에 관하여 타인에게 가한 손해를 배상할 책임이 있다. 이사 기타 대표자는 이로 인하여 자기의 손해배상책임을 면하지 못한다.
② 법인의 목적범위외의 행위로 인하여 타인에게 손해를 가한 때에는 그 사항의 의결에 찬성하거나 그 의결을 집행한 사원, 이사 및 기타 대표자가 연대하여 배상하여야 한다.

제36조 법인의 주소

법인의 주소는 그 주된 사무소의 소재지에 있는 것으로 한다.

제37조 법인의 사무의 검사, 감독

법인의 사무는 주무관청이 검사, 감독한다.

제38조 법인의 설립허가의 취소

법인이 목적 이외의 사업을 하거나 설립허가의 조건에 위반하거나 기타 공익을 해하는 행위를 한 때에는 주무관청은 그 허가를 취소할 수 있다.

제39조 영리법인

① 영리를 목적으로 하는 사단은 상사회사설립의 조건에 좇아 이를 법인으로 할 수 있다.
② 전항의 사단법인에는 모두 상사회사에 관한 규정을 준용한다.

제2절 설립

제40조 사단법인의 정관

사단법인의 설립자는 다음 각 호의 사항을 기재한 정관을 작성하여 기명날인하여야 한다.
 1. 목적
 2. 명칭
 3. 사무소의 소재지
 4. 자산에 관한 규정
 5. 이사의 임면에 관한 규정
 6. 사원자격의 득실에 관한 규정
 7. 존립시기나 해산사유를 정하는 때에는 그 시기 또는 사유

제41조 이사의 대표권에 대한 제한

이사의 대표권에 대한 제한은 이를 정관에 기재하지 아니하면 그 효력이 없다.

제42조 사단법인의 정관의 변경

① 사단법인의 정관은 총사원 3분의 2 이상의 동의가 있는 때에 한하여 이를 변경할 수 있다. 그러나 정수에
   관하여 정관에 다른 규정이 있는 때에는 그 규정에 의한다.
② 정관의 변경은 주무관청의 허가를 얻지 아니하면 그 효력이 없다.

제43조 재단법인의 정관

재단법인의 설립자는 일정한 재산을 출연하고 제40조 제1호 내지 제5호의 사항을 기재한 정관을 작성하여
기명날인하여야 한다.

제44조 재단법인의 정관의 보충

재단법인의 설립자가 그 명칭, 사무소소재지 또는 이사임면의 방법을 정하지 아니하고 사망한 때에는 이해관
계인 또는 검사의 청구에 의하여 법원이 이를 정한다.

제45조 재단법인의 정관변경

① 재단법인의 정관은 그 변경방법을 정관에 정한 때에 한하여 변경할 수 있다.
② 재단법인의 목적달성 또는 그 재산의 보전을 위하여 적당한 때에는 전항의 규정에 불구하고 명칭 또는
   사무소의 소재지를 변경할 수 있다.
③ 제42조 제2항의 규정은 전2항의 경우에 준용한다.

제46조 재단법인의 목적 기타의 변경

재단법인의 목적을 달성할 수 없는 때에는 설립자나 이사는 주무관청의 허가를 얻어 설립의 취지를 참작하여
그 목적 기타 정관의 규정을 변경할 수 있다.

제47조 증여, 유증에 관한 규정의 준용

① 생전처분으로 재단법인을 설립하는 때에는 증여에 관한 규정을 준용한다.
② 유언으로 재단법인을 설립하는 때에는 유증에 관한 규정을 준용한다.

제48조 출연재산의 귀속시기

① 생전처분으로 재단법인을 설립하는 때에는 출연재산은 법인이 성립된 때로부터 법인의 재산이 된다.
② 유언으로 재단법인을 설립하는 때에는 출연재산은 유언의 효력이 발생한 때로부터 법인에 귀속한 것으로
   본다.

제49조   법인의 등기사항

① 법인설립의 허가가 있는 때에는 3주간 내에 주된 사무소소재지에서 설립등기를 하여야 한다.
② 전항의 등기사항은 다음과 같다.
   1. 목적
   2. 명칭
   3. 사무소
   4. 설립허가의 연월일
   5. 존립시기나 해산이유를 정한 때에는 그 시기 또는 사유
   6. 자산의 총액
   7. 출자의 방법을 정한 때에는 그 방법
   8. 이사의 성명, 주소
   9. 이사의 대표권을 제한한 때에는 그 제한

제50조   분사무소설치의 등기

① 법인이 분사무소를 설치한 때에는 주사무소소재지에서는 3주간 내에 분사무소를 설치한 것을 등기하고 그 분사무소소재지에서는 동기간 내에 전조 제2항의 사항을 등기하고 다른 분사무소소재지에서는 동기간 내에 그 분사무소를 설치한 것을 등기하여야 한다.
② 주사무소 또는 분사무소의 소재지를 관할하는 등기소의 관할구역 내에 분사무소를 설치한 때에는 전항의 기간 내에 그 사무소를 설치한 것을 등기하면 된다.

제51조   사무소이전의 등기

① 법인이 그 사무소를 이전하는 때에는 구소재지에서는 3주간 내에 이전등기를 하고 신소재지에서는 동기간 내에 제49조 제2항에 게기한 사항을 등기하여야 한다.
② 동일한 등기소의 관할구역 내에서 사무소를 이전한 때에는 그 이전한 것을 등기하면 된다.

제52조   변경등기

제49조 제2항의 사항 중에 변경이 있는 때에는 3주간 내에 변경등기를 하여야 한다.

제52조의2   직무집행정지 등 가처분의 등기

이사의 직무집행을 정지하거나 직무대행자를 선임하는 가처분을 하거나 그 가처분을 변경·취소하는 경우에는 주사무소와 분사무소가 있는 곳의 등기소에서 이를 등기하여야 한다.
[본조신설 2001.12.29.]

제53조   등기기간의 기산

전3조의 규정에 의하여 등기할 사항으로 관청의 허가를 요하는 것은 그 허가서가 도착한 날로부터 등기의 기간을 기산한다.

제54조   설립등기 이외의 등기의 효력과 등기사항의 공고

① 설립등기 이외의 본절의 등기사항은 그 등기 후가 아니면 제3에게 대항하지 못한다.
② 등기한 사항은 법원이 지체 없이 공고하여야 한다.

제55조   재산목록과 사원명부

① 법인은 성립한 때 및 매년 3월 내에 재산목록을 작성하여 사무소에 비치하여야 한다. 사업연도를 정한
  법인은 성립한 때 및 그 연도말에 이를 작성하여야 한다.
② 사단법인은 사원명부를 비치하고 사원의 변경이 있는 때에는 이를 기재하여야 한다.

제56조   사원권의 양도, 상속금지

사단법인의 사원의 지위는 양도 또는 상속할 수 없다.

제3절   기관

제57조   이사

법인은 이사를 두어야 한다.

제58조   이사의 사무집행

① 이사는 법인의 사무를 집행한다.
② 이사가 수인인 경우에는 정관에 다른 규정이 없으면 법인의 사무집행은 이사의 과반수로써 결정한다.

제59조   이사의 대표권

① 이사는 법인의 사무에 관하여 각자 법인을 대표한다. 그러나 정관에 규정한 취지에 위반할 수 없고 특히
  사단법인은 총회의 의결에 의하여야 한다.
② 법인의 대표에 관하여는 대리에 관한 규정을 준용한다.

제60조   이사의 대표권에 대한 제한의 대항요건

이사의 대표권에 대한 제한은 등기하지 아니하면 제3에게 대항하지 못한다.

제60조의2   직무대행자의 권한

① 제52조의2의 직무대행자는 가처분명령에 다른 정함이 있는 경우 외에는 법인의 통상사무에 속하지 아니한
  행위를 하지 못한다. 다만, 법원의 허가를 얻은 경우에는 그러하지 아니하다.
② 직무대행자가 제1항의 규정에 위반한 행위를 한 경우에도 법인은 선의의 제3자에 대하여 책임을 진다.
[본조신설 2001.12.29.]

제61조 　이사의 주의의무

이사는 선량한 관리자의 주의로 그 직무를 행하여야 한다.

제62조 　이사의 대리인 선임

이사는 정관 또는 총회의 결의로 금지하지 아니한 사항에 한하여 타인으로 하여금 특정한 행위를 대리하게 할 수 있다.

제63조 　임시이사의 선임

이사가 없거나 결원이 있는 경우에 이로 인하여 손해가 생길 염려 있는 때에는 법원은 이해관계인이나 검사의 청구에 의하여 임시이사를 선임하여야 한다.

제64조 　특별대리인의 선임

법인과 이사의 이익이 상반하는 사항에 관하여는 이사는 대표권이 없다. 이 경우에는 전조의 규정에 의하여 특별대리인을 선임하여야 한다.

제65조 　이사의 임무해태

이사가 그 임무를 해태한 때에는 그 이사는 법인에 대하여 연대하여 손해배상의 책임이 있다.

제66조 　감사

법인은 정관 또는 총회의 결의로 감사를 둘 수 있다.

제67조 　감사의 직무

감사의 직무는 다음과 같다.
1. 법인의 재산상황을 감사하는 일
2. 이사의 업무집행의 상황을 감사하는 일
3. 재산상황 또는 업무집행에 관하여 부정, 불비한 것이 있음을 발견한 때에는 이를 총회 또는 주무관청에 보고하는 일
4. 전호의 보고를 하기 위하여 필요있는 때에는 총회를 소집하는 일

제68조 　총회의 권한

사단법인의 사무는 정관으로 이사 또는 기타 임원에게 위임한 사항 외에는 총회의 결의에 의하여야 한다.

제69조 　통상총회

사단법인의 이사는 매년 1회 이상 통상총회를 소집하여야 한다.

제70조 임시총회

① 사단법인의 이사는 필요하다고 인정한 때에는 임시총회를 소집할 수 있다.

② 총사원의 5분의 1 이상으로부터 회의의 목적사항을 제시하여 청구한 때에는 이사는 임시총회를 소집하여야 한다. 이 정수는 정관으로 증감할 수 있다.

③ 전항의 청구있는 후 2주간 내에 이사가 총회소집의 절차를 밟지 아니한 때에는 청구한 사원은 법원의 허가를 얻어 이를 소집할 수 있다.

제71조 총회의 소집

총회의 소집은 1주간 전에 그 회의의 목적사항을 기재한 통지를 발하고 기타 정관에 정한 방법에 의하여야 한다.

제72조 총회의 결의사항

총회는 전조의 규정에 의하여 통지한 사항에 관하여서만 결의할 수 있다. 그러나 정관에 다른 규정이 있는 때에는 그 규정에 의한다.

제73조 사원의 결의권

① 각 사원의 결의권은 평등으로 한다.

② 사원은 서면이나 대리인으로 결의권을 행사할 수 있다.

③ 전2항의 규정은 정관에 다른 규정이 있는 때에는 적용하지 아니한다.

제74조 사원이 결의권없는 경우

사단법인과 어느 사원과의 관계사항을 의결하는 경우에는 그 사원은 결의권이 없다.

제75조 총회의 결의방법

① 총회의 결의는 본법 또는 정관에 다른 규정이 없으면 사원 과반수의 출석과 출석사원의 결의권의 과반수로써 한다.

② 제73조 제2항의 경우에는 당해사원은 출석한 것으로 한다.

제76조 총회의 의사록

① 총회의 의사에 관하여는 의사록을 작성하여야 한다.

② 의사록에는 의사의 경과, 요령 및 결과를 기재하고 의장 및 출석한 이사가 기명날인하여야 한다.

③ 이사는 의사록을 주된 사무소에 비치하여야 한다.

제4절 해산

제77조 해산사유

① 법인은 존립기간의 만료, 법인의 목적의 달성 또는 달성의 불능 기타 정관에 정한 해산사유의 발생, 파산 또는 설립허가의 취소로 해산한다.
② 사단법인은 사원이 없게 되거나 총회의 결의로도 해산한다.

제78조 사단법인의 해산결의

사단법인은 총사원 4분의 3 이상의 동의가 없으면 해산을 결의하지 못한다. 그러나 정관에 다른 규정이 있는 때에는 그 규정에 의한다.

제79조 파산신청

법인이 채무를 완제하지 못하게 된 때에는 이사는 지체 없이 파산신청을 하여야 한다.

제80조 잔여재산의 귀속

① 해산한 법인의 재산은 정관으로 지정한 자에게 귀속한다.
② 정관으로 귀속권리자를 지정하지 아니하거나 이를 지정하는 방법을 정하지 아니한 때에는 이사 또는 청산인은 주무관청의 허가를 얻어 그 법인의 목적에 유사한 목적을 위하여 그 재산을 처분할 수 있다. 그러나 사단법인에 있어서는 총회의 결의가 있어야 한다.
③ 전2항의 규정에 의하여 처분되지 아니한 재산은 국고에 귀속한다.

제81조 청산법인

해산한 법인은 청산의 목적범위 내에서만 권리가 있고 의무를 부담한다.

제82조 청산인

법인이 해산한 때에는 파산의 경우를 제하고는 이사가 청산인이 된다. 그러나 정관 또는 총회의 결의로 달리 정한 바가 있으면 그에 의한다.

제83조 법원에 의한 청산인의 선임

전조의 규정에 의하여 청산인이 될 자가 없거나 청산인의 결원으로 인하여 손해가 생길 염려가 있는 때에는 법원은 직권 또는 이해관계인이나 검사의 청구에 의하여 청산인을 선임할 수 있다.

제84조 법원에 의한 청산인의 해임

중요한 사유가 있는 때에는 법원은 직권 또는 이해관계인이나 검사의 청구에 의하여 청산인을 해임할 수 있다.

제85조　해산등기

① 청산인은 파산의 경우를 제하고는 그 취임 후 3주간 내에 해산의 사유 및 연월일, 청산인의 성명 및 주소와 청산인의 대표권을 제한한 때에는 그 제한을 주된 사무소 및 분사무소소재지에서 등기하여야 한다.
② 제52조의 규정은 전항의 등기에 준용한다.

제86조　해산신고

① 청산인은 파산의 경우를 제하고는 그 취임 후 3주간 내에 전조 제1항의 사항을 주무관청에 신고하여야 한다.
② 청산 중에 취임한 청산인은 그 성명 및 주소를 신고하면 된다.

제87조　청산인의 직무

① 청산인의 직무는 다음과 같다.
　　1. 현존사무의 종결
　　2. 채권의 추심 및 채무의 변제
　　3. 잔여재산의 인도
② 청산인은 전항의 직무를 행하기 위하여 필요한 모든 행위를 할 수 있다.

제88조　채권신고의 공고

① 청산인은 취임한 날로부터 2월 내에 3회 이상의 공고로 채권자에 대하여 일정한 기간 내에 그 채권을 신고할 것을 최고하여야 한다. 그 기간은 2월 이상이어야 한다.
② 전항의 공고에는 채권자가 기간 내에 신고하지 아니하면 청산으로부터 제외될 것을 표시하여야 한다.
③ 제1항의 공고는 법원의 등기사항의 공고와 동일한 방법으로 하여야 한다.

제89조　채권신고의 최고

청산인은 알고 있는 채권자에게 대하여는 각각 그 채권신고를 최고하여야 한다. 알고 있는 채권자는 청산으로부터 제외하지 못한다.

제90조　채권신고기간 내의 변제금지

청산인은 제88조 제1항의 채권신고기간 내에는 채권자에 대하여 변제하지 못한다. 그러나 법인은 채권자에 대한 지연손해배상의 의무를 면하지 못한다.

제91조　채권변제의 특례

① 청산 중의 법인은 변제기에 이르지 아니한 채권에 대하여도 변제할 수 있다.
② 전항의 경우에는 조건 없는 채권, 존속기간의 불확정한 채권 기타 가액의 불확정한 채권에 관하여는 법원이 선임한 감정인의 평가에 의하여 변제하여야 한다.

제92조 청산으로부터 제외된 채권

청산으로부터 제외된 채권자는 법인의 채무를 완제한 후 귀속권리자에게 인도하지 아니한 재산에 대하여서만 변제를 청구할 수 있다.

제93조 청산 중의 파산

① 청산 중 법인의 재산이 그 채무를 완제하기에 부족한 것이 분명하게 된 때에는 청산인은 지체 없이 파산선고를 신청하고 이를 공고하여야 한다.
② 청산인은 파산관재인에게 그 사무를 인계함으로써 그 임무가 종료한다.
③ 제88조 제3항의 규정은 제1항의 공고에 준용한다.

제94조 청산종결의 등기와 신고

청산이 종결한 때에는 청산인은 3주간 내에 이를 등기하고 주무관청에 신고하여야 한다.

제95조 해산, 청산의 검사, 감독

법인의 해산 및 청산은 법원이 검사, 감독한다.

제96조 준용규정

제58조 제2항, 제59조 내지 제62조, 제64조, 제65조 및 제70조의 규정은 청산인에 이를 준용한다.

제5절 벌칙

제97조 벌칙

법인의 이사, 감사 또는 청산인은 다음 각 호의 경우에는 500만원 이하의 과태료에 처한다. 〈개정 2007.12.21.〉
  1. 본장에 규정한 등기를 해태한 때
  2. 제55조의 규정에 위반하거나 재산목록 또는 사원명부에 부정기재를 한 때
  3. 제37조, 제95조에 규정한 검사, 감독을 방해한 때
  4. 주무관청 또는 총회에 대하여 사실아닌 신고를 하거나 사실을 은폐한 때
  5. 제76조와 제90조의 규정에 위반한 때
  6. 제79조, 제93조의 규정에 위반하여 파산선고의 신청을 해태한 때
  7. 제88조, 제93조에 정한 공고를 해태하거나 부정한 공고를 한 때

제4장　물건

제98조　물건의 정의

본법에서 물건이라 함은 유체물 및 전기 기타 관리할 수 있는 자연력을 말한다.

제99조　부동산, 동산

① 토지 및 그 정착물은 부동산이다.
② 부동산 이외의 물건은 동산이다.

제100조　주물, 종물

① 물건의 소유자가 그 물건의 상용에 공하기 위하여 자기 소유인 다른 물건을 이에 부속하게 한 때에는 그 부속물은 종물이다.
② 종물은 주물의 처분에 따른다.

제101조　천연과실, 법정과실

① 물건의 용법에 의하여 수취하는 산출물은 천연과실이다.
② 물건의 사용대가로 받는 금전 기타의 물건은 법정과실로 한다.

제102조　과실의 취득

① 천연과실은 그 원물로부터 분리하는 때에 이를 수취할 권리자에게 속한다.
② 법정과실은 수취할 권리의 존속기간일수의 비율로 취득한다.

제5장　법률행위

제1절　총칙

제103조　반사회질서의 법률행위

선량한 풍속 기타 사회질서에 위반한 사항을 내용으로 하는 법률행위는 무효로 한다.

제104조　불공정한 법률행위

당사자의 궁박, 경솔 또는 무경험으로 인하여 현저하게 공정을 잃은 법률행위는 무효로 한다.

제105조 **임의규정**

법률행위의 당사자가 법령 중의 선량한 풍속 기타 사회질서에 관계없는 규정과 다른 의사를 표시한 때에는 그 의사에 의한다.

제106조 **사실인 관습**

법령 중의 선량한 풍속 기타 사회질서에 관계없는 규정과 다른 관습이 있는 경우에 당사자의 의사가 명확하지 아니한 때에는 그 관습에 의한다.

제2절 **의사표시**

제107조 **진의 아닌 의사표시**

① 의사표시는 표의자가 진의 아님을 알고 한 것이라도 그 효력이 있다. 그러나 상대방이 표의자의 진의 아님을 알았거나 이를 알 수 있었을 경우에는 무효로 한다.
② 전항의 의사표시의 무효는 선의의 제3자에게 대항하지 못한다.

제108조 **통정한 허위의 의사표시**

① 상대방과 통정한 허위의 의사표시는 무효로 한다.
② 전항의 의사표시의 무효는 선의의 제3자에게 대항하지 못한다.

제109조 **착오로 인한 의사표시**

① 의사표시는 법률행위의 내용의 중요부분에 착오가 있는 때에는 취소할 수 있다. 그러나 그 착오가 표의자의 중대한 과실로 인한 때에는 취소하지 못한다.
② 전항의 의사표시의 취소는 선의의 제3자에게 대항하지 못한다.

제110조 **사기, 강박에 의한 의사표시**

① 사기나 강박에 의한 의사표시는 취소할 수 있다.
② 상대방 있는 의사표시에 관하여 제3자가 사기나 강박을 행한 경우에는 상대방이 그 사실을 알았거나 알 수 있었을 경우에 한하여 그 의사표시를 취소할 수 있다.
③ 전2항의 의사표시의 취소는 선의의 제3자에게 대항하지 못한다.

제111조 **의사표시의 효력발생시기**

① 상대방이 있는 의사표시는 상대방에게 도달한 때에 그 효력이 생긴다.
② 의사표시자가 그 통지를 발송한 후 사망하거나 제한능력자가 되어도 의사표시의 효력에 영향을 미치지 아니한다.

[전문개정 2011.3.7.]

의사표시의 상대방이 의사표시를 받은 때에 제한능력자인 경우에는 의사표시자는 그 의사표시로써 대항할 수 없다. 다만, 그 상대방의 법정대리인이 의사표시가 도달한 사실을 안 후에는 그러하지 아니하다.
[전문개정 2011.3.7.]

제113조 의사표시의 공시송달

표의자가 과실 없이 상대방을 알지 못하거나 상대방의 소재를 알지 못하는 경우에는 의사표시는 민사소송법 공시송달의 규정에 의하여 송달할 수 있다.

제3절 대리

제114조 대리행위의 효력

① 대리인이 그 권한 내에서 본인을 위한 것임을 표시한 의사표시는 직접 본인에게 대하여 효력이 생긴다.
② 전항의 규정은 대리인에게 대한 제3자의 의사표시에 준용한다.

제115조 본인을 위한 것임을 표시하지 아니한 행위

대리인이 본인을 위한 것임을 표시하지 아니한 때에는 그 의사표시는 자기를 위한 것으로 본다. 그러나 상대방이 대리인으로서 한 것임을 알았거나 알 수 있었을 때에는 전조 제1항의 규정을 준용한다.

제116조 대리행위의 하자

① 의사표시의 효력이 의사의 흠결, 사기, 강박 또는 어느 사정을 알았거나 과실로 알지 못한 것으로 인하여 영향을 받을 경우에 그 사실의 유무는 대리인을 표준하여 결정한다.
② 특정한 법률행위를 위임한 경우에 대리인이 본인의 지시에 좇아 그 행위를 한 때에는 본인은 자기가 안 사정 또는 과실로 인하여 알지 못한 사정에 관하여 대리인의 부지를 주장하지 못한다.

제117조 대리인의 행위능력

대리인은 행위능력자임을 요하지 아니한다.

제118조 대리권의 범위

권한을 정하지 아니한 대리인은 다음 각 호의 행위만을 할 수 있다.
  1. 보존행위
  2. 대리의 목적인 물건이나 권리의 성질을 변하지 아니하는 범위에서 그 이용 또는 개량하는 행위

제119조 각자대리

대리인이 수인인 때에는 각자가 본인을 대리한다. 그러나 법률 또는 수권행위에 다른 정한 바가 있는 때에는 그러하지 아니하다.

제120조 임의대리인의 복임권

대리권이 법률행위에 의하여 부여된 경우에는 대리인은 본인의 승낙이 있거나 부득이한 사유있는 때가 아니면 복대리인을 선임하지 못한다.

제121조 임의대리인의 복대리인 선임의 책임

① 전조의 규정에 의하여 대리인이 복대리인을 선임한 때에는 본인에게 대하여 그 선임감독에 관한 책임이 있다.
② 대리인이 본인의 지명에 의하여 복대리인을 선임한 경우에는 그 부적임 또는 불성실함을 알고 본인에게 대한 통지나 그 해임을 태만한 때가 아니면 책임이 없다.

제122조 법정대리인의 복임권과 그 책임

법정대리인은 그 책임으로 복대리인을 선임할 수 있다. 그러나 부득이한 사유로 인한 때에는 전조 제1항에 정한 책임만이 있다.

제123조 복대리인의 권한

① 복대리인은 그 권한 내에서 본인을 대리한다.
② 복대리인은 본인이나 제3자에 대하여 대리인과 동일한 권리의무가 있다.

제124조 자기계약, 쌍방대리

대리인은 본인의 허락이 없으면 본인을 위하여 자기와 법률행위를 하거나 동일한 법률행위에 관하여 당사자 쌍방을 대리하지 못한다. 그러나 채무의 이행은 할 수 있다.

제125조 대리권 수여의 표시에 의한 표현대리

제3자에 대하여 타인에게 대리권을 수여함을 표시한 자는 그 대리권의 범위 내에서 행한 그 타인과 그 제3자 간의 법률행위에 대하여 책임이 있다. 그러나 제3자가 대리권 없음을 알았거나 알 수 있었을 때에는 그러하지 아니하다.

제126조 권한을 넘은 표현대리

대리인이 그 권한 외의 법률행위를 한 경우에 제3자가 그 권한이 있다고 믿을 만한 정당한 이유가 있는 때에는 본인은 그 행위에 대하여 책임이 있다.

제127조 대리권의 소멸사유

대리권은 다음 각 호의 어느 하나에 해당하는 사유가 있으면 소멸된다.

    1. 본인의 사망

    2. 대리인의 사망, 성년후견의 개시 또는 파산

[전문개정 2011.3.7.]

제128조 임의대리의 종료

법률행위에 의하여 수여된 대리권은 전조의 경우 외에 그 원인된 법률관계의 종료에 의하여 소멸한다. 법률관계의 종료 전에 본인이 수권행위를 철회한 경우에도 같다.

제129조 대리권 소멸 후의 표현대리

대리권의 소멸은 선의의 제3자에게 대항하지 못한다. 그러나 제3자가 과실로 인하여 그 사실을 알지 못한 때에는 그러하지 아니하다.

제130조 무권대리

대리권 없는 자가 타인의 대리인으로 한 계약은 본인이 이를 추인하지 아니하면 본인에 대하여 효력이 없다.

제131조 상대방의 최고권

대리권 없는 자가 타인의 대리인으로 계약을 한 경우에 상대방은 상당한 기간을 정하여 본인에게 그 추인 여부의 확답을 최고할 수 있다. 본인이 그 기간 내에 확답을 발하지 아니한 때에는 추인을 거절한 것으로 본다.

제132조 추인, 거절의 상대방

추인 또는 거절의 의사표시는 상대방에 대하여 하지 아니하면 그 상대방에 대항하지 못한다. 그러나 상대방이 그 사실을 안 때에는 그러하지 아니하다.

제133조 추인의 효력

추인은 다른 의사표시가 없는 때에는 계약시에 소급하여 그 효력이 생긴다. 그러나 제3자의 권리를 해하지 못한다.

제134조 상대방의 철회권

대리권 없는 자가 한 계약은 본인의 추인이 있을 때까지 상대방은 본인이나 그 대리인에 대하여 이를 철회할 수 있다. 그러나 계약 당시에 상대방이 대리권 없음을 안 때에는 그러하지 아니하다.

제135조　**상대방에 대한 무권대리인의 책임**

① 다른 자의 대리인으로서 계약을 맺은 자가 그 대리권을 증명하지 못하고 또 본인의 추인을 받지 못한 경우에는 그는 상대방의 선택에 따라 계약을 이행할 책임 또는 손해를 배상할 책임이 있다.

② 대리인으로서 계약을 맺은 자에게 대리권이 없다는 사실을 상대방이 알았거나 알 수 있었을 때 또는 대리인으로서 계약을 맺은 사람이 제한능력자일 때에는 제1항을 적용하지 아니한다.

[전문개정 2011.3.7.]

제136조　**단독행위와 무권대리**

단독행위에는 그 행위 당시에 상대방이 대리인이라 칭하는 자의 대리권 없는 행위에 동의하거나 그 대리권을 다투지 아니한 때에 한하여 전6조의 규정을 준용한다. 대리권 없는 자에 대하여 그 동의를 얻어 단독행위를 한 때에도 같다.

제4절　**무효와 취소**

제137조　**법률행위의 일부무효**

법률행위의 일부분이 무효인 때에는 그 전부를 무효로 한다. 그러나 그 무효부분이 없더라도 법률행위를 하였을 것이라고 인정될 때에는 나머지 부분은 무효가 되지 아니한다.

제138조　**무효행위의 전환**

무효인 법률행위가 다른 법률행위의 요건을 구비하고 당사자가 그 무효를 알았더라면 다른 법률행위를 하는 것을 의욕하였으리라고 인정될 때에는 다른 법률행위로서 효력을 가진다.

제139조　**무효행위의 추인**

무효인 법률행위는 추인하여도 그 효력이 생기지 아니한다. 그러나 당사자가 그 무효임을 알고 추인한 때에는 새로운 법률행위로 본다.

제140조　**법률행위의 취소권자**

취소할 수 있는 법률행위는 제한능력자, 착오로 인하거나 사기·강박에 의하여 의사표시를 한 자, 그의 대리인 또는 승계인만이 취소할 수 있다.

[전문개정 2011.3.7.]

제141조　**취소의 효과**

취소된 법률행위는 처음부터 무효인 것으로 본다. 다만, 제한능력자는 그 행위로 인하여 받은 이익이 현존하는 한도에서 상환(償還)할 책임이 있다.

[전문개정 2011.3.7.]

제142조 **취소의 상대방**

취소할 수 있는 법률행위의 상대방이 확정한 경우에는 그 취소는 그 상대방에 대한 의사표시로 하여야 한다.

제143조 **추인의 방법, 효과**

① 취소할 수 있는 법률행위는 제140조에 규정한 자가 추인할 수 있고 추인 후에는 취소하지 못한다.
② 전조의 규정은 전항의 경우에 준용한다.

제144조 **추인의 요건**

① 추인은 취소의 원인이 소멸된 후에 하여야만 효력이 있다.
② 제1항은 법정대리인 또는 후견인이 추인하는 경우에는 적용하지 아니한다.
[전문개정 2011.3.7.]

제145조 **법정추인**

취소할 수 있는 법률행위에 관하여 전조의 규정에 의하여 추인할 수 있는 후에 다음 각 호의 사유가 있으면 추인한 것으로 본다. 그러나 이의를 보류한 때에는 그러하지 아니하다.
　　1. 전부나 일부의 이행
　　2. 이행의 청구
　　3. 경개
　　4. 담보의 제공
　　5. 취소할 수 있는 행위로 취득한 권리의 전부나 일부의 양도
　　6. 강제집행

제146조 **취소권의 소멸**

취소권은 추인할 수 있는 날로부터 3년 내에 법률행위를 한 날로부터 10년 내에 행사하여야 한다.

제5절 **조건과 기한**

제147조 **조건성취의 효과**

① 정지조건 있는 법률행위는 조건이 성취한 때로부터 그 효력이 생긴다.
② 해제조건 있는 법률행위는 조건이 성취한 때로부터 그 효력을 잃는다.
③ 당사자가 조건성취의 효력을 그 성취 전에 소급하게 할 의사를 표시한 때에는 그 의사에 의한다.

제148조 **조건부 권리의 침해금지**

조건 있는 법률행위의 당사자는 조건의 성부가 미정한 동안에 조건의 성취로 인하여 생길 상대방의 이익을 해하지 못한다.

제149조 **조건부 권리의 처분 등**

조건의 성취가 미정한 권리의무는 일반규정에 의하여 처분, 상속, 보존 또는 담보로 할 수 있다.

제150조 **조건성취, 불성취에 대한 반신의행위**

① 조건의 성취로 인하여 불이익을 받을 당사자가 신의성실에 반하여 조건의 성취를 방해한 때에는 상대방은 그 조건이 성취한 것으로 주장할 수 있다.
② 조건의 성취로 인하여 이익을 받을 당사자가 신의성실에 반하여 조건을 성취시킨 때에는 상대방은 그 조건이 성취하지 아니한 것으로 주장할 수 있다.

제151조 **불법조건, 기성조건**

① 조건이 선량한 풍속 기타 사회질서에 위반한 것인 때에는 그 법률행위는 무효로 한다.
② 조건이 법률행위의 당시 이미 성취한 것인 경우에는 그 조건이 정지조건이면 조건 없는 법률행위로 하고 해제조건이면 그 법률행위는 무효로 한다.
③ 조건이 법률행위의 당시에 이미 성취할 수 없는 것인 경우에는 그 조건이 해제조건이면 조건 없는 법률행위로 하고 정지조건이면 그 법률행위는 무효로 한다.

제152조 **기한도래의 효과**

① 시기 있는 법률행위는 기한이 도래한 때로부터 그 효력이 생긴다.
② 종기 있는 법률행위는 기한이 도래한 때로부터 그 효력을 잃는다.

제153조 **기한의 이익과 그 포기**

① 기한은 채무자의 이익을 위한 것으로 추정한다.
② 기한의 이익은 이를 포기할 수 있다. 그러나 상대방의 이익을 해하지 못한다.

제154조 **기한부 권리와 준용규정**

제148조와 제149조의 규정은 기한 있는 법률행위에 준용한다.

제6장 기간

제155조 **본장의 적용범위**

기간의 계산은 법령, 재판상의 처분 또는 법률행위에 다른 정한 바가 없으면 본장의 규정에 의한다.

제156조 **기간의 기산점**

기간을 시, 분, 초로 정한 때에는 즉시로부터 기산한다.

제157조 **기간의 기산점**

기간을 일, 주, 월 또는 연으로 정한 때에는 기간의 초일은 산입하지 아니한다. 그러나 그 기간이 오전 영시로부터 시작하는 때에는 그러하지 아니하다.

제158조 **연령의 기산점**

연령계산에는 출생일을 산입한다.

제159조 **기간의 만료점**

기간을 일, 주, 월 또는 연으로 정한 때에는 기간 말일의 종료로 기간이 만료한다.

제160조 **역에 의한 계산**

① 기간을 주, 월 또는 연으로 정한 때에는 역에 의하여 계산한다.
② 주, 월 또는 연의 처음으로부터 기간을 기산하지 아니하는 때에는 최후의 주, 월 또는 연에서 그 기산일에 해당한 날의 전일로 기간이 만료한다.
③ 월 또는 연으로 정한 경우에 최종의 월에 해당일이 없는 때에는 그 월의 말일로 기간이 만료한다.

제161조 **공휴일 등과 기간의 만료점**

기간의 말일이 토요일 또는 공휴일에 해당한 때에는 기간은 그 익일로 만료한다. 〈개정 2007.12.21.〉
[제목개정 2007.12.21.]

제7장 **소멸시효**

제162조 **채권, 재산권의 소멸시효**

① 채권은 10년간 행사하지 아니하면 소멸시효가 완성한다.
② 채권 및 소유권 이외의 재산권은 20년간 행사하지 아니하면 소멸시효가 완성한다.

제163조 **3년의 단기소멸시효**

다음 각 호의 채권은 3년간 행사하지 아니하면 소멸시효가 완성한다. 〈개정 1997.12.13.〉
  1. 이자, 부양료, 급료, 사용료 기타 1년 이내의 기간으로 정한 금전 또는 물건의 지급을 목적으로 한 채권
  2. 의사, 조산사, 간호사 및 약사의 치료, 근로 및 조제에 관한 채권
  3. 도급받은 자, 기사 기타 공사의 설계 또는 감독에 종사하는 자의 공사에 관한 채권
  4. 변호사, 변리사, 공증인, 공인회계사 및 법무사에 대한 직무상 보관한 서류의 반환을 청구하는 채권
  5. 변호사, 변리사, 공증인, 공인회계사 및 법무사의 직무에 관한 채권
  6. 생산자 및 상인이 판매한 생산물 및 상품의 대가
  7. 수공업자 및 제조자의 업무에 관한 채권

제164조 **1년의 단기소멸시효**

다음 각 호의 채권은 1년간 행사하지 아니하면 소멸시효가 완성한다.

   1. 여관, 음식점, 대석, 오락장의 숙박료, 음식료, 대석료, 입장료, 소비물의 대가 및 체당금의 채권

   2. 의복, 침구, 장구 기타 동산의 사용료의 채권

   3. 노역인, 연예인의 임금 및 그에 공급한 물건의 대금채권

   4. 학생 및 수업자의 교육, 의식 및 유숙에 관한 교주, 숙주, 교사의 채권

제165조 **판결 등에 의하여 확정된 채권의 소멸시효**

① 판결에 의하여 확정된 채권은 단기의 소멸시효에 해당한 것이라도 그 소멸시효는 10년으로 한다.

② 파산절차에 의하여 확정된 채권 및 재판상의 화해, 조정 기타 판결과 동일한 효력이 있는 것에 의하여 확정된 채권도 전항과 같다.

③ 전2항의 규정은 판결확정 당시에 변제기가 도래하지 아니한 채권에 적용하지 아니한다.

제166조 **소멸시효의 기산점**

① 소멸시효는 권리를 행사할 수 있는 때로부터 진행한다.

② 부작위를 목적으로 하는 채권의 소멸시효는 위반행위를 한 때로부터 진행한다.

[단순위헌, 2014헌바148, 2018.8.30. 민법(1958.2.22. 법률 제471호로 제정된 것) 제166조 제1항 중 '진실・화해를 위한 과거사정리 기본법' 제2조 제1항 제3호, 제4호에 규정된 사건에 적용되는 부분은 헌법에 위반된다.]

제167조 **소멸시효의 소급효**

소멸시효는 그 기산일에 소급하여 효력이 생긴다.

제168조 **소멸시효의 중단사유**

소멸시효는 다음 각 호의 사유로 인하여 중단된다.

   1. 청구

   2. 압류 또는 가압류, 가처분

   3. 승인

제169조 **시효중단의 효력**

시효의 중단은 당사자 및 그 승계인 간에만 효력이 있다.

제170조 **재판상의 청구와 시효중단**

① 재판상의 청구는 소송의 각하, 기각 또는 취하의 경우에는 시효중단의 효력이 없다.

② 전항의 경우에 6월 내에 재판상의 청구, 파산절차참가, 압류 또는 가압류, 가처분을 한 때에는 시효는 최초의 재판상 청구로 인하여 중단된 것으로 본다.

제171조 **파산절차참가와 시효중단**

파산절차참가는 채권자가 이를 취소하거나 그 청구가 각하된 때에는 시효중단의 효력이 없다.

제172조　지급명령과 시효중단

지급명령은 채권자가 법정기간 내에 가집행신청을 하지 아니함으로 인하여 그 효력을 잃은 때에는 시효중단의 효력이 없다.

제173조　화해를 위한 소환, 임의출석과 시효중단

화해를 위한 소환은 상대방이 출석하지 아니하거나 화해가 성립되지 아니한 때에는 1월 내에 소를 제기하지 아니하면 시효중단의 효력이 없다. 임의출석의 경우에 화해가 성립되지 아니한 때에도 그러하다.

제174조　최고와 시효중단

최고는 6월 내에 재판상의 청구, 파산절차참가, 화해를 위한 소환, 임의출석, 압류 또는 가압류, 가처분을 하지 아니하면 시효중단의 효력이 없다.

제175조　압류, 가압류, 가처분과 시효중단

압류, 가압류 및 가처분은 권리자의 청구에 의하여 또는 법률의 규정에 따르지 아니함으로 인하여 취소된 때에는 시효중단의 효력이 없다.

제176조　압류, 가압류, 가처분과 시효중단

압류, 가압류 및 가처분은 시효의 이익을 받은 자에 대하여 하지 아니한 때에는 이를 그에게 통지한 후가 아니면 시효중단의 효력이 없다.

제177조　승인과 시효중단

시효중단의 효력 있는 승인에는 상대방의 권리에 관한 처분의 능력이나 권한 있음을 요하지 아니한다.

제178조　중단 후에 시효진행

① 시효가 중단된 때에는 중단까지에 경과한 시효기간은 이를 산입하지 아니하고 중단사유가 종료한 때로부터 새로이 진행한다.
② 재판상의 청구로 인하여 중단한 시효는 전항의 규정에 의하여 재판이 확정된 때로부터 새로이 진행한다.

제179조　제한능력자의 시효정지

소멸시효의 기간만료 전 6개월 내에 제한능력자에게 법정대리인이 없는 경우에는 그가 능력자가 되거나 법정대리인이 취임한 때부터 6개월 내에는 시효가 완성되지 아니한다.

[전문개정 2011.3.7.]

제180조　재산관리자에 대한 제한능력자의 권리, 부부 사이의 권리와 시효정지

① 재산을 관리하는 아버지, 어머니 또는 후견인에 대한 제한능력자의 권리는 그가 능력자가 되거나 후임 법정대리인이 취임한 때부터 6개월 내에는 소멸시효가 완성되지 아니한다.

② 부부 중 한쪽이 다른 쪽에 대하여 가지는 권리는 혼인관계가 종료된 때부터 6개월 내에는 소멸시효가 완성되지 아니한다.

[전문개정 2011.3.7.]

제181조　상속재산에 관한 권리와 시효정지

상속재산에 속한 권리나 상속재산에 대한 권리는 상속인의 확정, 관리인의 선임 또는 파산선고가 있는 때로부터 6월 내에는 소멸시효가 완성하지 아니한다.

제182조　천재 기타 사변과 시효정지

천재 기타 사변으로 인하여 소멸시효를 중단할 수 없을 때에는 그 사유가 종료한 때로부터 1월 내에는 시효가 완성하지 아니한다.

제183조　종속된 권리에 대한 소멸시효의 효력

주된 권리의 소멸시효가 완성한 때에는 종속된 권리에 그 효력이 미친다.

제184조　시효의 이익의 포기 기타

① 소멸시효의 이익은 미리 포기하지 못한다.
② 소멸시효는 법률행위에 의하여 이를 배제, 연장 또는 가중할 수 없으나 이를 단축 또는 경감할 수 있다.

부칙 〈법률 제17905호, 2021.1.26.〉

제1조(시행일) 이 법은 공포한 날부터 시행한다.

제2조(감화 또는 교정기관 위탁에 관한 경과조치)
이 법 시행 전에 법원의 허가를 받아 이 법 시행 당시 감화 또는 교정기관에 위탁 중인 경우와 이 법 시행 전에 감화 또는 교정기관 위탁에 대한 허가를 신청하여 이 법 시행 당시 법원에 사건이 계속 중인 경우에는 제915조 및 제945조의 개정규정에도 불구하고 종전의 규정에 따른다.

제3조(다른 법률의 개정)
가사소송법 일부를 다음과 같이 개정한다.
제2조 제1항 제2호 가목 14)를 삭제한다.

제4조(「가사소송법」의 개정에 관한 경과조치)
이 법 시행 전에 법원에 감화 또는 교정기관 위탁에 대한 허가를 신청하여 이 법 시행 당시 법원에 계속 중인 사건에 관하여는 부칙 제3조에 따라 개정되는 「가사소송법」 제2조 제1항 제2호 가목 14)의 개정규정에도 불구하고 종전의 규정에 따른다.

참고문헌

- 지원림, 민법강의, 홍문사, 2022
- 송덕수, 신민법강의, 박영사, 2022
- 김준호, 민법강의, 법문사, 2022
- 곽윤직·김재형, 민법총칙, 박영사, 2020
- 김동진, 민법공방, 윌비스, 2019
- 박기현·김종원, 핵심정리 민법, 메티스, 2014

좋은 책을 만드는 길
독자님과 함께하겠습니다.

도서나 동영상에 궁금한 점, 아쉬운 점, 만족스러운 점이
있으시다면 어떤 의견이라도 말씀해 주세요.
SD에듀는 독자님의 의견을 모아 더 좋은 책으로 보답하겠습니다.

www.sdedu.co.kr

2023 행정사 1차 민법총칙 단기완성

초 판 발 행	2023년 01월 05일(인쇄 2022년 10월 20일)
발 행 인	박영일
책 임 편 집	이해욱
저 자	이성재 · 시대법학연구소
편 집 진 행	이재성 · 석지민 · 정호정
표지디자인	박수영
편집디자인	표미영 · 채현주
발 행 처	(주)시대고시기획
출 판 등 록	제10-1521호
주 소	서울시 마포구 큰우물로 75 [도화동 538 성지 B/D] 9F
전 화	1600-3600
팩 스	02-701-8823
홈 페 이 지	www.sdedu.co.kr
I S B N	979-11-383-3479-2 (13360)
정 가	30,000원

합격의 공식
온라인 강의

잠깐!

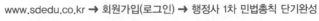

변리사 2차 시험도
한 방 합격!

SD에듀 변리사 2차
한권으로 끝내기 시리즈 4종

- **특허법** 한권으로 끝내기
- **상표법** 한권으로 끝내기
- **민사소송법** 한권으로 끝내기
- **디자인보호법** 한권으로 끝내기

개정법령 관련 대처법을 소개합니다!

01 정오표
도서출간 이후 발견된 오류는 그 즉시 해당 내용을 확인한 후 수정하여 정오표 게시판에 업로드합니다.

※ SD에듀 : 홈 》 학습자료실 》 정오표

02 추록(최신 개정법령)
도서출간 이후 법령개정사항은 도서의 내용에 맞게 수정하여 도서업데이트 게시판에 업로드합니다.

※ SD에듀 : 홈 》 학습자료실 》 도서업데이트

※ 도서의 이미지 및 세부사항은 변경될 수 있습니다.